„Bildung ist die mächtigste Waffe,
um die Welt zu verändern."
(Nelson Mandela)

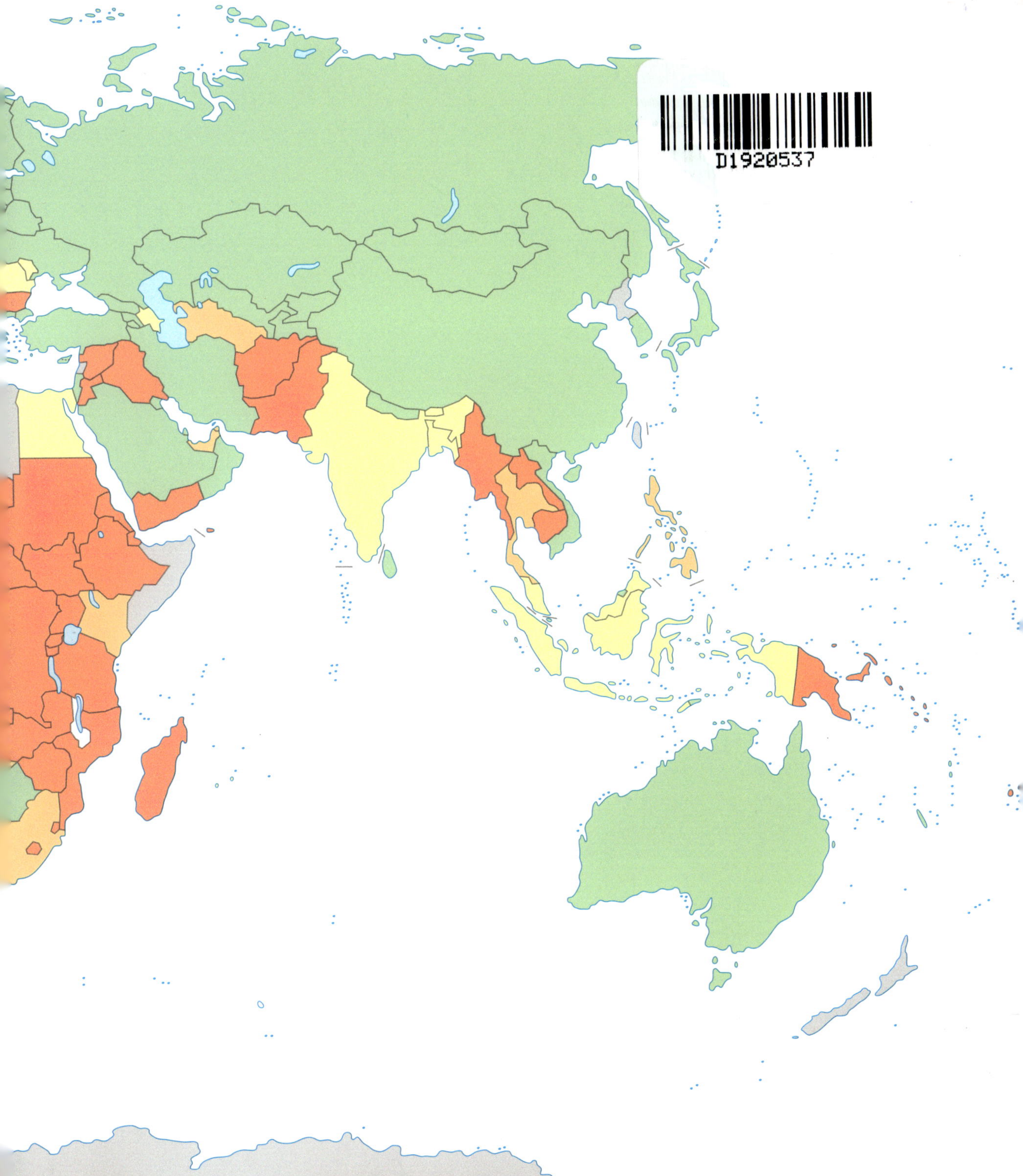

Mio.

che Lehrkräfte
en benötigt

Bildung ist ein Menschenrecht und Schlüssel für eine zukunftsfähige Entwicklung: Eine gut ausgebildete Bevölkerung ist Basis für die Bekämpfung von Armut und Ungleichheit, nachhaltiges Wirtschaftswachstum und gesellschaftliche Entwicklung. Bildung wirkt sich positiv auf die Gesundheit aus, stärkt die Rolle der Frau und ermöglicht gesellschaftliche und wirtschaftliche Teilhabe.

westermann

Seydlitz

GEOGRAPHIE
Oberstufe

Berlin, Brandenburg,
Mecklenburg-Vorpommern

Autorinnen und Autoren
Luisa Fleischfresser
Bettina Gerhard
Roberto Hensel
Guido Marquardt
Frank Morgeneyer
Dieter Radde
Steffen Reblin

unter Mitwirkung
der Verlagsredaktion

Herausgeber
Frank Morgeneyer

WES-151140-057

Die Seiten „Testen – Üben – Vertiefen" schließen einen Themenbereich ab. Die Lösungen zu den Fragen können Sie sich über den QR-Code mit einem QR-Code-Reader downloaden. Sie haben auch die Möglichkeit, auf der Seite www.westermann.de/webcode den Weblink einzugeben. Dort sind die Lösungen ebenfalls downzuloaden.

100800-043 www.diercke.de

Durch Eingabe des Atlas-Webcodes unter der Adresse www.diercke.de gelangen Sie auf die passende Seite im Diercke Weltatlas (Ausgabe 2021). Dort sind für Sie zum Thema passende Atlaskarten, weiterführende Informationen zur Karte / zum Thema sowie weitere Materialien hinterlegt.

Mit Beiträgen von: J. Bauer, F. Dillinger, V. Dlugoß, W. Englert, E. Elvenich, A. Fehrenbacher, M. Felsch, P. Gaffga, S. Hallermann, I. Hamm, J. Herget, R. Herpel, C. Hoenig, S. Kardaetz, F. Kietz, F. Klein, W. Latz, W. Lenz, U. Meier, M. Schmidt, C. Seeber, J. Traub, W. Waldeck

Ernst von Seydlitz-Kurzbach (geboren in Tschöplau / Kreis Freystadt) lebte von 1784 bis 1849. Mit der Herausgabe des Lehrbuches „Leitfaden der Geographie" im Jahr 1824 begründete er das traditionsreiche Unterrichtswerk „Seydlitz".

westermann GRUPPE

Druck A² / 2022
Alle Drucke der Serie A sind im Unterricht parallel verwendbar.

Redaktion: Jens Gläser, Julia Bihar
Umschlagsgestaltung: Visuelle Lebensfreude Bodem + Sötebier GbR, Hannover
Layout: Thomas Schröder, Braunschweig
Druck und Bindung: Westermann Druck GmbH, Georg-Westermann-Allee 66, 38104 Braunschweig

ISBN 978-3-14-**151140**-6

Inhalt

Inhalt

BAMBOO RAT

Siedlungsentwicklung und Raumordnung

Berlin Friedrichshain-Kreuzberg

1 Siedlungsentwicklung

M1 Stadt oder Dorf – Ferienort Saalbach-Hinterglemm in Österreich

1.1 Abgrenzung von Stadt und Land

Wie ein Blick auf den Ferienort Saalbach-Hinterglemm zeigt, ist die Abgrenzung von Stadt und Dorf nicht immer einfach. So kann eine Siedlung mit einer bestimmten Größe in einem Staat als Stadt gelten, in einem anderen aber nicht. Es gibt keine allgemeingültige Definition des Begriffs Stadt. Neben dem statistischen Stadtbegriff gibt es weitere Stadtbegriffe.
Zudem ist der Stadt-Land-Übergang fließend. Dörfer verändern durch das Wachstum der Stadt über die Stadtgrenzen hinaus ihre Strukturen und ihren Charakter, sie verstädtern, werden teilweise zu reinen Wohnorten. Pendlerverflechtungen wachsen. Es entstehen Ballungsräume oder sogar Metropolregionen.
Dörfer in klar ländlich geprägten Räumen sind kleine Siedlungen, die landwirtschaftlich ausgerichtet sind und zunehmend unter Einwohnerverlusten und Überalterung leiden.

Was ist eine Stadt?

Eine Stadt ist eine lokale Verwaltungseinheit, in der die Mehrheit der Bevölkerung in einem urbanen Zentrum mit mindestens 50 000 Einwohnern lebt (früher auch als Kernstadt bezeichnet).

(Quelle: Eurostat regional yearbook 2015)

Was ist ein Ballungsraum?

Ein Ballungsraum (Greater City) entspricht einem urbanen Zentrum, das sich über die Verwaltungsgrenzen der Stadt erstreckt.

(Quelle: Eurostat regional yearbook 2015)

Was ist eine Metropolregion?

Metropolregionen umfassen eine oder mehrere herausragende Großstädte und ihr weiteres Umland. Sie sind Wirtschaftszentren und Verkehrsknoten mit internationalen Verflechtungen, Innovations-, Forschungs-, Kultur- und Entscheidungszentren.

nach: Gablers Wirtschaftslexikon

Zur geographischen Abgrenzung einer Stadt von ländlichen Siedlungen werden physiognomische, soziale, funktionale und wirtschaftliche Aspekte einbezogen.
Merkmale eine Stadt sind:
- ein kompakter Siedlungskörper mit überdurchschnittlicher Bevölkerungsdichte und hoher Bebauungsdichte in seinem Kern, der mehrstöckige Gebäude sowie Hochhäuser, eine hohe Versiegelung der Flächen sowie eine hohe Arbeitsplatzdichte aufweist,
- eine städtische Atmosphäre (Urbanität) mit einem besonderen Freizeit-, Kultur- und Konsumwert sowie einer besonderen Bevölkerungs- und Sozialstruktur, unter anderem viele Einpersonenhaushalte, vielfältige Berufsstruktur,
- ein hoher Anteil des Dienstleistungssektors mit einem vielfältigen, hochwertigen Angebot und einem Bedeutungsüberschuss gegenüber dem Umland (Versorgung Umland),
- eine Untergliederung in Teilräume nach funktionalen, physiognomischen und sozial räumlichen Aspekten.

M3 Der geographische Stadtbegriff in Anlehnung an Hofmeister

Staat	Schwellenwert
skandinavische Staaten	200 Einwohner
Island	500 Einwohner
Frankreich	2000 Einwohner
Griechenland/Portugal	10 000 Einwohner
Japan	50 000 Einwohner

M2 Unterer Schwellenwert für Städte

Siedlungstyp	Einwohnerzahl
Landgemeinde	< 5000
Kleinstadt	5000 – < 20 000
Mittelstadt	20 000 – < 100 000
Großstadt	≥ 100 000

Quelle: Bundesinstitut für Bau-, Stadt- und Raumforschung 2014

M4 Siedlungstypen in Deutschland

M5 Luftbild von Nördlingen

Der historisch-rechtliche Stadtbegriff basiert auf der früheren Verleihung von Stadtrechten (Markt-, Münz-, Zollrecht, Gerichtsbarkeit, begrenzte Selbstverwaltung), heute umfasst er die kommunale Selbstverwaltung.
Der soziologische Stadtbegriff betrachtet Stadt als Lebensraum unterschiedlicher sozialer Gruppen und Milieus mit hohem Grad an ethnischer und soziokultureller Differenzierung sowie vielfältigen Haushaltsformen und Lebensstilen. Diese qualitativen Merkmale umfasst der Begriff Urbanität.

M6 Weitere Stadtbegriffe

M8 Karikatur

Städte können nach physiognomischen (äußeres Erscheinungsbild), historisch-genetischen (nach jeweiligem Entstehungszeitpunkt) und funktionalen Aspekten (Grunddaseinsfunktionen) untergliedert werden. Ausgehend vom häufig ringförmigen mittelalterlichen Kern entstanden jenseits der ehemaligen Stadtmauer ab dem 19. Jahrhundert Gewerbegebiete mit Verkehrsflächen sowie Wohngebiete. Die Stadt dehnt sich aus und Siedlungen aus dem Umland werden eingemeindet bzw. überformt. Grundlegend unterscheidet man innerhalb der Stadt die City, Subzentren, citynahe Mischgebiete, Industrie- und Gewerbegebiete, Verkehrs- und Erholungsflächen sowie Wohngebiete, differenziert unter anderem nach Einkommen, Herkunft, Bildungsniveau und Altersstruktur.

M7 Untergliederung von Städten

Was ist ein Dorf?

Ein Dorf ist eine ländliche Gruppensiedlung mit mehr als zwölf Wohnstätten.

(Quelle: Diercke Wörterbuch Geographie)

Was ist eine ländliche Siedlung?

Eine ländliche Siedlung ist laut OECD ein Gebiet mit einer Bevölkerungsdichte unter 150 Einwohner pro Quadratkilometer. Somit gelten kleine Dörfer mit einer ausreichend hohen Dichte als städtisch.

Die Grunddaseinsfunktionen:

- *Wohnen*
- *Arbeiten*
- *sich versorgen*
- *sich erholen*
- *sich bilden*
- *in Gemeinschaft leben*

(Quelle: Diercke Wörterbuch Geographie)

1 *a) Beschreiben Sie die Abbildung M1.*
b) Erläutern Sie die Kriterien, die die Gemeinde (M1) als Stadt oder Dorf kennzeichnen (M2 – M4).

2 *Nennen Sie wesentliche geographische Merkmale einer Stadt in ihrer Heimatregion (M3, M7).*

3 *Untergliedern Sie Nördlingen (M5) historisch-genetisch und funktional. Erstellen Sie dazu eine Skizze.*

4 *„Wir leben in einer städtischen Welt." Erläutern Sie die These (M6 – M8, Definitionen am Rand).*

M1 Markt in Tübingen

M3 Zechenanlage in Bottrop 1924

1.2 Stadtentwicklung Mitteleuropas früher und heute

Stadtentwicklungsphasen im Überblick

Unter Stadtentwicklung sind alle zeitlich gebundenen Prozesse zu verstehen, die die physische Struktur einer Stadt in verschiedener Weise verändern.

(Quelle: Fassmann 2004)

In der Entstehung von Städten lassen sich bestimmte Regelhaftigkeiten feststellen. Infolgedessen sind Etappen bzw. Urbanisierungsphasen erkennbar.

Stadtgründungen setzten in Deutschland vor etwa 2000 Jahren ein, im Vorderen Orient dagegen schon vor ungefähr 10000 Jahren.

Der Zusammenbruch des Römischen Reiches und der Verlust der damit verbundenen städtebildenden Faktoren verursachte in Europa eine Entstädterung (vgl. S. 12 Trier), die erst mit dem Hochmittelalter (11. – 13. Jahrhundert) geendet hat. In der weiteren Entwicklung wurden Städte nicht nur erweitert, sondern auch immer wieder überformt. Neue Städte und Stadtmodelle entstanden.

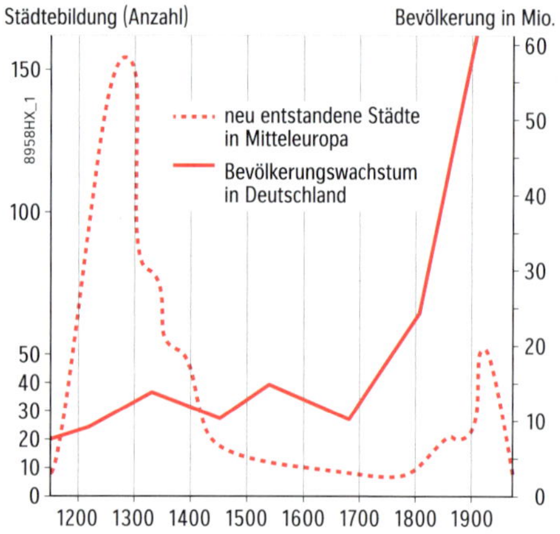

M4 Bevölkerungs- und Stadtentwicklung

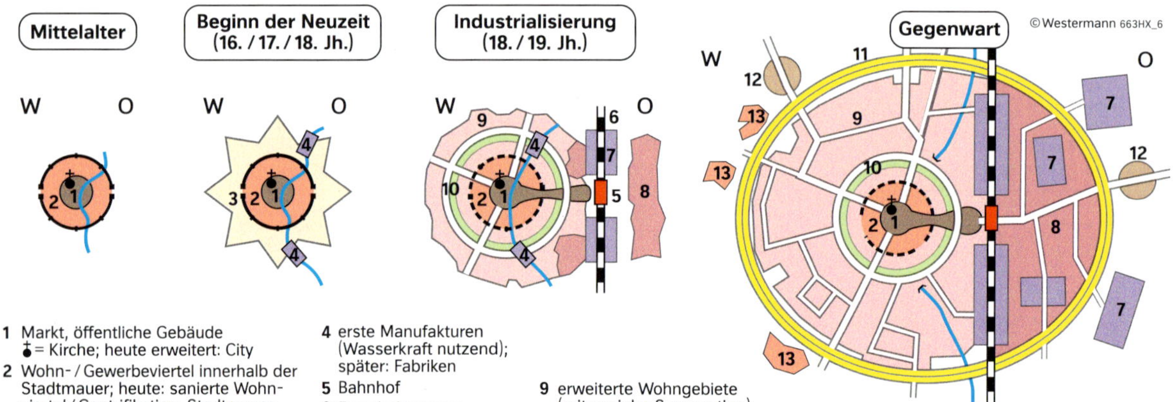

1 Markt, öffentliche Gebäude
† = Kirche; heute erweitert: City
2 Wohn- / Gewerbeviertel innerhalb der Stadtmauer; heute: sanierte Wohnviertel / Gentrifikation, Stadtmauer mit Toren (zum Teil noch erhalten)
3 Vaubansche Wehranlage; später: Ringstraße und Grüngürtel
4 erste Manufakturen (Wasserkraft nutzend); später: Fabriken
5 Bahnhof
6 Eisenbahntrasse
7 Industrie
8 Wohnviertel der Industriebeschäftigten
9 erweiterte Wohngebiete (mit sozialer Segregation)
10 ausgebaute Ringstraße; Grüngürtel
11 Umgehungsstraße (Autobahn)
12 Einkaufszentren, Gewerbeparks
13 Wohn- / Siedlungsanlagen

Entwurf: Fred Scholz

M2 Entstehungs- und Gliederungsmodell der mitteleuropäischen Stadt

100800-074 www.diercke.de

M5 Berlin-Kreuzberg 2020

M7 Eschborn in Hessen

Zeit	Phase	Verstädterungsgrad	räumliche Charakteristika	städtebildende Funktionen (bestimmen das Wachstum)
Altertum bis 400 n. Chr.	Verwaltungsstädte von Großreichen	gering	wenige Großstädte	Verwaltung des Reiches, Import von Gütern, Militär
Altertum bis 400 n. Chr.	römische Verstädterung	gering	zentraler Platz (Forum), Schachbrettmuster, Befestigungsanlagen	Militär und Handel
11.–18. Jahrhundert	feudale Verstädterung	ein Sechstel der Bevölkerung	Residenz-, Garnisons- und Festungsstädte, Vorstädte, Freiflächen in der Stadt	Umfang der Feudalabgaben, Größe des Feudalreiches
11.–18. Jahrhundert	merkantile Verstädterung	ein Sechstel der Bevölkerung	zentraler Marktplatz mit Bürgerhäusern, an Handelswegen	Umfang des Nah- und Fernhandels
Anfang des 19. Jahrhunderts	bürgerliche Verstädterung	ein Drittel der Bevölkerung	Auffüllung der Stadt, Überwindung der Stadtmauer, Verwaltungsgebäude	Verwaltung, Handwerk und Handel
Mitte bis Ende des 19. Jahrhunderts, teilweise 20. Jahrhundert	industrielle Verstädterung	zwei Drittel der Bevölkerung	Industriegebiete, Ausbau Verkehrswege, Sektoren- und Funktionstrennung, rasches Stadtwachstum	Wachstum der Industrie, nachgeordnet Wachstum des tertiären Sektors
2. Hälfte des 20. Jahrhunderts, Anfänge schon zu Beginn des 20. Jahrhunderts	tertiäre Verstädterung	zwei Drittel bis vier Fünftel der Bevölkerung	Funktionstrennung, Wachstum der City, Wanderung von Industrie und Bevölkerung ins Umland	Wachstum des tertiären Sektors, nachgeordnet Wachstum des sekundären Sektors
2. Hälfte des 20. Jahrhunderts bis heute	Suburbanisierung	drei Viertel bis vier Fünftel der Bevölkerung	Verlagerung von Wohnen, Industrie, Dienstleistungen ins Umland	wirtschaftliche Schwächung der Kernstädte
seit den 1980er- und 1990er-Jahren bis heute	Reurbanisierung	drei Viertel bis vier Fünftel der Bevölkerung	Revitalisierung der Innenstädte, Gentrifizierung	Zuzug einkommensstarker Gruppen und kundenorientierter Dienstleistungen
seit den 1990er-Jahren bis heute	Postsuburbia-Prozesse	drei Viertel bis vier Fünftel der Bevölkerung	Entstehung eigenständiger Umlandsiedlungen mit hohem wirtschaftlichen/sozialen Standard	Schwächung der Kernstädte

M6 Urbanisierungsphasen nach Hofmeister (aktualisiert)

1 *Ordnen Sie M1, M3, M5, M7 Urbanisierungsphasen zu. Begründen Sie Ihre Zuordnung.*

2 *Analysieren Sie bezogen auf die Urbanisierungsphasen (M6) Stadtpläne im Atlas.*
a) Ordnen Sie Merkmale der Urbanisierungsphasen ausgewählten Teilen der Stadt zu.
b) Begründen Sie Ihre Zuordnung (M3, M6).

3 *Erläutern Sie wesentliche Phasen der Stadtentwicklung unter Einbeziehung der jeweiligen Wachstumsfaktoren und der Abbildungen (M3, M4, M6).*

M1 Porta Nigra in Trier

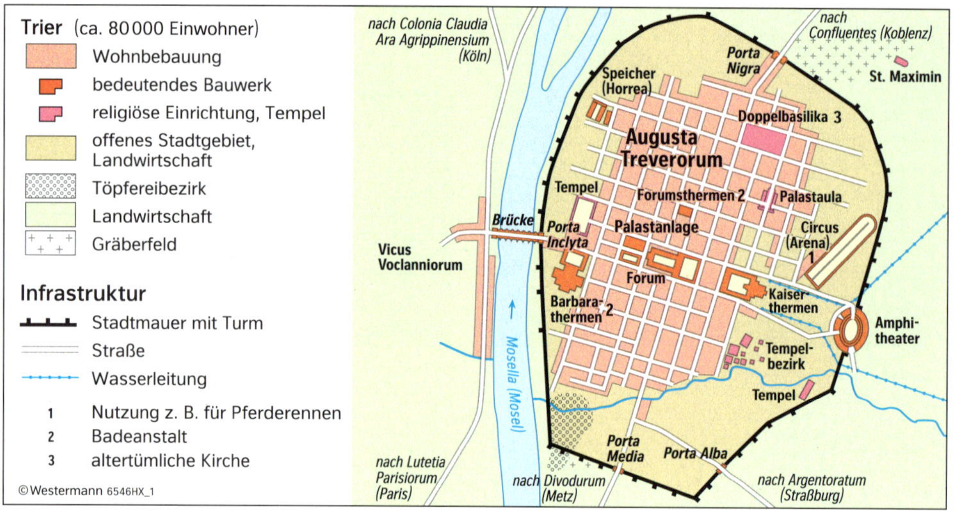

M2 Historische Karte der römischen Stadt Trier (etwa 350 n. Chr.)

Städte um 1500:
Auf dem Gebiet des späteren Deutschlands existierten etwa 5000 Städte, davon 4500 mit weniger als 2000 Einwohnern und 40 Städte mit mehr als 10 000 Einwohnern.

Kaiserstadt Trier:
Von 306 bis 316 regierte der römische Kaiser Konstantin der Große von Trier aus und versuchte, die Alleinherrschaft im Römischen Reich zu erringen.

Frühe Neuzeit:
Diese umfasst ca. den Zeitraum vom 15. Jahrhundert bis zum 18. Jahrhundert.

Von der römischen Stadt zur Stadt der frühen Neuzeit

Die ältesten Städte Deutschlands wie Köln, Mainz, Regensburg oder Trier gehen auf römische Gründungen entlang des Limes (Grenzbefestigung) oder im eroberten Hinterland zurück. Merkmale sind ein schachbrettartiger Grundriss mit zwei Hauptachsen, an deren Schnittpunkt sich das Forum mit zahlreichen repräsentativen Gebäuden befand. Eine Stadtmauer und befestigte Stadttore (z. B. die Porta Nigra in Trier) sowie die Integration von Thermen und religiösen Gebäuden waren weitere Merkmale. Ihre Entwicklung und jeweilige Größe hingen von ihrer Bedeutung als Militärstandort, Handels- und Verwaltungsstadt und damit von der Macht des Römischen Reiches ab. So war Trier schon eine blühende Handelsstadt, bevor es Ende des 3. Jahrhunderts zur Kaiserstadt erhoben wurde. Erst ab dem 10. Jahrhundert erfolgten in Mitteleuropa wieder verstärkt Stadtgründungen (M4 S. 10). Die territoriale Zersplitterung in Deutschland begrenzte jedoch das Stadtwachstum, sodass Städte meist nur 2000 bis 10 000, teilweise auch weniger als 400 Einwohner hatten. Die Städte entstanden an Handelswegen (merkantile Verstädterung) oder wurden von kirchlichen und weltlichen Feudalherren gegründet (feudale Verstädterung). Der Markt und ihn umgebende Bürgerhäuser prägten das Stadtzentrum. Enge Straßen, eine klare Abgrenzung zum Umland, häufig durch eine ovale Stadt- oder Festungsmauer mit Stadttoren, waren weitere Merkmale.

Jahr (n. Chr.)	Einwohner
Anfang 4. Jh.	ca. 80 000
Ende 5. Jh.	zerstörte Stadt
1250	12 000
1542	8500
1702	4200
1801	8829

M3 Die Einwohnerentwicklung der Stadt Trier

Jahr (n. Chr.)	Einwohner
330	1 000 000
410	400 000
530	100 000
650	20 000
1526	50 000
1600	100 000

M4 Die Einwohnerentwicklung der Stadt Rom

Erste „Städteketten“ entstanden – eine entlang des Rheins von Konstanz über Basel, Straßburg, Speyer, Worms, Mainz, Köln bis Duisburg, eine weitere entlang der Donau, von Ulm über Augsburg, Regensburg, Passau bis Wien. Das Städteband entlang des Hellwegs verlief zwischen Dortmund, Soest, Paderborn, Hildesheim, Braunschweig, Halberstadt und Magdeburg. Auf der „Städtekette“ zwischen Mainz über Frankfurt, Fulda, Erfurt, Zwickau bis Meißen lagen die Orte nicht so eng beieinander. Die Siedlungsbänder wurden ergänzt durch zahlreiche, oft von den Landesherren gegründete Kleinstädte.

M5 Siedlungsbänder im Mittelalter

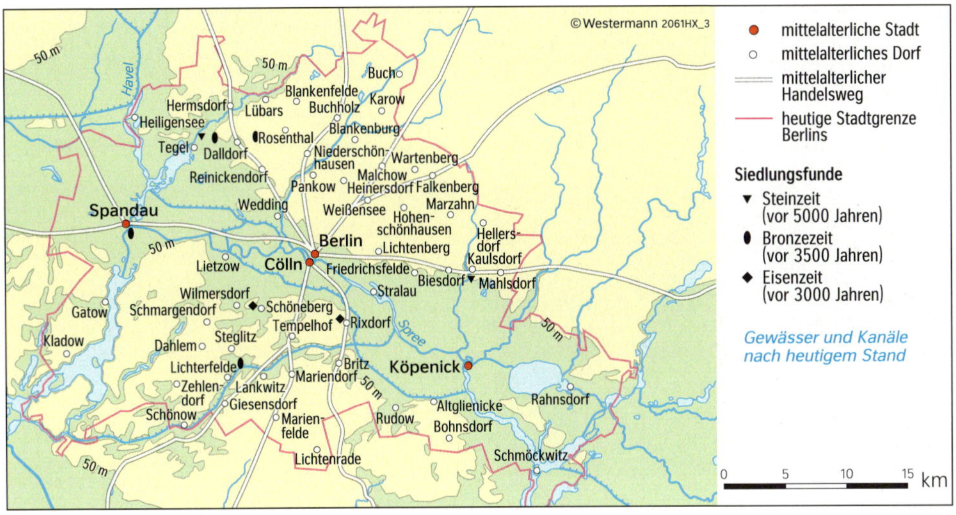

M6 Mittelalterliche Dörfer, Städte und Handelswege im Berliner Raum

1237	Gründung von Cölln als Marktort
1244	Gründung von Berlin als Marktort
1359	Beitritt zur Hanse
1436	Johanniterdörfer Tempelhof, Rixdorf, Marienfelde werden erworben
1451	Berlin / Cölln wird Residenzstadt, Beginn des Schlossbaus
1618 – 1648	Dreißigjähriger Krieg
1640	Der große Kurfürst Friedrich Wilhelm wird Regent.
1647	Allee „Unter den Linden" entsteht
1658	Berlin wird Festungsstadt
1658	Baubeginn der Residenzstädte Friedrichswerder, Dorotheenstadt, Friedrichstadt; erste Ansiedlung der französischen Hugenotten
1710	Zusammenschluss der Residenzstädte zu Berlin

M7 Etappen der Stadtentwicklung Berlins

Die Marktorte Berlin und Cölln entstanden am Übergang über die Spree, im Zuge der Besiedlung der Gebiete östlich der Elbe (Ostkolonisation). Aufgrund dieser günstigen Lage entwickelte sich die Doppelstadt zum Knotenpunkt wichtiger Ost-West-Handelsstraßen. Zollfreiheit, Niederlagsrecht (durchreisende Kaufleute mussten ihre Waren in der Stadt anbieten), eigene Münzen, Mühlenrecht und die Entwicklung des Umlands inklusive zahlreicher Dorfgründungen begünstigten die Expansion von Berlin und Cölln.
Unter den Hohenzollern, einem Adelsgeschlecht, wurde Berlin unter Protest seiner Bürger zur Residenzstadt und übernahm zunehmend Regierungs- und Verwaltungsfunktionen. Dagegen nahm die Bedeutung als Handelsstadt aufgrund der Verlagerung von Handelswegen, dem sinkenden Einfluss der Hanse sowie der Expansion Leipzigs ab. Die Städte Berlin und Cölln gerieten in eine periphere Lage, die Bedeutung der Mark Brandenburg war nur sehr begrenzt, sodass die Stadtentwicklung bis zum 17. Jahrhundert stagnierte.

M8 Berlin bis zur frühen Neuzeit

Beispiel Berlin

Auf einigen der folgenden Seiten findet sich ein Beispiel aus Berlin zum Thema. Sie erkennen es an dieser Markierung.

Internetquellen zur Stadtentwicklung Berlins:

www.berlin.de/berlin-im-ueberblick/geschichte/

www.stadtmuseum.de/stadt-und-landesgeschichte

sammlung-online.stadtmuseum.de/

Einwohnerzahlen Berlins:

1300:	*5000*
1400:	*8000*
1500:	*8000*
1600:	*8000*

Fläche Berlins in ha:

1300:	*78,8*
1400:	*78,8*
1500:	*104,6*
1600:	*104,6*

1 *Beschreiben Sie die prägenden Merkmale der römischen Stadt (M2).*

2 *Vergleichen Sie die Strukturen der römischen Stadt Trier mit einer weiteren Römerstadt in Europa. Nutzen Sie dazu Atlas und Internet.*

3 *Erläutern Sie die Unterschiede in der Einwohnerentwicklung von Rom, Trier und Berlin. Beachten Sie dabei die städtebildenden Faktoren (S. 11, M6).*

4 *Erstellen Sie eine Kartenskizze zu den Siedlungsbändern im Mittelalter und markieren Sie die unterschiedlichen Verstädterungsursachen (merkantil, feudal) (M5, S. 11 M6, Atlas).*

5 *Erstellen Sie unter Nutzung der Materialien (M6 – M8, Randleiste) und des Internets sowie des Atlas einen Kurzvortrag zur Entwicklung Berlins vom Mittelalter bis zum 18. Jahrhundert.*

M1 Luftbild Neustrelitz Zentrum

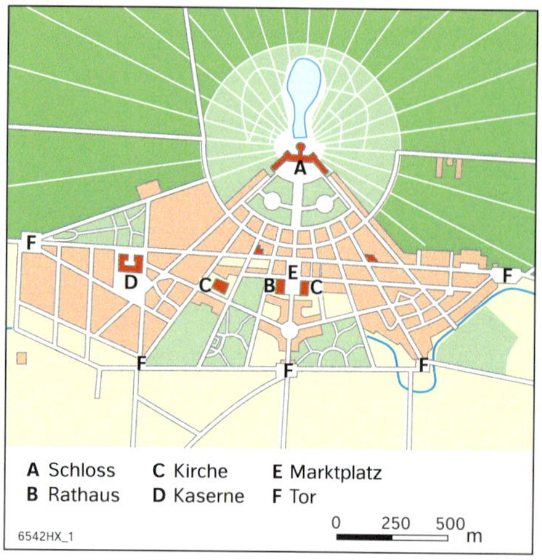

M5 Schloss Karlsruhe um 1820

Frühneuzeitliche Stadtgründungen und -erweiterungen

Absolutismus:
Herrschaftsform mit uneingeschränkter (absoluter) Macht des Regenten (König oder Fürst), keine Gewaltenteilung

Nach dem Vorbild französischer Städte entstanden in der Zeit der absolutistischen Herrscher vom 16. bis 18. Jahrhundert völlig neue Stadttypen. Die Planstädte spiegeln den Absolutheitsanspruch dieser Herrscher wider. Dabei wurden zwei verschiedene Grundprinzipien angewandt: zum einen das Modell der **Vierungsstadt** mit einer quadratischen Grundform wie in Freudenstadt oder teilweise in Mannheim. Zum anderen wurden **Radialstädte** errichtet, wie zum Beispiel ab 1715 die Stadt Karlsruhe oder ab 1733 Neustrelitz, die sich stark am Strahlensystem von Versailles orientierten. Das gesamte Straßennetz wurde radial ausgerichtet. So entstanden barocke Idealstädte, die sich konsequent auf das Machtzentrum, das Schloss, konzentrierten. Sie waren als Gesamtkunstwerk konzipiert, mit Sichtachsen, Plätzen und Parkanlagen.

Als Residenz- und Verwaltungsstädte der politisch und wirtschaftlich erstarkenden Territorialstaaten gewannen sie zunehmend an Bedeutung und Größe. Zur gleichen Zeit wurden auch bestehende Städte zu prunkvollen Residenzen ausgebaut, wie etwa Potsdam und Dresden, immer auch mit entsprechenden Gartenanlagen und Nebengebäuden, z. B. Schloss Sanssouci. Umgeben wurden viele dieser Städte von massiven Festungsanlagen zum Schutz vor Zerstörungen. Der Große Kurfürst stattete ab 1658 auch Berlin mit diesen Verteidigungseinrichtungen aus. Parallel verloren alte Reichs- und Handelsstädte aufgrund der Verlagerung von Handelswegen an Bedeutung. Ebenso erfolgte zwischen dem 16. und 18. Jahrhundert die Gründung von Exulantenstädten für oder durch protestantische Flüchtlinge (z. B. Homburg).

Idealstadtentwürfe von Francesco di Giorgio Martini

M2 Modell der Radialstadt

M3 Kurfürst Friedrich Wilhelm (1620–1688): Der Große Kurfürst

M4 Freudenstadt im Luftbild

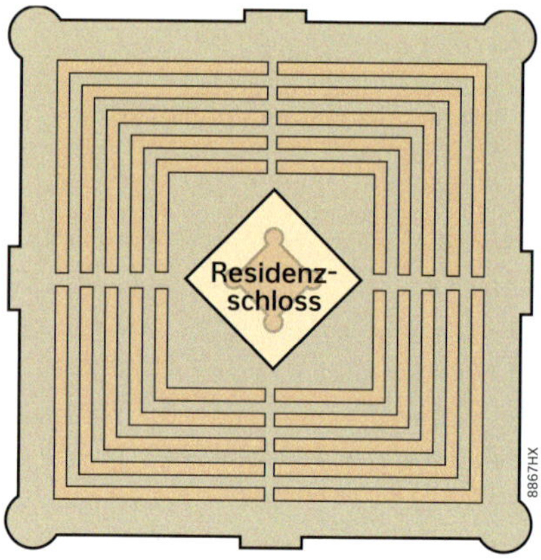

M6 Freudenstadt – Plan von 1660

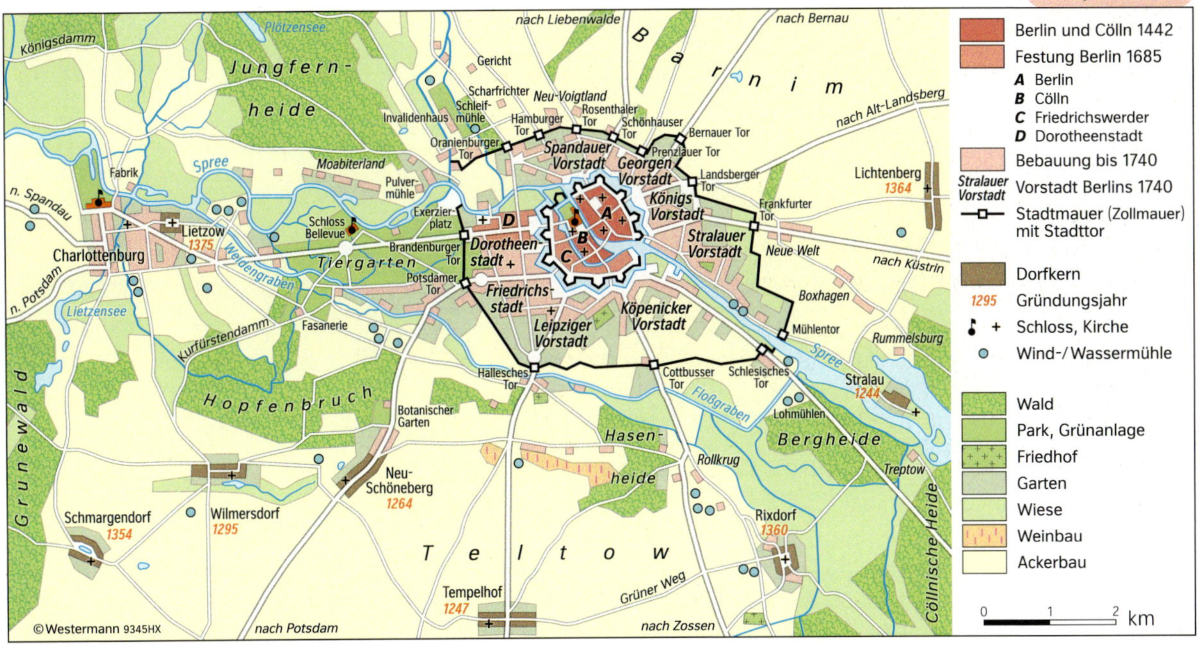

M7 Berlin in den Jahren 1685 bis 1740

Mit dem Erwerb der östlich der Mark Brandenburg gelegenen Herzogtümer Preußens und Jülich (westlich von Aachen) Anfang des 17. Jahrhunderts war die Basis für den Aufstieg Berlins unter dem Großen Kurfürsten geschaffen. Berlin wurde zur Festungs- und Garnisonsstadt ausgebaut. Die Stadterweiterungen zwischen 1658 und 1740 wurden ringförmig um die mittelalterliche Stadt angelegt. Die drei Residenzstädte im Westen, Friedrichswerder, Dorotheenstadt und Friedrichstadt, wurden Wohnsitz eher gehobener Bevölkerungsschichten, während die Erweiterungen im Osten, Spandauer Vorstadt, Königsvorstadt und Stralauer Vorstadt, eher durch Handwerk und sozial schwächere Bevölkerungsschichten geprägt waren. An den alten Eingängen zur mittelalterlichen Stadt entstanden neue zentrale Orte wie Alexanderplatz, Hackescher Markt, Spittelmarkt. Als Prachtplatz entstand der Gendarmenmarkt in der Friedrichstadt. Ab 1710 verstärkte sich dann die Westorientierung entlang der Prachtstraße Unter den Linden. Zahlreiche bedeutende Bauten (z.B. Oper, Dom) entstanden. 1671 wurde Potsdam zur Residenz erhoben. 1699 wurde das Schloss Charlottenburg eingeweiht. Auf Basis wachsender Staatseinnahmen wurden in dieser Zeit Manufakturen ausgebaut (z.B. die Königliche Porzellanmanufaktur) sowie Glaubensflüchtlinge angeworben, die ihr Know-how nach Berlin mitbrachten. So kamen z.B. Juden aus Österreich und die Hugenotten aus Frankreich in die Stadt. Sie ließen sich vor allem in den Residenzstädten nieder und gründeten Manufakturen zur Herstellung von Luxuswaren. Mit der Entstehung des Königreichs Preußen 1701 und seiner Entwicklung zur Großmacht expandierte auch die Metallwaren- und Waffenherstellung, und Berlin entwickelte sich zum größten Textil- und Bekleidungszentrum Preußens mit 26 400 Beschäftigten um das Jahr 1800. Begünstigt durch den Bau einer Schiffsverbindung zwischen Oder und Spree ab 1669 (Friedrich-Wilhelm-Kanal) wuchs auch die Handelsfunktion Berlins wieder stark an.

M8 Berlin im 17. und 18. Jahrhundert

Einwohnerzahlen Berlins:

1648: 6 000
1695: 25 000
1712: 61 000
1740: 90 000
1800: 172 000

Fläche Berlins in ha:

1648: 104,6
1695: 162,16
1712: 563,23
1740: 1319,00
1800: 1343,66

1 *Beschreiben Sie mithilfe der Abbildungen M1, M2, M4 – M6 typische Merkmale barocker Städte.*

2 *a) Nennen Sie wesentliche Wachstumsfaktoren der Entwicklung Berlins vom 17. bis Anfang des 19. Jahrhunderts (M7, M8, Randspalte)*

b) Beschreiben Sie die Veränderungen in Berlin in diesem Zeitraum (M7, M8, Randspalte, Internet: www.berlin.de/berlin-im-ueberblick/geschichte).

c) Begründen Sie das rasante Stadtwachstum Berlins seit Mitte des 17. Jahrhunderts (M7, M8, S. 11 M6, S. 13 M6) und die daraus resultierenden ersten sozialräumlichen Unterschiede.

3 *Nehmen Sie Stellung zur These: „Die Expansion Preußens brachte wesentliche Grundlagen für das Wachstum Berlins."*

Beispiel Berlin

	1871	1900	1939
Gemeinden (bis 2000 Einw.)	62,60 %	44,00 %	30,40 %
Kleinstädte (5000 – 10 000 Einw.)	11,50 %	13,40 %	13,60 %
Großstädte (> 100 000 Einw.)	5,50 %	17,40 %	31,80 %

M1 Verteilung der Wohnbevölkerung nach Gemeindegrößen

Standortfaktoren
sind örtlich gebundene Kostenvorteile.

Das rasche Bevölkerungswachstum der Städte aufgrund der stark steigenden Arbeitskräftenachfrage und der hohen Zuwanderung aus dem ländlichen Raum führte zu Wohnraummangel, Bodenspekulation und hohen Mieten. In Berlin planten die Verantwortlichen der Stadt 1862 mit dem Bebauungsplan von James Hobrecht, auf einer Fläche von 88 km² weitere 1,5 Millionen Einwohner und entsprechende Industriearbeitsplätze unterzubringen.
Prägende Merkmale des **wilhelminischen Wohngürtels**, der auf Basis dieses Plans entstand, waren eng bebaute große Blöcke mit Vorderhaus, Seitenflügeln und bis zu acht Hinterhäusern und einer geringen Hoffläche. Die Wohnqualität nahm von außen nach innen stark ab. Bäder fehlten fast völlig, üblich waren Hoftoiletten. Erst nach Bau der Kanalisation ab 1873 gab es Spültoiletten auf halber Treppe. Nur ein Teil der Zimmer war heizbar. 1875 wohnten 10 % in überfüllten Kellerwohnungen, 1905 hatten noch 100 000 Einwohner nur einen Schlafplatz. Die Einwohnerdichte stieg teilweise auf 80 000 je km². „Man kann mit einer Wohnung einen Menschen genauso töten wie mit einer Axt", soll damals Heinrich Zille formuliert haben. Auch in anderen Industriestädten entstanden ähnliche Wohngebiete. Anfang des 20. Jahrhunderts entstanden Alternativen (sozialer Wohnungsbau).

M2 Wohnungsbau in der industriellen Phase

Heinrich Zille:
Maler und Grafiker (1858 – 1929), der sich kritisch mit den Lebensverhältnissen in den Arbeitervierteln auseinandersetzte

M4 „Wollt ihr wohl weg von de' Blume! Spielt mit dem Müllkasten!"

Stadtentwicklung im Zeitalter der Industrialisierung

Im Zuge der Industrialisierung ab Anfang des 19. Jahrhunderts fanden große wirtschaftliche, soziale und städtebauliche Umbrüche statt. Die Bevölkerungszahl stieg in Deutschland von 1816 bis 1914 von 25 auf 68 Millionen. Gleichzeitig gab es großräumige Wanderungsbewegungen.
Die Säulen der Industrieentwicklung waren anfänglich Textil- und Bekleidungsindustrie, später dann die Montanindustrie, sodass sich zahlreiche Städte in der Nähe von Rohstoffquellen bildeten. Neben der Verkehrslage, insbesondere der Anschluss an das stark expandierende Eisenbahnnetz, bestimmten weitere Standortfaktoren wie Arbeits- und Absatzmarkt sowie Verflechtungsmöglichkeiten das Wachstum der Städte, das sich überwiegend aus Zuwanderung speiste.

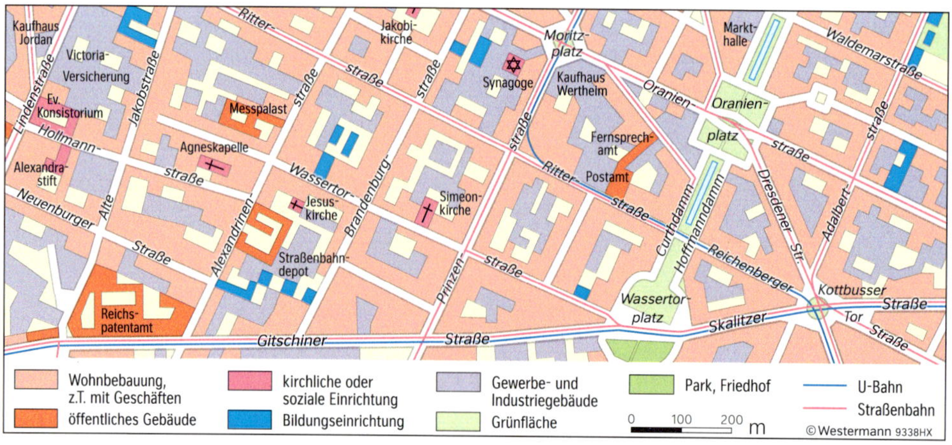

M3 Mietskasernenviertel in Berlin-Kreuzberg 1939

100800-038-01
www.diercke.de

Mit der Reichsgründung 1871 beschleunigte sich das wirtschaftliche Wachstum verbunden mit der Randwanderung der Industrie und der Expansion von Cityfunktionen im alten Stadtkern (Großbanken, Hotels, Warenhäuser, Regierungsgebäude), insbesondere im westlichen Teil (Dorotheen- und nördliche Friedrichstadt). Im sekundären Sektor wurden innovative und forschungsintensive Industriebetriebe wie Siemens, AEG oder Schering neben dem Maschinen- und Fahrzeugbau (z.B. Borsig) führend und prägten teilweise ganze Stadtteile wie Siemensstadt, Moabit, Oberspree. Mit dem Wachstum der Betriebe zu Großbetrieben entstanden zusätzliche Kostenersparnisse aufgrund der Größe (**economies of scale**). Ebenso ermöglichte die Größe des Standortes Berlins **externe Ersparnisse**, z.B. durch Verflechtungen zu anderen Betrieben (Zulieferer, Abnehmer) und zu Dienstleistungs- und Forschungseinrichtungen. Auch erfolgte eine Expansion von an den örtlichen Absatzmarkt orientierten Betrieben, z.B. der Bauwirtschaft oder der Lebensmittelindustrie.
Gleichzeitig setzte eine rasante Umlandverstädterung ein, die zu einer starken Konkurrenz zwischen den im Umland entstehenden Großstädten wie Neukölln und der Kernstadt führten und eine gemeinsame Planung erschwerten. Dieses Faktum und der Raummangel führten 1920 zur Bildung von Groß-Berlin aus 7 Städten, 59 Landgemeinden und 27 Gutsbezirken, wodurch die Stadtfläche von 66 km² auf 878 km² wuchs. In diese wurden die schon 1915 erworbenen und dauerhaft gesicherten ca. 100 km² Waldfläche integriert. Die Einwohnerzahl stieg von 1,9 Mio. auf über 3,8 Mio. Untergliedert wurde Groß-Berlin in 20 Bezirke mit jeweils eigenem Planungsrecht und eigener Bezirksverwaltung.

M5 Entwicklung der Industriestadt Berlin

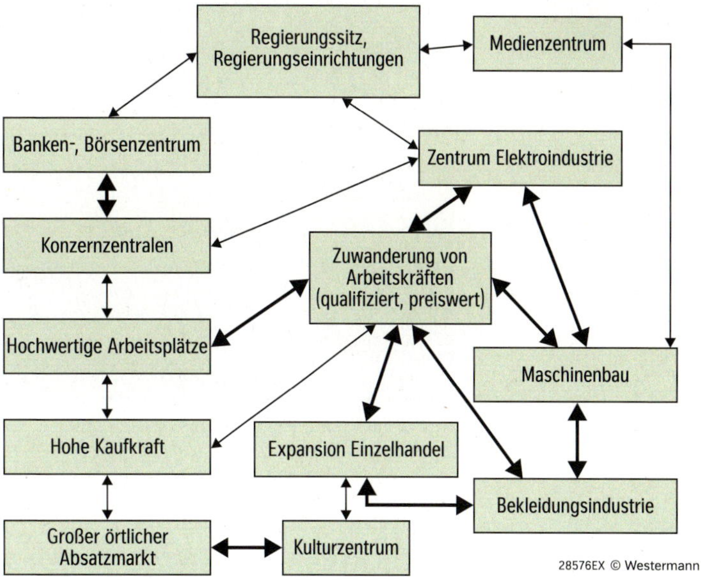

M7 Selbstverstärkungskräfte in der Weltstadt Berlin um 1900 (Auswahl)

Die polyzentrische Struktur mit großen Freiflächen bot neue Wachstumsmöglichkeiten. Wachstumsfaktoren waren z.B. Fühlungsvorteile zur Reichsregierung, der Ausbau des internationalen Verkehrsknotens, die Forschung, Messestandort, Bankenzentrum, Konzernzentralen. Es entstanden 160 000 neue Wohnungen zwischen 1924 und 1931, bis zu 50 % im modernen sozialen Wohnungsbau (z.B. Hufeisensiedlung Britz, Weiße Stadt Reinickendorf), finanziert über die 1924 eingeführte Hauszinssteuer.

M8 Vorteile der Bildung von Groß-Berlin

Hauszinssteuer:
Althausbesitzer mussten kommunale Steuer zahlen zur Finanzierung des Wohnungsbaus.

Fühlungsvorteile
sind Vorteile, die sich aus dem direkten persönlichen Kontakt ergeben.

Branche	1871	1925
Elektrotechnik	375	180 517
Bauindustrie	19 000	150 000
Maschinen-/Fahrzeugbau	18 000	107 686
Bekleidungsindustrie	72 000	203 495
Nahrungs- / Genussmittel	13 000	74 000
chemische Industrie	360	18 000
Industrie gesamt	**190 000**	**1 033 346**

M6 Arbeitsplatzentwicklung in Berlin

Ort	1861	1890	1919
Berlin	521 000	1 575 013	1 907 471
Charlottenburg	11 592	76 859	322 766
Neukölln/Rixdorf	4 091	35 702	262 127
Schöneberg	2 224	28 721	175 092
Steglitz (Dorf)	?	12 530	83 366

M9 Einwohnerentwicklung Berlin und Umland

Beschäftigtenanteile der Wirtschaftssektoren Berlins:

sekundär
1871: 65,0 %
1925: 59,0 %
1939: 48,8 %
tertiär
1871: 33,8 %
1925: 40,0 %
1939: 50,8 %

1 *Beschreiben Sie typische Merkmale des Wohnungsbaus in der Phase der industriellen Verstädterung (M2 – M4).*

2 *Erläutern Sie die Veränderungen der Siedlungs- und Stadtstruktur zur Zeit der industriellen Verstädterung (M1 – M6, M9). Beachten Sie besonders auch M3.*

3 *Erstellen Sie eine Mindmap mit den Wachstumsfaktoren Berlins bis 1939 (M5 – M9).*

4 *Erläutern Sie die These: „Ohne Groß-Berlin hätte sich die Stadt nicht zur Weltstadt entwickelt."*

M1 Großwohnraumsiedlung in Halle (Saale)

Stadtentwicklung in der Dienstleistungsgesellschaft

Einwohner in Halle-Silberhöhe:

1989: 40 000
2013: 12 800
2017: 12 796

Anteil der Bevölkerung mit Migrationshintergrund

2010: 2,9 %
2016: 10,6 %

Die Zerstörungen im 2. Weltkrieg sowie die Gründung zweier deutscher Staaten stellten markante Einschnitte in der Stadtentwicklung dar und führten aufgrund der Systemunterschiede (Planwirtschaft bzw. Marktwirtschaft) zu klaren Unterschieden. In der DDR wurden überwiegend die Prinzipien des sozialistischen Städtebaus auf Basis der Planwirtschaft und der weitgehenden Kontrolle des Bodenmarktes verwirklicht. Neubauten, Prachtstraßen und die Anlage zentraler Plätze führten zu einer Vernachlässigung historischer Bausubstanz. Ab den 1970er-Jahren entstanden verstärkt Großwohnraumsiedlungen am Stadtrand mit industriell vorgefertigten Elementen (sogenannte Plattenbauten). Limitierender Faktor blieben die begrenzt vorhandenen Ressourcen (Kapital, Maschinen, Arbeitskräfte).

Die Städte im Westen Deutschlands entwickelten sich dagegen auf marktwirtschaftlicher Basis mit begrenzten staatlichen Steuerungsmöglichkeiten und im Übergang zur Dienstleistungsgesellschaft. Dienstleistungen expandierten vor allem im Zentrum der Städte, die häufig in der Wiederaufbauphase autogerecht umgestaltet wurden. Industrie- und Wohnflächen, teilweise als Großsiedlungen, wurden an den Rand der Stadt oder ins Umland verdrängt, auch als Resultat der Sanierung innerstädtischer Altbaugebiete mit entsprechendem Wohnraumverlust. Ab den 1990er-Jahren setzte eine bis heute anhaltende Wanderung von Menschen in die Innenstädte ein, welche die Wanderungen der Bevölkerung ins Umland überlagert. Kernstädte und ihr Umland wuchsen zulasten peripherer Regionen.

M2 Stadtplan des sozialistischen Plattenbauviertels Halle-Silberhöhe im Jahr 1990

100800-041-01
www.diercke.de

M3 Großwohnraumsiedlung Gropiusstadt in Berlin

Zeit	Bundesrepublik Deutschland (BRD)	Deutsche Demokratische Republik (DDR)
1950er-Jahre	**Funktionstrennung und Neuaufbau** 1. Abriss und Neubau von Stadtvierteln 2. Orientierung am historischen Erbe und Rekonstruktion historischer Bausubstanz	1. Teilenteignung, Repräsentationsbauten von Partei und Regierung 2. sozialistischer Städtebau (Stalinzeit), Verfall alter Bausubstanz
1960er-Jahre	**Urbanität durch Dichte** Trabantenstädte „auf der grünen Wiese", Funktionsentmischung, erste Suburbanisierung, autogerechte Stadt	Plattenbauten, weiterer Verfall alter Bausubstanz
1970er-Jahre	**sanfte Stadterneuerung** Modernisierung von Altbauten, Stadtsanierung, Aufwertung der Innenstädte, aber auch Suburbanisierung, Einkaufszentren im Umland	**Wohnungsbauprogramme** Plattenbauten vorrangig an der Peripherie, nur vereinzelt in der Innenstadt, anhaltender Verfall alter Bausubstanz
1980er-Jahre	**ökologischer Stadtumbau** funktionale Mischung der Grunddaseinsfunktionen mit dem Ziel einer lebenswerten und kompakten Stadt	**erste historische Stadterneuerung** teilweise Rekonstruktion historischer Bausubstanz, weitere Plattenbauten, auch im Zentrum
1990er-Jahre	**Revitalisierung der Innenstädte und Nachhaltige Stadt (Agenda 21)** 1. Innenstadt als Wohnraum mit Grünflächen und hohem Freizeitwert, Sanierung der Innenstädte 2. Polyzentralität: Bündelung des Siedlungswachstums auf ausgewählte Schwerpunkte im Umland 3. Stadtumbau Ost (Verbesserung der Lebens-, Wohn- und Arbeitsqualität) 4. Städtenetze, Metropolregionen, soziale Stadt, Smart City, Nachverdichtung	

M4 Leitbilder und Merkmale der Stadtentwicklung in Deutschland

Einwohner in Berlin-Gropiusstadt:

1980: 45 000
2008: 35 844
2019: 37 630

Anteil der Bevölkerung mit Migrationshintergrund

2019: 20,9 %

Einwohnerzahlen Berlins:

1920: 3 803 000
1925: 4 024 286
1933: 4 242 501
1950: 3 336 000
1975: 3 083 000
1985: 3 076 000
1989: 3 413 000

Fläche in ha:

1920 88 781
1950 88 994
1989 88 994

1 *Stellen Sie wesentliche Prozesse der Veränderung in der Stadtentwicklung seit den 1950er-Jahren bis heute in der BRD/DDR bzw. in den neuen und alten Bundesländern dar (M1 – M4).*

2 *Erläutern Sie Merkmale und Veränderungen am Beispiel Halle-Silberhöhe und vergleichen Sie diese mit Berlin-Gropiusstadt (M2 – M4, Randspalte, Atlas).*

3 *Erörtern Sie die These, dass Stadtentwicklungsprozesse seit dem Übergang zur Dienstleistungsgesellschaft die Unterschiede zwischen Wachstumsregionen und Peripherien verstärken.*

4 *Nehmen Sie Stellung zu der Aussage: „Die staatliche Kontrolle des Bodenmarktes in der DDR war eine wesentliche Ursache für Unterschiede in der Stadtentwicklung zwischen BRD und DDR."*

100800-042-01 www.diercke.de
100800-043 www.diercke.de

M1 Luftbild von Nürnberg

1.3 Räumlich-funktionale Gliederung deutscher Städte

Obwohl sich die Städte in Deutschland insbesondere nach dem Zweiten Weltkrieg hinsichtlich ihrer Erscheinungsform immer weiter differenziert haben, lassen sich bestimmte Ordnungsprinzipien erkennen, nach denen eine Stadt funktional sowie sozioökonomisch gegliedert werden kann. Diese hängen oft eng mit der historischen Entwicklung einer Stadt zusammen und sind einem ständigen Wandlungsprozess aufgrund wirtschaftlicher und demographischer Faktoren unterworfen.

Im Zentrum der Stadt befindet sich der häufig aus dem Mittelalter stammende historische Stadtkern mit Rathaus, Hauptkirche bzw. Residenzbauten. Während der bürgerlichen und industriellen Phase erfolgte in den meisten Städten eine erste Stadterweiterung. Es wurden gründerzeitliche Viertel, Villenviertel, Industriegebiete sowie Gleisanlagen mit Bahnhöfen errichtet. Im 20. Jahrhundert ergänzten dann bald Erweiterungen entlang von Verkehrsachsen sowie gartenstadtähnliche Viertel, genossenschaftlicher Wohnungsbau und Einfamilienhausgebiete die Städte.

Doch die Ausbreitung der Städte hatte noch nicht ihren Abschluss gefunden: Ab Mitte des 20. Jahrhunderts folgten dann Großwohnsiedlungen am Stadtrand. Daraus ergab sich eine idealtypische, ringförmige Anordnung. Aber auch heute expandieren viele Städte. So wird die Stadtstruktur sich auch in Zukunft verändern.

Im zentralen Bereich der Stadt, welcher in Mitteleuropa häufig deckungsgleich mit der Altstadt ist, kam es im Zuge des Flächen- und Bevölkerungswachstums ab Mitte des 19. Jahrhunderts zur Entwicklung eines Geschäftsbezirkes. Dieser zentrale Dienstleistungsraum bildet die Hauptcity.

Durch steigende Bodenpreise setzte gleichzeitig ein Verdrängungsprozess aus der **City** ein. Dies führte zu einer Abnahme der Wohnfunktion, aber auch zur Verdrängung des sekundären Sektors sowie flächenintensiver Dienstleistungen aus der Innenstadt. Lediglich die prestigeträchtigen und umsatzstarken Dienstleistungsfunktionen, staatliche Einrichtungen sowie in jüngster Zeit Luxuswohnungen konnten sich an diesem Standort behaupten.

Die steigenden Boden- und Mietpreise führten aber auch zu einer intensiven Flächennutzung. So erfolgte in den Citys durch den Bau von Hochhäusern vermehrt eine Expansion in die Höhe. Hochwertige Büroarbeitsplätze sowie kundenorientierte hochwertige Dienstleistungen bedingen auch die hohe Wertschöpfung in diesem Teilraum der Stadt.

In größeren Städten erfolgt eine funktionale Differenzierung der City, beispielsweise in Hauptgeschäftszentren, Verwaltungsviertel, Bankenviertel und Unterhaltungsviertel.

Gerade in wachsenden Großstädten kommt es auch zu einer ständige Überformung und Veränderung der City in baulicher und wirtschaftlicher Hinsicht. Es entstehen Neben-Citys.

M2 Das Stadtzentrum

100800-077 www.diercke.de

M6 Berlin und Umlandgemeinden

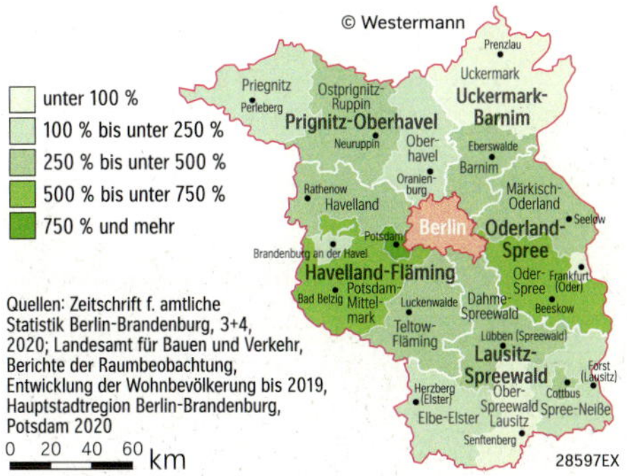

M9 Metropolregion – Veränderung der Bodenpreise 2019 zu 1993

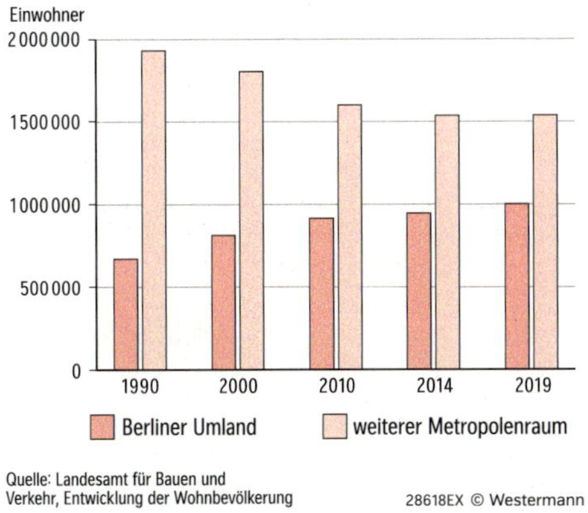

M7 Einwohnerentwicklung im Metropolraum

Wanderungssaldo 2001 – 2019	weiterer Metropolraum	Berliner Umland
Ausland/unbekannt	73853	13712
Land Berlin	–11209	176179
alte Bundesländer	–84768	241
neue Bundesländer	–33356	9652
Land Brandenburg	–24987	24987

Quelle: Landesamt für Bauen und Verkehr 2020

M10 Wanderung in der Metropolregion

Orte der Sehnsucht

Corona hat die Landlust verstärkt. Offen ist, wer davon profitiert.

[...] Die Corona-Pandemie und die damit verbundenen Folgen [...] haben Visionen von einem anderen Leben einen neuen Schub gegeben. Eingepfercht in die Enge der Stadt fanden zunehmend Menschen mit unterschiedlichen Hintergründen ein Leben in der Natur, mit Platz, Entschleunigung und verbindlichen Sozialkontakten so erstrebenswert, dass es konkret werden sollte: Der Sparda-Studie „Wohnen in Deutschland 2021" zufolge hat nahezu jeder fünfte Mieter während der Pandemie über räumliche Veränderungen nachgedacht. Begründet haben die Menschen ihre Umzugswünsche zuletzt mit mehr Platz (42 %), einer schöneren Wohnumgebung (55 %) und einem größeren Garten oder Balkon [...] (44 %) – alles also, was [...] eher auf dem Land zu vermuten ist als im verdichteten urbanen Raum. [...] Zahlen zeigen, dass von der neuen Landlust der Deutschen vor allem die Speckgürtel profitieren. [...]

Kristina Pezzei

M8 Trend zum ländlichen Raum?

1 *Suburbanisierungsprozesse in der Metropolregion Berlin-Brandenburg:*
  - *a) Beschreiben Sie die Entwicklungen in der Metropolregion Berlin-Brandenburg. Differenzieren Sie dabei zwischen Berliner Umland und der weiteren Metropolregion (M1 – M10).*
  - *b) Erklären Sie die unterschiedlichen Entwicklungen zwischen dem Berliner Umland und der weiteren Metropolregion (M5, M7 – M10).*
  - *c) Erläutern Sie die Auswirkungen des Suburbanisierungsprozesses auf die Entwicklungen in der Metropolregion (M5 – M10, S. 26 – 29).*

2 *Erörtern Sie, welche Teilregion am stärksten vom Suburbanisierungsprozess profitiert (M3, M7 – M10)*

3 *Nehmen Sie Stellung zu der These: „Die Entwicklung in der Metropolregion zeigt, dass mehrere Urbanisierungsphasen parallel verlaufen und sich überlagern können" (M5 – M10).*

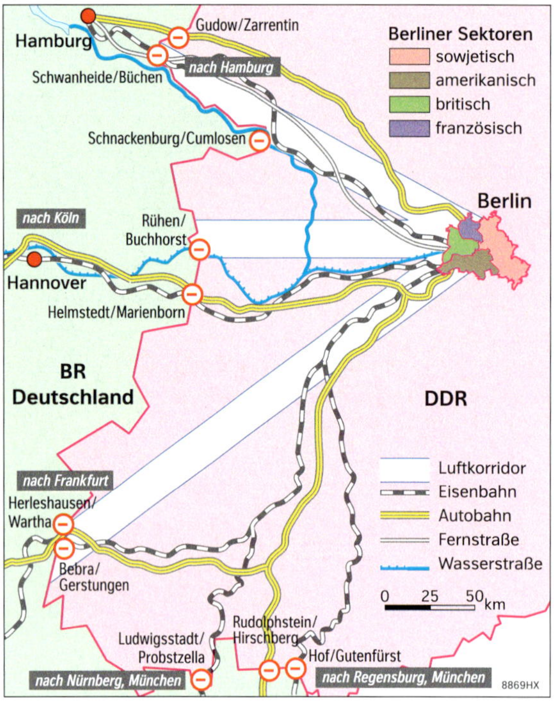

M1 Gliederung Berlins in Sektoren und Verkehrswege von Berlin in die BRD

M2 Mauerbau am 13.8.1961

1945:	Berlin als 5. Besatzungszone festgelegt
1948/49:	Einführung zweier Währungen (D-Mark in Berlin West und DDR-Mark in Berlin Ost), Blockade von Berlin West, Versorgung des Westteils per Luftbrücke
1949:	Spaltung Berlins, Bildung zweier Stadtregierungen
1961:	Mauerbau
1990:	Wiedervereinigung der Stadt

M3 Wichtige Daten Berlins (1945 bis 1990)

Bundeszuschüsse an den Westberliner Landeshaushalt:

1952: 600 Mio. (35,7 %)
1962: 1,649 Mrd. (39,4 %)
1972: 4,062 Mrd. (55 %)
1985: 11,3 Mrd. (52,7 %)

Größte Arbeitgeber in Berlin West (1985):

Land Berlin: 177 000

Bundesbehörden: 49 000

Hochschulen: 28 000

Siemens AG: 26 000

AEG (Elektroindustrie): 7500

Schering (Pharmazie): 6000

Größter Arbeitgeber in Berlin Ost 1989:

staatliche Behörden: ca. 320 000

Berlin – Wirtschaftsraum vor 1990

„Mit der Besetzung und Teilung Berlins zwischen 1945 bzw. 1949 und 1989 kulminierte die im 20. Jahrhundert von anderen Metropolen stark abweichende Sonderentwicklung der Stadt."
Christoph Bernhardt

Die Entwicklung Berlins war zwischen 1945 und 1990 im Wesentlichen durch politische Faktoren geprägt. Die Zugehörigkeit zu zwei unterschiedlichen politischen und wirtschaftlichen Systemen sowie die isolierte Lage von Berlin West, mitten in der DDR, führten ab 1948 zum Verlust der ursprünglichen Wachstumsfaktoren.
So wanderten trotz Subventionen in Berlin West fast alle Konzernzentralen ab, das Bankenzentrum sowie das Zeitungsviertel verschwanden fast gänzlich und der Dienstleistungssektor wurde auf den lokalen Einzugsbereich reduziert. Entgegen diesen Entwicklungen erzeugten der Wiederaufbau, der Ausbau von Berlin West zum „Schaufenster der freien Welt" und Subventionen einen Aufschwung bis 1960. Teile der Industrie (vor allem Elektrotechnik, Bekleidung) gerieten aber ab 1970 durch wachsende internationale Konkurrenz in die Krise: Zu dieser Zeit dominierte die einfache Massengüterproduktion die Berliner Wirtschaftsstruktur. Betriebe mit intensiver Forschung und Entwicklung fehlten fast völlig.
Im Ostteil der Stadt wirkte sich dieser Einfluss aufgrund der Planwirtschaft und der Abschottung vor westlicher Konkurrenz nicht aus. Massive Subventionen sowie der Ausbau des staatlichen Sektors führten dort zu einem Aufschwung in den 1980er-Jahren, jedoch nicht zu einem eigenständigen Wachstum. Auch hier gab es eher traditionelle Schwerpunkte in der Elektro-, Textil- und Bekleidungsindustrie. Der Kapitalmangel verursachte Produktivitätsrückstände. Vor allem die ausstehenden Modernisierungen der Produktionsanlagen forcierten diese Situation.

Jahr	Berlin West	Berlin Ost
1950	2 146 926	1 189 074
1960	2 202 200	1 071 800
1965	2 147 400	1 070 731
1970	2 122 345	1 086 374
1980	1 896 500	1 152 500
1985	1 860 414	1 215 586
1989	2 134 051	1 279 212

M4 Einwohnerentwicklung in Berlin

100800-083-10 www.diercke.de

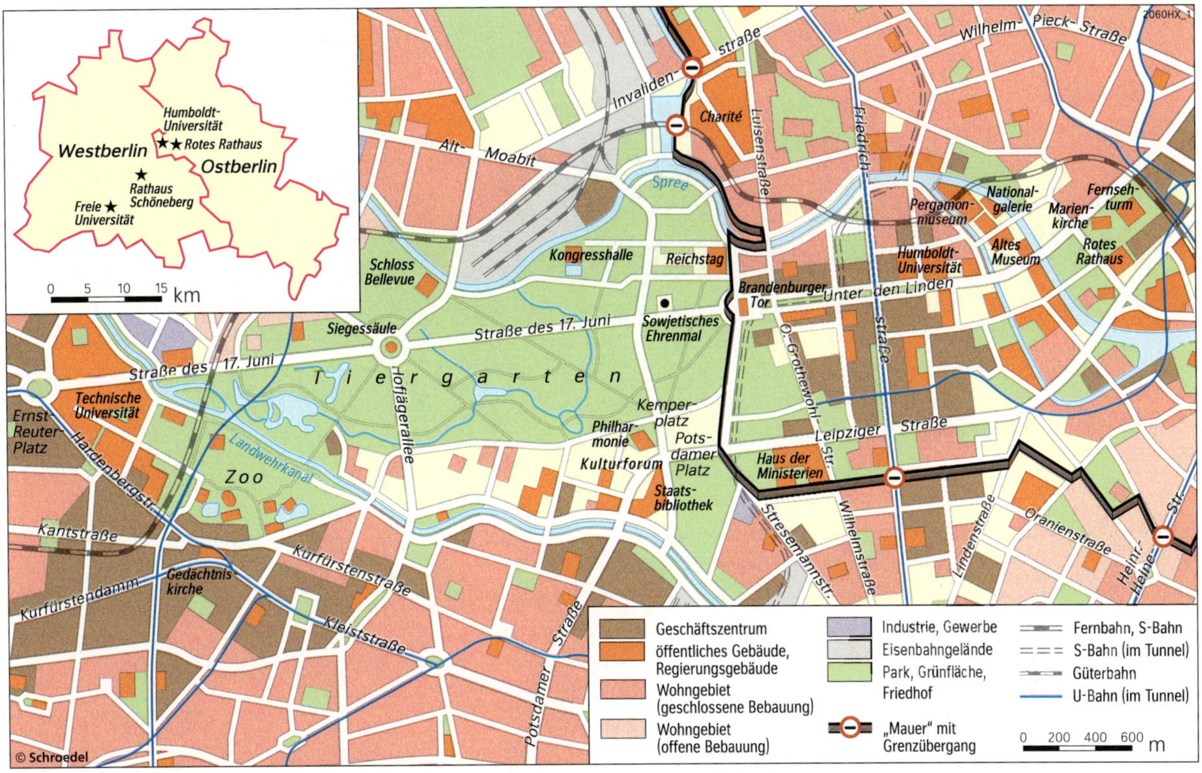

M5 Das geteilte Berlin 1980

Jede dritte Zigarette, die in der Bundesrepublik geraucht wird, [...] jede vierte Glühbirne, die in der Bundesrepublik brennt, kommt aus Berlin. Jedes vierte Kleidungsstück, das Deutschlands Frauen tragen, ist Berliner Chic. (E. Frühsorge)

Hochautomatisierte einfache Produktion in Zweigbetrieben (verlängerte Werkbänke) prägten große Teile der Westberliner Industrie. Kaffeeröstereien und Zigarettenindustrie machten Ende der 1970er-Jahre fast 30% des Industrieumsatzes Berlins aus. Aufgrund des Arbeitskräftemangels nach dem Mauerbau wurden für diese einfachen Arbeitsplätze verstärkt Arbeitsmigranten aus Südeuropa angeworben. Seit Ende der 70er-Jahre wurden viele arbeitsintensive Produktionszweige in Billiglohnländer verlagert oder geschlossen.

Franziska Nentwig, Dominik Bartmann, verändert

M6 Die Westberliner Industrie

Bereich	1950	1960	1970	1981	1989
Beschäftigte Berlin West	772800	1034000	960000	843000	995000
verarbeitendes Gewerbe Berlin West	137700	278701	245436	162161	165960
tertiärer Sektor Berlin West	392582	549054	538560	541206	684560
Beschäftigte Berlin Ost	k.A.	561417	654800	677300	697000
verarbeitendes Gewerbe Berlin Ost	k.A.	167049	157741	157700	175700
tertiärer Sektor Berlin Ost	k.A.	309902	280254	289884	346080
Anteile des sekundären Sektors an Beschäftigten in Berlin West	43,4 %	46,3%	43,4%	35,0%	30,4%
Anteile des sekundären Sektors an Beschäftigten in Berlin Ost	k.A.	29,7%	24,1%	23,3%	25,2%

M7 Arbeitsplatzentwicklung in Berlin

1 *Analysieren Sie die Nachkriegsentwicklung Berlins in Gruppen (M1 – M7):*
a) Beschreiben Sie die Entwicklung der jeweiligen Stadthälfte, unterteilt nach Perioden.
b) Erläutern Sie strukturelle Probleme, die sich bis 1989 herausgebildet hatten (Text, M4 – M7).
c) Diskutieren Sie die These von C. Bernhardt zur Sonderentwicklung Berlins.

2 *„Auf dem Boden Berlins existierten 1990 zwei eigenständige Städte.“ Nehmen Sie Stellung!*

100800-039 www.diercke.de

M1 Leer stehendes Gewerbegelände in Schöneweide, Aufnahme 2021

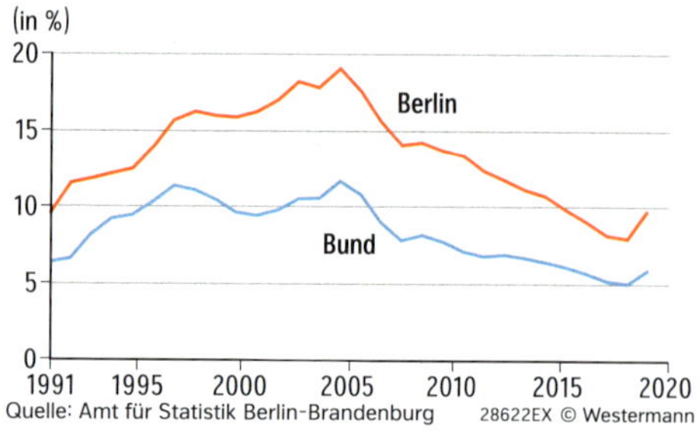

M2 Arbeitslosenquote in Berlin und Deutschland im Vergleich (bezogen auf zivile Erwerbspersonen)

Berlin – von der Krisenregion zur Wachstumsmetropole seit 1991

Schuldenstand von Berlin:

1990:	*9,276 Mrd. €*
1995:	*23,86 Mrd. €*
2005:	*60,97 Mrd. €*
2010:	*61,90 Mrd. €*
2019:	*57,55 Mrd. €*
2020:	*63,71 Mrd. €*

(Quelle: Senatsverwaltung für Finanzen)

Trotz des Regierungsumzugs 1999 gelang bis 2004 kein nachhaltiger Wirtschaftsaufschwung. Es machten sich die Schwächen der Wirtschaftsstruktur von vor 1991 in beiden Stadthälften massiv bemerkbar. Der Wegfall der Subventionen im Westteil und die plötzliche Weltmarktkonkurrenz im Ostteil der Stadt führten vor dem Hintergrund einer eher traditionellen Industriestruktur zur Krise zahlreicher Industriebetriebe und zu einer Deindustrialisierung, die insbesondere den Ostteil der Stadt betraf. Dort waren von den 175 900 Industriearbeitsplätzen (1989) im Jahr 1996 nur noch 24 500 vorhanden. Verstärkt wurde die Krise Berlins durch die Krise des Landes, was zu einem starken Abbau von staatlichen Arbeitsplätzen und Investitionen führte. Sinkende Kaufkraft aufgrund hoher Arbeitslosigkeit und Einwohnerverluste verschärften die Krise.

Nur langsam gelang durch eine verstärkte Vernetzung von Wissenschaft, privater Forschung und Wirtschaft sowie gezielte Förderung der Kreativwirtschaft ein Transformationsprozess. Preiswerte Mieten für Wohnen (noch 2002 standen 120 000 Wohnungen leer) und Gewerbe sowie Berlins Image („Berlin ist arm, aber sexy") zogen gerade Start-up-Betriebe an. Unternehmensorientierte Dienstleistungen und Interessenorganisationen folgten im Rahmen des Regierungsumzugs.

Ebenso entwickelte sich der Tourismus zu einem Wachstumsfaktor, der die Expansion von Handel und Gastronomie förderte sowie neue Kultur- und Freizeitangebote entstehen ließ. Seit 2004 erfolgte ein sich verstärkender Wirtschaftsaufschwung. Die neuen Arbeitsplätze erforderten jedoch Qualifikationen, die viele arbeitslose Berliner nicht aufwiesen, sodass sie mit Zuwanderern aus dem In- und Ausland besetzt wurden und werden.

Jahr	primärer Sektor	sekundärer Sektor	tertiärer Sektor
1991	0,10 %	25,90 %	74,00 %
2001	0,00 %	17,70 %	82,30 %
2010	0,00 %	17,40 %	82,60 %
2015	0,00 %	15,30 %	84,70 %
2019	0,00 %	14,50 %	85,50 %

Quelle: Amt für Statistik Berlin-Brandenburg

M3 Anteile der Sektoren am BIP in Berlin

Jahr	Berlin	Deutschland
2010	2,9 %	4,2 %
2016	5,1 %	2,2 %
2020	–3,3 %	–4,9 %

Quelle: Senatsverw. f. Wirtschaft, Energie u. Betriebe

M4 Veränderung des BIP zum Vorjahr

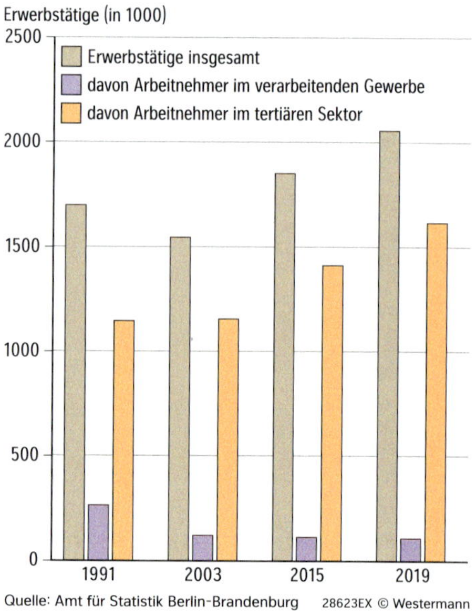

M5 Entwicklung des Berliner Arbeitsmarkts

M6 Das neue Zalando-Hauptquartier 2021

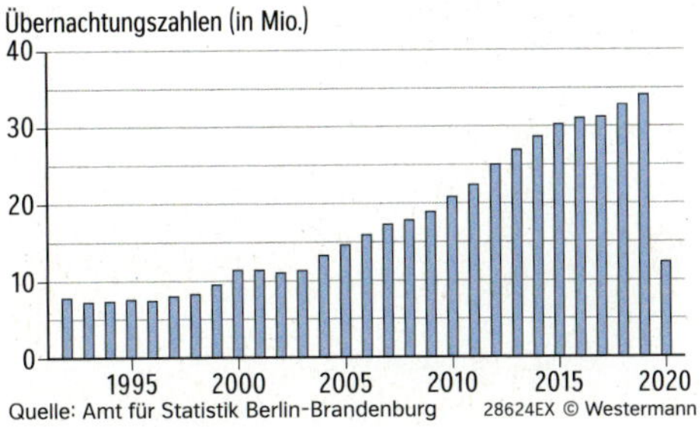

M9 Entwicklung des Tourismus in Berlin

Zalando wurde 2008 in einer Wohngemeinschaft in Berlin als Start-up-Unternehmen mit dem Ziel, über das Internet Schuhe zu vertreiben, gegründet. Heute ist es ein Online-Unternehmen für Mode (mit eigenen Modelabels), Technologie sowie Logistik. Es hatte 2019 einen Umsatz von 6,5 Mrd. € (2011: 0,5 Mrd. €), beschäftigte über 14 000 Mitarbeiter, davon über 6000 in Berlin, und ist in 17 europäischen Staaten vertreten. Im Zalando-Campus im Bereich Mediaspree mit bisher zehn Gebäuden werden nach Fertigstellung drei weiterer Bürogebäude (2023) insgesamt über 100 000 m^2 Bürofläche zur Verfügung stehen. Diese umfassen auch Fitnessräume, Gebetsräume, Elternzimmer, offene Arbeitsbereiche und Ruhezonen. Das neue Headquarter bietet außerdem eine Dachterrasse inklusive Basketballplatz.

M7 Zalando – vom Hinterhofbüro zum Unicorn

Bis 2019 war der Tourismus ein bedeutender Wirtschaftsfaktor für Berlin. Zu den Übernachtungen in gewerblichen Betrieben kamen 2019 über 34 Mio. Übernachtungen bei Freunden und Verwandten sowie 4,8 Mio. Übernachtungen bei Privat-/Sharing-Unterkünften und 130,6 Mio. Tagesreisende. Dies ergab einen Jahresumsatz von mehr als 6 Mrd. € und schuf rechnerisch 249 000 Arbeitsplätze. Messebesucher geben täglich ca. 240 €, private Hotelgäste 200 € und Tagesbesucher ca. 33 € aus. 2019 waren 50 % der Berlin-Besucher zwischen 20 und 39 Jahre alt. Neben den Sehenswürdigkeiten und dem Kulturangebot (Reisegrund bei über 65 %) waren für jüngere Gäste die Atmosphäre der Stadt, das Party- und Nachtleben (21 %) und das Veranstaltungs- und Unterhaltungsangebot (27 %) wichtige Reisegründe. Daten nach: Visit Berlin

M10 Bedeutung des Faktors Tourismus

M12 Weiteres Hochhaus für Zalando im Bau

Unicorn (Einhorn):
ein junges innovatives Start-up-Unternehmen mit einer Marktbewertung über einer Milliarde US-Dollar

Berlin ist in Deutschland der Standort Nummer eins für Start-up-Betriebe und liegt in Europa an zweiter Stelle bei den unicorns (elf „Einhörner") nach London. Insgesamt knapp 4800 Start-up-Betriebe erzielten 2019 einen Umsatz von 4,1 Mrd. € (2017: 1,9 Mrd. €) und beschäftigten 2019 über 80 000 Arbeitskräfte (2017: 58 000). Räumliche Schwerpunkte der Betriebe liegen in Berlin-Mitte (2067), Kreuzberg-Friedrichshain (869) und Pankow (524). Periphere Räume wie Spandau (49) oder Marzahn-Hellersdorf (31) spielen kaum eine Rolle.

M8 Berlin – Zentrum der Start-up-Betriebe

Die Kreativwirtschaft ist Teil des Clusters Informations- und Kommunikationstechnik (IKT), Medien und Kreativwirtschaft, das Berlin und Brandenburg als eines von fünf Wachstumsclustern prioritär entwickeln. [...] Das Cluster ist einer der wesentlichen Wachstumstreiber Berlins. [...] 2016 waren fast 300 000 Erwerbstätige in diesen Branchen tätig. Das Cluster steht damit für 21 Prozent der Berliner Unternehmen [...] Von 2008 bis 2016 ist die Zahl der Erwerbstätigen im Cluster um über 40 Prozent gestiegen. 80 % der Betriebe liegen in der Innenstadt.

Senatsverwaltung für Stadtentwicklung (Hrsg.)

M11 Kreativwirtschaft in Berlin

*Zur **Kreativwirtschaft** gehören z. B. Unternehmen aus den Bereichen Musik, Film, Architektur, Werbung, Software, Gameentwicklung, Modebranche, Information und Kommunikation.*

1 *Die Wirtschaftskrise bis 2004:*
a) Nennen Sie die Hauptveränderungen bis 2004.
b) Erläutern Sie die Ursachen für die Krise des Wirtschaftsraumes (M1 – M4).

2 *Der Wirtschaftsaufschwung ab 2004:*
a) Beschreiben Sie wesentliche Elemente des Aufschwungs.
b) Erläutern Sie die Ursachen für den Aufschwung Berlins ab 2004 (M3 – M11).
c) Analysieren Sie unter Einbeziehung der Seiten 26 – 29 Konsequenzen dieses Wachstums.

M1 EUREF-Campus in Schöneberg 2020 mit den neu geplanten Gebäuden

Berlin – Wachstumskerne und Smart City

Zukunftsorte
sind Standorte, an denen vor Ort Netzwerkstrukturen zwischen Wissenschaft/Forschung und Wirtschaft existieren bzw. geschaffen werden sollen. Diese bieten attraktive Flächen für technologie- und wissensorientierte Unternehmen.
(nach: Senatsverwaltung für Wirtschaft, Energie und Betriebe, Zukunftsorte)

Berlin setzt verstärkt auf die Förderung innovativer Technologiefelder und der Bildung von Wachstumskernen durch **Cluster**. Hierzu erfolgte die Ausweisung von elf Zukunftsorten verteilt über das Stadtgebiet (polyzentrale Struktur) mit jeweils individuellen Schwerpunkten. Dadurch soll Berlin als Standort für Zukunftsindustrien und Zukunftstechnologien gestärkt werden. Zukunftsorte sind gleichzeitig auch Bestandteil des Konzepts der Smart City Berlin (weiterer Wachstumsmotor). „Der Schwerpunkt der Smart City Berlin liegt dabei an den Schnittstellen der Bereiche Mobilität, Energie und Wohnen“ (Senat von Berlin). So hat beispielsweise der EUREF-Campus (EUREF steht für das „Europäische Energieforum“ und verfolgt die Idee eines Modellquartiers für die klimaneutrale, ressourcenschonende und intelligente Stadt von morgen) schon Anfang 2014 die Klimaziele der Bundesregierung für 2050 erreicht (Klimaneutralität). Hier werden Wohnflächen, moderne Energie- und Verkehrskonzepte sowie staatliche und private Forschungseinrichtungen integriert. Auch soll die Entwicklung zur Industrie 4.0 gefördert werden, wo digitale Informationen gezielt in Unternehmensprozessen genutzt werden, um so zum Beispiel die Produktion automatisiert in Echtzeit zu steuern oder energie- und ressourceneffizienter zu gestalten. Ein weiterer Schwerpunkt ist der Ausbau Berlins zu einem Wissenschaftszentrum und einem weltweit führenden Medizinzentrum mit der Charité und dem Biotech-Campus in Buch. Büronutzungen werden an den Standorten integriert, Entwicklungsachsen sollen die verschiedenen Cluster miteinander verbinden und damit regionale Verflechtungen stärken.

Insgesamt erreichte Berlin seit 2014 ein klar über dem Bundesdurchschnitt liegendes Wirtschaftswachstum.

Das Smart-City-Konzept ...
- ... stellt die Bedarfe der Menschen in den Mittelpunkt des Handelns und unterstützt im Sinne des Allgemeinwohls lokale Initiativen, Eigenart, Kreativität und Selbstorganisation,
- ... nutzt Digitalisierung, um Integrationskräfte zu stärken und demographische Herausforderungen sowie soziale und ökonomische Ungleichgewichte und Ausgrenzung auszugleichen und demokratische Strukturen und Prozesse zu sichern,
- ... fördert umweltfreundliche Mobilitäts-, Energie-, Wärme-, Wasser-, Abwasser- und Abfallkonzepte und trägt zu einer CO_2-neutralen, grünen und gesunden Kommune bei,
- ... setzt Digitalisierung gezielt ein, um die lokale Wirtschaft und neue Wertschöpfungsprozesse zu stärken, und stellt passende Infrastrukturangebote zur Verfügung,
- ... nutzt Sensorik, Datengewinnung und -verarbeitung, neue Formen der Interaktion und des Lernens zur stetigen Verbesserung kommunaler Prozesse und Dienstleistungen.

Bundesinstitut für Bau-, Stadt- und Raumforschung (Hrsg.), verändert

M2 Auszüge aus der Smart City Charta

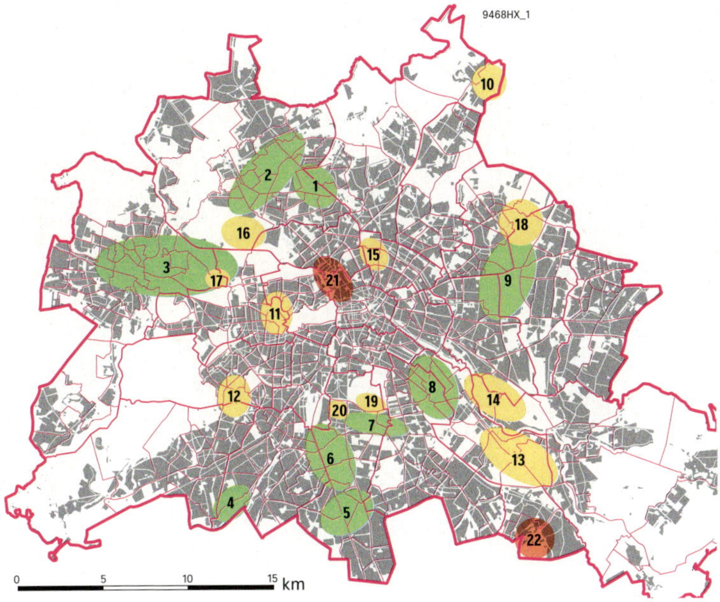

Die Etablierten: klassische Industriestandorte

1 Wilhelmsruh/Flottenstraße: Verkehrstechnik, Logistik
2 Am Borsigturm: IKT Maschinenbau
3 Industriepark Spandau: Fahrzeug- und Maschinenbau, Elektrotechnik
4 Zehlendorfer Stichkanal: Medizintechnik, Umwelt- und Verkehrstechnik
5 Motzener Straße: Metallverarbeitung, Maschinenbau
6 Großbeerenstraße: Fahrzeugbau, Maschinenbau
7 Teltowkanal: verarbeitendes Gewerbe, IKT, Ernährungsindustrie
8 Südring: Medizintechnik, Maschinenbau
9 Gewerbeverband Berlin Eastside: Verkehrstechnik, Ernährungsindustrie

Zukunftsorte Berlins

10 Biotec Campus Berlin-Buch: Life Sciences
11 Campus Charlottenburg: TU Berlin und Hochschule der Künste, Engineering, IKT, Verkehrs- und Umwelttechnologie, Gründerzentren
12 Berlin-Südwest: Wissenschaftscampus Dahlem, Technologie- und Gründungszentrum, Life Science, Biotechnologie, Materialforschung
13 Wissenschafts- und Technologiepark Adlershof: optische Technologien, Umwelt- und Energietechnik
14 Wirtschafts- und Wissenschaftsstandort Berlin-Schöneweide: Hochschule für Technik und Wirtschaft, Energie, neue Fertigungstechniken
15 Technologiepark Berlin Humboldthain: Elektronik, Mikroelektronik
16 Urban-Tech-Standort Tegel: Forschung, Entwicklung und Produktion urbaner Technologien
17 Siemensstadt 2.0: Energietechnik, IKT, zukünftige Schlüsseltechnologien
18 Clean Tech Marzahn: Umwelt- und Energietechnik
19 Flughafen Tempelhof: Standort für Kunst, Kultur und Kreativwirtschaft
20 EUREF-Campus Berlin: Referenzort für Smart-City-Strategie

Weitere Standorte:

21 Medical City: Pharmaindustrie
22 BBI Business Park Berlin: Logistik

Quellen: IHK Berlin, Wirtschaft und Wissen, Berliner Industrie- und Innovationstandorte sowie Senatsverwaltung für Wirtschaft, Energie und Betriebe, Technologiezentren – Zukunftsorte

M3 Berliner Zukunftsorte und klassische Industriestandorte

Als Kompetenzzentrum setzt Berlin vor allem auf neue und expandierende Technologiefelder: die Informations- und Kommunikationstechnologie, den Multimediabereich, die Medienwirtschaft, die Umwelttechnik, die Medizintechnik sowie die Biotechnologie […] und der Sektor Verkehrstechnik. Technologietransfer und eine engere Verknüpfung von Wirtschaft und Wissenschaft werden verstärkt organisiert.

Die Regierende Bürgermeisterin, Senatskanzlei Berlin (Hrsg.)

M4 Aktuelle Wirtschaftsschwerpunkte Berlins

Warum Berlin

„Wir haben wenig Probleme, gute Fachkräfte und Ingenieure für unser Werk zu finden, Berlin zieht Talente und hochqualifizierte Menschen an."

Ulrich Wenger, Rolls-Royce Deutschland

„Oracle hat Standorte in Berlin und Potsdam mit optimaler Infrastruktur und Nähe zu Kunden, Partnern, Politik und Behörden."

Jürgen Kunz, Oracle Deutschland

M5 Unternehmeräußerungen zu Berlin

Seit 2019 hat Berlin nach dem Hamburger Weltwirtschaftsinstitut (HWWI) die besten Standortbedingungen aller deutschen Großstädte:

- einen hochqualifizierten Arbeitsmarkt, ca. 43 % der 25- bis 64-Jährigen hatten 2019 einen Studienabschluss, fast 196 000 Studierende (1992: 148 000),
- hohe Attraktivität der Stadt für ausländische Arbeitskräfte. 47 % der Beschäftigten in Start-ups stammen aus dem Ausland,
- hohe Lebensqualität durch Natur, Erholungsräume, Kulturangebote und kulturelle Vielfalt,
- höchste Forschungsdichte Deutschlands mit 46 Hochschulen und Fachhochschulen,70 außeruniversitäre Forschungseinrichtungen,
- zehn Technologie- und acht Gründerzentren,
- **Fühlungsvorteile** zur Regierung, zu Spitzenverbänden der Wirtschaft und Forschungseinrichtungen,
- umfangreiche Angebote für Start-ups wie Coworking-Spaces, Zugang zu Risikokapital,
- unterdurchschnittliches Gehaltsniveau noch 2019 mit 94,5 % des Bundesdurchschnitts (München 124,4 %, Hamburg 105,9 %).

M6 Standortfaktoren

BIP Berlin (nominal)

1991:	*68,1 Mrd. €*
2000:	*85,5 Mrd. €*
2005:	*87,2 Mrd. €*
2010:	*103,1 Mrd. €*
2015:	*125,0 Mrd. €*
2019:	*153,3 Mrd. €*

(Quelle: Amt für Statistik Berlin-Brandenburg)

1 *Erörtern Sie mögliche Zusammenhänge zwischen dem Konzept der Zukunftsorte und der Smart City Charta (M2–M4, Text).*

2 *Erstellen Sie in Gruppen mithilfe des Internets (https://zukunftsorte.berlin, Film auf YouTube, Wirtschaftsatlas Berlin) und M3 jeweils einen Kurzvortrag zu einem der Zukunftsorte.*

3 *Beurteilen Sie vor dem Hintergrund der aktuellen Schwerpunkte und Standortfaktoren die Entwicklungschancen der Hauptstadtregion (M1 – M6).*

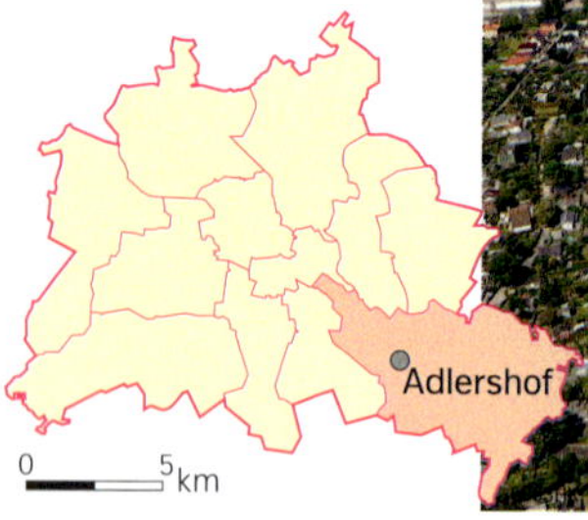

M2 Luftbild Adlershof 2021, Blickrichtung Nord

Stadtteil Adlershof – ein dynamischer Zukunftsort

Der Wissenschafts- und Technologiepark Adlershof ist eingebettet in eine Entwicklungsachse von Schöneweide über Adlershof und nördliches Grünau bis zum Flughafen Berlin-Brandenburg. An diesem Zukunftsort haben diverse Gründungs- und Technologiezentren, Forschungsinstitute sowie die naturwissenschaftlichen Fakultäten der HU-Berlin ihre Standorte. Das Gebiet gilt als „Kraftzentrum im Südosten Berlins – Science at work" (Senatsverwaltung für Wirtschaft) und damit als idealer Standort für forschungs- und technologieintensive Nutzungen mit Flächenpotenzial für weiteres Wachstum. Nach holprigem Beginn hat sich seit 2003 das Entwicklungstempo auf dem 4,2 km^2 großen Gelände stark beschleunigt. Mittlerweile gehört der Zukunftsort zu den 15 größten Science Parks weltweit. Rund 90 Unternehmen, Weltmarktführer in ihrem Bereich, haben hier ihren Standort.

M1 Entwicklungsachse Schöneweide-Adlershof-BER

Im Transformationsraum Schöneweide-Adlershof-BER geht es vor allem darum, die neuen Möglichkeiten im Korridor zwischen Flughafen und Innenstadt aktiv für die schon derzeit positiven Entwicklungen in Wirtschaft und Wissenschaft sowie für die weitere Gestaltung eines urbanen Lebensraumes zu nutzen.

Rainer Hölmer, ehemaliger Bezirksstadtrat, Bezirksamt Treptow-Köpenick

M3 Entwicklung des Zukunftsortes

Entwicklungsschritte des Zukunftsortes:

1911 – 1945: Flughafen mit Versuchsanstalt
1950 – 1990: Akademie der Wissenschaften der DDR
1991: Beschluss des Berliner Senats, eine „integrierte Landschaft aus Wissenschaft und Wirtschaft" auf dem Adlershofer Gelände zu errichten.
1994: Der Senat legt das 420 ha große Gelände als städtebaulichen Entwicklungsbereich förmlich fest; Inbetriebnahme erster Innovationszentren.
1996 – 2005: Planung und Bau des Landschaftsparks Johannisthal nach Räumung militärischer Anlagen;
Ansiedlungs- und Gründungserfolge:
2005: 714 Unternehmen, 12 000 Beschäftigte
2010: 866 Unternehmen, 14 000 Beschäftigte
2015: 1013 Unternehmen, 16 000 Beschäftigte
2020: 1200 Unternehmen, 22 000 Beschäftigte, davon gelten 600 als Hightech-Unternehmen (Stand 2021), 189 Unternehmen sind im Mediensektor tätig.
14 wissenschaftliche Einrichtungen mit 6500 Studierenden haben hier ihren Standort (Stand 2020). Über 4000 Personen wohnen im Wissenschafts- und Technologiepark. 76 ha Grün- und Freiflächen mit Spiel- und Freizeitflächen als Landschaftsschutzgebiet sowie einem Naturschutzgebiet prägen das Gebiet. Eine Expansion in Richtung des ehemaligen Rangierbahnhofs Schöneweide ist in Planung.

M4 Kurze Geschichte des Gebietes

Wissenschafts- und Technologieparks revolutionierten das gängige Verständnis von Unternehmensansiedlungen und Wirtschaft im Allgemeinen. Der Aufstieg der wissensbasierten Wirtschaft beförderte neue Technologien, Märkte, ökonomische Szenarien und – vor allem durch die Globalisierung – neue Unternehmens- und Unternehmertypen. [...] Technologieparks [...] helfen Unternehmen, innovativer und wettbewerbsfähiger zu werden. [...] Mittelpunkt der Adlershofer Aktivitäten ist, wie bei vielen Technologieparks weltweit, die Förderung der Kooperation. [...] 78 Prozent der Unternehmen arbeiten mit mindestens einem anderen hier angesiedelten Unternehmen zusammen, rund 25 Prozent pflegen eine Kooperation mit Universitätsinstituten.

Luis Sanz

M5 Besonderheiten in Adlershof

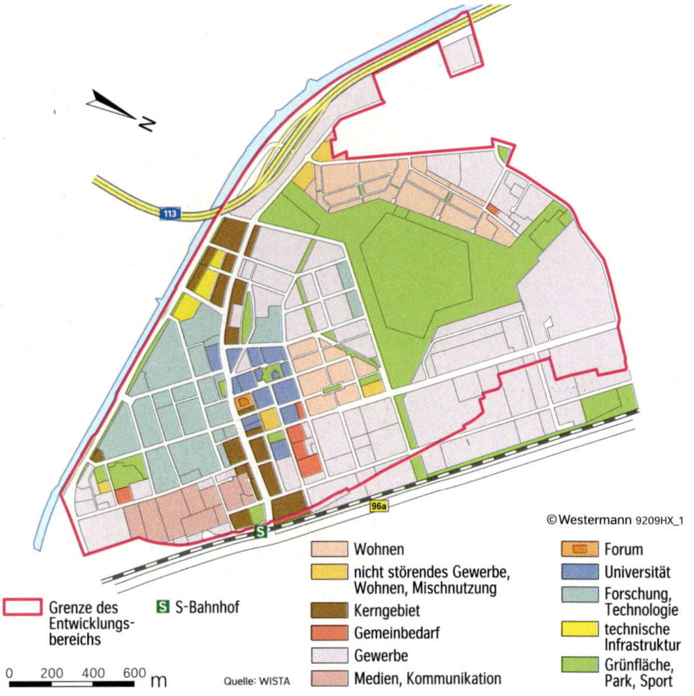

M8 Nutzungsplan Zukunftsort Adlershof

Aufgrund des Wohnraummangels und der Ziele für eine Smart City wurden verstärkt auch Flächen für innovativen Wohnungsbau entwickelt. Beispiele dafür sind die „Powerhouses“, die das erste Plus-Energie-Projekt im Berliner Mietwohnungsbau sind, die einen Energieüberschuss produzieren, oder aber der hybride „urbane Holzbau“, bei dem das Material Holz als Hauptbaustoff eingesetzt wurde. Innovativ ist auch das integrierte Studentendorf für fast 400 Studierende. Bei den bis Ende 2019 entstandenen fast 2300 Wohneinheiten dominieren Mietwohnungen mit einem hohen Anteil an preisgünstigen Wohnungen, die von Genossenschaften oder staatlichen Wohnungsbaugesellschaften errichtet wurden.

M6 Integrierter Wohnungsbau

M9 Wohnstraße im zentralen Campus I

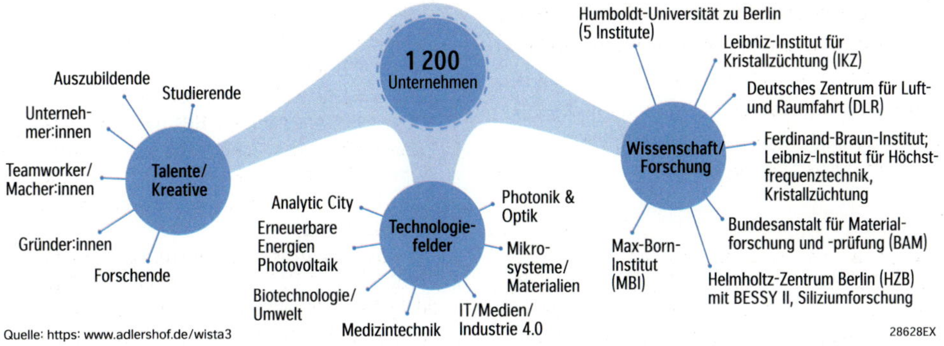

M7 Innovationsnetzwerk Adlershof

1 *Skizzieren Sie die Entwicklung und prägende Elemente des Zukunftsortes Adlershof (M1 – M9).*

2 *Erläutern Sie die wesentlichen Stärken des Zukunftsortes (M3, M5 – M9).*

3 *Nehmen Sie Stellung zu den weiteren Entwicklungschancen dieses Raumes (M2, M5 – M8).*

M1 Breite Straße (Magistrale)

M2 Landtag, Nikolaikirche, im Hintergrund Staudenhof (Abriss geplant)

Potsdam – Raumnutzungskonflikte und Denkmalschutz

„Kunstwerke und Denkmale der Kultur stehen unter dem Schutz des Landes, der Gemeinden und der Gemeindeverbände."
(Verfassung des Landes Brandenburg, § 34, Abs. 2, Satz 2)

Einwohnerentwicklung Potsdams:

1990: 147279
2000: 140668
2010: 156906
2014: 164042
2019: 180334
2020: 182219

(Quellen: LBV, Einwohnerentwicklung bis 2019, Amt für Statistik Berlin-Brandenburg)

Die Denkmalliste des Landes Brandenburg (Stand 31.12.2019) umfasst allein für Potsdam über 1500 Baudenkmäler, sechs Park- und Schlossanlagen sowie fast ein Dutzend Siedlungsbereiche. Diese wurden neben den Schlössern und Parks teilweise ebenfalls in die Liste der Welterbestätten der UNESCO aufgenommen und unterliegen damit einem besonderen Schutz.
Gerade in der Landeshauptstadt Potsdam entzündeten sich am Thema Denkmalschutz und an der Frage, was als schützenswertes Denkmal gelten soll, zahlreiche Konflikte, die in der Frage der Gestaltung der Potsdamer Mitte kulminierten. Diese wurde 1999 als Sanierungsgebiet festgelegt. Schon ab Ende der 1980er-Jahre begannen Diskussionen um den Umfang der Rekonstruktion der alten Stadtstruktur, die sich dann in den Debatten um die Gestaltung des „Alten Marktes" und den Wiederaufbau des Schlosses (heute Sitz des Brandenburgischen Landtags) sowie den Wiederaufbau der Garnisonskirche zuspitzten. Der Wiederaufbau historischer Strukturen kollidiert teilweise mit dem Erhalt von Gebäuden, die in der Zeit des Baus eines sozialistischen Stadtzentrums ab den 1960er-Jahren entstanden waren. Müssen diese nicht auch dem Denkmalschutz unterliegen?
Ein Teil der Konfliktlinien trat dabei zwischen Zugewanderten und gebürtigen Potsdamern auf und spitzte sich aufgrund von Gentrifizierungsprozessen weiter zu.

Auszug aus dem Gesetz zur Neuregelung des Denkmalschutzrechts im Land Brandenburg vom 24.5.2004

§ 1 Grundsätze
Denkmale sind als Quellen und Zeugnisse menschlicher Geschichte und prägende Bestandteile der Kulturlandschaft des Landes Brandenburg nach den Bestimmungen dieses Gesetzes zu schützen, zu erhalten, zu pflegen und zu erforschen. [...]

§ 2 (1) Denkmale sind Sachen, Mehrheiten von Sachen oder Teile von Sachen, an deren Erhaltung wegen ihrer geschichtlichen, wissenschaftlichen, technischen, künstlerischen, städtebaulichen oder volkskundlichen Bedeutung ein öffentliches Interesse besteht.

§ 2 (2) Denkmale können sein:
1. bauliche Anlagen (Baudenkmale), technische Anlagen (technische Denkmale) oder Teile solcher Anlagen sowie gärtnerische Anlagen oder sonstige von Menschen gestaltete Teile von Landschaften [...]
2. [...] Denkmalbereiche sind insbesondere Zeugnisse der Siedlungs- und Produktionsgeschichte, des Städtebaus und der Garten- und Landschaftsgestaltung; [...]

§2 (3) Dem Schutz dieses Gesetzes unterliegt auch die nähere Umgebung eines Denkmals, soweit sie für dessen Erhaltung, Erscheinungsbild oder Bedeutung erheblich ist (Umgebungsschutz). [...]

§ 7 Erhaltungspflicht (1) Verfügungsberechtigte von Denkmalen haben diese im Rahmen des Zumutbaren nach denkmalpflegerischen Grundsätzen zu erhalten, zu schützen und zu pflegen.

M3 Denkmalschutz in Brandenburg

M4 Rechenzentrum (Abriss geplant) mit Wiederaufbau des Turms der Garnisonskirche

M6 Rekonstruierte Häuserfront mit klassizistisch-barockem Palast Barberini – Kunstmuseum

Ab 1660 wurde Potsdam als zweite brandenburgische Residenz ausgebaut. Es entstanden zahlreiche Prachtbauten, Schlösser und Parkanlagen, die im 19. Jahrhundert durch den Gartenkünstler Lenné zu einer Kulturlandschaft verbunden wurden (heute ein UNESCO-Weltkulturerbe).
Nach den Kriegszerstörungen 1945 bestimmten der Wohnraummangel, Mangel an Baumaterialien, Kapital und Arbeitskräften das Baugeschehen. Neben den Schlossanlagen konnten nur wenige Gebäude saniert werden. Aufgrund dessen beschleunigte sich ab den 1970er-Jahren der Zerfall der historischen Bausubstanz.
Symbole der Macht und des Militarismus Preußens wurden im Zuge des ab 1968 verstärkt erfolgten Umbaus zu einer autogerechten Stadt mit Magistrale und modern gestalteten Plätzen beseitigt (Stadtschloss, Garnisonskirche). Gleichzeitig entstanden moderne Zweckbauten wie das Rechenzentrum und das Mercure-Hotel sowie „Plattenbauten" wie der „Staudenhof" mit preiswerten Wohnungen. Der alte Stadtgrundriss wurde fast völlig ignoriert, ein sozialistisches Stadtzentrum sollte entstehen.
Ab 1988, initiiert durch eine Bürgerbewegung, begann die Diskussion über eine Neugestaltung von Potsdams Mitte. 1990 beschloss die Stadtverordnetenversammlung als Ziel: „[...] eine behutsame Wiederannäherung an das charakteristische, gewachsene historische Stadtbild." Dieses wird im Rahmen der Neugestaltung seit Ende der 1990er-Jahre umgesetzt, mit Vorrang der Rekonstruktion historischer Strukturen und Gebäude und Abriss von Gebäuden der 1970er-Jahre.

M5 Aspekte der Stadtentwicklung Potsdams

In der Nachkriegszeit errichtete Gebäude haben in der Öffentlichkeit keinen guten Stand. [...] Hässlich seien sie, unpassend und störend. Nicht selten werden sie zudem als „a-historisch" bezeichnet. [...] Natürlich können und wollen wir nicht alle gebauten Zeugen dieser abgeschlossenen Epoche konservieren. Doch unabhängig davon, ob die Nachkriegsgebäude in Ost (und West) nun „hässlich" sind (und auch darüber mag man streiten), sind sie mittlerweile in die Jahre gekommen und dadurch – über 25 Jahre nach der Wende – selbst zu (Zeit-)Zeugen der Architekturgeschichte geworden; [...] Wenn wir etwas erfahren wollen über politische, gesellschaftliche und soziale Hintergründe, in denen Nachkriegsbauten – insbesondere in der DDR und in Potsdam – entstanden sind, sollten wir [...] im Einzelfall abwägen, ob nicht auch eine „Bausünde" eine historische Existenzberechtigung haben kann.

Christian Klusemann, Autor eines Architekturführers

[...] An der Stelle, wo eine Zeitschicht ausgelöscht werden soll, müsste der Denkmalschutz greifen. In Potsdam ist die Fokussierung auf die barocke Architektur für die Denkmalpflege verführerisch, doch die wenigen herausragenden architektonischen Zeitzeugen der Nachkriegszeit sollten dringend geschützt und für die Nachwelt erhalten werden. Zeigen sie doch auch die Wunden, die das DDR-Regime der Stadt [...] zugefügt hatten [sic!] und geben andererseits der konträren Architekturauffassung einer neuen Zeit Raum. [...]

Frauke Röth, Architekin

M7 Positionen zur Neugestaltung Potsdams

M8 Mercure-Hotel im Bereich des Lustgartens, Abriss wurde diskutiert

1 *Fassen Sie die wesentlichen Grundsätze des Denkmalschutzes zusammen (M3, M7).*

2 *Erläutern Sie mögliche Konflikte, die sich aus dem Beschluss der Potsdamer Stadtverordneten von 1990 zur historischen Rekonstruktion der Mitte Potsdams ergeben (M1 – M8).*

3 *Diskutieren Sie vor dem Hintergrund des Gesetzes zum Denkmalschutz, ob die Gebäude aus der Wiederaufbauphase bis 1990 denkmalgeschützt sein sollen (M1 – M8).*

1.5 Stadtökologie und Stadtklima

Siedlungs- und Verkehrsflächen in Deutschland:
1992: 40 305 km²
2000: 43 939 km²
2010: 47 402 km²
2019: 51 489 km²

Anstieg der Siedlungs- und Verkehrsfläche:
2000: 129 ha/Tag
2010: 87 ha/Tag
2019: 52 ha/Tag
Quelle: Statistisches Bundesamt

Der Amazonasregenwald und die Megacity Sao Paulo: zwei Räume, die auf den ersten Blick unterschiedlicher nicht sein können. Aber beide haben auch eine Gemeinsamkeit. Sie sind hochkomplexe, dynamische Systeme mit riesigen Stoff- und Energieumsätzen. Während es dem natürlichen Ökosystem Regenwald seit Jahrtausenden gelingt, sich selbstregulierend in einem dynamischen Gleichgewicht zu halten, schafft es der Mensch bisher in keiner Stadt der Welt, einen aus ökologischer Sicht nachhaltigen Raum zu gestalten. Städte werden weniger von natürlichen Prozessen, sondern hauptsächlich von politischen, wirtschaftlichen und sozialen Akteuren gesteuert. Sie sind bis heute nahezu vollständig von enormen Stoff- und Energiezuflüssen aus ihrem Umland abhängig und verfügen gleichzeitig nicht über genügend eigene Senken, um ihre Abfälle umweltgerecht zu beseitigen.
In der Stadt erfahren alle Geofaktoren und deren Wechselwirkungen tiefgreifende Veränderungen.

M3 Karikatur

Eine gegenüber ihrer meist naturnahen Umgebung besonders markante Abweichung ist die Ausbildung sogenannter städtischer **Wärmeinseln**. Sie beschreiben das schon im 19. Jahrhundert bekannte Phänomen, dass Städte gegenüber ihrem Umland höhere Lufttemperaturen aufweisen.

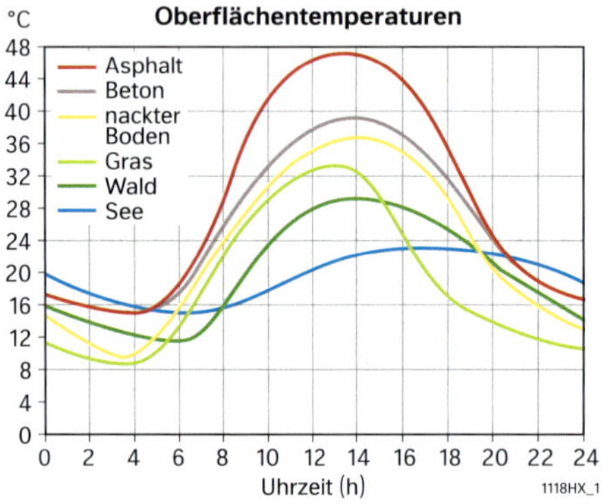

M1 Temperaturen an einem Hochsommertag

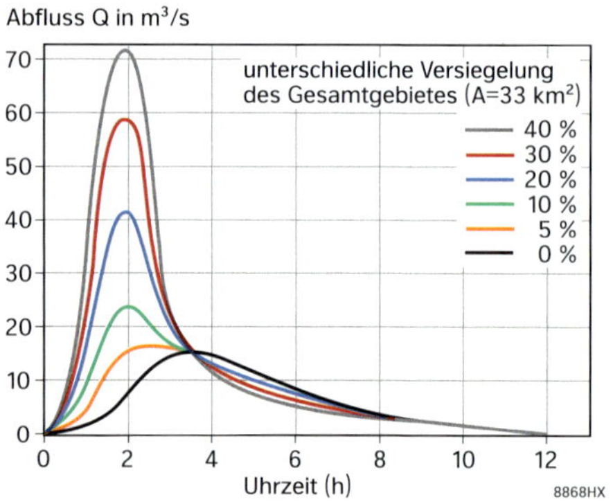

M4 Hochwasserabfluss bei Versiegelung

nicht urbane Ökosysteme → Innenstadt		
Klima		
• Strahlung (global)	15 – 20 %	geringer
• Sonnenscheindauer	5 – 15 %	geringer
• Temperatur (Jahresmittel)	0,05 – 1 K	höher
• Windgeschwindigkeit (Jahresmittel)	20 – 30 %	weniger
• Niederschläge (gesamt)	5 – 10 %	mehr
• Schneefall	5 %	weniger
• relative Luftfeuchte	2 – 8 %	weniger
• Nebel (Winter)	100 %	mehr
• Nebel (Sommer)	30 %	mehr
Grundwasser		Absenkung

1009HX_1

	nicht urbane Ökosysteme	Innenstadt
Boden		
• Versiegelungsgrad	< 20 %	100 %
Vegetation		
• mit Vegetation bestandene Flächen	95 %	1 %
• Artendiversität	Maximum	Minimum
• Neupflanzen (Neophyten)	10 – 15 %	≈ 20 %
• Flechten	Maximum	Minimum
• Anzahl der Pflanzengesellschaften	Maximum	Minimum
Fauna	Maximum	Minimum

nach: Gerhard-Dircksen und Setchert

M2 Abweichungen zwischen Stadt und Umland

100800-055-04 www.diercke.de

Die Dunstglocke über einer Stadt vermindert die kurzwellige, energiereiche Sonneneinstrahlung. Durch die oft hellen Oberflächen der Bauwerke wird zudem ein größerer Anteil der eintreffenden Strahlung reflektiert als im Umland. Dennoch sind die Oberflächentemperaturen im Stadtgebiet meist höher als im Umland. Die Ursache dafür ist: Die Bauwerke und die versiegelten Oberflächen in der Innenstadt speichern tagsüber deutlich mehr Energie als die Landschaften im Umland: „Der Akku wird aufgeladen." Je größer und dichter bebaut eine Innenstadt ist, desto größer ist der Speichereffekt. Abends und nachts geben die Gebäude und die versiegelten Oberflächen die zuvor gespeicherte Energie als langwellige Strahlung wieder ab: „Der Akku wird entladen." Die Lufttemperatur ist dann in der Innenstadt höher als im Umland. Die innerstädtische Dunstglocke verstärkt diesen Effekt, da sie die Ausstrahlung vermindert.

M5 Stadtklima und Temperaturänderungen

Die typischen Merkmale des **Stadtklimas** werden ganz wesentlich durch die meist umfangreiche Versiegelung verursacht. Das Regenwasser fließt sehr rasch oberirdisch oder über die Kanalisation ab. Abgeflossenes Wasser verdunstet nicht, es wird für die Verdunstung keine Energie benötigt. Die Luft erwärmt sich daher über versiegeltem Boden stärker als über unversiegeltem. Die geringere Verdunstung und die höheren Temperaturen (M5) lassen zudem die relative Luftfeuchte absinken. Dieser Effekt wird im Stadtzentrum noch verstärkt: Je weniger Pflanzen es dort gibt, desto geringer ist die Gesamttranspiration der Vegetation. Großstädte sind demnach Wärme- und Trockeninseln. Dennoch erhalten sie häufiger und mehr Niederschläge als ihr Umland. Ursache dafür ist die verstärkte Wolkenbildung über Städten. Die höheren Niederschläge reichen aber nicht aus, um die oben beschriebenen Effekte auszugleichen.

M8 Stadtklima und Wasser

Städte verändern bzw. verursachen auch Luftmassenströmungen. Das Relief des Stadtkörpers verringert die Windgeschwindigkeiten am Rand und oberhalb der Gebäude. Dadurch wird der Luftaustausch vermindert. Zudem ist besonders im Sommer bei Hochdruckwetterlagen ein verstärkter Luftaufstieg zu beobachten. Dadurch wird Luft aus der Umgebung angesaugt. Lokal kann es so zu Stau- bzw. Düseneffekten kommen, an Hochhäusern auch zur Bildung von Luftwirbeln und Böen.

M6 Stadtklima und Wind

Belagsklasse 1:
Gebäude; Asphalt, Beton, Pflaster mit vergossenen Fugen oder Betonunterbau
Auswirkungen auf Versickerung: extrem

Belagsklasse 2:
Mittel- und Großpflaster, Kunststein- und Plattenbeläge
Auswirkungen auf Versickerung: hoch

Belagsklasse 3:
Klein- und Mosaikpflaster (Kantenlänge < 8 cm)
Auswirkungen auf Versickerung: mittel

Belagsklasse 4:
Rasengittersteine, Schotter, Sand, Kies (ohne Unterbau)
Auswirkungen auf Versickerung: gering

unversiegelt:
Zu beachten ist: Auch in Parks und Gärten gibt es Anteile versiegelter Flächen, z. B. Wege.
Auswirkungen auf Versickerung: keine

M7 Kriterien für die Kartierung von versiegelten Flächen am Schulort

1 *Interpretieren Sie die Karikatur unter dem Aspekt der ökologischen Nachhaltigkeit (M3).*

2 *Stellen Sie Unterschiede der ökologischen Bedingungen von Stadt und Umland dar (M1, M2, M4).*

3 *Erläutern Sie die Besonderheiten des Stadtklimas (M5, M6, M8).*

4 *Erarbeiten Sie mögliche Maßnahmen zur Verbesserung des Stadtklimas.*

5 *a) Führen Sie in Kleingruppen eine Kartierung von versiegelten Flächen am Schulort durch (M7).*
b) Beurteilen Sie die Ergebnisse Ihrer Kartierung in Hinblick auf klimatische Veränderungen.

M1 Mobile Dusche in Berlin

__Hitzetage__ bzw. heiße Tage = Tageshöchsttemperatur ≥30 °C

Zeitraum	Hitzetage pro Jahr*		
	Berlin-Dahlem	Berlin-Tegel	Berlin-Tempelhof
2011–2040	11,6	12,6	12,4
2041–2070	23,1	24,0	23,5
2071–2100	35,3	36,7	35,9

*Szenarien basierend auf Simulationen des DWD
Quelle: Umweltatlas Berlin

M2 Projektion der Anzahl von Hitzetagen

Stadtklima verbessern

Die Besonderheiten des städtischen Klimas wirken sich auf das Wohlbefinden und die Gesundheit seiner Bewohner aus. So treten Herz-Kreislauf- und Bronchialerkrankungen, Allergien und Schlafstörungen bei Städtern viel häufiger auf als bei Menschen, die in ländlichen Regionen leben. Vor allem ältere, sozial schwächere oder chronisch kranke Menschen sind betroffen. Hitzephasen haben in den Sommermonaten höhere Mortalitätsraten zur Folge. Auch vor dem Hintergrund der globalen Erwärmung müssen bei der Stadtentwicklung immer auch Maßnahmen zur Verbesserungen des Stadtklimas getroffen werden. Straßenbäume, Parks, Gärten, begrünte Dächer und Fassaden, Wiesen sowie ins Stadtzentrum reichende Frischluftschneisen wirken sich dabei günstig aus. Mit Computermodellen können im Vorfeld von Baumaßnahmen die Auswirkungen auf das Stadtklima simuliert und bewertet werden.

Das __Bioklima__ beschreibt die Gesamtheit aller atmosphärischen Einflussgrößen auf den menschlichen Organismus. [...] Zu den bioklimatischen Belastungsfaktoren zählen insbesondere Wärmebelastung, Strahlungsarmut und schadstoffhaltige Luft.
(Quelle: Deutscher Wetterdienst)

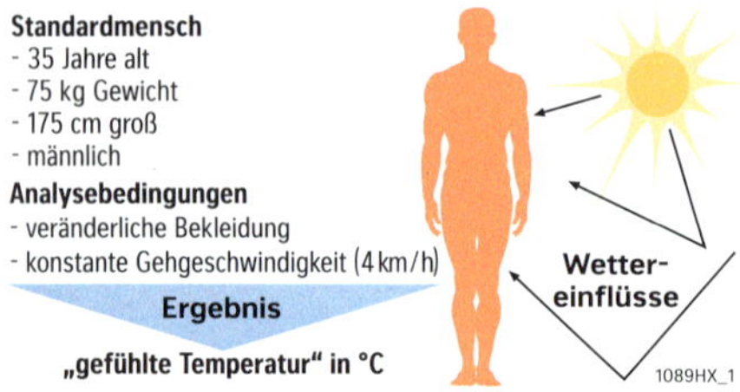

Der menschliche Organismus muss sich ständig an das Wetter anpassen. Für seinen Wärmehaushalt sind Größen wie Lufttemperatur, Wind, Feuchte, Strahlungsverhältnisse, Aktivität und Bekleidung relevant. Modelle liefern Aussagen über das durchschnittliche subjektive Empfinden des Menschen, z.B. die gefühlte Temperatur. Die Beziehung zwischen der gefühlten Temperatur und dem Wohlbefinden lässt sich in Belastungsstufen ausdrücken.

gefühlte Temperatur	Belastungsstufe
unter –26 °C	stark bis extrem
–26 °C bis –13 °C	mäßig
–13 °C bis 0 °C	schwach
0 °C bis 20 °C	keine Belastung
20 °C bis 26 °C	schwach
26 °C bis 32 °C	mäßig
32 °C bis 38 °C	stark
über 38 °C	extrem

M3 Das Modell UBIKLIM (**U**rbanes **B**Io**KL**Ima**M**odell)

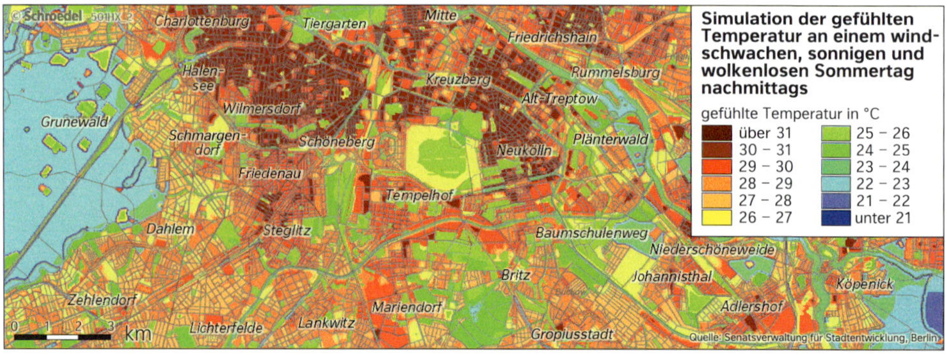

M4 Simulation der gefühlten Temperatur im Süden Berlins an einem Sommertag: Umland und innerstädtische Freiräume (blau, grün, gelb) unterscheiden sich von den dicht bebauten Gebieten (rot)

100800-055-04 www.diercke.de

Grüne Dächer und Fassaden liegen bei Bauherren nicht im Trend. Höhere Investitionskosten und der notwendige Pflegeaufwand (Mähen, Verschnitt, Bewässerung) lassen die Entscheidung bei Neubau oder Rekonstruktion meist für herkömmliche Bauweisen fallen.

Dabei gibt es ökonomische Argumente, die für Dach- und Fassadenbegrünung sprechen. Aufgrund der hohen thermischen Belastungen von bis zu 80 °C im Sommer und der UV-Strahlung müssen klassische Hausdächer und Dachabdichtungen in der Regel nach 20 bis 25 Jahren ausgebessert oder erneuert werden. Da Pflanzen Temperaturschwankungen abmildern und weitere äußere Einflüsse reduzieren, verlängert sich der Lebenszeitraum von Gründächern auf bis zu 60 Jahre. Durch die Dämmwirkung des Pflanzendachs oder der Fassadenbegrünung reduzieren sich Heiz- bzw. Kühlungskosten. Niederschlagswasser wird durch das Dachgrün bis zu 90% zurückgehalten, was zu Einsparungen bei den Abwassergebühren führt. Nicht zuletzt steigern „grüne Häuser" die Attraktivität und damit den Wert der Immobilie und des Stadtteils. Neben den wirtschaftlichen Vorteilen verbessert Dach- und Fassadengrün die Stadtumwelt. So steigt die Luftqualität durch Schadstofffilterung, sinkt mit der erhöhten Verdunstung die Umgebungstemperatur, wird die Artenvielfalt durch Erhaltung und Erweiterung von Lebensräumen vergrößert. Viele Städte und Kommunen unterstützen Projekte für Hausbegrünung, ein bundesweites einheitliches Förderprogramm gibt es in Deutschland aber bislang noch nicht.

M5 Grüne Dächer und Fassaden

Diese etwa 100 Jahre alte Buche sollten Sie sich etwa 20 m hoch und mit etwa 12 m Kronendurchmesser vorstellen. Mit mehr als 600 000 Blättern verzehnfacht sie ihre 12 qm Grundfläche auf etwa 1200 qm Blattfläche. Durch die Lufträume des Blattgewebes entsteht eine Gesamtoberfläche für den Gasaustausch von etwa 15 000 qm, also zwei Fußballfeldern! 9400 l = 18 kg Kohlendioxid verarbeitet dieser Baum an einem Sonnentag. Bei einem Gehalt von 0,03 % Kohlendioxid in der Luft müssen etwa 36 000 m^3 Luft durch diese Blätter strömen. Die in der Luft schwebenden Bakterien, Pilzsporen, Staub und andere schädliche Stoffe werden dabei größtenteils ausgefiltert. Gleichzeitig wird die Luft angefeuchtet, denn etwa 400 l Wasser verbraucht und verdunstet der Baum an demselben Tag. Die 13 kg Sauerstoff, die dabei vom Baum durch Fotosynthese als Abfallprodukt gebildet werden, decken den Bedarf von 10 Menschen. Außerdem produziert der Baum an diesem Tag 12 kg Zucker, aus dem er alle seine organischen Stoffe aufbaut. Einen Teil speichert er als Stärke, aus einem anderen baut er sein neues Holz. Wenn nun der Baum gefällt wird, weil eine neue Straße gebaut wird, oder weil jemand sich beschwert hat, dass der Baum zu viel Schatten wirft oder gerade dort ein Geräteschuppen aufgestellt werden soll, so müsste man etwa 2000 junge Bäume mit einem Kronenvolumen von jeweils 1 m^3 pflanzen, wollte man ihn vollwertig ersetzen.

28629EX
© Westermann

M6 Ökosystemleistung eines Baumes

Viele Städte wachsen. Neuer Wohnraum muss geschaffen werden. Wo viel gebaut und umgebaut wird, lassen sich Anpassungsmaßnahmen ohne allzu großen Aufwand miterledigen. Ob beim verdichteten Bauen in bestehenden Stadtvierteln, der Umgestaltung bestehender Gebäudekomplexe oder bei der Planung neuer Wohnquartiere: Schlüsselstrategien für eine hitzeresiliente Stadt sind durchlüften, verschatten, Rückstrahlung erhöhen und durch Verdunstung kühlen.

M7 Strategien für eine hitzeresiliente Stadt

M8 Anpassungspotenziale an Schulstandorten

Umfrage zur Wichtigkeit des Stadtgrüns in Berlin (1 niedrig – 7 höchste):

Ästhetik: 5,8
Naturerfahrung: 5,3
Bildung: 4,6
soziale Beziehungen: 4,5
Heimatgefühl: 4,4
Erholung: 4,4
Inspiration: 4,2
kulturelles Erleben: 4,0
kulturelle Vielfalt: 4,0

1 *Nennen Sie Herausforderungen, die sich aus der Prognose der Hitzetage pro Jahr für Berlin ergeben (M1, M2).*

2 *a) Erläutern Sie die Ermittlung der Wärmebelastung für den Menschen durch UBIKLIM (M3).*
b) Vergleichen Sie die gefühlte Temperatur in den Stadtteilen Grunewald, Kreuzberg, Tempelhof und Gropiusstadt (M4, Atlas).

3 *Nehmen Sie Stellung zur Aussage: „Bei großen Bauprojekten sollten stadtklimatische Auswirkungen geprüft werden."*

4 *Bewerten Sie die einzelnen Maßnahmen zur Verbesserung des Stadtklimas (M5 – M8).*

5 *Untersuchen Sie den Schulhof Ihrer Schule oder einen Straßenzug/Platz in der Nähe Ihres Schulstandortes hinsichtlich seiner Potenziale für eine verbesserte klimatische Situation (z. B. Kartierung, Fotos, Planungsvorschläge).*

Luftbelastungen in Großstädten – Beispiel Berlin

Die „Berliner Luft“ wurde Anfang des 20. Jahrhunderts mit dem gleichnamigen Operettenschlager weltberühmt. Um die Berliner Luftqualität steht es bis heute immer noch nicht zum Besten. Dabei hat sie sich in den letzten Jahrzehnten deutlich verbessert. Aber es kommt immer noch zur Überschreitung der durch EU-Gesetze festgeschriebenen Luftschadstoffgrenzwerte. Berlin ist damit verpflichtet, Verbesserungsmaßnahmen zu ergreifen, um eine hohe Lebensqualität und den Gesundheitsschutz seiner Bewohner zu sichern.

M1 Luftgüte-Messstation

- Verbesserungen für nichtmotorisierte Verkehrsträger, z. B. Radverkehrsnetz
- Verbesserung des ÖPNV, z. B. Kapazitätserhöhung, Modernisierung, Steigerung der Attraktivität, Bahn bzw. O-Bus vor Busverbindungen
- bessere Organisation des Verkehrsflusses, z. B. Leitsysteme, Fahrverbote
- Deattraktivierung des motorisierten Individualverkehrs, z. B. Tempo-30-Zonen, Parkgebühren, Mautsysteme für ausgewählte Stadtbereiche
- Zufahrtsbeschränkungen wie z. B. Umweltzonen, Fahrverbote je nach Antriebsart
- Straßenunterhaltung wie z. B. Nassreinigung

M2 Ausgewählte Maßnahmen gegen Luftverschmutzung

Feinstaub

wird abhängig von seinem Durchmesser in verschiedenen Größenklassen eingeteilt.

10 µm (Partikular Matter 10 = PM10) bzw. 2,5 mm (PM2,5)

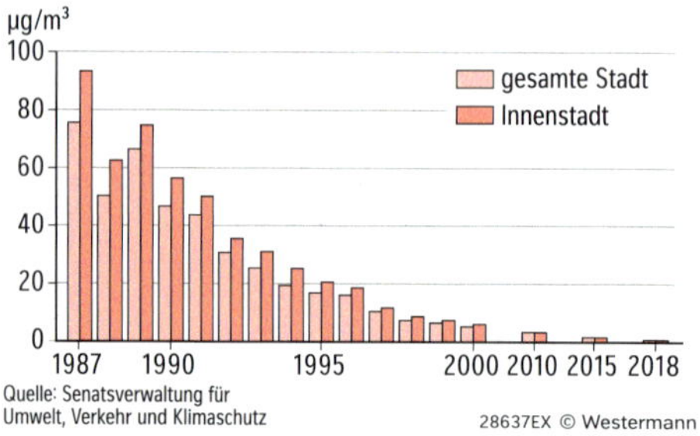

M3 Jahresmittelwerte Schwefeldioxid Berlin

Erhöht sich die Konzentration von Gasen und Aerosolen deutlich, ist die Stadt von einer **Smogsituation** betroffen. Vor allem in Städten mit einer geringen Luftzirkulation, z. B. bedingt durch eine Tal- oder Inversionswetterlage, tritt sie häufiger auf. In der Vergangenheit zählte der „London-Smog“ zu den häufigsten Luftbelastungen. Er entsteht vor allem im Winter durch den hohen Ausstoß von Schwefeldioxid bei der Verbrennung von fossilen Brennstoffen in Kraftwerken, Industrie, aber auch von Kohle- bzw. Holzöfen in Wohnungen. Beim Menschen verursacht er Atemwegserkrankungen.
Heute belasten vor allem Stickoxide und Feinstaub die Luftqualität der Städte. Hauptverursacher für Stickoxidemissionen sind Diesel-Kfz. Feinstaub ist für unsere Augen unsichtbar. Im Straßenverkehr entstehen Feinstäube bei Verbrennungsprozessen sowie durch Reifen- und Bremsabrieb. Sie werden aber auch durch Heizungen, in der Industrie, beim Bauen und in der Natur (Pollen) gebildet. Feinstäube gelten als Auslöser für Lungen- und Krebserkrankungen.

M5 Ausgewählte Luftschadstoffe

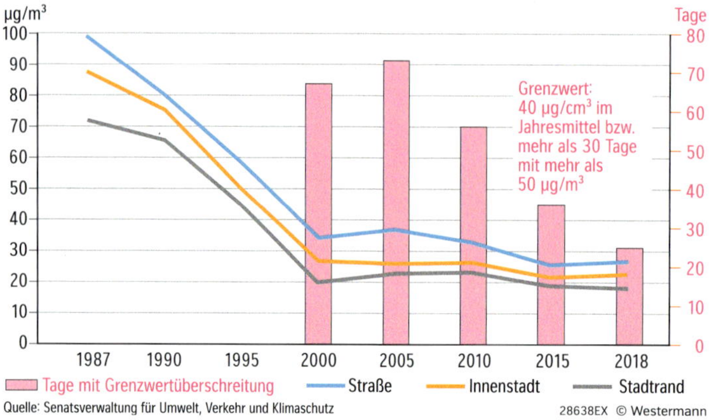

M4 Jahresmittelwerte bzw. Tage mit Feinstaub PM10 > 50 µg/m³ in Berlin

Seit 2008 gilt in den EU-Staaten die Richtlinie 2008/50 über Luftqualität und saubere Luft. Sie sieht vor, „[...] dass die Verschmutzung auf ein Maß reduziert werden muss, bei dem schädliche Auswirkungen auf die menschliche Gesundheit möglichst gering sind, wobei empfindliche Bevölkerungsgruppen und auch die Umwelt insgesamt besonders zu berücksichtigen sind, und dass die Überwachung und Bewertung der Luftqualität, einschließlich der Ablagerung von Schadstoffen, und die Verbreitung von Informationen an die Öffentlichkeit verbessert werden müssen“.

Richtlinie 2008/50/EG

M6 Richtlinie über Luftqualität in den EU-Staaten

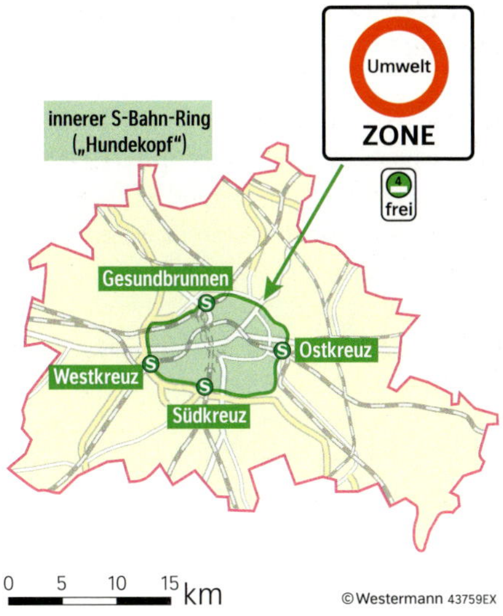

M7 Umweltzone Berlin 2020

	Silbersteinstraße			Friedrichshagen (Müggelsee)		
Zeit	Luftqualitätsindex	Feinstaub *	Stickstoffdioxid **	Luftqualitätsindex	Feinstaub	Stickstoffdioxid
2 Uhr	mäßig	22	60	sehr gut	17	15
4 Uhr	gut	33	69	gut	18	13
6 Uhr	gut	34	77	gut	19	16
8 Uhr	mäßig	38	117	gut	19	24
10 Uhr	mäßig	39	102	gut	20	14
12 Uhr	mäßig	40	77	gut	20	7
14 Uhr	mäßig	41	104	gut	20	2
16 Uhr	mäßig	42	133	gut	21	2
18 Uhr	mäßig	43	164	gut	21	5
20 Uhr	mäßig	44	57	gut	23	16
22 Uhr	mäßig	46	52	gut	27	7
24 Uhr	mäßig	45	57	sehr gut	27	6
DS		**38,9**	**89,1**		**21**	**10,6**

*(PM_{10}) stündlich gleitendes Tagesmittel in µg/m³

**(NO_2) Ein-Stunden-Mittelwert in µg/m³

M9 Luftqualitätsindex Berlin am 15.6.2018 (Freitag)

In den dicht bewohnten Gebieten in der Innenstadt und an vielen Hauptverkehrsstraßen wurden die Grenzwerte für Feinstaub und Stickstoffdioxid an vielen Tagen überschritten. Daher war Berlin verpflichtet, einen Luftreinhalteplan zu erarbeiten und umzusetzen.

Eine wichtige Maßnahme war die Einrichtung der Umweltzone im Jahr 2008. Die im Volksmund aufgrund ihres Aussehens als „Großer Hundekopf" bezeichnete Region ist 88 km² groß. In diesem Gebiet lebt fast jeder dritte Berliner. Fahrzeuge mit besonders hohen Schadstoffemissionen dürfen die Umweltzone nicht befahren. Nur Kfz, die sehr viel weniger Stickoxide und Dieselpartikel als ältere Autos ausstoßen, erhalten eine grüne Plakette, mit der die Verkehrsteilnahme erlaubt ist.

M8 Luftreinhalteplan und Umweltzone Berlin

„Die Belastung an Feinstaub hat sehr stark nachgelassen, und zwar insbesondere an dem Feinstaub, der jetzt nicht aus Blütenpollen oder Saharasand besteht und gesundheitlich unproblematisch ist, sondern der Feinstaub, den man so als Dieselruß aus Verbrennungsvorgängen kennt, der eben eine sehr hohe Toxizität aufweist."

Jürgen Resch, Deutschen Umwelthilfe

„Wir haben immer noch ein Problem mit dem Baustellenstaub in dieser Stadt, wir haben ein Problem mit dem aufgewirbelten Staub auf den Straßen, wo man im Sommer durch Sprengen auch einiges tun kann [...]. Es gibt viel mehr solchen [sic!] Maßnahmen, um den Feinstaub zu senken, und zwar nicht nur bei den Autos, sondern aus allen Quellen, aus denen der Feinstaub kommt."

Henner Schmidt, Berliner FDP

„Teilweise sind auf dem Bau die Maschinen 20, 25 Jahre alt [...]. Es geht aber jetzt darum, die Altmaschinen nachzurüsten, und da sagen mir die Hersteller, es gibt keinen Markt, weil Baumaschinen ja nicht so viel verkauft werden wie Pkw, und da kommt noch nicht richtig der Ruck, dass man das auch sehr ernst nimmt."

Gerhard Cittrich, IG Bau

M10 Meinungen zur Umweltzone

Der Luftqualitätsindex errechnet sich aus den gemessenen Konzentrationen von Stickstoffdioxid, Feinstaub (PM_{10}) und Ozon.

https://www.umweltbundesamt.de/daten/luft/luftdaten/luftqualitaet/

1 *Stellen Sie Ursachen und Folgen von Luftschadstoffen dar (M5).*

2 *a) Beschreiben Sie die Entwicklung der Luftschadstoffemissionen in Berlin (M2 – M4).*
b) Erläutern Sie mögliche Ursachen dieser Entwicklungen (M5, M6).

3 *a) Begründen Sie den Luftqualitätsindex in Berlin am 15. Juni 2018 (M9).*
b) Recherchieren Sie den Luftqualitätsindex einer selbst gewählten Stadt in Hinblick auf den Standort sowie die Veränderungen innerhalb eines Tages (M9, Internet).

4 *a) Stellen Sie Ziele der Einführung von Umweltzonen dar (M8).*
b) „Umweltzone = Unfugzone" – diskutieren Sie diesen Slogan (M8, M10).

M1 Schreyahn (Niedersachsen)

M2 Zehlendorf (Brandenburg)

1.6 Siedlungsformen und ländliche Räume in Deutschland

Ländliche Regionen:
Flächenanteil: 46 %
Bevölkerungsanteil: 22 %

Städtische Regionen:
Flächenanteil: 18 %
Bevölkerungsanteil: 46 %

Regionen mit Verstädterungsansätzen:
Flächenanteil: 36 %
Bevölkerungsanteil: 32 %
(Quelle: BBSR Raumbeobachtung 2017)

Um das Jahr 1300 lebten in Mitteleuropa 98 % aller Menschen in Dörfern. Sie waren fast ausschließlich in der Landwirtschaft tätig: Heute leben in Deutschland je nach Abgrenzung nur noch etwa 22 % (BBSR 2017) oder 42 % (Bundesministerium f. Ernährung und Landwirtschaft 2020) der Bevölkerung in ländlichen Räumen, arbeiten nur noch 2 % der Erwerbstätigen in der Landwirtschaft. Ländliche Räume sind Gebiete mit dörflichen und kleinstädtischen Siedlungsstrukturen und geringer Einwohnerdichte. Eine genauere Abgrenzung anhand statistischer, funktionaler oder physiognomischer Merkmale ist kaum noch möglich, da es viele Übergangsformen gibt. Auch die ursprünglich einseitige Orientierung auf die Landwirtschaft ist Geschichte. Ländliche Räume nehmen heute viele Funktionen wahr. Zunehmend werden sie durch Dienstleistungen, etwa den Tourismus, geprägt. In Wachstumsregionen nimmt die gewerblich-industrielle Prägung zu. Ländliche Siedlungen weisen typische Grundrisse auf, wurden aber oft überformt. Es gibt sowohl strukturschwache als auch strukturstarke ländliche Regionen. Um dennoch eine Raumbeobachtung zu ermöglichen, geht das Bundesinstitut für Bau-, Stadt- und Raumforschung davon aus, dass in so definierten ländlichen Regionen weniger als 33 % der Bevölkerung in Groß- und Mittelstädten leben und die Einwohnerdichte unter 150 EW/km² bzw. bei Existenz einer Großstadt unter 100 EW/km² liegt (außerhalb der Großstadt). Insgesamt erfolgt heute häufig eine Abgrenzung nach siedlungsstrukturellen Merkmalen: geringe Bevölkerungs- und Siedlungsdichte, kleine Orts- und Gemeindegrößen, hohe Anteile nicht besiedelter Flächen sowie eine große Entfernung zu Zentren.

Einzelsiedlung: isolierte Lage; einzelne Höfe; Gebäude umgeben von Gärten

Weiler: Siedlung (3 bis 15 Höfe); unregelmäßiger Grundriss; Hofgebäude umgeben von Gärten

Haufendörfer: mehr als 15 Höfe; unregelmäßiger Grundriss; Dörfer oft sehr alt

Rundlinge: Höfe tropfenförmig um Dorfplatz angeordnet (meist mit Kirche); Lage abseits von Durchgangsstraßen; Dorfanlage hat Schutzfunktion; hinter den Höfen sind Gärten und Felder

Angerdörfer: Lage an Durchgangsstraße, die sich aufspaltet und in der Mitte einen linsenförmigen freien Platz (oft mit Kirche), den Dorfanger, freilässt; Höfe liegen beiderseits der Straße bzw. des Angers; hinter den Höfen sind Gärten und Felder

Straßendörfer: Höfe liegen in teils engem Abstand beiderseits einer geradlinigen Durchgangsstraße; Giebel der Häuser oft zur Straße ausgerichtet; hinter den Höfen sind Gärten und Felder

Reihendörfer: Höfe in weitem Abstand entlang einer Linie (z. B. Fluss, Kanal oder Straße); Hofgebäude von Gärten umgeben

Streusiedlung: Einzelhöfe und Weiler in verstreuter Lage; es gibt kein Ortszentrum; Ergebnis einer spontanen, ungeplanten Besiedlung

M3 Dorfformen in Mitteleuropa

100800-076 www.diercke.de

M4 Dersenow (Mecklenburg-Vorpommern)

M7 Bayern – ländlicher Raum

Die Gegenüberstellung von Stadt und Land als gegensätzliche Gebietskategorien eignet sich in Mitteleuropa nicht mehr zur Charakterisierung der Siedlungsstruktur. Durch Suburbanisierung und neue Verkehrstechnologien vergrößerten sich die Städte, sodass man heute weniger von einem Stadt-Land-Gegensatz, sondern eher von einem räumlichen Stadt-Land-Kontinuum sprechen sollte. In vielen Dörfern des ländlichen Raums finden wir stark urbanisierte Lebensstile und eine Berufsstruktur der Wohnbevölkerung vor, die sich kaum von urbanisierten Regionen unterscheidet.

nach: Bundeszentrale für politische Bildung, Heft 343, 2020, Ländliche Räume

M5 Das Stadt-Land-Kontinuum

In der [...] polyzentrischen Siedlungs- und Wirtschaftsstruktur Deutschlands und der Entwicklung ländlicher Räume zeigen sich erhebliche Disparitäten zu den Ballungsräumen [...], aber auch zwischen den unterschiedlich strukturierten ländlichen Räumen. [...] Es gibt einerseits prosperierende Regionen mit guten Zukunftschancen [...]. Andererseits gibt es Regionen, die durch Strukturwandel und fehlende Arbeitsplätze, periphere Lage, Defizite der Grundversorgung, Abwanderung und Alterung der Bevölkerung, Gebäudeleerstand sowie angespannte Kommunalfinanzen besonders gefordert sind [...]

Bundesministerium für Ernährung und Landwirtschaft (Hrsg.)

M8 Disparitäten und ländliche Räume

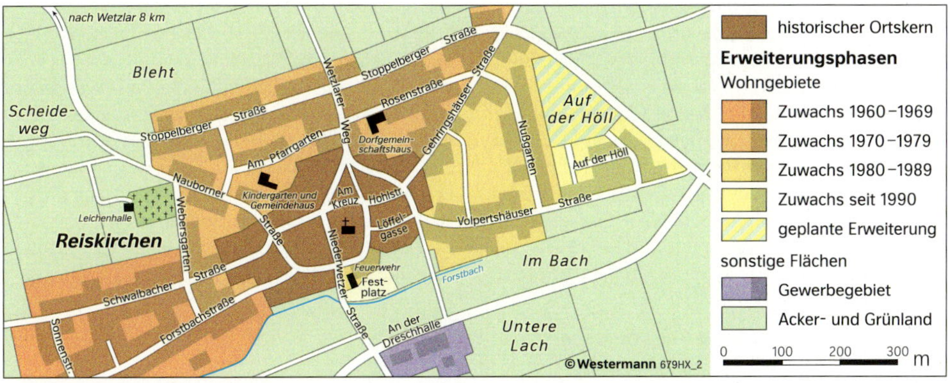

M6 Dorfentwicklung am Beispiel Hüttenberg-Reiskirchen (Hessen)

1 *Ordnen Sie die Luftbilder M1, M2, M4, M7 Dorfformen aus M3 zu. Begründen Sie Ihre Zuordnung.*

2 *Beschreiben Sie die räumliche Entwicklung des Dorfes Hüttenberg-Reiskirchen (M6).*

3 *Die Betrachtung des ländlichen Raumes aus heutiger Sicht muss sich verändern: Erläutern Sie die unterschiedlichen Strukturen und bestimmen Sie die Ursachen.*

4 *Erörtern Sie die These: „Der Stadt-Land-Gegensatz muss abgelöst werden vom Gegensatz der Regionen."*

100800-077-05 www.diercke.de

Basisinformationen zu Wandlitz:

Bundesland: Brandenburg, Landkreis Barnim
Fläche: 163 km²
Einwohner: 23 127
Bevölkerungsdichte: 142 Ew/km² (2019)
Ortsteile: Basdorf, Klosterfelde, Lanke, Prenden, Schönerlinde, Schönwalde, Stolzenhagen, Wandlitz, Zerpenschleuse

Wandlitz – eine Gemeinde im Wandel

Über viele Jahrhunderte hinweg wurde das Leben in den Dörfern von der Landwirtschaft bestimmt. Dies änderte sich ab dem 19. Jahrhundert: Verbesserte Verkehrsmittel, die neue Industrie sowie Dienstleistungen und eine wachsende Bevölkerung lösten einen tiefgreifenden Wandel aus, der bis heute anhält. Am stärksten sind die Veränderungen in den Umlandgemeinden großer Städte. Die Gemeinde Wandlitz in Brandenburg, seit der Gebietsreform 2003 aus neun Ortsteilen bestehend, ist dafür ein typisches Beispiel.

M1 Wandlitz – Wälder und Seen zogen schon Ende des 19. Jahrhunderts Tagesgäste an

Zeitleiste:

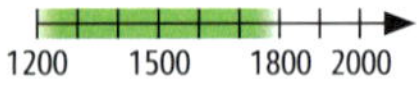

Das Dorf Wandlitz wurde erstmals im Jahr 1242 urkundlich erwähnt. Seine Bevölkerung lebte vor allem von Landwirtschaft und Fischerei. Außerdem gab es einen Schmied, eine Brauerei und einen Dorfkrug. Die Sozialstruktur war heterogen. Neben dem Pfarrer und dem Lehnschulzen (niedere Gerichtsbarkeit) gab es 15 bis 18 Bauern. Sie bewirtschafteten eigene Höfe und Ackerland, das in Dreifelderwirtschaft genutzt wurde (Sommergetreide, Wintergetreide und Brache). Es bestand Flurzwang: Die Bauern mussten sich bei der Bewirtschaftung ihres Landes immer der Gemeinschaft unterordnen. Wälder, Wiesen, Weiden und Moore wurden als Allmende gemeinsam genutzt. In der sozialen Hierarchie unter den Bauern standen die Kossäten. Sie besaßen eine eigene Kate, aber nur wenig Land und Vieh. Die Kossäten arbeiteten auf Bauern- oder Gutshöfen unter anderem als Hirten und Handwerker. Auf der untersten Ebene standen landlose „Büdner" und Tagelöhner. Die Produktivität der Landwirtschaft war gering. Getreide musste noch 1801 im Kreis Niederbarnim, zu dem Wandlitz damals gehörte, zugekauft werden, weil die Eigenproduktion nicht den Bedarf deckte. Bei Kartoffeln wurde ein kleiner Überschuss erwirtschaftet. Ein Drittel der Produktion konnte so auf dem regionalen Markt angeboten werden.

M2 Wandlitz: Dorfleben vom Mittelalter bis zum 18. Jahrhundert

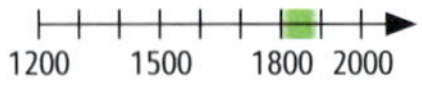

Neben der Aufhebung der Leibeigenschaft (formal 1810) war es zunächst die Separation des Landes, die die Wirtschaftsweise veränderte: Ackerland, Weiden und Wald wurden bis 1840 unter den nutzungsberechtigten Bauern aufgeteilt und der Flurzwang wurde aufgehoben. Auch Dank der Mechanisierung der Landwirtschaft und der Erfindung des Mineraldüngers steigerten die Bauern ab 1850 die Produktion spürbar. Sie erzeugten nun über die Eigenversorgung hinaus Überschüsse, vor allem für die rasch wachsende Großstadt Berlin. Auch der Wald war eine wichtige Wirtschaftsgrundlage. Außer Holz wurde Teer erzeugt, z. B. im benachbarten Zühlsdorf (heute Ortsteil von Wandlitz). Nur wenige Kilometer von Wandlitz entfernt wurde 1752 mit Schönwalde (heute Ortsteil von Wandlitz) ein Handwerkerdorf gegründet. Dort siedelten sich mehr als 100 Textilspinner und Leinweber und ihre Familien an. 1801 gab es in Schönwalde außerdem Radmacher, Schuster, Tischler, Zimmerleute, aber nur einen Bauern. Das Dorf war eine Ausnahme in der Region.

M3 Wandlitz: Umbrüche im 19. Jahrhundert

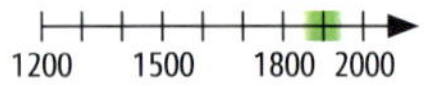

Nachdem die Bevölkerungszahl in Wandlitz zwischen 1734 (196 Einwohner) und 1860 (559 Einwohner) nur mäßig gewachsen war, nahm sie bis 1946 stärker zu (3151 Einwohner). Durch Eisenbahn und Fernstraßen verringerte sich die Reisezeit nach Berlin. Verstärkt besuchten Tagestouristen die Gemeinde, erste touristische Strukturen entstanden. Dagegen verlor die Landwirtschaft an Bedeutung, Handwerksberufe wie Bäcker und Maurer gewannen an Bedeutung. Andere Handwerker, wie beispielsweise Schmiede und Leinenweber, waren zur Spezialisierung oder Aufgabe ihres Gewerbes gezwungen. Handwerklich arbeitende Betriebe wie Getreidemühlen wurden dagegen durch industrielle Betriebe ersetzt, die Produkte in größerer Zahl preiswerter und schneller herstellen konnten.

M4 Wandlitz wird zur Berliner Umlandgemeinde

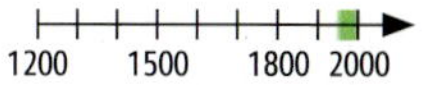

Nach dem Ende des Zweiten Weltkrieges lag Wandlitz etwa 30 Kilometer nördlich des Ostberliner Stadtzentrums. Bis zur Berliner Stadtgrenze waren es 17 Kilometer. Wegen der reizvollen Umgebung entstanden in der Nähe des Sees ausgedehnte Wochenendsiedlungen für die Einwohner Berlins. Für die politische Führung der DDR wurde östlich des Ortes eine bewachte Wohnsiedlung angelegt (die „Waldsiedlung“).
In der Landwirtschaft dominierten die ab 1953 gegründete Landwirtschaftliche Produktionsgenossenschaft (LPG) Wandlitz sowie das volkseigene Gut im heutigen Ortsteil Schönerlinde. Dagegen arbeiteten die meisten Einwohner in den Handwerksgenossenschaften, den kleinen Industriebetrieben und der öffentlichen Verwaltung, oder sie pendelten nach Ostberlin. Dennoch blieb die Bevölkerungszahl von Wandlitz zwischen 1946 und 1990 fast unverändert hoch (1946: 3151 Einwohner; 1971: 3229 Einwohner). Eine Suburbanisierung, wie sie für viele westdeutsche Städte seit den 1960er-Jahren typisch war, fand im Ostberliner Umland kaum statt.

M5 Wandlitz in der Deutschen Demokratischen Republik (DDR)

M6 Wandlitz und Umgebung aus der Zeit 1767–1787, Schmettausches Kartenwerk Brandenburg/Berlin

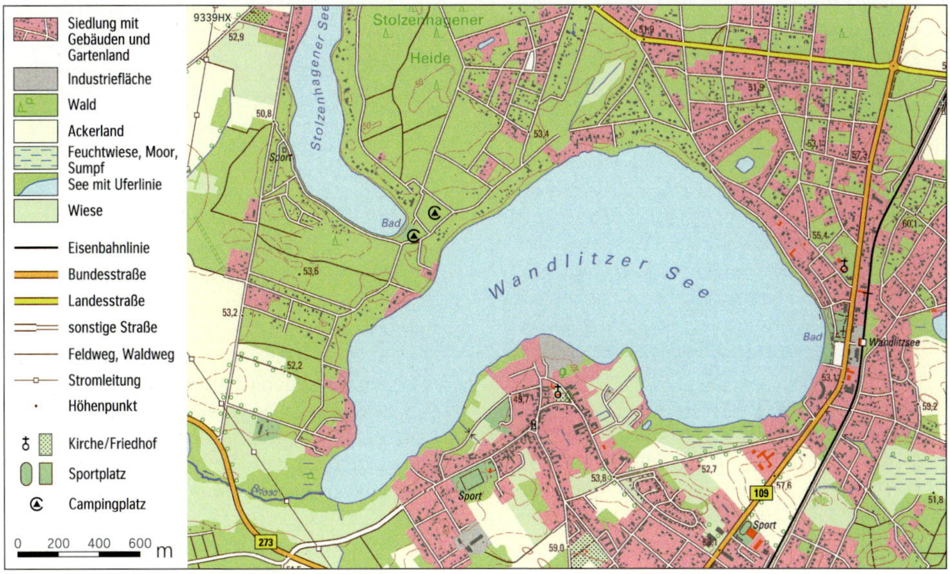

M7 Wandlitz und Umgebung in der Gegenwart (topographische Karte 1:25 000)

M8 Rathaus Wandlitz mit Erweiterungsbauten

M9 Wandlitz – nur ein Grundversorgungszentrum vorhanden

M10 Wohngebiet Louisenhain-Wandlitz

Wandlitz heute – ein „Schlafdorf"?

Nord-Süd-Ausdehnung: 28 km

Entfernung zur Stadtgrenze Berlin: 15 km

zum Alexanderplatz: (Berlin-Mitte) 30 km

Pkw-Fahrzeit: 45 Min.

mit ÖPNV: 70 Min.

M11 Verkehrsanbindung Wandlitz mit Ortsteilen

Arbeitsplatzquote:

Zahl der sozialversicherungspflichtig Beschäftigten am Arbeitsort/Einwohner

Altersquotient:

Anteil der über 64-Jährigen zu 100 Personen im erwerbsfähigen Alter (20 – 64 Jahre)

Wandlitz hat sich seit 1990 zu einer wohlhabenden Gemeinde in einer wirtschaftlich dynamischen Region entwickelt. Dabei verzeichnete Wandlitz bis 2005 hohe Wanderungsüberschüsse, die sich dann reduzierten und erst ab 2013 wieder stärker ansteigen. Es sind insbesondere Familien mit Kindern aus Berlin, die zuwandern (80 – 90 Prozent der Zuwanderer) und Ein- bzw. Zweifamilienhäuser (76 Prozent aller Häuser in Wandlitz) bevorzugen, ein Wohnen im Grünen in ruhiger Umgebung anstreben, was zunehmend zum Konflikt mit der touristischen Entwicklung (Tagesgäste am Wochenende) führt. Zum Arbeiten pendelt man weiter nach Berlin.
Diese Entwicklung hat dazu geführt, dass der Landesentwicklungsplan geändert wurde und eine neue Siedlungsachse (Gestaltungsraum Siedlung) von Berlin-Pankow nach Wandlitz ausgewiesen wurde. Innerhalb dieser Achse dürfen Baugebiete ausgewiesen werden und auch eine alte Bahnstrecke nach Berlin soll bis 2023 reaktiviert werden, um die Verkehrsanbindung zu verbessern. Diese neuen Baugebiete sollen den demographischen Wandel berücksichtigen, aber auch preiswerten Mietwohnungsbau beinhalten. Bis 2030 könnte die Gemeinde aufgrund der bisher geplanten Bauvorhaben und Nachverdichtungspotenziale um weitere 7000 bis 8000 Einwohner wachsen.
Deshalb soll auch verstärkt neues Gewerbe angesiedelt werden, da die Arbeitsplatzquote 2019 weiterhin nur bei 18 Prozent lag. Potenzial dafür weist insbesondere der Ortsteil Schönerlinde an der Stadtgrenze zu Berlin auf. Diskutiert wird auch der Ausbau der Gemeinde als Naherholungsort und Fremdenverkehrsort für sanften Natur- und Aktivtourismus, der gleichzeitig attraktiver Lebensort für Familien bleibt (Leitziele der Gemeinde).
Insgesamt dominieren aber bisher kleine Dienstleistungsbetriebe, überwiegend in den Bereichen Handel, Verkehr, Gastgewerbe. So beschloss die Gemeindevertretung Ende 2020: Wandlitz braucht dringend ein neues Leitbild für 2030.

M12 Wandlitz seit der Wiedervereinigung 1990

Wachstumsschmerzen in Wandlitz

Brandenburg boomt – und zwar rund um die Hauptstadt. In den Landkreis Barnim zieht es besonders viele Menschen, auch die Gemeinde Wandlitz wächst. Das gefällt nicht jedem. [...] Wenn hier ein Haus leer steht, dann meist, weil es gerade gebaut wird. In regelmäßigen Abständen rauschen Cabriolets, SUVs und Kleinwagen über die Prenzlauer Chaussee, die den Ortskern trennt. Direkt dahinter liegt der See, der Wandlitz so attraktiv macht. [...] Zu Taxi Schulze gehen in Wandlitz fast alle, die ein Taxi brauchen. [...] Wenn jemand mit vielen Wandlitzern spricht, ist es Schulze. „Schauen Sie sich um. Die Leute haben alles, aber meckern." Er selbst ist zufrieden. „Wir profitieren ja durch die Berlinnähe. Viele haben Arbeit in Berlin. Da können die hier draußen wohnen und in der Stadt arbeiten. Und die kleinen Gewerke freuen sich über Aufträge." [...] Seine Kinder würden gerne zurück nach Wandlitz ziehen [...] Eigentlich wollten die Kinder auf dem Grundstück ihres Vaters bauen, doch die [Gemeinde] habe den Bauantrag abgelehnt. Schulze hat Widerspruch eingelegt.
Wandlitz liegt auf Platz zehn der am stärksten wachsenden Gemeinden in Brandenburg. [...] In dem Leitbild der Gemeinde steht: „Unsere Prämisse ist jedoch nicht Wachstum um jeden Preis." [...] Katrin Bornkessel ist für die Bauleitplanung verantwortlich. [...] „Wir wollen eigentlich nicht unbedingt mehr Einwohner bekommen. Wir sind momentan an der Schmerzgrenze. [...] Wir haben erst einmal mit der Daseinsfürsorge zu tun, das heißt soziale Infrastruktur, Kitas, Schulen. [...] Also wir wollen keine neuen Siedlungen auf der grünen Wiese." Nur ein paar hundert Meter vom Rathaus entfernt ragt ein Kran in die Höhe. Hier entsteht das Neubaugebiet Louisenhain. Eine kleine Straße verbindet Einfamilienhäuser [...] Dort, wo früher die DDR-Elite wohnte, wollen heute Familien leben. Auch ein junges Paar aus dem Prenzlauer Berg will hier in den nächsten Jahren bauen [...].

Maike Gromm

M13 Bericht des rbb 2019 zu Wandlitz

100800-021 www.diercke.de

Basdorf ist ein Ortsteil von Wandlitz mit Einzelhandel- und Dienstleistungsangeboten und guter Verkehrsanbindung. Im Ort befand sich bis 2006 die Fachhochschule der Polizei des Landes Brandenburg. Nach dem Umzug nach Oranienburg stand das 42 Hektar große Gelände leer. Eine eigens gegründete Entwicklungsgesellschaft (BEG Basdorf) soll den Standort unter dem Namen „Basdorfer Gärten" gemeinsam mit privaten Investoren entwickeln. Dabei sollen nicht nur Eigentumswohnungen und Ein- und Zweifamilienhäuser entstehen (50 Prozent), sondern auch Mietwohnungen, davon 25 Prozent im sozialen Wohnungsbau. Diese erwirbt die Gemeinde teilweise vom Bauträger und vermietet sie dann preiswert, um auch für Familien mit geringerem Einkommen Wohnmöglichkeiten zu schaffen. Die ersten beiden Kasernenblöcke wurden umgebaut, erste Mieter zogen 2020 ein. Insgesamt erfolgt auf einem Drittel der Fläche Wohnungsbau, ein Drittel wird als Grünfläche renaturiert und ein Drittel der Fläche steht für Gewerbe zur Verfügung.

M14 Neues Konzept zur Siedlungsentwicklung – das Beispiel „Basdorfer Gärten"

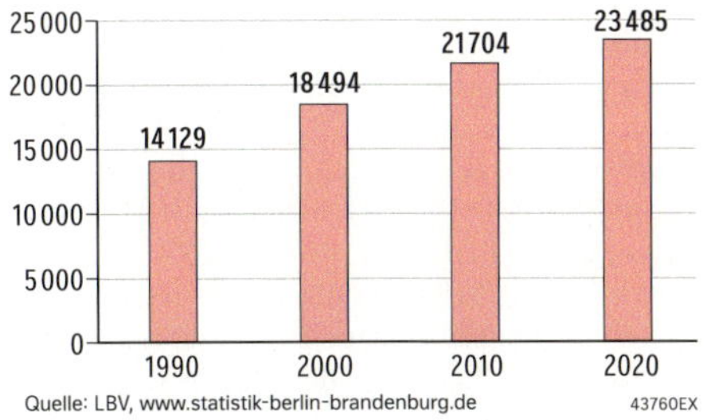

M15 Einwohnerentwicklung in Wandlitz

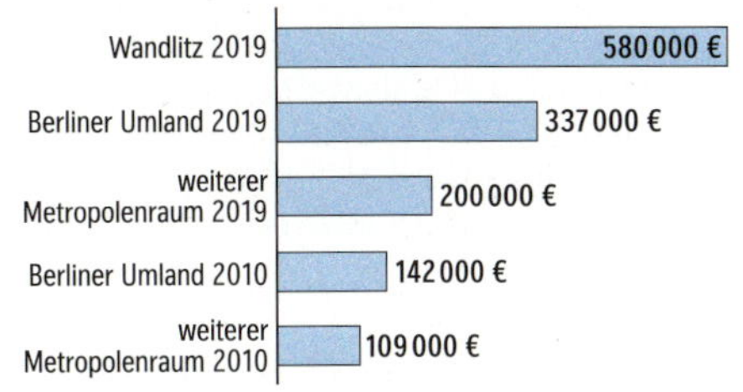

M16 Hauspreise im Landkreis Barnim

Wanderungssaldo mit Berlin 2001 – 2019	5913
Auspendlerquote 2019	80 %
Auspendlerzahl 2019	7553
Auspendler nach Berlin 2020	6000
Veränderung der Altersgruppen 2019 zu 2010	
bis unter 18 Jahre	14,30 %
18 bis unter 30 Jahre	– 27,90 %
30 bis unter 50 Jahre	– 12,80 %
50 bis unter 65 Jahre	67,80 %
65 Jahre und älter	120,50 %
Altersquotient Jahr 2000	20,6
Altersquotient Jahr 2019	41,0

Quellen: Landesamt für Bauen und Verkehr (LBV) Brandenburg; Gutachterausschuss Landkreis Barnim; Amt für Statistik Berlin-Brandenburg

M17 Weitere Strukturdaten von Wandlitz

Tourismus in Wandlitz
Übernachtungen:
2010: 98016
2015: 109333
2019: 146737
Übernachtungsgäste:
2019: 61756

Tagesgäste:
ca. 1 Million

(Quelle: regionalstatistik.de)

M18 Surfcenter

1 *Beschreiben Sie am Beispiel Wandlitz den Funktionswandel des ländlichen Raums bis 1990 unter Einbeziehung von M1 – M7.*

2 *Untersuchen Sie die Entwicklung in Wandlitz seit 1990:*
a) Analysieren Sie die demographischen Veränderungen (M15, M17).
b) Erläutern Sie die Auswirkungen der Stadt-Umland-Wanderung für Wandlitz (M8 – M18).
c) Bestimmen Sie dabei mögliche Konfliktfelder.

3 *Diskutieren Sie unter Einbeziehung der Planungen kritisch die These, dass Wandlitz immer mehr ein „Schlafdorf" für Berliner und Senioren wird (M10 – M17).*

M1 Gliederung und Lage Gemeinde Schönefeld

M2 Als Erstes kamen Logistikunternehmen

M3 2020 errichtetes Bürogebäude in Schönefeld

Schönefeld – eine dynamisch wachsende Gemeinde

Schönefeld:

Mittelzentrum in Funktionsteilung mit Wildau Kreis Dahme-Spreewald

Fläche: *82 km²*

Einwohnerdichte 2019:

199 EW/km²

Ortsteile seit 2003:

Großziethen, Kiekebusch, Selchow, Schönefeld, Waltersdorf, Waßmannsdorf

Der Landkreis Dahme-Spreewald mit Schönefeld als wirtschaftsstärkster Gemeinde gehört laut dem Institut der Deutschen Wirtschaft als einzige ostdeutsche Region zu den wirtschaftlich erfolgreichsten und stärksten Regionen Deutschlands und erreichte 2020 den siebten Platz im Regionalranking. Die Gemeinde profitierte insbesondere von den günstigen wirtschaftsstrukturellen Rahmenbedingungen.

Bewusst setzte die Gemeinde Schönefeld mit einem Wert von 240 (Jahr 2021) auf einen niedrigen Gewerbesteuerhebesatz für Unternehmen (Berlin 410), neue Gewerbe- und Wohngebiete wurden vorrangig im nördlichen Teil der Gemeinde ausgewiesen und reichen bis zu einem Kilometer an die Stadtgrenze von Berlin heran (Potenzial für 11 500 Einwohner).

Damit profitiert die Gemeinde von Suburbanisierungsprozessen. So erwartet die Landesplanung einen Einwohnerzuwachs von weiteren 25 Prozent bis zum Jahr 2030. Um die Wohnqualität zu steigern und endlich ein eigenes attraktives Zentrum zu entwickeln, begann die Gemeinde 2020, die Bevölkerung aller Teilsiedlungen in den Prozess einer integrierten Stadtentwicklungsplanung (INSEK) einzubeziehen. Der Haushaltsüberschuss von 55 Millionen Euro im Jahr 2019 zeigt, dass genügend Mittel zur Verfügung stehen.

Die Nähe zu Berlin und seinen Zukunftsorten im Süden, die günstige Verkehrslage sowie die stark steigenden Büroflächenpreise in Berlin ziehen seit 2018 auch Dienstleistungsunternehmen an. Der Bau von Bürogebäuden boomt. Die Landesplanung weist Schönefeld als regionalen Wachstumskern aus.

Schönefeld wurde 375 erstmalig urkundlich erwähnt und entwickelte sich als Angerdorf. Noch um 1900 bestand das Dorf aus nur 48 Wohnhäusern mit 619 Einwohnern. 1934 erfolgte der Bau der Henschel Flugzeugwerke und die Anlage von Start- und Landebahnen. Der dörfliche Charakter wurde überformt. 1947 wurde von der Sowjetischen Militäradministration der Aufbau eines zivilen Flughafens angeordnet, der dann zum Hauptstadtflughafen der DDR wurde. Der Bau des Berliner Außenrings 1950 zur Umfahrung von Berlin-West zerstörte die Grundstruktur des Angerdorfes. 1996 beschlossen die Bundesregierung sowie die Länder Berlin und Brandenburg den Ausbau zum Großflughafen. 2006 erfolgte der erste Spatenstich, 2020 die Einweihung. 2005 wurde das neue Rathaus in Schönefeld Nord bezogen, wo ein komplett neuer Ortsteil entsteht. Über 2400 Unternehmen (vorrangig Logistik, flughafennahe Dienstleister) siedelten sich bisher (2019) in Schönefeld an.

M4 Zur Geschichte Schönefelds

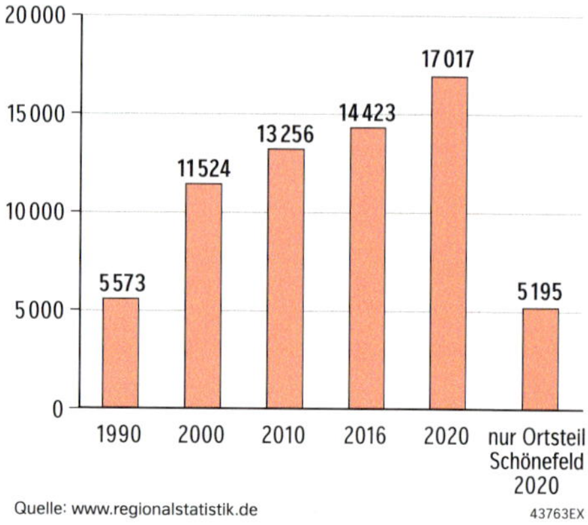

M5 Einwohnerzahlen von Schönefeld

M6 Neue Wohnviertel in Schönefeld-Nord

Preisentwicklung Einfamilienhäuser im Landkreis Dahme-Spreewald

Berliner Umland 2015	220 000 €
weiterer Metropolraum 2015	128 000 €
weiterer Metropolraum 2019	241 000 €
Berliner Umland 2019	381 000 €
Schönefeld 2019	412 000 €
Wohnungsbestand Schönefeld 1995	3 413
Wohnungsbestand Schönefeld 2018	6 873

(Quelle: Gutachterausschuss Dahme-Spreewald 2020)

M9 Wohnungsmarkt Schönefeld

Wanderungssaldo mit Berlin 2001–2019	5998
Beschäftigtendichte (je 1000 Einwohner)	1136
Auspendler nach Berlin 2019 (2013)	6097 (5025)
Einpendler aus Berlin 2019 (2013)	16 415 (13 513)
Veränderung der Altersgruppen 2019 zu 2010	
bis unter 18 Jahre	47,00 %
18 bis unter 30 Jahre	37,20 %
30 bis unter 50 Jahre	6,40 %
50 bis unter 65 Jahre	81,50 %
65 Jahre und älter	90,50 %
Altersquotient Jahr 2000	16,4
Altersquotient Jahr 2019	23,7

M7 Strukturdaten Schönefeld (Quelle: LBV)

Reichste Gemeinde ist Schönefeld
Gemeinden mit besonders hohen Gewerbesteuereinnahmen müssen in Brandenburg seit 2011 eine Umlage an die Gesamtheit der Kommunen zahlen. Abgeführt wird die Summe, die über dem Durchschnittswert liegt.
Für 2020 werden voraussichtlich elf Kommunen abgabepflichtig. An der Spitze steht die Gemeinde Schönefeld, die allein 41 Millionen Euro beisteuern soll. Das sind zwei Drittel der gesamten Umlage, die für 2020 fällig wird. [...]

Arne Sprung

M10 Stellung von Schönefeld in Brandenburg

Kommunaler Finanzausgleich, Abgaben Schönefelds:

2008:	*6,4 Mio. €*
2015:	*15,2 Mio. €*

(Quelle: regionalstatistik.de)

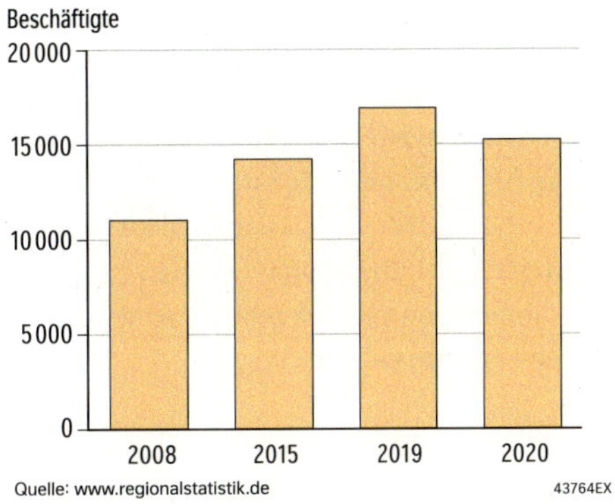

M8 Sozialversicherungspflichtig Beschäftigte in Schönefeld

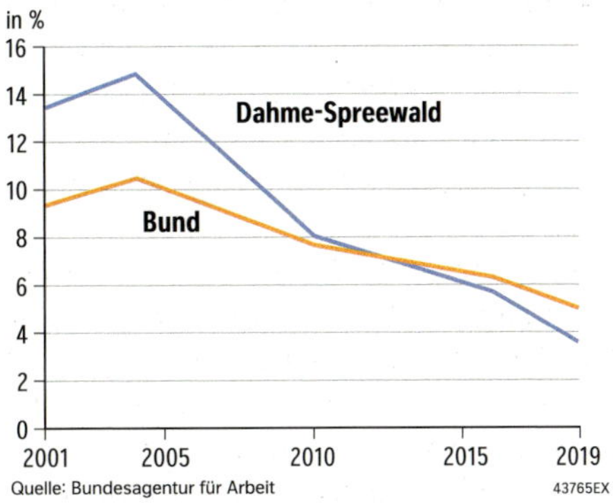

M11 Entwicklung der Arbeitslosenquote

1 *Charakterisieren Sie die Entwicklung und Strukturen Schönefelds, indem Sie:*
a) Hauptentwicklungsetappen benennen,
b) Strukturmerkmale bestimmen,
c) Besonderheiten dieser Landgemeinde erläutern (Internet, M1–M11).

2 *Bestimmen Sie die besonderen Stärken der Gemeinde. Beziehen Sie dabei Suburbanisierungsprozesse mit ein (Internet, M1–M11).*

3 *Erörtern Sie die These, dass der Neubau des Flughafens und die Lage am südlichen Stadtrand von Berlin zwei gleichberechtigte Wachstumsfaktoren sind.*

Testen – Üben – Vertiefen

1 Ordnen Sie die Stadtstrukturen (M1) passenden Stadtentwicklungsphasen zu.

M1 Stadtstrukturen (Modellabbildungen)

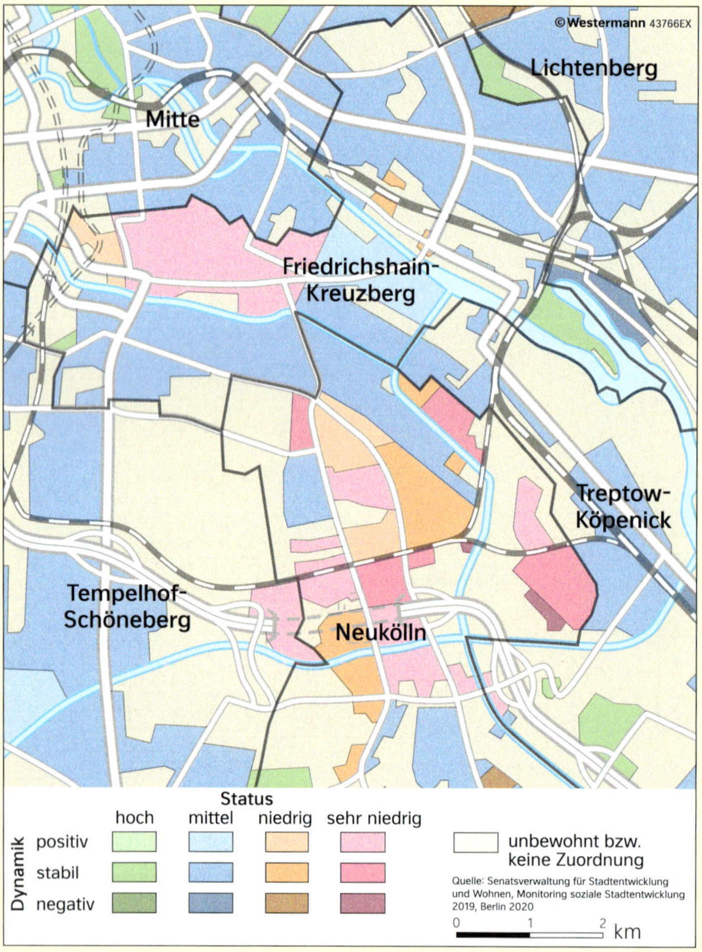

M2 Soziale Stadtentwicklung in Friedrichshain-Kreuzberg, Neukölln 2019

2 Erläutern Sie wesentliche Einflussfaktoren für die Entwicklung von Berlin ab 1990.

3 Soziale Stadtentwicklung in Berlin:

a) Beschreiben Sie mithilfe von M2 die sozialen Strukturen in den Bezirken Neukölln und Friedrichshain-Kreuzberg.

b) Bestimmen Sie für beide Bereiche die Hauptentwicklungstrends.

c) Erfassen Sie Gebiete mit Tendenzen zur Gentrifizierung und sozialer Segregation.

d) Erörtern Sie die Vor- und Nachteile von Gentrifizierungsprozessen.

4 Welche Antworten treffen zu. Begründen Sie Ihre Wahl. Ländliche Räume ...

a) ... werden ausschließlich durch die Faktoren Natur, Land- und Forstwirtschaft geprägt.

b) ... unterscheiden sich in Abhängigkeit von ihrer Lage zur nächsten Großstadt.

c) ... haben wichtige Funktionen, die städtische Räume nicht übernehmen können.

d) ... unterliegen seit Jahrzehnten einem ständigen Funktionswandel.

5 Nennen Sie die verschiedenen Möglichkeiten, um eine Stadt zu untergliedern.

6 Wenden Sie verschiedene Kriterien zur Stadtgliederung auf eine Stadt Ihrer Wahl an. Nutzen Sie den Atlas oder ein Luftbild der Stadt.

Fachbegriffe

Bioklima
City
Desurbanisierung
Dorfformen
economies of scale
Emissionen
externe Ersparnisse
Fühlungsvorteile
Gentrifizierung
Hitzetage
Kernstadt
Kreativwirtschaft
Metropolregion
Reurbanisierung
Schwarmstadt
Segregation
Smart City
Suburbanisierung
Stadtklima
Urbanisierung
Umland
Unicorn
Wanderungssaldo
Wärmeinsel

30 Jahre Land Brandenburg – eine Erfolgsgeschichte?

Bearbeiten Sie das Thema, indem Sie ...

1 ... die demographischen und wirtschaftlichen Veränderungen beschreiben.

2 ... diese Entwicklungen erklären und Zusammenhänge aufzeigen.

3 ... abschließend begründet Stellung zur Leitfrage nehmen.

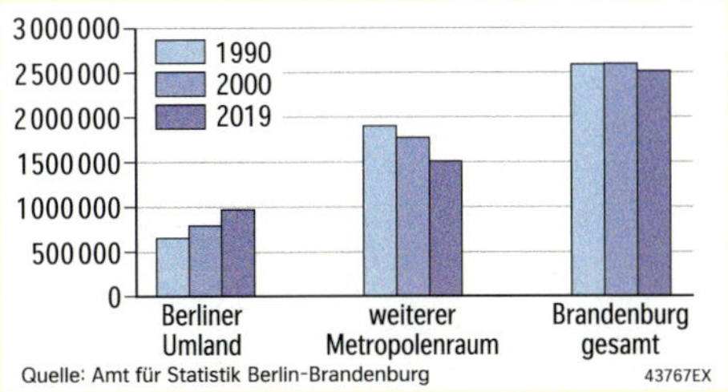

M1 Bevölkerungsentwicklung Metropolregion

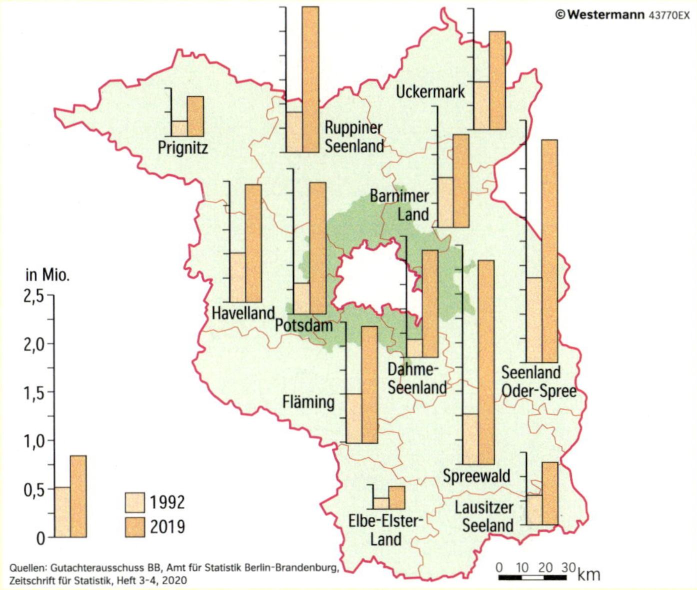

M4 Karte der Metropolregion mit Übernachtungen nach Regionen

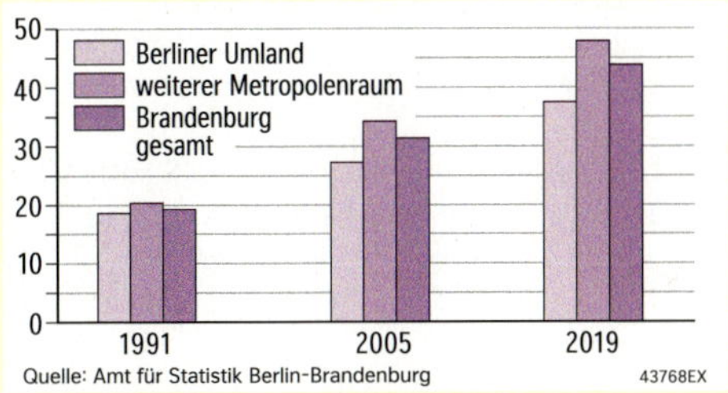

M2 Entwicklung des Altersquotienten

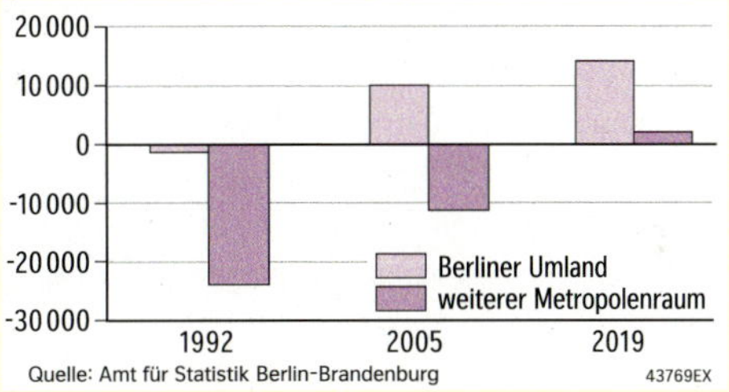

M5 Wanderungsbilanz mit dem Bundesgebiet

Arbeitslosenquote 1991	10 %
Arbeitslosenquote 2003	20 %
Arbeitslosenquote Juli 2021 Uckermark Dahme-Spreewald	5,85 % 10 % 3,80 %
durchschn. Stundenlohn 2019	20,51 €
durchschn. Stundenlohn Bund 2019	26,77 €

Quellen: Amt für Statistik Berlin-Brandenburg, Bundesagentur fürArbeit

M3 Brandenburg – Arbeitsmarkt

	1991	2019
BIP- Anteil produzierendes Gewerbe	35,10 %	26 %
BIP – Anteil Dienstleistungen	61,30 %	72,40 %
Zahl der Erwerbstätigen	1191082	1128721
BIP je Erwerbstätigen (BRD = 100 %)	40,50 %	86,70 %
BIP je Erwerbstätigen in Euro (Berlin)	16526	65853 (74239)
Erwerbstätigenquote Berliner Umland	68,1 % (2005)	79,7 % (2017)
Erwerbstätigenquote weiterer Metropolraum	59,4 (2005)	75 % (2017)

Quelle: Amt für Statistik Berlin-Brandenburg

M6 Wirtschaftsdaten Brandenburg

Referatsthemen

- Siedlungsentwicklung am Schulstandort – Einflüsse, räumliche Strukturen und aktuelle Probleme.
- SWOT-Analyse zu den Stärken und Schwächen, Chancen und Risiken des Wirtschaftsraumes Berlin
- Aktuelle Gentrifizierungsprozesse in einer Großstadt Ihrer Wahl
- Veränderung dörflicher Strukturen durch Suburbanisierung – Untersuchung im Einzugsbereich einer Großstadt

WES-151140-057

Freifläche *ist eine bewusst unbebaute Fläche am Rande bzw. innerhalb von Siedlungen, die jedoch im Zusammenhang mit der Bebauung steht (z. B. Vorgarten, Park, Spielplatz).*

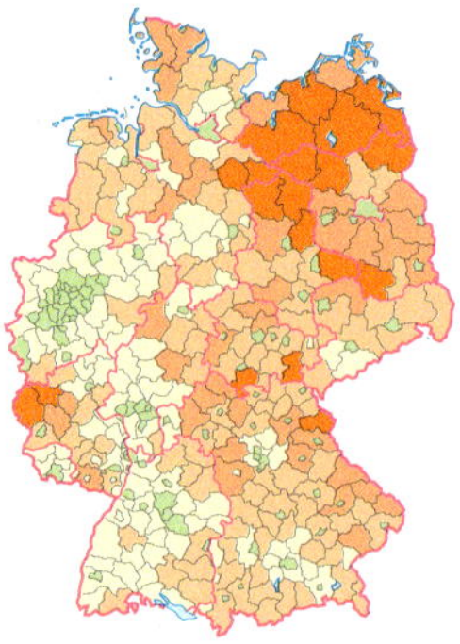

M1 Freifläche in m² je Einwohner 2017

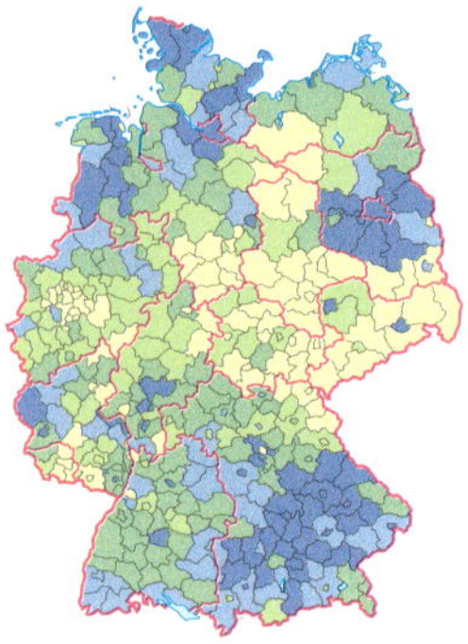

M2 Baugenehmigungen für Wohnungen je 1000 Einwohner 2017

2 Raumordnung

2.1 Grundlagen der Raumordnung

Wozu gibt es Raumordnung?

Der Mensch nutzt sein Lebensumfeld auf vielfältige Weise (Raumnutzung). So prägt und gestaltet er mit seinen Grunddaseinsfunktionen den Raum. Die Schaffung neuer Siedlungsräume, landwirtschaftliche Nutzung, touristische Interessen oder industrielle Entwicklung schließen sich oft gegenseitig aus. Raumnutzungskonflikte bzw. -konkurrenz sind die Folge davon. Hier soll die Raumordnung als politische Institution (z. B. das Amt für Raumordnung und Landesplanung) und als Wissenschaft die Ansprüche in Einklang bringen und den Ausbau im Interesse der Region (Raumentwicklung) fördern. Diese Entwicklung soll zudem so gesteuert werden, dass bestehende Disparitäten zwischen unterschiedlichen Regionen wie z. B. zwischen Zentren und Peripherien abgebaut werden. Dieses Streben nach gleichwertigen Lebensbedingungen in allen Teilräumen wurde noch vor einigen Jahren als oberstes Ziel der Raumordnung festgelegt. Neben diesem Ausgleichsziel formulierte die Raumordnung das Entwicklungs- und das Nachhaltigkeitsziel als mittlerweile gleichwertige Ziele. Während das Entwicklungsziel die Förderung eines Raumes entsprechend seinen Voraussetzungen beschreibt, versucht die Raumordnung mit dem Nachhaltigkeitsziel, das räumliche Potenzial langfristig zu sichern. Viele Raumordnungsprojekte verfolgen die Realisierung aller Ziele, was jedoch nicht immer möglich ist. In der aktuellen Gesetzgebung verschmelzen diese Ziele in den Grundsätzen der Raumordnung.

1. Im Gesamtraum der Bundesrepublik Deutschland und in seinen Teilräumen sind ausgeglichene soziale, infrastrukturelle, wirtschaftliche, ökologische und kulturelle Verhältnisse anzustreben. [...] Demographischen, wirtschaftlichen, sozialen sowie anderen strukturverändernden Herausforderungen ist Rechnung zu tragen [...]. [...] Auf einen Ausgleich räumlicher und struktureller Ungleichgewichte zwischen den Regionen ist hinzuwirken. [...]
2. [...] Es ist dafür Sorge zu tragen, dass Städte und ländliche Räume auch künftig ihre vielfältigen Aufgaben für die Gesellschaft erfüllen können. [...] Die Siedlungstätigkeit ist räumlich zu konzentrieren [...]. Der Freiraum ist durch übergreifende Freiraumplanungen [...] zu schützen.
3. Die Versorgung mit Dienstleistungen und Infrastrukturen der Daseinsvorsorge [...] ist zur [...] Chancengerechtigkeit in den Teilräumen in angemessener Weise zu gewährleisten. [...]
4. Der Raum ist im Hinblick auf eine langfristig wettbewerbsfähige und räumlich ausgewogene Wirtschaftsstruktur und wirtschaftsnahe Infrastruktur sowie auf ein ausreichendes und vielfältiges Angebot an Arbeits- und Ausbildungsplätzen zu entwickeln. [...]
6. Der Raum ist in seiner Bedeutung für die Funktionsfähigkeit der Böden, des Wasserhaushalts, der Tier- und Pflanzenwelt sowie des Klimas [...] zu entwickeln, zu sichern oder [...] wiederherzustellen. [...] Den räumlichen Erfordernissen des Klimaschutzes ist Rechnung zu tragen [...].
8. Die räumlichen Voraussetzungen für den Zusammenhalt [...] im [...] europäischen Raum sowie für den Ausbau und die Gestaltung der transeuropäischen Netze sind zu gewährleisten.

M3 Grundsätze der Raumordnung aus dem Raumordnungsgesetz (ROG) 2017, § 2

100800-070 www.diercke.de
100800-071 www.diercke.de

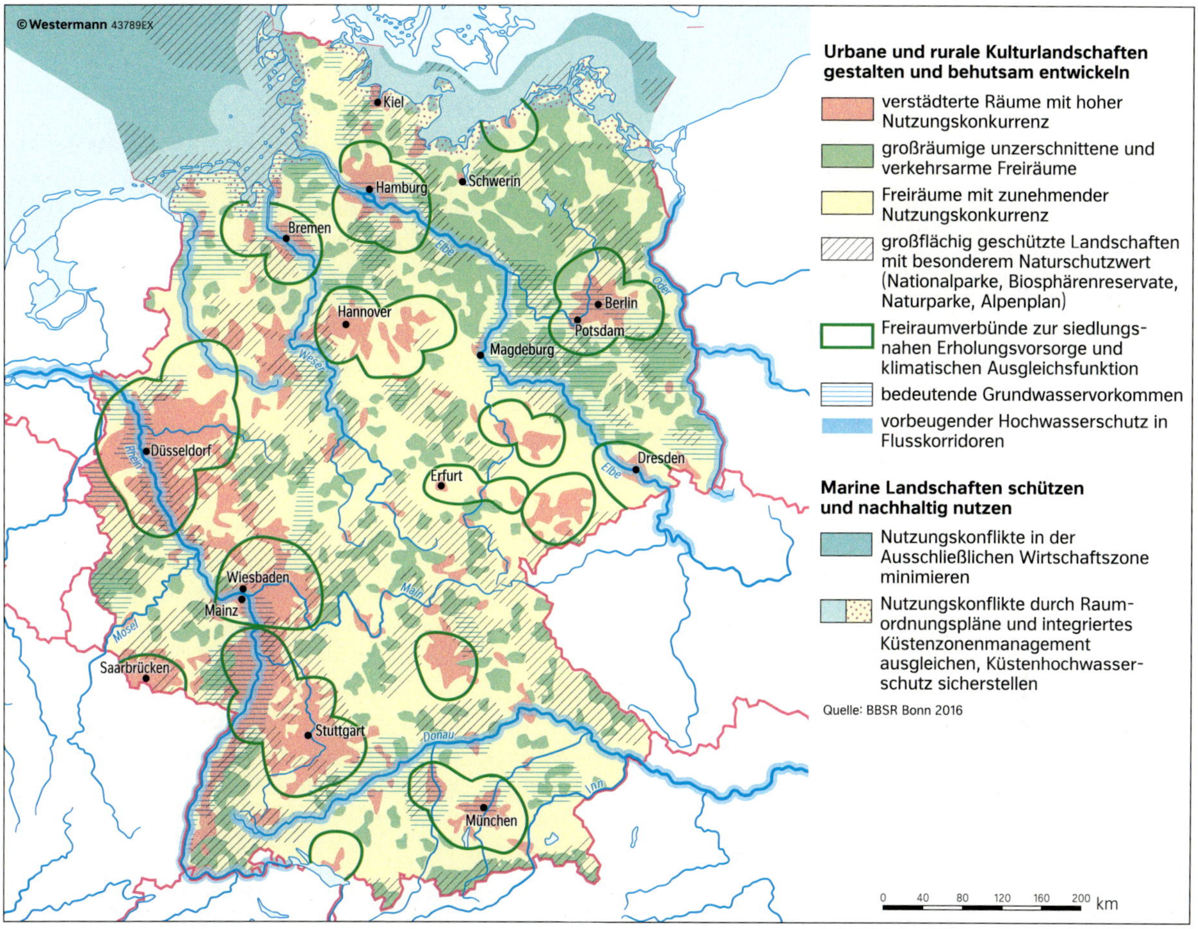

M4 Raumnutzungskonkurrenz in Deutschland

> [...] Ein besonderes Augenmerk soll auf den Ressourcenschutz, die Entwicklung von Kulturlandschaften, die Reduzierung der Flächenneuinanspruchnahme, den Ausbau der erneuerbaren Energien und der Netze sowie auf die Anpassung der Raumfunktionen und -nutzungen an den Klimawandel gelegt werden. Durch angepasste Landnutzungen und den Schutz vor vermeidbaren Beeinträchtigungen werden die nachhaltige Sicherung der natürlichen Lebensgrundlagen, die langfristige Nutzbarkeit der natürlichen Ressourcen wie Boden, Wasser, Luft, biologische Vielfalt und damit die Lebensqualität und Versorgung der Bevölkerung auch für zukünftige Generationen gewährleistet. [...]
>
> Ministerkonferenz für Raumordnung (Hrsg.)

M5 Leitbild der Raumnutzung

1 *Ermitteln Sie je eine rurale und urbane Region Deutschlands mit viel bzw. wenig Freifläche sowie mit gleichzeitig hoher bzw. geringer Anzahl von Baugenehmigungen und stellen Sie Vermutungen über mögliche Zusammenhänge an (M1, M2, Internet).*

2 *Nennen Sie Beispiele für gesellschaftliche Transformationsprozesse, welche die Aktualisierung der Zielformulierungen erforderlich machten und gegebenenfalls noch machen (M3).*

3 *Überprüfen Sie die Ziele des Leitbildes der Raumnutzung an einer großflächig geschützten Landschaft (Internet, M4, M5).*

4 *Untersuchen Sie in einer peripheren Region eine Freifläche auf unterschiedliche Nutzungsansprüche und treffen Sie eine begründete Entscheidung für eine der Nutzungsmöglichkeiten (M1, Atlas, Internet).*

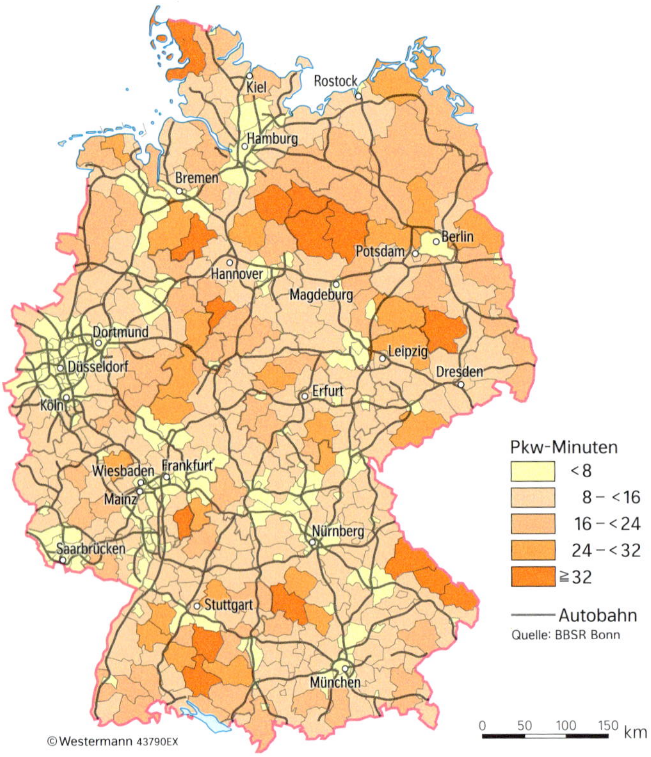

M1 Erreichbarkeit der nächsten Bundesautobahn-Anschlussstelle in durchschnittlichen Pkw-Minuten 2018

Wer setzt die Ziele der Raumordnung um?

Die Ministerkonferenz verabschiedete im März 2016 Leitbilder und Handlungsstrategien für die Raumentwicklung. Diese spiegeln aktuelle Bedürfnisse wider und sollen vordergründig die „Wettbewerbsfähigkeit stärken", die „Daseinsvorsorge sichern", die „Raumnutzung steuern und nachhaltig entwickeln" und „Klimawandel und Energiewende gestalten". Diverse Nutzer eines Raumes verfolgen dabei verschiedene Ziele. Die Grundsätze und Leitbilder werden als konkretisierte und verbindliche Vorgaben in regionalen Plänen, z. B. in Landesraumordnungsprogrammen oder Bebauungsplänen von Gemeinden, verankert. An deren Erstellung sind untergeordnete Planungsbehörden beteiligt, damit verschiedene Interessen berücksichtigt werden können. Dieses **Gegenstromprinzip** ist im Raumordnungsgesetz verankert. So können bei Maßnahmen auch betroffene Bürger in öffentlichen Verfahren (z. B. **Planfeststellungs- und Raumordnungsverfahren**) ihr Mitspracherecht wahrnehmen. Dennoch bleiben viele Projekte bis zuletzt umstritten, da nicht alle Folgen kalkulierbar sind.

<table>
<tr><th rowspan="8">Fachplanungen: Verkehr, Wasserwirtschaft, Entsorgung auf der jeweiligen Ebene

Raumwirksame politische Beschlüsse

Raumwirksame Investitionen der Fachministerien und Behörden auf der jeweiligen Ebene</th><th>Ebene</th><th>Kompetenzen</th><th>Instrumente</th><th>Institutionen</th></tr>
<tr><td>Bund</td><td>• Orientierungsrahmen
• Planfeststellungsverfahren bei Beschleunigungsgesetzen</td><td>• Raumordnungsgesetz (S. 58)
• Modellvorhaben
• Raumordnungsplan</td><td>• Bundesministerien
• Bundesamt für Bauwesen und Raumordnung
• Ministerkonferenz</td></tr>
<tr><td colspan="4">↑↓ Gegenstromprinzip: Die Entwicklung der Teilräume soll sich in die Gegebenheiten und Erfordernisse des Gesamtraumes einfügen; die Entwicklung des Gesamtraumes soll die Gegebenheiten und Erfordernisse seiner Teilräume berücksichtigen.</td></tr>
<tr><td>Bundesland</td><td>• Raumordnungsverfahren (S. 78)
• Vorgaben für regionale / kommunale Planung
• Planfeststellungsverfahren (S. 70)</td><td>• Landesplanungsgesetze
• Landesraumordnungsprogramme bzw. -pläne (S. 64, 75)</td><td>• Landesplanungsbehörde
• Fachministerien
• Gerichte</td></tr>
<tr><td colspan="4">↑↓ Gegenstromprinzip</td></tr>
<tr><td>Region (z. B. Zusammenschluss von Kreisen)</td><td>• Steuerung regional relevanter raumwirksamer Maßnahmen
• Planungsvorgaben für Kommunen</td><td>• Regionalplan oder Regionaler Flächennutzungsplan</td><td>• Regionale Planungsbehörde</td></tr>
<tr><td colspan="4">↑↓ Gegenstromprinzip</td></tr>
<tr><td>Kommune</td><td>Prüfung und Genehmigung von Bauvorhaben auf kommunaler Ebene, Anhörungsverfahren</td><td>• Flächennutzungsplan (S. 80)
• Bebauungsplan
• Stadtentwicklung (S. 68)</td><td>• Stadtplanungsamt
• Bauamt
• Stadt-/Gemeinderat</td></tr>
</table>

M2 Die Ebenen der Raumordnung in Deutschland

100800-072 www.diercke.de

Die A49 ist eine Bundesautobahn. Bauherr ist der Bund [Ebene der RO]. [...] Der Deutsche Bundestag hat die A49 als vordringliches bzw. seit 2016 als laufendes und fest disponiertes Projekt in den Bedarfsplan [Instrument der RO] für die Bundesfernstraßen aufgenommen. Dieser Bedarfsplan stellt als Anlage zum Fernstraßenausbaugesetz [Instrument der RO] die gesetzliche Grundlage für die Planung und den Weiterbau der A49 dar. Der Bund als Straßenbaulastträger hat somit den gesetzlichen Auftrag, die A49 fertig zu bauen. Das Land Hessen handelt als Auftragsverwaltung des Bundes ausschließlich in dem vom Bund vorgegebenen Rahmen. Die Planfeststellungsbeschlüsse für die beiden verbleibenden Abschnitte sind bestandskräftig und zum Teil mehrfach höchstrichterlich bestätigt worden. Das Vorhaben gliedert sich in drei Abschnitte: Neuental-Schwalmstadt [...], 11,8 Kilometer, Schwalmstadt-Stadtallendorf, [...] 13,3 Kilometer sowie Stadtallendorf-Ohmtaldreieck, [...] 17,5 Kilometer. [...] Der erste Abschnitt ist seit 2013 im Bau (Umsetzung: Hessen Mobil [Institution der RO]). Mit der Umsetzung der beiden letzten Abschnitte ist die im Besitz des Bundes und einiger Länder befindliche Projektmanagementgesellschaft DEGES [Institution der RO] beauftragt. Das Verkehrsministerium [heute BMI, Institution der RO] ist zuständig für die Planfeststellung [Kompetenz der RO]. Ein Planfeststellungsverfahren stellt das Baurecht für große Vorhaben her, die zahlreiche Einzelaspekte wie Wasserschutz, Naturschutz, Raumordnung und Verkehrsfragen berühren. Beispiele sind etwa der Neu- und Ausbau von Straßen, von Leitungstrassen, von Schienenwegen oder Flughäfen. Der Planfeststellungsbeschluss [Instrument der RO] erteilt alle notwendigen einzelnen Genehmigungen und kann sie auch mit Auflagen versehen. Beim Neubau einer Bundesfernstraße beauftragt der Bund [...] die jeweilige Landesverwaltung [Institution der RO] mit der Planung. [...] Wenn der Bund den Planungen zustimmt, beantragt Hessen Mobil beim jeweiligen Regierungspräsidium [Institution der RO] die Durchführung eines Anhörungsverfahrens [Kompetenz der RO]. Das Regierungspräsidium prüft dann die Vollständigkeit der eingereichten Unterlagen und veranlasst bei den betroffenen Kommunen, dass die Pläne für einen Monat für alle Bürgerinnen und Bürger ausgelegt werden. Anschließend können Bürgerinnen und Bürger, die sich vom dem Projekt betroffen sehen, Einwendungen erheben. Ebenso können Fachbehörden [Institution der RO] und andere sogenannte Träger öffentlicher Belange [Institution der RO] wie Wasserversorger und Naturschutzverbände Stellungnahmen abgeben. Mit diesen Einwendungen und Stellungnahmen setzt sich die Verwaltung [Institution der RO] dann auseinander und passt gegebenenfalls ihre Planungen an. Bei der A49 [...] beispielsweise gingen nach der Auslegung der Pläne im Frühjahr 2007 rund 400 Einwendungen und Stellungnahmen ein. Daraufhin wurden die Planungen unter anderem unter dem Gesichtspunkt des Naturschutzes überarbeitet und in ihrer geänderten Fassung erneut ausgelegt. Einwendungen und Stellungnahmen, die nicht ausgeräumt werden können, werden in einem Erörterungstermin behandelt, der bei der A49 [...] im Oktober 2010 stattfand. Damit endet das Anhörungsverfahren, und das Regierungspräsidium gibt die zusammengefassten Einwendungen, Stellungnahmen und Erwiderungen sowie das Ergebnis des Erörterungstermins weiter an die Planfeststellungsbehörde [Institution der RO], in diesem Fall das Hessische Verkehrsministerium. Das Ministerium prüft die Planunterlagen, wägt alle vom Vorhaben berührten öffentlichen Belange ab und entscheidet über die nach dem Erörterungstermin verbliebenen nicht ausgeräumten Einwendungen und Stellungnahmen. Am Ende steht der Planfeststellungsbeschluss, der bei der A49 [...] am 30. Mai 2020 durch den damaligen Verkehrsminister Dieter Posch unterzeichnet wurde. Der Planfeststellungsbeschluss wurde anschließend vor dem Bundesverwaltungsgericht [Institution] beklagt. Die Klagen zweier Naturschutzverbände wurden im Jahr 2014 vom BVerwG abgewiesen. Im Jahr 2017 wurde die Klage einer privaten Eigentümergemeinschaft [andere Beteiligte] auf Grund eines Vergleiches zurückgenommen, so dass der Planfeststellungsbeschluss seitdem allen Beteiligten gegenüber bestandskräftig bzw. durch rechtskräftige Urteile bestätigt ist. Erneute Klagen von Privaten und einer Umweltvereinigung vor dem Bundesverwaltungsgericht wurden im Jahr 2020 abgewiesen. Die beiden letzten Abschnitte der A49 zwischen Schwalmstadt und der A5 bei Gemünden [...] sollen nach Wunsch des Bauherrn Bundesrepublik Deutschland in öffentlich-privater Partnerschaft realisiert werden. Bei einem solchen ÖPP-Projekt übernimmt ein privater Partner Bau und Betrieb der Strecke. [...] Baubeginn ist für 2020 vorgesehen, mit der Fertigstellung ist [...] 2024 zu rechnen.

Hessisches Ministerium für Wirtschaft, Energie, Verkehr und Wohnen

M3 Verantwortlichkeiten, Planung und Umsetzung des Verkehrsprojektes A49

M4 Jugendliche beim Protest gegen den Bau der A49

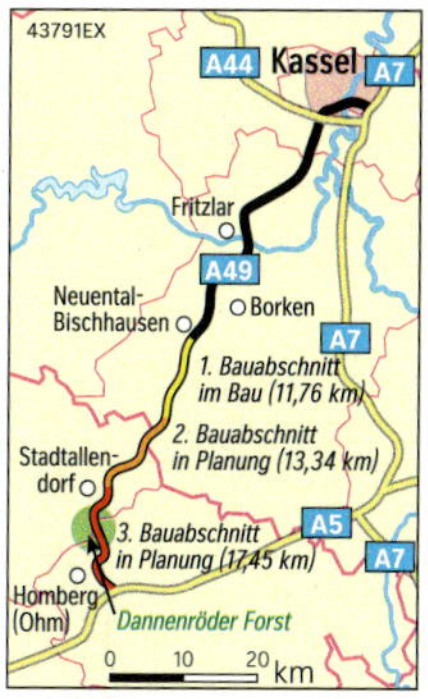

M5 Verlauf der A49

1 *Beschreiben Sie die Lage der A49 und prüfen Sie deren Notwendigkeit (Atlas, M1, M5).*

2 *Erarbeiten Sie aus dem Text M3 den Ablauf der Planung des Projektes. Ordnen Sie den einzelnen Schritten Beteiligte und deren Aufgaben zu (M2, M3).*

3 *Überprüfen Sie Einwände der Gegner der A49 (M4, Internet).*

Wie und womit wird Raumordnung umgesetzt?

In der Raumplanung sind es in erster Linie Gesetze, an denen sich die Umsetzung von Raumordnung orientiert. Weiterhin ist die Raumbeobachtung und Regionalisierung nach verschiedenen Indikatoren ein wichtiges Mittel, um Handlungsbedarf zu ermitteln. Anschließend nutzen die Planungsbehörden Gestaltungsmittel wie etwa die Schaffung infrastruktureller Voraussetzungen oder Anreizmittel wie z. B. Subventionierung von Vorhaben. Aber auch die Wissenschaft liefert Modelle und Gesetzmäßigkeiten, an denen sich die Raumordnung orientiert. Dazu zählen die Theorie der zentralen Orte und das punktaxiale System.

Zentrale Orte in Brandenburg und Mecklenburg-Vorpommern

In der Raumplanung werden von den Bundesländern unter anderem **zentrale Orte** festgelegt. Sie dienen der gleichmäßigen Versorgung mit Gütern, öffentlichen Einrichtungen, Arbeitsplätzen und Infrastruktur. Die zentralen Orte helfen aber auch, geeignete Standorte für öffentliche Einrichtungen zu finden, den Bedarf langfristig abzuschätzen und Fehlinvestitionen zu vermeiden. Deshalb wird mit **Einzugsbereichen** gearbeitet: So sollte z. B. ein Krankenhaus mindestens 20 000 Einwohner einer Stadt und ihr Umland versorgen. Die Bundesländer statten zentrale Orte mit zusätzlichen Finanzmitteln aus. Als Mittelzentrum erhielt z. B. die Stadt Angermünde 2019 vom Land Brandenburg 800 000 Euro zur Erfüllung der entsprechenden Aufgaben. Das System der zentralen Orte nach der Theorie von Christaller unterliegt jedoch zeitlichen Veränderungen und muss ständig geprüft und aktualisiert werden. Wichtige Kriterien hierbei sind Ausstattungsstandards sowie die Erreichbarkeit und Tragfähigkeit von zentralörtlichen Einrichtungen. Ziel hierbei ist neben der Reduktion der Anzahl der zentralen Orte auch die Verringerung der Zentralitätsstufen auf Ober-, Mittel- und Grundzentren.

Punkt-axiales System

Beim punkt-axialen System werden Entwicklungsachsen als Verbindung von zentralen Orten festgelegt, an denen vorrangig raumwirksame Maßnahmen (z. B. die Anlage neuer Industrie- und Gewerbegebiete) erfolgen sollen. Ziel ist, den ländlichen Raum zu erschließen, den Flächenverbrauch von Freiräumen zu konzentrieren und somit eine Zersiedlung der Fläche zu verhindern. Bei der Festlegung solcher Achsen orientiert man sich häufig an verkehrstechnischen Einrichtungen, wie z. B. Autobahnen und Bundesstraßen.

Kleinzentren dienen der Grundversorgung, also dem kurzfristigen Bedarf. Zur Grundversorgung zählen z. B. Einkaufsmöglichkeiten des täglichen Bedarfs, eine Grundschule oder auch Sportanlagen.

Unterzentren (werden auch als Grundzentren bezeichnet) dienen ebenfalls der Versorgung mit Gütern des kurzfristigen Bedarfs, sind aber deutlich besser ausgestattet als Kleinzentren. Es gibt dort z. B. weiterführende Schulen, Poststationen, Bankfilialen und allgemeine Arztpraxen.

Mittelzentren dienen zusätzlich der Versorgung mit Gütern und Diensten des mittelfristigen Bedarfs. Hierzu zählen neben dem Einzelhandel und den privaten Dienstleistungen (unter anderem Rechtsanwälte, Fachärzte) auch öffentliche Einrichtungen wie Gymnasien, Krankenhäuser und teilweise Kreisverwaltungen.

Oberzentren dagegen dienen zusätzlich der Versorgung mit langfristig und episodisch benötigten Gütern und Dienstleistungen. Hierzu zählen auch Behörden der staatlichen Verwaltung (z. B. Landesinstitute, Ministerien), Hochschulen, Spezialkliniken, Kultureinrichtungen (z. B. Theater, Museen, Orchester). Häufig sind die Oberzentren zudem Ballungsräume der privaten Wirtschaft.

M1 Zentrale Orte und ihre Funktionen

Raumwirksame Finanzmittel

Das Bundesministerium des Innern, für Bau und Heimat (BMI) ist für die Raumordnung auf Bundesebene zuständig. Seine Aufgaben liegen in der Raumbeobachtung, Forschung, Beratung und Koordination. Viele Ausgaben der Bundesministerien sind raumwirksam. Investiert z. B. das Verkehrsministerium in eine neue ICE-Strecke oder fördert das Wirtschaftsministerium die Ansiedlung von Biotechnologie-Unternehmen bzw. bezuschusst die EU Agrarbetriebe, dann wird damit gezielt die Wirtschaft einer Region gestärkt (Stand der Verantwortung der Ministerien 2021). Dies kann zum Anstieg der Beschäftigung und zu Zuwanderung führen. Entscheidungen über Projekte, Fördermittel oder Standorte können also eingesetzt werden, um die Entwicklung einer Region zu beeinflussen und räumliche Disparitäten zu vermindern. Die Bewertung der Raumwirksamkeit von Investitionen ist Teil politischer Entscheidungsprozesse.

100800-072 www.diercke.de

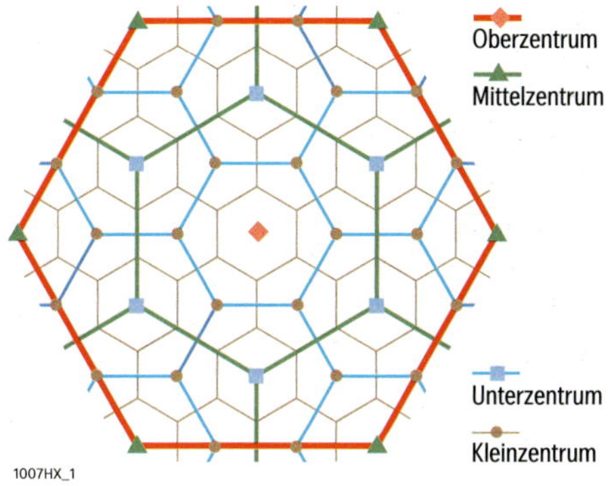

M2 Modell der zentralen Orte

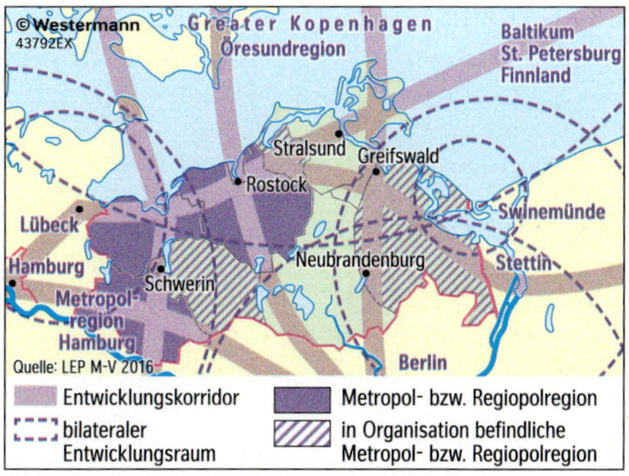

M3 Entwicklungsachsen in Mecklenburg-Vorpommern

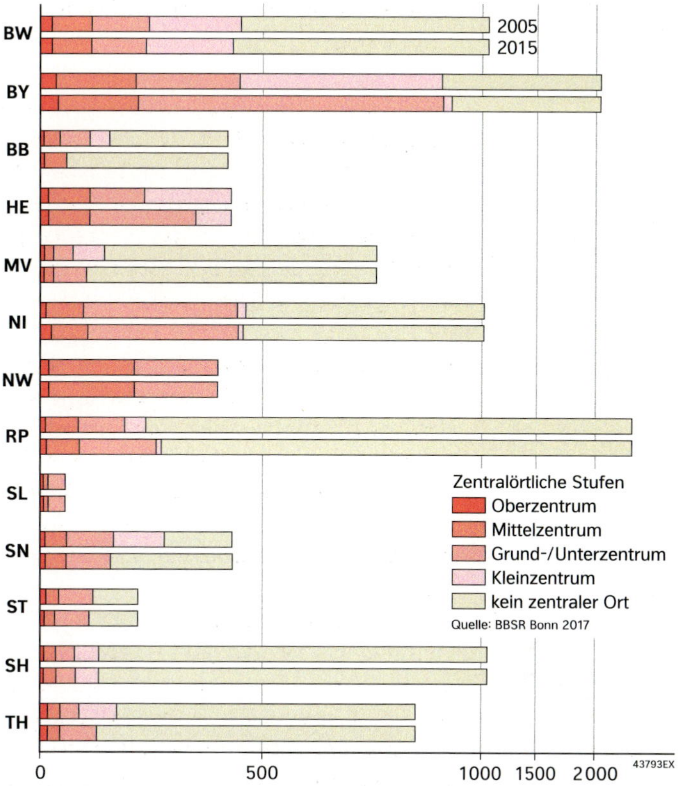

M5 Veränderung der Anzahl von zentralen Orten von 2005 zu 2015 nach Bundesländern

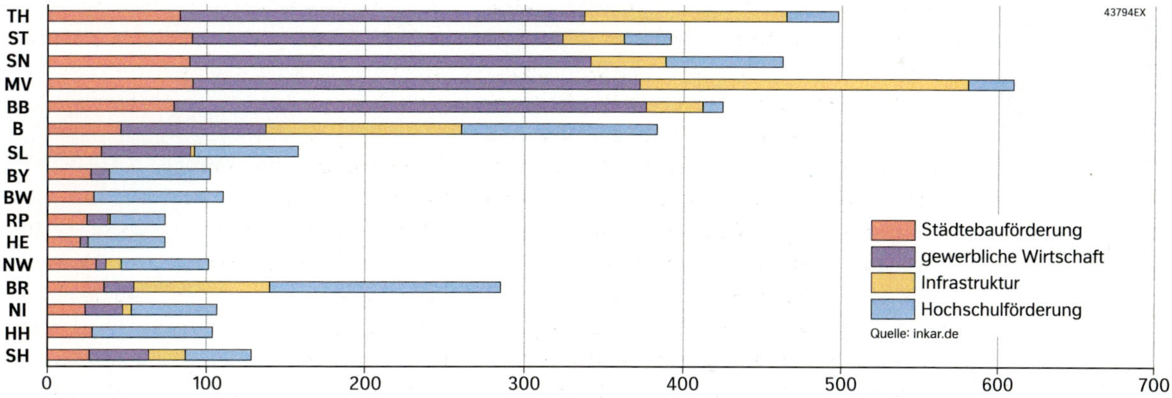

M4 Ausgaben des Bundes für raumwirksame Mittel in € je Einwohner 2013–2017

1 *Stellen Sie Schwerpunkte der raumwirksamen Mittel des Bundes nach Empfängerländern und Ausgabenbereichen dar (M4).*

2 *a) Vergleichen Sie die Veränderungen im zentralörtlichen System in drei selbst gewählten Bundesländern (M5).*

b) Erläutern Sie mögliche Folgen der Herabstufung eines Ortes vom Mittel- zum Grundzentrum (M1, M2, M5).

3 *Informieren Sie sich über die aktuellen Mittel- und Oberzentren in Brandenburg oder Mecklenburg-Vorpommern und überprüfen Sie die Umsetzung der Theorie der zentralen Orte nach Christaller (M2).*

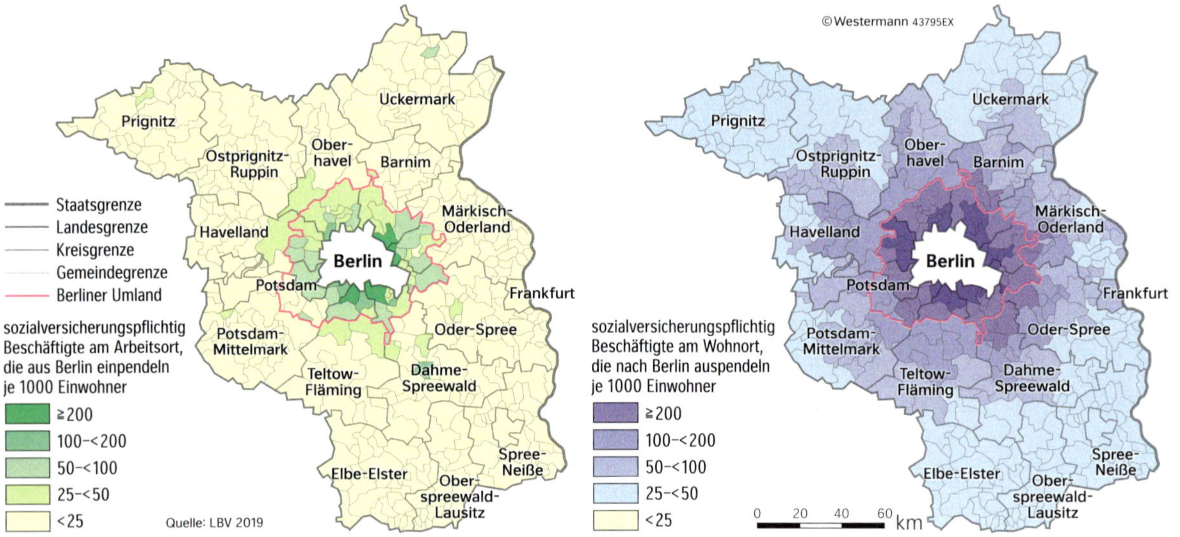

M1 Ein- bzw. Auspendler zwischen Berlin und Brandenburg 2019

2.2 Raumordnung in Berlin und Brandenburg

Gemeinsame Landesplanung

***Speckgürtel**: Ring (wohlhabender) politisch selbstständiger Vororte einer Großstadt, der meist im Zuge von Suburbanisierungsprozessen entsteht*

Berlin beeinflusst mittlerweile demographische und wirtschaftliche Prozesse weit über die Grenzen des Umlandes (Speckgürtel) hinaus. Das gesamte Land Brandenburg ist eng mit der Entwicklung Berlins verflochten und bildet zusammen mit Berlin die **Metropolregion** (Hauptstadtregion). S-Bahn-Strecken enden z. B. nicht an den Landesgrenzen Berlins. Der Großflughafen BER liegt im Bundesland Brandenburg. Auch die Wirtschaftsförderung oder Trinkwassergewinnung lassen sich auf Landesebene nicht sinnvoll gestalten. Berlin und Brandenburg betreiben deshalb eine „Gemeinsame Landesplanung". Ein wichtiges Instrument dieser Landesplanung ist der **Landesentwicklungsplan der Hauptstadtregion** (LEP HR) als Konkretisierung des Landesentwicklungsprogrammes für Berlin und Brandenburg (LEP BB) als gesetzliche Grundlage der Raumordnung. Er wird durch eine gemeinsame Planungsbehörde beider Bundesländer in Zusammenarbeit unter anderem mit Kreisen und Kommunen sowie Bürgerinnen und Bürgern erarbeitet. Der Landesentwicklungsplan steckt einen Orientierungsrahmen ab. Er legt Ober- und Mittelzentren fest. Darüber hinaus enthält er Räume für Siedlungs- und Freiraumentwicklung sowie Hochwasserschutz und Reservestandorte für gewerblich-industrielle Großprojekte.

Indikator	Berlin	Brandenburg
Einwohner	3699500	2521900
ausländische EW	706100	124900
Fläche	891,1 km²	29654,4 km²
natürliche Bevölkerungsentwicklung	+1,3 ‰	−5,0 ‰
Wanderungsbilanz	+23231	+22914
BIP	154,6 Mrd. €	73,9 Mrd. €
BIP-Veränderung zu 2014	+32 %	+19 %
Bruttomonatseinkommen/Arbeiter	3270 €	2680 €
Arbeitslosenquote	9,7 %	6,2 %
Preissteigerung für Neubau von Wohngebäuden gegenüber 2018	+5,4 %	+5,7 %
Steuereinnahmen	17,6 Mrd. €	8,3 Mrd. €
Verschuldung (2017)	58,8 Mrd. €	15,9 Mrd. €
Stromerzeugung	6,1 Mrd. kWh	37,7 Mrd. kWh
davon Anteil erneuerbarer Energie	+4,9 %	+32,3 %
Abwassererzeugung (2016)	236,7 Mio. m³	85,7 Mio. m³

Quelle: Amt für Statistik Berlin-Brandenburg

M2 Berlin und Brandenburg im Vergleich 2019

100800-071 www.diercke.de

Der LEP [...] ist Leitlinie und Instrument für eine angestimmte räumliche Entwicklung von Berlin und Brandenburg. Der LEP HR steuert u. a. die Siedlungsentwicklung und konzentriert sie auf besonders geeignete Räume. Damit werden die Zersiedlung vermieden, der Flächenverbrauch reduziert, die land- und forstwirtschaftliche Nutzung gesichert, Verkehrsströme gelenkt und der CO_2-Ausstoß verringert. [...] Mit ihm entsteht ein Gesamtkonzept, das ein Nebeneinander von Wachstum und Schrumpfung in der Hauptstadtregion nicht einfach geschehen lässt, sondern mit aufeinander abgestimmten Strategien aktiv gestaltet. Im LEP HR wird dies erreicht durch:

- Verflechtung der wachsenden Stadt Berlin mit ihrem Umland durch eine sternförmige Siedlungsentwicklung entlang der Schienenverbindungen (Siedlungsstern);
- die Eröffnung von Chancen für gut über die Schiene erreichbare Städte in der sog. „Zweiten Reihe", auch zur Entlastung des Kerns der Hauptstadtregion;
- das Hineintragen des Metropolenwachstums und der Dynamik des Umlandes über Entwicklungsachsen in das ganze Land Brandenburg;
- die Etablierung von Zentren als Anker für eine zukunftsfeste Daseinsvorsorge vor allem im ländlichen Raum.

Gemeinsame Landesplanungsabteilung Berlin-Brandenburg (Hrsg.)

M3 Entwicklungsstrategien nach dem LEP HR 2019

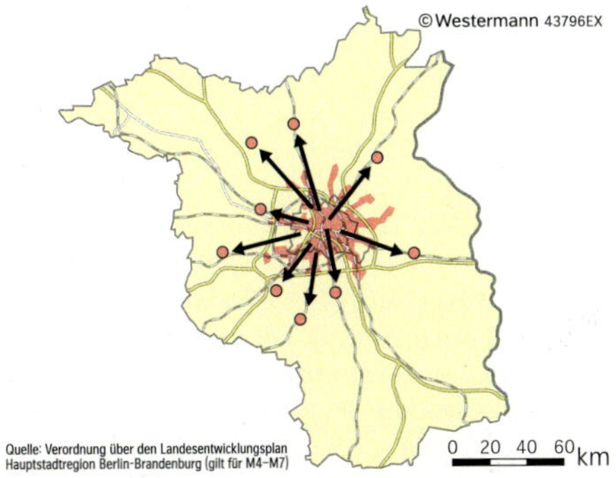

M4 Siedlungsstern, Städte der 2. Reihe, Schienenausbau

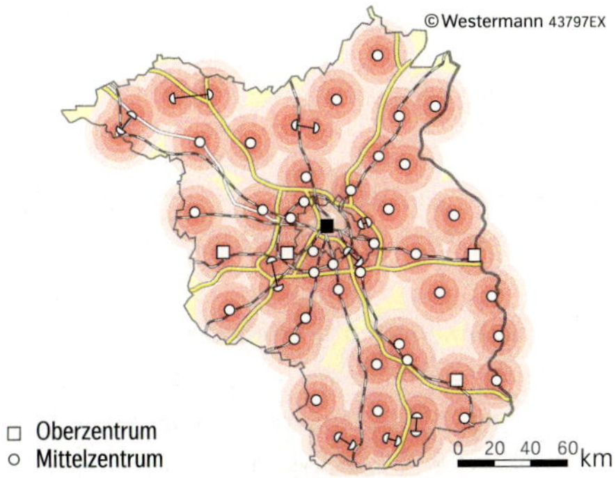

M6 Zentren der Hauptstadtregion

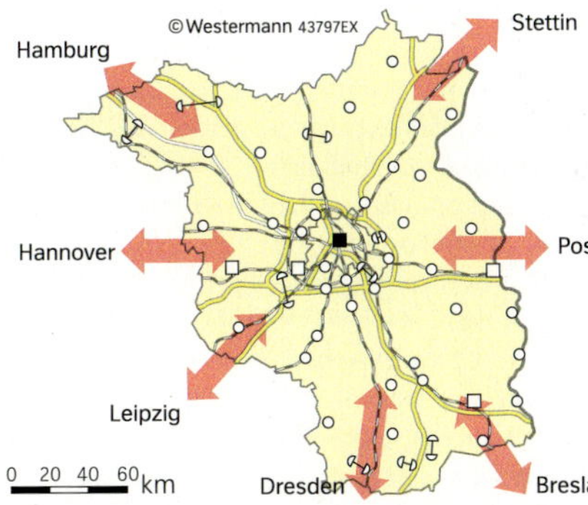

M5 Regionale Entwicklungsachsen

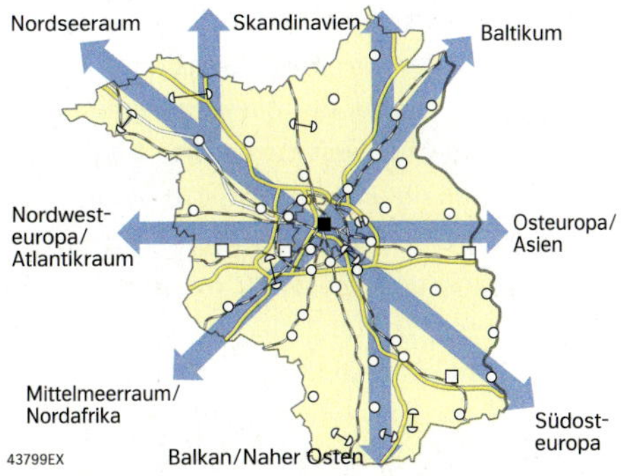

M7 Überregionale Entwicklungsachsen

1 *Prüfen Sie den Wahrheitsgehalt der Aussage „Berlin und Brandenburg sind ungleiche Partner, jedoch stark voneinander abhängig" (Atlas, M1, M2).*

2 *Ordnen Sie eine selbst gewählte Stadt aus der 2. Reihe begründet in das Zentrale-Orte-System Berlin-Brandenburgs ein (M4, M6).*

3 *Bewerten Sie das Ziel, „den Siedlungsstern weiter zu stärken und Zersiedlung zu verhindern" (M4).*

4 *Überprüfen Sie die Verflechtungen entlang einer selbst gewählten regionalen und überregionalen Entwicklungsachse (M5, M7, Internet).*

100800-081 www.diercke.de

M1 Westlicher Siedlungsstern

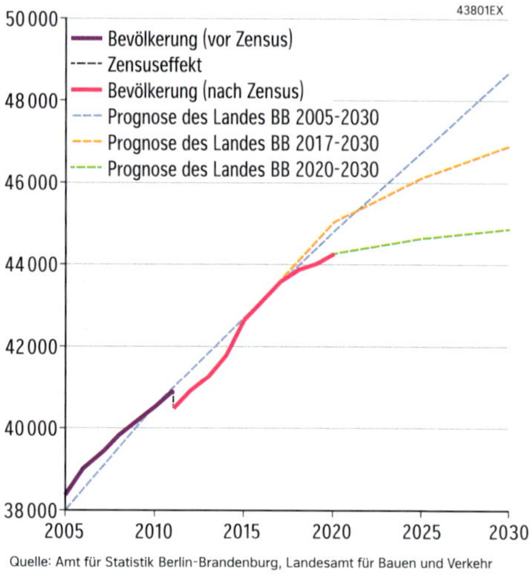

M2 Prognosen der Bevölkerungsentwicklung von Falkensee

Entwicklungssteuerung – Siedlungsstern der Hauptstadtregion

Daten Falkensee:

Einwohner:

1990	*22087*
2021	*44674*

Zunahme 2020:

Gesamt:	*1,5 %*
Zuwanderung:	*1,1 %*

Berlin und Brandenburg streben die Siedlungsentwicklung entlang der Achsen des seit 1920 gewachsenen Siedlungssterns an. Somit soll der unkontrollierten Suburbanisierung und Zersiedlung entgegengewirkt werden. Weiterhin sollen die Freiräume gesichert werden und gleichzeitig als Frischluftzone für Berlin dienen. Das heißt für einige Regionen verstärktes Wachstum, in anderen Regionen wird die Entwicklung dadurch gebremst. So wird in der Planungsregion Lausitz-Spreewald für bestimmte Orte bzw. Ortsteile die Siedlungserweiterungsfläche auf 3 ha je 1000 Einwohner beschränkt. Zur Schaffung neuen Wohnraums bleibt oft nur die Nutzung der bisherigen Siedlungsfläche. Diese wiederum unterliegt nicht selten dem Denkmalschutz oder kann nur sehr aufwendig saniert werden. In Städten und Gemeinden innerhalb des Siedlungssterns kommt es dagegen seit Jahren zum Bevölkerungszuwachs infolge der Zuwanderung. So hat das Mittelzentrum Falkensee westlich des Berliner Bezirkes Spandau seine Einwohnerzahl innerhalb von 25 Jahren verdoppelt und Prognosen sagen weiteres Wachstum voraus. Oft wird eine solche Entwicklung mit Problemen wie z. B. einer verzögerten Erweiterung der öffentlichen Versorgung, erhöhtem Sanierungsaufwand, Verdrängungsprozessen, Überforderung der Infrastruktur oder anderen „Wachstumsschmerzen" begleitet.

Von vielen Orten im Siedlungsstern ist das Wachstum Falkensees mit am größten. Worin liegen aus Ihrer Sicht die Gründe dafür?
TZ: Die attraktive Lage zu Berlin mit Anschluss an die Regionalbahn für Berufspendler sind wichtige Gründe. Daneben spielt die naturräumlich „grüne Lage" eine weitere Rolle. Als typische Wohnstadt mit 75 Prozent Ein- und Zweifamilienhäusern sowie 25 Prozent Geschosswohnungen bietet Falkensee für jeden etwas preislich „Passendes".
Worin liegen die größten Herausforderungen für die Stadt zum Erhalt der Attraktivität?
TZ: Durch den starken Zuzug und die bauliche Verdichtung erhöhen sich die Kosten des Wohnens (Bauland, Herstellkosten, Miete). Es muss für alle Einkommensschichten erschwinglich bleiben. Städtebauliche Defizite resultierend aus Krieg und stagnierender Entwicklung zu DDR-Zeiten müssen außerdem beseitigt werden.
Hat das Wachstum Grenzen?
TZ: Durch kommunalpolitische Entscheidungen ist derzeit ein extensives Wachstum (Umwandlung von Grün- in Bauland) nicht gewünscht. Nur durch eine Verdichtung in beplanten und unbeplanten Innenbereichen nach §34 BauGB kann es zu weiterem, verträglichem Wachstum kommen.
Welche Nachteile ergeben sich für Falkensee aus Ihrer Sicht durch die Ausweisung als Mittelzentrum im Siedlungsstern?
TZ: Die zusätzlichen Funktionen, die ein Mittelzentrum (weiterführende Schulen, Kultur- und Sozialangebote) hat, benötigen ebenfalls geeignete Flächen. Die Ressource Boden ist knapp.

M3 Interview mit Thomas Zylla, 1. Beigeordneter und Dezernent der Bauverwaltung Falkensee (TZ)

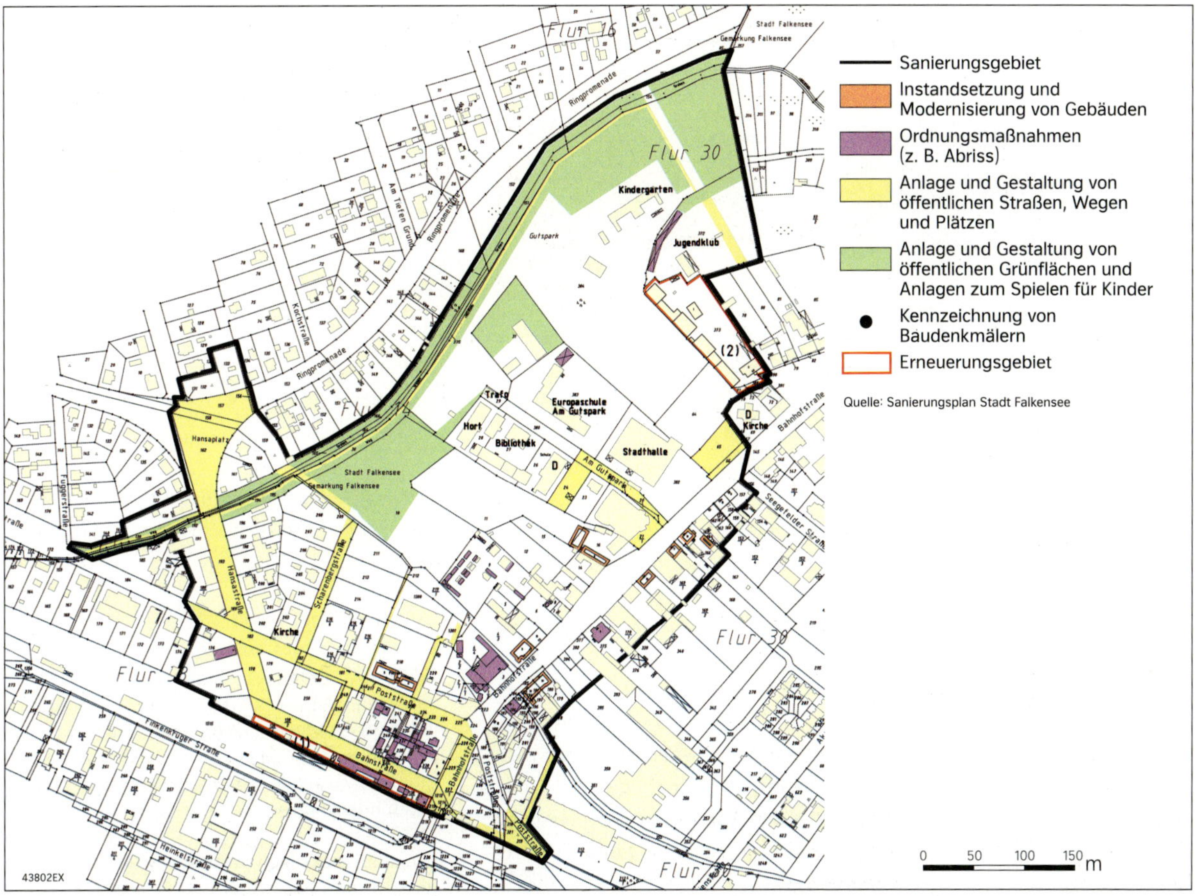

M4 Sanierungskonzept Falkensee Zentrum

Schönwalde-Glien liegt nur 8 km Luftlinie und 14 Autominuten nördlich von Falkensee, jedoch schon außerhalb des Siedlungssterns. Wachstum ist hier nach den Vorgaben der Landesplanungsbehörde nur begrenzt möglich. Auf dem Gelände eines ehemaligen Militärflughafens von Schönwalde-Glien waren rund 1500 Wohnungen geplant. Da das Gelände jedoch außerhalb des Siedlungssterns liegt und sogar in jenem Bereich, der für die Frischluftversorgung von Berlin genutzt werden soll, ist das Projekt unter Umständen nur realisierbar, wenn die Kommune gegen den Landesraumordnungsplan klagt.

M5 Probleme mit der Beschränkung auf den Siedlungsstern

M6 Lage des Erlenbruchs in Schönwalde-Glien (52,6° n. Br. 13,2° ö. L.)

1 *Begründen Sie die Siedlungsbeschränkung außerhalb des Siedlungssterns mit den Grundsätzen der Raumordnung (S. 58).*

2 *Erörtern Sie die Folgen für die Stadtentwicklung von Falkensee als Mittelzentrum im Siedlungsstern (M2 – M4).*

3 *Bewerten Sie die Wachstumsbremse für Schönwalde-Glien (M1, M5, M6).*

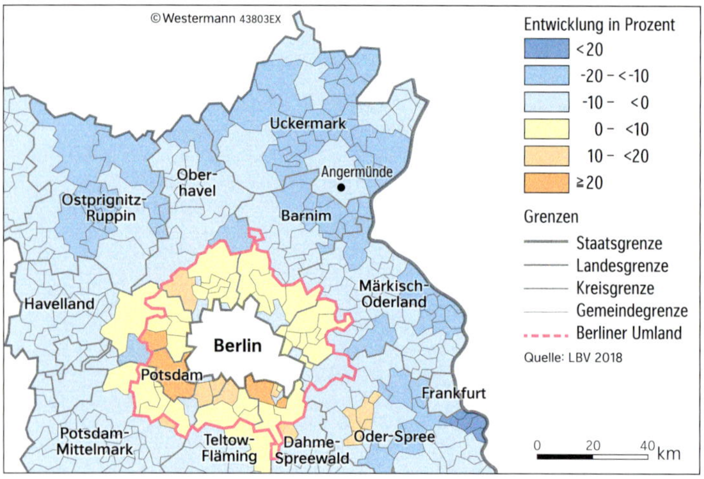

M1 Prognose Bevölkerungsentwicklung von 2016 nach 2030

Altersgruppe	2019 Anteil in %	2019 zu 2000 Entw. in %
bis unter 18	14,8	–34,2
18 bis unter 30	8,3	–49,4
30 bis unter 50	22,7	–40,7
50 bis unter 65	27,4	23,4
65 und älter	26,8	31,1
Männer je 100 Frauen	**2000**	**2019**
18 bis unter 30	125	107
30 bis unter 40	104	106
durchschn. Alter	41,6	48,7

Quelle: LBV, Entwicklung der Wohnbevölkerung

M2 Altersstruktur Angermünde 2019

Handlungsfelder der Raumordnung

Information:

Unter Daseinsvorsorge versteht man die Bereitstellung der für ein menschliches Dasein als notwendig erachteten Güter und Leistungen (Grundversorgung), die im Verantwortungsbereich des Staates liegen.

Fast alle Regionen Brandenburgs sind durch den **demographischen Wandel** geprägt. Besonders betroffen sind peripher gelegene, dünn besiedelte Gebiete. Dort nimmt die Bevölkerungszahl ab, weil die natürliche Geburtenrate negativ ist und junge Menschen wegziehen. Daher wächst der Anteil älterer Menschen an der Bevölkerung.

Daseinsvorsorge

In diesen Regionen stellt sich die Frage, wie die **Daseinsvorsorge** für die verbliebene Bevölkerung trotz sinkender Bevölkerungszahl gesichert werden kann. Dies betrifft z. B. Schulen, Ärzte, Bürgerämter, Einkaufsmöglichkeiten, Polizeidienststellen und den öffentlichen Verkehr. In vielen Bereichen ist dafür das Land Brandenburg zuständig: Es entscheidet, ob eine Schule weiterbetrieben oder geschlossen wird. Das Land beauftragt und bezuschusst zudem Verkehrsunternehmen, Regionalbahn- bzw. Buslinien zu betreiben. Oft spielen bei diesen Entscheidungen finanzielle Aspekte eine entscheidende Rolle.
Im Juli 2019 wurde Angermünde als Mittelzentrum des Landes Brandenburg festgelegt. Damit kommt dem Ort eine besondere Rolle bei der Versorgung des Umlandes zu. Um dieser Rolle gerecht zu werden, wurden für die Stadt und ihre eingemeindeten Ortsteile Konzepte erstellt, mit denen die Leitziele der Stadtentwicklung erreicht werden sollen. Dazu wurden die Ortsteile nach Funktionen klassifiziert. Für jeden Ortsteil wurden Raumanalysen zu Stärken, Schwächen und Entwicklungspotenzialen durchgeführt und Ziele festgelegt.

Perspektiven für Generationen schaffen:
Bildungsförderung und mehr Angebote für die junge Generation sollen der Abwanderung entgegenwirken, die Gesundheitsvorsorge für Senioren soll gestärkt und Menschen mit Migrationshintergrund soll der Zugang zur Gesellschaft erleichtert werden.

Innenentwicklung vor Außenentwicklung:
Bestehende Grundstücksflächen sollen innerhalb der Dorf- und Stadtstrukturen (re-)aktiviert und vorhandene Versorgungsstrukturen gestärkt werden.

Vernetzung der Gesamtstadt:
Die Ortsteile sollen verstärkt an die Kernstadt angebunden werden, dabei sollen vor allem Radverbindungen ausgebaut und die Digitalisierung zur Vereinfachung des Mobilitätsangebotes und zur dezentralen Versorgung des ländlichen Raumes genutzt werden.

Wirtschaft und Tourismus stärken:
Mit lokalen Wertschöpfungsketten sollen die Dörfer als Arbeitsstandorte nicht nur für die Landwirtschaft, sondern z. B. auch für die Energieproduktion ausgebaut werden. Das touristische Potenzial des ländlichen Raums soll stärker genutzt werden. Der Einzelhandel soll in den Zentren gestärkt und ausgebaut werden.

Nachhaltige Entwicklung:
Neu geschaffene Strukturen sollen langfristig gesichert werden, wobei die einzelnen Entwicklungsbereiche aufeinander abgestimmt werden müssen.

M3 Handlungsfelder des Integrierten Stadtentwicklungskonzeptes (INSEK) Angermünde 2040

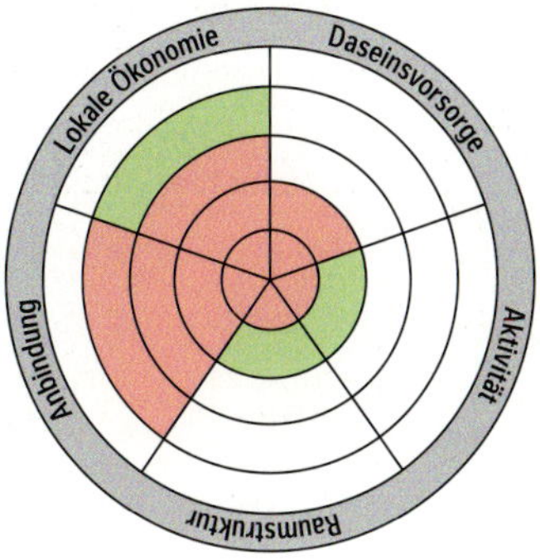

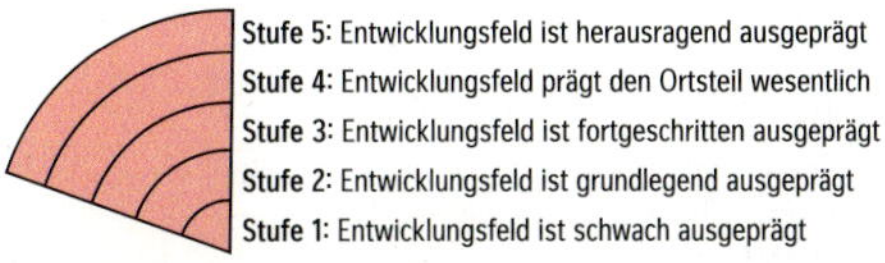

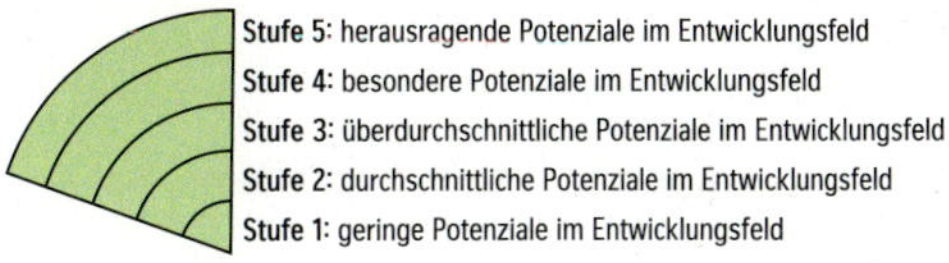

Quelle: INSEK Angermünde, Die Gesamtstadt im Blick, Stadt Angermünde, 2019 43804EX

Stärken
- Nähe zu Angermünde
- viele Kinder
- gute Angebote für Jugendliche (Sportplatz, Jugendtreff)
- Starke lokale Ökonomie mit überregionaler Ausstrahlungskraft (Gut Kerkow)
- viele Vereine
- Kita im Ort
- bezahlbarer Wohnraum
- große Attraktivität im exurbanen Raum

Schwächen
- schlechte Anbindung an das Radwegenetz
- keine Flächen für Wohnraumentwicklung
- wenig Synergien zwischen Tourismus und Dorfleben
- schlechte Internetverbindung
- einseitige Berufsstruktur fördert Abwanderung junger Bevölkerung

Chancen
- gute Erreichbarkeit für Pendler aus Berlin
- attraktive Ausgangslage für Zuzug junger Menschen und Familien
- Potenziale für den Ausbau lokaler Ökonomien
- zusätzliche Erhöhung der Attraktivität durch Breitbandausbau
- Möglichkeit zur Erhöhung des Wohnflächenangebotes

Risiken
- Bildung von Parallelstrukturen zwischen Tourismus, Ökonomie und Dorfleben
- Verlust der Eigenständigkeit bei fortschreitendem Zusammenwachsen mit der Kernstadt

Entwicklungsziele
- Sicherstellung der Mobilität nach Angermünde
- abgestimmte Entwicklung mit Kernstadt und Ergänzungsangebote für Kernstadt einrichten
- Wohnraum schaffen
- Gut Kerkow als Anker zur Stärkung lokaler Ökonomien nutzen
- Siedlungskante klar begrenzen
- Tourismus dorfverträglich gestalten
- Attraktivität erhalten
- Leerstände reaktivieren und Flächenverbrauch begrenzen
- Angebote für Jugendliche erhalten und weiter ausbauen
- Radwegenetz ausbauen

Gut Kerkow mit täglich geöffnetem Bioladen

M4 Raumanalyse und Entwicklungsbedarf des Angermünder Ortsteiles Kerkow

Kerkow (2021):
Einwohner: 411
Fläche: 1130 ha
Entfernung zum Zentrum Angermünde:
6 Minuten (Auto)
14 Minuten (Rad)
20 Minuten (ÖPNV)

1 *Beschreiben Sie den demographischen Wandel in Angermünde (M1, M2).*

2 *Ordnen Sie die Entwicklungsziele aus M4 den Handlungsfeldern des INSEK Angermünde 2040 aus M3 zu.*

3 *Begründen Sie anhand der Stärken, Schwächen, Chancen und Risiken Kerkows, wie die Abwanderung aus der Region reduziert werden kann (M1, M4).*

4 *Beurteilen Sie folgende Aussage: „Wir können den demographischen Wandel nicht verhindern, wir müssen aber darauf reagieren" (M1 – M4).*

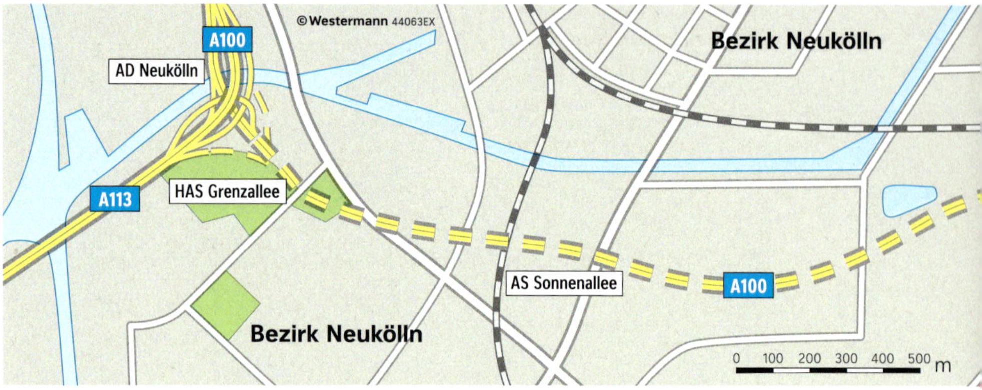

M1 Verlängerung der A100 zwischen Dreieck Neukölln und Treptow verläuft über Frei-, Kleingarten-,

Planfeststellungsverfahren – Beispiel A100-Verlängerung in Berlin

Hinweis:

Die Grundsatzentscheidung über den Bau einer Autobahn wird in Deutschland durch den Bund im Bundesverkehrswegeplan getroffen. Dies ist aber keine Baugenehmigung.

Raumwirksame Großprojekte (wie Autobahnen, Bahntrassen, Flughäfen und Hochspannungsleitungen) besitzen ein hohes Konfliktpotenzial in der Gesellschaft. Deshalb ist eine besondere Baugenehmigung nötig, der Planfeststellungsbeschluss. Er wird auf Antrag des Projektträgers im Rahmen eines **Planfeststellungsverfahrens** gefasst. Dies kann zum Teil mehrere Jahre dauern, da Betroffene die Verfahren und Entscheidungen gerichtlich prüfen lassen können.

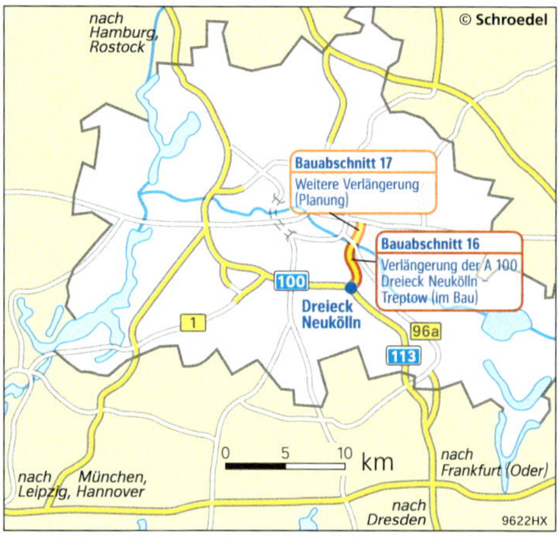

M4 Autobahnnetz in Berlin und Umland

M2 Bauarbeiten an der A100

Das übergeordnete Berliner Straßennetz ist als Radial- und Ringsystem angelegt. Im Westen der Stadt ist mit der Autobahn A100 ein mittlerer Straßenring vorhanden, der die westliche Innenstadt vom Durchgangs- und Wirtschaftsverkehr entlastet. Im Osten der Stadt ist das Straßennetz dagegen vorrangig radial auf das Stadtzentrum ausgerichtet. Eine durchgängige und leistungsfähige Ringstraße fehlt dort.
Durch die Verlängerung der A100 Dreieck Neukölln – Treptower Park wird auch im Südosten Berlins der übergeordnete Verkehr gebündelt. Daraus ergibt sich eine Entlastung der dortigen Stadtstraßen. In Alt-Treptow und Neukölln wird der Verkehr abnehmen. Ein weiteres Projektziel ist die bessere Verkehrsanbindung des Berliner Ostens.
Der Autobahnneubau wird mit einem hohen Schutzniveau realisiert (Lärmschutzwände, Flüsterasphalt, Bau in Troglage, Ausgleichsmaßnahmen für Flora und Fauna).

Daten: Senatsverwaltung für Stadtentwicklung und Umwelt, 2013

M3 Argumente für die Verlängerung der A100

Die Verlängerung der A100 ist eine der teuersten Autobahnen in Deutschland. Dieses Geld fehlt für Investitionen in eine nachhaltige Verkehrspolitik. Zudem entsteht an der Spreebrücke nahe der Anschlussstelle Treptower Park ein neues Nadelöhr für den Straßenverkehr. Staus sind dort vorprogrammiert.
Die vom Senat erwarteten Vorteile sind zu bezweifeln: Im Südosten erzeugt das Projekt keine Verbesserungen, denn dort gibt es mit der A113 und der B96a bereits zwei sehr leistungsfähige Fernstraßen, die parallel verlaufen würden. Um weitere Ziele im Osten Berlins von der A100 aus zu erreichen, muss das oben erwähnte Nadelöhr passiert werden.
Auch werden Freiraum- und Grünstrukturen durch den Bau zerstört oder beeinträchtigt – mit negativen stadtklimatischen Folgen. Naherholungsgebiete wie der Treptower Park und Wohngebiete wie der Beermannkiez werden belastet und beeinträchtigt. Das Projekt steht in Konflikt zu den klimapolitischen Zielen Berlins.

M5 Argumente gegen die Verlängerung der A100

100800-064-01 www.diercke.de

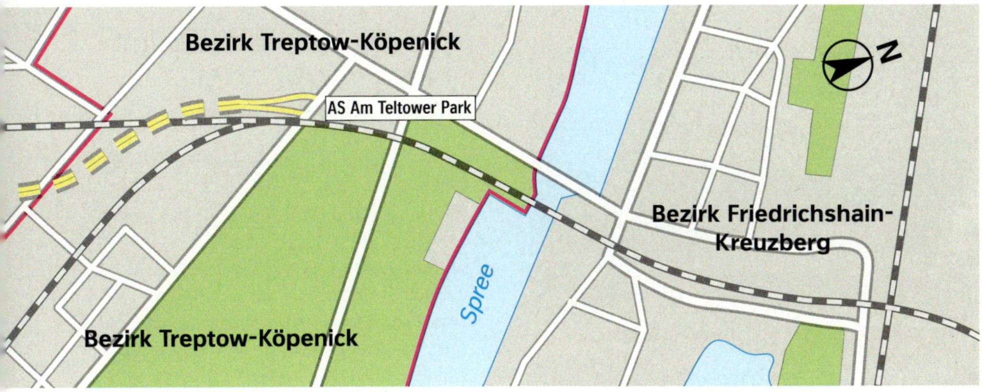

Wohn-, Gewerbe- und Verkehrsflächen.

Phase	Zeit	Beschreibung
1. Planung	2003 – 2008	Der Antragsteller [Bundesrepublik Deutschland, vertreten durch die Senatsverwaltung für Stadtentwicklung und Umwelt (SenStadtUm)] erstellt detaillierte Planungsunterlagen. Durch eine Umweltverträglichkeitsprüfung (UVP) werden die Auswirkungen des Projekts auf die Umwelt untersucht und bewertet.
2. Einreichung	16.12.2008	Der Antragsteller reicht seine Planungsunterlagen, Erläuterungen und Begründungen bei der Anhörungsbehörde (SenStadtUm) ein.
3. Anhörung	Feb. 2009 bis Mai 2009	29 Träger öffentlicher Belange (z. B. Senatsverwaltung für Gesundheit, Bezirksamt Treptow-Köpenick, Deutsche Bahn) sowie die Berliner Landesarbeitsgemeinschaft Naturschutz (Dachverband der Naturschutzverbände) nehmen nach Aufforderung zum Projekt Stellung.
4. öffentliche Auslegung	9.3.2009 bis 9.4.2009	Die Planungsunterlagen werden öffentlich zugänglich gemacht. Betroffene formulieren bis zum 23.4.2009 rund 2544 Einwendungen.
5. Erörterungstermin	Nov. 2009	An neun Tagen werden die Stellungnahmen und Einwendungen öffentlich mit Institutionen und Betroffenen diskutiert.
6. Abwägung, Beschlussvorschlag	Juni 2010 bis Dez. 2010	Die Genehmigungsbehörde (SenStadtUm) bewertet die Ergebnisse der Erörterung und die zwischen 11/2009 und 06/2010 überarbeitete Planung.
7. Planfeststellungsbeschluss	29.12.2010	Die Senatsverwaltung (SenStadtUm) trifft den Planfeststellungsbeschluss. Darin wird die Baugenehmigung erteilt und begründet. Der Beschluss enthält u. a. eine detaillierte Beschreibung der Baumaßnahmen sowie Ausgleichs- und Ersatzmaßnahmen bzw. Entschädigungen.

M6 Ablauf eines Planfeststellungsverfahrens am Beispiel der Verlängerung der A100

Eckdaten des Projekts:

- *3,2 km lang*
- *drei Fahrspuren je Richtung*
- *sieben neue Brücken*
- *ein neuer Tunnel*
- *Kosten: 650 – 700 Mio. € (Finanzierung: Bundesrepublik Deutschland)*

März 2011: Das Bundesverwaltungsgericht untersagt wegen vieler Klagen zum Planfeststellungsverfahren bauvorbereitende Arbeiten.
Oktober 2012: Das Bundesverwaltungsgericht weist die Klagen zum Planfeststellungsverfahren in letzter Instanz zurück.

M7 Raumordnung – gerichtlich überprüfbar

Ab Oktober 2012: Bauvorbereitende Arbeiten werden durchgeführt. Das Bauprojekt wird in sieben Abschnitte unterteilt. Die Bauleistungen werden öffentlich ausgeschrieben und vergeben.
Mai 2013: Baubeginn (erster Spatenstich)
2024: geplante Fertigstellung

M8 Nach dem Planfeststellungsbeschluss

Über Planfeststellungsverfahren in Berlin informiert der Senat im Internet: *Suchbegriffe Senat, Berlin, Planfeststellung*

1 *a) Nennen Sie die Schritte eines Planfeststellungsverfahrens sowie die daran Beteiligten (M6 – M8).*
b) Welche Entscheidung zur Verlängerung der A100 hätten Sie getroffen? Begründen Sie (M1 – M5).

2 *a) Nehmen Sie Stellung zur Aussage: „Antragsteller, Anhörungsbehörde und Genehmigungsbehörde sollten im Sinne der Öffentlichkeitsbeteiligung nicht identisch sein."*
b) Erarbeiten Sie Argumente für eine Diskussion zur Vereinfachung von Planfeststellungsverfahren.

3 *Berichten Sie über gegenwärtig laufende Planfeststellungsverfahren in Ihrer Region (Internet).*

M1 Baustelle der Tesla-Gigafactory in Grünheide

Über die Gründe der Standortwahl kann bis dato nur spekuliert werden, da sich Landesregierung und Tesla über Stillschweigen in der Öffentlichkeit geeinigt haben. In der Presse wurden für Tesla die weichen Standortfaktoren mit der Nähe zu Berlin, die den Ausschlag für die Wahl gaben, diskutiert. Demnach ist der Flughafen BER für das global aufgestellte Unternehmen von zentraler Bedeutung. Der Umbruch in der Automobilbranche zur rasant wachsenden Elektromobilität macht die Nähe zu bestehenden Clustern nicht zwingend notwendig. Viel wichtiger ist der Zugang zu jungen IT-Fachkräften, aber auch zu weniger qualifizierten Arbeitskräften. Beide sind in der Hauptstadtregion verfügbar. Weiterhin rechnet Tesla als Pionier der Branche möglicherweise mit Folgeeffekten. So könnte Siemens den Konzernstandort Berlin wiederbeleben, um als Ausrüster der Gigafactory zu fungieren.

M3 Standortfaktoren für Tesla

Raumordnung und Wirtschaftsentwicklung – Beispiel Tesla in Brandenburg

Tesla möchte seine Marktführung ausbauen und hofft auf weiter steigende Absatzzahlen in Europa und der Welt und plant ein Werk für das Modell Y und Batterien in Europa. Tesla-Chef Elon Musk favorisierte neben Litauen, Spanien, Schweden und Frankreich Deutschland. Hier waren es die Bundesländer Bayern, Rheinland-Pfalz, Nordrhein-Westfalen, Niedersachsen und auch Brandenburg, die mit attraktiven Standorten warben. Nach den ersten Verhandlungen im Frühjahr 2019 sollen in weniger als drei Jahren die ersten Tesla-Modelle in Grünheide im Südosten Berlins im Land Brandenburg vom Band laufen. Die etwa 300 ha große Fläche wurde im Jahr 2000 als Industriefläche für die Bewerbung zur Ansiedlung eines BMW-Werkes ausgewiesen. Tesla errichtet die Fertigungsanlage ohne endgültige Genehmigung auf eigenes Risiko mit Teilerlaubnissen im Rekordtempo. Das hochmoderne Werk der Endmontage mit dem Ziel der klimaneutralen Energieproduktion und ca. 12 000 Arbeitsplätzen in der ersten Ausbaustufe wird als Wirtschaftsmotor für die Region gesehen. So rechnet das Land nicht nur mit wirtschaftlichen, sondern u. a. auch mit demographischen Folgeeffekten, sodass die Raumordnung nicht nur die Voraussetzungen für die Ansiedlung, sondern auch Grundlagen für die weitere Entwicklung schaffen muss.

Ich finde, es dürfte etwas weniger Bürokratie sein. Das wäre besser [...] Vorschriften sind unsterblich. Je länger eine Gesellschaft besteht, desto mehr Vorschriften sammeln sich an. Deshalb sollte es einen aktiven Prozess geben, Vorschriften wieder abzuschaffen, sonst werden es mit der Zeit immer mehr Vorschriften und irgendwann dürfen wir gar nichts mehr.

Elon Musk

M2 Musk über die Genehmigungsverfahren der Raumordnung

Nicht nur die Rodung von 190 ha überwiegendem Forstwald für die erste Ausbaustufe ruft Kritiker und Gegner auf den Plan, sondern auch der enorme Wasserverbrauch, der einer Stadt mit 40 000 Einwohner gleichzusetzen ist – dies zudem noch in einem Trinkwasserschutzgebiet und in einer dürregefährdeten Region, für die es bereits Konzepte zur Reduktion des Wasserverbrauchs, wie etwa einer ausschließlich nächtlichen Bewässerung für die Landwirtschaft, gibt. Die Zunahme von Verkehr und die Folgeerscheinungen wie z. B. weitere Industrieansiedlungen und der Zuzug von Arbeitskräften in die 9000-Einwohner-Gemeinde Grünheide machen Spätfolgen noch nicht vorhersehbar. Tesla selbst wirbt damit, das umweltfreundlichste Werk zu errichten. Besondere Baumaßnahmen zum Schutz des Grundwassers sowie dessen ständige Beobachtung, hochwertige Ausgleichspflanzung auf landwirtschaftlichen Flächen mit rückläufigem Bodenertrag und insektenfreundliche Beleuchtung sind mitunter Reaktionen auf die circa 400 eingereichten Einwände gegen den Bau. Tesla sieht sich mit seinen Elektromodellen als Vorreiter und Vorbild für den Klimaschutz. Teslas Modell Y erreichte im Frühjahr 2021 die höchste Zahl von Neuzulassungen in Europa im Vergleich zu anderen Herstellern von Elektroautos, der Abstand ist jedoch nicht mehr so deutlich wie noch in den vergangenen Quartalen. Die Schließung eines erst vier Jahre alten Tesla-Werkes in Tilburg (Niederlande) aus Rentabilitätsgründen im März 2021 zeigt die schnelle Reaktionsfähigkeit von Tesla auf sich verändernde Bedingungen.

M4 Nachhaltigkeit des Tesla-Werkes

100800-020 www.diercke.de

Herkunft der Arbeitskräfte	direkt bei Tesla beschäftigt		Nachbesetzung von Stellen durch Unternehmenswechsler		Wachstumseffekt durch Clusterbildung und Dienstleistungen	
	1. Abschnitt	Gesamt	1. Abschnitt	Gesamt	1. Abschnitt	Gesamt
regionaler Arbeitsmarkt						
Unternehmenswechsler	4395	6592	1021	2032	1346	4087
Arbeitssuchende	60	200	51	102	135	409
überregionaler Arbeitsmarkt						
Wohnstandortwechsler	4859	19725	2727	4918	3595	9891
Fernpendler	2264	11623	1307	3109	1656	6049

Quelle: Gemeinsame Landesplanungsabteilung Berlin-Brandenburg, 2021

M5 Prognostizierter Arbeitskräftebedarf zur Ermittlung des Wohnraumbedarfs

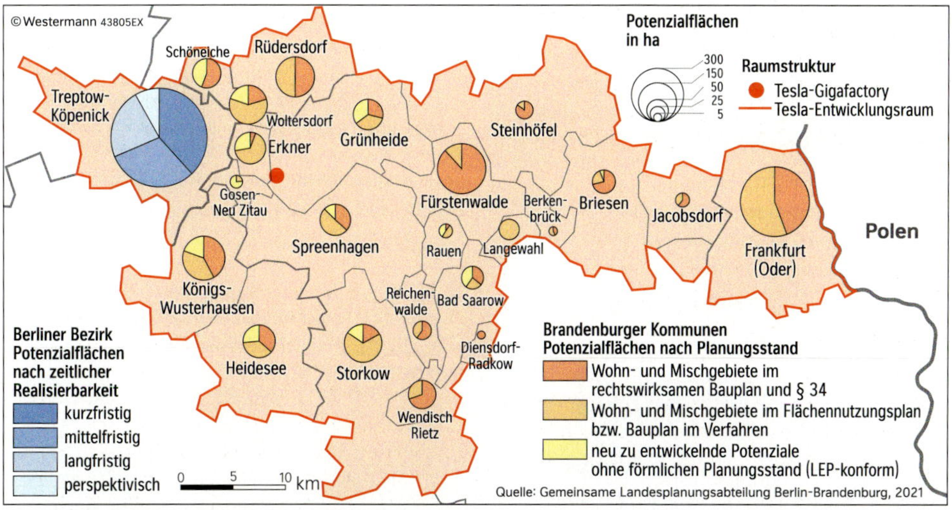

M6 Wohnbauflächenpotenzial im Tesla-Entwicklungsraum

Chronologie der Tesla-Ansiedlung:

Nov. 2019: Bekanntgabe Entscheidung Standort

Dez. 2019: Einreichen Genehmigungsunterlagen

Jan. 2020: Eröffnung Genehmigungsverfahren

Feb. 2020: Zulassung für vorzeitigen Baubeginn

Aug. 2020: Ende Auslegungsverfahren

Sep. 2020: Erörterungstermin für Einwände

Nov. 2020: Genehmigung für weitere Rodungen

Apr. 2021: Änderung Bauantrag

Dez. 2021: Start der Produktion

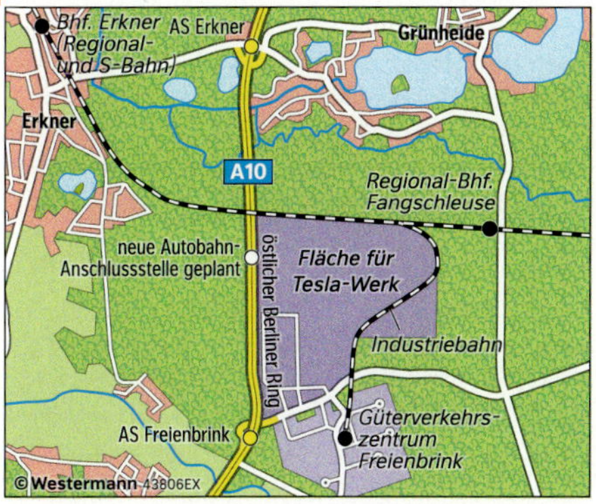

Erreichbarkeit Tesla-Gigafactory

Bahn
RE 1 Erkner – Fangschleuse – Frankfurt (Oder)

Bus
Buslinie 429 Erkner – Grünheide, Fahrtzeit 20 min. stündlich

Auto
A 10 Anschlussstelle Freienbrink

Quelle: Gemeinsame Landesplanungsabteilung Berlin-Brandenburg, 2021

M7 Erreichbarkeit der Gigafactory

1 *Ermitteln Sie die Standortfaktoren in Grünheide für Tesla (Atlas, M3).*

2 *Nehmen Sie Stellung zur Aussage: „Tesla bringt die deutsche Bürokratie auf Trab und setzt Projekte im Eilverfahren um, bevor sich die Anforderungen ändern" (M2, Zeitstrahl).*

3 *Erläutern Sie das Spannungsfeld der Raumordnung, um dem Wohnbedarf im Zuge der Tesla-Ansiedlung gerecht zu werden (M5 – M7).*

4 *Beurteilen Sie die Nachhaltigkeit der Tesla-Gigafactory in Grünheide (M4).*

2.3 Raumordnung in Mecklenburg-Vorpommern

Zum Begriff **Daseinsvorsorge** *in der Raumordnung* *vgl. S. 68.*

Innerhalb Deutschlands befindet sich Mecklenburg-Vorpommern zum Teil in einer peripheren Lage. Einige Indikatoren für räumliche Disparitäten zeichnen ein ungünstiges Bild des Bundeslandes. Dem stehen aber Aspekte gegenüber, die für die Raumordnung auf Stärken hindeuten, z. B. die Erreichbarkeit der Metropolregionen Hamburg und Berlin, das Tourismuspotenzial, die bislang gesicherte Daseinsvorsorge der Bevölkerung und die relativ zentrale Lage in der Europäischen Union (Verflechtungen mit der Öresundregion und dem Wirtschaftszentrum Stettin in Polen). Im Bundesland überlagern sich:

- West-Ost-Gegensätze,
- Stadt-Land-Gegensätze,
- Stadt-Umland-Gegensätze bzw.
- Küste-Hinterland-Gegensätze.

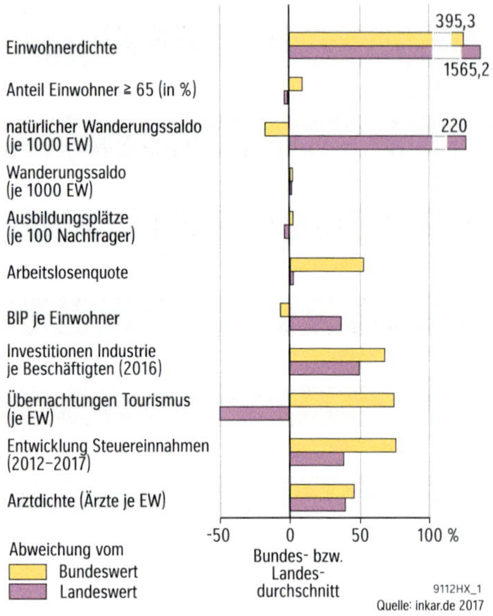

M3 Regionalprofil der kreisfreien Stadt Rostock (Indikatoren im Vergleich zum Landes- und zum Bundesdurchschnitt)

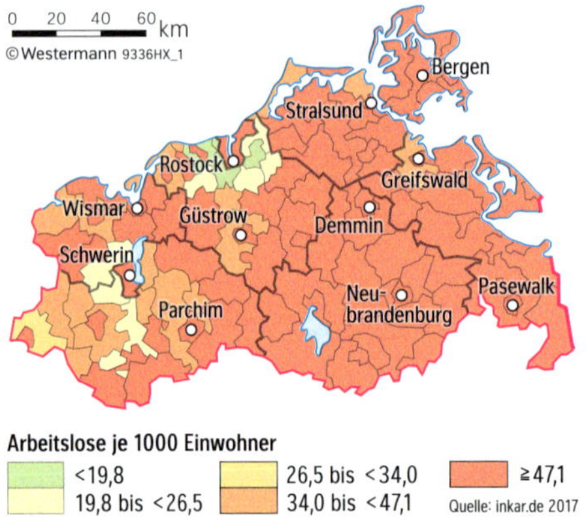

M1 Arbeitslose je 1000 Einwohner (2017)

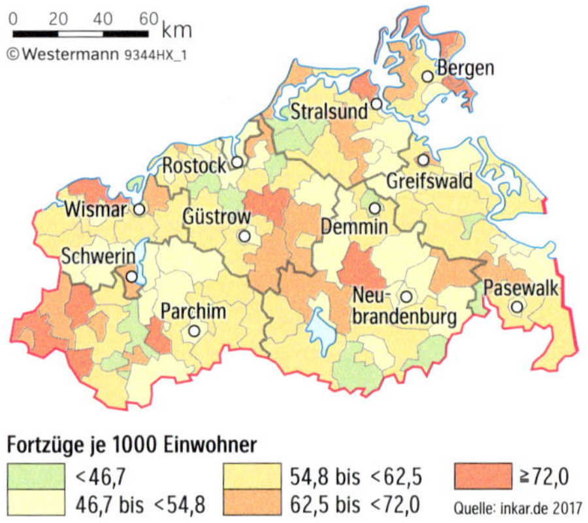

M4 Fortzüge je 1000 Einwohner (2017)

Gemeinde bzw. Gemeindeverband	Lage / Einordnung	Einwohner (2020)	Pkw-Fahrzeit nach Schwerin	Auspendler am Wohnort (2017)
Schwerin	Landeshauptstadt	95 609	0 min	30 %
Lützow-Lübsdorf	Schweriner Umland	13 527	15 min	94 %
Gadebusch	Schweriner Umland	10 545	25 min	79 %
Wismar	Kreisstadt (Ostsee)	42 824	30 min	40 %
Insel Poel	Ostseeinsel	2456	47 min	65 %
Ludwigslust	Südwestmecklenburg	11 959	34 min	64 %
Dömitz-Malliß	Südwestmecklenburg	8442	56 min	78 %
Parchim	Kreisstadt	17 622	48 min	42 %

Quellen: Landesamt für innere Verwaltung, Statistisches Amt, www.inkar.de 2016

M2 Erreichbarkeit und Pendlerdaten für einige ausgewählte Gemeinden in Mecklenburg-Vorpommern

100800-071 www.diercke.de

100800-080 www.diercke.de

Landesraumentwicklungsprogramm

Die Landesplanung in Mecklenburg-Vorpommern beruht auf dem Landesraumentwicklungsprogramm (LEP M-V). Es weist drei Raumtypen aus. Das ist notwendig, da in Stadt-Umland-Räumen wie Rostock andere Gegebenheiten, Aufgaben und Ziele bestehen als in ländlichen Räumen. Für jeden Raumtyp werden speziell abgestimmte Planungen entwickelt.

Weiterhin werden **zentrale Orte** benannt, die Funktionen für sich und ihr Umland übernehmen. Auf dieser Grundlage werden Standorte für Ämter, Schulen, Krankenhäuser und andere Einrichtungen bestimmt, um die Daseinsvorsorge der Bevölkerung zu sichern.

> Leitvorstellung der Raumordnung ist die einer nachhaltigen Raumentwicklung, die die sozialen und wirtschaftlichen Ansprüche an den Raum mit seinen ökologischen Funktionen in Einklang bringt und zu einer dauerhaften, großräumig ausgewogenen Ordnung führt. [...] Aufgrund der wirtschaftlichen, sozialen und ökologischen Lage des Landes wird insbesondere der Sicherung und weiteren Schaffung von qualifizierten Arbeitsplätzen sowie in Verbindung damit der Deckung des zu erwartenden Fachkräftebedarfs bei allen Abwägungsentscheidungen und Ermessensspielräumen Priorität eingeräumt.
>
> LEP M-V 2016

M6 Leitvorstellungen der Landesentwicklung in Mecklenburg-Vorpommern

Information:
Das LEP M-V wird alle zehn Jahre in einer Fortschreibung überarbeitet. Daran wird die Öffentlichkeit intensiv beteiligt.

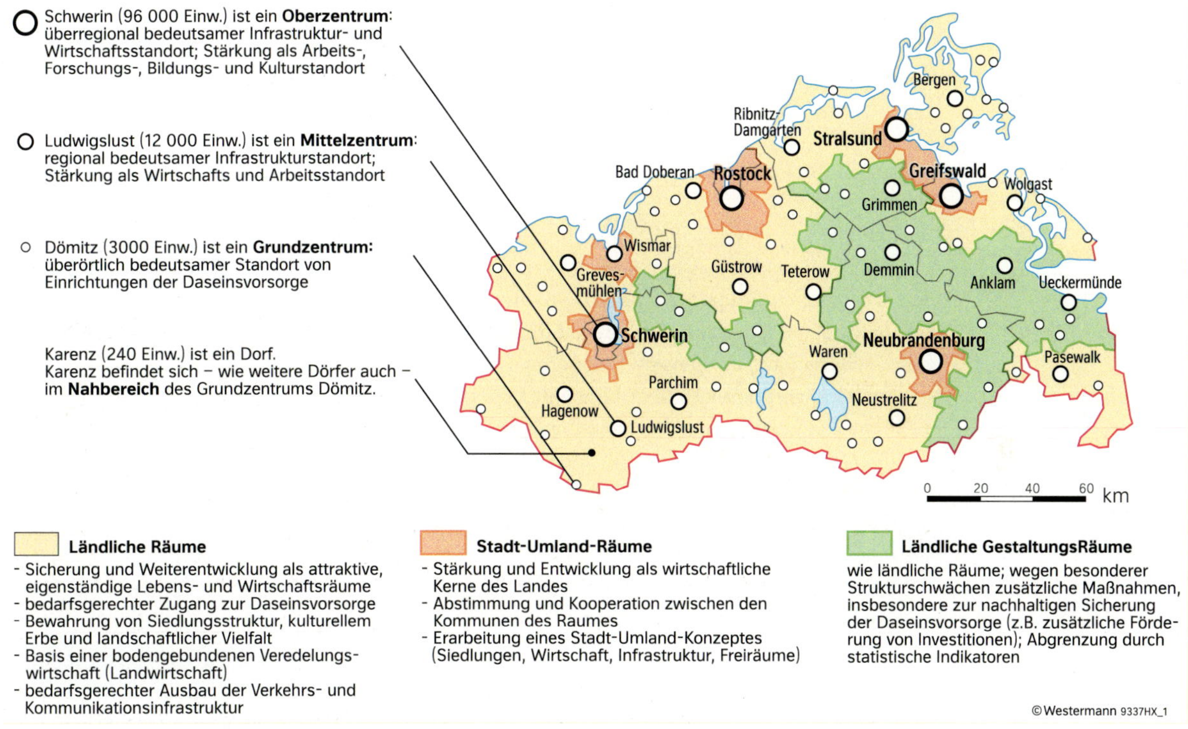

M5 Karte der Raumtypen und zentralen Orte nach dem Landesraumentwicklungsprogramm (LEP M-V)

1 *Ordnen Sie die kreisfreie Stadt Rostock anhand statistischer Indikatoren im bundesweiten Vergleich und im Landesvergleich ein (M1 – M3, Atlas).*

2 *Analysieren Sie Mecklenburg-Vorpommern in Hinblick auf räumliche Disparitäten (M1, M2, M4).*

3 *a) Beschreiben Sie das System der zentralen Orte in Mecklenburg-Vorpommern (M5).*
b) Vergleichen Sie es mit Berlin und Brandenburg (S. 65, M6).

4 *Diskutieren Sie Gründe für die Ausweisung Ländlicher GestaltungsRäume im LEP M-V (M5, M6).*

5 *a) Erstellen Sie je ein Regionalprofil des Kreises Mecklenburgische Seenplatte und der kreisfreien Stadt Schwerin (Internet: Suchbegriffe: BBSR, interaktive Regionalprofile).*
b) Vergleichen Sie die beiden Kreise anhand der erstellten Regionalprofile.

100800-081 www.diercke.de

100800-082 www.diercke.de

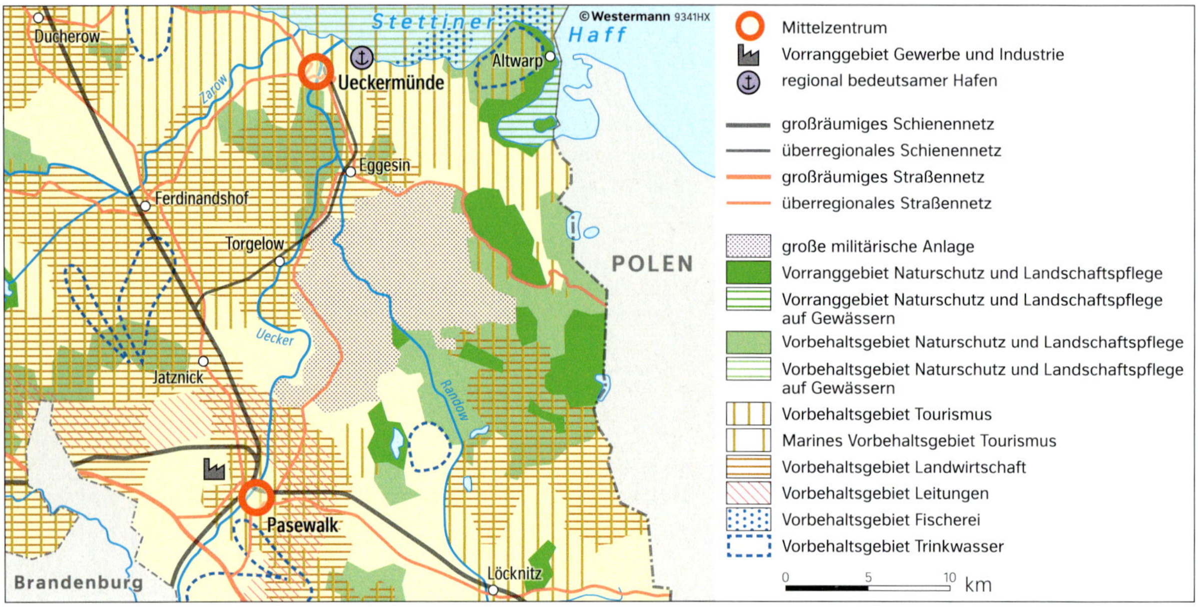

M1 Karte des Landesraumentwicklungsprogramms (LEP M-V) für die Grenzregion zu Polen

Festlegungen des LEP M-V

Das Landesraumentwicklungsprogramm (LEP M-V) weist Verkehrstrassen und -standorte aus. Entscheidungen zu überregionalen Verkehrswegen trifft zwar der Bund im Bundesverkehrswegeplan, an dessen Erstellung ist Mecklenburg-Vorpommern aber beteiligt. Das LEP M-V weist **Vorrang- und Vorbehaltsgebiete** aus, um Nutzungskonflikte zu vermeiden. Dass Mecklenburg-Vorpommern in europäische Netzwerke eingebunden ist, äußert sich z. B. in der Zusammenarbeit mit Polen.

In der Karte M1 sind Vorranggebiete für Naturschutz und Landschaftspflege vermerkt. Vorranggebiete sind Gebiete, in denen in der Regel eine Nutzung andere Nutzungen ausschließt. Um als Vorranggebiet für Naturschutz und Landschaftspflege zu gelten, muss ein Gebiet z. B. in einem Nationalpark oder einem Naturschutzgebiet liegen. Andere Nutzungen sind dort nur in Ausnahmefällen möglich (z. B. Tourismus beschränkt auf vorhandene Wege; einige Formen der Landwirtschaft zur Erhaltung besonderer Grünlandstandorte).

M3 Was sind Vorranggebiete?

In der Karte M1 sind Vorbehaltsgebiete für den Tourismus ausgewiesen. Vorbehaltsgebiete sind Gebiete, in denen eine Nutzung besonderes Gewicht hat. Andere Nutzungen sind möglich, dürfen aber die benannte Nutzungsform nicht beeinträchtigen. Verschiedene Vorbehaltsgebiete können sich räumlich überschneiden (z. B. Tourismus, Landwirtschaft, Naturschutz).
Erfüllt ein Gebiet eines der folgenden Kriterien, dann wird es als Vorbehaltsgebiet für Tourismus ausgewiesen:

- Gemeinde an der Küste / an Seen (> 10 km²),
- Gemeinde mit mehr als 7000 Übernachtungen je 1000 Einwohner und Jahr,
- Lage im Biosphärenreservat oder Naturpark,
- anerkannter Kur- und Erholungsort.

M2 Was sind Vorbehaltsgebiete?

M4 Ueckermünde: im LEP M-V Mittelzentrum, Hafenstandort und Vorbehaltsgebiet Tourismus

100800-030 www.diercke.de
100800-068 www.diercke.de

Zusammen mit der polnischen Woiwodschaft Westpommern (Zentrum: Stettin), der schwedischen Provinz Skåne sowie den brandenburgischen Kreisen Barnim und Uckermark bildet der Osten Mecklenburg-Vorpommerns die **Euroregion** Pomerania. Erklärtes Ziel ist die administrative, wirtschaftliche und kulturelle Zusammenarbeit über die Grenzen hinweg. Die Rahmenbedingungen dafür sind seit 2004, als bestehende Beschränkungen im Rahmen der EU-Erweiterung aufgehoben wurden, sehr gut. Ergänzend wird gerade die grenzüberschreitende Metropolregion Stettin aufgebaut. Eine Metropolregion besteht aus einer Kernstadt und großen ländlichen Gebieten in deren Umgebung. Die Kernstadt hat einen hohen wirtschaftlichen, politischen, kulturellen und infrastrukturellen Rang. Die ländlichen Räume stehen mit der Kernstadt durch wirtschaftliche Verflechtungen oder Pendlerströme in enger Verbindung.

M5 Grenzüberschreitende Zusammenarbeit

M7 Blick über Stettin an der Oder

Die Region Interreg V A ist ein Beispiel für grenzüberschreitende Zusammenarbeit. Dazu werden in den Bereichen Natur und Kultur, Verkehr und Mobilität, Bildung, grenzüberschreitende Kooperation und technische Hilfe 69 Projekte mit insgesamt 170,219 Mio. € gefördert.
Eines dieser Projekte ist der grenzüberschreitende Rettungsdienst Pomerania/Brandenburg. Durch die Randlage auf beiden Seiten der Grenze, die dezentrale Infrastruktur und teils schwer erreichbare Besiedlung entstehen in Notfallsituationen längere Anfahrtswege für die verantwortlichen Rettungsdienste. Mit dem Projekt sollen trotz unterschiedlicher Systemvoraussetzungen Rechtssicherheit und eine hohe Versorgungsqualität gewährleistet werden. Dazu werden gemeinsame Fortbildungen zur Optimierung des Trainingszustandes und zum Abbau fachspezifischer Sprachbarrieren durchgeführt. Weiterhin wird die technische Infrastruktur zur Weiterleitung der Patienten an für sie geeignete Einrichtungen geschaffen. Das Projekt erstreckte sich über den Zeitraum vom 1.11.2017 bis zum 31.10.2020 und wurde von der Universitätsklinik Greifswald geleitet. Die Gesamtausgaben beliefen sich auf 2,37 Mio. Euro.

Daten nach: https://interreg5a.info

M6 Projekt einer grenzüberschreitenden Zusammenarbeit

Stettin 2020:
- *398 255 Einwohner*
- *Hauptstadt von Westpommern*
- *zweitgrößter Seehafen Polens (Umschlag ähnlich wie Hafen Rostock)*

1 *a) Erklären Sie am Beispiel des Tourismus in Vorpommern die Funktion von Vorbehaltsgebieten (M1, M2, M4) in der Raumordnung.*
b) Erklären Sie am Beispiel des Naturschutzes und der Landschaftspflege, welche Funktion Vorranggebiete in der Raumordnung haben und wie sie ausgewiesen werden (M1, M3).
c) Vergleichen Sie die Raumordnungsinstrumente Vorbehaltsgebiet und Vorranggebiet (M1 – M3).

2 *Ordnen Sie Stettin nach Lage, Bevölkerung, Verkehr, Wirtschaft und Politik ein (M7, Rand, Atlas).*

3 *Begründen Sie, welche der folgenden Aussagen Sie für zutreffend halten: „Beide Regionen, Vorpommern einerseits und Westpommern mit der Metropole Stettin andererseits,*
A ... werden erst mittelfristig von einer grenzüberschreitenden Zusammenarbeit profitieren."
B ... profitieren schon heute von der grenzüberschreitenden Zusammenarbeit."
C ... profitieren sehr viel stärker von ihrer Vernetzung mit der jeweiligen Hauptstadtregion (Berlin bzw. Warschau) als von der grenzüberschreitenden Zusammenarbeit."
D ... bedürfen nur kurzfristiger Investitionen, da die Folgeeffekte weitere Förderungen überflüssig machen."

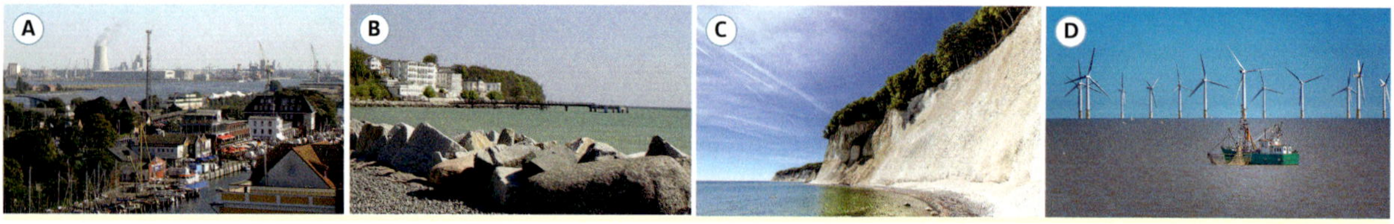

M1 Beispiele für Nutzungsansprüche in der Küstenzone

Raumordnungsverfahren – Fallbeispiel Offshore-Windpark

Das Landesraumentwicklungsprogramm Mecklenburg-Vorpommern (LEP M-V) bezieht die 12-Seemeilen-Zone vor der Küste ein und regelt Nutzungsansprüche auf dem offenen Meer.
Für Großprojekte wie Offshore-Windparks sind **Raumordnungsverfahren (ROV)** gesetzlich vorgesehen: Unter Beteiligung der Öffentlichkeit wird geprüft, ob ein Vorhaben mit der Raumordnung und Landesplanung übereinstimmt. Erst dann kann die Baugenehmigung beantragt werden.

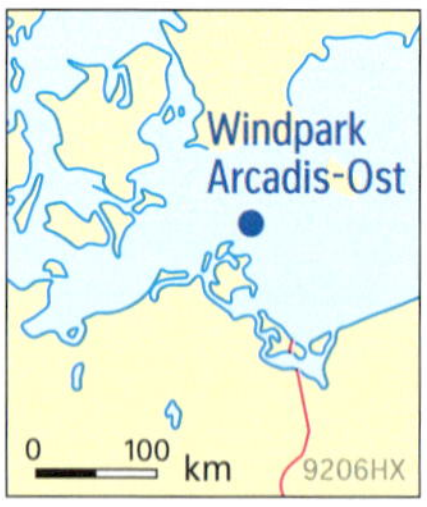

M2 Lage des Windparks „Arcadis-Ost“

Lage: innerhalb der 12-Seemeilen-Zone, 19 km nordöstlich von Kap Arkona (Rügen)
Größe: 15 km lang; 3,5 km breit; 30 km² Fläche
Anzahl der Anlagen: 28 Stück (Nabenhöhe: 107 m; Rotordurchmesser: 150 m), eine Umspannplattform
Leistung: 266 MW
Netzanschluss: Seekabel nach Rügen
Geologie: Wassertiefe 24 m, darunter 20 m mächtige Lockersedimente, fester Grund etwa 44 m unter der Wasseroberfläche

M3 Projekt Offshore-Windpark „Arcadis-Ost“

- Innerhalb der marinen Vorranggebiete für Windenergieanlagen ist der Errichtung von Windenergieanlagen Vorrang vor anderen raumbedeutsamen Nutzungsansprüchen einzuräumen.
- Die konkrete Ausformung der Windparks im marinen Vorbehaltsgebiet für Windenergieanlagen sowie die Ermittlung der konkreten Standorte für die Errichtung der Anlagen sind im Rahmen von Raumordnungsverfahren zu prüfen.
- Außerhalb der marinen Vorranggebiete für Windenergieanlagen, des Vorbehaltsgebiets für Windenergieanlagen und des marinen Vorranggebiets für Windenergieanlagen zu Testzwecken dürfen im Küstenmeer keine Windenergieanlagen errichtet werden.

LEP M-V 2016, verändert

M5 Vorgaben für Windenergieanlagen

Laufende Raumordnungsverfahren in Mecklenburg-Vorpommern:
www.raumordnung-mv.de

Phase	Zeit	Beschreibung
1. Planung	2007 – 2010	Der Antragsteller KNK Wind GmbH, Frankfurt am Main, erstellt die Planungsunterlagen. Eine gesetzlich vorgesehene Umweltverträglichkeitsprüfung wird durchgeführt.
2. Einreichung	22.10.2010	Die Planungsunterlagen werden der Landesplanungsbehörde (Ministerium für Energie, Infrastruktur und Landesentwicklung) übergeben.
3. Auslegung	01.04.2011	Ministerium eröffnet Verfahren. Unterlagen sind öffentlich zugänglich.
4. Öffentlichkeitsbeteiligung	04 / 2011 – 05 / 2011	18 Träger öffentlicher Belange (z. B. Landesamt für Fischerei, Landkreis Rügen, Bundeswehr) nehmen nach Aufforderung zum Projekt Stellung. Auch 17 Verbände (z. B. Naturschutzverbände) reichen Stellungnahmen ein. Privatpersonen beteiligen sich nicht.
5. Erörterung	08 / 2011 – 11 / 2011	An zwei Tagen werden die Stellungnahmen und Einwendungen aus der **Öffentlichkeitsbeteiligung** mit Institutionen und Betroffenen diskutiert.
6. Abwägung	12 / 2011 – 02 / 2013	Das Ministerium bewertet Stellungnahmen und Ergebnisse der Erörterung. Es erarbeitet anschließend eine landesplanerische Beurteilung.
7. Beurteilung	02 / 2013	Das Ministerium urteilt, dass das Projekt mit den Erfordernissen der Raumordnung und Landesplanung übereinstimmt.

M4 Ablauf und Beteiligte eines Raumordnungsverfahrens (ROV) am Beispiel „Arcadis Ost“

100800-066 www.diercke.de

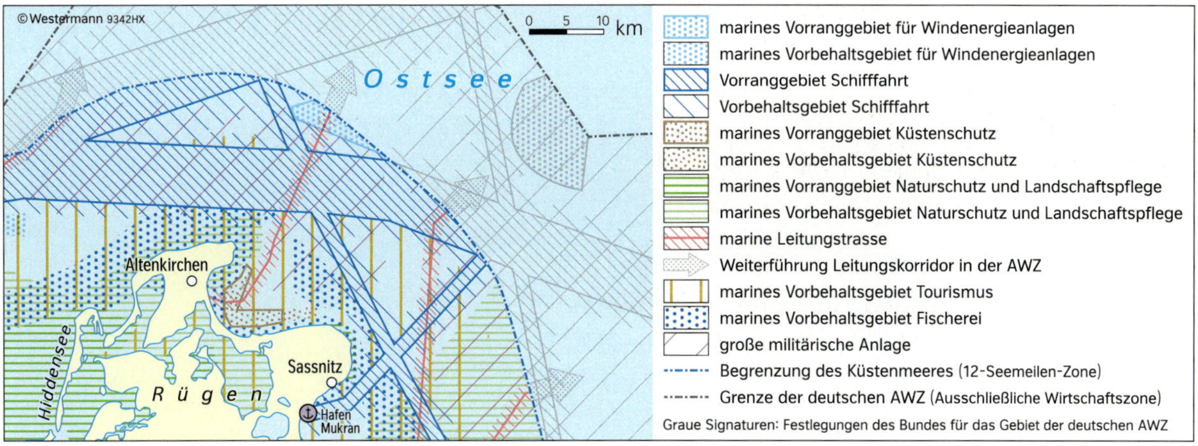

M6 Ausschnitt aus der Karte zum Landesraumentwicklungsprogramm: Die Küste vor der Insel Rügen

Die Naturschutzverbände verwiesen darauf, dass sich nördlich von Rügen Schweinswale aufhalten. Trotz der relativ geringen Individuenzahlen bedürfen sie eines besonderen Schutzes (da akut vom Aussterben bedroht). Für die Betriebsphase werden keine großräumigen Auswirkungen erwartet, allerdings erhebliche Beeinträchtigungen während der Bauphase. Bei Anwendung aller Vermeidungs- und Minderungsmaßnahmen sowie gegebenenfalls von Vergrämungsmaßnahmen kann aber davon ausgegangen werden, dass der mit den Bauarbeiten verbundene Unterwasserschall nicht so stark ist, dass die Bauarbeiten nach dem Bundesnaturschutzgesetz verboten werden müssten.

Landesplanerische Beurteilung, verändert

M7 Beispiel für eine Abwägung in der landesplanerischen Beurteilung zum Projekt „Arcadis-Ost"

In der Gesamtabwägung zwischen

- dem überwiegenden öffentlichen Interesse an der Nutzung erneuerbarer Energien,
- den vorgelegten Antragsunterlagen,
- den im Raumordnungsverfahren gewonnenen zusätzlichen Erkenntnissen,
- den potenziellen Auswirkungen auf:
  - Schutzgüter entsprechend dem Umweltverträglichkeitsprüfungs-Gesetz,
  - Schutzgebiete,
  - besonders geschützte Arten

  sowie auf weitere Nutzungsansprüche

wird die grundsätzliche Notwendigkeit und Realisierbarkeit des Vorhabens aus Sicht der Raumordnung festgestellt.

Landesplanerische Beurteilung, verändert

M9 Ergebnis des Raumordnungsverfahrens zum Projekt „Arcadis-Ost"

Wirksame Öffentlichkeitsbeteilung:

Der erste Entwurf des LEP M-V (2013) sah zehn Gebiete für Offshore-Windparks in der 12-Seemeilen-Zone vor. Nach Einwendungen von Tourismusorten an der Küste wurde deren Zahl auf vier reduziert.

2006: Erstberatung Betreiber/Landesplanung
2010–2013: Raumordnungsverfahren mit positiver Beurteilung (Voraussetzung für Baugenehmigung)
2014: Erteilung der Baugenehmigung
2015: Abschluss der Projektfinanzierung
2018: Leistungsreduktion durch neues Wind-auf-See-Gesetz
2018: Betreiberwechsel
2021: Neugenehmigung nach neuem Bundes-Immissionsschutzgesetz
2022: geplanter Baubeginn
2023: voraussichtliche Fertigstellung

M8 Chronik und Ausblick des Projekts „Arcadis-Ost"

1 *Begründen Sie an M1 die Notwendigkeit von Raumordnung in der Küstenzone.*

2 *a) Erläutern Sie die Festlegungen des LEP M-V zu Offshore-Windenergieparks (M5, M6).*
b) Erläutern Sie mögliche Nutzungskonflikte im Projektgebiet „Arcadis-Ost" (M1, M3, M6).
c) Erläutern Sie die Schritte eines Raumordnungsverfahrens am Beispiel „Arcadis-Ost" (M2–M9).

3 *Untersuchen Sie die Küstenzone nördlich von Rügen (M6) auf weitere mögliche Standorte für die Windenergienutzung. Gehen Sie auch darauf ein, welche Nutzungskonflikte zu beachten sind und welche Instrumente der Raumordnung dabei eine Rolle spielen.*

100800-068 www.diercke.de

M1 Lage Rostocks

M2 Luftbild des Überseehafens Rostock

Flächennutzungsplanung – Beispiel Rostocker Überseehafen

Die Stadt Rostock und ihr Umland bilden das wirtschaftliche Zentrum des Landes Mecklenburg-Vorpommern. Besondere Bedeutung besitzen die Häfen und die hafennahen Industrien. Im Bereich der Warnowmündung sind deshalb unterschiedliche Ansprüche zu koordinieren. Spezielle Hafenanlagen werden von der Fischerei-, Sport-, Fähr-, Fahrgast- und Handelsschifffahrt sowie der Deutschen Marine benötigt. Deshalb hat die Stadt Rostock einen Flächennutzungsplan (FNP) aufgestellt. Kontrovers wird diskutiert, ob der Hafen über die Flächen im Flächennutzungsplan hinaus erweitert wird.

Hinweis:

Der Flächennutzungsplan ist ein Beispiel für ein Instrument der Raumordnung, das auf der kommunalen Planungsebene angewendet wird (vgl. Seite 60 M2).

Pläne für die Erweiterung des Überseehafens in Rostock stoßen auf Kritik. Unter anderem könnte ein 200 Hektar großes intaktes Moor unter Beton verschwinden. [...] Gegner des Vorhabens verweisen auf die Bedeutung von Moorflächen für den Klimaschutz. [...]
Die Aktiven gehören verschiedenen Verbänden an und fordern, dass zunächst alle anderen Möglichkeiten ausgeschöpft werden [...]. Unter anderem sollten nach ihrer Ansicht die bereits genutzten Flächen dichter bebaut werden.
Die Stadt und die Betreibergesellschaft Rostock Port verweisen darauf, dass noch keine Tatsachen geschaffen werden, sondern lediglich geprüft wird, welche nutzbaren Flächen zur Erweiterung des Hafens zur Verfügung stehen. Insgesamt seien 660 Hektar Erweiterungsfläche wünschenswert, von denen der Großteil weiter im Binnenland liegen könne. [...] Da der Hafen ein wichtiger Wirtschaftsmotor ist, wollen die Verantwortlichen bei Rostock Port und der Stadt sicherstellen, dass er gegebenenfalls weiter wachsen kann.
Der Rostocker Überseehafen teilt sich die Bucht an der Warnowmündung mit den Kaianlagen der Marine. Die Naturfläche zwischen diesen beiden Hafenanlagen steht in Teilen unter Schutz, nämlich die Mündung des Peezer Baches mit dem Moor. Dann geht es hoch zum Schnatermann und es schließt sich das Waldgebiet Rostocker Heide an. Südlich des Überseehafens liegt der Ort Krummendorf, in dem sich die Anwohner schon seit Jahren gegen eine Erweiterung des Hafens wehren.

Norddeutscher Rundfunk (Hrsg.)

M3 Hafenerweiterung: Pro und Kontra

- Wie wird der Erweiterungsbedarf begründet?
- Enthält der aktuelle Flächennutzungsplan ausreichend Reserveflächen für den Hafen?
- Welche Unternehmen, Behörden, Kommunen und Einzelpersonen sind betroffen?
- Welche Nutzung gibt der Flächennutzungsplan für die neuen Hafengebiete vor?
- Ist bei Bedarf eine Änderung des Flächennutzungsplans möglich? Wenn ja, wie?
- Ist die Stadt Rostock allein zuständig?
- Wem gehören die Flächen bei Krummendorf und Peez?
- Welchen Rahmen geben Regionalplanung und Landesplanung (vgl. S. 75 – 77) vor?

M4 Fragen zur Hafenerweiterung

100800-065-06 www.diercke.de

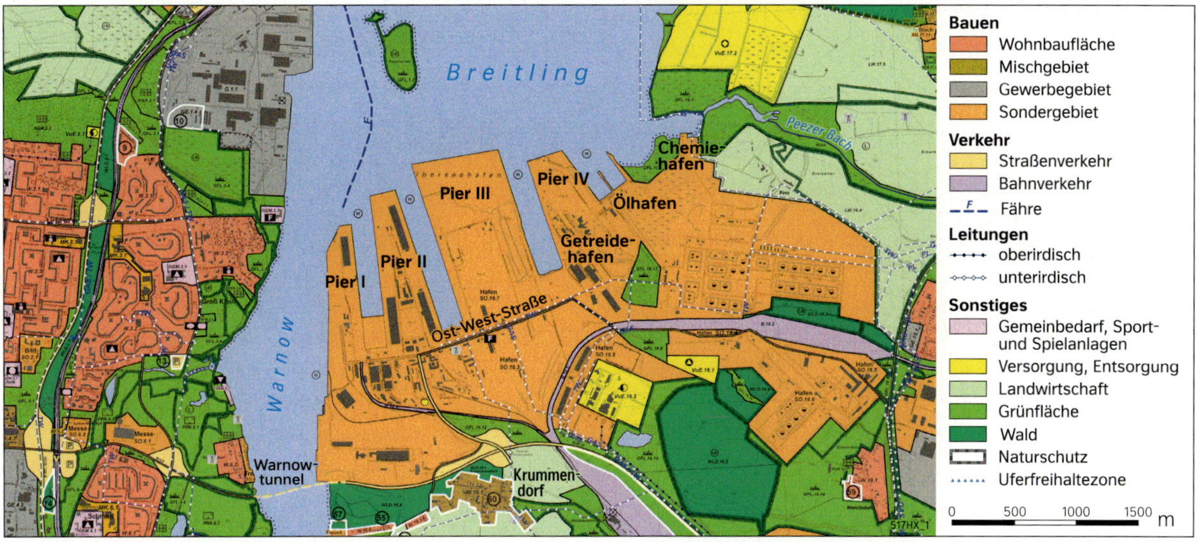

M5 Ausschnitt aus dem gegenwärtigen Flächennutzungsplan Rostock: Das Gebiet des Überseehafens

Der Flächennutzungsplan ist ein Instrument der Raumordnung auf der kommunalen Planungsebene (siehe Seite 60, M2). Der Plan stellt in Form einer Karte (wie M5) die vorgesehene Bodennutzung nach Rubriken wie Bauflächen, Grünflächen oder Flächen für den Straßenverkehr dar. Er ist verbindlich: So schließt zum Beispiel die Ausweisung als Grünfläche für die Insel im Breitling jegliche Bebauung aus.
Die Karte wird ergänzt durch textliche Erläuterungen, in denen die möglichen Nutzungsarten und Funktionen der Gebiete konkret beschrieben werden. Ein Beispiel sind die Festlegungen zum Sondergebiet Hafen.
Bei der Aufstellung von Flächennutzungsplänen wird die Landes- und Regionalplanung beachtet (Genehmigung durch übergeordnete Planungsbehörden). Zudem findet bei der Aufstellung oder Abänderung von Flächennutzungsplänen eine **Öffentlichkeitsbeteiligung** statt: Träger öffentlicher Belange (z. B. Ämter, Bahn- und Versorgungsunternehmen) nehmen Stellung zu den Entwürfen. Privatpersonen können sich im Rahmen einer öffentlichen Auslegung informieren und Änderungsvorschläge einreichen.

M6 Was ist ein Flächennutzungsplan?

Im Sondergebiet Hafen sind Einrichtungen und Anlagen des Hafenbetriebes sowie unmittelbar mit ihnen im Zusammenhang stehende Betriebe zulässig. Das Konzept sieht vor:

1. Ausbau von Pier I zum Fährterminal;
2. Verlagerung von Industrie- und Gewerbeansiedlungen weg von Pier II, um diesen intensiver zu Umschlagzwecken nutzen zu können;
3. Nutzung von Flächen südlich der Ost-West-Straße für den Güterumschlag;
4. Erweiterung des Roll-on- / Roll-off-Terminals am Pier I; partielle Nutzung von Pier II für Roll-on- / Roll-off-Umschlag und Fähren;
5. Ausbau/Erweiterung des Pier III als Schüttgutterminal und für hafengebundene Industrie;
6. für hafengebundene Industrie: Schaffung einer zusammenhängenden Fläche auf Pier IV (unter anderem durch Inanspruchnahme von Splitter-, Frei- und Reserveflächen);
7. Umnutzung von naturnahen Freiflächen und Reserveflächen südlich des Getreidehafens am Pier IV für Handel, Logistik und Verteilung;
8. Erweiterung des Flüssiggutterminals durch Nutzung von [...] Frei- und Ackerflächen.

Erläuterungen zum FNP der Hansestadt Rostock

M7 Festlegungen zum Sondergebiet Hafen

Bebauungsplanung:
Flächennutzungspläne werden durch grundstücksgenaue Bebauungspläne konkretisiert. Sie legen z. B. fest, welche Bauhöhe in einem Wohngebiet höchstens zulässig ist. Soll gebaut werden, muss ein Antrag auf Baugenehmigung gestellt werden.

1 *Analysieren Sie das Luftbild M2 in Hinblick auf mögliche Nutzungskonflikte.*

2 *Prüfen Sie die Zulässigkeit der Vorhaben nach dem Flächennutzungsplan (M5 – M7) für:*
a) ein neues Gebiet für hafengebundene Industrie am Ostufer des Breitlings,
b) ein Güterumschlagzentrum im Südteil von Pier IV.

3 *a) Teilen Sie die Fragen (M4) in einer Gruppe auf. Erarbeiten Sie die Antworten (M1 – M3, M5 – M7).*
b) Tragen Sie Ihre Ergebnisse zusammen. Erarbeiten Sie in Ihrer Gruppe eine gemeinsame, zusammenfassende Stellungnahme zur Umsetzbarkeit der Hafenerweiterung.

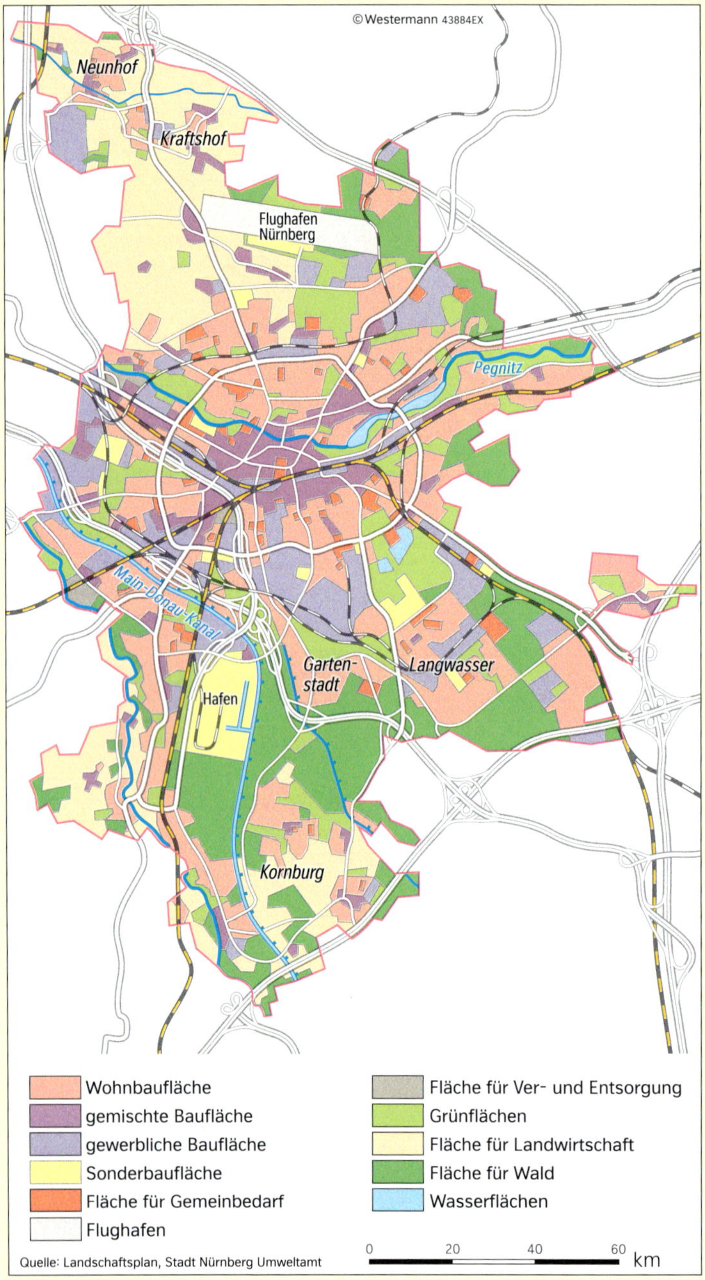

M1 Flächennutzungsplan von Nürnberg

1 a) Nennen Sie die vier Ebenen der Raumordnung in Deutschland.
b) Nennen Sie zu jeder Ebene ein passendes Instrument der Raumordnung.

2 Beschreiben Sie an einem Beispiel, wie räumliche Disparitäten erfasst werden.

3 Legen Sie dar, warum Raumordnung auch im Küstenraum notwendig ist.

4 Geben Sie an, welche Antworten zutreffen. Begründen Sie.

a) Für eine neue Umgehungsstraße wurde ein Planfeststellungsbeschluss aufgestellt.
- A Mit dem Bau kann begonnen werden.
- B Nun wird die Öffentlichkeit am Projekt beteiligt.
- C Der Beschluss kann von einem Gericht geprüft werden.
- D Nun muss der Projektträger die Baugenehmigung beantragen.

b) In einer Region gilt ein Plan mit Vorbehaltsgebiet der Windenergienutzung.
- A Nur in den Eignungsgebieten können neue Windräder gebaut werden.
- B An jedem Ort können neue Windräder gebaut werden, wenn ein Mindestabstand zu Siedlungen eingehalten wird.
- C Ob ein Windrad gebaut werden kann, entscheidet der Eigentümer der Fläche.
- D Ob ein Windrad gebaut werden kann, entscheidet die Gemeindeverwaltung.

5 a) Lokalisieren Sie Nürnberg (Atlas).
b) Erläutern Sie den Begriff Flächennutzungsplan am Beispiel Nürnberg (M1).
c) Diskutieren Sie: „Flächennutzungspläne sind ein geeignetes Instrument, um Nutzungskonflikte in Großstädten auszugleichen.“

Fachbegriffe

Anhörungsverfahren
Daseinsvorsorge
demographischer Wandel
Ebenen der Raumordnung
Einzugsbereich
Euroregion
Finanzausgleichspolitik
Flächennutzungsplan
Gegenstromprinzip
Landesentwicklungsplan
Landesplanungsgesetz
Landesraumentwicklungsprogramm
Leitvorstellung
Metropolregion
Mittelzentrum
Modellvorhaben
nachhaltige Raumentwicklung
Oberzentrum
Öffentlichkeitsbeteiligung
Planfeststellungsbeschluss
Planfeststellungsverfahren
räumliche Disparitäten
Raumordnung
Raumordnungsgesetz
Raumordnungsverfahren

100800-019 www.diercke.de

1 Beschreiben Sie das System der zentralen Orte in der Raumordnung.

2 Analysieren Sie die Bevölkerungsentwicklung in den ostdeutschen Bundesländern 1990 – 2030.

3 Begründen Sie den Handlungsbedarf hinsichtlich der Infrastrukturausstattung in ostdeutschen Bundesländern infolge des demographischen Wandels.

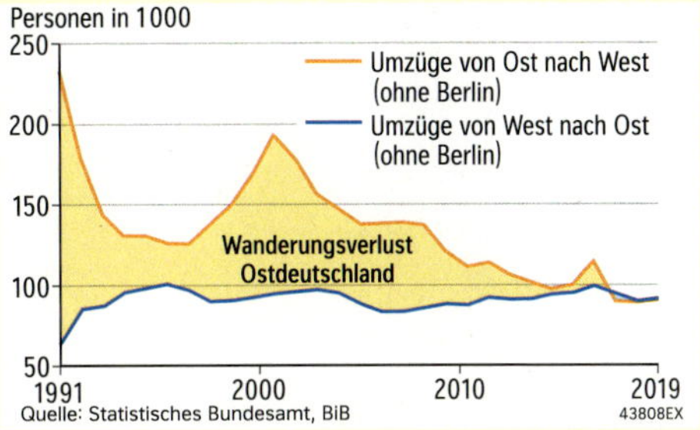

M2 Wanderungen zwischen West- und Ostdeutschland (1991 – 2019)

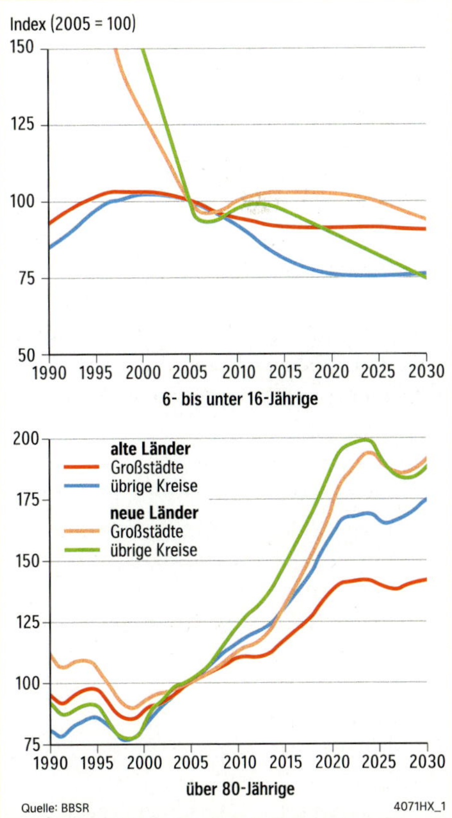

M1 Bevölkerungsentwicklung ausgewählter Altersgruppen (1990 – 2030)

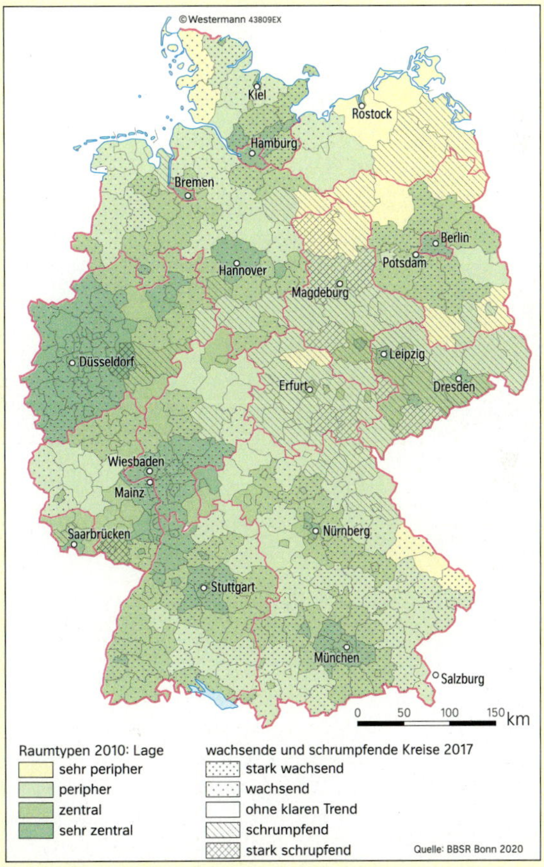

M3 Handlungsbedarf: Bevölkerungsprognose

raumwirksame Investition
Regionale Planungsgemeinschaft
Regionalplan
Regionalprofil
Speckgürtel
Vorbehaltsgebiet
Vorranggebiet
zentrale Orte
Ziele der Raumordnung

Referatsthemen

- Raumordnung vor Ort: laufende Planungsverfahren in der Region

WES-151140-083

50
km
RAPP
HERHA

Europa – Raumstrukturen im Wandel

Europäisches Viertel von Brüssel unter dem Motto „Die Zukunft ist Europa“

Europa in Zahlen

Fläche:
10 523 000 km²

Staaten:
ca. 50 (abhängig von Abgrenzung)

Bevölkerung:
750 Mio. (2021)

„Wirtschaftsunion mit uneingeschränktem Handel über Grenzen hinweg“

„Multikulturalismus – ein Zusammenwachsen verschiedener Kulturen“

„Ein Kontinent bis zum Ural? – Tatsächlich endet Europa in unseren Köpfen doch östlich von Polen“

„Vielfalt und Einheit – viele kleine Staaten und Kulturen, verschiedene Sprachen, eine Währung“

„Eurozone, Europäische Union, Europaparlament und Europäischer Gerichtshof“

„Große naturräumliche und klimatische Unterschiede“

„Ein grenzenloser Kontinent, wo man an einem Tag ohne Zollkontrollen durch mehrere Staaten fahren kann“

M1 Stimmen zu Europa

3.1 Strukturräumliche Gliederung

Europa – ein vielfältiger Raum mit eindeutigen Grenzen?

Brexit:
Kunstwort, das aus „Britain“ und „exit“ gebildet wird und für den Austritt des Vereinigten Königreiches aus der Europäischen Union steht

Europa ist nach Australien der kleinste Kontinent, zugleich landschaftlich aber sehr vielfältig. Es gibt Mittel- und Hochgebirge sowie Tiefländer, die zum Teil durch Kaltzeiten geprägt wurden. Keine andere Region der Erde weist zudem in ähnlicher Breitenlage auf so kleinem Raum eine vergleichsweise starke klimatische Differenzierung auf. Entsprechend findet man eine angepasste und abwechslungsreiche Vegetation vor. Äußerst vielfältig ist in Europa jedoch nicht nur die Natur, sondern auch die Kultur. Zahlreiche unterschiedliche Sprachen werden in Europa gesprochen. Es gibt Staaten und Regionen, die vornehmlich katholisch bzw. evangelisch geprägt sind, andere wiederum muslimisch. Allerdings gibt es kulturell meist keine klaren Grenzlinien, sondern Übergangsräume mit sprachlichen oder religiösen Minderheiten.

Auch wirtschaftlich ist Europa alles andere als einheitlich. Die Europäische Union (EU) als eine bedeutende politische Organisation Europas ist in den letzten Jahrzehnten gewachsen, umfasst aber längst nicht alle europäischen Staaten. Zuletzt ist Kroatien 2013 beigetreten. Im Jahr 2016 hat eine knappe Mehrheit der Wählerinnen und Wähler im Vereinigten Königreich entschieden, die EU zu verlassen. Trotz vieler Demonstrationen erfolgte Anfang des Jahres 2020 der **Brexit**. Damit trat zum ersten Mal ein Staat wieder aus der Gemeinschaft aus.

Die Außengrenzen Europas sind stark gegliedert durch Buchten, Inseln und Landspitzen (Kaps). Während sich der Raum nach Norden, Westen und Süden scheinbar klar abgrenzen lässt, wird im Osten durch den Ural und den Uralfluss die Konstruiertheit dieser Abgrenzung deutlich.

M2 Grenze zwischen Europa und Asien in Magnitogorsk (Russland)

M3 Brexit – Demonstration in London 2016

Die „natürliche“ oder auch „geographische“ Grenze Europas bilden im Norden das Nordpolarmeer, im Westen der Atlantische Ozean und im Süden das Mittelmeer. Im Osten gelten der Ural (Gebirge und Fluss) sowie das Kaspische Meer, der Kaukasus und das Schwarze Meer als Grenze. Europas nördlichster Punkt ist das Nordkap in Norwegen, der westlichste Island, der südlichste Malta. Im Osten fehlt eine Abgrenzung durch ein großes Gewässer, das man als eindeutige „natürliche Grenze“ ansehen könnte. Viele Geographen haben in den letzten Jahrhunderten deshalb im Osten immer wieder neue Grenzen festgelegt. Die bekannteste dieser Grenzen stammt ursprünglich von der Geographischen Gesellschaft der Sowjetunion von Ende der 1950er-Jahre. Ihr entsprechend bilden auf Basis ihres geologischen Ursprungs das Uralgebirge und der Uralfluss die Grenze. Vor ca. 300 Mio. Jahren trafen hier die Platten der heutigen Kontinente Europa und Asien aufeinander. Dennoch bleibt die Abgrenzung Europas an einigen Stellen problematisch. Ceuta gehört zu Spanien, liegt jedoch südlich der Straße von Gibraltar, welche oft als Grenze Europas zu Afrika genannt wird. Der europäische Weltraumbahnhof liegt in Französisch-Guayana, einer Region Frankreichs nördlich von Brasilien. Diskutiert wird auch über die Einordnung Islands. Kulturell und historisch gehört der Staat zu Europa. Als Teil des Mittelatlantischen Rückens trennen sich hier jedoch die nordamerikanische und die eurasische Platte. Geologisch ist Island also teils nordamerikanisch, teils europäisch.

M4 Natürliche Grenzen Europas

Europäische Union (EU): Politischer Zusammenschluss von derzeit 27 Staaten; Außengrenze festgelegt durch Grenzen der Mitgliedsstaaten; ohne Norwegen, Island, Schweiz
Schengenraum: Staaten, die sich dem „Schengener Abkommen“ angeschlossen haben; Vereinbarung von 1985 über den freien Verkehr von Personen, Gütern, Dienstleistungen und Kapital; 26 Staaten, ohne Irland und Zypern
Euroraum: Staaten mit dem Euro als gemeinsame Währung; 19 Staaten gehören dazu; einige Staaten nutzen den Euro als Zahlungsmittel, gehören aber nicht zur EU
Europäischer Wirtschaftsraum (EWR): Seit 1994; Ausdehnung der EU-Bestimmungen über den Binnenmarkt auf die Staaten der europäischen Freihandelszone (EFTA); Staaten wie Norwegen und Island gehören dem EWR an

M5 Politisches und wirtschaftliches Europa

Weblinks:

https://www.deutschlandfunkkultur.de/kulturraum-europa-der-kitt-der-uns-zusammenhaelt-100.html

https://www.deutschlandfunkkultur.de/historische-geografie-wie-weit-reicht-europa-100.html

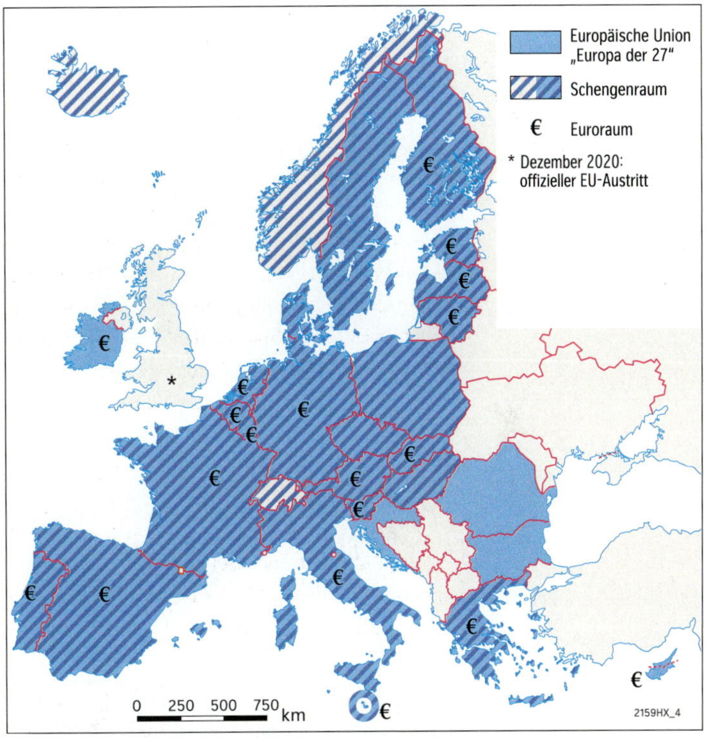

M6 Politische und wirtschaftliche Grenzen Europas

1 a) *Stellen Sie Europa aus der Sicht seiner Bürger dar (M1).*
b) *Arbeiten Sie Aspekte bezüglich der Vielfältigkeit des Raumes heraus (Autorentext, M1).*

2 a) *Skizzieren Sie Europas Grenzen und beschreiben Sie Schwierigkeiten, Europa abzugrenzen (Atlas, M4 – M6).*
b) *Vergleichen Sie das geographische Europa mit dem politischen bzw. wirtschaftlichen Europa (M4 – M6).*

3 *Erläutern Sie weitere Raumkonzepte, die für Europa existieren (M5, M6, Weblinks, Internet).*

4 *Beurteilen Sie die Aussage: „Europa ist kein Kontinent.“*

Raumstrukturen Europas – stark und schwach strukturierte Räume

M1 Europa bei Nacht

Europa ist durch Gegensätze seiner Regionen gekennzeichnet. Stark verdichteten **Agglomerationen** stehen nahezu menschenleere Gebiete gegenüber. Küstenebenen sind zu Zentren des Tourismus und der Wirtschaft geworden, während vielerorts Menschen ihre abgelegenen Dörfer in Richtung der großen Städte verlassen. In der Geographie wird zur Erfassung solcher Raummuster und Gegensätze zwischen **Aktivräumen** und **Passivräumen** unterschieden. Die Raumstrukturen Europas können auch in **Raummodellen** dargestellt werden. Dies sind vereinfachte Darstellungen der Wirklichkeit. Sie können auch politisch motiviert sein.

M2 Alte Industriebauten eines verlassenen Stahlwerks im Ruhrgebiet

M4 Porto, Lissabon

Bei einem Aktivraum handelt es sich in der Regel um eine aufstrebende Stadt-Umland-Region mit zentraler Lage, Zuwanderung, sehr guter Infrastruktur sowie modernen Industrien und Dienstleistungen. Die Wirtschaftsleistung pro Einwohner liegt erheblich über dem Durchschnitt des Gesamtraumes. Die Erreichbarkeit mit öffentlichen Verkehrsmitteln und dem Auto sowie die Ausstattung mit Versorgungs-, Kultur- und Bildungseinrichtungen sind zumeist sehr gut. Im Falle von Hauptstädten oder Verwaltungszentren (z. B. Brüssel) spielt auch die öffentliche Verwaltung eine wichtige wirtschaftliche Rolle.
Allerdings können Umwelt- und Verkehrsprobleme, hohe Lebenshaltungskosten und soziale Probleme wie z. B. eine erhöhte Kriminalitätsrate die Lebensqualität in Aktivräumen beeinträchtigen. Verliert ein Aktivraum seine wirtschaftliche Grundlage, kann er zu einem Passivraum werden.

M3 Aktivräume

Als Passivräume einzuordnen sind z. B. periphere, oft ländliche Räume oder altindustrialisierte Regionen mit Stagnation oder Rückgang der Wirtschaftsleistung. Beide Raumtypen sind durch eine hohe Arbeitslosenquote gekennzeichnet. Passivräume weisen häufig als Folge einer negativen natürlichen Bevölkerungsentwicklung und/oder eines negativen Wanderungssaldos einen Bevölkerungsrückgang auf. Im Vergleich zum Gesamtraum liegt die Wirtschaftsleistung pro Einwohner deutlich unter dem Durchschnitt. In peripheren ländlichen Räumen ist zudem oft die Verkehrsanbindung schlecht, ebenso die Versorgung mit alltagsrelevanten Dienstleistungen (Schulen, Hochschulen, Krankenhäusern, Fachärzten).
Haben ländliche Räume dagegen eine tragfähige Wirtschaftsgrundlage (z. B. im westlichen Niedersachsen) oder gelingt in altindustrialisierten Räumen der Strukturwandel, dann sind sie als Aktivräume einzuordnen.

M5 Passivräume

100800-070 www.diercke.de

100800-098 www.diercke.de

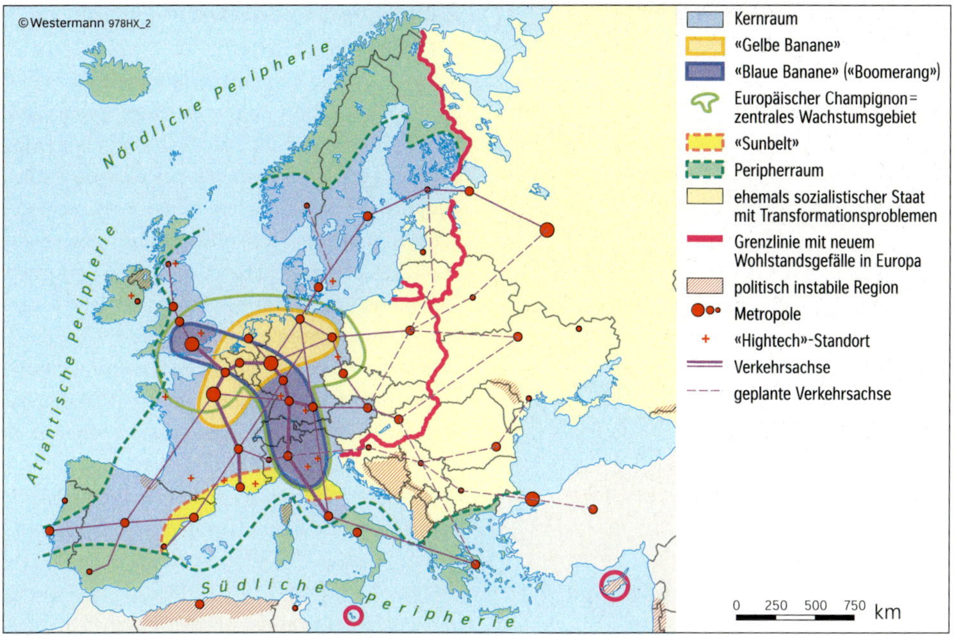

M6 Europa – räumliche Strukturen

Das Raummodell der „Blauen Banane“ wurde 1989 von dem Franzosen Roger Brunet entwickelt. Entstanden ist das Modell aus einer Untersuchung über das europäische Städtesystem. Es umfasst ein Gebiet mit zahlreichen Aktivräumen, in denen sich die wichtigsten Industrieregionen und rund 40 Prozent der EU-Bevölkerung konzentrieren. Die Blaue Banane liegt zentral im Kernraum Europas. Brunet sparte bewusst die dynamischen Wirtschaftszentren Paris sowie die Achse Lyon-Marseille aus. Damit wollte er die französische Regierung davor warnen, den Anschluss an die europäische Integration zu verpassen. Das Modell wurde später durch zahlreiche andere Achsen ergänzt, darunter die des europäischen „Sunbelt“ entlang der Mittelmeerküste. Moderne Industrien und Dienstleistungen prägen diesen Raum. Er erstreckt sich von Katalonien über die Côte d'Azur bis nach Genua in Italien.

Eine Erweiterung der Blauen Banane erfolgte durch die „Gelbe Banane“, die sich von Paris über Brüssel/Amsterdam bis Hamburg und nach Berlin erstreckt. So entstand der „Europäische Champignon“ als zentrales Wachstumsgebiet.

Der Hauptwirtschaftsraum Europas reicht aber weit über diese Gebiete hinaus. Er umfasst auch wirtschaftlich starke Metropolen, die durch leistungsfähige Verkehrskorridore miteinander verbunden sind (z. B. Kopenhagen).

Das Modell findet häufig Verwendung, um Aussagen über den Entwicklungsstand und Entwicklungsmöglichkeiten europäischer Wirtschaftszentren zu treffen. So haben Städte mit ihrer Lage in der Blauen Banane meist einen Standortvorteil für Unternehmensansiedlungen. Periphere oder strukturschwache Regionen fallen aufgrund fehlender Berücksichtigung im europäischen Wettbewerb weiter zurück.

M7 Das Modell der Blauen Banane

Orientieren
Nennen Sie das Thema des Modells und wann es entwickelt wurde.

↓

Beschreiben
Formulieren Sie fachsprachlich die Kernaussagen des Modells.

↓

Erklären
Stellen Sie die Kernaussagen begründet in einen Zusammenhang.

↓

Prüfen
Arbeiten Sie Grenzen des Modells heraus und üben Sie Kritik.

M8 Analysieren eines Raummodells

1 *Beschreiben Sie die Verteilung von Agglomerationen in Europa (M1).*

2 *a) Ordnen Sie die Fotos M2 und M4 einem Aktiv- oder Passivraum zu. Begründen Sie.*
b) Nennen Sie Beispiele für Aktiv- und Passivräume in Deutschland und Europa (M3, M5, Atlas).

3 *Analysieren Sie das Modell der Blauen Banane (M6 – M8, Atlas).*

4 *Erörtern Sie die Aussage: „Aktivräume liegen im Kernraum Europas bzw. im Sunbelt, Passivräume an der Peripherie bzw. in den ehemals sozialistischen Staaten (Transformationsstaaten).“*

5 *Recherchieren Sie zu einem weiteren Raummodell (M6, Internet), führen Sie eine Analyse durch und bereiten Sie einen Kurzvortrag vor.*

6 *Ein Raumplaner möchte in M6 das zentrale Wachstumsgebiet in Form eines Herzens anstatt zweier Bananen darstellen. Wo könnte dieses Herz liegen? Begründen Sie.*

100800-099-02
www.diercke.de

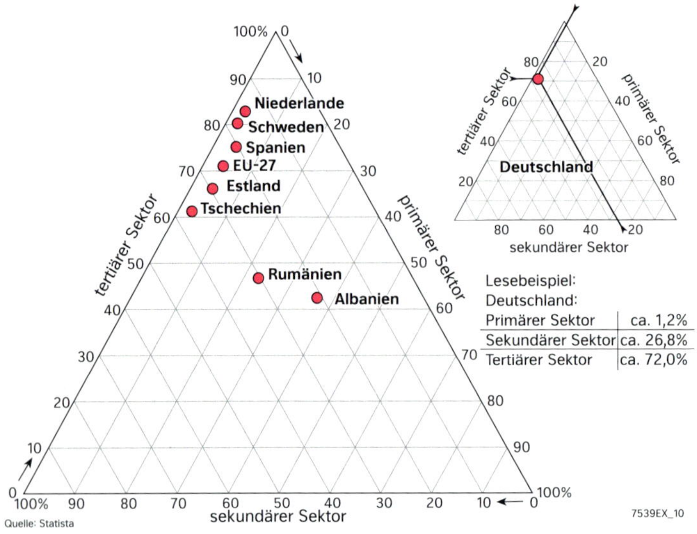

M1 Erwerbsstruktur ausgewählter Staaten Europas

Unter räumlichen Disparitäten versteht man unausgeglichene Raumstrukturen. Sie kennzeichnen die ungleiche Ausstattung eines Raumes z.B. mit Arbeitsplätzen, Dienstleistungen und Infrastruktur (ökonomisch) sowie sozioökonomischen Merkmalen (z.B. Bildungsabschlüsse, Studienplätze) und demographischen Merkmalen (z.B. Altersstruktur, Geschlecht).

M2 Räumliche Disparitäten

Hinweis:

Atlaskarten zu Europa thematisieren weitere Indikatoren zur Messung von räumlichen Disparitäten.

- Lebenserwartung und Kindersterblichkeit,
- Anteil der Wirtschaftssektoren am Bruttoinlandsprodukt (BIP),
- Erreichbarkeit zentralörtlicher Einrichtungen (Entfernung in Kilometer und Zeitaufwand),
- **Bruttoinlandsprodukt** (BIP) absolut und pro Einwohner,
- Anteile der Beschäftigten der einzelnen Wirtschaftssektoren,
- natürlicher Bevölkerungssaldo (Geburten- minus Sterberate),
- Branchen-/Geschäftsstruktur in Industrie und Dienstleistungen,
- Arbeitslosenquote (Anzahl der Arbeitslosen zur Gesamtheit der Erwerbstätigen)
- Anteil mittlerer bzw. höherer Bildungsabschlüsse (z.B. Abitur oder Universitätsabschluss),
- Bevölkerungszahl absolut und Bevölkerungsdichte,
- Altersstruktur (Bevölkerungsaufbau),
- **Wanderungssaldo** (Zuwanderung minus Abwanderung),
- Einwohner pro Krankenhaus/Arzt/Facharzt

M3 Indikatoren zur Messung räumlicher Disparitäten (Auswahl)

Räumliche Disparitäten in Europa

In Europa existieren Disparitäten auf verschiedenen räumlichen Ebenen. Neben nationalen Unterschieden lassen sich auch regionale oder lokale Gegensätze feststellen. Disparitäten ergeben sich unter anderem infolge unterschiedlicher räumlicher Ausstattung und Inwertsetzung, verschiedener Standortbewertungen bzw. -entscheidungen der öffentlichen Hand sowie infolge von Segregationsprozessen. Allerdings sind Disparitäten nicht statisch zu betrachten, sondern können sich durch selbstverstärkende wirtschaftliche Prozesse verschärfen oder aber durch neue wirtschaftliche Entwicklungen verringern. Auch durch das politische System eines Staates können Disparitäten verstärkt oder abgebaut werden. Die Möglichkeiten zur genauen Erfassung regionaler Disparitäten sind abhängig von der administrativen Gliederung eines Staates bzw. einer Region einerseits und vom statistischen Material und seiner Aktualität andererseits. Zahlreiche Indikatoren können für die Analyse räumlicher Disparitäten herangezogen werden.

	2016	**2020**
EU-27	37,8	41,0
Belgien	45,6	47,8
Bulgarien	33,8	33,3
Dänemark	46,7	49,8
Hovedstaden	62,1	63,3
Sjaelland	32,4	35,6
Deutschland	33,2	36,3
Berlin	46,2	50,7
Brandenburg	22,4	23,0
Estland	45,4	44,3
Finnland	46,1	49,6
Frankreich	43,7	48,8
Griechenland	42,7	43,9
Irland	54,6	58,1
Italien	26,2	27,8
Kroatien	29,3	34,7
Niederlande	45,7	54,0
Österreich	40,1	41,6
Polen	44,6	47,0
Portugal	34,6	39,6
Rumänien	25,6	26,4
Schweden	50,1	51,5
Slowenien	44,2	46,9
Spanien	40,1	44,8
Katalonien	43,1	50,0
Andalusien	31,1	37,7
Ungarn	33	33,2

Quelle: Eurostat Datenbank 2020

M4 Anteil der Hochschulabsolventen in der Altersgruppe 30 bis 34 Jahre (in %)

100800-100 www.diercke.de

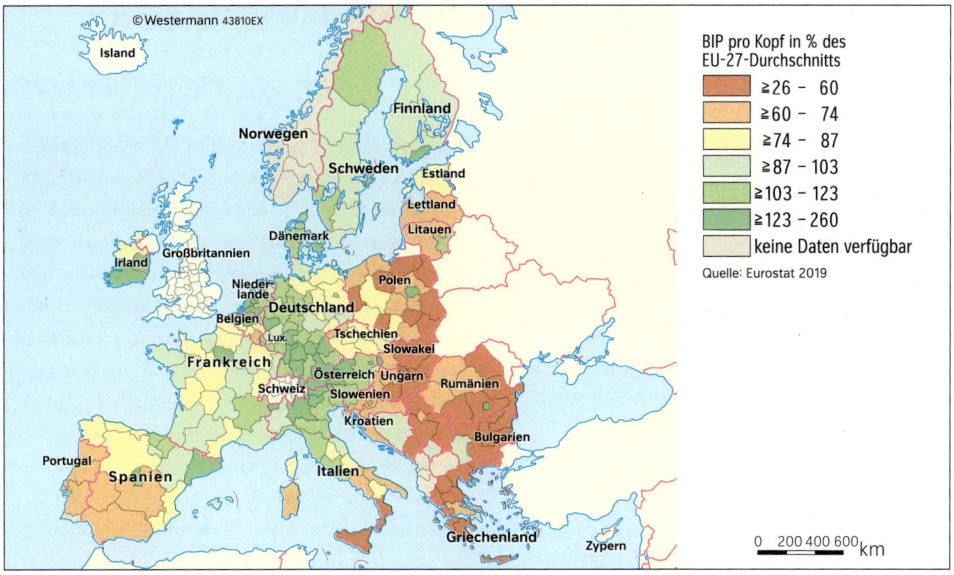

M5 BIP pro Kopf in Prozent des EU-27-Durchschnitts in NUTS-2 Regionen (auf Kaufkraftstandards KKS bezogen)

M8 Gegensätze in Deutschland

In der Europäischen Union werden die räumlichen Disparitäten durch die Behörde für Statistik (EUROSTAT) in Luxemburg mithilfe von Indikatoren erfasst. Das Gebiet der Mitgliedstaaten wird dafür in regionale Einheiten untergliedert, sogenannte NUTS-Regionen (**N**omenclature des **U**nités **T**erritoriales **S**tatistiques). Deutschland wird wie folgt untergliedert:
- NUTS-0-Ebene: Bundesrepublik Deutschland
- NUTS-1-Ebene: 16 Bundesländer
- NUTS-2-Ebene: Regierungsbezirke
- NUTS-3-Ebene: Kreise bzw. kreisfreie Städte

Für einen guten Überblick über die räumlichen Disparitäten in Europa reicht die NUTS-2-Ebene bei den meisten Staaten aus. Die Republik Irland ist lediglich in zwei Regionen unterteilt. Auch in Schweden, Finnland und Frankreich ist die Einteilung in Regionen sehr grob und erlaubt nur einen allgemeinen Eindruck.

M6 NUTS-Regionen

Seitdem in vielen Staaten Europas mit dem Euro bezahlt wird, können Preisunterschiede direkt verglichen werden. Zwischen den Staaten treten vielfach deutliche Preisunterschiede für Dienstleistungen und Produkte auf, jedoch gibt es meist auch Unterschiede im Einkommen der Menschen. Um solche Unterschiede der Kaufkraft zu berücksichtigen, wird das BIP in Euro nach Kaufkraftstandard, kurz KKS (engl.: Purchasing Power Standard, PPS), berechnet. Dafür wählen Statistiker einen fiktiven „Warenkorb". Er enthält wichtige Dinge des täglichen Bedarfs wie Lebensmittel und Telefonanschluss. In Deutschland ist so ein Warenkorb in Euro teurer als im EU-Durchschnitt. In Polen ist der Warenkorb dagegen billiger. KKS ist demnach eine künstliche Währung, die es nur in der Statistik gibt.

M7 Kaufkraftstandard

1 *Ergänzen Sie die Liste in M3 durch weitere Indikatoren und ordnen Sie diese selbst gewählten Kategorien zu.*

2 *a) Beschreiben Sie anhand verschiedener Indikatoren wirtschaftliche und soziale Disparitäten innerhalb Europas (M1, M2, M4).*

b) Erläutern Sie Ursachen und Auswirkungen räumlicher Disparitäten (Autorentext).

3 *Untersuchen Sie die regionale Verteilung des BIP innerhalb der EU (M5 – M7), indem Sie anhand von Raumbeispielen ...*

a) ... Nord-Süd-Gegensätze,

b) ... West-Ost-Gegensätze,

c) ... Gegensätze zwischen Stadt-Umland-Räumen und peripheren ländlichen Räumen auswerten.

4 *Diskutieren Sie Möglichkeiten, die räumlichen Disparitäten innerhalb Europas auf politischer Ebene abzubauen.*

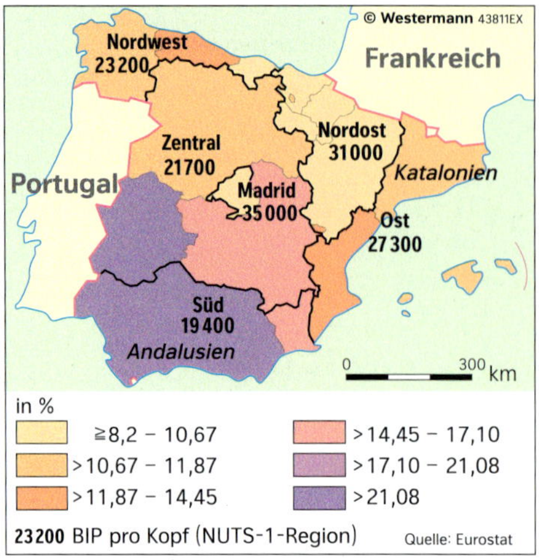

M1 Spanien: Arbeitslosenquote und BIP pro Kopf

Spanien – nationale Disparitäten

In mehr oder weniger starker Ausprägung gibt es in allen Staaten Europas regionale Disparitäten. In Spanien, dem größten Staat Südeuropas, weisen die Regionen teils deutliche naturräumliche, ökonomische, soziale und demographische Gegensätze auf, die durch physiogeographische, historische sowie politisch-ökonomische Faktoren und Entwicklungen verursacht wurden. Andalusien und Katalonien sind zwei Regionen, zwischen denen die innerspanischen Disparitäten besonders deutlich werden. Durch ihre Lage am Mittelmeer haben beide Autonomiegemeinschaften touristisches Potenzial, welches zur positiven Entwicklung beitragen kann.

	Andalusien	Katalonien	Spanien
Fläche	87268 km²	32108 km²	505990 km²
Bevölkerungszahl	8,4 Mio.	7,5 Mio.	46,9 Mio.
Bevölkerungsdichte	96 EW/km²	239 EW/km²	94 EW/km²
BIP/Kopf	20500	32600	27600
Arbeitslosenquote	21,2 %	11 %	14,1 %
Jugendarbeitslosigkeit (15–24 J.)	41,7 %	26,2 %	32,5 %
Erwerbstätige nach Sektoren (%)			
primärer Sektor	6,5	1,6	4,3
sekundärer Sektor	20,0	23,4	19,7
tertiärer Sektor	73,5	75,0	76,0
Wanderungssaldo (pro 1000 EW)	+6,0	+10,4	+7,1

Quelle: Eurostat

M2 Andalusien und Katalonien im Vergleich 2019

- Motor der Wirtschaft und der Beschäftigung
- Reisedeviseneffekte (Zu- oder Abfluss von Währung aus dem Reiseverkehr)
- Steigerung des Wohlstands der Region
- Förderung von Bildung und interkulturellem Austausch
- Impulse auf vor- und nachgelagerte Wirtschaftsbereiche
- Ausbau der (touristischen) Infrastruktur
- Einbindung ökologisch intakter peripherer Landschaften
- Förderung von Schutzgebieten
- Instrument zum Abbau regionaler Disparitäten
- Erhöhung des Lebensstandards Einheimischer

M4 Positive Effekte des Tourismus (Auswahl)

Tourismus Spaniens in Zahlen (2019):

83,7 Mio. Touristen
92 Mrd. € Touristenausgaben
14,6 % Anteil am BIP
2,8 Mio. (13 %) Arbeitsplätze in der Branche

In Spanien ist der Tourismus ein bedeutendes wirtschaftliches Standbein. Der Fremdenverkehr konzentriert sich jedoch hauptsächlich auf die Küstenregionen des Mittelmeers, die Balearen und Kanaren. Trotz der europaweit höchsten Nettoeinnahmen aus dem Tourismus hat dieser, mit Ausnahme der Balearen, bisher wenig zur Entwicklung der Regionen beigetragen. Der sommerliche Massentourismus belastet hingegen die Kommunen durch Ausgaben für infrastrukturelle Einrichtungen wie Wasserversorgung, Müllbeseitigung und Klärwerke sehr. Die regionalen Disparitäten nehmen eher noch zu und die erhofften Impulse für andere Regionen Spaniens bleiben trotz der Implementierung alternativer Tourismusformen bisher weitgehend aus. Die seit 2020 anhaltende Coronapandemie erschwert die Entwicklung im Bereich des Tourismus für Spanien zusätzlich und macht die Abhängigkeit des Staates von diesem Wirtschaftszweig deutlich.

M3 Tourismus in Spanien

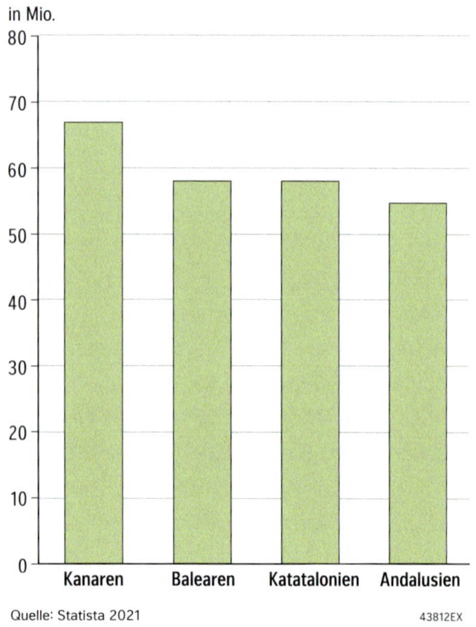

M5 Hotelübernachtungen 2019 (Auswahl)

100800-094 www.diercke.de

100800-100 www.diercke.de

Katalonien – Leuchtturm der spanischen Wirtschaft?

Katalonien ist eine florierende Wirtschaftsregion mit einem hohen Pro-Kopf-Einkommen, einem positiven Wanderungssaldo und einer modernen Industrie als Rückgrat. Es trägt mit rund 20 Prozent (2019) zum **Bruttoinlandsprodukt** Spaniens bei und ist somit neben der Hauptstadtregion der wichtigste Wirtschaftsstandort Spaniens. Aufgrund des bedeutenden Hafens in Barcelona und der vier großen Flughäfen in der Region sowie einer günstigen Verkehrsinfrastruktur ist Katalonien zudem ein wichtiger Standort großer Unternehmen und Zielgebiet für den Tourismus. Nahezu ein Viertel aller Spanienurlauber bereist jährlich die Region. Bis 2016 wurde die Wirtschaftsdynamik der Region durch ein stetiges Wachstum des Bruttoinlandsprodukts mit über drei Prozent deutlich. Katalonien ist eine hochindustrialisierte Region, deren bedeutendste Zweige die Chemie-, Pharma- und Textilindustrie sowie der Automobilbau sind. Im Agrarsektor ist besonders der Weinanbau hervorzuheben. Die Warenexporte haben sich mit einem Wachstum von 3,7 % (2019) und einer Summe von 73,853 Mrd. Euro positiv entwickelt. Sie machen rund 25 Prozent des gesamten spanischen Exportes aus. Die Importe sind mit 2,34 % (2019) auf eine Summe von 92,419 Mrd. Euro angestiegen, wodurch Katalonien insgesamt jedoch eine negative Handelsbilanz aufweist. Die Verschuldung der Region ist im innerspanischen Vergleich sehr hoch. Die Arbeitslosenquote ist im internationalen Vergleich sehr hoch, liegt jedoch stetig sinkend regelmäßig unter der spanischen. Ein Grund dafür sind die vielen Unternehmen in Katalonien. Rund ein Fünftel aller eingetragenen Unternehmen Spaniens haben ihren Sitz in Katalonien. Die Unabhängigkeitsbewegung Kataloniens seit 2017 führte allerdings zu einer Abwanderung von Unternehmen aus der Region, darunter vor allem Banken, Fluglinien, Pharma- und Lebensmittelhersteller. Demzufolge fiel auch das wirtschaftliche Wachstum bis heute unter den spanischen Durchschnitt.

Andalusien – eine rückständige Region?

Andalusien ist die zweitgrößte und zugleich südlichste Region Spaniens. Hier lebt etwa ein Fünftel der Bevölkerung Spaniens. Bis weit in das 18. Jahrhundert spielte die Region eine Schlüsselrolle beim Warenaustausch mit Lateinamerika. Sevilla war Hauptumschlagplatz für den spanischen Seehandel. In dieser Zeit stieg die Stadt zu einem der bedeutendsten und reichsten Handelszentren auf. Heute ist die Region trotz einer guten Verkehrsinfrastruktur durch ein unterdurchschnittliches Pro-Kopf-Einkommen sowie durch eine hohe Arbeitslosenquote gekennzeichnet. Die industrielle Entwicklung wird zwar weiterhin vom Staat gefördert und ausgebaut, spielt aber eine untergeordnete Rolle. Mit der leistungsfähigen nordspanischen Industrie kann diese nicht mehr mithalten. Ökonomisch wird Andalusien überwiegend durch Landwirtschaft und Tourismus bestimmt. Etwa die Hälfte des Landes wird landwirtschaftlich genutzt, wobei der Ackerbau Vorrang vor der Viehzucht hat. Die Landwirtschaft ist ein wichtiger Arbeitgeber für die Region, der enorme Wasserverbrauch für die Bewässerung entwickelt sich jedoch zu einem massiven Problem. Die Auswirkungen der Latifundienwirtschaft, die bis in die 1950er-Jahre den Raum geprägt hat, sind noch heute zu spüren. Diese führte zu einer extensiven Nutzung des Großgrundbesitzes und einer wirtschaftlich abhängigen ländlichen Bevölkerung. So hat die Landwirtschaft in der Vergangenheit häufig die Industrialisierung blockiert, um ihr Potenzial an billigen Arbeitskräften zu erhalten. In den letzten Jahrzehnten wurde der Tourismus zum bedeutendsten Wirtschaftsfaktor der Region. Andalusien, eine für lange Zeit durch Massentourismus geprägte Region, setzt aktuell vermehrt auf den sanften Individualtourismus sowie die Ausweitung von Naturschutzgebieten. Die andalusische Wirtschaft soll zukünftig auf den drei Säulen Tourismus, Agrarwirtschaft und Digitalisierung entwickelt werden, wobei die Digitalisierung als Wirtschaftsmotor gesehen wird.

M6 Andalusien und Katalonien – zwei Regionen im Vergleich

1 *Beschreiben Sie die naturräumlichen Bedingungen Spaniens und nennen Sie Gegensätze. Gehen Sie dabei insbesondere auf die Reliefgestaltung und das Klima ein (Atlas).*

2 *Erläutern Sie räumliche Disparitäten in Spanien (M1, M2, Atlas).*

3 *a) Arbeiten Sie Unterschiede zwischen Katalonien und Andalusien heraus (M2, M6).*
b) Ordnen Sie die Raumbeispiele Katalonien und Andalusien Aktiv- oder Passivräumen zu und begründen Sie Ihre Entscheidung.

4 *a) Beschreiben Sie die Bedeutung des Tourismus für Spanien und nennen Sie mögliche Problemfelder (M3 – M5).*
b) Diskutieren Sie, ob und inwieweit der Tourismus eine Möglichkeit zur Entwicklung spanischer Regionen und zum Abbau von Disparitäten darstellt.

5 *Nehmen Sie Stellung zu folgender Aussage: „Die 2020 begonnene Coronapandemie wird die Disparitäten innerhalb Spaniens weiter verschärfen."*

100800-130 www.diercke.de
100800-132 www.diercke.de

Arbeiten mit GIS und Datenbanken

Geographische Informationssysteme (GIS)

Ein Geographisches Informationssystem ist ein computergestütztes Informationssystem, das geographische Objekte (z. B. Staaten) mit zugehörigen Sachdaten (z. B. BIP pro Kopf) verbindet. Die geographischen Objekte werden als Punkte (z. B. Städte), Linien (z. B. Straßen) oder Flächen (z. B. Seen) erfasst und digital gespeichert. An diese Daten werden dann Sachinformationen gekoppelt und in einer Datenbank abgelegt.
Die gespeicherten Informationen können als thematische Karte oder als Tabelle abgerufen werden. Je nach System sind dabei Anpassungen möglich (z. B. Raumausschnitt, Klassifizierung). Neben komplexen Programmen wie QGIS werden auch vereinfachte WebGISSysteme mit reduzierten Funktionen angeboten.

Datenbanken

Statistikbehörden wie das Statistische Bundesamt oder Eurostat bieten kostenfreie Onlinezugänge zu ihren umfangreichen Datenbanken. Der Einstieg erfolgt in der Regel über ein thematisch geordnetes Inhaltsverzeichnis oder eine Suche mit Fachbegriffen. Je nach Indikator sind Differenzierungen möglich (z. B. nach Alter, Geschlecht, Region). Da die Daten oft einige Jahre zurückreichen, ist es möglich, Zeitreihen zu erstellen und die zeitliche Dynamik zu untersuchen. Meist werden die Daten als Tabellen bereitgestellt, zum Teil gibt es aber auch Funktionen zur Erstellung von Diagrammen und Karten. Da die Auswahl von Indikator, Zeit und Raum variabel ist, stellen diese Datenbanken ein leistungsfähiges Recherche- und Analysewerkzeug dar.

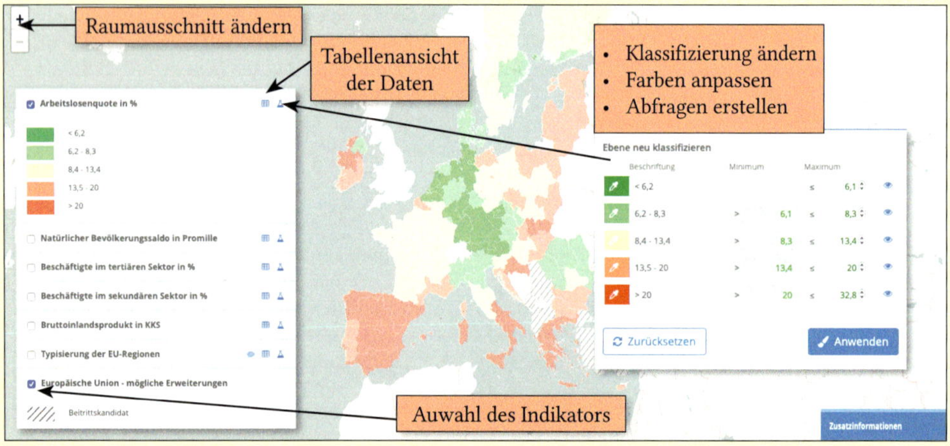

M1 Diercke WebGIS: eine Übersicht zu den Funktionen

1. Webseite webgis.diercke.de aufrufen
2. Raumbezug und Thema auswählen
3. Indikator wählen (Zusatzinfos zu-/abschalten)
4. ggf. Klassifikation, Farben und Raumausschnitt anpassen; mit Anwenden bestätigen
5. beurteilen, ob die Karte mit der gewählten Klassifikation aussagekräftig ist
6. Untersuchungsfrage bearbeiten: dafür mit Abfragen gezielt neue Ebenen erstellen

M2 Arbeiten mit dem Diercke WebGIS

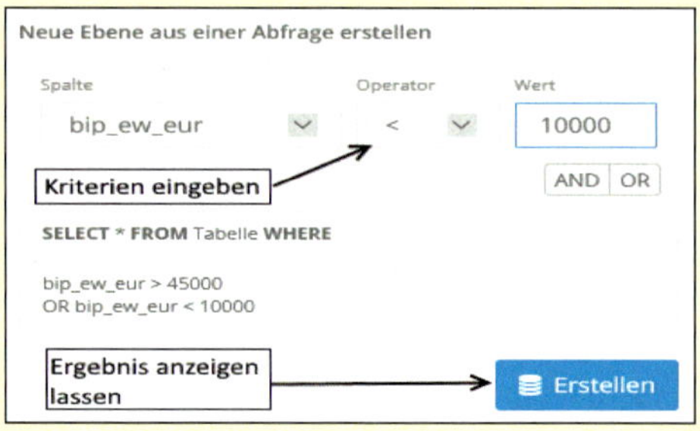

M3 Eine Abfrage mit Diercke WebGIS erstellen

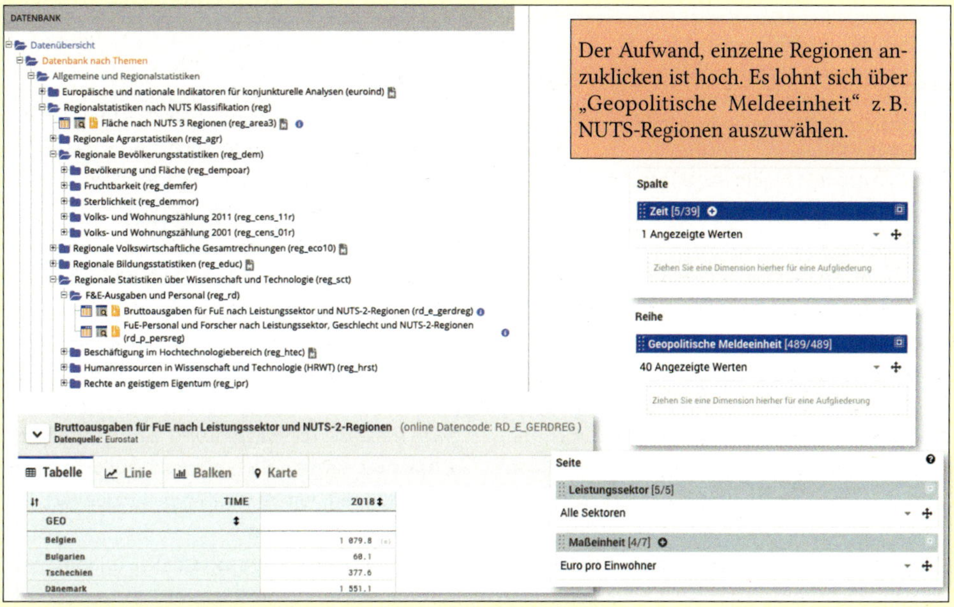

M4 Eurostat: Abfrage der F&E-Ausgaben für das Jahr 2018 nach Staaten (in Euro pro Einwohner)

Tipp:

Im Bereich „Tabellen nach Themen“ lassen sich Daten besonders einfach als Tabelle, Grafik oder Karte abrufen bzw. darstellen. Die Grafiken und Karten lassen sich individuell anpassen.

1. Webseite http://ec.europa.eu/eurostat/data/database aufrufen
2. „Datenbank nach Themen“ auswählen
3. Thema und Indikator über das Inhaltsverzeichnis auswählen
4. über „Auswahl“ Zeit, Raum- und Maßeinheit auswählen
5. Tabelle oder Karte abrufen und speichern
6. Untersuchungsfrage bearbeiten (dafür die Abfragen unter 3. und 4. anpassen)

M5 Arbeiten mit der Eurostat-Datenbank

1 *a) Erstellen Sie mit dem Diercke WebGIS eine Karte zur Arbeitslosenquote in %.*
b) Werten Sie die Karte in Hinblick auf räumliche Disparitäten aus.

2 *a) Erstellen Sie mit Eurostat eine Abfrage zum „Anteil der ökologischen Anbaufläche in der Landwirtschaft in Hektar“.*
b) Beurteilen Sie mit dem Ergebnis aus Aufgabe 2a den Stellenwert der ökologischen Landwirtschaft in europäischen Staaten.

3 *Erstellen Sie mit einem der angeführten Werkzeuge Material zu räumlichen Disparitäten in Europa.*

- **QGIS:**
  professionelles GIS-Werkzeug
  www.qgis.org
- **Spatial Commander:**
  Desktop GIS-Werkzeug
  www.gdv.com
- **Eurostat Statistical Atlas:**
  einfach zu bedienendes GIS zur Erstellung von Karten mit EU-Daten
  http://ec.europa.eu/eurostat/statistical-atlas/gis/viewer/
- **Eurostat Statistics Explained:**
  statistisches Glossar mit Erklärungen und Basisgrafiken zu EU-Daten
  https://ec.europa.eu/eurostat/statistics-explained/
- **Europa in Zahlen:**
  Datenangebot des Statistischen Bundesamtes zu Europa, Zugang nach Themen und Staaten; Publikationen und Pressemitteilungen
  www.destatis.de/Europa

M6 Mehr Werkzeuge zu GIS und Datenbanken

Elf gute Gründe, die für den Logistikstandort Leipzig sprechen:

- trimodaler Verkehrsknoten,
- dynamisches Wachstum der Region,
- fünftgrößter europäischer Frachtflughafen,
- Schienenverbindungen weltweit,
- Universitäts-Industrie-Kooperation,
- internationale Vernetzung,
- exzellente Forschungsinfrastruktur,
- starke Automobilindustrie,
- erfolgreicher Onlinehandel,
- qualifizierte und hochmotivierte Fachkräfte,
- günstige Flächenangebote.

Daten nach: www.leipzig.de

M1 Leipzig: Argumente der Wirtschaftspolitik

Aus dem Kurzprofil des Standorts Schwedt:

- Lage im Nordosten Brandenburgs, Entfernungen: Stettin 45 km, Berlin 120 km,
- gute Entwicklungsmöglichkeiten im deutsch-polnischen Grenzraum,
- Fernstraßen (über B2 und B166 zu A11 und A20), Eisenbahn, Binnenhafen,
- traditionsreicher Industriestandort (z. B. chemische Industrie, Papierindustrie),
- erschlossene Gewerbe- und Industriegebiete, große zusammenhängende Flächen,
- zahlreiche Einrichtungen mit überörtlicher Bedeutung, hohe Lebensqualität.

Daten nach: www.schwedt.eu

M3 Schwedt: Argumente der Wirtschaftspolitik

3.2 Standortfaktoren und Standorttheorien

Passt jedes Unternehmen an jeden Ort? Die Antwort auf diese Frage kann nur auf der Grundlage einer umfassenden Standortanalyse geklärt werden. Diese muss alle für einen Unternehmenserfolg maßgeblichen Einflussgrößen, die **Standortfaktoren**, erfassen. Je nachdem, ob der lokale Mikrostandort oder der überregionale Makrostandort betrachtet wird, werden dabei unterschiedliche Bewertungsmaßstäbe angelegt. Die Wahl eines bestimmten Standortes beeinflusst nicht nur die Unternehmensentwicklung, sondern hat auch Konsequenzen für die wirtschafts- und sozialräumlichen Strukturen.

Standorte von Unternehmen werden auf der Grundlage branchenspezifischer Prioritäten aus einer Vielzahl von harten und weichen Standortfaktoren ermittelt. An jedem Standort gilt für Unternehmen, einen möglichst ausgewogenen Kompromiss zu finden.

Harte Standortfaktoren sind meist quantifizierbare, direkt kostenwirksame Bedingungen für eine Unternehmensansiedlung. Sie entscheiden wesentlich über die wirtschaftliche Rentabilität eines Standorts. Weiche Standortfaktoren, wie z. B. der Wohn- und Freizeitwert einer Region, wirken dagegen indirekt. Sie sind schwer quantifizierbar, können jedoch z. B. bei der Anwerbung von Arbeitskräften entscheidend sein.

Mithilfe von Standorttheorien untersuchen Wissenschaftler, wo Unternehmen ihren optimalen Standort finden. Sie setzen dafür Standortfaktoren zueinander in Beziehung. Standorttheorien zeigen häufig modellhaft Grundstrukturen auf. Sie müssen daher immer wieder überprüft und an sich ändernde Situationen angepasst werden.

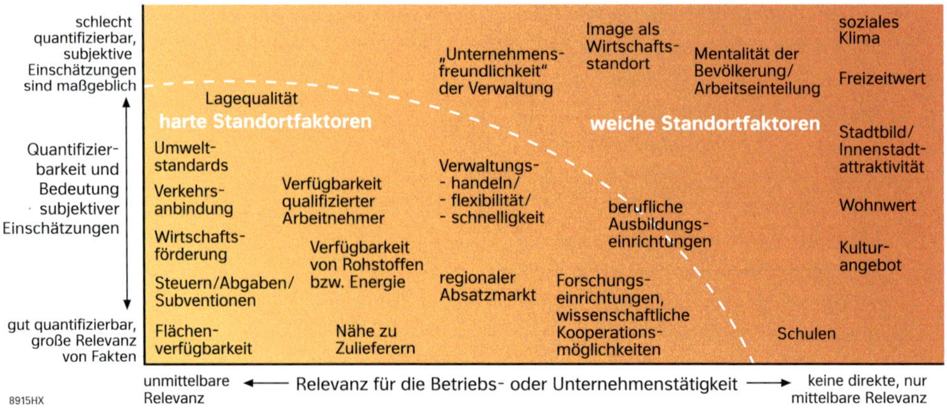

M2 Übersicht der harten und weichen Standortfaktoren

Standortfaktoren im Wandel

Früher hielten Unternehmen trotz veränderter Standortanforderungen meist über lange Zeit an ihrem Standort fest. Dies hatte verschiedene Gründe, unter anderem die gewachsenen regionalen Kontakte. Auch heute treffen viele Unternehmen ihre Standortentscheidung nicht übereilt. Sie bewerten aber ständig die gegebenen Standortfaktoren und entscheiden auch über kurzfristige Standortverlagerungen. Vor allem veränderte Anforderungen des Marktes üben einen kontinuierlichen Druck auf Unternehmen aus, sodass ehemals relevante Standortfaktoren auch völlig entwertet und durch andere ersetzt werden.

Ansatzpunkte für die Wirtschaftsförderung

Heute denken viele Wissenschaftler, dass durch Konzentration von Wirtschaftsbranchen an einem Standort Agglomerationsvorteile entstehen. Die darauf aufbauende Clustertheorie ist ein Beispiel einer Standorttheorie, aus der sich gegenwärtig Ideen der Wirtschaftsförderung ableiten.

Lange Zeit waren die Transportkosten bei der Wahl des optimalen Standorts entscheidend. Einer Theorie von Alfred Weber aus dem Jahr 1909 zufolge existiert ein Transportkosten-Minimalpunkt, also ein Ort der kostengünstigsten Produktion. Dieser Ort liegt zwischen Rohstoffvorkommen, Produktions- und Konsumort.

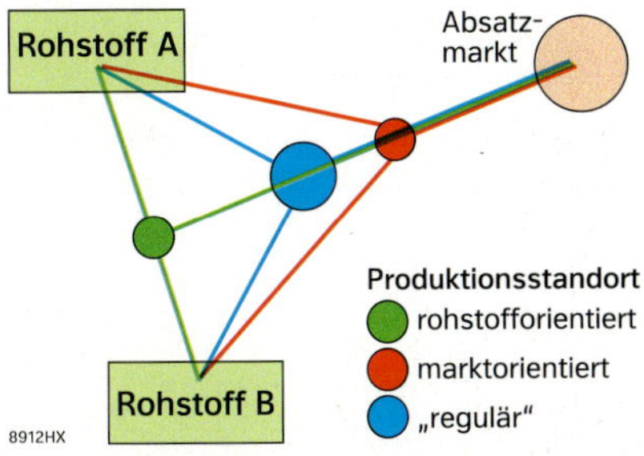

Sind die Kosten durch Verluste an Menge, Gewicht und Wert bei der Verarbeitung maßgebend, so wird der Produktionsstandort dicht an den Rohstoffquellen angesiedelt (rohstofforientiert). Sind aber die Transportkosten gering, wird das Käuferverhalten zur bestimmenden Einflussgröße und der Standort rückt näher an den Absatzmarkt (marktorientiert).
Heute sind die Transportkosten meist nicht mehr entscheidend für eine Standortwahl.

M4 Die transportkostenminimalen Standorte

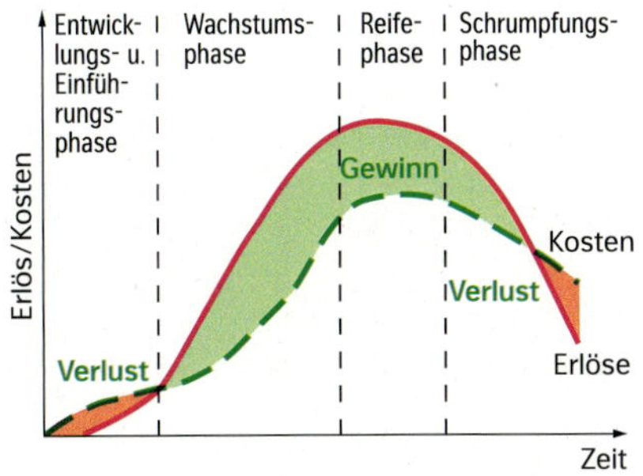

	Entwicklungs- und Einführungsphase	Wachstumsphase	Reifephase	Schrumpfungsphase
qualifizierte Arbeitskräfte	++	+	o	o
hochwertige Infrastruktur	++	+	o	o
Agglomerationsvorteile (Zulieferer, Dienste)	+	++	o	o
Marktnähe	+	++	+	o
niedrige Arbeits-/Lohnstückkosten	o	o	++	++
niedrige Standortkosten (Betriebsgelände, Abgaben)	o	o	++	++

++ sehr wichtig + wichtig o weniger wichtig 8914HX

Mitte der 1960er-Jahre begründeten die Ökonomen Raymond Vernon und Seev Hirsch die **Produktlebenszyklustheorie**. Mit ihr führten sie eine zeitliche Dynamik in die Betrachtung von Standortfaktoren ein. Ausschlaggebend in ihrer Theorie ist, in welchem Stadium des Lebenszyklus das jeweilige Produkt ist.

Entwicklungs- und Einführungsphase: Forschungs- und Entwicklungsaktivitäten sowie externe Dienstleister haben in dieser Phase eine besondere Bedeutung. Innovationen stehen am Beginn dieses Zyklus. Die hergestellten Produkte sind noch teuer, etwa wegen der niedrigen Stückzahlen und des geringen Absatzes.

Wachstumsphase: Mit zunehmender Optimierung des Produkts, des Produktionsprozesses und der Marktposition kann bei anziehender Nachfrage immer kostengünstiger produziert werden. Dies führt zu sinkenden Preisen. Entwicklungsaktivitäten sind weniger wichtig. Kapital und geschicktes Management sind zentral.

Reifephase: Die Unternehmen tendieren zur Standortwahl nach Kostenfaktoren. Niedrige Arbeitskosten, geringe Lohnstückkosten und niedrige Standortkosten (z.B. Transport, Energie, Steuern) werden nun besonders wichtig. Voraussetzung ist allerdings eine ausreichend hohe Produktivität. Günstige Arbeits- oder Standortkosten allein genügen nicht.

M5 Die Theorie des Produktlebenszyklus

Der Ökonom Gunnar Myrdal entwickelte eine Theorie, die erklärt, warum räumliche Ungleichgewichte entstehen. Er geht davon aus, dass unter marktwirtschaftlichen Bedingungen die Veränderung einer Variablen eines Systems die Veränderung einer anderen Variablen in gleicher Richtung bewirkt. Durch Rückkopplung wird wiederum die Intensität der ersten Veränderung verstärkt. So entsteht im Zeitablauf ein kumulativer Prozess. Er bewirkt eine räumliche Differenzierung in Wachstumszentren und in Regionen, die in ihrer Entwicklung zurückbleiben. Das wirtschaftliche Wachstum der Zentren löst Entzugs- und Ausbreitungseffekte aus.

Entzugseffekte sind alle negativen Veränderungen, welche die wirtschaftliche Expansion eines Zentrums in anderen Regionen hervorruft. Bessere Arbeits- und Lebensbedingungen initiieren eine selektive Abwanderung von mobilen, leistungsbereiteren und flexibleren Arbeitskräften aus peripheren Gebieten. Günstigere Investitionsmöglichkeiten und die höhere Kapitalrendite bewirken außerdem einen Finanztransfer in die Zentren. Die Folge ist eine Erhöhung des Produktionspotenzials in den Zentren (beziehungsweise eine Reduzierung in den zurückgebliebenen Regionen). Die Industriebetriebe der Zentren erzielen so einen Wettbewerbsvorsprung. Die zurückgebliebenen Regionen werden mit Industrieerzeugnissen der Zentren versorgt, die das produzierende Handwerk und die verarbeitende Industrie vor Ort zurückdrängen.

Ausbreitungseffekte sind alle positiven Veränderungen, welche die wirtschaftliche Expansion im Zentrum in anderen Regionen hervorruft, z.B. die Ausbreitung von Technologien oder die außerhalb der Zentren befriedigte Nachfrage nach Gütern (wie Agrarprodukten) sowie Dienstleistungen (z.B. im Tourismus). Diese Effekte lösen Entwicklungsimpulse aus, ohne zwangsläufig das Wachstum der Zentren zu beeinträchtigen.
Myrdal erwartete, dass die Entzugseffekte in der Regel die Ausbreitungseffekte in ihrer Wirkung übertreffen.

Ludwig Schätzl, verändert

M6 Die Theorie der regionalen Polarisation

Die ersten Standorttheorien wie die von Weber (S. 96, M4) gingen von Einzelstandorten bzw. einer monozentrischen Marktsituation aus. In der Realität jedoch sind isolierte Standorte nicht gegeben, da sie auf Dauer schwer lebensfähig wären. Aus diesem Grund war es notwendig, für die räumliche Vernetzung von Orten und die funktionale bzw. hierarchische Abhängigkeit von Standorten Erklärungen zu finden.

1933 stellte Walter Christaller seine Theorie der zentralen Orte vor. Am Beispiel Süddeutschlands versuchte er, die Hierarchie von Städten durch das Zusammenwirken ökonomischer Faktoren zu erklären.
Christaller setzte mit seiner Theorie bei der Versorgung der Bevölkerung mit Gütern und Dienstleistungen an. Ein zentraler Ort, in der Regel eine Stadt, bietet Güter und Dienstleistungen über den eigenen Bedarf hinaus an und hat somit einen Bedeutungsüberschuss gegenüber ihrem Umland. Wegen der Konkurrenzsituation zu Anbietern in anderen Orten gilt dieser Bedeutungsüberschuss je nach Gut und Dienstleistung aber nur für einen begrenzten Raum.
Orte besitzen aber verschieden große Bedeutungsüberschüsse. Dadurch entsteht eine Hierarchie der Städte. Je größer der Einzugsbereich eines Ortes ist, desto höher steht er der Theorie nach in der Hierarchie der zentralen Orte.

Auf der Basis modellhafter Annahmen (wie homogene Raumausstattung, freie Preisbildung auf dem Markt, maximales Gewinnstreben) leitet Christaller ab, dass die optimale Versorgung eines Raumes nur bei einer Anordnung der Standorte in einem Sechseck gegeben ist. Das Sechseck ist nach Christallers Theorie die rationellste Form, da es eine Fläche ohne Überschneidungen abdeckt.

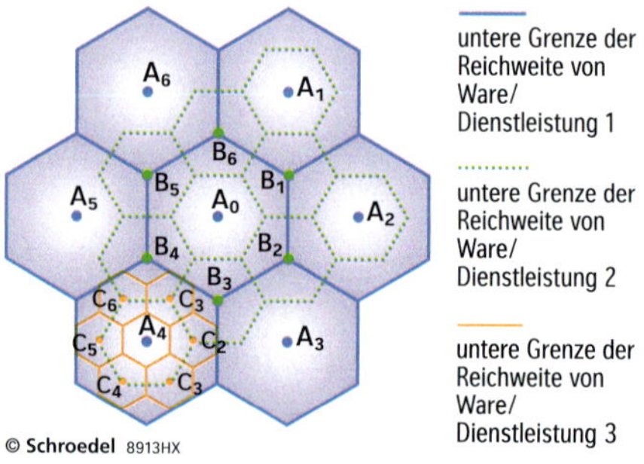

Die Theorie der zentralen Orte findet in der Raumordnung Anwendung (vgl. S. 62, 75). In Mecklenburg-Vorpommern zum Beispiel werden auf Grundlage der Theorie Grundzentren, Mittelzentren und Oberzentren ausgewiesen. Sie übernehmen jeweils hierarchisch gegliederte Aufgaben beziehungsweise Funktionen für sich und ihr Umland.

M7 Christallers Theorie der zentralen Orte

Cluster sind große räumliche Konzentrationen von Unternehmen der gleichen Branche. Eines der bekanntesten Beispiele ist der Elektronik- und IT-Standort Silicon Valley (USA).

Die wirtschaftliche Stärke von Clustern beruht auf einer Kombination von verschiedenen Merkmalen:

- Wachstumskerne: Die Unternehmen gruppieren sich um Wachstumskerne, zum Beispiel Forschungseinrichtungen oder Schlüsselunternehmen einer Branche.
- Innovationen: Von den Forschungseinrichtungen geht ein Transfer innovativer Technologien und Dienstleistungen aus. Die Nachfrage der Schlüsselunternehmen und das gegenseitige Beobachten bzw. Vergleichen konkurrierender Unternehmen eines Clusters haben sich als zentrale Anreize für Innovationen erwiesen.
- **Fühlungsvorteile**: Die regionale Nähe innerhalb eines Clusters – auch zu konkurrierenden Unternehmen – macht sich vor allem in lokalen Informationsflüssen und direktem, persönlichem Austausch positiv bemerkbar.
- Arbeitskräfte: Die Unternehmen profitieren von der Konzentration hoch qualifizierter Arbeitskräfte im Gebiet des Clusters.
- Ausbildungseinrichtungen und Infrastruktur: Die Unternehmen eines Clusters verbindet ein starkes gemeinsames Interesse an optimalen Ausbildungs- und Infrastruktureinrichtungen vor Ort. Dies äußert sich in gemeinsamen Initiativen.
- Unternehmensdichte: Erst ab einer bestimmten Dichte von Schlüsselunternehmen einer Branche siedeln sich hoch spezialisierte Industrie- und Dienstleistungsunternehmen an, z. B. Anbieter von Fertigungstechnik, Anwälte für Wirtschafts- und Patentrecht oder Speziallogistiker. Deren Produkte und Leistungen sind für die Unternehmen des Clusters unabdingbare Voraussetzung.
- Verflechtungen: Die Unternehmen eines Clusters sind in hohem Maß horizontal und vertikal miteinander verflochten. Nur so ist es möglich, Fertigungsketten für moderne Produkte umzusetzen, die aus mehreren Hundert Teilschritten bestehen.

M8 Die Theorie der Cluster

M9 Logo des Clusterportals Hessen

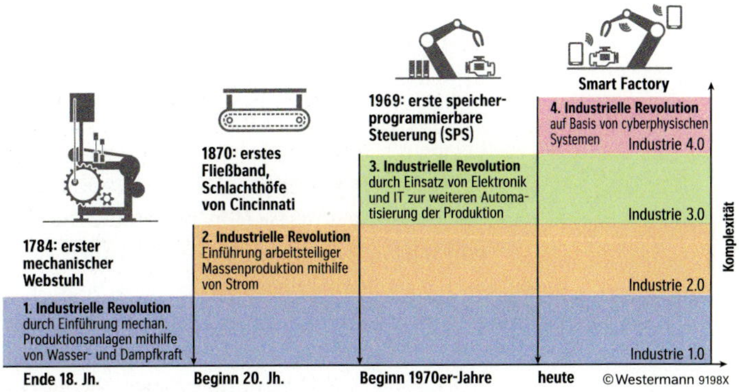

M10 Industrielle Revolutionen

1 *Beschreiben Sie die Stärken der Standorte Leipzig und Schwedt (M1, M3, Atlas, Internet).*

2 *Ein Lebensmittelhändler und ein Nanotechnologieunternehmen suchen je einen Standort. Nennen Sie je fünf relevante Standortfaktoren (M2). Begründen Sie Ihre Auswahl.*

3 *Erschließen Sie sich schriftlich mindestens zwei verschiedene Standorttheorien (M4 – M10).*
a) Erklären Sie die Standorttheorie von Weber (M4) am Beispiel der Eisen- und Stahlindustrie im Ruhrgebiet während der Industrialisierung (S. 100/101).
b) Erläutern Sie die Theorie des Produktlebenszyklus (M5) an einem Beispiel (z. B. Mobiltelefon).
c) Überprüfen Sie, ob und inwieweit die Theorie von Myrdal (M6) auf Berlin und Brandenburg anwendbar ist. Beziehen Sie auch die aktuelle Ansiedlung von Tesla mit ein (S. 72/73).
d) Erläutern Sie Grundannahmen, auf denen Christallers Theorie der zentralen Orte beruht (M7).
e) Leiten Sie aus der Theorie der Cluster Handlungsansätze für die Wirtschaftspolitik ab (M8, M9).
f) Erläutern Sie am Beispiel „Industrie 4.0" die gegenwärtigen Veränderungen der Standortfaktoren (M10, Internet).

4 *Fassen Sie in Gruppen die verschiedenen Standorttheorien in einer Mindmap zusammen und präsentieren Sie diese.*

3.3 Raumananalysen unterschiedlich strukturierter Räume

Das Ruhrgebiet – vom wachsenden Industriegebiet zur Krisenregion

Das Ruhrgebiet ist heute der größte deutsche **Ballungsraum**: Es umfasst eine Fläche von etwa 4400 km². In der Region leben rund fünf Millionen Menschen (2019). Schlagworte wie „Kohlenpott“ kennzeichnen die Vergangenheit der Region. Die Grundlage der industriellen Entwicklung im Ruhrgebiet bildete der Steinkohlebergbau. Darauf aufbauend entwickelte sich die **Montanindustrie** mit Eisen- und Stahlerzeugung, ein Aktivraum entstand. Ein phasenweise explosionsartiges Wachstum von Industriestandorten und Siedlungen prägte das Gesicht des Raumes.

Nach fast 200 Jahren schloss im Dezember 2018 im Ruhrgebiet das letzte Steinkohlebergwerk. Dies liegt nicht an der Qualität der Kohle oder fehlenden Lagerstätten. Trotz Modernisierungen, Umstrukturierungen und jahrzehntelangen politischen Anstrengungen erwies sich der Bergbau als nicht wirtschaftlich. Die Kohle war auf dem Weltmarkt längst nicht mehr konkurrenzfähig.

Nach 1970 durchlief die Stahlindustrie des Ruhrgebietes bereits eine Krise. Der Staat reagierte darauf aber nicht mit Subventionen. Vielmehr gelang der Branche in einer tiefgreifenden Umstrukturierung die Konsolidierung (z. B. durch Standortkonzentration, Modernisierung, Produktinnovation, Fusionen). Seit 2018 jedoch sinkt auch die Rohstahlproduktion in Deutschland und weitere Arbeitsplätze gingen verloren. Nur durch eine Spezialisierung im Bereich der Stahlproduktion gelingt es der Schlüsselindustrie, sich heute noch international zu behaupten. Jedoch setzen energie- und klimapolitische Entwicklungen den Stahlstandort Deutschland unter Druck.

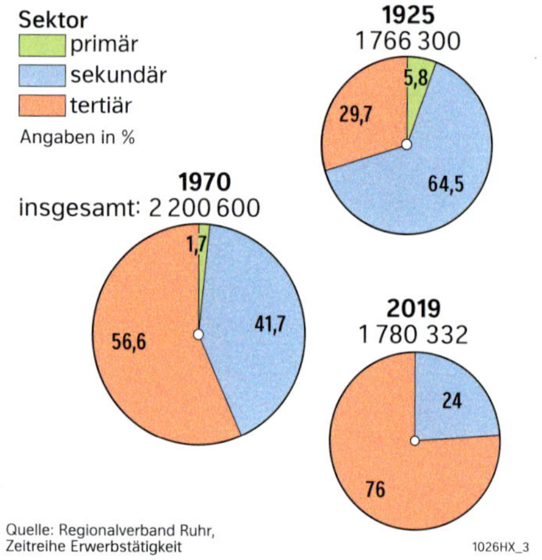

M2 Erwerbstätige im Ruhrgebiet nach Sektoren

Jahr	Belegschaft	Förderung in Mio. t
1820	3556	0,4
1850	12741	2,0
1870	50749	11,8
1880	80309	22,5
1885	102292	29,0
1895	154702	41,3
1900	228593	60,1
1912	374041	102,8
1915	259993	86,5
1925	459876	104,3
1932	221096	73,2
1939	340000	130
1945	280000	32

M3 Steinkohlebergbau im Ruhrgebiet

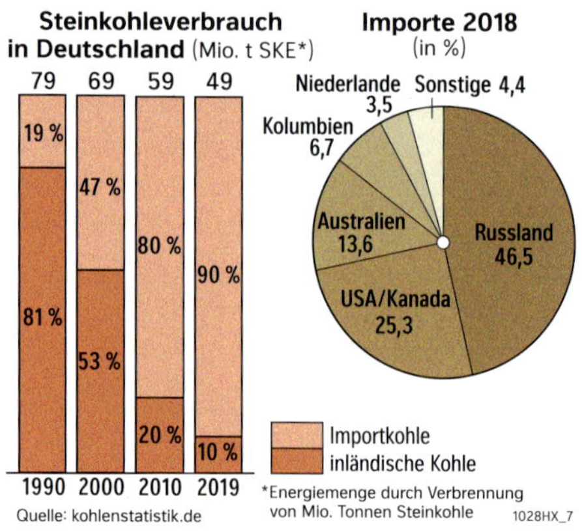

M1 Deutschland: Steinkohleverbrauch/-import

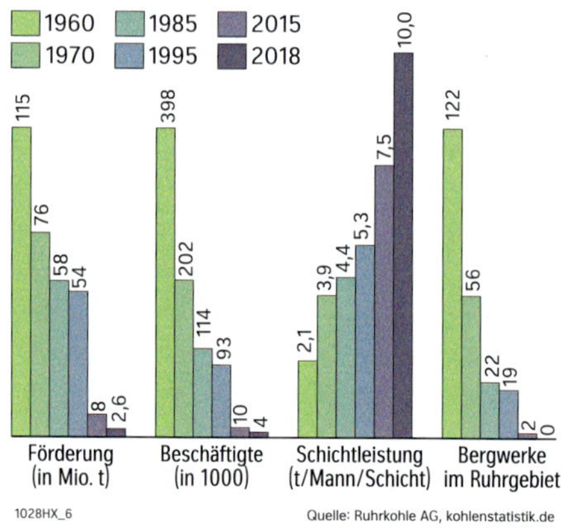

M4 Strukturwandel im Steinkohlebergbau

100800-030 www.diercke.de

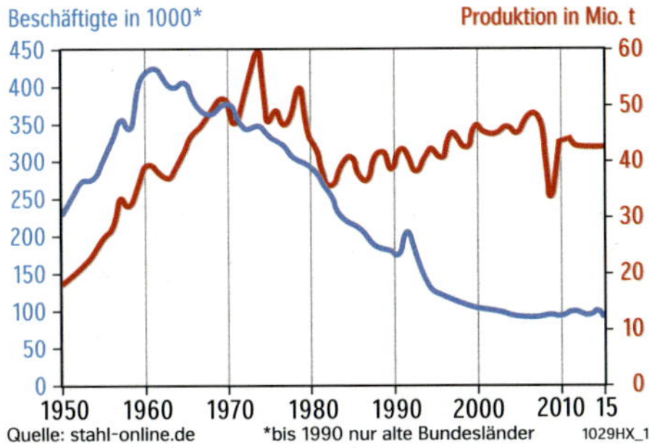

M5 Entwicklung der deutschen Stahlindustrie

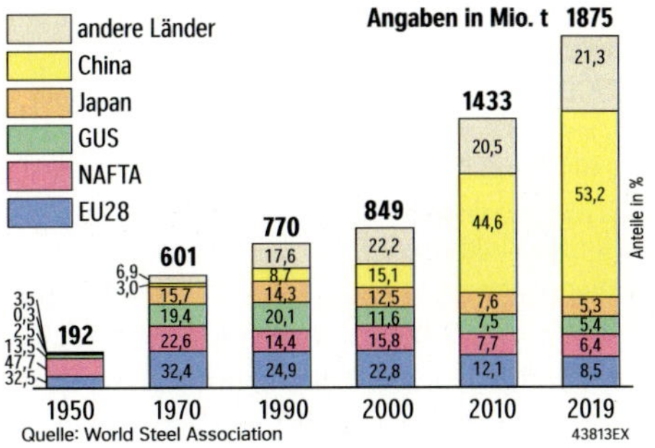

M7 Entwicklung der Rohstahlproduktion

Die Industrialisierung setzte im Ruhrgebiet im Vergleich zu England mit einer Zeitverschiebung von mehreren Jahrzehnten ein. Eine wichtige Grundlage für diese Entwicklung stellten die Steinkohlevorkommen dar, die im Bereich der Ruhr oberflächennah anstanden. Nach Norden sinken die Kohle führenden Schichten in immer größere Tiefen ab. Mithilfe der Dampfmaschine gelang es, diese zu erschließen sowie aus Kohle Koks herzustellen. Damit waren die Voraussetzungen für die montan-industrielle Entwicklung des Ruhrgebiets gegeben. Da bei den damaligen Verhüttungstechniken zur Gewinnung von Roheisen mehr Koks als Eisenerz benötigt wurde, entstand die Eisenindustrie in der Nähe der Steinkohlebergwerke. Zeitgleich mit dem Einsatz technischer Innovationen im Bergbau und in der Eisenindustrie wurde auch das Eisenbahnnetz ausgebaut. Dadurch erhielt die Montanindustrie einen gewaltigen Auftrieb. Neue Industriebetriebe siedelten sich an und es kam zu einem massiven Zuzug von Arbeitskräften aus dem ländlichen Raum. Innerhalb weniger Jahrzehnte wurde das Ruhrgebiet zum größten Industrierevier Europas. Noch in den 1930er-Jahren kamen 80 Prozent des deutschen Eisens aus diesem Raum. Die Monostruktur der Industrie wurde jedoch später zur Hauptursache der Krise im Ruhrgebiet.

M6 Entwicklung zur „Werkstatt" Deutschlands

Bis Ende der 1950er-Jahre war die Steinkohle der weitaus wichtigste Energieträger in Deutschland. Aber schon 1957 zeigten sich die ersten Anzeichen der Kohlekrise. Die Steinkohle aus dem Ruhrgebiet war immer weniger wettbewerbsfähig. Dies hatte mehrere Gründe:

- aufwendiger Abbau in großen Tiefen, der die Förderkosten steigen ließ,
- relativ dünne, geologisch gestörte Flöze, die sich negativ auf die Produktivität auswirkten,
- vergleichsweise hohes Lohnniveau,
- Verdrängung der Kohle vom Wärmemarkt durch billigeres Erdöl und Erdgas,
- sinkende Nachfrage,
- Elektrifizierung der Eisenbahn.

Importkohle aus Übersee konnte in Deutschland deutlich billiger angeboten werden als Kohle aus dem Ruhrgebiet. Die Bergbaugesellschaften reagierten mit Rationalisierungsmaßnahmen, Unternehmensfusionen, Zechenschließungen und Massenentlassungen. Der Staat half durch Subventionierung. Die Kokskohlebeihilfe garantierte den Absatz einer festen Menge Koks in der Stahlindustrie. Mit dem „Kohlepfennig" stützten die Stromverbraucher den Kohleeinsatz in Kraftwerken. Beide Maßnahmen liefen 1995 aus und in den Folgejahren vereinbarte man den schrittweisen Ausstieg aus der staatlich subventionierten Förderung von Steinkohle bis 2018.

M8 Ursachen und Verlauf der Kohlekrise

Koks:
ein vergleichsweise leichter und poröser Brennstoff, der aus Kohle hergestellt wird und einen besonders hohen Brennwert hat

1 *Verorten Sie das Ruhrgebiet und vergleichen Sie Größe und Bevölkerungszahl mit ihrem Bundesland (Atlas, Internet).*

2 *Vergleichen Sie mithilfe des Atlas Zahl und Lage der Standorte ...*
a) ... im Steinkohlebergbau und
b) ... in der Stahlproduktion im Ruhrgebiet um 1960 und heute.

3 *a) Nennen Sie die Standortfaktoren und die wichtigsten Industriezweige (Schlüsselbranchen) im Ruhrgebiet zu Beginn der Industrialisierung (Atlas).*
b) Beschreiben Sie die Entwicklung des Steinkohlebergbaus und der Stahlindustrie in Deutschland bis heute (M1–M8).

4 *Erläutern Sie die Steinkohle- und Stahlkrise sowie deren Ursachen und Folgen (M1–M8).*

5 *Entwickeln Sie Ideen, wie ein Strukturwandel hin zum Dienstleistungssektor in der Region gelingen kann.*

100800-040 www.diercke.de
100800-041 www.diercke.de

M 1 Hochofenwerk Duisburg

1855: erstes Steinkohlebergwerk
1870: Gründung der Rheinischen Stahlwerke im Ortsteil Meiderich
1895/1896: Gründung der Standorte Hamborn (Thyssen) und Rheinhausen (Krupp) mit Eisenhütten, Stahlwerken und Stahlverarbeitung
1970–1985: Schließung Hochöfen in Meiderich; Verlagerung Standorte an Rhein (Schwelgern)
1973/1993: Inbetriebnahme Hochofen Schwelgern 1/Schwelgern 2 (Ortsteil Hamborn)
1980–1993: Werksschließungen; 40 Prozent der Beschäftigten in der Montanindustrie arbeitslos
1997: Fusion der Stahlunternehmen Thyssen und Krupp; Hauptsitz wird Duisburg
2008/2014: Modernisierung des Hochofens Schwelgern 1 für 150 Mio. Euro/ Hochofens Schwelgern 2 für 200 Mio. Euro
2008: Schließung des letzten Kohlebergwerks
2016: acht Hochöfen (21 000 Beschäftigte)
2020: Ausbau neuer Technologien zur Herstellung von nachhaltigem Stahl (Verringerung der CO_2-Emissionen um 30 Prozent bis 2030)

M 2 Der Kohle- und Stahlstandort Duisburg

Duisburg – vom Stahl- zum Logistikstandort

Duisburg ist gegenwärtig Deutschlands und Europas größter Standort der Roheisenerzeugung. Dennoch ist die Bedeutung der Montanindustrie – das sind Steinkohlebergbau, Eisenverhüttung und Stahlwerke – stark zurückgegangen. Es fand ein **Strukturwandel** statt.

Der Standort Duisburg-Rheinhausen steht dafür symbolisch: Wo einst Roheisen erzeugt wurde, befindet sich heute das Logistikzentrum Logport. Es verbindet den Güterumschlag im Hafen mit vielfältigen Dienstleistungen.

Dabei profitiert es von ausgezeichneten Standortfaktoren: In Duisburg kreuzen sich mitten im Kernraum der Europäischen Union leistungsfähige Eisenbahn- und Autobahnlinien mit Europas wichtigstem Schifffahrtsweg, dem Rhein. Der Rhein ist bis Duisburg sogar mit Hochseeschiffen befahrbar und somit auch für den internationalen Handel attraktiv.

Basisdaten zu Duisburg (2019):

Einwohner: 498 700 (– 0,3 % zu 2018)

BIP je Erwerbstätigen: 77 200 Euro (Ruhrgebiet: 67 000)

Anteil des produzierenden Gewerbes am BIP: 26,3 %

Arbeitslosenquote: 10,8 % (13,1 % 2015)

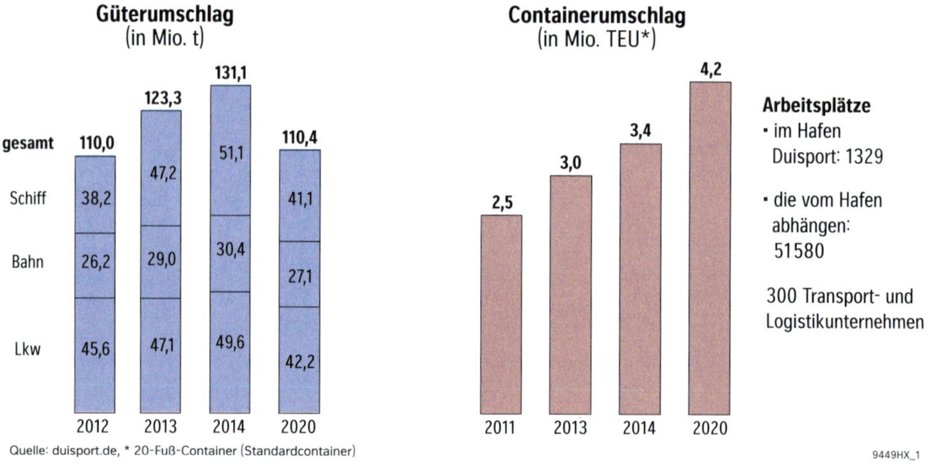

M 3 Daten zum Hafen Duisburg

Mit der Nutzung des 265 ha großen Geländes des stillgelegten Krupp-Stahlwerks in Duisburg-Rheinhausen begann 1998 in Duisburg eine neue Ära. Hier entstand der Logport I, bestehend aus riesigen Hallen, die zu Logistikzentren zusammengefasst wurden, in denen Waren und Produkte aus aller Welt nicht nur umgeschlagen, sondern auch neu verpackt, kommissioniert, für den Weiterversand aufbereitet oder sogar endgefertigt werden. Die Devise lautet: weg vom krisenanfälligen Massengut, hin zu hochwertigem Stückgut, zwischengelagert und umgeschlagen an „trimodalen Terminals“, von denen die Container entweder per Schiff, per Bahn oder per Lkw zu den Verbrauchern gelangen. Rund 50 Unternehmen haben sich bis heute auf dem Gelände angesiedelt, darunter Audi und führende Logistikunternehmen wie Kühne + Nagel oder DHL. Mit der Erschließung weiterer Areale zwischen 2006 und 2021 (Logport II – VI) wird die zukunftsweisende Strategie fortgesetzt. Der Abschied von der Kohle, die Fortsetzung der Stahlkrise, die unklaren politischen Rahmenbedingungen der Energiewende sowie die Digitalisierung stellen die Region vor neue Herausforderungen.

M 4 Logistikdrehscheibe Duisburg

100800-064 www.diercke.de

M5 Logport I im Hafen von Duisburg

Wie der Hafen Duisburg für sich wirbt:

- *„führende Logistikdrehscheibe in Europa"*
- *„Kompetenzzentrum für Automobillogistik"*
- *„Standortvorteil Trimodalität"*

[...] Tausende chinesische Firmen haben in den letzten Jahren Niederlassungen in Deutschland gegründet. Nordrhein-Westfalen ist mit mehr als 1200 Firmen zum beliebtesten Bundesland für chinesische Investoren geworden. Im Ruhrgebiet haben sich über 200 Firmen aus China niedergelassen, darunter gab es einige große Firmenübernahmen (ThyssenKrupp Tailored Blanks GmbH) [...], in der Mehrheit jedoch Klein- und Kleinstunternehmen. Rund 40 % sind in Duisburg angesiedelt.

Im Zuge des chinesischen Großprojektes „Belt and Road Initiative" (BRI) ist Duisburg zu einem wichtigen Knotenpunkt geworden. Die BRI soll auf dem Landweg über die „Neue Seidenstraße" und per Schiff auf der „Maritimen Seidenstraße" die Anbindung von Chinas Westen an Europa und Zentralasien deutlich verbessern, um damit langfristig neue Absatzmärkte und kürzere Transporte zu generieren. [...]

Claudia Braczko

M6 China investiert im Ruhrgebiet – Strukturwandel über die „neue Seidenstraße"

Der Staat

- Subventionen zahlen;
- Fördermittel vergeben (Land, Bund, EU);
- in Infrastruktur investieren;
- in Hochschulen und Forschungseinrichtungen investieren;
- gezielt öffentliche Aufträge vergeben;
- Grundstücke bereitstellen;
- Altlasten sanieren;
- an Wirtschaftsunternehmen beteiligen;
- Modellprojekte durchführen und wissenschaftlich begleiten;
- Gesetze und Vorschriften erlassen

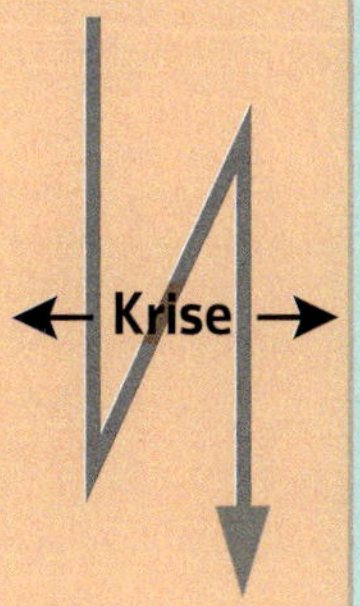

Die Unternehmen

- Kapazitäten an Nachfrage anpassen;
- Standorte schließen oder verlagern;
- neue Märkte erschließen;
- neue, innovative Produkte entwickeln;
- Kooperieren, Vernetzen, Fusionieren;
- Rationalisieren und Modernisieren;
- Diversifizieren in anderen Branchen, z. B. in Dienstleistungen;
- Kosten reduzieren im Zulieferbereich;
- Logistik verbessern (z. B. Lagerung);
- Konzentration auf Kernkompetenzen;
- Auslagern von Teilbereichen

M7 Wie Staat und Unternehmen auf den Strukturwandel reagieren können

1 *Lokalisieren Sie Aktivitäten aus M4 im Luftbild von M5.*

2 *a) Gliedern Sie die Entwicklung des Kohle- und Stahlstandorts Duisburg in Phasen (M2).*
b) Beschreiben Sie die Entwicklung des Duisburger Hafens (M3, M4, Atlas).

3 *Erarbeiten Sie Standortfaktoren der Stahlindustrie sowie der Logistikunternehmen in Duisburg (M2, M4 – M6, Atlas).*

4 *Erörtern Sie, ob und inwieweit man von einem gelungenen Strukturwandel in Duisburg sprechen kann.*

5 *Wählen Sie aus M7 je drei Maßnahmen von Staat und Unternehmen aus, die Sie für besonders erfolgversprechend halten. Erörtern Sie Effekte, die Sie von diesen Maßnahmen erwarten.*

6 *Stellen Sie den Hafenbereich M5 in einer Kartenskizze nach funktionalen Merkmalen dar.*

M1 Lage Bad Kleinen und Saaler Bodden

M2 Intensive Schweinezucht bei Bad Kleinen (eine der größten Anlagen Deutschlands)

M5 Extensive Beweidung am Bodden in Prerow

Mecklenburg-Vorpommern – agrarisch geprägter Raum mit hoher gesellschaftlicher Bedeutung

Strukturdaten MV 2020:

Arbeitslosenquote:

MV: 7,8 %
Deutschland: 5,9 %

Anteil Jugendlicher 15–24:

MV: 8 %
Deutschland: 10,3 %

Wanderungssaldo:

+3814 Menschen

Anteil an der Gesamtwirtschaftsleistung Deutschlands:

1,4 %

Der geringe Anteil der Landwirtschaft am Bruttoinlandsprodukt und an den Beschäftigten in Mecklenburg-Vorpommern (2019: jeweils < 3 %) steht im Gegensatz zu ihrer hohen gesellschaftlichen Bedeutung. Die Landwirtschaft versorgt die Menschen mit Lebensmitteln und Rohstoffen. Sie ist von Naturfaktoren abhängig, bestimmt aber auch das Bild der Landschaft. Die Landwirtschaft bietet Arbeitsplätze im ländlichen Raum und schafft Nachfrage nach Maschinen etc.

In der Landwirtschaft Mecklenburg-Vorpommerns existieren vielfältige Strukturen: Es gibt ökologisch, extensiv und intensiv wirtschaftende Betriebe, bäuerliche Einzelunternehmen, Genossenschaften und Kapitalgesellschaften.
Viele Landwirte kombinieren die Arbeit in der Landwirtschaft mit Tätigkeiten in anderen Branchen. Aufgaben, Wirtschaftsweisen und Betriebsformen der Landwirtschaft werden in der Gesellschaft kontrovers diskutiert.

- Landkreis Vorpommern-Rügen, Hinterland des Saaler Boddens; Bartelshagen: 439 Einwohner
- 3300 ha bewirtschaftete Landwirtschaftsfläche (2700 ha Ackerland und 600 ha Grünland)
- Hauptanbauprodukte: Getreide, Winterraps, Vermehrungsgras und Futter
- durchschnittliche Schlaggröße: 42 ha
- eigenes Labor, Trocknungslager und Lager
- rund 450 Milchkühe und Nachzucht; durchschnittliche Milchleistung 10 000 kg Milch/Kuh und Jahr
- Geflügelmast in Freilandhaltung (ca. 6000 Tiere)
- 30 Mitarbeiter und 6 Auszubildende
- Umweltschutzmaßnahmen: Entrohrung und Ausgestaltung zweier Bachläufe, mit Kleegras oder Blühmischungen bestellte Randstreifen an Gräben

M3 Profil der Agrargenossenschaft Bartelshagen

Flächennutzung MV (2019):

Ackerland: 79,7 %
Grünland: 20 %
Obstanlagen: 0,2 %
Sonstige: 0,1 %

Indikator	Mecklenburg-Vorpommern		Schleswig-Holstein	
	2016	2019	2016	2019
Landwirtschaftsfläche (LF)	1,347 Mio. ha	1,343 Mio. ha	0,990 Mio. ha	0,983 Mio. ha
Anzahl der Betriebe	4903	4780	12716	12190
mittlere Betriebsgröße	274 ha	280 ha	78 ha	81 ha
Anteil Ackerland an LF	80 %	62 %	67 %	69 %
Anteil ökologisch bewirtschafteter LF	9,8 %	12,2 %	4 %	6,4 %
Arbeitskräfte je km² LF	1,2	k. a.	2	k. a.
Bruttowertschöpfung	579 Mio. Euro	1056 Mio. Euro	713 Mio. Euro	1274 Mio. Euro

M4 Vergleich: Landwirtschaft in Mecklenburg-Vorpommern und Schleswig-Holstein

100800-056 www.diercke.de
100800-058 www.diercke.de

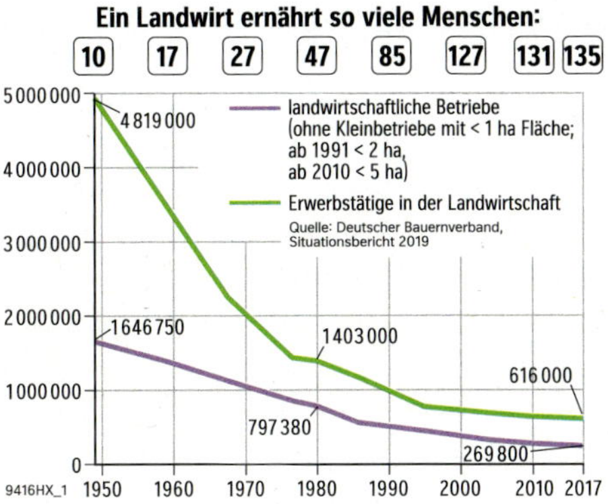

M6 Veränderungen in der Landwirtschaft

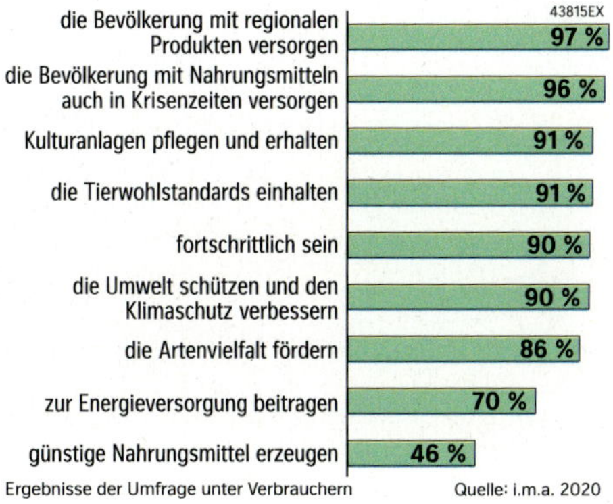

M9 Die wichtigsten Aufgaben der Landwirte

Hauptanbauprodukte in MV nach Anbaufläche (2019):

Getreide: 54,2 %
Futterpflanze zur Grünernte: 19,3 %
Ölfrüchte: 15,9 %

- Verarbeiten/Direktvermarkten: 140 Betriebe
- Tourismus: 100 Betriebe
- Pensions-/Sportpferdehaltung: 80 Betriebe
- erneuerbare Energien: 180 Betriebe
- Arbeiten für andere landwirtschaftliche Betriebe: 260 Betriebe
- Forstwirtschaft: 100 Betriebe
- Bereitstellung von Gesundheits-, Sozial- oder Bildungsleistungen: 100 Betriebe

Bei 15 Prozent der Betriebe, die Einkommen außerhalb der Landwirtschaft erzielen, tragen diese mehr als 50 Prozent zum Gesamtumsatz bei, in 25 Prozent der Betriebe 10 bis 50 Prozent.

Daten nach: Statistisches Bundesamt 2016

M7 Einkommensarten der Landwirte aus Mecklenburg-Vorpommern außerhalb der Landwirtschaft

Im Vergleich der ostdeutschen Bundesländer sind die Kauf- und Pachtpreise für Ackerflächen in Mecklenburg-Vorpommern mit Abstand die höchsten. Mit dafür verantwortlich sind Biogasbauern und Großinvestoren, die bisher nichts mit Landwirtschaft am Hut hatten. [...]
Eines der drängendsten Probleme der heimischen Landwirte ist die Explosion der Bodenpreise. Wer heutzutage landwirtschaftliche Nutzflächen kaufen will, muss hier neun Mal so viel berappen wie noch 1995, nämlich durchschnittlich 23 000 bis 25 000 Euro pro Hektar Acker und ca. 8000 Euro pro Hektar Wiese. Auch die Pacht fällt entsprechend saftig aus, bis zu 480 Euro pro Hektar und Jahr derzeit. [...] Dass Privateigentümer ihre Fläche meistbietend veräußern wollen, leuchtet ein. Doch die Bodenverwertungs- und Verwaltungsgesellschaft GmbH des Bundes (BVVG) schlägt ähnlich zu. Als Nachfolgerin der Treuhandgesellschaft privatisiert sie auf dem Gebiet der früheren DDR ehedem volkseigene land- und forstwirtschaftliche Flächen. Seit 1992 hat der Bund allein in Mecklenburg-Vorpommern ca. 330 000 Hektar verkaufen lassen, und die BVVG lässt weiterhin die Höchstangebote zum Zuge kommen. [...] Dem Land wiederum gehören fast zehn Prozent der landwirtschaftlich nutzbaren Flächen. Wer die bewirtschaften darf, entscheidet die „Landesgesellschaft Mecklenburg-Vorpommern mbH". [...] Derweil hofft der Schweriner Landwirtschaftsminister, schon bald etwas Druck aus dem Bodenmarkt nehmen zu können. Noch sitzt die BVVG in Mecklenburg-Vorpommern auf ca. 54 000 Hektar Nutzfläche, will aber zum Jahresende 13 000 Hektar auf das Land übertragen. Wenn es klappt, stünden diese Flächen schon mal nicht zum Verkauf, sondern würden das Angebot an Pachtflächen erweitern.

Silke Hasselmann, verändert

M8 Mecklenburg-Vorpommern – warum Ackerflächen so teuer geworden sind

1 *a) Nennen Sie Merkmale, die Mecklenburg-Vorpommern als strukturschwachen Raum kennzeichnen (Randspalte, Atlas).*
b) Arbeiten Sie Belege für die hohe gesellschaftliche Bedeutung der Landwirtschaft heraus (M2 – M6, M9).

2 *Erklären Sie, warum Agrarbetriebe zusätzliche Einkommensquellen erschließen (M7).*

3 *Vergleichen Sie die Agrarstrukturen in Mecklenburg-Vorpommern und Schleswig-Holstein (M4).*

4 *a) Erläutern Sie Gründe für den Preisanstieg von Ackerland (M8).*
b) Diskutieren Sie Risiken, die sich aus dem Anstieg der Bodenpreise für die Landwirte ergeben.

100800-070 www.diercke.de
100800-071 www.diercke.de

M1 Freilandhaltung von Hühnern

Die ökologische Landwirtschaft

Seit 1990 haben in Mecklenburg-Vorpommern viele Betriebe auf ökologische Landwirtschaft umgestellt. Der Anteil ökologisch bewirtschafteter Flächen an der Anbaufläche liegt heute deutlich über dem Bundesdurchschnitt von 7,8 % (2019). Die Fördermittel durch das Land sind in der Förderperiode von 2014 bis 2020 um fast 35 Prozent auf 202 Mio. Euro gestiegen. Allerdings unterscheiden sich die Betriebe hinsichtlich ihrer Wirtschaftsweise stark.

In den 1970er-Jahren entstanden unter der Sammelbezeichnung „alternativer Landbau" Wirtschaftsweisen, die sich von der konventionellen Landwirtschaft abgrenzten. Ihre Vertreter verzichteten auf Höchstleistungen der Produktion zugunsten einer umweltschonenden Erzeugung von gesundheitlich unbedenklichen und hochwertigen Lebensmitteln. Boden, Pflanzen, Tiere und Menschen wurden dabei als Elemente einer auf nachhaltige Nutzung ausgerichteten Kreislaufwirtschaft betrachtet. Seit 1992 fördert die EU bei Einhaltung der in der EG-Öko-Verordnung festgelegten Mindeststandards die ökologische Landwirtschaft. Seit Januar 2022 ist eine neue EU-Öko-Basisverordnung gültig. Zeichen wie das EU-Bio-Logo oder das deutsche Bio-Siegel garantieren die Einhaltung der Standards. Viele Betriebe sind Teil eines Anbauverbands wie Bioland oder Demeter. Der Erfolg des ökologischen Landbaus und der stark wachsende Markt für ökologisch erzeugte Lebensmittel haben zu strukturellen Veränderungen geführt. Zunehmend gibt es nicht nur bäuerliche Einzelhöfe, die Viehhaltung, Garten- und Ackerbau in einem Betrieb miteinander verbinden (z. B. Hof Medewege), sondern auch Unternehmen, die große Betriebsflächen bewirtschaften und sich spezialisiert haben, etwa auf Getreide oder Viehhaltung (z. B. Deutsche Agrar Holding).

M2 Der ökologische Landbau in Deutschland

- insgesamt mehr als 20 000 Hektar Agrarflächen (Obst-, Gemüse- und Getreideerzeugnisse sowie Viehhaltung)
- 30 Landwirtschaftsbetriebe an 14 Standorten
- Standorte in Mecklenburg-Vorpommern und um Brandenburg
- 440 Mitarbeiter
- weitere Geschäftsfelder: Energieerzeugung mit 23 Biogasanlagen und großen Fotovoltaik-Projekten
- Sitz in Oranienburg; Umsatzklasse 5 – 10 Mio. Euro

M4 Deutsche Agrar Holding 2020

- Hofgemeinschaft mit 350 ha Gesamtfläche
- Ackerbau (Getreide, Futter), Viehhaltung (Rinder, Schweine, Hühner), Gärtnerei (Gemüse, Blumen), Obstbau
- biologisch-dynamische Wirtschaftsweise (Demeter-Zertifikat)
- weitere Geschäftsfelder: Hofladen, Hofcafé, Bio-Lieferservice, Imkerei, Bäckerei, Milchverarbeitung, Kunst und Handwerk, Kindergarten, Psychotherapie, Ferienwohnungen
- 140 Beschäftigte, 70 Bewohner und ca. 300 Besucher pro Tag

M5 Hof Medewege 2020

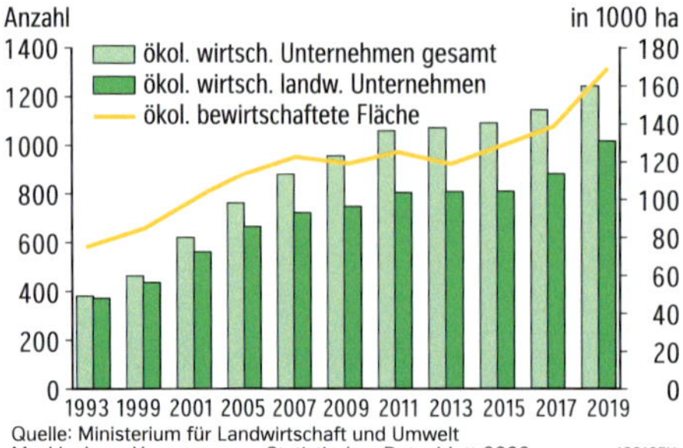

Quelle: Ministerium für Landwirtschaft und Umwelt Mecklenburg-Vorpommern - Statistisches Datenblatt 2020 43816EX

M3 Ökolandbau in Mecklenburg-Vorpommern

Indikator	ökologisch	konventionell
Erträge		
Milch (kg je Kuh)	5945	7819
Weizen (dt je ha)	35,5	76,3
Preise		
Milch (Cent je kg)	48,9	42,9
Weizen (Euro je dt)	31,2	15,2
Förderung	653 Euro/ha	385 Euro/ha
Pflanzenschutz	3 Euro/ha	114 Euro/ha
Personalkosten	194 Euro/ha	144 Euro/ha
Gewinn	720 Euro/ha	608 Euro/ha

Quelle: BMEL – Situationsbericht 2019

M6 Vergleich deutscher Landwirtschaftsbetriebe

100800-056 www.diercke.de

Rohstoffe aus der Landwirtschaft

Für die Landwirtschaft spielen nachwachsende Rohstoffe eine wichtige Rolle, insbesondere zur Energiegewinnung. Gründe sind unter anderem schwankende Rohstoffpreise und Umweltschutzziele. Durch den Anbau können neue Arbeitsplätze und Einkommensalternativen im ländlichen Raum generiert werden. Im Bereich der erneuerbaren Energien ist ungefähr jeder dritte Beschäftigte dem Segment der nachwachsenden Rohstoffe zuzuordnen (2019).

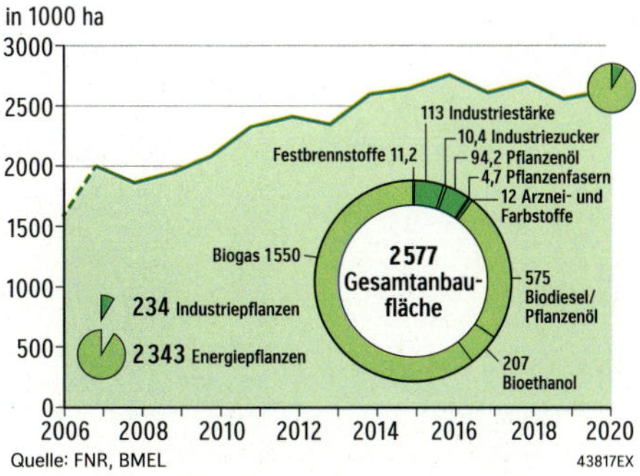

M8 Deutschland – nachwachsende Rohstoffe aus der Landwirtschaft

Nachwachsende Rohstoffe *sind organische Rohstoffe, vorwiegend pflanzlichen, aber auch tierischen Ursprungs, die für energetische, chemische und technische Zwecke genutzt werden.*

Auf 16 Prozent der Ackerflächen wurde 2021 Raps angebaut. Raps ist damit nach Weizen die zweithäufigste Kultur des Landes mit einer hohen Wirtschaftlichkeit. Aus Raps werden Öl und Schrot erzeugt. 70 Prozent des Rapsöls werden zu Biodiesel verarbeitet, Rapsschrot dient als Futtermittel.

In den letzten Jahren wurde sehr viel Raps angebaut, da die Europäische Union den Anbau von Pflanzen für Biodiesel auf freien Flächen gefördert hat. Aufgrund eines erhöhten CO_2-Ausstoßes bei Verwendung von Biodiesel, der Zunahme des Schädlingsdruckes auf die Monokultur sowie des erhöhten Einsatzes von Pflanzenschutzmitteln und Insektiziden gerät Raps zunehmend in die Kritik. Es wird auch ein Verdrängungsprozesse zugunsten kapitalstarker Großunternehmen befürchtet. Diese kaufen Flächen auf, was zum Anstieg der Bodenpreise beiträgt. Zukünftig könnten so Flächen für die Nahrungsmittelerzeugung knapp werden. Auch die Umweltbilanz wird kontrovers diskutiert.

M7 Rapsanbau in Mecklenburg-Vorpommern

[...] Energiepflanzen bieten in Deutschland reichlich Potenzial, um Biomethan als Erdgasersatz herzustellen. [...] Nach Berechnungen des deutschen Biomasseforschungszentrums (DBFZ) reicht es theoretisch aus, um im Jahr 2030 fast 40% des deutschen Gasverbrauchs zu decken. Auch mit dem realistisch erschließbaren Potenzial lassen sich immerhin noch bis zu 13% des Gasverbrauchs ersetzen, erklärt die Fachagentur Nachwachsende Rohstoffe (FNR). [...] Damit könnte Biomethan eine zentrale Rolle beim Klimaschutz [...] spielen. [...] Aktuell haben nur 219 der insgesamt rund 9200 Biogasanlagen in Deutschland eine Aufbereitungsstufe, um das energiereiche Biomethan aus dem Biogas abzutrennen. Würde man Energiepflanzen tatsächlich komplett für die Biogaserzeugung erschließen und würden alle Biogasanlagen Zugang zu einer Biogasaufbereitungsstufe erhalten, so lassen sich 35 Mrd. m^3 Biomethan erzeugen. [...] Allerdings lohnt sich eine Biogasaufbereitung bei einem Teil der Biogasanlagen wirtschaftlich nicht, da die Anlagen zu klein oder zu weit vom Gasnetz entfernt sind. Ein Teil der Biomasse fällt auch nicht vor Ort an oder wird anderweitig genutzt. Das realistisch erschließbare Potenzial liegt daher bei 11,8 Mrd. m^3 Biomethan. Zum Vergleich: Die Gaspipeline Nord Stream 2 soll bis zu 55 Mrd. m^3 Erdgas pro Jahr nach Deutschland transportieren.

Hinrich Neumann

M9 Biogas – Biomethan als Energieträger der Zukunft?

1 *Charakterisieren Sie den ökologischen Landbau in Mecklenburg-Vorpommern (M1 – M6).*

2 *a) Erarbeiten Sie eine Zusammenfassung der Vorschriften, die nach der EU-Öko-Basisverordnung für die pflanzliche Erzeugung im ökologischen Landbau erfüllt sein müssen (Internet).*
b) Vergleichen Sie diese Vorschriften mit denen des Anbauverbandes Demeter (Internet).

3 *Diskutieren Sie Chancen und Risiken des Anbaus nachwachsender Rohstoffe für Mecklenburg-Vorpommern (M7 – M9).*

4 *Stellen Sie in einer Mindmap zusammengefasst dar, welche Faktoren und Entwicklungen die Landwirtschaft in Mecklenburg-Vorpommern prägen (S. 104 – 107, Atlas).*

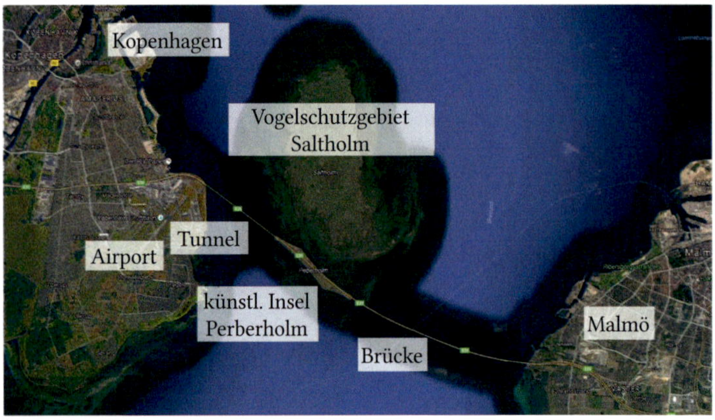

M1 Die Öresundquerung

Die Öresundregion – ein dynamischer Wirtschaftsraum

Der Öresund ist eine 100 Kilometer lange Meerenge zwischen der südschwedischen Region Skåne im Osten und der dänischen Insel Seeland im Westen. Die Verdichtungsräume Malmö (etwa 750 000 Einwohner) in Schweden und Kopenhagen (etwa 1,3 Mio. Einwohner) in Dänemark sind die größten städtischen Zentren des Raumes. Insgesamt leben in der über 21 000 Quadratkilometer großen Öresundregion rund vier Millionen Menschen (2020) – zehn Prozent der Bevölkerung Nordeuropas.

Zwei Staaten – eine Wirtschaftsregion

Die Öresundregion hat sich zu einer modernen Wirtschaftsregion mit zukunftsorientierten Formen grenzüberschreitender Zusammenarbeit entwickelt. Im Jahr 2017 wurden rund 25 Prozent der schwedischen sowie dänischen Wirtschaftsleistung in der Öresundregion erbracht. Kopenhagen ist der wichtigste Wirtschaftsstandort Dänemarks und der Öresundregion. Die dänische Hauptstadt wird auch als „Tor zu Skandinavien und zum baltischen Raum" bezeichnet. Beispielhaft für die wirtschaftlichen Strukturen ist das Cluster „Medicon Valley" mit Schwerpunkten in Pharmazie, Biotechnologie und Medizintechnik. Seine Hauptstandorte sind Kopenhagen und die schwedischen Städte Malmö und Lund.

M2 Die Öresundbrücke

Im Jahr 2000 wurde die Öresundbrücke fertiggestellt. Sie ist rund acht Kilometer lang und dient dem Straßen- und dem Eisenbahnverkehr. Zusammen mit einem rund vier Kilometer langen Tunnel und der künstlichen Insel Peberholm bildet sie die 16 Kilometer lange Öresundverbindung zwischen Dänemark und Schweden. Die Baukosten betrugen rund 2,8 Mrd. Euro. Bei der Streckenführung entschieden sich die Planer nicht für die schmalste Stelle des Öresunds bei Helsingborg (vier Kilometer). Sie wählten mit der direkten Verbindung der beiden Wirtschaftszentren Kopenhagen und Malmö die wirtschaftlich wirkungsvollste, die auch den internationalen Flughafen Kastrup einbindet.
Im Jahr nach der Eröffnung 2001 passierten täglich rund 35 400 Personen die Brücke, darunter fünf Prozent Berufspendler. 2018 passieren tagtäglich 70 000 Personen die Brücke, davon etwa 40 Prozent Berufspendler. Rund 55 Prozent der Reisenden nutzen den Pkw, rund 45 Prozent die Bahn. Rund 20 Prozent des Verkehrsaufkommens entfallen auf den Güterverkehr.

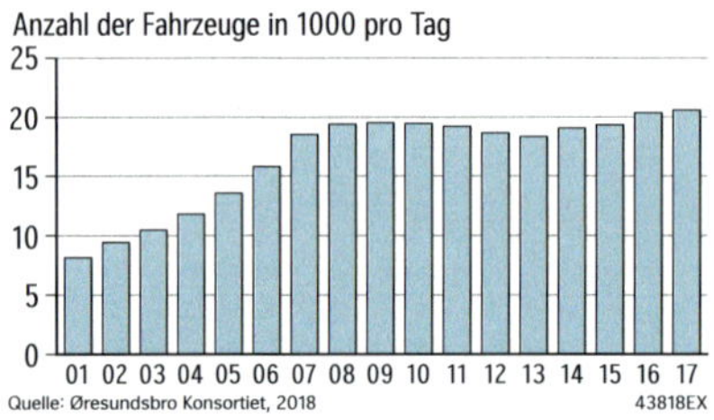

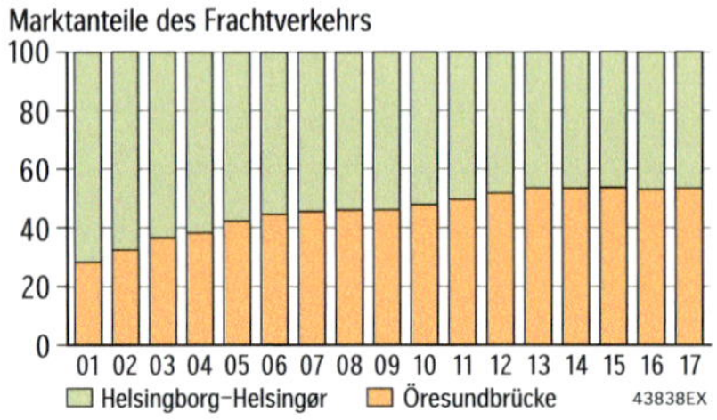

M3 Die Öresundverbindung

Wirtschaftsregionen stehen weltweit im Wettbewerb zueinander. Sie konkurrieren z. B. um die Ansiedlung von Unternehmen. In einer globalisierten Ökonomie werden aber zunehmend auch grenzüberschreitende Regionen wie die Öresundregion oder die Region Oberrhein (Basel – Freiburg – Mulhouse) zu Akteuren.
Diese Regionen punkten damit, dass Grenzen nicht mehr nur trennen, sondern auch Räume sind, an denen sich verschiedene Potenziale begegnen und überschneiden. Deren Nutzung kann Standortvorteile eröffnen: Unternehmen können sich z. B. in diesen Räumen dort ansiedeln, wo die Arbeitsproduktivität und die Arbeitskosten am günstigsten sind. In Wissenschaft und Verkehr können Ressourcen gebündelt und besonders effektiv eingesetzt werden. Von einem Standort aus kann ein Unternehmen zwei oder mehr nationale Märkte bedienen. Diese Standortfaktoren verschaffen einer grenzüberschreitenden Region im globalen Wettbewerb eine besondere Stellung.

M4 Wirtschaftsregionen im Wettbewerb

100800-107 www.diercke.de

Region	BIP pro Kopf (KKS)	Arbeitskosten pro Stunde in Euro	Beschäftigte mit Hochschulabschluss (25 – 64 J.)	EU-Patente Biotechnologie pro 1 Mio. Einw.	F&E-Ausgaben pro Kopf
Dänemark	38900	43,50	39 %	55	1551 Euro
Hovedstaden	50000	k. A.	51 %	150	k. A.
Sjaelland	26800	k. A.	31 %	10	k. A.
Schweden	36600	36,60	43 %	25	1544 Euro
Sydsverige	31100	k. A.	45 %	45	k. A.
Deutschland	37000	34,60	29 %	22	1264 Euro
EU-28	30200	27,40	31 %	14	657 Euro

Quelle: Eurostat 2018

M5 Wirtschaft in der Öresundregion 2018

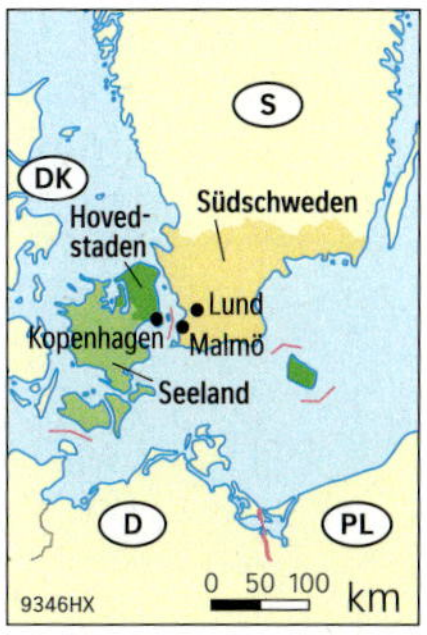

M7 Die Öresundregion

Die Rahmenbedingungen: Die Öresundregion ist politisch, wirtschaftlich und sozial stabil und bietet sehr gute Lebensbedingungen. Weltoffenheit ist ein prägendes Merkmal, sie äußert sich etwa in ausgezeichneten Sprachkenntnissen (insbesondere in Englisch). Der Bau der Öresundverbindung hat die Erreichbarkeit im Fern- und Regionalverkehr stark verbessert. Der Flughafen Kastrup ist das Luftdrehkreuz für Nordeuropa und bietet Direktverbindungen weltweit. Zahlreiche Formen der grenzüberschreitenden Kooperation haben sich erfolgreich etabliert, verstärkt seit 2001.

Der Wachstumskern: Die Öresundregion hat eine ausgezeichnete Ausstattung mit Forschungseinrichtungen. Die 15 Universitäten sind die Grundlage für das ausgezeichnete Ausbildungsniveau der Arbeitskräfte. Sie weisen zum Teil Spezialisierungen in gesundheitsrelevanten Fachrichtungen auf, zum Beispiel die Universität Lund. Weitere Forschungseinrichtungen mit internationaler Ausstrahlung werden gerade gebaut, darunter sind das Max-lab und das ESS (ein EU-Kooperationsprojekt) für zusammen 6000 Wissenschaftler. Die Forschungseinrichtungen sind international ausgerichtet und stark vernetzt.
Die Öresundregion ist Sitz mehrerer global agierender Großunternehmen der Pharmazie, Biotechnologie und Medizintechnik. Dänemark ist dabei stärker in Pharmazie, Schweden hingegen in Medizintechnik. Die Region bietet aber auch sehr gute Bedingungen für Unternehmensgründungen (spezialisierte Gründerzentren, Wissenschaftsparks). Dies erklärt, warum es dort besonders viele kleine und mittlere Unternehmen der genannten Branchen gibt. Zwischen ihnen, den Forschungseinrichtungen und den Großunternehmen bestehen enge Verflechtungen. Dies ermöglicht zum Beispiel, dass eine Produktidee von Wissenschaftlern entwickelt, von einem kleinen oder mittleren Unternehmen zur Marktreife gebracht und von einem großen Unternehmen weltweit vermarktet werden kann. Die Öresundregion zählt deshalb zu den innovationsstärksten Regionen Europas.

Das Cluster „Medicon Valley“: Unternehmen der Pharmazie, Biotechnologie und Medizintechnik sind in der Öresundregion stark konzentriert und sowohl vertikal als auch horizontal stark vernetzt. Da sie sehr viele Beschäftigte (2020: 41000) und eine große wirtschaftliche Bedeutung haben, spricht man von einem Cluster. Der Name „Medicon Valley“ erinnert an „Silicon Valley“, das IT-Cluster in Kalifornien. Das positive Image der Öresundregion wird vom Cluster genutzt, um sich im weltweiten Konkurrenzkampf zu positionieren. Charakteristisch für Medicon Valley ist die Spezialisierung auf Forschungs- und Entwicklungsaktivitäten (F&E). Vielfach haben Großunternehmen ihre Produktionsstandorte verlagert.

Die Schwächen: Eine durchschnittlich ältere Bevölkerung und die sinkende Zahl an Erwerbstätigen könnten sich zu einem strukturellen Problem entwickeln. Noch immer gibt es Hindernisse bei der Integration des regionalen Arbeitsmarktes (z. B. Steuern, Recht). Es besteht außerdem eine starke, weltweite Konkurrenz von Regionen mit vergleichbaren Schlüsselbranchen (z. B. Basel). Gerät ein Großunternehmen in die Krise, hat dies unmittelbar Auswirkungen auf die Region (z. B. Umstrukturierungen, Standortschließungen). Nach Ansicht vieler Akteure bedarf die politische Integration der Region neuer Entwicklungsimpulse.

M6 Standortfaktoren für Pharmazie, Biotechnologie und Medizintechnik in der Öresundregion

Hinweise:
- *Zum Begriff Cluster siehe Seite 99.*
- *Auf der Website www.mediconvalley.com lassen sich Beispiele für Unternehmen und Projekte recherchieren.*

1 *Beschreiben Sie die Veränderungen im Verkehr seit Eröffnung der Öresundverbindung (M1 – M3).*

2 *Erläutern Sie die Standortfaktoren der Öresundregion und ihre Wechselwirkungen (M4 – M7).*

3 *Begründen Sie, dass die Öresundregion eine „Knowledge based company“ ist.*

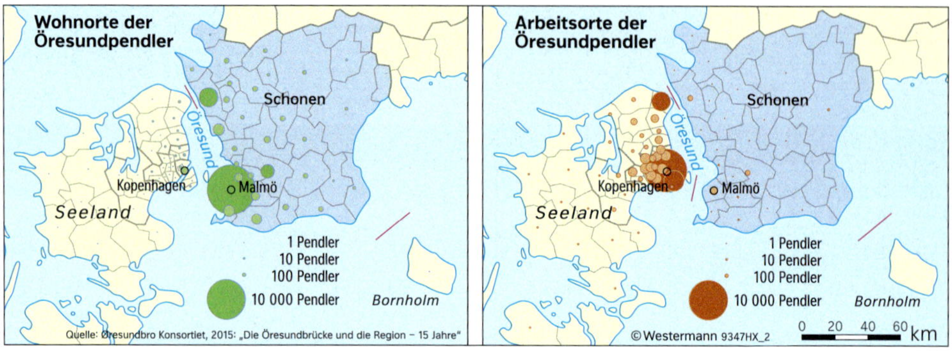

M8 Pendlerbeziehungen in der Öresundregion

Die Öresundregion – Integration auf dem Arbeits- und Wohnungsmarkt

Der Bau der Öresundbrücke leitete nach 2001 einen Pendlerboom ein. Vor allem die Schweden orientierten sich um, denn in Südschweden war die Arbeitslosigkeit relativ hoch. In Kopenhagen fehlten dagegen Arbeitskräfte, zudem waren dort die Löhne höher. Dies machte Jobs in Dänemark attraktiv. Dagegen war der Wohnungsmarkt in Südschweden attraktiver. Die Jahre seit 2009 sowie nach 2015 haben aber die Grenzen solcher Entwicklungen gezeigt. Die Wirtschafts- und Finanzkrise ab 2009, die Flüchtlingswelle 2015 und die Coronapandemie sorgten immer wieder für rückläufige Pendlerzahlen.

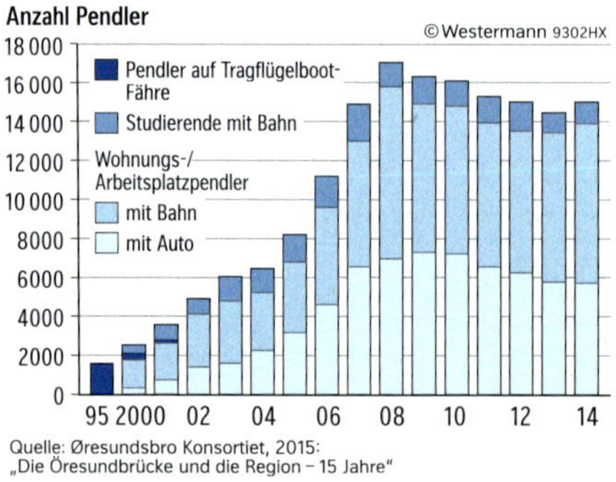

M9 Pendler pro Tag über die Öresundbrücke

Zwischen 2000 und 2005 stiegen die Immobilienpreise in Dänemark explosionsartig. Viele Familien konnten sich das Wohnen in und um Kopenhagen nicht mehr leisten. In Schweden waren die Preise niedriger. Malmö wurde bei Dänen ein beliebter Wohnort in vertretbarer Pendlerentfernung von Kopenhagen.
Die Preisunterschiede für Wohneigentum in Kopenhagen und Malmö waren Anfang 2007 am größten: Auf der dänischen Seite musste man durchschnittlich 3,5 Mio. Dänische Kronen für ein Einfamilienhaus (140 m² Wohnfläche) bezahlen, auf der schwedischen Seite 37 Prozent weniger. Zudem waren die Lebenshaltungskosten in Malmö bedeutend niedriger als in Kopenhagen. Zahlreiche Dänen zogen nach Südschweden. Ihre Jobs in Kopenhagen behielten sie.
Ab 2008 änderte sich die Situation jedoch. In Malmö stiegen die Immobilienpreise wegen der hohen Nachfrage stark an. Der dänische Immobilienmarkt dagegen kollabierte infolge der weltweiten Finanz- und Wirtschaftskrise; die Preise fielen. Ende 2012 lagen sie in Malmö und Kopenhagen auf gleichem Niveau. Hinzu kam der veränderte Wechselkurs zwischen der Dänischen und der Schwedischen Krone.
Die Provinz Skåne hat daher seit 2012 eine negative Wanderungsbilanz zu Dänemark. Obwohl die Immobilienpreise in Kopenhagen steigen, hält dieser Trend an.

Daten nach: Øresundsbro Konsortiet 2018

M11 Integration auf dem Wohnungsmarkt

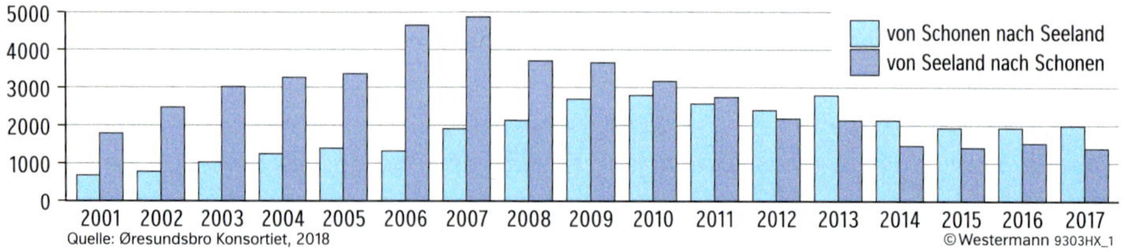

M10 Umzüge zwischen der dänischen Insel Seeland und der schwedischen Provinz Skåne (Schonen)

M12 Modernes Wohngebäude in Örestad (Kopenhagen)

M14 Shopping Center in Malmö

Frau Hinrichs, Sie stammen aus Hamburg. Was hat Sie an den Öresund verschlagen?
Ich bin meinem Mann gefolgt, als er sich beruflich in Malmö niederließ. Inzwischen arbeite ich selbstständig im Projektmanagement und berate internationale Firmen.

Herr Hinrichs, wo sind Sie tätig?
Ich bin für eine Einrichtung der Vereinten Nationen in Malmö tätig.

Herr Hinrichs, warum ist die Öresundregion für Ihren Arbeitgeber der richtige Standort?
Schweden bot bei einem internationalen Standortwettbewerb die attraktivsten Bedingungen. Meine Organisation profitiert auch sehr stark von der Nähe zum dänischen Schifffahrtssektor. In Kopenhagen gibt es eine Reihe von Regionalbüros der Vereinten Nationen und der Europäischen Union – ein interessantes berufliches Netzwerk!

Woher stammen Ihre Kolleginnen und Kollegen?
Rund 20 Prozent sind Schweden, 80 Prozent kommen aus mehr als 35 anderen Ländern. Das spiegelt das Umfeld der Stadt Malmö wieder: Es gibt Einwohner aus 170 Nationen.

Spielt die Erreichbarkeit Malmös im Verkehr für Sie beide eine wichtige Rolle?
Natürlich – privat und beruflich. Dank der Öresundbrücke ist die Anbindung nach Dänemark ideal. Vom Flughafen Kopenhagen erreicht man sehr viele Ziele weltweit direkt, z.B. München in weniger als zwei Stunden.

Wie beurteilen Sie die Lebensqualität am Öresund?
Sehr gut! Wir wohnen auf dem Lande in einem kleinen Dorf, mitten in der Natur. Gleichzeitig ist Kopenhagen nur eine halbe Autostunde entfernt, eine pulsierende Hauptstadt mit herausragenden Freizeitangeboten. Kopenhagen steht deutschen Großstädten in nichts nach.

Sie haben zwei Kinder. Wie gelingt es Ihnen, Beruf und Familie in Schweden zu vereinbaren?
Kinder werden hier ganz selbstverständlich als Bestandteil des Lebens angesehen. Das ist eine Grundhaltung in Gesellschaft und Unternehmen. Es gibt stark subventionierte Plätze in Kindertagesstätten und eine Ganztagsbetreuung in den Schulen. Unsere monatlichen Beiträge dafür sind außerordentlich gering. Einen Kitaplatz bekommt man innerhalb von drei Monaten.

M13 Interview mit Familie Hinrichs

1 *a) Werten Sie die Karten zu den Pendlerbeziehungen in der Öresundregion aus (M8).*
b) Werten Sie die Grafik zur Veränderung der Pendlerströme aus (M9).

2 *Stellen Sie in einem eigenen Text die Ursachen für Pendler- und Migrationsströme in der Öresundregion dar (Autorentext, M10, M11).*

3 *Eine Familie will ihren Wohnsitz in der Öresundregion wählen. Stellen Sie je eine Übersicht mit Push- und Pullfaktoren zum Raum Kopenhagen bzw. zum Raum Malmö zusammen (M8–M14).*

4 *Werten Sie das Interview in M13 in Hinblick auf weiche Standortfaktoren (vgl. S. 96, M3) aus.*

5 *Fassen Sie die Raumstrukturen der Öresundregion in zehn Kernaussagen zusammen.*

6 *Diskutieren Sie die Aussage: „Die Öresundregion braucht 20 Jahre nach der Eröffnung der Brücke neue Entwicklungsimpulse".*

Venedig – Herkunft der Touristen 2019:

Italien	*15 %*
*Europa**	*45 %*
Amerika	*23 %*
Asien	*13 %*
Afrika	*1 %*
Übrige	*3 %*

**ohne Italien*

M1 Venedig – Blick vom Kreuzfahrtschiff

M Geo-Methode

Vier-Blicke-Methode

Die problemorientierte Raumanalyse anhand der Vier-Blicke-Methode dient dazu, ein Untersuchungsgebiet aus vier verschiedenen Perspektiven zu betrachten und zu analysieren. Im Zuge dessen wird der Raum anhand einer Leitfrage einerseits objektiv als Real- bzw. Beziehungsraum, andererseits subjektiv als von Menschen wahrgenommener bzw. durch Medien und Institutionen dargestellter Raum betrachtet.

Arbeitsschritte:

1. Formulieren einer Leitfrage
Formulierung einer oder mehrerer Leitfragen zur Untersuchung des Raumes

2. Zuordnen und Erschließen des Materials
Zuordnung der Materialien zu den vier Raumkonzepten und Recherche weiterer Quellen (Atlas, Internet)

3. Analyse des Materials
- ***a) Realraum:*** Darstellung charakteristischer Merkmale, z. B.: Lage, Naturpotenzial, Wirtschaft, Bevölkerung, historische Entwicklung
- ***b) Beziehungsraum:*** Darstellung von Beziehungen, z. B.: Erreichbarkeit, Einzugsbereiche, Abhängigkeiten auf verschiedenen Maßstabsebenen
- ***c) wahrgenommener Raum:*** Darstellung der unterschiedlichen Wahrnehmungen eines Raumes, z. B. abhängig von Alter, Akteuren, Nutzern
- ***d) gemachter Raum:*** Darstellung durch Medien und Institutionen, z. B. Internetauftritte, Prospekte, Plakate

4. Klärung von Wechselbeziehungen
Analyse von Zusammenhängen, Gemeinsamkeiten und Widersprüchen zwischen den Ergebnissen der jeweiligen Raumkonzepte

5. Beantworten der Leitfrage
Beantwortung der Leitfrage unter Berücksichtigung der vier analysierten Raumperspektiven

Venedig – eine Stadt im Touristenstress

Die frühere Handels- und Seemacht Venedig hat sich bis in die Gegenwart aufgrund ihrer einzigartigen Geschichte zu einem Tourismusmagneten entwickelt. Jedes Jahr zieht es viele Millionen Menschen in die Lagunenstadt. Die daraus resultierende Stärkung der Wirtschaft der gesamten Region hat jedoch auch seine Schattenseiten: Ökologische und soziale Folgen sind mittlerweile gravierend. Die Betrachtung des Raumes aus verschiedenen Perspektiven ermöglicht eine problemorientierte und kontroverse Raumanalyse.

Landfläche Venedig insgesamt historisches Zentrum	 156,8 km² 7 km²
Einwohner	ca. 50000
Anzahl Touristen Ankünfte/Jahr Übernachtungen/Jahr Tagesgäste (darunter Kreuzfahrttouristen)	 ca. 5,5 Mio. ca. 13 Mio. bis 100000
Unterkünfte Anzahl Hotels/Betten Ferienwohnungen/Betten	 419/32500 8700/36700
Einnahmen Tourismus	3 Mio. Euro/Tag
Verschuldung der Stadt	ca. 400 Mio. Euro

Quelle: Yearbook of Tourism 2019

M2 Ausgewählte Daten zu Venedig

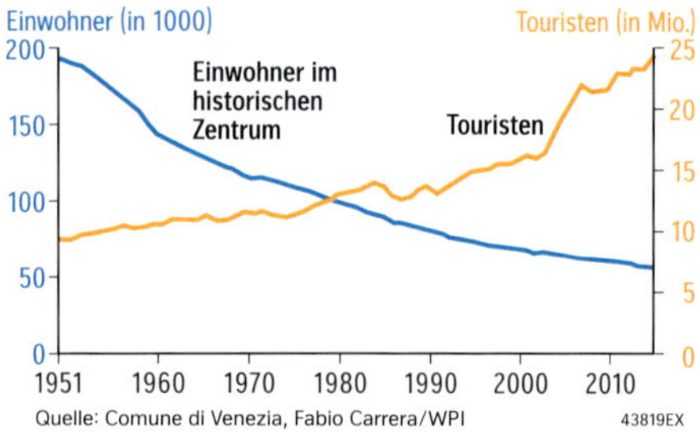

M3 Touristen verdrängen Einwohner

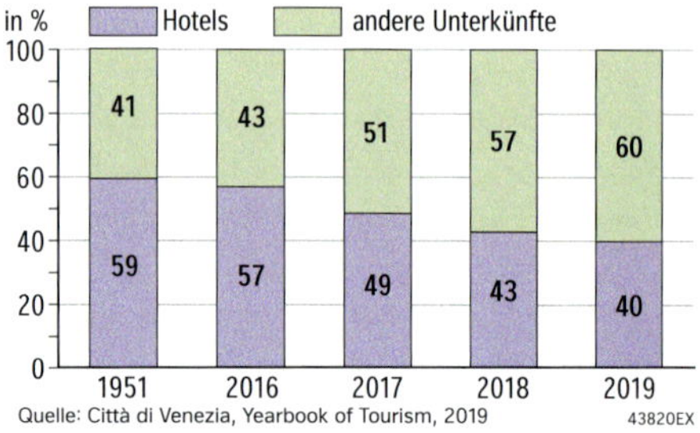

M4 Art und Verteilung der Unterkünfte

100800-135-02
www.diercke.de

Gebiet	Anteil am BIP (in %)	BIP pro Kopf	Bevölkerung in Mio.
Lombardei	21,9	36807	10,0
Latium	11,1	31643	5,9
Venetien	9,3	31737	4,9
Emilia-Romagna	9,2	34602	4,4
Piemont	7,7	29488	4,4
Toskana	6,7	30041	3,7
Kampanien	6,3	18217	5,8
Sizilien	5,2	17123	5,0

Quelle: GTAI

M5 Stellenwert in der Wirtschaft Italiens (2018)

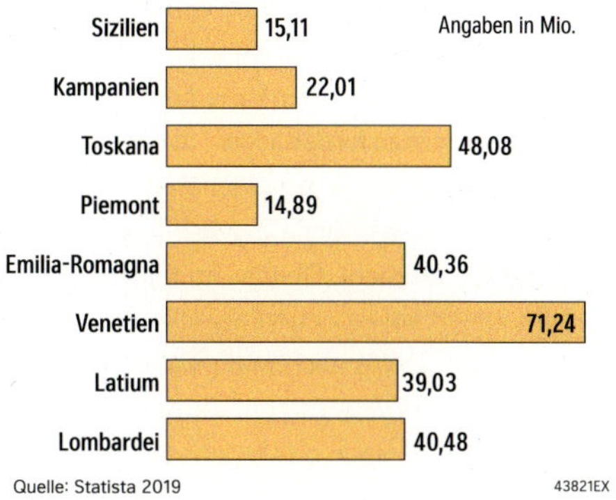

M8 Übernachtungen nach Regionen in Italien, 2019

Für Luigi Brugnaro ist es ganz klar, es geht nicht ohne Touristen. Venedig ist von ihnen und den damit verbundenen Einnahmen abhängiger als alle anderen Regionen Italiens. Dennoch macht auch er deutlich, dass es Maßnahmen braucht, die eine Drosselung der Besucherströme möglich macht. So hat er im Jahr 2019 einen Eintritt für Tagestouristen beschlossen. Für Besucher, die übernachten, fallen diese Zusatzkosten nicht an. Im März 2021 stellte Brugnaro der Regierung in Rom einen Maßnahmenkatalog im Sinne eines „intelligenten“ sowie „nachhaltigen Tourismus“ vor, der neben dem Schutz des Handwerks und der lokalen Produktion auch eine Neuregelung für die Vermietung von Ferienwohnungen beinhaltet. Damit möchte er die Abwanderung von qualifizierten Arbeitskräften (Braindrain) verhindern, ohne dabei die Touristen und durch sie generierte Einnahmen zu vernachlässigen.

M6 Luigi Brugnaro – Bürgermeister Venedigs

Jane Da Mosto beschreibt Venedig wie eine Zitrone, die von der Lokalregierung „ausgepresst“ wird. Die Mieten steigen, es gibt immer weniger Arbeitsplätze und die Infrastruktur bricht weg. Geschäfte des täglichen Bedarfs sowie Ärzte werden weniger und die Zahl der Souvenirshops nimmt zu. Sie findet, dass zu viele Touristen Venedig besuchen. Müll, Lärm und Luftverschmutzung durch Schiffe sind die Folgen. Mit ihrer Initiative „We are here Venice“ kämpft sie gegen Kreuzfahrtschiffe, generell gegen Massentourismus, der den Charakter Venedigs zerstört. Sie fordert von der Lokalregierung, Anreize zu schaffen, damit Venezianer bleiben und in anderen Branchen Jobs finden können, und wünscht sich einen nachhaltigen Tourismus, bei dem Menschen nur nach Venedig kommen, wenn sie sich dafür interessieren und eintauchen wollen in die jahrtausendealte Geschichte.

M9 Jane Da Mosto – Wissenschaftlerin und Aktivistin

Videos zum gemachten Raum „Venedig“:

- *https://www.youtube.com/watch?v=SO1d_pH7cY4* *(vor der Coronapandemie)*
- *https://www.dw.com/de/venedigs-zukunft-nach-der-pandemie/l-57670762* *(nach der Coronapandemie)*

Jährlich strömen Millionen von Touristen nach Venedig, entsteigen zunehmend riesigen Kreuzfahrtschiffen, die die Stadt und die Lagune nachhaltig schädigen. Viele Bürger, längst eine Minderheit in der eigenen Stadt, haben buchstäblich den Kanal voll. [...] Am Beispiel Venedig lässt sich wunderbar darstellen, wie Wachstumsfantasien an ihre Grenzen geraten. [...] Die Stadt ist wie ein „Disneyland“, die Geschäfte sind nur noch auf die Touristen ausgerichtet. [...] Der Tod von Venedig lässt sich in Zahlen ausdrücken. In Einwohnerzahlen. [...] Diese Zahl sinkt um etwa sechs- bis siebenhundert Einwohner pro Jahr. Einwohnerzahl 1961: 137500. In einem halben Jahrhundert hat sich Venedig mehr als halbiert.

Tilmann Kleinjung

M7 „Der Tod von Venedig“ – ein Abgesang auf die Stadt in der Lagune

1 *Wählen Sie eine der beiden Leitfragen aus und führen Sie dazu eine Raumanalyse nach der „Vier-Blicke-Methode“ durch:*
a) „Venedig am Limit – geht es auch ohne Touristen?“
b) „Tourismus in Venedig – Fluch und Segen zugleich?“

2 *a) Fassen Sie die Ergebnisse Ihrer Raumanalyse zu Venedig tabellarisch zusammen.*
b) Präsentieren Sie Ihre Ergebnisse.

Diskussionen um die Zukunft Venedigs

Der Massentourismus hat in Venedig über die Jahrzehnte seine Spuren hinterlassen, die Stadt hat zunehmend mit Overtourism zu kämpfen. Die globale Coronapandemie hat diese Entwicklung zunächst zum Erliegen gebracht. Ob ein Umdenken, gezielte Maßnahmen sowie neue Entwicklungsimpulse die Region zukünftig nachhaltig stabilisieren beziehungsweise erneuern können oder die Stadt weiter unter den Folgen des Massentourismus leiden wird, kann unter Einbeziehung des Destinationslebenszyklusmodells von R. Butler kontrovers diskutiert werden.

M3 Aktionsbündnis „No Grandi Navi“

Städteplaner Sergio Pascolo entwirft Gegenstrategien für die Lagunenstadt. Dort, wo bisher Kreuzfahrtschiffe anlegten, könnten zukünftig Wohn- und Grünlandschaften entstehen. Das Gebiet liegt nahe am Damm zum Festland, wo ebenfalls Entwicklungspotenziale bestehen. Auf diese Weise könnte mehr Wohnraum für die Bevölkerung geschaffen und Abwanderung verhindert werden.

M1 Stadterneuerung in der Zukunft?

SHINING STARS

Berlin-Düsseldorf
Heidelberg-Lausanne-
London-Luxemburg-
München-Rom
Wien

UNDER PRESSURE

Amsterdam-Barcelona-
Kopenhagen-Dublin-Frankfurt-
Lissabon- Reykjavik-Wien

Im vergangenen Jahrzehnt haben Städtereisen in Europa bedeutend zugenommen. Während die Zahl der touristischen Übernachtungen bei Länderreisen zwischen 2008 und 2018 um 26 Prozent zunahm, wuchs sie in Städten mehr als doppelt so schnell. Eine gute Einnahmequelle für die besuchte Stadt steht dabei gravierenden Folgen wie Lärm, verstopften Straßen, Überfüllung der Restaurants und dem Verlust lokaler Identität und Kultur gegenüber (Overtourism). Viele Städte haben immer mehr Touristen angezogen, dabei aber verabsäumt, eine Strategie zu entwickeln, die die Bedürfnisse von Einheimischen und Touristen sowie Stadtentwicklung und Tourismusplanung berücksichtigt. Entscheidend für die Qualität des Tourismus sind die Wertschöpfung und das Verhältnis zwischen Zahl der Touristen und der Einwohner, die Tourismusintensität. In London, Wien, Berlin oder München sind diese Werte sehr gut, dort gibt es einen gesunden nachhaltigen Tourismus und ein erfolgreiches Zusammenspiel von Stadtplanung und touristischer Entwicklung. Dagegen herrscht in Venedig, Reykjavik, Amsterdam oder auch Salzburg Handlungsbedarf. Um einen langfristig nachhaltigen Städtetourismus aufzubauen, benötigt es demnach eine Strategie, die zentrale Themen wie Infrastruktur, Umwelt, Regulierung von Privatvermietungen und Verteilung des Touristenstroms beinhaltet.

M2 „Overtourism“ in den Großstädten Europas

Ab dem 1. August 2021 dürfen große Kreuzfahrtschiffe nicht mehr in die Lagunenstadt einlaufen. Das gab die Regierung in Rom nach einer Kabinettssitzung bekannt. Die Entscheidung kommt zum richtigen Zeitpunkt. [...] Der Welterbetitel wurde Venedig einst verliehen mit der Begründung, die gesamte Stadt sei „ein außerordentliches architektonisches Meisterstück, in dem selbst die kleinsten Gebäude Werke der weltbesten Künstler wie Titan, Tintoretto und anderer“ beinhalteten. [...] Nun droht die Aufnahme auf die Liste der „World Heritage Sites in Danger“. Auf dieser sogenannten Roten Liste finden sich Welterbestätten wieder, deren Status von der UNESCO als gefährdet angesehen wird. [...] Ein entscheidendes Kriterium für die Gefährdung Venedigs sieht die UNESCO in den Ozeanriesen, die die Stadt anlaufen. Sie verpesten mit ihren Abgasen nicht nur die Luft, durch ihre Vorbeifahrt erhöhen sie den Wasserdruck auf die unter Wasser liegenden Fundamente der historischen Bauten und sie zerstören das empfindliche Ökosystem der Lagune. Auch betrachten die Hüter des Welterbes mit Argwohn, dass die Verantwortlichen rund um den Markusdom die Touristenmassen nicht in den Griff bekommen. [...] Noch steht Venedig aber nicht auf der Liste und kann weiter mit dem Status „Welterbestätte“ werben. Ob das für die Stadt klug ist, ist wieder eine andere Frage.

Martin Koch, Anne Termèche

M4 Venedig ringt um UNESCO-Welterbetitel

100800-135-02 www.diercke.de

- Lenkung der Touristenströme mithilfe von Überwachungskameras und Handydaten
- Steuer für Tagestouristen ab 2022; Höhe abhängig von Besucherzahlen
- Anlegen der Kreuzfahrtschiffe rund zehn Kilometer entfernt im Industriehafen Marghera; Bau eines neuen Kreuzfahrtterminals
- Kurzzeitvermietungen über Airbnb nur noch an 90 Tagen im Jahr und Vermietung von maximal zwei Wohnungen
- Verbesserung des Wohnungsangebotes für Einheimische mit erschwinglichen Mieten
- Verbot von neuen Touristenshops und Souvenirläden
- Förderung von Geschäften mit lokalen und traditionellen Produkten
- Investitionen in öffentliche Verkehrsmittel
- Forderung der Abgabe von Befugnissen durch die Regierung, um lokal agieren zu können
- Bußgelder bei Fehlverhalten in der Öffentlichkeit, z. B. Vandalismus, Baden in den Kanälen, Zelten, oberkörperfrei herumlaufen, Abfälle liegen lassen, Produkte von illegalen Händlern kaufen, Tauben füttern, Fahrräder benutzen

M5 Konzepte gegen Overtourism in Venedig

M7 Kampagne für nachhaltigen Tourismus

Der Destinationslebenszyklus beschreibt die einzelnen Phasen einer touristischen Destination am Markt. Dabei wird grundsätzlich von einer zeitlich begrenzten Akzeptanz einer Destination am Markt ausgegangen. Demnach lässt sich die Lebensdauer einer Destination nicht exakt in Jahren angeben, aber in Phasen der Marktakzeptanz unterteilen. Nachdem anfangs erste Touristen die Destination als „Urlaubspioniere" entdecken, kommen in der zweiten Phase immer mehr Besucher und die Zahl der Übernachtungen steigt. Damit verbunden sind hohe Investitionen und eine steigende Wertschöpfung. Die Destination entwickelt sich und die Zahl der Übernachtungen steigt weiter an. Investitionen werden der Nachfrage angepasst. Ökologische Auswirkungen sind spürbar. In der Phase der Konsolidierung sinken die jährlichen Steigerungsraten, aber dennoch steigt die Gesamtzahl der Touristen. Investitionen stagnieren und ökologische sowie soziale Probleme nehmen zu.

Anschließend wird eine kritische Phase der Tragfähigkeit der Destination erreicht. Dabei bleiben Nachfrage und die Anzahl der Touristen, die kommen, in etwa gleich. Das Image der Region verschlechtert sich. Diese Phase entscheidet über die Zukunft der Destination. Die weitere Entwicklung ist abhängig von neuen Entwicklungsstrategien und vollzieht sich zwischen den Extremen Erneuerung oder Verfall.

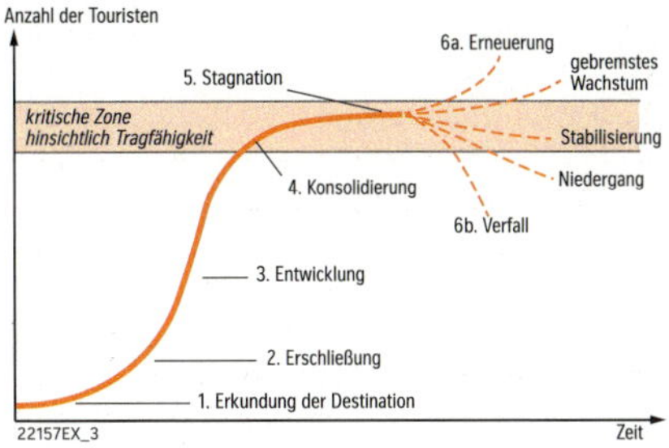

M6 Das Destinationslebenszyklus-Modell nach R. Butler

1 *a) Nennen Sie Folgen des Overtourism (M2, M4).*
b) Beschreiben Sie Maßnahmen und Konzepte, die gegen Overtourism entwickelt wurden (M1, M3, M5, M7).

2 *Nehmen Sie Stellung zur Wirksamkeit der Maßnahmen.*

3 *Ordnen Sie Venedig begründet in das Destinationslebenszyklus-Modell nach Butler ein (M6).*

4 *Diskutieren Sie mögliche Entwicklungspfade für Venedig.*

***„In Vielfalt geeint“** – so lautet seit dem Jahr 2000 das Motto der Europäischen Union.*

1951	Gründung der Europäischen Gemeinschaft für Kohle und Stahl durch Frankreich, Deutschland, Italien und die Beneluxländer (Ziel: Versorgung mit Kohle und Stahl sichern)
1957	Römische Verträge zur **Europäischen Wirtschaftsgemeinschaft (EWG)** (wirtschaftliche Zusammenarbeit bedingt steigenden Handel in Gemeinschaft)
1992	**Reformvertrag von Maastricht über die Europäische Union**
1993	Verwirklichung des **Europäischen Binnenmarktes** (vier Grundfreiheiten)
1995	**Schengener Abkommen:** Wegfall der Kontrollen an den Binnengrenzen der Mitgliedstaaten des Abkommens
2002	Einführung des Euro in zunächst zwölf europäischen Staaten **(Eurozone)**
2004	Unterzeichnung der EU-Verfassung
2005	Ablehnung der EU-Verfassung in Volksabstimmungen (z. B. in Frankreich)
2009	**Reformvertrag von Lissabon** tritt als EU-Grundlagenvertrag in Kraft
2010	Beginn einer anhaltenden Staatsschulden-, Banken- und Wirtschaftskrise in den Euroländern (am stärksten betroffen ist Griechenland)
2016	EU steht vor großen Herausforderungen (Krise der Eurozone, Flüchtlingskrise, Austritt Großbritanniens, politische Konflikte in der Ukraine und der Türkei)
2021	Großbritannien verlässt die EU mögliche EU-Erweiterung: Serbien, Montenegro, Albanien, Mazedonien, Bosnien und Herzegowina, Kosovo

M1 Zeittafel zur europäischen Integration

3.3 Europäische Integration

Die Stärkung der Wirtschaft war eine treibende Kraft bei der europäischen Integration. Grundlage des gemeinsamen Wirtschaftsraums der EU war die Schaffung eines Europäischen Binnenmarkts. Doch die EU-Integration geht weit darüber hinaus. Sie erstreckt sich auf nahezu alle Bereiche der Gesellschaft: von der Sozialpolitik über die Bildung, den Umweltschutz bis hin zur Sicherheits- und Außenpolitik. Der politische Prozess dauert seit 1951 an und bestimmt maßgeblich die räumliche Entwicklung Europas.

„Der Binnenmarkt umfasst einen Raum ohne Binnengrenzen, in dem der freie Verkehr von Waren, Personen, Dienstleistungen und Kapital gewährleistet ist.“ *(Vertrag über die Arbeitsweise der Europäischen Union, Art. 26, Abs. 2)*

freier Kapital- und Zahlungsverkehr (Übertragung von Sach- und Geldkapital; grenzüberschreitende Bezahlung)	freier Warenverkehr (keine Zölle oder Abgaben auf Waren, keine Beschränkungen des Warenaustauschs)
Personenfreizügigkeit (freie Wahl von Arbeitsplatz und Wohnort innerhalb der EU)	Dienstleistungsfreiheit (Unternehmen mit Sitz innerhalb der EU können ihre Dienstleistungen EU-weit anbieten)

1041HX_1

„Unbeschadet besonderer Bestimmungen der Verträge ist in ihrem Anwendungsbereich jede Diskriminierung aus Gründen der Staatsangehörigkeit verboten.“ *(Vertrag von Lissabon, Art. 18)*

M3 Die vier Grundfreiheiten in der EU

Folgende weitere Institutionen spielen in der EU eine Rolle:

*Der **Gerichtshof** der EU überwacht die Rechtmäßigkeit der Gesetze und des Handelns der EU-Institutionen.*

*Der **Rechnungshof** prüft die Einnahmen und Ausgaben der EU.*

*Die **Europäische Zentralbank (EZB)** ist zuständig für die Währungspolitik der EU-Staaten, deren Währung der Euro ist.*

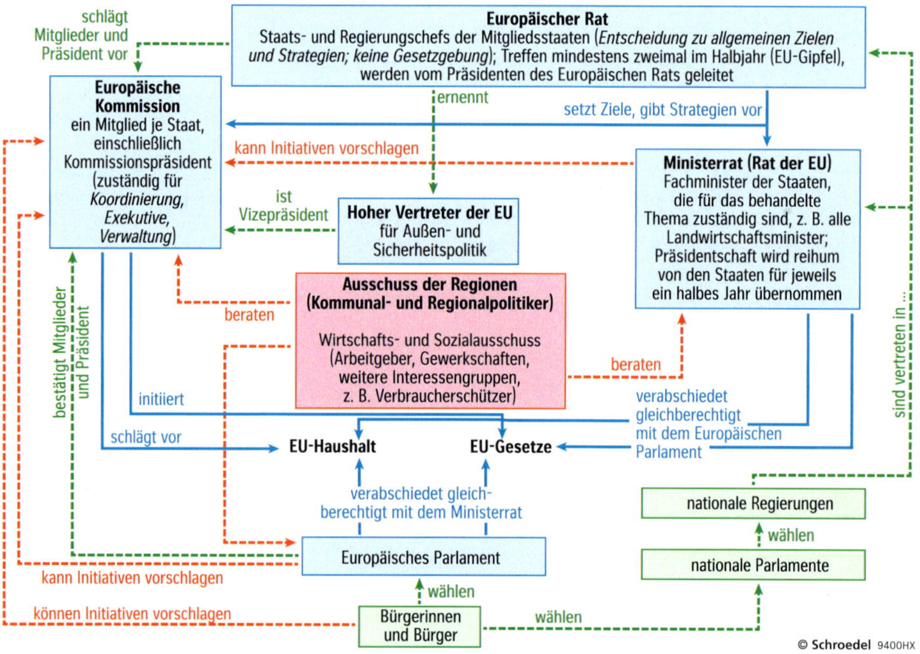

M2 Institutionen der Europäischen Union

Erstmals in ihrer Geschichte hat die Europäische Union ein durch gemeinsame Schulden finanziertes Hilfspaket „NextGenerationEU“ auf den Weg gebracht, um die von der Pandemie besonders betroffenen Mitgliedsstaaten dabei zu unterstützen, ihre Infrastruktur nach der Coronapandemie zu modernisieren und gestärkt aus der Pandemie hervorzugehen. 750 Milliarden Euro haben die Staats- und Regierungschefs der EU dafür bewilligt. Deutschland stehen aus dem Aufbaufonds bis zu 25,6 Milliarden Euro zu. Rund 11,5 Milliarden Euro sind für klimafreundliche Mobilität, Wasserstoff und Gebäudedämmung vorgesehen. In die digitale Transformation sollen über 14 Milliarden Euro fließen.

Lothar Gries, verändert

M4 Ein Hilfspaket für EU-Mitgliedstaaten

Bildung	Gesundheit	Kultur
digitaler Wandel	Werte, Rechte, Rechtsstaatlichkeit, Sicherheit	Migration
Wirtschaft, soziale Gerechtigkeit, Beschäftigung	**Umwelt, Klimaschutz und Energie**	**die EU in der Welt**
• Beschäftigung und Soziales • Regionalpolitik • gemeinsamer Binnenmarkt und Zollunion • gemeinsame Wettbewerbs- und Industriepolitik • Wirtschafts- und Währungsunion • gemeinsamer Dienstleistungsverkehr • Forschungs- und Innovationsförderung	• Europäischer Grüner Deal • gemeinsame Klimaschutz- und Umweltpolitik • Gemeinsame Agrarpolitik • Reisen, Verkehr • gemeinsame Energiepolitik • Meere und Fischerei	• EU-Nachbarschaftspolitik und Erweiterung • internationaler Handel • humanitäre Hilfe und Katastrophenschutz • Außen- und Sicherheitspolitik

M6 Handlungsfelder der EU heute

Frieden, Sicherung der Versorgung mit wichtigen Gütern wie Kohle und Stahl und gegenseitige Unterstützung beim Wiederaufbau nach dem Zweiten Weltkrieg – das waren die entscheidenden Ziele, welche Deutschland, Frankreich, Italien und die Beneluxländer 1951 dazu veranlassten, die Europäische Gemeinschaft für Kohle und Stahl zu gründen. Heute ist die EU zum größten Wirtschaftsraum der Welt mit 27 Mitgliedstaaten gewachsen.

Nach außen hin tritt die EU als geschlossenes Wirtschaftsgebiet auf. Doch die EU-Integration geht weit darüber hinaus. Dabei muss die EU stets den Kompromiss zwischen EU-Recht und nationalem Recht 27 souveräner Staaten suchen. Der Austritt des Vereinigten Königreichs aus der EU ist eine Konsequenz dieser Problematik, da viele Brexit-Befürworter das Gefühl hatten, die EU hätte zu großen Einfluss im eigenen Land. Trotz unbestreitbarer Erfolge gibt es eine Reihe von Herausforderungen. Nach wie vor gibt es räumliche Disparitäten. Neue Mitgliedstaaten und Beitrittskandidaten weisen starke Strukturschwächen auf. Es sind deshalb erhebliche Finanzmittel notwendig, um Niveauunterschiede zwischen den EU-Staaten auszugleichen. Parallel dazu wächst bei einigen Mitgliedern die Befürchtung, die Erweiterungen führten zur Überforderung der Gemeinschaft. Nach wie vor gibt es in der Gemeinschaft starke nationale Interessenvertretungen, z.B. in der Klimapolitik oder im Agrarbereich. Auch stößt die Übertragung der Souveränitätsrechte an die EU z.B. bei Fragen der Sicherheits- und Außenpolitik an ihre Grenzen. Problematisch ist zugleich die Frage der Legitimation der Europäischen Kommission und des Europäischen Parlaments. Das Parlament wird zwar direkt gewählt, hat aber nur eingeschränkte Kompetenzen. Die Kommission hat dagegen weitreichende Befugnisse, ist aber nicht direkt gewählt.

Reformbemühungen zielten unter anderem auf eine Änderung der Abstimmungsmodalitäten. Statt einer einvernehmlichen Einigung wird seit 2009 mit dem Vertrag von Lissabon mit qualifizierter Mehrheit entschieden (z.B Kürzung von EU-Geldern bei Rechtsstaatlichkeitsverstößen). Ein Beschluss muss z.B. im Ministerrat von mindestens 15 der 27 Mitgliedstaaten unterstützt werden (55% der Mitgliedstaaten). Zudem wird versucht, die Kompetenzen des Europäischen Parlaments durch stärkere Beteiligung der nationalen Parlamente bei der Rechtssetzung der EU zu stärken.

M5 Probleme der EU heute und in Zukunft

Link:
https://www.europarl.europa.eu/at-your-service/de/be-heard/eurobarometer

1 *a) Analysieren Sie ausgehend vom Logo der EU (Randspalte) anhand einer Umfrage in Ihrer Klasse Wahrnehmungen und Einstellungen zur EU.*
b) Nennen Sie Situationen oder Lebensbereiche, in denen Sie von der Arbeit der EU (un-)mittelbar betroffen sind (M4, M6).

2 *Beschreiben Sie die wesentlichen territorialen Entwicklungen Europas nach 1945 (Atlas).*

3 *Gliedern Sie die Entwicklung der Europäischen Union in Phasen (M1).*

4 *Erläutern Sie die Kompetenzen von Parlament, Kommission und Ministerrat der EU (M2).*

5 *Bewerten Sie, welches Problemfeld der EU Sie gegenwärtig für das wichtigste halten (M5).*

6 *Recherchieren Sie mithilfe der Eurobarometer-Umfrage der Europäischen Kommission Veränderungen der Wahrnehmung von Problemfeldern innerhalb der EU (Internet).*

Vertrag von Lissabon (2010): Artikel 174

„Die Union setzt sich insbesondere zum Ziel, die Unterschiede im Entwicklungsstand der verschiedenen Regionen und den Rückstand der am stärksten benachteiligten Gebiete zu verringern."

Wie die EU den Regionen hilft

Die Wirtschaftskraft der EU konzentriert sich in den zentral gelegenen Regionen des Städtefünfecks London – Hamburg – München – Mailand – Paris. Viele Regionen, vor allem an der Peripherie, sind dagegen schlechtergestellt. Daher verfolgt die EU das Ziel, durch **Kohäsionspolitik** (Kohäsion: Zusammenhalt) Disparitäten auszugleichen und divergierenden Entwicklungen entgegenzuwirken. Ein wichtiges Instrument sind Fördermittel aus Struktur- und Investitionsfonds der EU, mithilfe derer Hunderttausende Projekte in ganz Europa gefördert werden. Gebiete, die Fördermittel erhalten können, werden auf der Ebene der NUTS-2-Regionen ausgewiesen. Diese haben in der Regel zwischen 800 000 bis 3 Mio. Einwohner. Das BIP pro Kopf bestimmt, in welche Förderkategorie eine Region eingeordnet wird. Institutionen aus den Regionen können Fördermittel aus den EU-Struktur- und Investitionsfonds, z. B. EFRE und ESF, beantragen. Dabei gilt in der Regel das Prinzip der Kofinanzierung: Die Empfänger der Fördermittel müssen einen Eigenanteil beisteuern. Beispielsweise fließen beim Neubau eines Fahrradparkhauses in Eberswalde (Kosten: 2,2 Mio. Euro) bis zu 1,7 Mrd. Euro aus dem EFRE ein. Nach Schätzungen mobilisiert jeder Euro aus EU-Fördermitteln bis zu drei Euro an weiteren Investitionen. Es wird erwartet, dass die getätigten Investitionen mittel- oder langfristig die wirtschaftliche und soziale Entwicklung einer Region stärken. Für die Förderperiode 2021 – 2027 stehen rund 400 Milliarden Euro bereit, die auf verschiedene Fonds verteilt werden.

M2 EFRE-Förderung für die Stadt Eberswalde

M1 Förderfähigkeit im Rahmen der Kohäsionspolitik (im Zeitraum zwischen 2021 und 2027)

weniger entwickelte Regionen
- 27 % der EU-Bevölkerung
- BIP/Kopf: < 75 % des EU-Durchschnitts
- Budget 2021 – 2027: 227 Mrd. Euro

Übergangsregionen
- 12 % der EU-Bevölkerung
- BIP/Kopf: 75 bis 100 % des EU-Durchschnitts
- Budget 2021 – 2027: 54 Mrd. Euro

höher entwickelte Regionen
- 61 % der EU-Bevölkerung
- BIP/Kopf: > 100 % des EU-Durchschnitts
- Budget 2021 – 2027: 31 Mrd. Euro

Daten nach: https://cohesiondata.ec.europa.eu

M3 Förderregionen der Kohäsionspolitik

EFRE: Der Europäische Fonds für regionale Entwicklung finanziert z. B. Infrastrukturmaßnahmen, beschäftigungswirksame Investitionshilfen für kleinere/mittlere Unternehmen und unterstützt die regionale/lokale Entwicklung und Zusammenarbeit. Budget: 226 Mrd. Euro
ESF: Der Europäische Sozialfonds unterstützt die Beschäftigungs- und Sozialpolitik (z. B. Berufsqualifizierung, berufliche Integration Jugendlicher, Wiedereingliederung Langzeitarbeitsloser). Budget: 99 Mrd. Euro

M4 Beispiele für Strukturfonds der EU (2021 – 2027)

100800-100 www.diercke.de

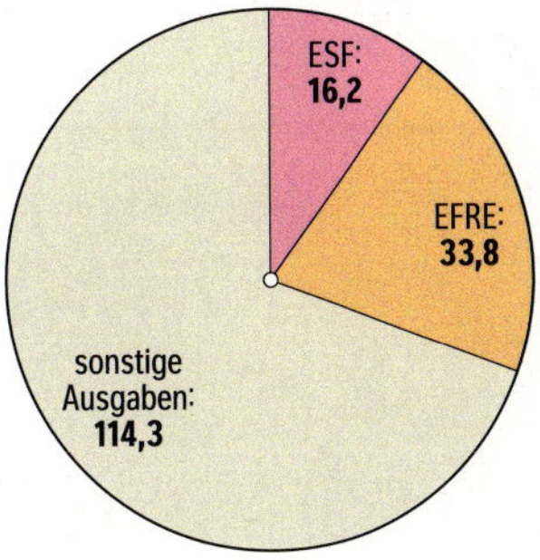

M5 Bedeutung von ESF- und EFRE-Mitteln im Gesamt-EU-Haushalt in Mrd. Euro (2021)

Staat	Mittel aus EFRE und ESF	
	insgesamt	pro Kopf
Deutschland	17,4 Mrd. €	209 €
Estland	2,4 Mrd. €	1803 €
Frankreich	15,7 Mrd. €	233 €
Italien	41,2 Mrd. €	692 €
Polen	62,3 Mrd. €	1642 €
Portugal	19,0 Mrd. €	1843 €
Slowakei	10,8 Mrd. €	1923 €
Spanien	34,7 Mrd. €	733 €
Tschechien	13,2 Mrd. €	1246 €

Quelle: Europäische Kommission

M8 Mittel aus dem EFRE und dem ESF in der Förderperiode 2021 – 2027

Weitere strukturrelevante EU-Fonds:

- ***Kohäsionsfonds*** *zur Förderung einer nachhaltigen Entwicklung (Schwerpunkte sind Verkehrsnetze und Umwelt)*
- ***Europäischer Landwirtschaftsfonds für die Entwicklung des ländlichen Raums*** *(ELER)*
- ***Fonds für einen gerechten Übergang*** *(JTF) für Regionen, die von der Energiewende stark betroffen sind*
- ***INTERREG*** *umfasst Projekte rund um europäische territoriale Zusammenarbeit*

In der Periode 2007 bis 2013 haben die ostdeutschen Bundesländer rund zwölf Milliarden Euro an Fördermitteln aus den Struktur- und Investitionsfonds der Europäischen Union erhalten.
In der Periode 2014 bis 2020 zählte keine dieser Regionen zu den am höchsten geförderten Gebieten, denn das Bruttoinlandsprodukt pro Kopf lag hier überall über 75 Prozent des EU-Durchschnitts. Viele der Regionen in Ostdeutschland erhalten deshalb 20 bis 40 Prozent weniger EU-Fördermittel. Die Region Leipzig fällt sogar vollständig aus der Förderung heraus.

M6 Regionen fallen aus der Höchstförderung

Welche Bedeutung messen Sie den europäischen Strukturfonds für das Zusammenwachsen der europäischen Regionen bei? Sehen Sie hier Reformbedarf?
Voss: Die Grundidee, die wirtschaftlich schwachen Gebiete in der Union zu fördern, ist in jedem Fall sinnvoll und sie funktioniert grundsätzlich auch gut. Natürlich gibt es dabei trotz aller Kontrolle der hohen Summen, die ausgeschüttet werden, auch Missbrauch, der sich aber im Rahmen hält. Die großen Ziele der Strukturförderungen sind vor jeder Förderperiode hart umkämpft, weil sich letztlich daraus die Höhe der Gelder für das jeweilige Mitgliedsland ableiten lässt. Aber das ist ein zwangsläufiger Prozess. Ich glaube, dass wir bei der Strukturpolitik insgesamt zu guten Ergebnissen im Sinne eines europäischen Zusammenwachsens kommen.

Stellen Sie sich vor, ein Bürgermeister einer deutschen Kommune kommt auf Sie zu und fragt: „Herr Voss, was bringt Europa meiner Gemeinde?" Was würden Sie ihm antworten?
Voss: Das hängt entscheidend davon ab, woher er kommt. Dem Bürgermeister einer Kleinstadt am Rhein antworte ich, dass die EU u.a. den Hochwasserschutz bei ihm vor Ort mit ermöglicht. Dem Ortvorsteher eines Touristenortes würde ich sagen, dass er sich durch die EU einen neuen Rad- oder Wanderweg kofinanzieren lassen kann. Dem Oberbürgermeister einer Großstadt zeige ich auf, dass die EU massiv Projekte in der Aus- und Weiterbildung fördert. Das sind nur drei Beispiele aus der Vielzahl an Möglichkeiten, die „Europa" zur Verfügung stellt. Die Kommunen müssen diese Möglichkeiten nutzen!

Axel Voss im Interview mit Volker Kronenberg

M7 Axel Voss, Abgeordneter im Europäischen Parlament, zur EU-Förderung von Kommunen und Gemeinden

1 *Nennen Sie Instrumente und Ziele der Kohäsionspolitik auf EU-Ebene (M1 – M5, Randspalte).*

2 *a) Nennen Sie fünf Staaten oder Regionen, die besonders stark gefördert werden (M1, M3, M8).*
b) Ordnen Sie Deutschland in Bezug auf die Förderfähigkeit ein (M1, M3).
c) Recherchieren Sie in Ihrer Heimatregion nach entsprechenden Förderprojekten (Projekt, Ziele, Fördersumme, Ergebnisse, Bewertungen).

3 *Eine Region verliert die EU-Höchstförderung. Erörtern Sie die Hintergründe und Folgen (M6).*

4 *Gleiche Lebensstandards in der EU? Erörtern Sie kritisch die Erfolgsaussichten der EU-Kohäsionspolitik (M6, M7).*

M1 Die Völklinger Hütte: eine ehemalige Eisenhütte und heute UNESCO-Weltkulturerbe sowie Zentrum für Kunst und Kultur

M4 Blick auf das Europäische Viertel auf dem Kirchberg-Plateau in der Stadt Luxemburg, Europäischer Rechnungshof, Investitionsbank, Eurostat

Grenzüberschreitende Kooperationen und ihre Förderung durch die EU

Rund 185 Millionen EU-Bürger leben in Grenzgebieten, die oft wirtschaftlich schwächer entwickelt sind als zentrale Landesteile. Andererseits bestehen gerade in Grenzregionen auch große Entwicklungspotenziale. Ein Beispiel für eine grenzüberschreitende Kooperation ist die Großregion Saar-Lor-Lux.

Mehrere Teilregionen arbeiten in verschiedenen Bereichen wie Wirtschaft, Infrastruktur, Verwaltung, Soziales und Kultur zusammen. Solche grenzüberschreitenden Kooperationen werden von der EU als **Europaregionen** ausgewiesen (auch Euroregion, Euregio). Darüber hinaus gibt es Kooperationsformen wie z. B. Städtenetze oder Hochschulnetze.

Interreg ist eine Initiative der Europäischen Union zur Förderung der grenzüberschreitenden territorialen Zusammenarbeit, an der sich auch Organisationen aus Nicht-EU-Staaten beteiligen können. Die INTERREG-Programme zielen seit ihrem Start 1990 darauf ab, die grenzüberschreitende, transnationale und interregionale Kooperation zu stärken. Die Finanzmittel aus den EU-Fonds für Kohäsionspolitik unterstützen zunächst vor allem administrative und kulturelle Zusammenarbeit. Inzwischen wurden die Anzahl der Programme und die Höhe der Fördermittel ausgeweitet. Die Teilnehmer (Behörden, Hochschulen, Unternehmen und Vereine, aber auch private Initiativen) entwickeln gemeinsam Netzwerke für das Zusammenwachsen der Regionen und eine gemeinsame Raumentwicklung. Ziel ist es, Europa wettbewerbsfähiger zu gestalten und CO_2-Emissionen einzusparen. Weitere Themenbereiche sind die stärkere Vernetzung und ein sozialeres und bürgernäheres Europa.

M2 Die INTERREG-Programme der EU

Die Großregion Saar-Lor-Lux umfasst Grenzgebiete in Belgien, Frankreich, Deutschland und Luxemburg mit mehr als 11,7 Mio. Einwohnern. Der Großteil der Bewohner betrachtet die Grenzregion als „Montandreieck“, doch gehören auch Regionen wie Rheinland-Pfalz und Teile Belgiens, die nicht durch die Montanindustrie geprägt waren, zum Kooperationsraum.
Die Großregion verzeichnet die höchste grenzüberschreitende Mobilität von Arbeitnehmern der EU. Im Jahr 2019 pendelten täglich fast 250 000 Personen über die Grenzen, darunter 197 000 nach Luxemburg. Die EU fördert die grenzüberschreitende Zusammenarbeit der Großregion mit 233 Mio. Euro (2021 – 2027), davon kommen 140 Mio. Euro aus dem Europäischen Fonds für Regionale Entwicklung (EFRE). Hauptziel ist, die grenzüberschreitende Mobilität von Arbeitskräften durch Investitionen im Bereich Verkehr sowie die allgemeine und berufliche Bildung zu verbessern.

M5 Die Großregion Saar-Lor-Lux

	EU	Luxemburg	Belgien (Provinz Luxembourg)	Belgien (Wallonie)	Deutschland		Frankreich (Lorraine)
					Saarland	Rheinland-Pfalz	
BIP/Kopf (KKS)	30 200	79 300	21 800	25 700	32 800	33 100	22 400
Arbeitslosenquote (%)	7,3	5,6	5,6	8,5	3,6	3,1	9,8

Quelle: Eurostat, www.grande-region.lu

M3 BIP/Kopf und Arbeitslosenquote (in Bezug auf die Bevölkerung im Alter von 15 bis 74 Jahren), Großregion Saar-Lor-Lux, 2018

100800-046 www.diercke.de

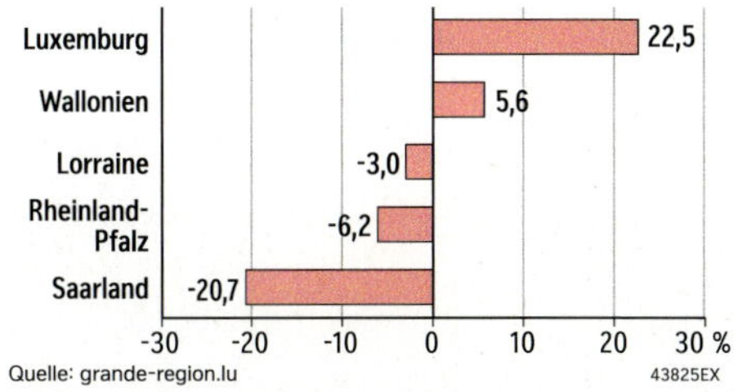

M6 Bevölkerungsprojektion der Großregion Saar-Lor-Lux 2021 – 2050

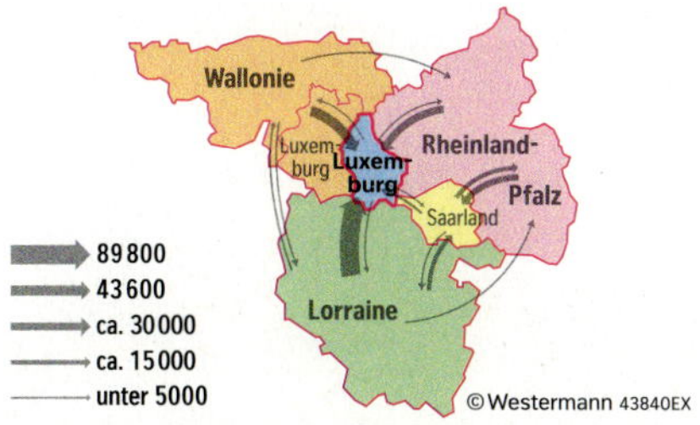

M9 Ein- und Auspendler in der Großregion Saar-Lor-Lux (2018)

Der Abbau von administrativen und rechtlichen Hindernissen an den Grenzen ermöglicht, dass die Städte Metz (Frankreich), Saarbrücken und Trier (Deutschland) sowie Luxemburg, die nicht mehr als 70 Kilometer voneinander entfernt sind, ihre Ressourcen bündeln. Ihr Zusammenschluss trägt den Namen Quattropole. Die Einwohner von Trier können den Flughafen in Luxemburg nutzen (Fahrzeit mit dem Bus: 50 Minuten). Im regionalen Zugverkehr wurde das Saar-Lor-Lux-Tagesticket eingeführt.
Die vier Städte haben ein Tourismuskonzept ausgearbeitet und werben gemeinsam um Besucher, zum Beispiel mit der Radroute „Saar-Lor-Lux". Projekte zum Sprachenlernen und zum Schüleraustausch verbessern Bildung und Qualifikation der Menschen in der Region.

M7 Das Städtenetz Quattropole

Schwerpunkte	Projekte	Kosten (EFRE-Anteil) in Mio. Euro
Prioritätsachse 1: Voranbringen der Entwicklung eines integrierten Arbeitsmarktes durch die Förderung von Bildung, Ausbildung und nachhaltiger Mobilität	17	30,2
Prioritätsachse 2: Förderung einer umweltfreundlichen Entwicklung der Großregion und einer Verbesserung des Lebensumfelds	20	49,0
Prioritätsachse 3: Verbesserung der Lebensbedingungen	14 + 32 Mikroprojekte	25,7
Prioritätsachse 4: Steigerung der Wettbewerbsfähigkeit und Attraktivität der Großregion	24	38,6

Quelle: www.interreg-gr.eu

M10 75 geförderte Projekte in der Großregion zwischen 2014 – 2020

- Ein Berufsschüler aus Belgien konnte seine Lehre nicht nahe seines Heimatortes in Frankreich machen, weil Lehrlinge in den beiden Ländern einen unterschiedlichen Status haben. [...]
- Belgische Patientinnen und Patienten, die dreimal pro Woche 200 km zur Dialyse reisen mussten, können nun die Behandlung 3 km von zu Hause auf der anderen Seite der Grenze in Frankreich durchführen lassen, da die die beiden Mitgliedstaaten Vereinbarungen zur gemeinsamen Nutzung von Ressourcen im Gesundheitswesen unterzeichnet haben. [...]
- Es kommt vor, dass Feuerwehrleute an der Grenze warten müssen, bevor ihnen erlaubt wird, ihren Kolleg*innen auf der anderen Seite der Grenze zu helfen. [...]
- Unternehmen, die grenzübergreifend tätig sind, geben für die wichtigsten Verfahren 60 % mehr aus als Unternehmen, die nur im Inland operieren. Grund hierfür sind u. a. die zusätzlichen Übersetzungs- und Bescheinigungskosten.

Europäische Kommission, Mitteilung der Kommission an den Rat und das Europäische Parlament

M8 Leben in der Grenzregion

1 *Ordnen Sie die Großregion Saar-Lor-Lux (M9) innerhalb der EU ein: Lage, Wirtschaftsstruktur, Verkehrsanbindung, Sitz von EU-Institutionen, räumliche Disparitäten (Atlas, M1, M3, M4).*

2 *Beschreiben Sie räumliche Gegensätze und Beziehungen in der Großregion (M3, M9).*

3 *Erläutern Sie, wie die EU die grenzüberschreitende Zusammenarbeit in der Großregion Saar-Lor-Lux fördert (M2, M5, M7 – M10).*

4 *Recherchieren Sie Beispiele für grenzübergreifende Zusammenarbeit in Ihrer Heimatregion bzw. Ihrem Bundesland und beschreiben Sie deren Aufgabenfelder und Herausforderungen.*

5 *Diskutieren Sie die Aussage: „Einer Grenzregion entstehen durch ihre Lage gravierende Nachteile, die von Vorteilen auf einzelnen Gebieten nicht aufgewogen werden."*

M1 Prager Burg

M3 Hrad in Bratislava

Integration in die EU – Tschechien und Slowakei

Tschechien und die Slowakische Republik zählen in Europa nach ihrer Fläche und Bevölkerung zu den kleinen Staaten. Seit 1990 haben sie eine Transformation durchlaufen. Ein wichtiger Schritt war die Integration in die EU. Dadurch wurden starke wirtschaftliche, politische und soziale Impulse gesetzt. Die Regionen haben sich aber unterschiedlich entwickelt: Beide Staaten sind heute durch räumliche Disparitäten geprägt und weisen unterschiedliche Voraussetzungen für die zukünftige Entwicklung auf. Die Automobilproduktion spielt in beiden Staaten eine große Rolle. Die Standortbedingungen sind jedoch unterschiedlich zu bewerten.

- Das politische System entwickelte sich von einem sozialistischen Staat nach Vorbild der UdSSR zu parlamentarischen Demokratien. Der gemeinsame Staat Tschechoslowakei zerfiel 1993 in zwei unabhängige Staaten.
- In der Wirtschaft trat die Marktwirtschaft an die Stelle der Planwirtschaft, die unter anderem auf zentraler Lenkung, staatlicher Festlegung von Preisen und verstaatlichtem Eigentum an Produktionsmitteln beruhte.
- Nach dem Zerfall der Bündnissysteme in Osteuropa wurden beide Staaten 1999 Mitglieder der NATO und 2004 Mitglieder der EU.
- Seit 2007 gehören beide Staaten dem Schengenraum an. An den Staatsgrenzen finden keine festen Kontrollen mehr statt. Es besteht uneingeschränkte Reisefreiheit.
- Die Slowakei hat 2009 den Euro eingeführt. In Tschechien scheiterte dies 2010 an Vorbehalten der Regierung.

M2 Tschechien und Slowakei – Etappen des Transformationsprozesses

Im 9. Jahrhundert existierte auf dem Gebiet der heutigen Staaten Slowakei und Tschechien das Großmährische Reich. Nach seinem Ende wurde die Slowakei für fast 1000 Jahre zur ungarischen Provinz, während der westliche Teil mit Mähren und Böhmen ab 1526 dem Machtbereich der Habsburger einverleibt wurde, dem späteren Österreich.

Im 19. Jahrhundert wuchs überall in Europa das Streben nach nationaler Unabhängigkeit. Doch erst nach dem Ersten Weltkrieg bot sich mit dem Zerfall Österreich-Ungarns für die Tschechen und Slowaken die Chance auf einen eigenständigen Staat, der 1918 als Tschechoslowakische Republik proklamiert wurde. Neben sechs Millionen Tschechen und zwei Millionen Slowaken lebten mehr als drei Millionen Sudetendeutsche und 600 000 Ungarn in diesem neuen Staat. Er wurde von einem industrialisierten Westen und einem agrarisch dominierten Osten geprägt.

1938 bis 1945 stand Tschechien unter deutscher Besatzung. Die Slowakei blieb formell unabhängig, besaß aber eine Deutschland zugewandte Regierung. Der Einmarsch der Roten Armee beendete 1945 die deutsche Fremdherrschaft. Es kam zur Gründung der ČSSR (Tschechoslowakische Sozialistische Republik). Die Industrie gelangte in staatliche Hände. Der wirtschaftlich rückständigere slowakische Teil profitierte von den Industrieansiedlungen.

1989 beendete die „samtene Revolution“ die sozialistische Ära. Schon bald kam es z. B. beim Übergang zu neuen Eigentums- und Wirtschaftsstrukturen zu Konflikten zwischen den Teilrepubliken. Deshalb einigten sich die Regierungen Tschechiens und der Slowakei einvernehmlich auf eine Teilung zum 1.1.1993.

M4 Aus der Geschichte beider Staaten: von der Fremdbestimmung zur Eigenständigkeit

M5 Witkowitzer Eisenwerke in Ostrava, Tschechien – heute ein Industriedenkmal

M9 Volkswagen-Werk in Bratislava, Slowakei

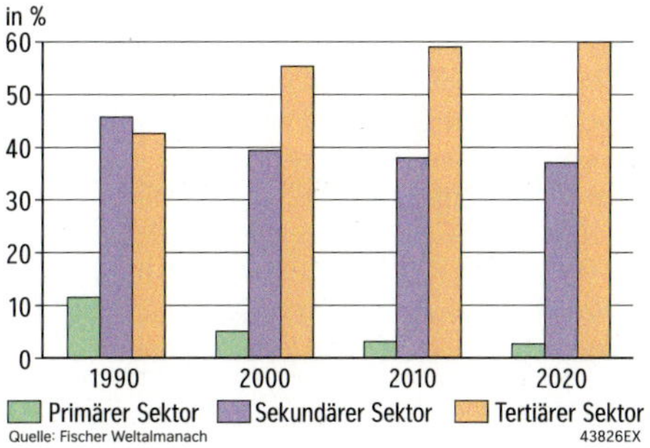

M6 Anteil der Erwerbstätigen in % in Tschechien

Tschechien			
EFRE-Mittel (in Euro)		ESF-Mittel (in Euro)	
2014–2020	2021–2027	2014–2020	2021–2027
12,1 Mrd.	10,5 Mrd.	3,4 Mrd.	2,7 Mrd.

Slowakei			
EFRE-Mittel (in Euro)		ESF-Mittel (in Euro)	
2014–2020	2021–2027	2014–2020	2021–2027
7,4 Mrd.	8,4 Mrd.	2,2 Mrd.	2,4 Mrd.

M10 Fördermittel aus der EU-Regionalpolitik

Information:
Mit Ausnahme der beiden Hauptstädte Prag und Bratislava (mit einem BIP pro Kopf über dem EU-Durchschnitt) und den südlichen Regionen Tschechiens gehören alle Regionen Tschechiens und der Slowakei zu den am stärksten geförderten Gebieten der EU.

Slowakei:
6300 neue Arbeitsplätze; 111 km sanierte und aufgewertete Bahnstrecken; 170 km neue Straßen; 436 km sanierte Straßen; 27 km neue Straßenbahn- und U-Bahn-Linien; neue Kapazitäten für Müllrecycling (200 000 t/Jahr); 20 000 ha Land unter besserem Naturschutzstatus; 4600 Unternehmen mit neuen Produkten, 624 MW mehr Ökostromkapazitäten; 4,4 Mio. Menschen mit besserer Gesundheitsversorgung; renovierte Schulen für 180 000 Personen

Tschechien:
20 000 neue Arbeitsplätze; 700 000 Touristen mehr pro Jahr; 95 km sanierte Bahnstrecken; 269 km neue und 777 km sanierte Straßen; 8 km neue Straßenbahn-/U-Bahn-Linien; Kapazitäten für Müllrecycling (700 000 t/Jahr); 14 000 ha Land unter besserem Naturschutzstatus; schnelles Internet für 500 000 Haushalte; 100 MW mehr Ökostromkapazitäten; Energieverbrauch öffentlicher Gebäude senken (27 Mio. kWh/Jahr); renovierte Schulen für 241 000 Personen

M7 Ziele der EU-Regionalpolitik für die Periode 2014 bis 2020 in der Slowakei und Tschechien (Auswahl)

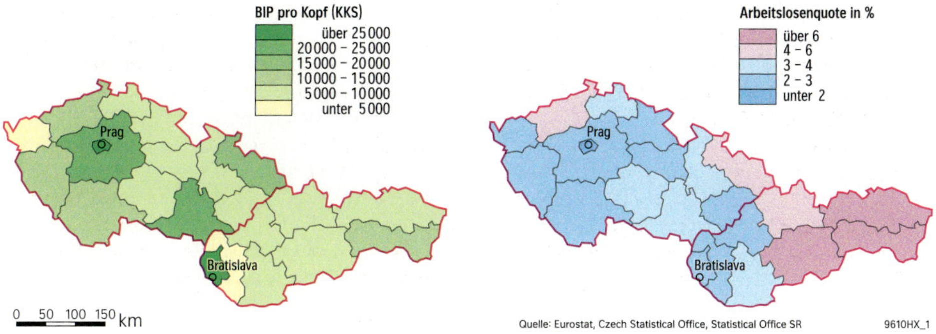

M8 Links: BIP pro Kopf in KKS (2018) nach NUTS-3-Regionen, rechts: Arbeitslosenquote (2018) nach NUTS-3-Regionen

Stellenwert der Automobilindustrie in Tschechien (2019):

- *20 % der Exporte*
- *150 000 Arbeitsplätze*
- *1,4 Mio. Fahrzeuge pro Jahr (Rang 15 weltweit)*

In Tschechien liegt mit dem vom Bergbau und von der Schwerindustrie geprägten Mähren-Schlesien und dessen Zentrum Ostrava eines der ältesten Industriegebiete Europas. Ende der 1980er-Jahre stellten dort drei staatliche Großbetriebe mit über 170 000 Beschäftigten mehr als ein Viertel aller Arbeitsplätze. Der wirtschaftliche Umbruch führte 1990 in der Region wie in ganz Tschechien zu einem Einbruch der Industrieproduktion.
Im Vergleich zur Slowakei besaß Tschechien 1993 aber eine breite industrielle Basis. Neben der Privatisierung der volkseigenen Betriebe und einer veränderten Wirtschaftspolitik wandelte sich seitdem auch die Produktionsstruktur. Die nötigen Einschnitte im Zuge der Transformation wurden in Tschechien vergleichsweise rasch vollzogen. Damit bestanden günstige Voraussetzungen für einen wirtschaftlichen Aufschwung.

Als Problem vieler Unternehmen erwies sich aber der Kapitalmangel, der notwendige Investitionen in die Modernisierung der Produktionsanlagen erschwerte. Eine Möglichkeit, diesen Mangel zu beheben, bestand darin, Finanzmittel ausländischer Unternehmen (**ausländische Direktinvestitionen, ADI**) nach Tschechien zu locken. Diese brachten neben Kapital auch Know-how, Technologien und potenzielle Absatzmärkte ein. Die Investitionen waren für die ausländischen Unternehmen profitabel, weil die Standortfaktoren im europäischen Vergleich günstig waren. So gab es gut ausgebildete Fachkräfte, die Arbeitskosten waren niedrig, es existierte ein investitionsfreundliches Umfeld und die zentrale Lage in Mitteleuropa überzeugte, was wiederum günstig für die Organisation der Zuliefer- und Absatzbeziehungen war. Die Produktivität und die Qualität der Produkte waren hoch. Als eine der entscheidenden Branchen für den Aufschwung erwies sich die Automobilindustrie. Deren Schlüsselunternehmen Skoda wurde Teil des Volkswagen-Konzerns.

Die ausländischen Direktinvestitionen stärkten zusammen mit der Integration Tschechiens in die EU sowie den Fördermitteln aus der EU-Kohäsionspolitik den Aufschwung des Staates. Aber der Einfluss ausländischer Investoren ist hoch: Gegenwärtig werden zwei von drei Exportgütern in tschechischen Betrieben hergestellt, die ausländischen Unternehmen gehören. Als Problem erweist sich zudem die regional ungleiche Verteilung: Prag erhielt 2013 mehr als die Hälfte der ausländischen Direktinvestitionen, die Mährisch-Schlesische Region dagegen weniger als sieben Prozent.

M11 Wie hat sich die Wirtschaft Tschechiens seit 1990 entwickelt?

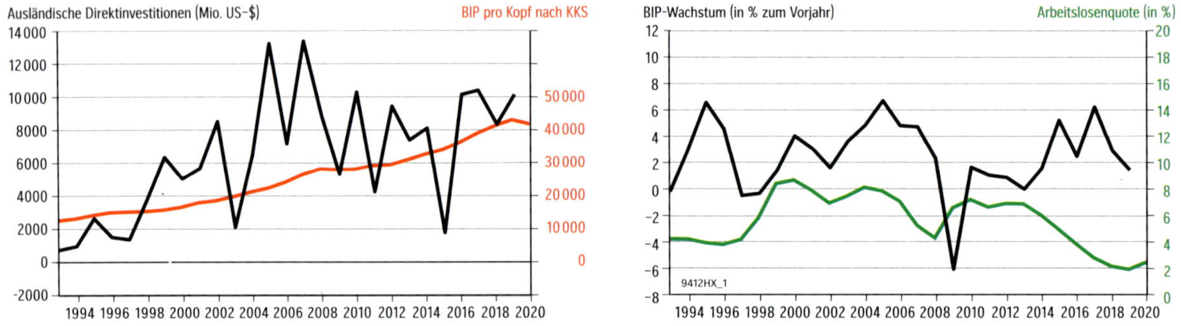

M12 Tschechien: Entwicklung der ausländischen Direktinvestitionen und der Wirtschaft

Herkunftsländer:

- 67,8 % aus den fünf Staaten Niederlande, Luxemburg, Deutschland, Österreich und Frankreich

Zielbranchen:

- 31,5 % Finanz- und Versicherungsaktivitäten;
- 328,3 % Industrie;
- 33 % sonstige Dienstleistungen

(Quelle: Czech National Bank)

M13 Ausländische Direktinvestitionen in Tschechien im Jahr 2019

100800-100 www.diercke.de

Die slowakische Hauptstadt Bratislava liegt im Dreiländereck mit Österreich und Ungarn. Die zentrale Lage in Europa ist ein wichtiger Faktor für die wirtschaftliche Entwicklung seit Ende der 1990er-Jahre. Die Altstadt wurde restauriert, und ausländische Konzerne bauten neue Fabriken.

In Bratislava wie in der gesamten Slowakei brach die Wirtschaft mit Beginn der Transformation drastisch ein. Die Slowakei hatte besondere Probleme, weil auf ihrem Territorium Betriebe der Rüstungs- und der Schwerindustrie konzentriert waren. Deren Absatzmärkte fielen fast vollständig weg.
Nach 1994 verzeichnete die Slowakei ein Wirtschaftswachstum, zunächst angekurbelt durch hohe staatliche Investitionen im Bausektor. Die Privatisierung der Wirtschaft kam nur schleppend voran. Reformen z. B. im Banken- und Versicherungssektor und der Rechtsprechung blieben aus. Ausländischen Investoren blieb der Zugang zu strategisch wichtigen Betrieben verwehrt.
Dies änderte sich ab 1998 infolge eines politischen Machtwechsels, der zu einem ausgesprochen investitionsfreundlichen Klima führte. Seitdem können auch ausländische Investoren Anteile an ehemaligen Staatsbetrieben übernehmen. Attraktive Steuervergünstigungen, die Schaffung von Industrieparks sowie die Förderung von Industrieansiedlungen mit staatlichen Mitteln lockten ausländische Direktinvestitionen in die Slowakei. Die Unternehmen profitierten von zahlreichen positiven Standortfaktoren sowie ab 2004 vom Beitritt der Slowakei zur EU.

Der wirtschaftliche Boom ist im Raum Bratislava am stärksten ausgeprägt (2018: 28 Prozent des BIP der Slowakei bei acht Prozent der Einwohner). Zeitweise flossen 75 Prozent der ausländischen Direktinvestitionen in dieses Gebiet. Heute ist die regionale Verteilung nahezu ausgeglichen.
Der Aufschwung wird in der Slowakei vor allem von der Automobilindustrie getragen. Volkswagen, Toyota-Peugeot-Citroën und KiaHyundai haben hier Produktionsstätten. Clusterartige Strukturen bildeten sich heraus. In wenigen Jahren entstand ein Produktionszentrum von Weltrang.
Die Standorte der Autoindustrie in der Slowakei belegen, dass global agierende Unternehmen zwischen zentralen Standorten mit Verwaltung, Forschung, Entwicklung und Marketing einerseits und Produktionsstandorten differenzieren. Gegenwärtig bemüht sich der Staat darum, Forschungs- und Entwicklungsaktivitäten in der Slowakei zu etablieren (z. B. durch Steuervergünstigungen).

M14 Wie hat sich die Wirtschaft der Slowakischen Republik seit 1990 entwickelt?

Stellenwert der Automobilindustrie in der Slowakei (2019):

- *50 % Anteil an der gesamten Industrieproduktion*
- *452 000 direkte und indirekte Arbeitsplätze*
- *1,1 Mio. Fahrzeuge pro Jahr (Rang 19 weltweit)*

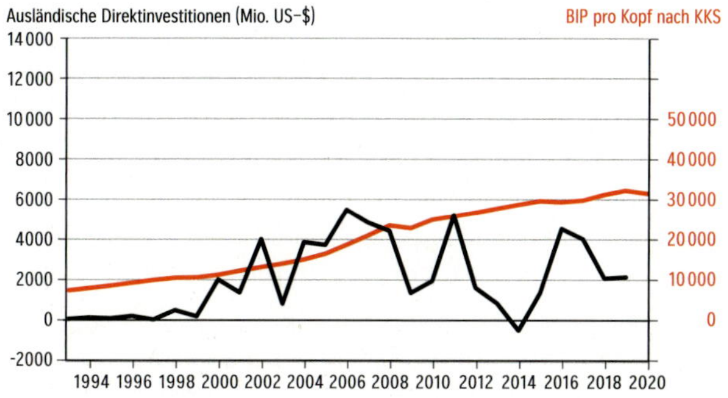

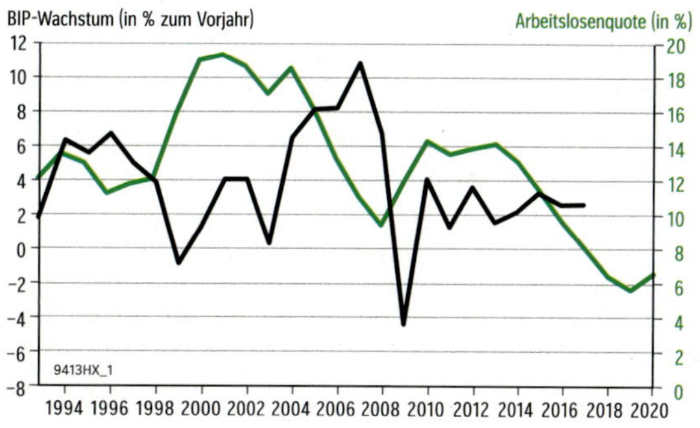

M15 Slowakei: Entwicklung der ausländischen Direktinvestitionen und der Wirtschaft

1 *Beschreiben Sie den Transformationsprozess der beiden Staaten seit 1990 (M2, M4, M11, M14).*

2 *a) Erläutern Sie die Bedeutung ausländischer Direktinvestitionen für diesen Prozess (M11, M14).*
b) Erläutern Sie die Bedeutung des EU-Beitritts für diesen Prozess (M2, M7, M10).

3 *Analysieren Sie regionale Disparitäten in Tschechien und der Slowakei (M8, M13, Atlas, Eurostat).*

4 *Entwickeln Sie Zusammenhänge zwischen dem EU-Beitritt, den ausländischen Direktinvestitionen, der Entwicklung des BIP und der Entwicklung der Arbeitslosenquoten ...*
a) ... für Tschechien (M12),
b) ... für die Slowakei (M 15).

5 *Erstellen Sie eine Liste von Gemeinsamkeiten der Raumentwicklung Tschechiens und der Slowakischen Republik.*

6 *Analysieren Sie die Zukunft der Automobilindustrie in Tschechien und der Slowakei (Internet).*

Handel in der EU – zum Vorteil aller Beteiligten?

Der weltweite Handel hat seit den 1990er-Jahren erheblich zugenommen. Er wächst gegenwärtig sogar stärker als die Weltwirtschaft selbst. Im Zeitraum 2015 bis 2019 stiegen die Exporte von Waren pro Jahr um durchschnittlich 3,5 %, die Wirtschaftsleistung stieg dagegen nur um 2,1 %. Darin spiegelt sich die Globalisierung der Wirtschaft und zunehmende Verflechtung im Handel wider. Die Coronakrise hat seit 2020 beträchtliche Auswirkungen auf die Wirtschaftsleistung. Trotzdem bleibt die EU mit ihrem starken Binnenmarkt eine der am stärksten nach außen orientierten Volkswirtschaften der Welt.

Die EU – eine Freihandelszone

Die besondere Stellung der Europäischen Union in der Weltwirtschaft liegt unter anderem darin begründet, dass die EU ein wirtschaftlich und finanziell sehr stark integrierter Raum ist: Zwischen den Mitgliedstaaten findet ein weitgehend freier Handel statt. Zölle, Mengenbegrenzungen oder ähnliche Handelshemmnisse, die Exporte oder Importe verteuern und erschweren, gibt es innerhalb der EU nicht mehr. Produkte und Dienstleistungen können dort eingekauft werden, wo sie am günstigsten und qualitativ besten sind. Davon profitiert die Wirtschaft, da sie so günstiger produzieren kann. Als Erklärungsmodelle des Freihandels dienen Außenhandelstheorien, zum Beispiel die Theorie der **komparativen Kostenvorteile**, die zunehmend kritisch bewertet wird, oder die Theorie von Krugman. Eine Gegenposition zum Freihandel ist der **Protektionismus**. Er wurde z. B. von Singapur praktiziert, um eine eigene Wirtschaft aufzubauen.

Protektionismus
beschreibt die Importbeschränkung zum Schutz der heimischen Wirtschaft, zur Vermeidung einseitiger Produktionsstrukturen sowie die Sicherung der Versorgung und der Arbeitsplätze durch Schutzzölle und Einfuhrbeschränkungen.

M2 Der Containerverkehr als Rückgrat und Motor des Welthandels

Die Theorie der komparativen Kostenvorteile entwickelte der britische Wirtschaftswissenschaftler David Ricardo (1772–1823). Der Theorie nach sollte sich jeder Staat auf die Produktion bestimmter Waren spezialisieren und diese Waren gegen andere benötigte Waren eintauschen. Auf diese Weise würden der Staat und seine Handelspartner mehr Waren erhalten als durch Selbstversorgung mit allen Gütern. Deshalb profitierten auch Staaten vom Handel, die technologisch unterschiedlich entwickelt beziehungsweise verschieden groß sind oder eine abweichende Ausstattung mit Produktionsfaktoren wie Arbeitskräfte und Kapital aufweisen. Die Theorie kann vereinfacht an zwei Staaten dargestellt werden. Allerdings muss berücksichtigt werden, dass in derartige Rechnungen vereinfachende Annahmen eingehen:
- Freihandel, der nicht durch Handelshemmnisse wie Zölle reguliert ist,
- Reduktion auf zwei Staaten, die nur zwei Produkte herstellen, benötigen und handeln,
- freier Wettbewerb auf den Märkten der Staaten,
- gleiche Löhne in beiden Produktionszweigen.

M3 Theorie der komparativen Kostenvorteile

1043HX_1

	Land A		**Land B**		
Arbeitskräfte	200		100		
Bedarf	600 Käse, 600 Brote		1000 Käse, 1000 Brote		
Situation 1	**Käse**	**Brote**	**Käse**	**Brote**	**Gesamtproduktion (in Stück)**
Arbeitskräfte	150	50	50	50	Käse 1600, Brote 1600
Produkte je Arbeitskraft	4	12	20	20	
Produkte insgesamt	600	600	1000	1000	**Erlöse**
Wert pro Stück	9,00€	4,00€	9,00€	4,00€	Land A 7800,00€; Land B 13000,00€; Summe 20800,00€
Erlöse	5400,00€	2400,00€	9000,00€	4000,00€	
Situation 2		**Brote**	**Käse**		**Gesamtproduktion (in Stück)**
Arbeitskräfte		200	100		Käse 2000, Brote 2400
Produkte je Arbeitskraft		12	20		
Produkte insgesamt		2400	2000		**Erlöse**
Wert pro Stück		3,80€	8,60€		Land A 9120,00€; Land B 17200,00€; Summe 26320,00€
Erlöse		9120,00€	17200,00€		

M1 Modellrechnung zu den komparativen Kostenvorteilen: Produktionsmengen / Erlöse zweier Staaten

100800-100 www.diercke.de

Der Ökonom Paul Krugman griff 1979 die Idee des komparativen Kostenvorteils auf und modifizierte diese. In seinem Modell funktionierte der komparative Kostenvorteil nur bedingt. Krugman versuchte zu klären, warum mehr als die Hälfte des internationalen Handels intra-industriell stattfindet, also als Handel von ähnlichen Produkten. So würden Staaten mit ähnlicher Faktorausstattung und ähnlichem Konsumverhalten Handel betreiben. Auch würden diese Staaten häufig mit gleichen Gütern handeln. Frankreich etwa kauft Autos von Deutschland, während es selbst Pkw nach Deutschland exportiert. Diese Annahmen existierten nicht bei der Theorie der komparativen Kostenvorteile, nach der Handel vor allem zwischen sehr unterschiedlichen Staaten hätte stattfinden müssen. Krugman geht hingegen davon aus, dass jedes Unternehmen hohe Fixkosten besitzt. Dabei handelt es sich um Arbeitskosten oder Abgaben, die unabhängig von der produzierten Menge eines Gutes entstehen. Diese werden von den Unternehmen durch eine möglichst hohe Produktionsmenge auf jedes Produkt umverteilt. Die Konsumenten hingegen wollen eine große Produktvielfalt und damit eine große Auswahl. Der entstehende Handel zwischen zwei Staaten ähnlicher Faktorausstattung ist zum Vorteil der Unternehmen und Konsumenten. Unternehmen können so durch die Integration von Märkten Größenvorteile („**economies of scale**") in der Produktion besser ausnutzen, also für einen größeren Markt mehr produzieren. Die Kunden erhalten auf der anderen Seite ein größeres und vielfältigeres Angebot durch die Integration ausländischer Anbieter.
Krugmans Theorie stellt bis heute die Grundlage des EU-Binnenmarktes dar. Insgesamt lässt sich anhand der Theorie des internationalen Handels zeigen, dass der Abbau von Handelshemmnissen und die Schaffung eines Binnenmarkts in aller Regel Wohlfahrtsgewinne für die beteiligten Volkswirtschaften nach sich zieht. Die Theorie sagt aber auch, dass Staaten, die keine Größenvorteile generieren können, aus dem Markt ausscheiden.

M4 Außenhandelstheorie nach Krugman

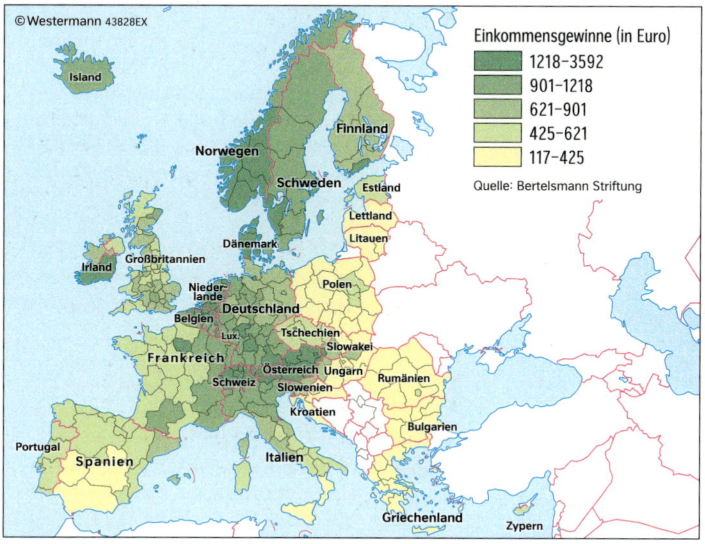

M5 Jährliche Pro-Kopf-Einkommensgewinne durch den EU-Binnenmarkt in Europas Regionen in Euro berechnet für 2019

	Handelsvolumen 2020	
EU-27 Mitgliedstaaten	**insg. in Mrd. Euro**	**innerhalb der EU in %**
EU-27	9274,5	60,7
Deutschland	2231,9	57,5
Frankreich	936,6	60,4
Italien	803,5	54,4
Niederlande	1112,1	54,4
Spanien	552,6	58,9
Slowakei	149,6	79,7
Schweden	267,3	59,9
Polen	461,7	70,6
Österreich	298,3	72,8
Dänemark	180,2	59,7
Tschechien	316,9	76,5
Ungarn	206,0	74,7

Quelle: Europäische Kommission, Eurostat 2021

M6 Handel innerhalb der EU 2020

1 *a) Erläutern Sie anhand von M1: Welcher der beiden Staaten hat bei Brot und Käse die höhere Gesamtproduktion (den höheren Erlös, die höhere Produktivität)?*
b) Erläutern Sie: Welche der beiden Situationen in M1 ist vorteilhafter für das Land A (das Land B)?
c) Ziehen Sie Schlussfolgerungen aus a) und b) für den Handel der EU.

2 *Fassen Sie die Hauptaussagen Krugmans in eigenen Worten zusammen (M4).*

3 *a) Erörtern Sie, inwieweit bestimmte EU-Staaten stärker vom EU-Binnenmarkt profitieren als andere. Gehen Sie dabei auf Krugmans Theorie zum Außenhandel ein (M4, M5, M6).*
b) Diskutieren Sie in einer Pro-Kontra-Debatte das Thema: „Der EU-Binnenmarkt – zum Vorteil aller Beteiligten?"

Information:

Direktzahlungen müssen von den Landwirten beantragt werden. Details zur Berechnung sind in EU-Verordnungen sowie in nationalen Gesetzen und Verordnungen geregelt.

Agrarbetriebe in Deutschland werden im Rahmen der Gemeinsamen Agrarpolitik der EU (GAP) durch Direktzahlungen unterstützt:
1. Basisprämie: seit 2019 rund 175 Euro pro ha;
2. Umweltverteilungsprämie: für die ersten 30 ha etwa 50 Euro, für weitere 16 ha 30 Euro (stärkt kleinere und mittlere Betriebe);
3. Umweltleistungen (Greening): bis zu 85 Euro pro ha (z. B. für den Erhalt von Dauergrünland oder die Einrichtung ökologischer Vorrangflächen wie Pufferstreifen, Hecken);
4. Junglandwirte: Zusatzförderung von 44 Euro pro ha für Junglandwirte bis 40 Jahre (maximal für 5 Jahre bzw. 90 ha Fläche).

Die Höhe der Direktzahlungen ist von der Größe der Anbauflächen abhängig, nicht von den Produktionsmengen. Die Zahlungen sind an Standards gebunden (Natur-, Umwelt- und Tierschutz; Flächen in „gutem landwirtschaftlichen und ökologischen Zustand"). Insgesamt werden in Deutschland bis zu fünf Milliarden Euro pro Jahr von der EU ausgegeben. Ab dem Jahr 2023 sollen rund zehn Prozent der Direktzahlungen für die Unterstützung kleiner und mittlerer Agrarbetriebe und drei Prozent für die Unterstützung von Junglandwirten verwendet werden.

M1 Direktzahlungen als Instrument der GAP

Information:

Die EU sorgt auch dafür, dass bestimmte Agrarprodukte (z. B. Spreewälder Gurken oder Lübecker Marzipan) rechtlich geschützt sind. Sie dürfen nur in bestimmten Regionen und nach bestimmten Verfahren hergestellt werden.

Die Gemeinsame Marktorganisation (GMO) beinhaltet unterschiedliche Maßnahmen, unter anderem Regeln für den Wettbewerb, staatliche Beihilfen sowie Ein- und Ausfuhrlizenzen. Durch Marktinterventionen kann die EU auf außergewöhnliche Marktstörungen mit starken Preisverfällen reagieren. Während Mittel wie Stützungskäufe, Produktionsbegrenzungen, Einfuhrzölle oder Exportsubventionen noch bis 2013 weit verbreitet waren, werden sie seit 2014 nur noch begrenzt genutzt – auf einige dieser Ansätze wird heute ganz verzichtet. Im Agrarsektor kommt es immer zu Krisen, z. B. bei Exportausfällen nach Wirtschaftssanktionen. Zur Unterstützung der betroffenen Unternehmen wird seit 2014 jährlich eine Krisenreserve in Höhe von 400 Millionen Euro gebildet.

M2 Gemeinsame Marktorganisation in der GAP

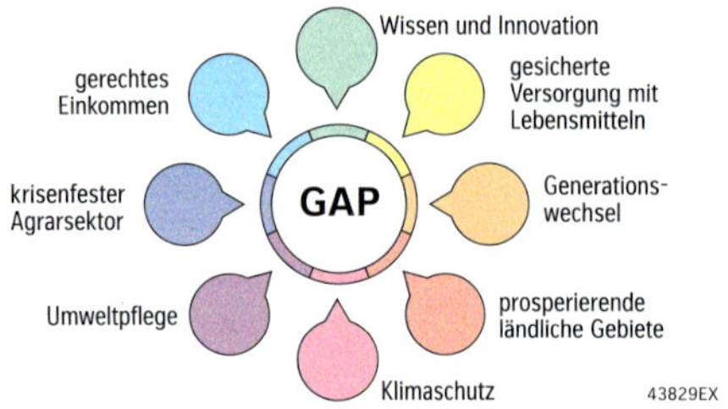

M4 Ziele der Gemeinsamen Agrarpolitik der EU

Die Gemeinsame Agrarpolitik der EU (GAP) – ist Landwirtschaft in Deutschland ohne die EU möglich?

Im politisch zersplitterten Europa der Nachkriegszeit lag der Selbstversorgungsgrad mit Nahrungsmitteln bei nur 85 Prozent. Die Gemeinsame Agrarpolitik (GAP) der Europäischen Union war deshalb von Beginn an ein wichtiges Tätigkeitsfeld, um unter anderem die Produktivität in der Landwirtschaft zu erhöhen und Versorgungssicherheit zu gewährleisten. Heute fließen rund 30 Prozent der EU-Mittel in den Agrarsektor (2021 – 2027: 378,5 Mrd. Euro). Wie das Geld ausgegeben wird und welche Ziele damit verfolgt werden, ist das Ergebnis eines politischen Prozesses, an dem unter anderem EU-Institutionen, Staaten sowie Interessenverbände beteiligt sind. Die GAP wird durch drei Instrumente geregelt.

Neben Direktzahlungen werden von der EU weitere Finanzmittel eingesetzt. So wird die ländliche Entwicklung in Deutschland von der EU mit 1,3 Mrd. Euro pro Jahr aus dem ELER-Fonds gefördert. Dieser Betrag wird aus Bundesmitteln aufgestockt (Kofinanzierung).
Förderfähig sind z. B. Projekte:
- im Ökolandbau,
- zur Aufforstung,
- zur Gründung von Erzeugergemeinschaften,
- zur Dorferneuerung.

M5 ELER-Fördermittel als Instrument der GAP

Beispiel	Umsatz	Gewinn	Direktzahlung EU
35-jährige Bäuerin, Anbaufläche 128 ha, 3 Arbeitskräfte, Prämien 1 – 4 (M1)	670 000 Euro	113 000 Euro	41 000 Euro
60-jähriger Bauer, Anbaufläche 66 ha, 2 Arbeitskräfte, Prämien 1 – 3 (M1)	260 000 Euro	56 000 Euro	23 000 Euro
Agrargroßbetrieb, Anbaufläche 4000 ha, 65 Arbeitskräfte, nur Basisprämie (M1)	12 000 000 Euro	1 200 000 Euro	830 000 Euro

M3 Direktzahlungen der EU an Landwirte in Deutschland pro Jahr: vereinfachte Beispielrechnungen

Wachstumsmotor Brenner-Basistunnel?

1 Verorten Sie den Brennertunnel im europäischen Verkehrsraum.

2 Analysieren Sie die Notwendigkeit des Brennertunnelbaus für die EU sowie beteiligte und angrenzende Staaten.

3 Erörtern Sie die Umsetzung von Verkehrsgroßprojekten als Entwicklungsmotor in der EU (Fehmarn, Brenner, Öresund).

Länge: 55 km Portal Innsbruck bis Franzensfeste, 64 km Portal Tulfes bis Franzesfeste (längster Eisenbahntunnel der Welt)
Bauzeit: 2016 bis voraussichtlich 2028
Kosten: 9,7 Mrd. Euro
Finanzierung:

ein Drittel	ein Drittel	ein Drittel
EU	**Österreich**	**Italien**

Daten nach: Bundesbudget und Sondermaut

M1 Allgemeine Projektdaten

Auf der Brenner- und Inntal-Autobahn tobt der Verkehr, stetig steigt die Zahl der Lkw. Mit Blockabfertigungen versuchen die Tiroler, das Aufkommen zu regeln. Die Folge sind Staus an der bayrischen Grenze sowie genervte Anwohner. Der Brenner-Basistunnel soll den „Verkehrsinfarkt" verhindern, die Lkw als „rollende Landstraße" unterm Berg verschwinden.

Christoph Eicher, Stefan Dorner

M2 Gründe für den Brenner-Basistunnel-Bau

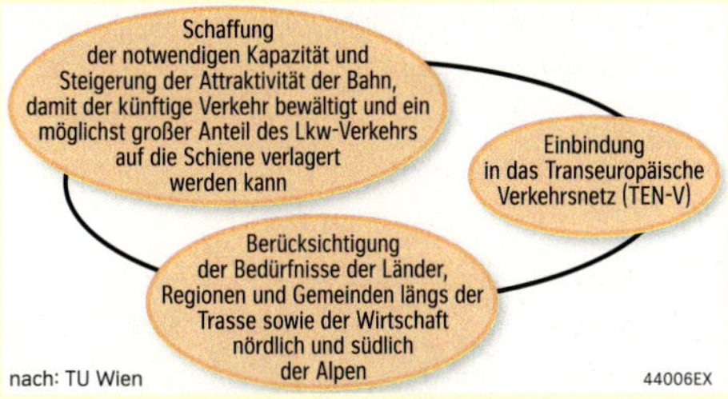

M3 Leitlinien des Brenner-Basistunnel-Baus

M4 Der Brenner-Basistunnel im Transeuropäischen Verkehrsnetz (TEN-V)

	Personenverkehr (Mio. Personen pro Jahr)		Güterverkehr (Mio. Tonnen pro Jahr)	
	Straße	Schiene	Straße	Schiene
2011	20,3	3,6	29,4	15,4
2025	24,5	6,6	30,9	32,3
2030	26,4	8,1	30,9	36,2

M5 Verkehrsprognose Brenner-Basistunnel

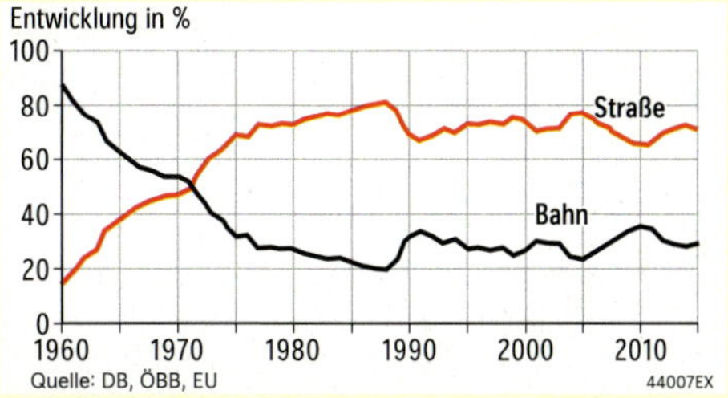

M6 Entwicklung des Gütertransports auf Straße und Schiene am Brenner

Raummodell
Schengener Abkommen
Standortfaktor
Strukturwandel
zentrale Orte

Referatsthemen

- Industrialisierung und Strukturwandel – Mittelengland und das Ruhrgebiet
- Mobilität und Nachhaltigkeit in der europäischen Verkehrspolitik – (k)ein Widerspruch?

WES-151140-137

Leben in der „Einen Welt“

Slums in Mumbai vor der Kulisse moderner Wolkenkratzer

4.1 Die Erde unter Druck

M1 Weltsaatgut-Tresor auf Svalbard

Im Jahr 2008 wurde nahe der Stadt Logyearbyen auf der Inselgruppe Spitzbergen tief unter der Erde in einem alten norwegischen Kohlestollen der Saatgutbunker „Svalbard Global Seed Vault" (Weltsaatguttresor) eingeweiht. Fast alle Staaten der Erde haben hier „Sicherungskopien" von insgesamt über einer Million verschiedenen Samen der Nutzpflanzen, die die Menschheit in ihrer Geschichte gezüchtet hat, eingelagert. Kompressoren kühlen die polare Außenluft auf konstant minus 18 Grad Celsius, sodass die Samen sehr lange Zeit sicher gelagert werden können. Sollte eine regionale Genbank für Saatgut durch Krieg, eine Naturkatastrophe oder den Klimawandel vernichtet werden, steht der Saatguttresor bereit. Vor allem im Zusammenhang mit einer steigenden Weltbevölkerungszahl und der zunehmenden Ressourcenknappheit werden die Kulturpflanzen eine wichtige Rolle spielen. Mithilfe der eingelagerten Samen können neue Pflanzen gezüchtet werden. Eine erste Bewährungsprobe hat der Tresor schon bestanden: Die im syrischen Bürgerkrieg zerstörte Sammlung hitzeresistenter Getreidesorten konnte aus Saatkörnern aus Spitzbergen wieder aufgebaut werden.

M2 Die moderne Arche Noah

Die Menschheit ist heute wohlhabender als je zuvor. Sie produziert mehr Nahrungsmittel, als benötigt werden, verbraucht mehr Ressourcen und Energie als je zuvor und die Lebenserwartung der Menschen ist deutlich gestiegen. Gleichzeitig sind die Eingriffe des Menschen in das Ökosystem der Erde so umfassend und tiefgreifend, dass sich die Umwelt im globalen Maß teils unumkehrbar verändert hat. Darüber hinaus nehmen die wirtschaftlichen und sozialen Entwicklungsunterschiede mit ihren Folgen wie Hunger, Armut, Migration und Flucht weltweit zu.
Beginnend mit der Industrialisierung Ende des 18. Jahrhunderts und der beschleunigten Globalisierung seit Mitte des 20. Jahrhunderts schreiten diese Veränderungen immer schneller voran. Mittlerweile wird sogar von einem neuen Erdzeitalter, dem Anthropozän, gesprochen, denn die Spuren des menschlichen Wirkens sind überall auf dem Globus zu finden und der „Druck" auf das System Erde und dessen Widerstands- und Regenerationsfähigkeit steigt.
Für eine zukunftsfähige, gerechte und ökologische Entwicklung ist ein zunehmend besseres Verständnis über die Einflüsse der Druckkräfte auf das komplexe System der Erde und die hier ablaufenden Prozesse notwendig. Aus diesem können Entscheidungen getroffen und entsprechende Handlungen initiiert werden, die ein langfristiges Überleben der Menschheit sichern.

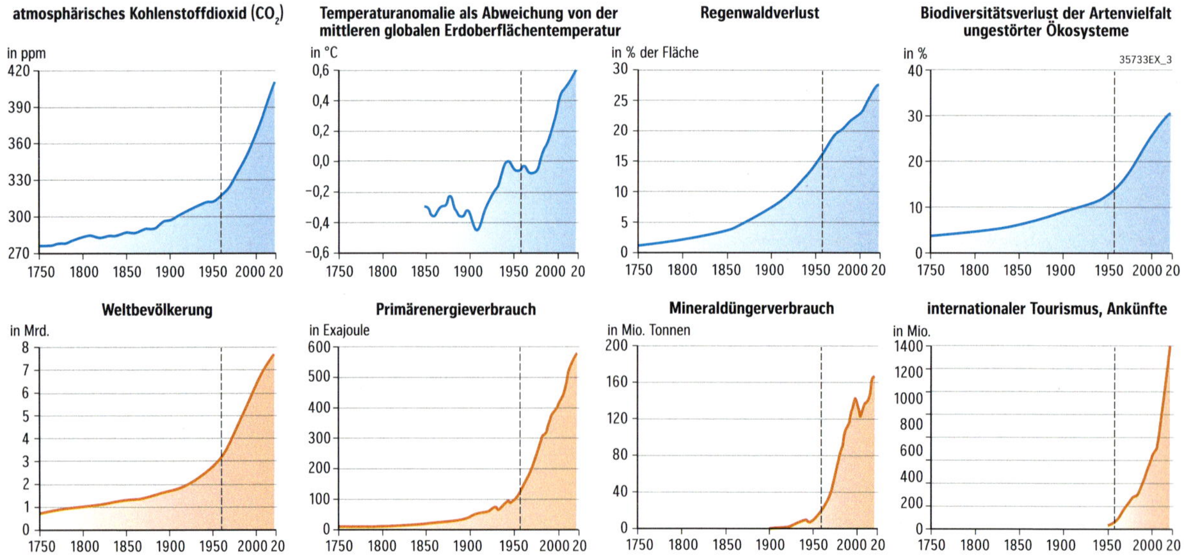

M3 Ausgewählte Indikatoren seit 1750: Erdsystem (blau) und sozioökonomische Trends (rot)

Die erste Druckkraft
ergibt sich aus dem Wachstum der Weltbevölkerung. Durch dieses Wachstum und den wachsenden Wohlstand steigt der Verbrauch von Ressourcen wie Süßwasser, Böden, mineralischen Rohstoffen und fossilen Energieträgern. Viele dieser Ressourcen sind bisher den reichsten 20 Prozent der Weltbevölkerung zugute gekommen. Aber die restlichen 80 Prozent haben ebenfalls ein Recht auf einen wachsenden Lebensstandard.

menschliches Wachstum 1

Die dritte Druckkraft
ergibt sich aus der zunehmenden Schädigung der Meeres- und Süßwasserökosysteme sowie der terrestrischen Ökosysteme durch den Menschen. So sind z. B. viele Fischbestände bedroht, tropische Regenwälder gehen verloren und die Artenvielfalt geht zurück. Bereits heute sind etwa 60 Prozent der Ökosystemleistungen geschwächt.

3 Ökosysteme

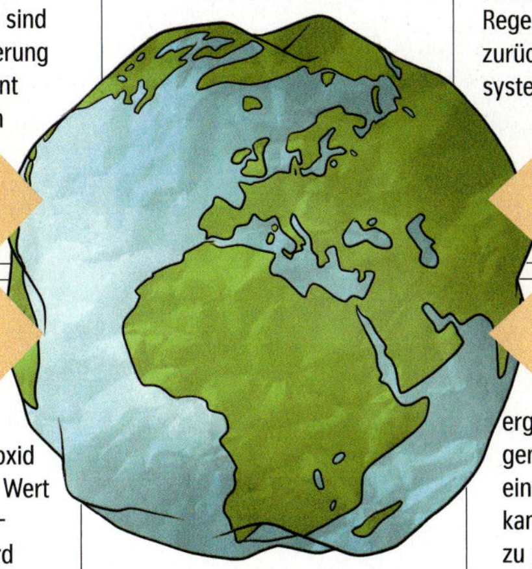

Klima 2

Die zweite Druckkraft
auf unsere Zukunftsperspektive stellt der Klimawandel dar. Die Konzentration von Kohlenstoffdioxid (CO_2) in der Atmosphäre hat im Jahr 2020 einen Wert von 410 ppm erreicht. Eine Verdopplung des vorindustriellen Niveaus (von 280 auf 560 ppm) wird zwischen den Jahren 2050 und 2070 erwartet. Die Temperatur würde dadurch um etwa 3 °C steigen. Die meisten Wissenschaftler empfehlen aber einen Wert unter 350 ppm, um größere Risiken des Klimawandels zu vermeiden.

4 Überraschung

Die vierte Druckkraft
ergibt sich aus schnellen, unerwarteten Veränderungen in natürlichen Ökosystemen, die bisher nur von einem langsamen Wandel gekennzeichnet waren. So kann z. B. der Raubbau an tropischen Regenwäldern zu plötzlichen, tiefgreifenden und unwiderruflichen Veränderungen des gesamten Ökosystems führen, indem der Wasserkreislauf gestört wird und Wüsten sich dadurch ausbreiten. 99 Prozent der Veränderungen in Ökosystemen sind offenbar das Ergebnis von einem Prozent der Ereignisse, die das System beeinträchtigen.

Quelle: Johan Rockström und Matthias Klum: Big World, Small Planet. Wie wir die Zukunft unseres Planeten gestalten. Berlin 2016, verändert

40944EX_1

M4 Druckkräfte auf das System Erde

Das Holozän ist die jüngste Epoche innerhalb der geologischen Zeitskala. Ihr Beginn wird nach Ende der letzten Kaltzeit vor ca. 12000 Jahren datiert. Nahm der Mensch in dieser Epoche eine eher passive Rolle ein, ist sein Einfluss seit einigen Jahrzehnten global gestiegen. 50 Prozent der Festlandsfläche sind bis heute durch direkte menschliche Einwirkung verändert worden. Hinterlassenschaften von Millionen und Milliarden Tonnen Beton, Plastik oder Chemikalien sind in Sedimenten nachweisbar. Der Kohlenstoffdioxidgehalt der Atmosphäre ist durch Emissionen angestiegen. Das im Jahr 2000 vom niederländischen Nobelpreisträger Paul Crutzen in die Diskussion gebrachte „Anthropozän" ist 16 Jahre später von einer Gruppe internationaler Wissenschaftler aufgegriffen worden. Sie haben sich für die gleichnamige Benennung eines neuen Erdzeitalters ausgesprochen. Auch wenn es keine endgültige Anerkennung dieses Konzepts gibt, weist Crutzen darauf hin, dass „am wichtigsten ist, dass wir verstehen, welche ungeheure Verantwortung wir haben".

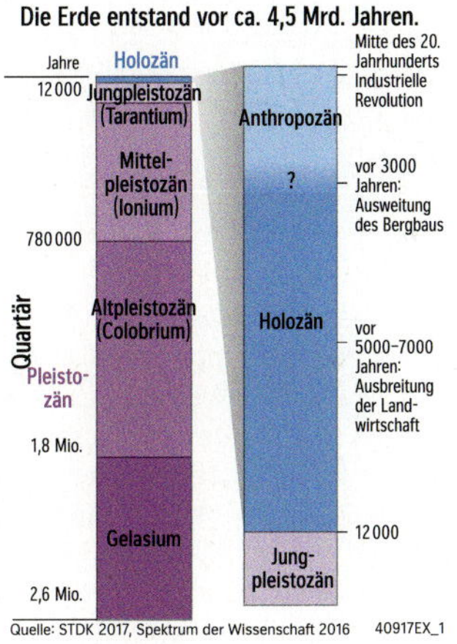

Quelle: STDK 2017, Spektrum der Wissenschaft 2016 40917EX_1

Anthropozän:
griechisch: Anthropos = der Mensch + zän = neu

M5 Das Anthropozän

1 *Beschreiben Sie die Bedeutung des „Svalbard Global Seed Vault" und erklären Sie, inwiefern das Projekt als Sinnbild für globale Herausforderungen der Menschheit gelten kann (M2).*

2 *Stellen Sie mithilfe einer Umfrage in Ihrer Lerngruppe dar, welche die drei größten Herausforderungen für die Menschheit im 21. Jahrhundert sein könnten.*

3 *Stellen Sie mögliche Zusammenhänge zwischen den Erdsystemtrends und sozioökonomischen Trends in Form eines Wirkungsschemas dar (M3).*

4 *Erläutern Sie die auf das System Erde einwirkenden Druckkräfte (M4).*

5 *Erläutern Sie mit Bezug auf die Trends im Erdsystem das Konzept des Anthropozäns (M5).*

M1 Demonstration zum Earth Overshoot Day

Earth Overshoot Day 1970 bis 2020:

1970 29. Dezember
1980 4. November
1990 11. Oktober
2000 9. September
2010 7. August
2020 22. August

Am 29. Juli war im Jahr 2019 der **Erdüberlastungstag** erreicht. An diesem Tag hat die Menschheit alle regenerativen Ressourcen der Erde aufgebraucht. Jeden weiteren Tag sind die Folgen für das Ökosystem größer als deren Regenerationskraft. Die Menschheit verbraucht derzeit rund 60 Prozent mehr als das, was unser Planet erneuern kann.

M2 Der Earth Overshoot Day

Belastung messen

Mit ihrer heutigen Lebensweise schädigt die Menschheit die Regenerationsfähigkeit der natürlichen Umwelt in vielen Bereichen. Die Grenzen der Belastbarkeit sind häufig schon erreicht, oft sogar überschritten. Klimawandel, Verlust an biologischer Vielfalt, Landschaftszerstörung und Gewässerverschmutzung greifen in immer größerem Maße um sich. Sie gefährden die Befriedigung der Grundbedürfnisse des Menschen und beeinflussen die Entwicklungschancen nachfolgender Generationen negativ.

Der globale Wandel zeigt sich in unterschiedlichen Dimensionen, räumlichen und zeitlichen Maßstabsebenen und wird von verschiedenen Triebkräften gesteuert.

Aber die Menschheit ist den Problemen nicht hilflos ausgeliefert. Einem aktions- und ideenlosen „Weiter so" können die Prinzipien der Mitigation (= Milderung negativer Einflüsse) und Adaption (= Anpassung an gegebene Bedingungen) entgegengesetzt werden. Darüber hinaus kann jeder Einzelne im Sinne von „global denken und lokal handeln" einen Beitrag zum Erhalt unserer natürlichen Umwelt leisten. Konzepte wie der ökologische Fußabdruck oder der Earth Overshoot Day helfen, das eigene Belastungspotenzial zu ermitteln und daraus Schlussfolgerungen für den Ressourcen- und Naturverbrauch zu ziehen.

Eine Möglichkeit, die Umweltbelastung von Staaten oder Regionen zu berechnen und anschaulich darzustellen, ist das Konzept des ökologischen Fußabdrucks, das Mathis Wackernagel und sein Kollege William Rees Mitte der 1990er-Jahre entwickelten. Ausgangspunkt des Modells ist die **Biokapazität**, das heißt die Fähigkeit von Flächen, für den Menschen biologisch nutzbringendes Material zu produzieren und von den Menschen produzierten Abfall aufzunehmen. Diese Flächen sind:

- Waldflächen, z. B. für Bauholz, Brennholz,
- Acker-, Weide- und Wiesenflächen für die Produktion von Nahrungsmitteln, von Grundstoffen für die Verarbeitung sowie von Biomasseenergie,
- Wasserflächen für die Fischerei
- sowie bebautes Land für Siedlungen und Infrastruktur und
- die nötigen Vegetationsflächen, die das vom Menschen freigesetzte Kohlendioxid wieder aufnehmen.

Die Biokapazität wird in Global-Hektar (gha) angegeben, dem Durchschnittswert aus der biologischen Produktivität der verschiedenen Flächenkategorien pro Hektar in einem Jahr. Seit 1960 wuchs die Gesamtfläche der bioproduktiven Land- und Wasserflächen unter anderem durch den technologischen Fortschritt von 9,6 Mrd. gha auf heute etwa 12 Milliarden Global-Hektar. Allerdings sank aufgrund der wachsenden Weltbevölkerungszahl die pro Mensch zur Verfügung stehende Biokapazität im gleichen Zeitraum von 3,1 gha auf nur noch 1,6 gha.

Der ökologische Fußabdruck (ecological footprint bzw. footprint) berechnet sich aus den Flächen, die für die Produktion für Nahrungsmittel und anderer Wirtschaftsgüter sowie für die Gewinnung von Energie und zur Entsorgung von Abfall erforderlich sind, und wird ebenfalls in Global-Hektar (gha) angegeben. Der footprint eines Staates kann als Folge des globalen Handels aus Landflächen an verschiedenen Orten des Planeten zusammengesetzt sein.

Abschließend wird der ökologische Fußabdruck mit der zur Verfügung stehenden Biokapazität verglichen. Der globale Fußabdruck betrug im Jahr 2020 etwa 2,7 gha pro Mensch. Der ökologische Fußabdruck der Menschheit ist also viel größer, als es die nachhaltige Tragfähigkeit der Erde zulässt. Wir leben über unsere Verhältnisse.

M3 Der ökologische Fußabdruck

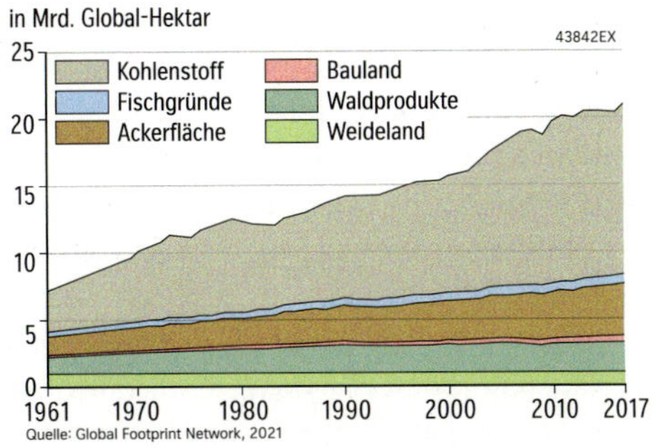

M4 Entwicklung des globalen ökologischen Fußabdrucks nach Landnutzung

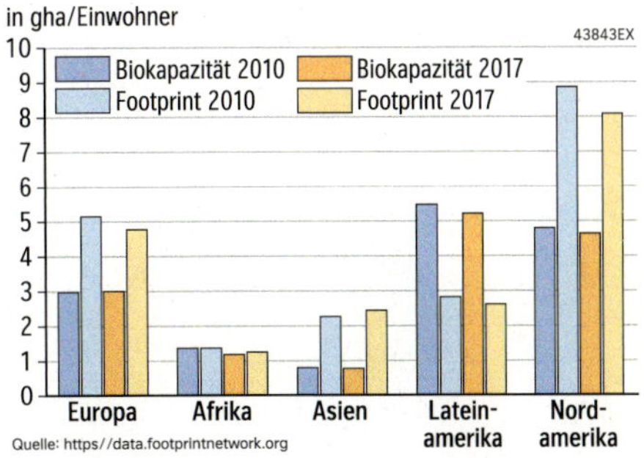

M6 Biokapazität und Fußabdruck nach Kontinenten

2009 veröffentlichte das Stockholm Resilience Center das Modell der ökologischen Belastungsgrenzen, das 2015 aktualisiert wurde. Es fasst zusammen, wie stark die Auswirkungen des Menschen auf die Umwelt sind. Wird einer der vordefinierten Grenzwerte überschritten, besteht das Risiko, dass die biophysischen Systeme der Erde plötzlich und irreversibel Schaden nehmen.

Klimawandel: Die Treibhausgasemissionen beschleunigen die Erderwärmung mit Folgen für das Klima und den Meeresspiegel.
Versauerung der Meere: Der Eintrag von sauren Verbindungen verringert die Pufferkapazität für CO_2 und hat Auswirkungen auf das marine Nahrungsnetz und den Anteil von Treibhausgasen in der Atmosphäre.
Abbau der Ozonschicht: Ozon abbauende Stoffe zerstören die Ozonschicht in der Stratosphäre, die gefährliche UV-Strahlung der Sonne zurückhält.
Stickstoff- und Phosphorkreislauf: In Form von Düngemitteln gelangen die Elemente in die Gewässer, was zur Massenvermehrung von Algen und letztlich Sauerstoffverlust führt, sodass Organismen absterben.
Süßwasserverbrauch: In vielen Regionen der Erde ist das vorhandene Wasser übernutzt oder stark verschmutzt mit Folgen für das Ökosystem sowie die menschliche Gesundheit.
Landnutzungsänderungen: Die Ausweitung der Agrarflächen und Siedlungsräume führt zum Verlust der biologischen Vielfalt und verändert den Wasserhaushalt.
genetische Vielfalt: Land- und Forstwirtschaft sowie Fischerei zerstören Lebensräume und führen zu einem Artensterben. Durch gentechnische Veränderungen greift der Mensch in das Erbgut von Pflanzen und Tieren ein.
Aerosole: Der Ausstoß von sehr kleinen, nicht sichtbaren Partikeln durch Verkehr und Industrie hat Folgen für die menschliche Gesundheit und das Klima.

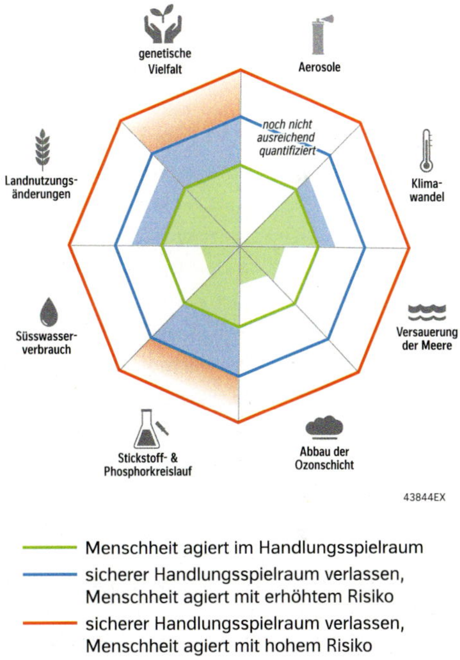

M5 Modell der planetaren Belastungsgrenzen

1 *Beschreiben Sie die Entwicklung des Erdüberlastungstags sowie den Erdüberlastungstag nach ausgewählten Staaten (M1, M2, Randspalte).*

2 *a) Erläutern Sie das Konzept des ökologischen Fußabdrucks (M3, M4).*
b) Ermitteln Sie mit dem Fußabdruckrechner (www.footprintcalculator.org) Ihren persönlichen Fußabdruck und arbeiten Sie Ihre Einsparpotenziale heraus.
c) „Ärmere Staaten müssen ihre wirtschaftliche Lage verbessern, reichere Staaten ihren Fußabdruck verringern." Beurteilen Sie diese Aussage (M6).

3 *a) Erläutern Sie das Modell der planetaren Belastungsgrenzen (M5).*
b) Diskutieren Sie, inwieweit man mit dem Modell des ökologischen Fußabdrucks die Überschreitung planetarer Belastungsgrenzen verhindern kann.

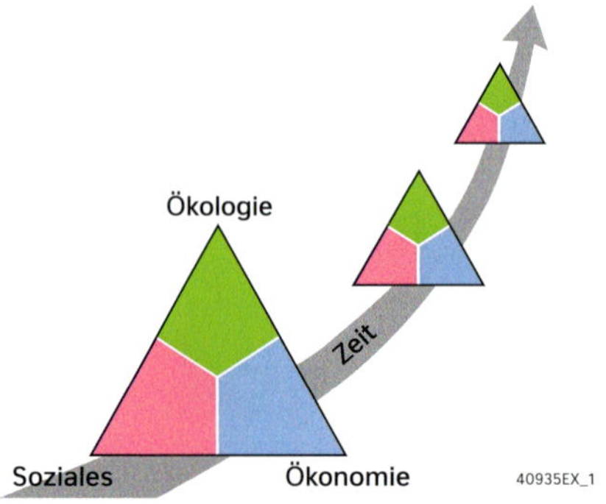

M1 Nachhaltigkeitsdreieck

Das Konzept der Nachhaltigkeit

Die Weltkonferenz der Vereinten Nationen in Rio de Janeiro 1992 war der Ausgangspunkt für die internationale Anerkennung des Leitbildes einer nachhaltigen Entwicklung mit der Intention, soziale, wirtschaftliche und ökologische Zieldimensionen aufeinander abzustimmen. Das Nachhaltigkeitsdreieck zeigt, dass diese drei Dimensionen im Zusammenhang zu betrachten sind – das eine geht nicht ohne das andere. Das bedeutet, dass diese drei Dimensionen bei allen Entscheidungen möglichst in Einklang gebracht werden sollen. Darüber hinaus verdeutlicht die Dimension der Zeit, dass jede Generation so handeln soll, dass die nachfolgende Generation die gleichen Entwicklungschancen hat wie die vorangegangene Generation.

Im Einklang mit den Beschlüssen der UNO wurde in Deutschland die politische Perspektive „Good Governance" (gute Regierungsführung) als weitere wichtige Zieldimension hervorgehoben. Das so entstehende Viereck wird zudem durch die Dimension der Kultur ergänzt. Das bedeutet, dass auf der Basis der jeweiligen kulturellen Auffassungen einer Gesellschaft eine nachhaltige Entwicklung nur zu erreichen ist, wenn bei Entscheidungen und Handlungen alle Dimensionen möglichst in Einklang gebracht werden. Zunehmend wird erkannt, dass nachhaltige wirtschaftliche Entwicklung und Wohlstand nur innerhalb der planetaren Belastungsgrenzen zu erreichen sind. Das bedeutet, dass sich wirtschaftliches Wachstum und Wohlstand nur im Rahmen von sozialer Gerechtigkeit und ökologischer Tragfähigkeit dauerhaft verwirklichen lassen.
Nach dreijährigen Verhandlungen hat die Generalversammlung der Vereinten Nationen im Jahr 2015 die Agenda 2030 verabschiedet. Sie fordert von den politischen Verantwortlichen, Entscheidungen unter dem Aspekt einer nachhaltigen Entwicklung zu fällen. Mit der Agenda verpflichten sich die Staaten, die Lebensverhältnisse aller Menschen heute und der der künftigen Generationen zu verbessern und die Erde zu schützen. Zur Konkretisierung wurden 17 Sustainable Development Goals (SDG) formuliert, deren Umsetzung anhand von mehr als 200 Indikatoren fortlaufend gemessen und überprüft wird.

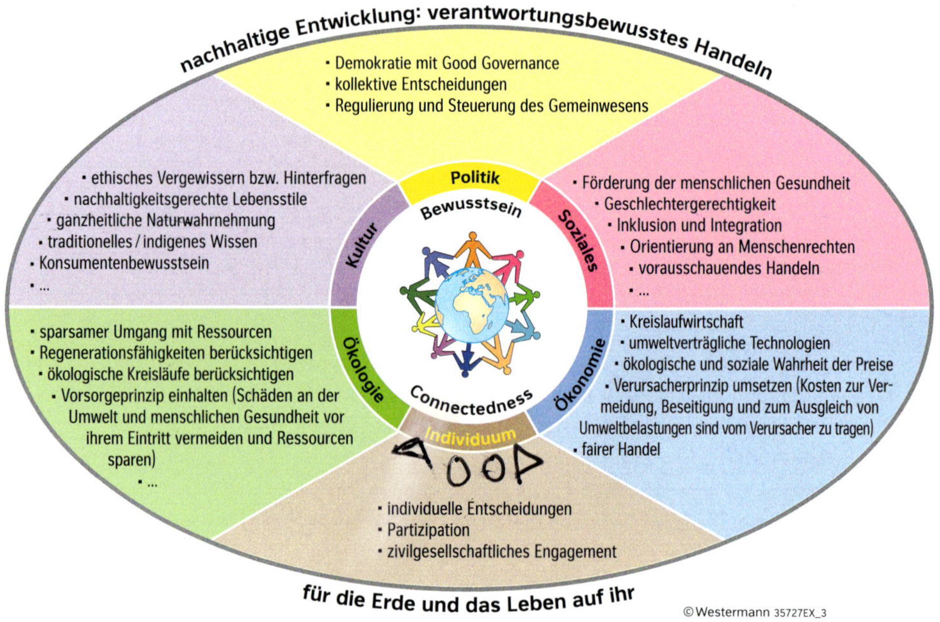

M2 Dimensionen der Nachhaltigkeit

Ziel 1: Armut in allen Formen und überall beenden
Ziel 2: Hunger beenden, Ernährungssicherheit und eine bessere Ernährung erreichen, nachhaltige Landwirtschaft fördern
Ziel 3: gesundes Leben für alle Menschen jeden Alters gewährleisten und ihr Wohlergehen fördern
Ziel 4: inklusive, gleichberechtigte und hochwertige Bildung und Möglichkeiten lebenslangen Lernens fördern
Ziel 5: Geschlechtergleichstellung erreichen und Frauen und Mädchen zur Selbstbestimmung befähigen
Ziel 6: Verfügbarkeit und nachhaltige Bewirtschaftung von Wasser und Sanitärversorgung gewährleisten
Ziel 7: Zugang zu bezahlbarer, verlässlicher, nachhaltiger und moderner Energie sichern.
Ziel 8: dauerhaftes, inklusives und nachhaltiges Wirtschaftswachstum, produktive Vollbeschäftigung und menschenwürdige Arbeit fördern
Ziel 9: eine widerstandsfähige Infrastruktur aufbauen, inklusive und nachhaltige Industrialisierung fördern, Innovationen unterstützen
Ziel 10: Ungleichheit in und zwischen Staaten verringern
Ziel 11: Städte und Siedlungen inklusiv, sicher, widerstandsfähig und nachhaltig gestalten
Ziel 12: nachhaltige Konsum- und Produktionsmuster sicherstellen
Ziel 13: Maßnahmen zur Bekämpfung des Klimawandels und seiner Auswirkungen ergreifen
Ziel 14: Ozeane, Meere und Meeresressourcen erhalten
Ziel 15: Landökosysteme schützen, wiederherstellen und ihre nachhaltige Nutzung fördern, Wälder nachhaltig bewirtschaften, Wüstenbildung bekämpfen, Bodendegradation beenden, Verlust der biologischen Vielfalt ein Ende setzen
Ziel 16: friedliche Gesellschaften fördern, allen Menschen Zugang zur Justiz ermöglichen, leistungsfähige, rechenschaftspflichtige Institutionen auf allen Ebenen aufbauen
Ziel 17: die globale Partnerschaft für nachhaltige Entwicklung mit neuem Leben füllen

M3 Die 17 Entwicklungsziele und ausgewählte Zielvorgaben

	Rang von 166 UN-Staaten	SDGI-Wert
Schweden	1	84,7
Dänemark	2	84,1
Finnland	3	83,8
Frankreich	4	81,1
Deutschland	5	80,8
…		
Liberia	162	47,1
Somalia	163	46,2
Tschad	164	43,8
Südsudan	165	43,7
Zentralafrikanische Republik	166	38,5

M4 SDG-Index Ranking 2020

Ziel	SDG-Index	Ziel	SDG-Index
Ziel 1	99,6	Ziel 10	83,4
Ziel 2	68,7	Ziel 11	90,9
Ziel 3	94,8	Ziel 12	47,4
Ziel 4	89,0	Ziel 13	90,2
Ziel 5	77,0	Ziel 14	40,5
Ziel 6	89,4	Ziel 15	82,6
Ziel 7	93,2	Ziel 16	83,4
Ziel 8	84,4	Ziel 17	83,1
Ziel 9	80,4	Quelle: sdgindex.org	

M5 SDG-Index Deutschland 2020

Der SDG-Index bildet die Leistungen eines Staates in Bezug auf die Umsetzung der 17 Ziele für eine nachhaltige Entwicklung ab. Die Punktzahl gibt die Position eines Staates zwischen dem schlechtesten (0) und dem besten (100) Ergebnis an.

Link:
Sustainable Development Report
sdgindex.org

1 *Vergleichen Sie das Nachhaltigkeitsdreieck (M1) mit den Dimensionen der Nachhaltigkeit in M2.*

2 *Im Dorf A gibt es einen Schweinemastbetrieb. Es gibt die Forderung, den Betrieb sofort zu schließen. Beurteilen Sie die Forderung unter dem Aspekt der Nachhaltigkeit. Entwickeln Sie Alternativen (M1, M2).*

3 *Führen Sie eine Umfrage in Ihrer Lerngruppe durch, welche drei Entwicklungsziele für eine nachhaltige Entwicklung der Menschheit im 21. Jahrhundert am wichtigsten sind.*

4 *a) Analysieren Sie den Stand Deutschlands nach dem SDG-Index (M4, M5).*
b) Untersuchen Sie für ausgewählte SDG-Ziele Indikatoren und deren Entwicklung in Deutschland (sustainabledevelopment-deutschland.github.io).

5 *Entwickeln Sie Ideen, wie Sie selbst zur Umsetzung von Zielvorgaben beitragen können.*

M1 Moai-Statuen auf der Osterinsel

Moai, die steinernen Zeugen einer hohen Zivilisation, stehen zu Hunderten auf der nahezu baumlosen Osterinsel. Noch im Jahr 1600 bedeckten dichte Palmenwälder das Eiland. Diese verschwanden jedoch innerhalb weniger Jahre. Die Wälder wurden für Bauholz für Häuser und Boote sowie den Transport der Moai rücksichtlos abgeholzt. Die von Neusiedlern eingeschleppten Ratten vermehrten sich massenhaft. Sie fraßen die Jungtriebe nachwachsender Palmen ab. Durch den Kahlschlag war der Boden den Niederschlägen und kräftigen Passatwinden schutzlos ausgesetzt. Die Erosion trug den nährstoffreichen Boden ab. Wasserquellen versiegten. Als 1722 die ersten Europäer die Insel entdeckten, trafen sie auf eine völlig verarmte Bevölkerung.

M2 Kollaps aus der Osterinsel

4.2 Geosphäre und Landschaften

Je besser der Mensch die natürlichen Prozessabläufe, Abhängigkeiten und Zusammenhänge erkennt, umso nachhaltiger kann er in seiner Umwelt agieren. Ein Hilfsmittel ist das Geosphärenmodell, das Räume in sechs Komponenten aufteilt. Zunächst werden, in Abhängigkeit von der Dimensionsstufe, Merkmale der einzelnen Naturelemente beschrieben, so z. B. vorherrschende Formen in der Reliefsphäre, Bodenalter, -typ, Leben in der Pedosphäre oder Wasserführung der Flüsse sowie Grundwassereigenschaften in der Hydrosphäre. Anschließend werden wechselseitige Wirkungszusammenhänge zwischen den **Geokomponenten** untersucht. Die Ergebnisse lassen sich unter anderem in einem Wirkungsschema oder in einer **Concept-Map** übersichtlich darstellen.

Im globalen Maßstab lassen sich breitenkreisparallele Großregionen mit ähnlichen Merkmalsausprägungen und Zusammenhängen voneinander abgrenzen. Da die natürliche Vegetation das Klima als dominierenden Faktor am besten widerspiegelt, werden diese als Ökozonen bzw. auch Landschafts- oder Geozonen bezeichneten Großräume mit Pflanzen- und Klimanamen betitelt. Der Mensch hat sich an das unterschiedliche Naturraumpotenzial mit typischen Nutzungsformen angepasst.

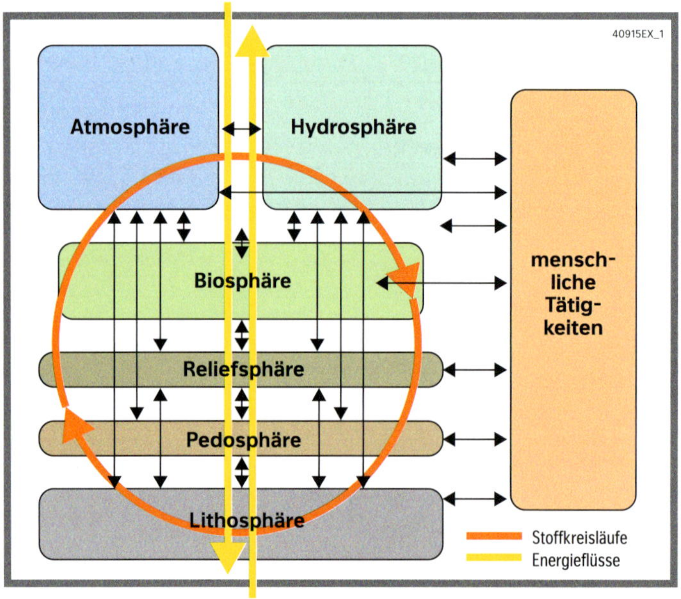

M3 Geosphäre im Modell

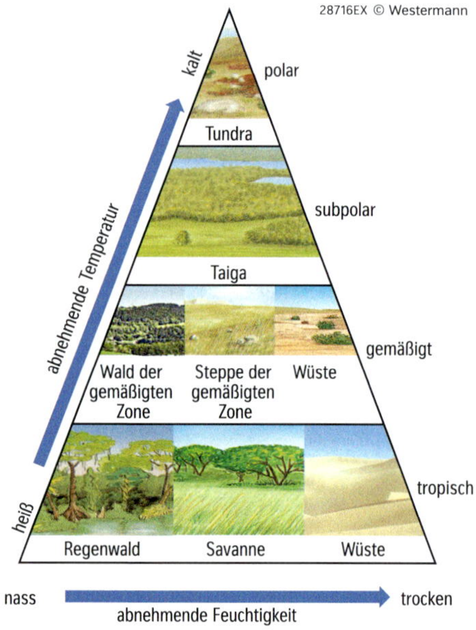

M4 Landschaftszonen in Abhängigkeit von Breitenlage, Temperatur und Wasserdargebot

100800-254 www.diercke.de

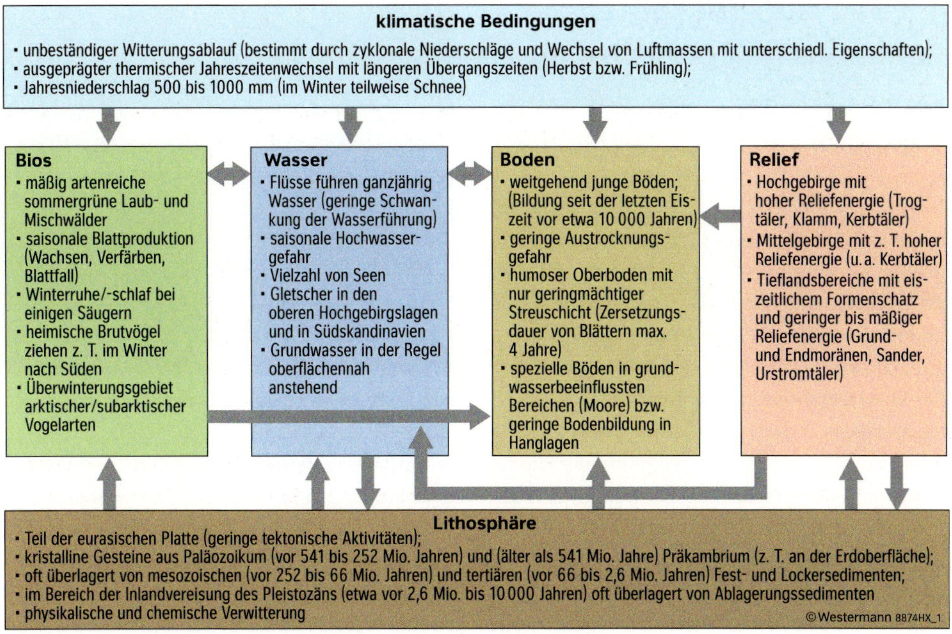

M5 Wirkungsschema der kühlgemäßigten Laub- und Mischwaldzone

Landschaften sind Ausschnitte aus der Geosphäre, die durch eine einheitliche Struktur und ein identisches Wirkungsgefüge ihrer biotischen und abiotischen Komponenten geprägt sind. Die Größe von Landschaften kann verschieden gewählt werden. Dabei gilt, je kleiner der gewählte Raumausschnitt ist, desto detaillierter und konkreter sind Aussagen über die Merkmale und deren Zusammenhänge möglich. So enthält z. B. eine Karte im Maßstab 1:5000 viel mehr Details über das Relief als eine Wandkarte von Deutschland.
Merkmale und Zusammenhänge, die gesamte Landschaftszonen umfassen, sind daher sehr generalisiert. Um kurz-, mittel- und langfristige Auswirkungen von menschlichen Eingriffen in einer Landschaft richtig einschätzen zu können, sind meist kleinräumigere Untersuchungen notwendig.

M6 Landschaften unterschiedlicher Dimension

Die Möglichkeiten der Landnutzung sind in den einzelnen geographischen Zonen sehr verschieden. Sie sind vor allem von den klimatisch bedingten Wärme- und Feuchtigkeitsverhältnissen, den Bodeneigenschaften, aber auch den Relief- und Gesteinseigenschaften abhängig. Daraus ergeben sich für die einzelnen Zonen Nutzungsbeschränkungen bzw. unterschiedliche Nutzungspotenziale. So ist z. B. aufgrund des Wärmemangels in den polaren Kältewüsten keinerlei Landwirtschaft möglich. Andere Zonen bieten dagegen bessere Bedingungen für Ackerbau, Viehhaltung oder Forstwirtschaft. Mit Technik wie z. B. Bewässerung, Düngung, Züchtungen und Energieeinsatz gelingt es den Menschen, natürliche Grenzen zu überwinden. Mittlerweile ist die natürliche Vegetation auf der Erde auf großen Flächen durch Agrarlandschaft ersetzt worden.

M7 Nutzungspotenzial von Landschaften

1 *„Bei Nichtbeachtung von Systemzusammenhängen droht Zusammenbruch." Erklären Sie das Zitat in Bezug zur Entwicklung auf der Osterinsel (M1, M2).*

2 *a) Beschreiben Sie das Sphärenmodell der Landschaft (M3).*
b) Erläutern Sie Zusammenhänge in der kühlgemäßigten Laub- und Mischwaldzone (M5, Atlas).
c) Erstellen Sie ein Wirkungsschema zu einem kleinen Landschaftsausschnitt in Ihrer Region (M5).

3 *Beschreiben Sie die Verbreitung der Geozonen auf der Erde im Modell und in der Realität (M4, M6, Atlas).*

4 *„Das Wirkungsschema der kühlgemäßigten Laub- und Mischwaldzone eignet sich nicht, um die ökologischen Auswirkungen eines geplanten Staudammprojekts im Thüringer Wald zu untersuchen." Beurteilen Sie diese Aussage.*

100800-258-01 www.diercke.de

4.3 Das Nutzungspotenzial der immerfeuchten Tropen

Das Ökosystem des tropischen Regenwaldes

Die immergrünen tropischen Regenwälder bilden nach dem borealen Nadelwald das zweitgrößte zusammenhängende Waldgebiet und die artenreichste Vegetationsform der Erde. Das äquatoriale Klima lässt in den Urwäldern ein ganzjähriges Pflanzenwachstum zu. Innerhalb der verschiedenen Stockwerke des tropischen Regenwaldes ändern sich aber die Umweltbedingungen rasch und deutlich. Während die Baumkronen mit den hohen Tagesschwankungen der Temperatur zurechtkommen müssen, sind die Lebensbedingungen für Pflanzen am Waldboden nahezu konstant.

Ganzjährig fallen im tropischen Regenwald riesige Mengen toten organischen Materials an. Da es keine Periodizität von Pflanzenwachstum und Pflanzenruhe gibt, erfolgt der Laubabwurf in keinem erkennbaren Rhythmus. An einem Baum können sogar verschiedene Zweige gleichzeitig blühen, fruchten, welken oder austreiben. Etwa 80 Prozent der Blattmasse des Regenwaldes wird pro Jahr erneuert.

Der Großteil des organischen „Abfalls" wird in weniger als einem Jahr von Termiten, Würmern und vor allem Pilzen zersetzt, sodass sich auf dem Boden nur eine sehr dünne Streuauflage bildet. Der schnelle Streuabbau bedingt die geringmächtige Humusschicht der Böden.

Die höchsten Bäume des Regenwaldes können bis zu 80 Meter aufragen. Sie werden am Fuß der Stämme durch gewaltige Brettwurzeln gestützt. Diese sind notwendig, da die Bäume kein tiefgründiges, dafür aber ein sehr dichtes Wurzelwerk besitzen. Grund dafür ist, dass der Boden im tropischen Regenwald nur schlecht Pflanzennährstoffe speichern kann. So muss das kompakte Wurzelgeflecht, das meist eine Symbiose mit Mykorrhiza-Pilzen eingeht, die notwendigen Nährstoffe direkt aus dem Sickerwasser und der abgebauten Streu aufnehmen. Dies wird als **kurzgeschlossener Nährstoffkreislauf** bezeichnet. Nur Böden in Schwemmländern oder Vulkangebieten besitzen günstigere Nährstoffbedingungen.

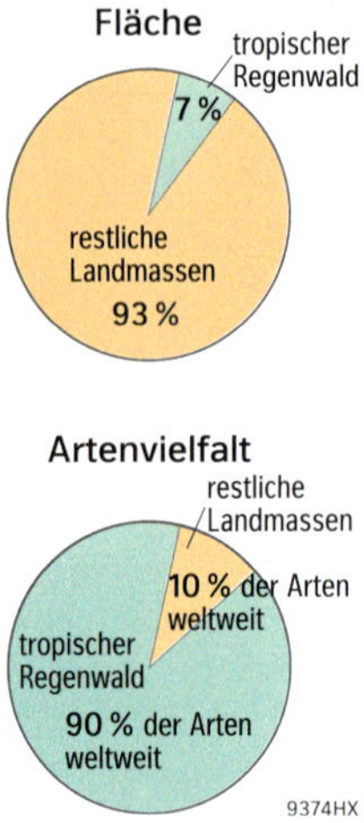

M1 Vergleich: Landfläche und Arten des tropischen Regenwaldes

M3 Brettwurzel eines tropischen Baumes

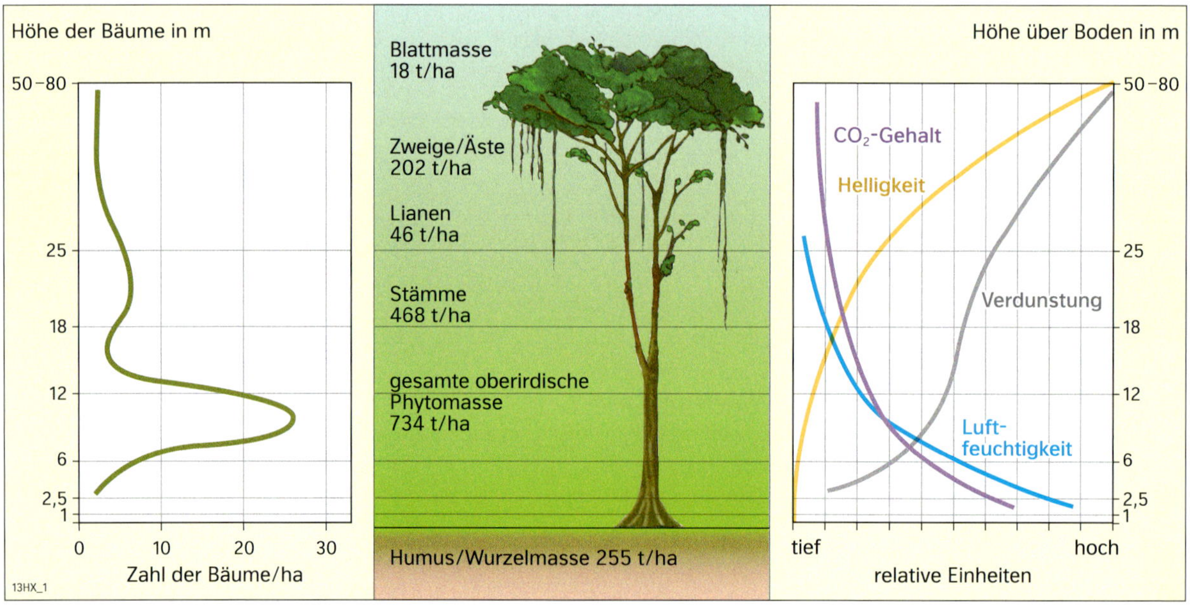

M2 Vertikale Gliederung des tropischen Regenwalds

100800-254 www.diercke.de

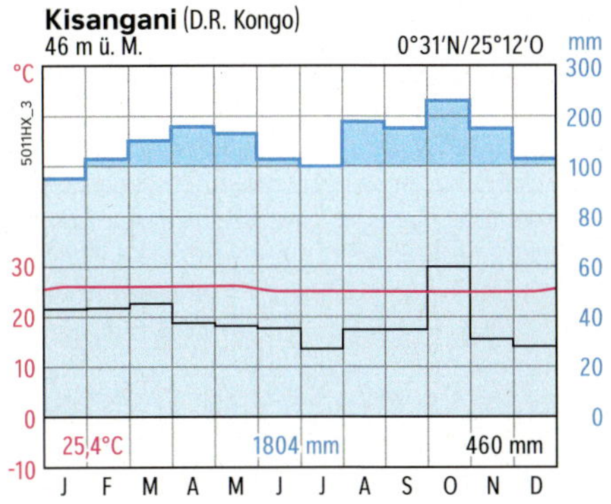

M4 Klimadiagramm von Kisangani

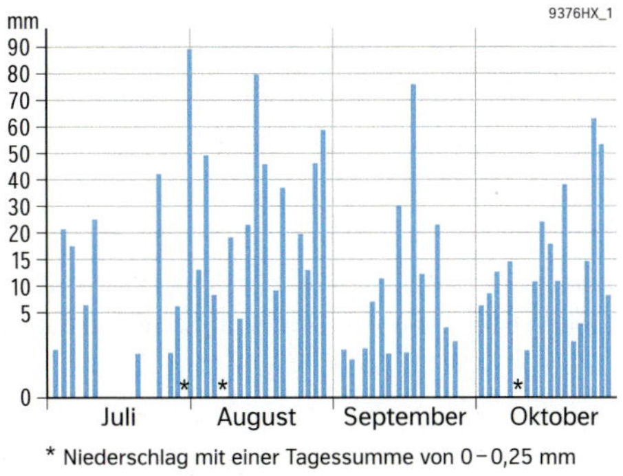

M7 Tagessumme der Niederschläge in Kisangani

Da der Einstrahlungswinkel der Sonne in den Tropen ganzjährig hoch ist, weisen die Monatsmitteltemperaturen kaum Schwankungen auf. Die starke Erwärmung im Tagesverlauf lässt die mit Feuchtigkeit gesättigte Luft rasch aufsteigen und es bilden sich hochreichende Wolken. Aus ihnen fallen lokal meist am Nachmittag ergiebige Platz- und Gewitterregen mit bis zu 100 Millimeter Niederschlag und mehr pro Tag.

M5 Temperatur und Niederschläge

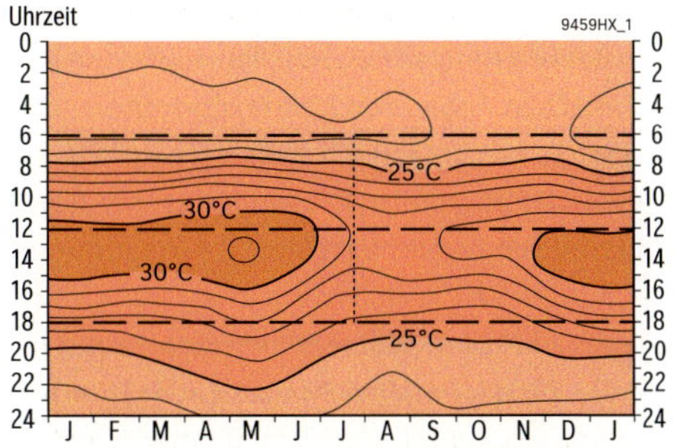

M8 Thermoisoplethendiagramm von Kisangani

Thermoisoplethendiagramme stellen im Unterschied zu Klimadiagrammen neben dem Jahresgang auch den Tagesgang der Temperatur dar. Datengrundlage für das Diagramm sind die mittleren Temperaturen pro Stunde. Sie werden für alle Tage des Monats im gesamten Jahresverlauf abgetragen. Anschließend werden die Punkte gleicher Temperatur mit Linien verbunden, den Thermoisoplethen. Zusätzlich sind durch Strich-Punkt-Linien die Auf- und Untergangszeiten der Sonne an dieser Station eingetragen. Es gibt drei Grundformen. Die Thermoisoplethen verlaufen:

- parallel zur Monatsachse,
- parallel zur Tagesachse,
- in kreisförmigen Linien.

M6 Thermoisoplethendiagramme

M Geo-Methode

Thermoisoplethendiagramm auswerten

1. Lagebeschreibung der Station
2. Beschreibung der Thermoisoplethen, Ermittlung der Tagestemperaturamplitude für die einzelnen Jahreszeiten und der Jahrestemperaturamplitude für einzelne Tagesabschnitte
3. Zuordnung der Station zu einer Klimazone bzw. zum Jahreszeiten- / Tageszeitenklima
4. Begründung der Temperaturverläufe mit der geographischen Lage und dem Sonnenstand
5. Rückschlüsse auf besondere ökologische Bedingungen bzw. die Nutzung ziehen

Thermisches Tageszeitenklima:

Die jahreszeitlichen Temperaturunterschiede sind gering, die Temperaturunterschiede an einem Tag dagegen hoch.

Thermisches Jahreszeitenklima:

Die Jahresamplitude der Temperatur ist groß, die Temperaturunterschiede innerhalb eines Tages sind dagegen geringer.

1 *Beschreiben Sie die natürliche Verbreitung des immergrünen Regenwalds auf der Erde (Atlas).*

2 *a) Erläutern Sie die klimatischen Bedingungen der äquatorialen Klimazone (M4, M5, M7, M8).*

b) „Regenwaldbäume haben normalerweise keine Jahresringe.“ Erläutern Sie diese Aussage.

c) „Der Laubwald in Mitteleuropa kann mit einer Firma mit mächtiger Kapitaldecke und mäßigem Umsatz, der Regenwald mit einer Firma mit sehr dünner Kapitaldecke, aber riesigem Umsatz verglichen werden. Eine Wirtschaftskrise trifft beide Firmen unterschiedlich.“ Erklären Sie diese Aussage.

3 *Stellen Sie Merkmale und Wechselwirkungen der Landschaftskomponenten Klima, Bios, Boden und Wasser im tropischen Regenwald in einem Wirkungsschema oder einer Concept-Map dar.*

100800-258 www.diercke.de

Banane (u. a. Nahrung)

Kaffee (u. a. Getränk)

Sojabohne (u. a. Öl, Tierfutter, Tofu)

Pfeffer (u. a. Gewürz)

Kakao (u. a. Schokolade, Kosmetik)

Ölpalme (u. a. Margarine, Kosmetik)

M1 Nahrungsmittel aus dem Regenwald

Landwirtschaftliche Nutzung im tropischen Regenwald

Noch am Anfang des 20. Jahrhunderts schlossen Wissenschaftler aus dem üppigen Wachstum des Regenwalds auf ein hohes landwirtschaftliches Ertragspotenzial. Sie wussten nicht, dass die Bodeneigenschaften eine großflächige, dauerhafte und ertragreiche Nutzung verhindern. Der von den Ureinwohnern der Regenwaldgebiete entwickelte **Brandrodungswanderfeldbau** (**Shifting Cultivation**) ist zwar an die ökologischen Bedingungen angepasst, allerdings ist der Flächenbedarf sehr groß.

Um die Nahrungsmittelversorgung der wachsenden Bevölkerung sicherzustellen sowie den wirtschaftlichen Anbau von Agrarexportgütern (**cash crops**) zu ermöglichen, werden riesige Flächen Regenwald abgeholzt. Diese sogenannte **Agrarkolonisation** findet meist ohne Berücksichtigung der natürlichen Verhältnisse statt. Die großflächigen, von allen Wurzeln befreiten Felder und Weiden zur dauerhaften Pflanzenproduktion oder Tierhaltung sind jetzt den Naturbedingungen schutzlos ausgeliefert. Die Niederschläge treffen ohne die bremsenden Wirkung des Blätterdachs mit voller Wucht auf den Boden. Der Großteil des Regenwassers läuft oberflächlich ab, erodiert dabei die aufgelockerte Bodenschicht und hinterlässt tiefe Erosionsrinnen. Schließlich sinkt der Grundwasserspiegel. Ohne die Schattenwirkung des Regenwaldes steigen die Temperaturen an, sinkt die Luftfeuchtigkeit und die Böden trocknen aus. Da der kurzgeschlossene Nährstoffkreislauf unterbrochen ist, sinkt der Nährstoffgehalt des Bodens rasch. Die Agrarkolonisation ist so nicht nachhaltig. Dennoch fallen bis heute täglich immer noch Hunderte Hektar Regenwald der Gewinnung neuer Landwirtschaftsflächen zum Opfer.

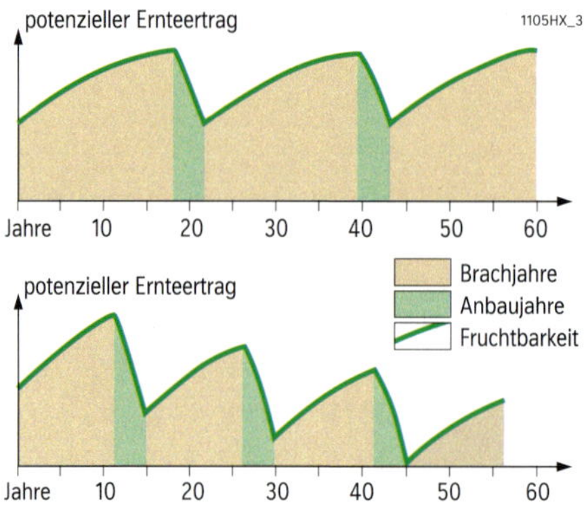

M2 Brachedauer und Ernteerträge

Bei dieser traditionellen Nutzungsform werden um das Dorf die für die Selbstversorgung notwendigen Felder vorbereitet. Das untere Pflanzenstockwerk des Waldes wird mit Haumessern eingeschlagen und angezündet. Das Abbrennen dient der Bereitstellung von Ackerfläche und der Verdrängung von Schädlingen. Die Asche düngt den nährstoffarmen Boden. Große Bäume bleiben bei der Brandrodung erhalten und schützen die Felder vor der Sonneneinstrahlung und der Wucht der Niederschläge. Jetzt erfolgt der Anbau der Feldfrüchte.
Da die Erträge rasch abnehmen, müssen immer wieder neue Flächen geschaffen werden. Die aufgegebenen Felder werden sich selbst überlassen (**Brache**). Die kleinen Flächen, die stehen gelassenen Bäume und der Einsatz der Hacke beim Anbau, der das Wurzelgeflecht der ehemaligen Vegetation nicht gänzlich zerstört, ermöglichen es, dass der Regenwald die Ackerflächen wieder völlig überwuchert.

M3 Wie funktioniert der Wanderfeldbau?

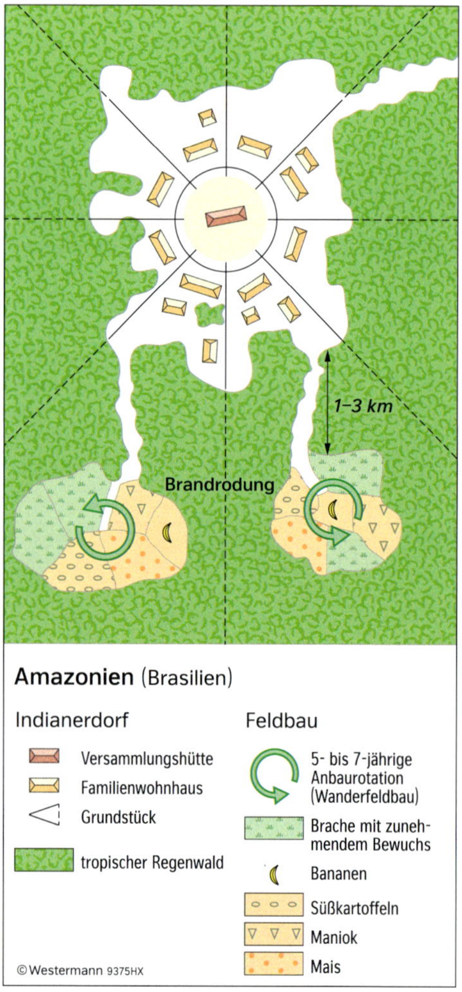

M4 Der traditionelle Brandrodungswanderfeldbau

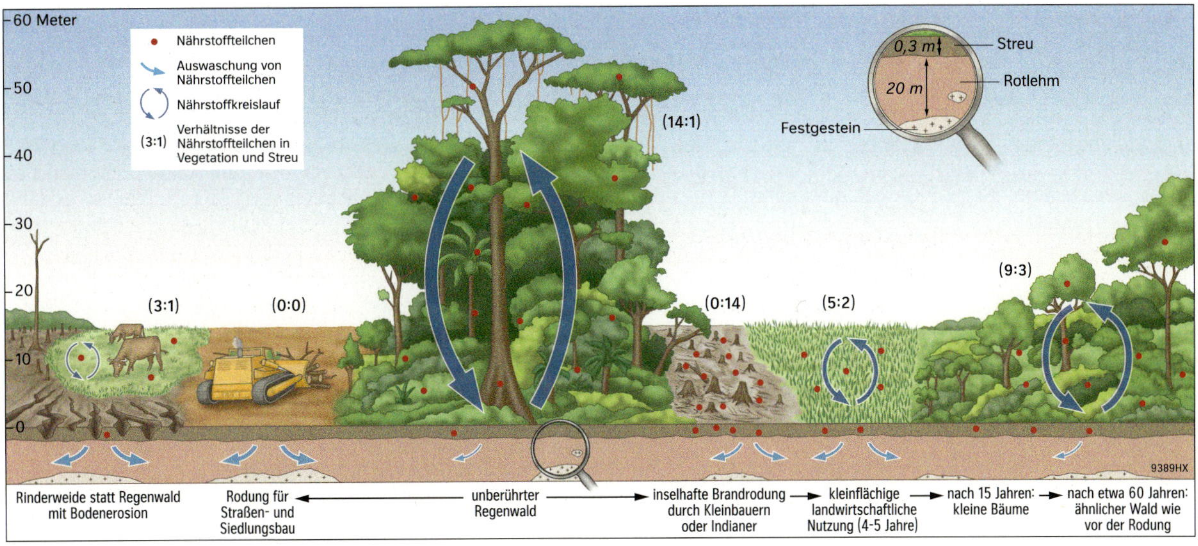

M5 Nutzung des tropischen Regenwaldes: Stoffkreislauf und Veränderungen

[...] Mittlerweile ist das kleine Costa Rica der größte Ananasexporteur der Welt. Etwa 2,5 Millionen Tonnen werden hier jährlich produziert, 1,7 Millionen gehen in den Export. Die Temperaturen im Tiefland sind mit ganzjährig 25 – 30 Grad ideal für die Ananas, wegen der hohen Niederschlagsmengen braucht es keine künstliche Bewässerung, es kann das ganze Jahr über geerntet werden. In den letzten zehn Jahren hat sich die Anbaufläche auf nun fast 45 000 Hektar verdreifacht. Und die Hauptabsatzmärkte in Nordamerika und Europa sind schnell erreicht, von Limón geht es direkt nach New Orleans oder New York, nach Rotterdam oder Hamburg. Und wenig später liegen die süßen, vitaminreichen Früchte in den Supermarktregalen der Industrieländer. In Deutschland schon für 1,50 Euro pro Stück. Wie sich diese Tiefstpreise rechnen, erklärt Mauricio Álvarez, seit vielen Jahren einer der profiliertesten Kritiker der Ananasmonokulturen in Costa Rica. „Für diesen Preis musst du zu sehr niedrigen Kosten produzieren. Du zahlst sehr geringe Löhne, sparst Sozialabgaben, drückst Steuern. Du nimmst die günstigsten und giftigsten Insektizide und Herbizide, du schmeißt die Pflanzenreste auf einen Haufen und kippst Chemikalien drüber, damit sie schnell verrotten. Du hast keine Rückhaltebecken für die Gifte. Das Land ist billig zu haben, weil der Staat die Produktion von Grundnahrungsmitteln nicht mehr fördert und viele Bauern deswegen ihr Land verkaufen müssen – auch weil die schon bestehenden Ananasplantagen ihnen Wasser und Böden vergiftet haben. Und so wird die ganze Region zu einer Ananasmonokultur, auf der zu Niedrigstkosten produziert wird."

Umweltstudien scheinen die Vorwürfe des Ökologen Álvarez zu bestätigen: Nach Angaben des World Resources Institute mit Sitz in Washington und der Nationalen Universität von Costa Rica hat das Land pro Hektar den weltweit höchsten Verbrauch an Pestiziden, 52 Kilogramm pro Hektar im Jahr. Gesetzliche Mindestabstände zu Gewässern werden nur selten eingehalten und so waschen die tropischen Regengüsse die Gifte in benachbarte Bäche und Flüsse. [...]

Markus Plate

Ananasproduktion Costa-Ricas:

1993: 490 000 t
2000: 903 000 t
2005: 1 604 000 t
2010: 2 313 000 t
2015: 2 772 000 t
2019: 3 328 000 t

(Quelle: FAO 2020)

M6 Ananasplantagen in Costa Rica

1 *a) Erklären Sie das System des Brandrodungswanderfeldbaus als eine an die natürlichen Bedingungen des Regenwaldes angepasste Landnutzungsform (M2 – M4).*

b) „Shifting Cultivation ist keine nachhaltige Landnutzungsform." Bewerten Sie diese Aussage.

2 *Begründen Sie, weshalb die großflächige Regenwaldvernichtung unumkehrbar ist (M5).*

3 *Beurteilen Sie die Nachhaltigkeit des Ananasanbaus in Costa Rica und Probleme, die sich aus dem Ananasanbau für Costa Rica ergeben (M6).*

4 *Erstellen Sie für ein Plantagenprodukt aus der Regenwaldregion einen Steckbrief über die natürlichen Ansprüche, Export- und Importstaaten, Preisentwicklung, Angebot in Ihrer Region, Möglichkeiten des Kaufs von nachhaltig produzierten Produkten (Atlas, Internet) und präsentieren Sie Ihre Ergebnisse in geeigneter Form (M1).*

Platz	Staat	Primärregenwald 2020 in Mio. ha	Waldrodung 2002 – 2019 in Mio. ha	Waldrodung in %
1	Brasilien	319	25,0	7,1 %
2	D.R. Kongo	100	4,8	4,6 %
3	Indonesien	84	9,5	10,1 %
4	Peru	67	2,0	2,8 %
5	Kolumbien	53	1,5	2,7 %
6	Venezuela	38	0,5	1,2 %
7	Bolivien	38	2,7	6,7 %
8	Papua-Neuguinea	32	0,7	2,2 %
9	Gabun	22	0,2	1,1 %
10	Republik Kongo	21	0,3	1,5 %
..				
14	Malaysia	13	2,6	16,5 %

Quelle: https://rainforests.mongabay.com/

M1 Die Entwicklung der Fläche des Regenwaldes

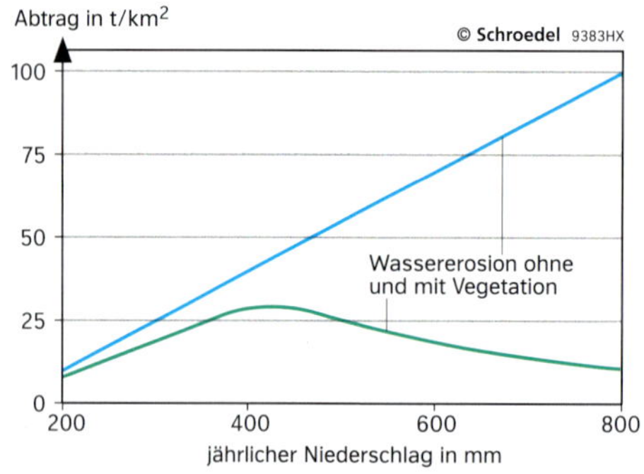

M2 Der Zusammenhang zwischen Erosion, Vegetation und Niederschlagsmenge

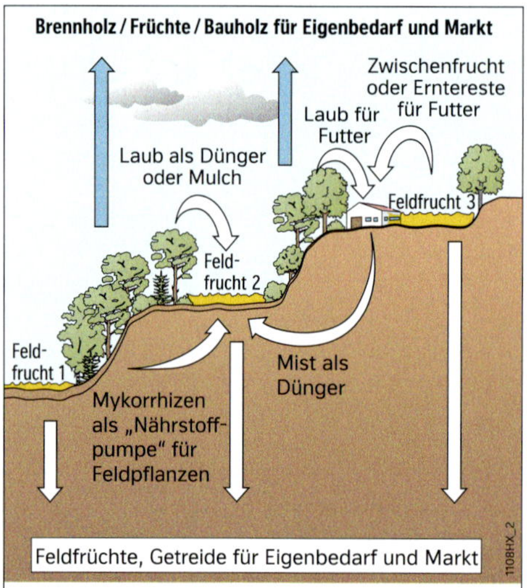

Bäume + Strauchpflanzen
- Blätterdach schützt vor Niederschlag und hoher Verdunstung
- Wurzelgeflecht vermindert Bodenerosion
- „automatische" Terrassierung

Feldpflanzen
- dichter Bewuchs vermindert Bodenerosion
- ständig wechselnde Fruchtfolge verhindert einseitige Nährstoffausbeutung
- Zwischenfrüchte

M3 Ecofarming

M4 Erosion im Regenwald

Nachhaltige Landwirtschaft im tropischen Regenwald

Hundert Millionen Jahre benötigte der Regenwald für seine Entwicklung. In wenigen Jahrzehnten schaffte es die Menschheit, die Regenwaldfläche großflächig zu zerstören. Die Vernichtung der Wälder zieht einschneidende Veränderungen nach sich, häufig zum Nachteil für die menschliche Nutzung, wie auch die Abholzung der Wälder im Mittelmeerraum (vgl. S. 156 / 157) zeigt. Die Folgen der unangepassten extensiven Agrarkolonisation sind im sensiblen Ökosystem des Regenwaldes tiefgreifend und häufig irreversibel.

Aber es gibt auch Nutzungsformen, die eine dauerhafte und nachhaltige Landwirtschaft ermöglichen: So integriert das **Ecofarming** Ackerbau, Tierhaltung sowie Holz- und Sekundärstoffgewinnung. Die notwendigen Maßnahmen benötigen keinen großen Kapitaleinsatz. Trotzdem stehen viele Kleinbauern den Neuerungen skeptisch gegenüber, denn es fallen zunächst zusätzliche Arbeiten an, z. B. das Anlegen von Terrassen in Gebirgsregionen oder das Anpflanzen von Bäumen und Hecken.
Und viele Arbeiten wie das Anlegen von Komposten, der Fruchtfolgewechsel, die Stalltierhaltung oder der Anbau von Stickstoff bindenden Pflanzen sind bis heute in diesen Räumen unbekannt. Hier sind staatliche Initiativen oder Projekte der internationalen Entwicklungszusammenarbeit in der Pflicht, Starthilfen und Unterstützung anzubieten. Im Anschluss ist es aber zwingend notwendig, dass die Menschen des Raumes den Schutz der Ressourcen selbst mittragen.

Der Großteil des weltweit gehandelten Kakaos stammt von **Plantagen**. Die Monokulturflächen benötigen einen hohen Pestizid- und Mineraldüngereinsatz. Der für das Wachstum notwendige Schatten wird häufig durch das Spannen von Netzen erzeugt.
Kakao kann aber auch im natürlichen Wald kultiviert werden. Bei der **Agroforstwirtschaft** werden die Kakaobäume zwischen Schattenbäumen angebaut. Dort stehen sie in größeren Abständen, was das Risiko der Ausbreitung von Krankheiten oder Insektenbefall reduziert. Zwischen den Kakaobäumen werden weitere Nutzpflanzen wie Bananen, Palmen und Maniok angebaut. Sie spenden Schatten, bieten Windschutz und verhindern Bodenerosion sowie eine einseitige Auslaugung des Bodens.
Gegenüber der intensiven Plantagenwirtschaft ist der Arbeitsaufwand beim Agroforsting z. B. bei der Pflege der Kakaobäume und Ernte höher und die Kakaoerträge fallen geringer aus. Allerdings profitieren die Bauern von den anderen Produkten, die sie verkaufen können. Der Einsatz von teuren Pflanzenschutz- und Düngemitteln entfällt. Darüber hinaus kann der biozertifizierte Kakao zu höheren Preisen verkauft werden.

M5 Kakaoanbau in Agroforstwirtschaft

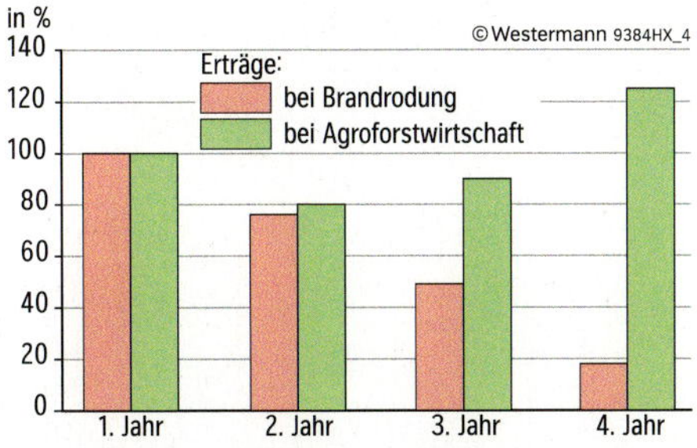

M7 Erträge auf Böden des Regenwaldes

M8 Agroforstwirtschaft mit Kakaobäumen

M9 Agroforstwirtschaft in Brasilien

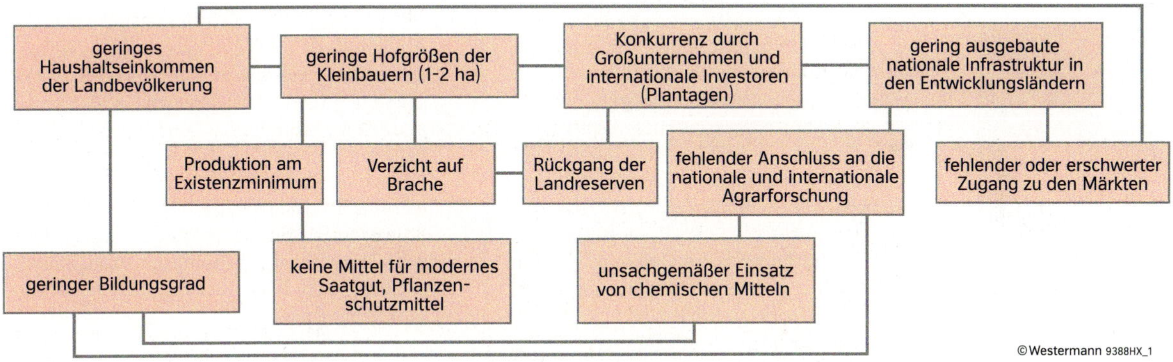

M6 Sozioökonomische Hemmnisse im ländlichen Raum der Entwicklungsländer

1 *Beschreiben Sie die Entwicklung der Regenwaldfläche (M1).*

2 *a) Beschreiben Sie die Abhängigkeit der Intensität der Bodenerosion von den Niederschlägen und der Vegetationsbedeckung (M2).*

b) Erläutern Sie, warum die Gebiete des immergrünen Regenwaldes durch unangepasste Landwirtschaftssysteme besonders gefährdet sind.

3 *a) Analysieren Sie, wie Ecofarming und Agroforsting an die Bedingungen der immerfeuchten Tropenzone angepasst sind (M3, M4, M5, M6 – M8).*

b) Beschreiben Sie Perspektiven und Grenzen nachhaltiger Nutzungssysteme in den Staaten der immerfeuchten Tropen (M6).

4 *„Ich verzichte auf den Kauf von Nahrungsmitteln aus den immerfeuchten Tropen." Diskutieren Sie diese Äußerung als einen Beitrag zur Eindämmung der Regenwaldvernichtung.*

4.4 Das Nutzungspotenzial der winterfeuchten Subtropen

Das Ökosystem des Mittelmeerraums

„Kennst du das Land, wo die Zitronen blühn,
Im dunklen Laub die Goldorangen glühn ..."
So beginnt ein Gedicht J. W. von Goethes, in dem er die Region südlich der Alpen lobt.

Klimatisch gehört der Mittelmeerraum zu den sommertrockenen Subtropen. Während im Sommer der subtropische Hochdruckgürtel die Witterung bestimmt, liegt der Raum im Winter im Einfluss der außertropischen Westwindzone. Dann bringen die wandernden Tiefdruckgebiete den Regen. In dieser Jahreszeit können in den Tiefländern teils auch Fröste und Schneefälle auftreten. Insgesamt gibt es aber für die Vegetation außerhalb der Gebirge keine durch Kälte verminderte Vegetationsperiode. Die Einschränkungen ergeben sich aus dem Wechsel von Regen- und Trockenzeiten. Die trockenheitsresistenten Baum- und Pflanzenarten sind oft **Hartlaubgewächse**.

Der Ölbaum (Olea europaea) wird seit mehr als 5000 Jahren im Mittelmeerraum kultiviert. Er benötigt ein warmes Klima, in dem keine Fröste unter – 10 °C auftreten. Mit seinem tief reichenden Wurzelwerk ist er in der Lage, Wasserreserven in tieferen Bodenhorizonten zu erreichen. Mit seinen kleinen, schmalen Blättern reduziert er die Verdunstung. Das immergrüne Hartlaubgewächs hat den ökologischen Vorteil, dass es mit Eintreten von kürzeren Feuchteperioden sofort mit der Stoffproduktion beginnen kann.

M2 Der Ölbaum

M1 Terra Rossa

Das Relief ist durch die im Zuge der alpidischen Gebirgsbildung entstandenen jungen Faltengebirge wie die Pyrenäen, Alpen, Karpaten oder den Taurus von einer hohen Formenvielfalt mit großen Höhenunterschieden auf geringen Distanzen geprägt. Aufgrund der Steilheit kommt es häufig zu flächigen Hangrutschungen. Die während der humiden Monate oberflächlich ablaufenden Niederschläge sowie die Flüsse besitzen eine hohe Erosionskraft. Die mitgeführte Sedimentfracht wird in den Gebirgsvorländern und Küsten in Form großflächiger Schwemmebenen bzw. Deltas abgelagert.

M3 Reliefverhältnisse im Mittelmeerraum

Aufgrund der kleinräumigen Vielfalt im Relief, der differenzierten Klimabedingungen und des Ausgangsgesteins ist die Pedosphäre des Mittelmeerraums durch eine Vielzahl von Bodentypen gekennzeichnet. Meist besitzen sie aber eine, von Eisenverbindungen bewirkte, rotbraune Färbung und werden daher als Terra Rossa bezeichnet. Aufgrund ihrer Erosionsanfälligkeit sind die Böden meist flachgründig. In den Schwemmlandebenen herrscht eine größere Bodenmächtigkeit vor. Während der ariden Monate trocknen die Böden stark aus und verhärten in weiterer Folge.

M5 Böden im Mittelmeerraum

Biomassezuwachs:
Menge an organischem Material, die in einem gewissen Zeitraum durch Lebewesen produziert wird

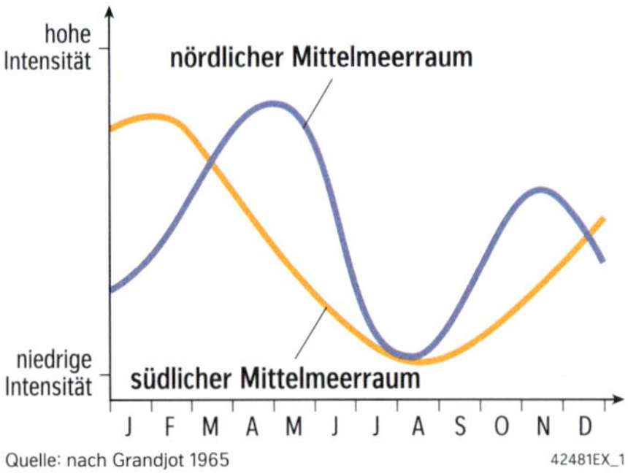

M4 Biomassezuwachs

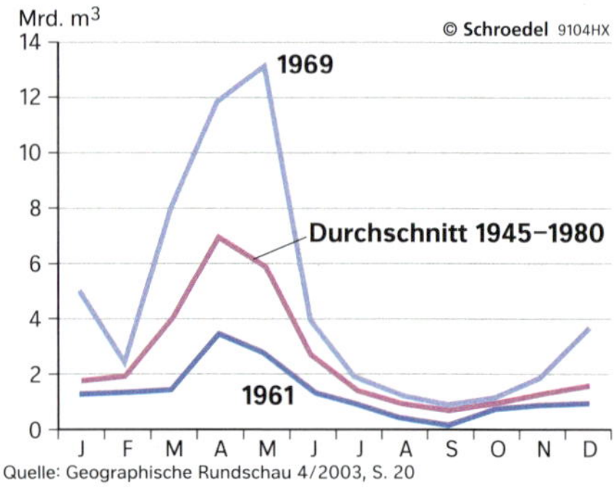

M6 Abfluss Euphrat

100800-094 www.diercke.de

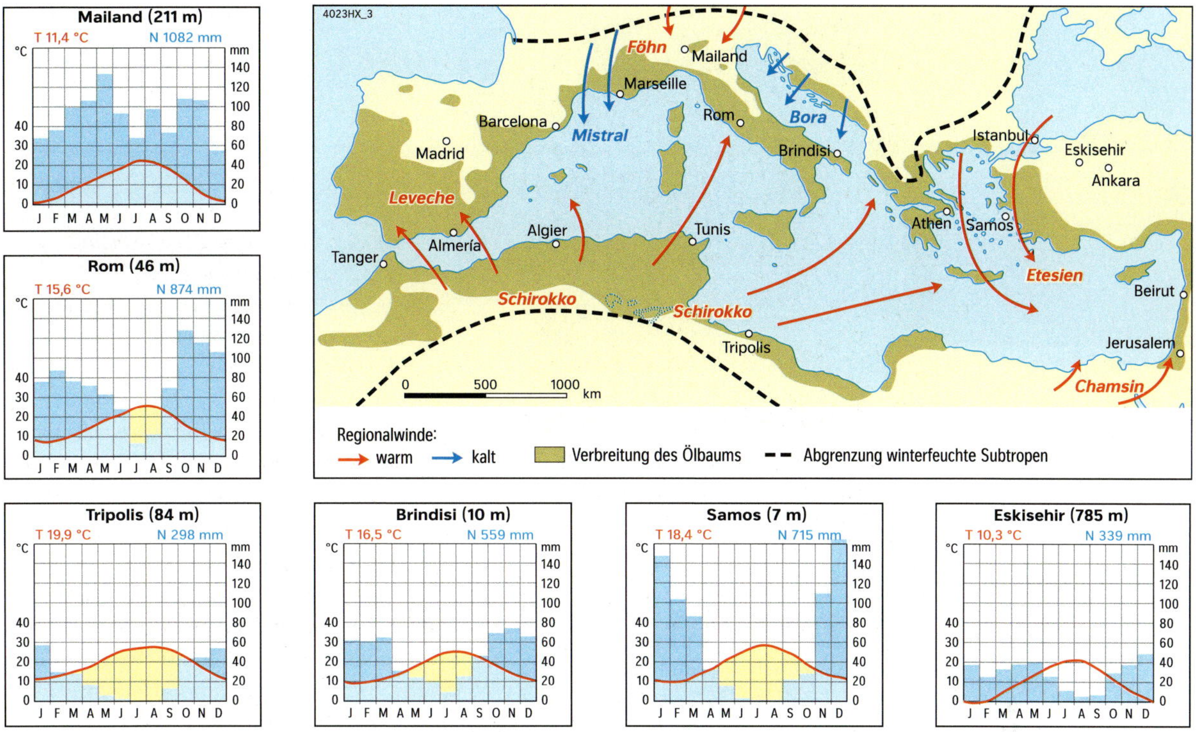

M7 Das Klima des europäischen Mittelmeerraums

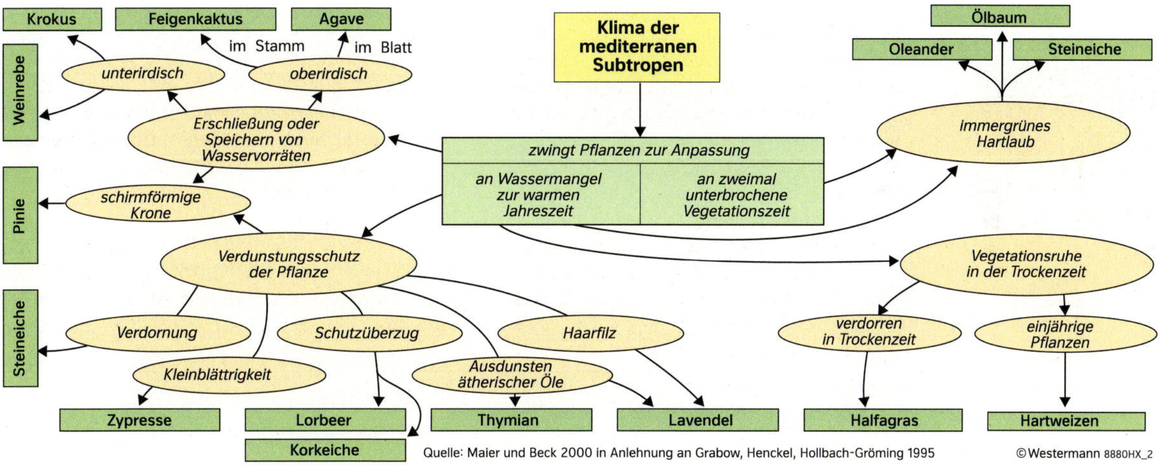

M8 Die Anpassung der Pflanzen an das Mittelmeerklima

1 *Grenzen Sie den Mittelmeerraum von ihn umgebenden Räumen ab (M7).*

2 *a) Charakterisieren Sie das subtropische Klima und seine regionale Differenzierung im Mittelmeerraum (M7).*

b) Analysieren Sie Zusammenhänge zwischen Klima und Vegetation (M4, M7, M8).

3 *Stellen Sie ein Wirkungsgefüge der Naturfaktoren Klima, Boden, Vegetation, Wasser und Geologie dar (M1 – M8).*

4 *„Die warmgemäßigten Subtropen des Mittelmeerraums decken sich weitgehend mit dem Verbreitungsgebiet des Ölbaums." Beurteilen Sie diese Aussage (M2, M7, M8).*

M1 Wald (A), Macchie (B), Garrigue (C) und Schwemmlandebene (D)

Zitate aus dem Mittelmeerraum:

„Ein Eichhörnchen kann durch die Baumwipfel von den Pyrenäen bis nach Gibraltar hüpfen, ohne den Boden zu berühren."

Strabon (griechischer Dichter um das Jahr 0)

„Heute müsste sich eine Schlange von den Pyrenäen nach Gibraltar winden, ohne auch nur einen einzigen Moment den Schatten eines Baumes zu genießen."

Cambio 16
(spanisches Magazin, 1985)

Vor über 2000 Jahren war die griechisch-römisch geprägte Stadt Ephesos eine lebendige und blühende Hafenstadt. Heute werden ihre Ruinen, mehrere Kilometer vom Meer entfernt, nur noch von Touristen besucht. Der Verfall der Stadt konnte mithilfe von Pflanzenpollen, die Jahrhunderte im Boden erhalten blieben, rekonstruiert werden. In der Umgebung von Selçuk, der türkischen Stadt, in der heute die Ruinen der einstmals florierenden Hafenstadt Ephesos stehen, fanden Wissenschaftler in etwa 3000 Jahre alten Bodenschichten überwiegend Pollen von Eichen. In jüngeren Bodenschichten aus der Zeitenwende fanden sie überwiegend Pollen von Weizen und Wegerich, typische Anzeiger von Ackerbau- und Weidelandpflanzen. Daraus zogen die Forscher den Schluss, dass die ursprünglichen Wälder gerodet wurden und das Land vorwiegend landwirtschaftlich genutzt wurde. Der Waldverlust und das nach der Ernte vegetationsfreie Ackerland hatten für Ephesos dramatische Folgen. Die Meeresbucht begann zu verlanden. Nur weil der Hafen und ein ständig verlängerter Kanal ausgebaggert wurden, hatte Ephesos bis zum 6. Jahrhundert noch einen direkten Zugang zum Meer. Nach der endgültigen Verlandung des Hafens versiegte die Quelle des Reichtums und leitete den Verfall der Stadt ein.

M2 Der Untergang von Ephesos

Ursachen und Folgen der Degradation im Mittelmeerraum

Vor rund 3000 Jahren war die Mittelmeerregion noch relativ dicht bewaldet. Immergrüne Hartlaubwälder bedeckten die Tiefländer, in den Gebirgen wuchsen sommergrüne Laub- und Nadelwälder. Seitdem hat der Mensch diese ursprünglichen Wälder großflächig abgeholzt und bis auf geringe Reste zurückgedrängt. Die Rodungen schafften Platz für Siedlungen, Äcker und Weiden. Das Holz wurde für den Bau von Häusern und der großen Kriegs- und Handelsflotten der Phönizier, Griechen und Römer und als Energieträger für das Schmelzen von Metallen, die Herstellung von Glas oder das Heizen genutzt. Diese intensiven Nutzungen führten zur allmählichen oder auch plötzlichen Zerstörung bzw. Degradation der ursprünglichen Vegetation. Diese erfolgt in der Regel über mehrere Degradationsstufen und führt zu Veränderungen der Artenzusammensetzung. So entwickelt sich auf ehemaligen Waldarealen **Macchie**, ein mannshohes Gebüsch mit lichten Stellen. Verschwand die Macchie durch Einschlag, Brand und Abweidung, blieb ein kümmerliches Nebeneinander von kleinen Büschen und Gräsern übrig. Diese Stufe wird regional unterschiedlich als Garrigue (Frankreich), Tomillares (Spanien), Phrygana (Griechenland) oder Batha (Israel) bezeichnet.

Je schwerwiegender die Veränderungen sind, umso unwahrscheinlicher ist es, dass die Vegetation sich wieder regeneriert. Letztlich ist eine **Sukzession** unmöglich und die Pflanzenentwicklung irreversibel gestört.

Da die Vegetation eine wichtige Rolle im Landschaftshaushalt spielt, hat ihre Degradation weitreichende Auswirkungen auf das lokale Klima, die Bodenbildung, den Wasserhaushalt und erosionsbedingte Reliefänderungen.

100800-256 www.diercke.de

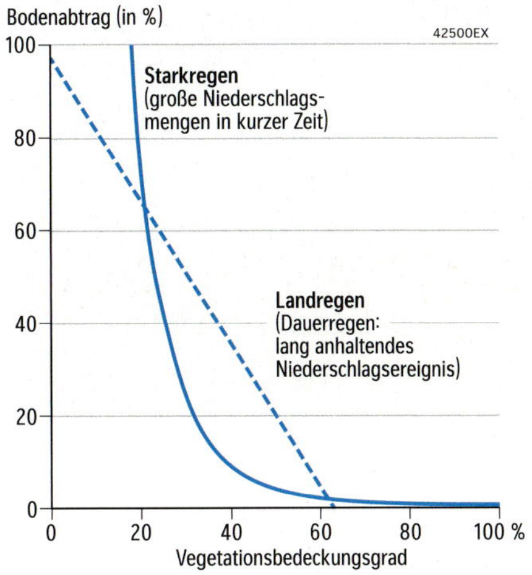

M3 Niederschlag und Bodenabtrag

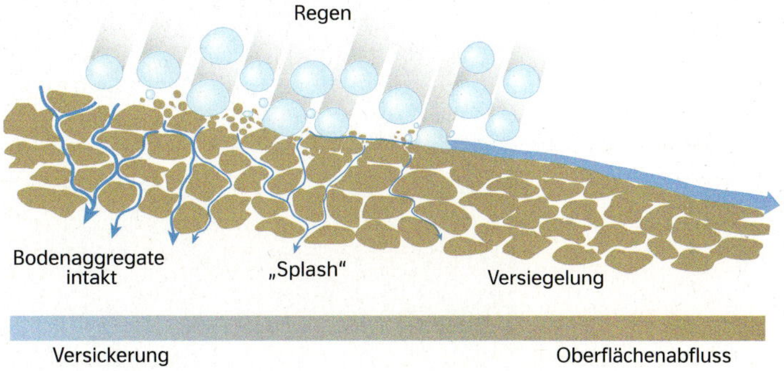

Die Wucht aufprallender Tropfen zerschlägt Bodenaggregate und löst Bruchstücke ab, die zum Teil in Makroporen eingespült werden und diese verstopfen. Die Versickerung nimmt ab, der Oberflächenabfluss zu.

M6 Splash-Wirkung (Planschwirkung) von Regentropfen

Infolge abnehmender Vegetationsbedeckung wird der Boden immer weniger durch das Blätterdach vor den Regenfällen geschützt und von den Wurzeln gehalten. Er trocknet durch die hohe Sonneneinstrahlung aus. Winterniederschläge und sommerliche Platzregen spülen dann die wertvolle Humusschicht ab. Nach und nach bleibt durch die fortlaufende Erosion vielerorts nur noch nackter Fels oder land- und forstwirtschaftlich nicht mehr nutzbares Ödland übrig. Das erodierte Material lagert sich im Tiefland und an den Küsten ab.
Entwaldung und Bodenabtrag verringern die Transpiration und Evaporation, sodass die Luftfeuchtigkeit abnimmt und der Grundwasserspiegel sinkt. Veränderte Albedowerte und fehlende Schattenwirkung der Bäume erhöhen die Einstrahlung. In Verbindung mit der verringerten Verdunstungsleistung steigen die Lufttemperaturen – vor allem im Sommer.
Heute werden diese Entwicklungen durch die zunehmende Versiegelung infolge der Siedlungserweiterungen und des Ausbaus der Verkehrsinfrastruktur nochmals verstärkt.

M4 Folgen der Degradation der Vegetation im Mittelmeerraum

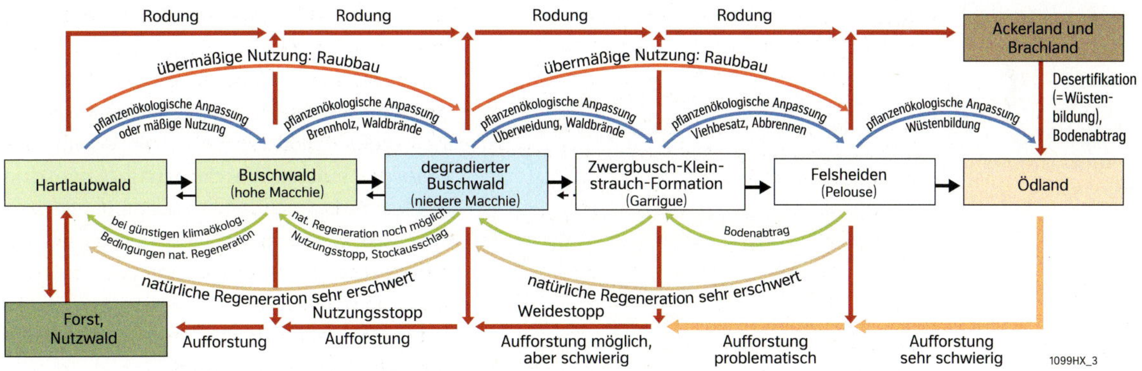

M5 Degradationsphasen der Vegetation im Mittelmeerraum

1 *Arbeiten Sie die Ursachen für den Untergang der Stadt Ephesos heraus (M2).*

2 *Erläutern Sie Degradationsphasen der Vegetation im Mittelmeerraum (M1, M5).*

3 *„Mit zunehmender Degradation steigt die Erosionsgefahr." Überprüfen Sie diese Aussage (M3, M4).*

4 *Erstellen Sie ein Wirkungsschema, das Zusammenhänge zwischen Vegetationsbedeckung, Bodenerosion, Wasser und Klima veranschaulicht (M3 – M6).*

5 *Beurteilen Sie Chancen und Risiken einer Wiederbewaldung von degradierten Flächen.*

M1 Region des Karla-Sees 1990 und 2020

M2 Region Thessali mit dem Karla-See-Becken

Euripides, 5. Jh. v. Chr., über den auch als Voivida bezeichneten Karla-See:

So leben Sie,
O Admitus, mit Ihren zahlreichen Herden in der Nähe des Voivida-Sees, der wunderschön in sein Wasser fließt.

Bereits die antiken Schriftsteller Homer und Strabon erwähnten den südlich der Stadt Larissa liegenden Karla-See. Der von den Regen- und Schmelzwassern des Peliongebirges gespeiste See bedeckte fast ein Drittel der Thessalischen Ebene. Der Wasserstand des Sees schwankte je nach jahreszeitlicher Wasserzufuhr stark. Immer wieder kam es zu Hochwässern, die Siedlungen und Ackerflächen der Bewohner dieser alten Kulturlandschaft zerstörten.

Vom Karla-See ging aber noch eine weitere Gefahr aus. Mit dem stetigen Absinken des Seespiegels seit Ende des 19. Jahrhunderts entstanden in seinen Randbereichen Sümpfe, die sich zu Brutstätten von Mücken entwickelten. Die Folge davon waren verheerende Malariaepidemien. Man entschloss sich, den See zu entwässern. Über einen Tunnel wurde das Wasser ins Meer abgeführt, bis der Karla-See 1962 vollständig trocken lag.

M3 Der Karla-See vor seiner Trockenlegung

Nachhaltige Landwirtschaft im Mittelmeerraum

Seit Jahrtausenden sind die Schwemmlandebenen und Küstentiefländer des Mittelmeerraums ackerbaulich kultiviert. In den bergigen Mittelmeerregionen dominieren an die wechselfeuchten Bedingungen angepasste heimische Dauerkulturen aus Korkeichen, Ölbäumen oder Wein in Verbindung mit kleinflächigem Feldbau und extensiver Viehwirtschaft die landwirtschaftliche Nutzung. Seit Jahrhunderten spielt die Bewässerung in der mediterranen Landwirtschaft eine wichtige Rolle. Mit sparsamen Kanalsystemen gelang eine nachhaltige Nutzung. Allerdings nahm in den letzten Jahrzehnten der Anteil des Bewässerungsfeldbaus im Zuge der großflächigen Produktion von nicht trockenresistenten Zitrusfrüchten, Obst, Gemüse und Baumwolle drastisch zu. Diese meist nicht nachhaltig geplanten Produktionssysteme, bei denen die Grundwasserleiter bis in große Tiefen angezapft oder Süßwasser aus weit entfernt liegenden Stauseen herangeführt werden, haben tiefgreifende Folgen für das Ökosystem. Insbesondere die knapper werdenden Wasserressourcen verlangen, auch vor dem Hintergrund der globalen Klimaerwärmung, die Entwicklung und Umsetzung nachhaltiger Nutzungskonzepte. Mit sparsamen Technologien wie z. B. der Tröpfchenbewässerung, bei der über Schläuche mit kleinen Öffnungen gezielt geringe Mengen Wasser direkt an die Pflanze abgegeben werden, der Verbindung traditioneller Anbaumethoden mit modernen Landnutzungskonzepten oder der Züchtung neuer Kulturpflanzen wandelt sich die Land- und Forstwirtschaft in den Mittelmeerländern zu einer nachhaltigen Nutzung.

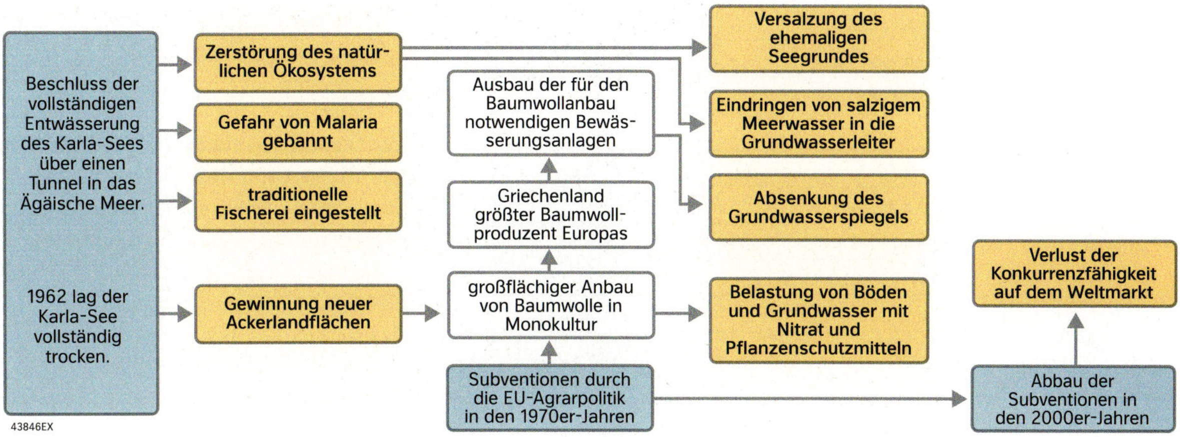

M4 Wirkungsschema „Entwässerung des Karla-Sees"

M Geo-Methode

Arbeit mit digitalen Globen

Digitale Globen erlauben durch detaillierte Satellitenaufnahmen einen virtuellen Blick in nahezu jeden Winkel der Erde.

Arbeitsschritte:

1. Suche des Ortes/Raumes (Eingabe des Namens oder der Koordinaten im Grandnetz)
2. Einstellung der Größe des Raumausschnitts entsprechend des Untersuchungsgegenstandes (Zoomfunktion)
3. Beschreibung und Deutung von Strukturen (Da es für viele Inhalte keine Legende gibt, müssen unter Umständen Atlanten und andere Nachschlagewerke hinzugezogen werden.)
4. Möglichkeit eines zeitlichen Vergleichs des Raumes (nicht für alle Räume bzw. nicht bei jeder Software vorhanden)
5. Zusammenfassung und Erklärung der vorhandenen Strukturen (bei der Nutzung von Screenshots Urheberrecht prüfen)

In den 1980er-Jahren beschloss die griechische Regierung, den Karla-See wiederherzustellen. Nach planerischen Vorarbeiten begann 1988 die Rekonstruktion des See mit dem Bau von Kanälen, die das Wasser aus dem Flusssystem des Pinios in das ehemalige Seegebiet leiten sollten, sowie von Dämmen, die heute etwa 50 km² der ursprünglichen 180 km² einfassen. Fast die Hälfte der 250 Millionen Euro hohen Investitionskosten des größten Umweltprojekts auf dem Balkan übernahm die EU.
Ziele des Projekts waren unter anderem:

- die Wiederherstellung eines Feuchtgebiets als Lebensraum für eine vielfältige einheimische Flora und Fauna,
- das Verhindern des weiteren Absinkens des Grundwasserspiegels, sodass die Süßwasserversorgung der Bevölkerung gesichert und die Trinkwasserqualität verbessert wird,
- die Verbesserung des lokalen Klimas,
- die touristische Nutzung des Sees,
- die Anlage eines Süßwasserreservoirs für die Bewässerung von Ackerland.

Mittlerweile hat der See seine geplante Größe erreicht. Die mittlere Wassertiefe beträgt zwei Meter. Zahlreiche Tier- und Pflanzenarten haben sich wieder angesiedelt und Zugvögel nutzen das Gewässer als Rastplatz. Ein neu errichtetes Museum informiert Touristen über die Historie des Sees. Die Wasserqualität wird kontinuierlich untersucht. Sorgen bereitet den Wissenschaftlern, dass vor allem durch die hohen Nährstoffeinträge aus der umgebenden landwirtschaftlichen Intensivnutzung der Nitratgehalt des Wassers steigt und der See immer wieder von Algen befallen wird.

M5 Der neue Karla-See

1 *a) Vergleichen Sie die Satellitenbilder im Bereich des Karla-Sees (M1).*
b) Beschreiben Sie die Lage und das Wassereinzugsgebiet des Karla-Sees und begründen Sie die Wasserspiegelschwankungen im Jahresverlauf (M2, M3).

2 *Stellen Sie die Gründe, die zur Entscheidung der vollständigen Entwässerung des Karla-Sees geführt haben, dar (M3).*

3 *Vergleichen Sie die Nachhaltigkeit der Entwässerung und Wiederherstellung des Karla-Sees (M4, M5).*

4 *Stellen Sie die Wiederherstellung des Karla-Sees in einem Wirkungsschema dar (M4, M5).*

5 *Untersuchen Sie mithilfe eines digitalen Globus die Entwicklung sowie den aktuellen Stand der Karla-See-Region.*

6 *„Die 250 Millionen Euro, die in die Instandsetzung des Karla-Sees investiert wurden, sind eine zukunftsfähige Anlage." Beurteilen Sie diese Aussage (M5).*

4.5 Virtuelles Wasser und Wasserfußabdruck

Produkt	Wassermenge in Liter
1 kg Rindfleisch	15455
1 kg Käse	5000
1 kg Reis	3400
1 kg Eier	3300
1 kg Weizen	1300
1 kg Äpfel	700
Pkw	40000
PC	20000
Jeans	11000
Lederschuhe	8000

M1 Virtuelles Wasser in Alltagsprodukten

Zum Vergleich:
Eine Badewanne umfasst etwa 140 Liter Wasser.

Für uns ist es selbstverständlich: Mit dem Wasser aus dem Wasserhahn waschen wir uns unsere Kleidung, kochen, bewässern Blumen und den Garten oder säubern das Auto. Der Verbrauch dieses direkten Wassers ist in Deutschland zwar seit 1990 von 147 Litern pro Tag auf 125 Liter (2019) gesunken. Gleichzeitig nutzt jedoch jede Person zusätzlich rund 4000 Liter indirektes Wasser am Tag. Dieses für uns nicht sichtbare Wasser wird auch als virtuelles Wasser bezeichnet. Es handelt sich dabei um das gesamte Süßwasser, das bei der Herstellung einer Ware (z. B. beim Tomatenanbau in Spanien) eingesetzt wird. Somit steigt unser täglicher Wasserfußabdruck, weil über zwei Drittel der 4000 Liter virtuellen Wassers, das wir verbrauchen, importiert wurden.
Vielen Gemüsesorten sieht man sofort an, dass sie Wasser enthalten. Aber wie viel Wasser benötigt man wirklich, bis sie frisch in unseren Märkten landen? Vor allem das Lieblingsgemüse der Deutschen, die Tomate, stellt einen nennenswerten Teil unseres externen Wasserfußabdrucks dar. Während die niederländischen Landwirte aufgrund ihrer optimierten Bewässerungssysteme und des gemäßigten Klimas nur rund neun Liter pro Kilogramm Tomaten benötigen, brauchen spanische Tomaten, z. B. aus dem warmen Almeria, rund 83 Liter pro Kilogramm. Das ist zwar weniger als der weltweite Durchschnitt, bedenklich ist hier aber vor allem die Nutzung der begrenzten Grundwasserreserven, was in Zukunft für die gesamte südspanische Region problematisch werden könnte.

„Rund 70 Prozent des in Deutschland verbrauchten virtuellen Wassers stammt aus dem Ausland.“
Eike Zaumseil,
Referent für Klima und Landwirtschaft bei Brot für die Welt (kirchliches Hilfswerk)

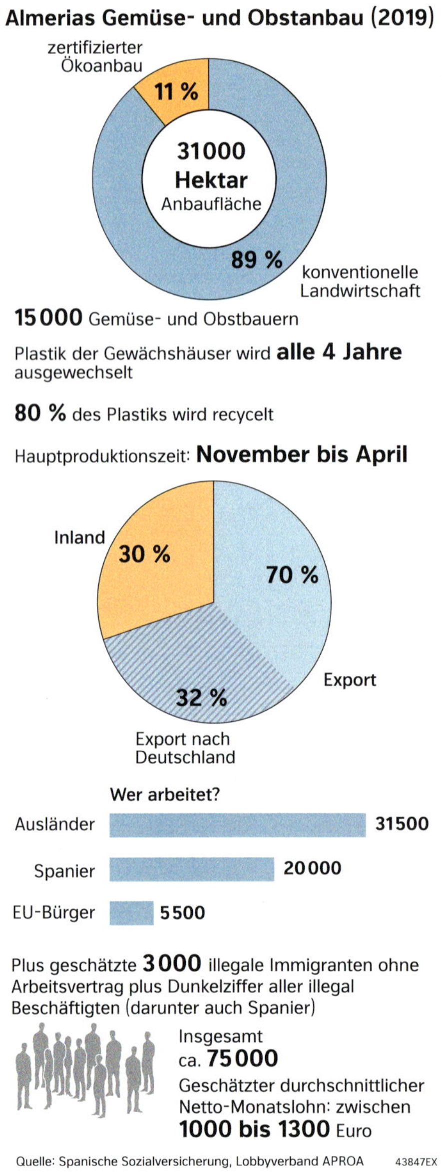

M2 Wirtschaftsdaten Almeria

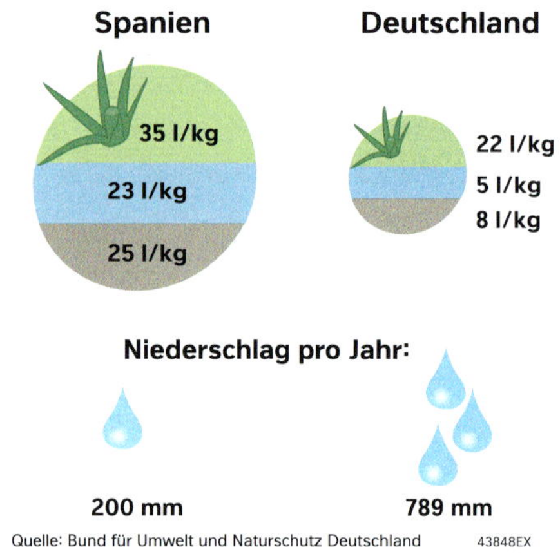

M3 Virtuelles Wasser in der Nahrung

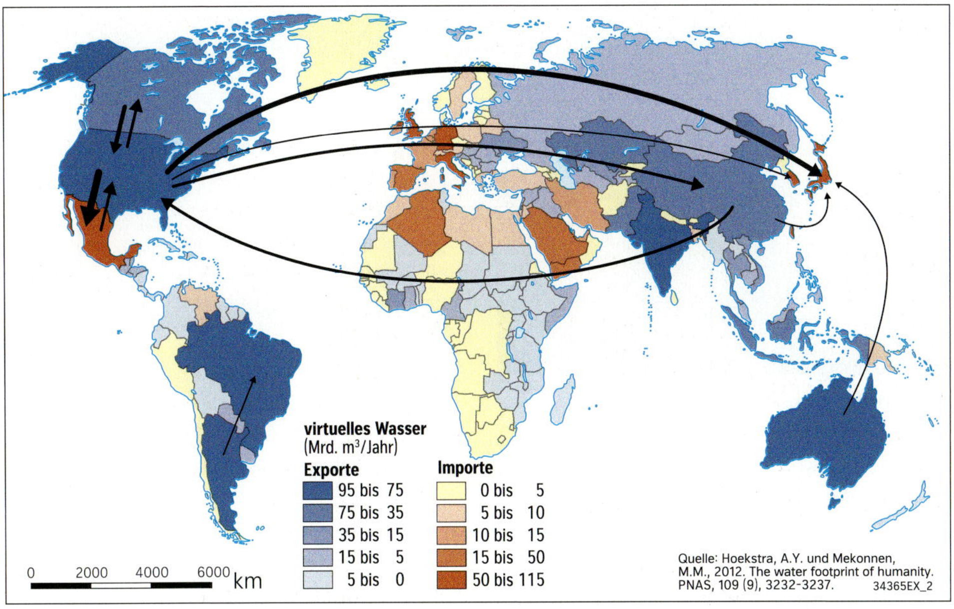

M4 Virtuelles Wasser aus Nahrungsmitteln und Industrieprodukten im weltweiten Handel

Das Konzept des virtuellen Wassers entwickelte der britische Wissenschaftler John Anthony Allen in den 1990er-Jahren. Er wollte vor allem zeigen, dass durch den weltweiten Handel mit Nahrungsmitteln und Industrieprodukten auch indirekt mit virtuellem Wasser gehandelt wird. Vor allem die wasserintensive und exportorientierte Landwirtschaft in Trockenregionen der Erde steht hier im Fokus. Dabei wird zwischen drei Arten von virtuellem Wasser unterschieden:

- Grünes virtuelles Wasser bezieht sich dabei auf die Menge an Regenwasser, die im Boden gespeichert ist und von Pflanzen aufgenommen wird.
- Blaues virtuelles Wasser steht für das Grundwasser oder Wasser aus Flüssen, Bächen und Seen für die Industrieproduktion oder den Privatgebrauch ohne Rückleitung.
- Graues virtuelles Wasser ist die Wassermenge, die während des Herstellungsprozesses eines Produktes direkt verschmutzt wird und nicht mehr nutzbar ist.

M5 Konzept des virtuellen Wassers

Der Wasserfußabdruck ist eine Kennzahl für die gesamte Menge an Wasser, die Staaten, Unternehmen oder Verbraucher in Anspruch nehmen. Er ist somit ein Indikator für die Nutzung des Rohstoffes Wasser. Dabei wird die Wassermenge, die für die Produktion eingesetzt wird, verdunstet und/oder verschmutzt wird, mit Informationen sowohl zur verbrauchenden als auch zur erzeugenden Region der Ware verbunden.
Deutschlands gesamter Wasserfußabdruck beträgt rund 117 Milliarden Kubikmeter Wasser pro Jahr. Das ist mehr als das Zweifache des Bodensees und entspricht einem täglichen Verbrauch von mehr als 3900 Litern pro Einwohner. Im Vergleich: Weltweit liegt der Verbrauch bei knapp 3800 Litern pro Person und Tag. Mehr als die Hälfte des Wassers für die von uns benötigten Produkte und Güter stammt nicht aus Deutschland selbst. Das Wasser für importierte Güter wird als externer Wasserfußabdruck bezeichnet. Das meiste Wasser führt Deutschland über Agrargüter ein.

M6 Der Wasserfußabdruck

Wasserfußabdruck ausgewählter Staaten (Liter/Tag):

USA:	*7800*
Russland:	*5100*
Tschad:	*4000*
Deutschland:	*3900*
Nigeria:	*3400*
China:	*2900*

Link:
www.gelsenwasser.de/wasser/wasserverbrauchsrechner

1 *Geben Sie die Fachbegriffe virtuelles Wasser und Wasserfußabdruck mit eigenen Worten wieder (M5–M6).*

2 *Erklären Sie unter Berücksichtigung des Naturraums die Bedeutung und globale Verwendung von virtuellem Wasser am Beispiel des spanischen Tomatenanbaus (M1–M5, Atlas).*

3 *a) Überprüfen Sie Ihren Beitrag zum globalen Wasserverbrauch, indem Sie Ihren individuellen Wasserfußabdruck berechnen (Link Randspalte).*
b) Erklären Sie an selbst gewählten Beispielen Ihren möglichen Beitrag zur Realisierung des SDG 6 (S. 144/145).

T Testen – Üben – Vertiefen

M1 Port de Soller, Mallorca

1 Geben Sie an, welche Aussagen zutreffen. Begründen Sie Ihre Wahl.

a) Das Geosphärenmodell ...
   - A ... untersucht sechs natürliche Komponenten.
   - B ... ermöglicht, das Nutzungspotenzial einer Landschaft einzuschätzen.
   - C ... betrachtet ausschließlich natürliche Prozesse.
   - D ... ist Grundlage für die Ermittlung des ökologischen Fußabdrucks.

b) Der Landschaftsausschnitt in Foto M1 ...
   - A ... liegt auf der Nordhalbkugel der Erde.
   - B ... liegt im tropischen Regenwald.
   - C ... ist von Bodenerosion bedroht.
   - D ... ist ein Gleichnis für das Anthropozän.

c) Die Geokomponente Boden ...
   - A ... hat keine Wirkung auf das Klima.
   - B ... beeinflusst den Wasserhaushalt einer Landschaft.
   - C ... ist gegen menschliche Nutzung robust.
   - D ... ist auf degradierten Flächen nicht mehr vorhanden.

d) Nachhaltige Nutzungsformen im tropischen Regenwald sind:
   - A Shifting Cultivation
   - B Ecofarming
   - C Plantagenwirtschaft
   - D großflächiger Sojaanbau.

2 Die Abbildung M2 zeigt den Wandel der natürlichen Ökosysteme.

a) Charakterisieren Sie die durch menschliche Nutzung bedingte Veränderung natürlicher Ökosysteme im Verlauf der letzten Jahrhunderte.

b) Nennen Sie Ursachen und Folgen dieser Veränderungen.

3 Stellen Sie Möglichkeiten dar, nachhaltige Entwicklungen zu messen.

4 Beurteilen Sie die Aussage: „Um das Ziel einer nachhaltigen Entwicklung zu erreichen, müssen die wirtschaftlich schwächeren Staaten ihren Lebensstandard erhöhen, die wirtschaftlich stärkeren Staaten jedoch ihren ökologischen Fußabdruck verringern."

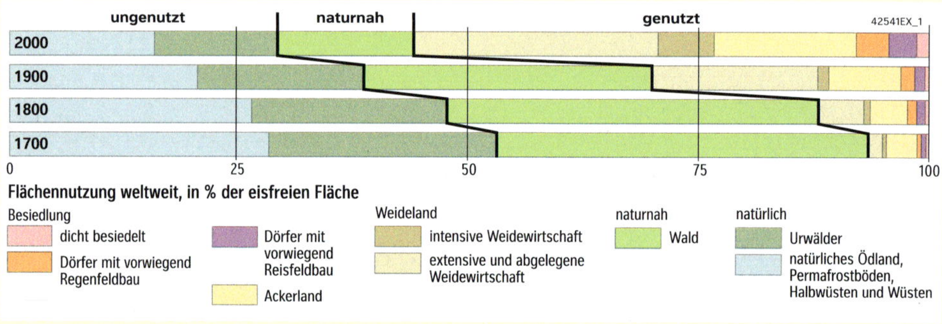

M2 Menschliche Landnutzung und natürliche Ökosysteme

Fachbegriffe

Agrarkolonisation
Agroforstwirtschaft
Anthropozän
Brache
Brandrodungswanderfeldbau
Biokapazität
Degradation
Erdüberlastungstag
Entwicklungsziele
Ecofarming
Geosphäre
Geokomponenten
Hartlaubgewächse
Landschaftszone
Macchie
Nachhaltigkeit
Plantage
ökologischer Fußabdruck
SDG-Index
Shifting Cultivation
Splash-Wirkung
Sukzession
virtuelles Wasser
Wasserfußabdruck

Sumatra ist mit einer Fläche von etwa 473 000 km² die sechstgrößte Insel der Erde. Seit Mitte der 1990er-Jahre wurde die Palmölproduktion auf der indonesischen Insel massiv ausgedehnt. Der Anbau von Ölpalmen trägt zum Rückgang der tropischen Regenwälder bei.

1 Beschreiben Sie mithilfe des Atlas die klimatischen Bedingungen auf Sumatra und daraus resultierende Wechselwirkungen mit den Geokomponenten Wasser, Boden und Vegetation.

2 Stellen Sie den Landnutzungswandel und daraus resultierende Auswirkungen für die Bevölkerung und das Ökosystem Regenwald dar.

3 Die Ophir-Ölpalmplantage wird von den Initiatoren des Projekts als Beispiel für einen nachhaltigen Palmölanbau gesehen. Beurteilen Sie diese Auffassung.

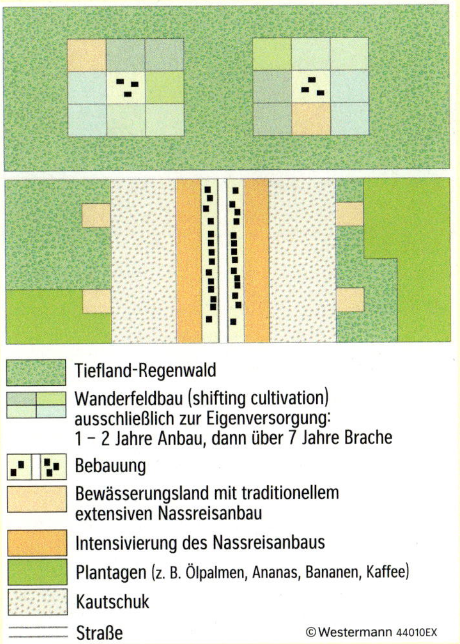

M2 Modell des Landnutzungswandels in den immerfeuchten Tropen Südostasiens

Die Gewinnung von Öl aus der Ölpalme ist ein komplizierter Prozess, der einen hohen Maschineneinsatz und große Plantagenflächen erfordert. Bis in die 1970er-Jahre hielt man die Erzeugung von Palmöl durch Kleinbauern für undurchführbar. Dies änderte sich mit der Einführung der sogenannten Nukleus-Plantagen. Bei diesem Plantagentyp sind um den Kern (Nukleus) Anbauflächen (Plasma) angeschlossen, die an Kleinbauern vergeben und von diesen nach vertraglich festgelegten Regeln bewirtschaftet werden. Eines der ersten Projekte dieser Art war das mit deutscher Unterstützung 1981 gegründete Ophir-Projekt in Westsumatra. Am Fuß des Ophir-Vulkans gelegen, verfügt dieses Gebiet über fruchtbare Böden und günstige klimatische Bedingungen. Außerdem war es seinerzeit nicht mit Regenwald, sondern mit Busch- und Grasbeständen bedeckt und relativ dünn besiedelt. Die Bewirtschaftung des Nukleus von 3200 ha übernahm die staatliche indonesische Plantagengesellschaft. Auf ihrem Gelände befinden sich die Fabrik, die Verwaltungsgebäude und die Wohnzeilen von 750 Plantagenarbeitern. Das daran angrenzende sogenannte „Plasma" von 4800 ha wurde unter 2400 Kleinbauern (d. h. 2 ha/Haushalt) aufgeteilt, die sowohl aus der Region als auch aus Java stammten. Die Siedler leben in vier Dörfern mit je einer Schule, Moschee, Kindergarten, Gesundheitsstation, Verwaltungszentrum und Dorfbank.

Nach zehn Jahren bestätigt das Ergebnis, dass die wirtschaftlichen Projektziele nicht nur erreicht, sondern teilweise sogar deutlich übertroffen wurden. Die Belastungen für die Umwelt werden als tragbar bezeichnet. Sowohl die Produktionssteigerung von Palmöl als auch die Erhöhung der bäuerlichen Einkommen sind erreicht worden. [...] Fast alle Kleinbauern konnten ihre Kredite erheblich früher zurückzahlen als ursprünglich vorgesehen und sich so den Eigentumstitel für ihre Parzelle sichern. Es ist aber auch zu einigen überraschenden und möglicherweise unerwünschten Auswirkungen im sozialen Bereich gekommen. Die relativ wohlhabenden Siedler in den Plasmadörfern heben sich deutlich von den weit schlechter verdienenden Arbeitern im Nukleus ab.

Ulrich Scholz

M1 Ophir-Ölbaumplantage

Referatsthemen:

- Tomaten aus Almeria (Spanien) – nachhaltiger Anbau möglich?
- Nachhaltiger Tourismus im Regenwald Costa Ricas
- Produktwerbung mit Regenwaldrettungskampagnen – nachhaltige Erfolge oder nur „greenwashing"?

WES-151140-163

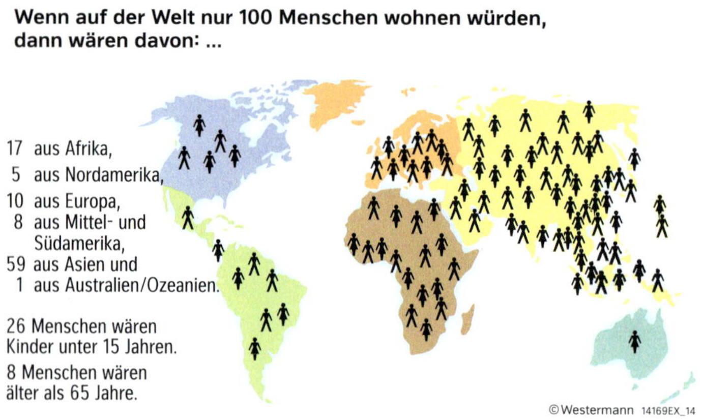

M1 Verteilung der Erdbevölkerung auf den Kontinenten 2020

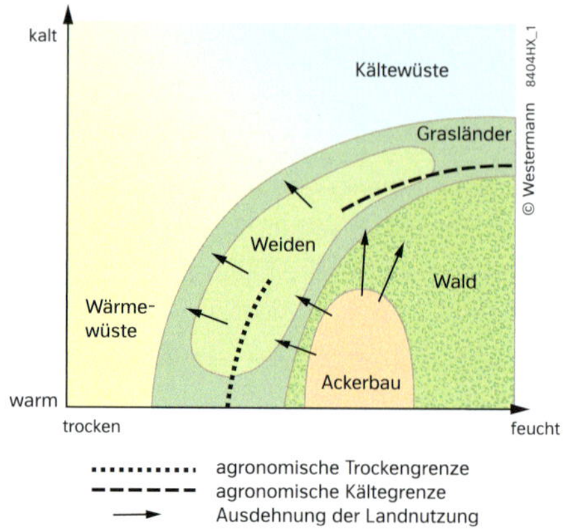

M3 Ausdehnung der agrarischen Landnutzung

4.6 Bevölkerung und Bevölkerungsentwicklung

Wo Menschen leben

7,8 Mrd. Menschen lebten Anfang 2021 auf der Erde. Würde sich die gesamte Weltbevölkerung versammeln, hätte sie in diesem Gedankenexperiment auf der Insel Mallorca Platz. In der Realität leben die Menschen überall auf der Welt.
Dabei unterscheidet sich die Bevölkerungsdichte auf der Landfläche erheblich. Zwei Drittel der Menschheit leben auf weniger als sechs Prozent der Landfläche in dicht besiedelten Regionen. Zum Beispiel befinden sich zwischen Tokio und Fukuoka zehn Millionenstädte. Allein im Großraum Tokio leben weit über 38 Millionen Menschen, das sind mehr als in ganz Kanada, dem, nach seiner Fläche, zweitgrößten Staat der Erde. Die von Menschen bewohnten bzw. bewohnbaren Räume werden **Ökumene** genannt. Diesen stehen Regionen der **Anökumene** gegenüber. Das sind die Landflächen, die aufgrund der natürlichen Bedingungen für eine dauerhafte Besiedlung nicht geeignet sind. Zu ihnen gehören zum Beispiel der antarktische Kontinent, die Trockenwüsten, große Teile der Tundra und viele Hochgebirgsräume.

Die meisten Wissenschaftler der Anthropologie vertreten heute die Out-of-Africa-Theorie, nach der Afrika die Wiege des modernen Menschen (Homo sapiens) ist. Vor etwa 200 000 Jahren besiedelte von dort aus der Mensch die ganze Erde.
Die frühesten Zeugnisse von Ackerbau und Viehzucht und damit von ersten planmäßigen und festen Ansiedlungen reichen etwa 10 000 Jahre zurück. In natürlichen Gunsträumen wie z. B. dem fruchtbaren Halbmond im Gebiet der heutigen Staaten Syrien, Irak, Iran und Türkei entwickelten sich erste Hochkulturen und Städte.
Natürliche Grenzen wie z. B. Kältegrenzen, Trockengrenzen und Küsten schränkten eine weitere Ausbreitung des Homo sapiens noch über Jahrhunderte ein. Fortschritte in Wissenschaft und Technik ermöglichten den Menschen, natürliche Hindernisse zu überwinden, z. B. durch Bewässerung in Trockengebieten, Neulandgewinnung an den Küsten oder Transport von Lebensmitteln in lebensfeindliche Räume. Im Laufe der Menschheitsgeschichte kam es immer wieder zu größeren Wanderungsbewegungen, etwa mit der Industrialisierung ab dem 18. Jahrhundert oder im Zuge der beschleunigten Globalisierung seit dem 20. Jahrhundert.

M2 Die lange Besiedlungsgeschichte der Erde

Vororte von Los Angeles

Denali (Alaska)

M4 Ökumene (oben) – Anökumene (unten)

100800-276 www.diercke.de

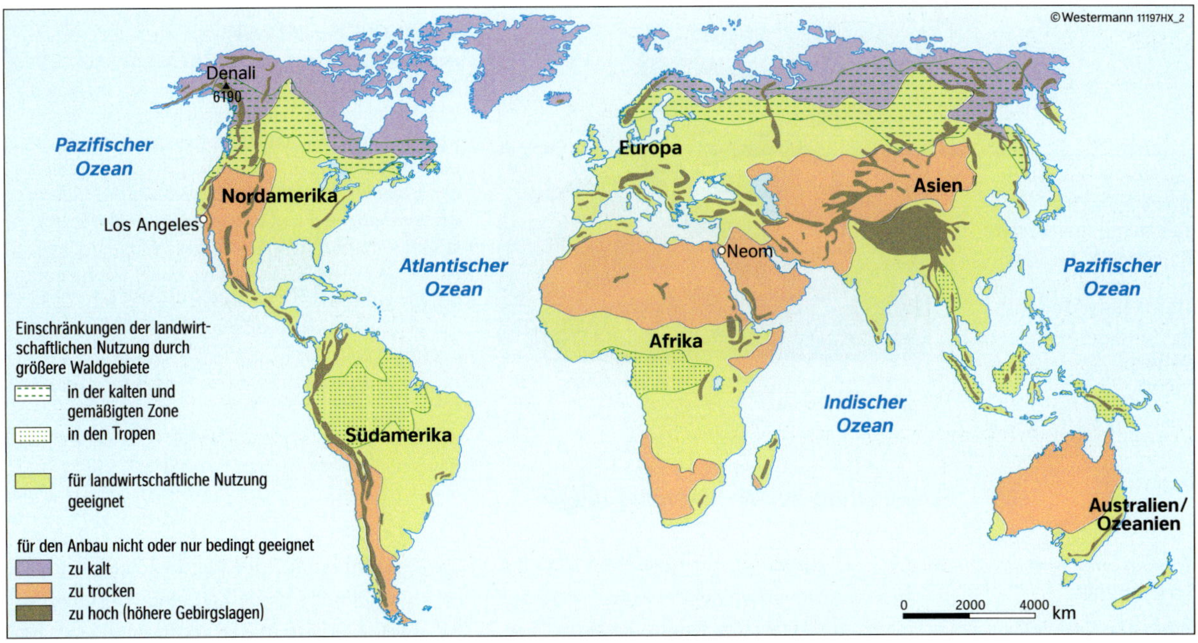

M5 Ackerbaulich nutzbare Gebiete der Erde

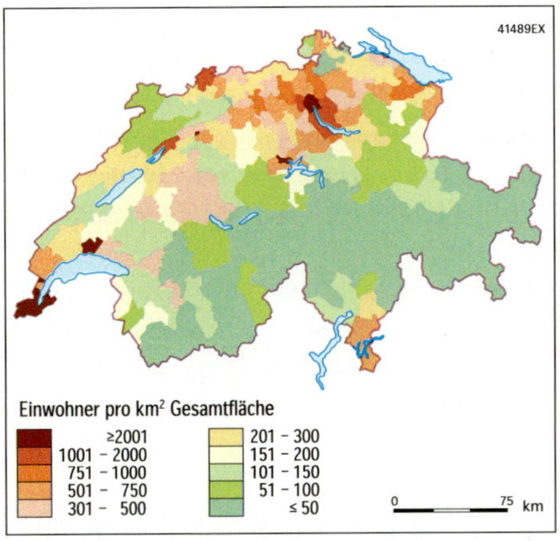

M6 Bevölkerungsdichte der Schweiz

2017 gab der Kronprinz von Saudi-Arabien den Bau einer neuen Stadt in der Wüste bekannt. Das 500 Milliarden US-Dollar teure Projekt „Neom" im Nordwesten des Königreichs soll verschiedene Nachhaltigkeitsstandards erfüllen, z. B. eine Wasserversorgung durch Meerwasserentsalzungsanlagen und Niederschläge aus künstlich erzeugten Regenwolken sowie eine Stromversorgung aus erneuerbaren Energien (vor allem Sonne und Wind). Die Stadt wird als schmales, 170 km langes Band geplant, deren Einzelsiedlungen per U-Bahn verbunden sind. Die seit Jahrhunderten hier lebenden, noch etwa 20 000 Beduinen sollen entschädigt und umgesiedelt werden.

M7 „Neom" – Siedeln in der Anökumene?

1 *Veranschaulichen Sie die Bevölkerungsverteilung nach Kontinenten, indem Sie Ihre Lerngruppe entsprechend aufteilen (M1).*

2 *a) Ordnen Sie begründend folgende Regionen als Ökumene oder Anökumene ein: Palmerland, Hispaniola, Ahaggar, das Delta der Lena (Atlas).*

b) Erklären Sie die Zuordnung des Denali und der Vororte von Los Angeles zu Anökumene bzw. Ökumene (M4).

c) „Die Anökumene kann zur Ökumene werden." Interpretieren Sie diese Aussage (M2, M3).

3 *a) Beschreiben Sie die Bevölkerungsverteilung auf der Erde im Jahr 2020 (Atlas).*

b) Vergleichen Sie die Bevölkerungsverteilung mit den ackerbaulich nutzbaren Gebieten (M5).

4 *Erklären Sie die Bevölkerungsverteilung in der Schweiz (M6, Atlas).*

5 *Beurteilen Sie das Projekt „Neom" (M7).*

6 *Überprüfen Sie das Gedankenexperiment, dass die gesamte Menschheit auf der Insel Mallorca Platz finden würde.*

100800-102 www.diercke.de

100800-114 www.diercke.de

Am 30. Oktober 2011 erblickte kurz vor Mitternacht Danica May Camacho in Manila das Licht der Welt. Das Mädchen wurde von den Vereinten Nationen als 7-milliardste Erdenbürgerin festgelegt, denn wie bei den meisten anderen demographischen Daten sind auch die Einwohnerzahlen das Ergebnis statistischer Berechnungen. Selbst den aufwendigen und daher nur in größeren Abständen durchführbaren Volkszählungen liegen mathematische Verfahren zugrunde. Nach einer der Prognosen der UNO wird um das Jahr 2025 mit der Geburt des 8-milliardsten Menschen auf der Erde gerechnet.

M1 Die 7-Milliardste

Danica war der 7-milliardste Mensch. Hier können Sie prüfen, der wievielte Sie sind:

https://www.dsw.org/home/whats-your-number/

Entwicklung der Weltbevölkerung

Prognose der Weltbevölkerung:

hohe Variante – TFR liegt 0,5 Geburten über der mittleren Variante

mittlere Variante – TFR bleibt auf dem Niveau von Zeitraum 2015–2020

niedrige Variante – TRF liegt 0,5 Geburten unter der mittleren Variante

Um Christi Geburt lebten geschätzt 200 bis 400 Millionen Menschen auf der Erde. Lange Zeit verhinderten Missernten, Hungerkatastrophen, Epidemien oder Kriege ein rasches Ansteigen der Weltbevölkerung. Anfang des 19. Jahrhunderts überstieg die Weltbevölkerungszahl erstmals eine Milliarde. Mit der von England ausgehenden industriellen Revolution mit den damit verbundenen technologischen, wirtschaftlichen und sozialen Veränderungen begann ab der Mitte des 18. Jahrhunderts ein rasantes Bevölkerungswachstum, das im 20. Jahrhundert die gesamte Welt erfasste.

Der Gesamtverlauf der Weltbevölkerungsentwicklung ähnelte lange Zeit einer Exponentialfunktion, was sich in der Verdopplung der Bevölkerungszahl in immer kürzeren Zeitabständen zeigt. Auch wenn heute die Einwohnerzahl der Erde noch weiter ansteigt, hat sich entgegen den Befürchtungen der Zuwachs der Weltbevölkerung mit einer jährlichen Wachstumsrate von etwa 1 % und einer Verdopplungszeit von rund 50 Jahren deutlich verlangsamt. Allerdings bedeutet das immer noch einen Zuwachs von über 80 Millionen Menschen pro Jahr, vor allem in Staaten mit geringer wirtschaftlicher Entwicklung.

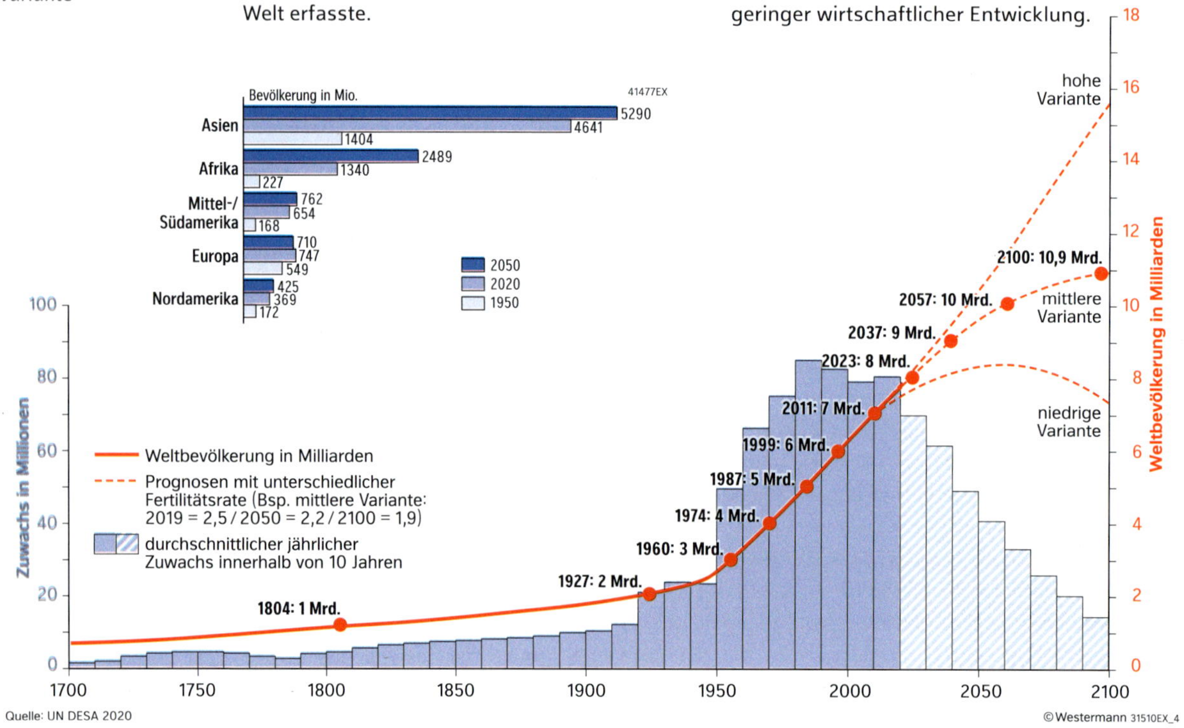

M2 Entwicklung der Weltbevölkerung

100800-276 www.diercke.de

Das natürliche Bevölkerungswachstum beschreibt die Veränderung der Gesamtbevölkerungszahl durch Geburten und Sterbefälle. Ist die Anzahl der Geburten höher als die der Sterbefälle, wächst die Einwohnerzahl, anderenfalls sinkt sie.
Um Staaten mit verschieden großen Bevölkerungen vergleichen zu können, werden die Kennziffern **Geburtenrate** (Anzahl der Lebendgeborenen pro 1000 Einwohner) und die **Sterberate** (Anzahl der Sterbefälle pro 1000 Einwohner) ermittelt. Die Wachstumsrate berechnet sich aus der Differenz von Geburten- und Sterberate. Sie kann positiv, aber auch negativ sein. Die Anzahl der Kinder, die eine Frau in einem Staat üblicherweise bekommt, wird durch die **Gesamtfruchtbarkeitsrate** (auch Total Fertility Rate = TFR) beschrieben. Die Einwohnerzahl bleibt in einem Staat konstant, wenn die Fertilitätsrate einen Wert von 2,1 hat. Dieser Wert wird auch als **Ersatzniveau** bezeichnet.

M3 Das natürliche Bevölkerungswachstum

	Japan		Äthiopien	
	Geburtenrate	Sterberate	Geburtenrate	Sterberate
1950–1955	23,6	9,1	49,3	29,9
1955–1960	18,2	7,8	47,8	26,7
1960–1965	17,5	7,2	48,0	23,5
1965–1970	17,9	6,8	47,6	21,8
1970–1975	18,9	6,5	48,6	21,0
1975–1980	15,1	6,1	48,5	20,8
1980–1985	12,8	6,1	49,3	21,5
1985–1990	11,1	6,3	48,3	19,0
1990–1995	9,8	6,9	46,6	17,3
1995–2000	9,4	7,4	45,5	15,2
2000–2005	8,9	7,9	41,5	12,7
2005–2010	8,7	8,8	37,3	9,6
2010–2015	8,4	9,8	34,7	7,6
2015–2020	7,5	10,4	32,6	6,7

Welt 2015–2020:
Geburtenrate: 18,5 ‰
Sterberate: 7,5 ‰
Wachstumsrate:
18,5 ‰ – 7,5 ‰ = 11 ‰
Gesamtfruchtbarkeitsrate: 2,47

M5 Vergleich der Geburten- und Sterberate

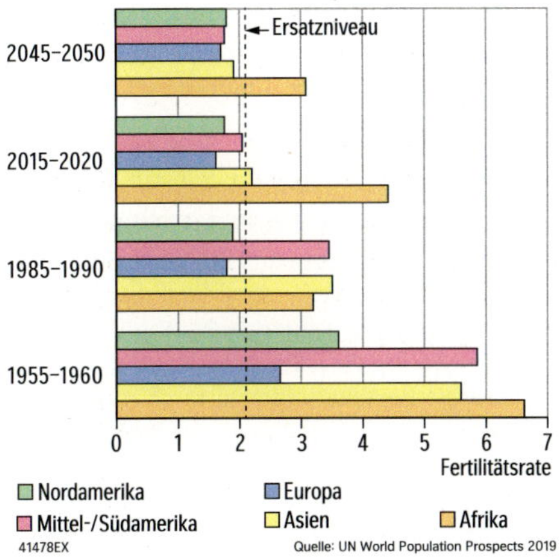

M4 Die Fertilitätsrate nach Kontinenten

Bevölkerungsprognosen werden mithilfe mathematischer Modelle erstellt. Zunächst gehen darin Daten über die aktuelle Bevölkerung wie z.B. Einwohneranzahl, Altersstruktur, Lebenserwartung ein. Anschließend werden Annahmen über künftige Entwicklungen zu den Geburten- und Sterbefällen sowie der Fertilitätsrate, aber auch hinsichtlich der wirtschaftlichen Entwicklung, der natürlichen Gegebenheiten und der politischen Situation quantifiziert und eingegeben. Auf Basis dieser Daten wird errechnet, wie viele Menschen welchen Alters und welchen Geschlechts in einem Staat in Zukunft leben werden. Durch Änderungen der Annahmedaten sind verschiedene Szenarien darstellbar.
Für einen Zeitraum von 10 bis 20 Jahren ist die Wahrscheinlichkeit für das Eintreten der Modellvorhersagen relativ hoch. Weitreichendere Prognosen werden schnell unzuverlässig. Unvorhergesehene Störereignisse wie z.B. regionale Konflikte, politische Umbrüche oder Seuchen entziehen sich der Modellierung.

M6 Bevölkerungsprognosen erstellen

1 *a) Bestimmen Sie die Länge der Zeiträume, die zwischen den jeweiligen Milliardengrenzen der Weltbevölkerung lagen (Verdopplungszeit) (M2).*
b) Erläutern Sie die Entwicklung der Weltbevölkerung insgesamt und nach Kontinenten (M2).

2 *a) Partnerarbeit: Stellen Sie die Entwicklung der Geburten- und Sterberaten Japans und Äthiopiens in je einem Liniendiagramm dar (M5). Ermitteln Sie die Wachstumsraten und zeichnen Sie diese als dritten Graphen in das Diagramm ein.*
b) Vergleichen Sie die beiden Diagramme und entwickeln Sie Hypothesen zu möglichen Folgen, die aus dieser Bevölkerungsentwicklung resultieren.

3 *Beschreiben Sie die Prognosen der Weltbevölkerungsentwicklung gesamt und nach Kontinenten bis 2050 und beurteilen Sie deren Aussagekraft (M2).*

4 *a) Charakterisieren Sie die Entwicklung und Prognose der Fertilitätsrate (M4).*
b) „Die Entwicklung der TFR ist für die weitere globale Bevölkerungsentwicklung von entscheidender Bedeutung." Beurteilen Sie diese Aussage.

5 *Begründen Sie, dass es heute viele Bestrebungen gibt, das Wachstum der Bevölkerung auf den Pfad der niedrigen Variante zu bringen.*

M1 Zwei Familien in Deutschland um 1910 (links) und heute (rechts)

Ein Modell zur Bevölkerungsentwicklung

Ende des 18. Jahrhunderts begann in England ein grundlegender Wandel in der natürlichen Bevölkerungsentwicklung: Beim Übergang von der Agrar- zur Industriegesellschaft sanken zunächst die Sterbe-, später auch die Geburtenrate, bis sich diese in der Dienstleistungsgesellschaft auf niedrigem Niveau einpendelten. Dieser als demographischer Übergang bezeichnete Prozess wiederholte sich im 19. und 20. Jahrhundert in allen europäischen Industrieländern. Bevölkerungswissenschaftler entwickelten daraus das **Modell des demographischen Übergangs**, das den typischen Verlauf von Geburten- und Sterberate in Phasen einteilt. Mit dem Modell können die Bevölkerungsentwicklung von Staaten und Regionen eingeordnet sowie Prognosen abgegeben werden. Letztlich zeigt es, dass Gesellschaften umso weniger Kinder bekommen, je wohlhabender, gebildeter und freier sie sind.

Geburtenrate/Sterberate ausgewählter Staaten in Promille (2015–2020):

Japan: 7,4/10,4
Deutschland: 9,4 /11,2
USA: 11,8/8,7
Indonesien: 18,2/6,4
Haiti: 24,5/8,6
Senegal: 34,7/5,8
Niger: 46,3/8,4
(Quelle: population.un.org)

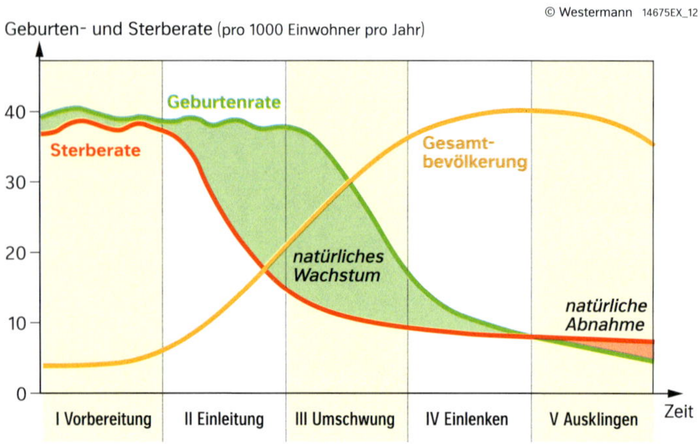

M2 Grafische Darstellung des Modells des demographischen Übergangs

Phase 1: Mangelnde Hygiene, fehlende medizinische Versorgung, Hunger und Seuchen sind Ursachen für die hohe Sterberate. Gleichzeitig werden aber auch viele Kinder geboren, die als Arbeitskräfte auf den Bauerhöfen sowie zur Absicherung der Eltern im Alter benötigt werden.

Phase 2: Mit dem Übergang von der Agrar- zur Industriegesellschaft sinkt zunächst die Sterberate, da sich medizinische Versorgung, hygienische Bedingungen und Ernährung großer Bevölkerungsteile verbessern. Weil die Geburtenrate auf ihrem bisherigen Niveau verharrt und gleichzeitig die Lebenserwartung ansteigt, wächst die Bevölkerungszahl rasch und kontinuierlich.

Phase 3: Mit Einführung der Sozialversicherung und mit dem Verbot von Kinderarbeit verlieren Kinder zunehmend an Bedeutung für die Alterssicherung. Gleichzeitig steigen die Aufwendungen für die Ausbildung der Kinder. Die Eigenständigkeit und Selbstbestimmung der Frauen sowie die bewusste Familienplanung führen letztlich zum Absinken der Geburtenrate.

Phase 4: Mitte des 20. Jahrhunderts ist die bewusste Familienplanung weit verbreitet, die Geburtenrate erreicht die Höhe der Sterberate.

Phase 5: In der modernen Informations- und Dienstleistungsgesellschaft zeigt sich ein neuer Trend: Lange Ausbildungszeiten sowie individuelle Lebensstile und eine dadurch später einsetzende (oder fehlende) Familienplanung führen dazu, dass die Geburtenrate erstmals unter die Sterberate sinkt. Daher wird bereits von einem zweiten demographischen Übergang gesprochen.

M3 Modell des demographischen Übergangs

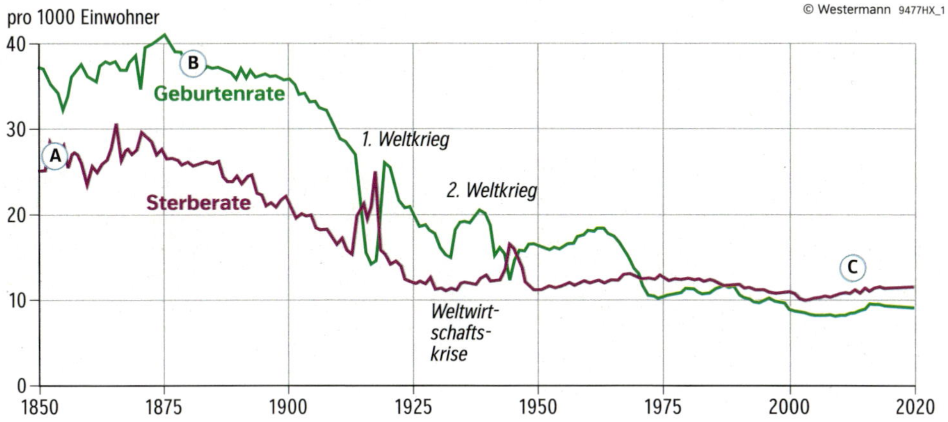

M4 Die Entwicklung der Geburten- und Sterberate in Deutschland

(1) Paul (15 Jahre) ist einer der zwölf Einzelkinder in seiner Klasse.
(2) Eine Mutter trauert am Grab ihres achten Kindes, das an Cholera starb.
(3) Der Bürgermeister eröffnet feierlich die neu gebaute Wasserleitung und Kläranlage.
(4) Marta (23 Jahre) informiert sich nach der Geburt ihres dritten Kindes über Verhütungsmethoden in der neuen Arztpraxis.
(5) In der Zeitung erscheint eine Anzeige, dass die Impfung gegen die Pockenseuche verpflichtend ist.
(6) Seit Bauer Johann den neuen Kunstdünger einsetzt, hat sich seine Getreideproduktion mehr als verdoppelt.
(7) Marie (37 Jahre) und Sven (36 Jahre) verdienen als Softwareentwickler sehr gut und freuen sich auf die Geburt ihres ersten Kindes.
(8) Die Bevölkerung im Ruhrgebiet steigt seit einigen Jahren rasant an.
(9) Nur Max kann die weiterführende Schule besuchen. Seine drei Brüder arbeiten auf dem Bauernhof.
(10) Die Beschäftigten in der Altenpflege erhalten eine deutliche Lohnerhöhung.

M5 Das lebendige Diagramm

keine Berücksichtigung abweichender Bevölkerungsprozesse; demographischer Übergang setzt zu verschiedenen Zeitpunkten ein und erstreckt sich über unterschiedlich lange Zeiträume	keine allgemeingültigen Aussagen über die Dauer und Ausprägung des Bevölkerungswachstums; auch errreicht es in den Entwicklungsländern ein in den Industrieländern nicht gekanntes Ausmaß
kulturspezifisch und historisch auf die Industriestaaten bezogen; bildet also die abweichenden gesellschaftlichen Bedingungen in weniger entwickelten Staaten nicht ab	zukünftig nur bedingt aussagekräftig, da keine neuen Entwicklungen berücksichtigt werden

M6 Kritik am Modell des demographischen Übergangs

1 *a) Beschreiben Sie das Modell des demographischen Übergangs (M2).*
b) Stellen Sie Zusammenhänge zwischen dem Verlauf von Sterbe-/Geburtenrate und der Wachstumsrate der Bevölkerung dar (M2, M3).
c) Ordnen Sie die Staaten den Phasen im Modell des demographischen Übergangs zu (Randspalte).

2 *Zur natürlichen Bevölkerungsentwicklung Deutschlands sind zehn Aussagen gegeben (M5).*
a) Ordnen Sie die Aussagen 1 bis 3 den Feldern A, B und C im Diagramm zu.
b) Ordnen Sie die weiteren Aussagen an anderen Stellen des demographischen Übergangs begründend zu. Vergleichen Sie Ihre Zuordnungen.
c) Vergleichen Sie die natürliche Bevölkerungsentwicklung Deutschlands mit dem Modell des demographischen Übergangs (M2, M4).

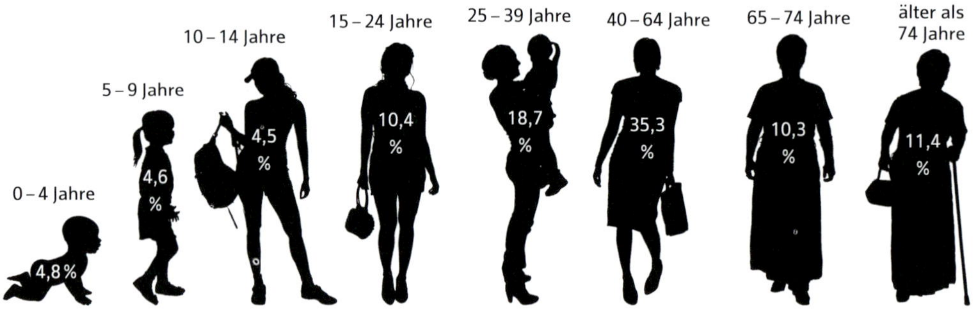

M1 Eine Gesellschaft besteht aus unterschiedlichen Altersgruppen (Prozente: Anteile in Deutschland, 2020).

Die Bevölkerung wird häufig in drei Altersgruppen gegliedert:
- unter 15 Jahre: Kinder und Jugendliche,
- 15 bis 65 Jahre: Menschen im arbeitsfähigen Alter,
- über 65 Jahre: nicht mehr erwerbsfähig.

Die Altersgrenzen unterscheiden sich zwischen einzelnen Staaten bzw. Statistiken geringfügig. Letztlich geht es darum, dass die Gruppe der Erwerbsfähigen für die Bereitstellung der Mittel für das Aufwachsen und Ausbilden der Jugendlichen sowie die Versorgung der älteren Bevölkerung sorgen muss.

M2 Altersabgrenzung in drei Gruppen

	unter 15	**15 bis 65**	**über 65**
Welt	26	65	9
Europa	16	66	18
Nordamerika	18	66	16
Mittel- und Südamerika	25	67	8
Asien	24	67	9
Afrika	41	56	3

Quelle: Deutsche Stiftung Weltbevölkerung

M3 Altersstruktur nach Kontinenten (in %)

Altersstruktur der Bevölkerung

In jeder Bevölkerung leben Menschen unterschiedlichen Alters zusammen: Kinder, Jugendliche, Erwachsene, Alte. Die Anzahl und der Anteil der Personen in verschiedenen Altersgruppen eines Landes oder einer Region werden durch die Altersstruktur beschrieben. Sie ist das Ergebnis der natürlichen Bevölkerungsentwicklung und von Zu- und Abwanderung von Einwohnern in den vorausgegangenen Jahren.

Die Altersstruktur spiegelt nicht nur die natürliche Bevölkerungsentwicklung sowie geschichtliche Ereignisse, sondern auch Herausforderungen und Entwicklungspotenziale für Gesellschaften wider. Für viele Entscheidungen ist es wichtig, Kenntnisse über die aktuelle und zukünftige Alterszusammensetzung zu besitzen. Müssen z. B. weitere Schulneubauten geplant, die Beiträge für Versicherungen angepasst, mehr altengerechte Wohnungen gebaut werden?

Die Altersstruktur lässt sich in Altersstrukturdiagrammen darstellen. Diese variieren in ihrer Gestalt von Land zu Land. Trotzdem lassen sich einige Grundformen erkennen.

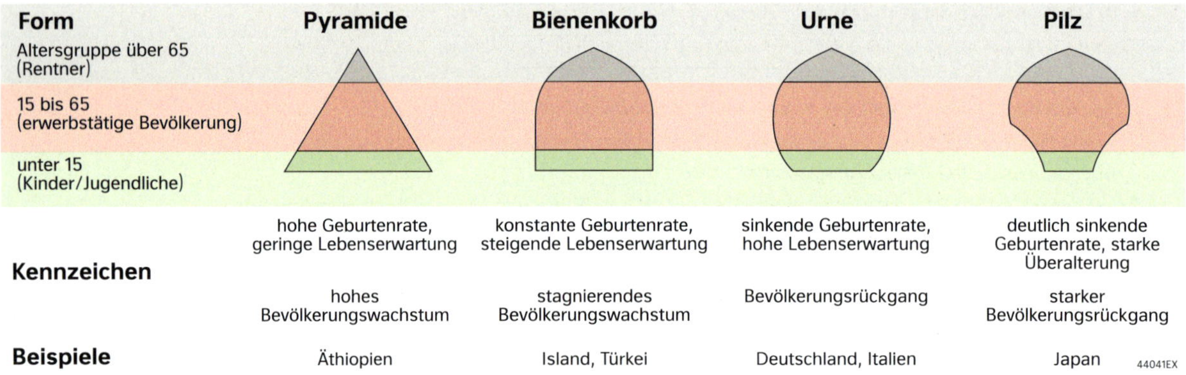

M4 Grundformen von Altersstrukturdiagrammen

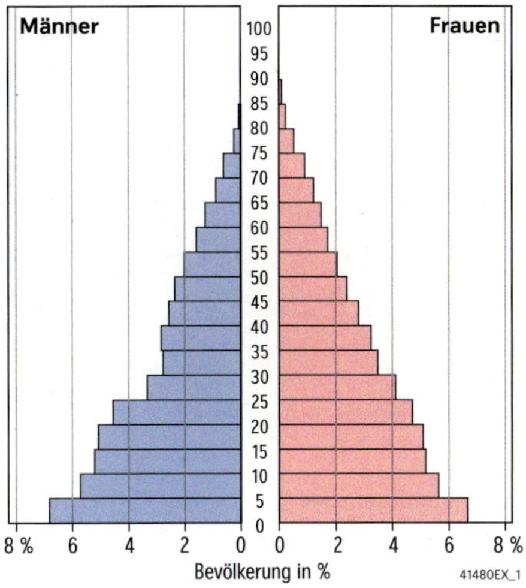

M5 Altersstrukturdiagramm Japans 1950

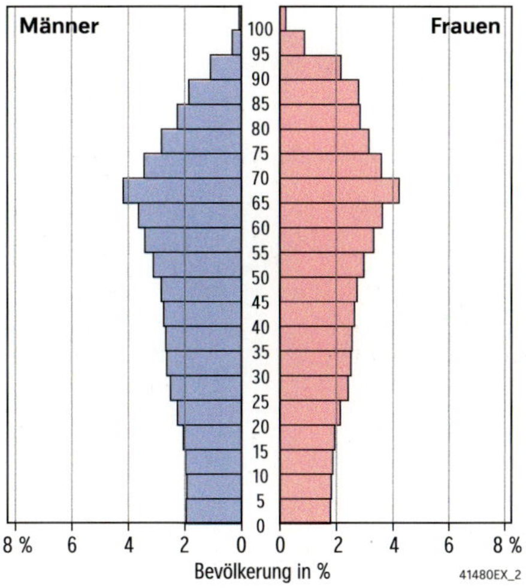

M7 Altersstrukturdiagramm Japans 2040

Im Jahr 1960 hatte Japan 83 Millionen Einwohner. 2020 waren es ungefähr 126 Millionen. Im Jahr 2040 sollen es nach Prognosen 113 Millionen sein.

Altersstrukturdiagramme sind spezielle Balkendiagramme, die Aussagen zu einer Bevölkerung in Bezug auf Alter und Geschlecht ermöglichen. Die x-Achse beschreibt den Anteil der Bevölkerung. Sie kann in absolute oder relative Zahlen eingeteilt sein. Auf der y-Achse sind die verschiedenen Altersgruppen eingetragen. Meist sind diese in Fünfjahresschritte aufgegliedert. Damit sind für jede Altersgruppe die Bevölkerungsanzahl bzw. der Anteil dieser Gruppen an der Gesamtbevölkerungszahl ablesbar.
Häufig treten auch auffällige Abweichungen oder Einschnitte auf. Sie sind Ergebnisse z. B. von Kriegen, Wirtschaftskrisen, Hungersnöten oder Seuchen, die einen Rückgang der Geburtenrate bzw. einen Anstieg der Sterberate nach sich zogen. Sie können aber auch Folgen von größeren Zu- oder Abwanderungsbewegungen sein.
Darüber hinaus lassen sich auch Aussagen zur Lebenserwartung ableiten.

M6 Altersstrukturdiagramme

M Geo-Methode

Auswertung eines Altersstrukturdiagramms

1. Orientieren

Bestimmen Sie den Staat / die Region, das Jahr und die Art der Daten (absolut oder relativ).

2. Beschreiben und Berechnen

Beschreiben Sie die Altersstruktur und ordnen Sie diese einer Grundform zu. Erfassen Sie Besonderheiten. Ermitteln Sie die Anteile der Altersgruppen.

3. Schlussfolgerungen

Ziehen Sie Rückschlüsse auf die Bevölkerungsentwicklung in Gegenwart und Zukunft. Erklären Sie Besonderheiten. Vergleichen Sie unter Umständen mit anderen Staaten.

Die Lebenserwartung ist das durchschnittliche Alter, das ein Mensch eines bestimmten Alters nach den zum aktuellen Zeitpunkt herrschenden Lebensbedingungen erreichen kann.

Entwicklung der Lebenserwartung weltweit:

1950 – 55: 47 Jahre
1980 – 86: 63 Jahre
2000 – 05: 67 Jahre
2015 – 20: 72 Jahre
(Quelle: World Population Prospect)

1 *a) Nennen Sie Gründe, warum eine Bevölkerung in Altersgruppen eingeteilt wird (M2).*
b) Ermitteln Sie die Bevölkerungsanteile Deutschlands nach der Einteilung in drei Gruppen (M1, M2).
c) Stellen Sie die Altersgruppen in einem Diagramm dar und vergleichen Sie die Altersstruktur der Kontinente (M3).

2 *a) Beschreiben Sie die Grundformen der Altersstrukturdiagramme (M4).*
b) Charakterisieren Sie die Grundformen (M4).

3 *Ordnen Sie die Grundformen der Altersstrukturdiagramme den verschiedenen Phasen des Modells des demographischen Übergangs zu (M4, S. 168 M2, M3).*

4 *a) Werten Sie das Altersstrukturdiagramm von Japan 1950 aus (M5).*
b) Vergleichen Sie das Altersstrukturdiagramm Japans von 1950 mit dem von 2040 (M5, M7).
c) Stellen Sie Vermutungen an, die zu den Veränderungen der Altersstruktur Japans geführt haben.

100800-081
www.diercke.de

M1 Karikatur

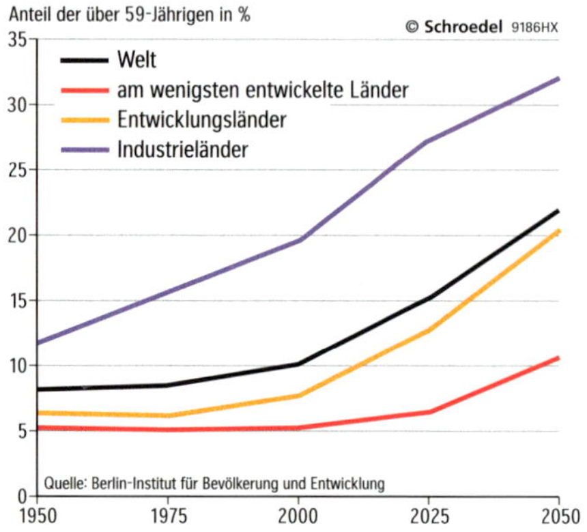

M4 Die Alterung der Gesellschaft

Das Verhältnis der Personen im Rentenalter, also der Empfänger von Leistungen der Rentenversicherung oder anderer Alterssicherungssysteme, zur Zahl der Einwohner im Erwerbsalter ergibt den **Altenquotient.**

Der **Jugendquotient** beschreibt das Verhältnis der jungen Bevölkerung (unter 15 Jahre, für deren Aufwachsen, Erziehung und Ausbildung gesorgt werden muss) und der Bevölkerung im erwerbsfähigen Alter (15 – 65 Jahre).

Beide Quotienten addieren sich zum Gesamtquotienten. Dieser zeigt generalisiert auf, in welchem Ausmaß die mittlere Altersgruppe sowohl für die jüngere als auch für die ältere Bevölkerungsgruppe zu sorgen hat.

M2 Wichtige Definitionen

Deutschland – zu viele Alte, Pakistan – zu viele Junge

Pakistans Bevölkerung wächst und wächst. Um 1980 hatte der asiatische Staat noch ähnlich viele Einwohner wie Deutschland, mittlerweile sind es aber über 180 Millionen. Geburtenkontrolle oder gar eine staatliche Bevölkerungspolitik wie im benachbarten China sind mit den islamischen Wertvorstellungen unvereinbar. Während Deutschland sich mit der zunehmenden Alterung seiner Bevölkerung und den Folgen auseinandersetzen muss, steht Pakistan dagegen vor der Aufgabe, Millionen von Jugendlichen eine Perspektive zu geben. Bildung ist dabei ein Aspekt, um die Potenziale der sogenannten **demographischen Dividende** zu nutzen.

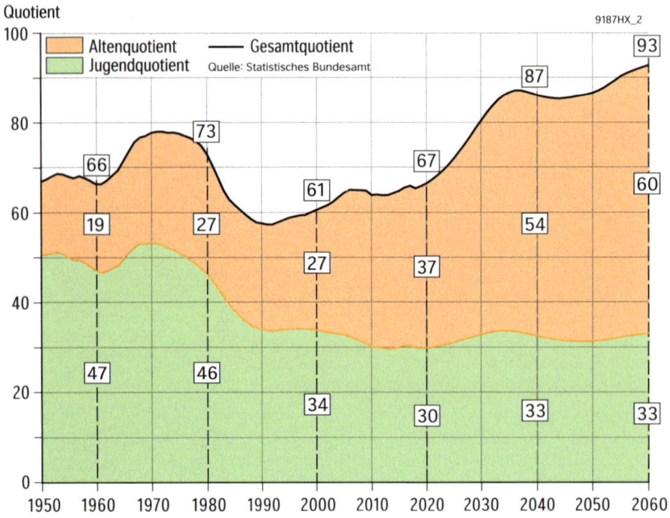

M3 Die Bevölkerungsquotienten Deutschlands

	TFR	Lebens-erwar-tung in Jahren*	Wande-rungs-gewinn pro Jahr	Erwerbs-personen in Mio. 2060**
2018	1,55	78,4/83,2	386 000	51,8
Szenario 1	1,55	84,4/88,1	147 000	40 (38)
Szenario 2	1,55	84,4/88,1	221 000	42,7 (42,7)
Szenario 3	1,55	84,4/88,1	311 000	46 (44)
Szeanrio 4	1,4	86,2/89,6	147 000	39,4 (37,4)
Szenario 5	1,7	82,5/86,4	311 000	46,9 (44,9)

* Lebenserwartung Männer/Frauen
** Renteneintrittsalter mit 67 Jahren (mit 65 Jahren)

Quelle: 14. koordinierte Bevölkerungsvorausberechnung 2019

M5 Deutscher Altersquotient 2060 – Szenarien

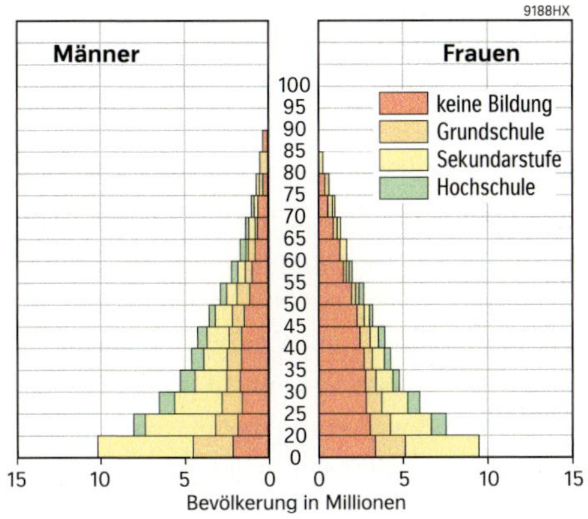

M6 Bevölkerung und Bildung Pakistan (2005)

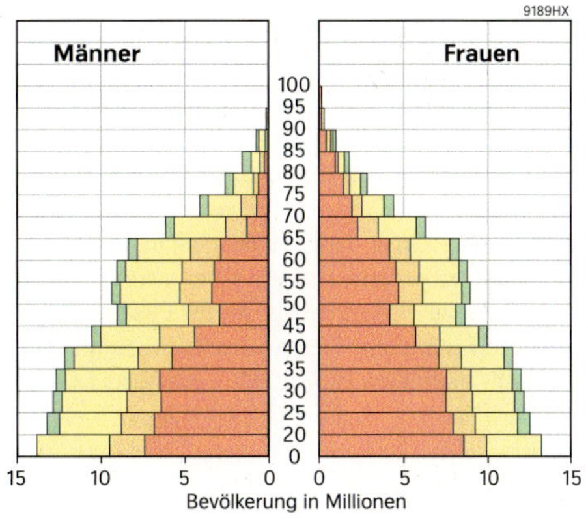

M8 Szenario 2030: ohne Investitionen in Bildung

Viele Entwicklungsländer haben die einmalige Chance, die „demographische Dividende" zu nutzen. Sie resultiert aus der Tatsache, dass in der 3. Phase des demographischen Übergangs die erwerbsfähige Bevölkerung stark zunimmt. Der produktive Teil der Bevölkerung muss deutlich weniger wirtschaftlich Abhängige wie Kinder und alte Menschen mit versorgen. Die Bürger können deshalb mehr konsumieren, sparen und investieren wieder. Weil die Eltern mehr Geld für die Ernährung und Ausbildung ihres Nachwuchses aufbringen, eröffnen sich auch den Kindern neue Chancen. Daraus resultiert ein sich selbst beschleunigender Prozess der wirtschaftlichen Belebung. Möglich wird dies vor allem dann, wenn Regierungen in Gesundheit, Bildung und Familienplanung investieren. Für die demographische Dividende gibt es allerdings keine Garantie: Denn die Grundbedingung für den Aufschwung sind Arbeitsplätze. Hierfür muss der Staat die Voraussetzungen schaffen – vor allem in Form von Bildung, einem flächendeckenden Gesundheitssystem, freiem Handel und stabilen rechtlichen und politischen Rahmenbedingungen. Zudem existiert die Möglichkeit, die demographische Dividende einzufahren, nur für eine begrenzte Zeit – so lange, bis die älteren Alterskohorten gegenüber den Jüngeren an Gewicht gewinnen.

M7 Die demographische Dividende

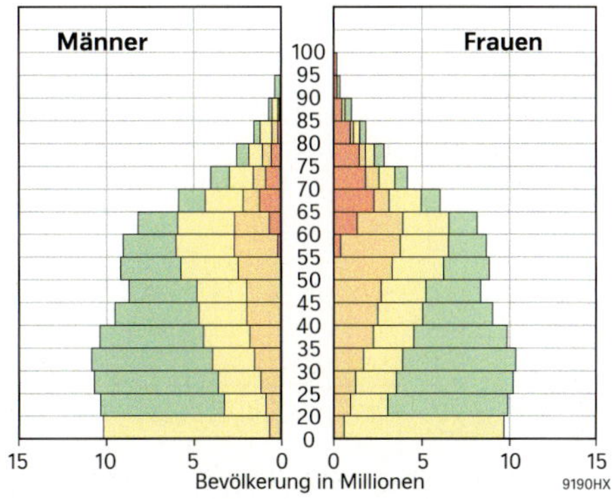

M9 Szenario 2030: ab 2015 sind 99 % der Kinder in der Primar- und 50 % in der Sekundarausbildung

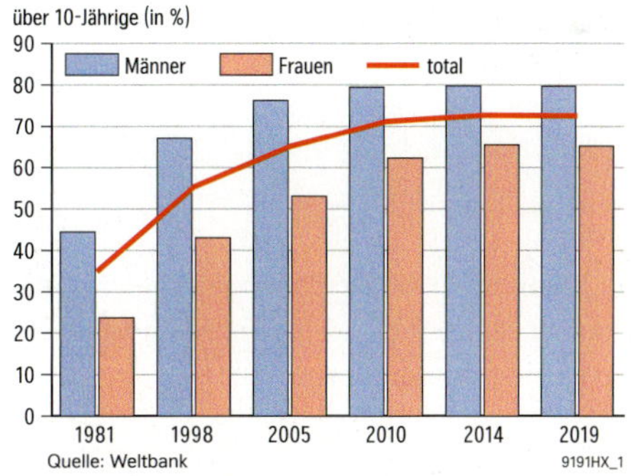

M10 Alphabetisierung Jugendlicher in Pakistan

Die Alphabetisierungsrate von Jugendlichen ist der Anteil der Einwohner im Alter von 15 bis 24 Jahren, die in der Lage sind, kurze, einfache Texte über ihr alltägliches Leben zu lesen und zu schreiben.

1 *Erläutern Sie die Entwicklung des älteren Bevölkerungsanteils im globalen Kontext (M4).*

2 *a) Beschreiben Sie die Entwicklung der Jugend- und Altenquotienten in Deutschland (M3).*
b) Stellen Sie positive und negative Wirkungen der zunehmenden Überalterung in Deutschland dar.
c) Beurteilen Sie die Entscheidung der Bundesregierung zur stufenweisen Anhebung des Renteneintrittsalters von 65 auf 67 Jahre (M3, M5).

3 *a) Stellen Sie Herausforderungen für Pakistan dar, die sich kurz- und mittelfristig aus der aktuellen Bevölkerungsverteilung ergeben können (M7).*
b) Beurteilen Sie die Chancen Pakistans, die demographische Dividende einzufahren (M6 – M10).

Ich heiße Gloria, bin 17 Jahre alt, Mutter von einem Sohn und seit einem Jahr Witwe. Als ich zwölf war, starb mein Vater. Meine Mutter musste für meine sechs kleinen Geschwister und mich allein sorgen. Als es immer schwieriger wurde, hat sie sich entschieden, mich zu verheiraten. Ich hatte große Angst davor, wusste nicht, was eine Ehe für mich bedeuten würde. Aber meine Mutter hoffte, dass der Mann nicht nur für mich sorgen, sondern auch meine Familie unterstützen würde. Das ist nicht geschehen. Ich musste zu ihm ins Haus ziehen, durfte nicht zur Schule gehen. Wenige Monate nach der Hochzeit war ich schwanger, wusste nicht, wie ich ein Baby bekommen sollte. Als mein „Ehemann" starb, wusste ich nicht weiter. Unterstützung habe ich bei einer Hilfsorganisation gefunden. Hier habe ich Unterkunft und kann die Schule nachholen.

M1 Gloria aus Sambia erzählt

Bevölkerungswachstum stoppen – Frauen stärken

„Geschlechtergerechtigkeit und Selbstbestimmung für alle Frauen und Mädchen" ist eines der SDGs. Bis heute sind Schwangerschaften von Teenagern, Kinderehen und fehlender Zugang zu Verhütungsmitteln noch bittere Realität von Mädchen und Frauen. Neben der Verbesserung der Lebensverhältnisse von Frauen geht es um eine nachhaltige Bevölkerungspolitik. Wenn Frauen entscheiden können, ob, wann und wie viele Kinder sie bekommen, sinkt auch die **Fertilitätsrate**. Voraussetzungen dafür sind Gleichberechtigung, Bildung und Gesundheitsvorsorge.

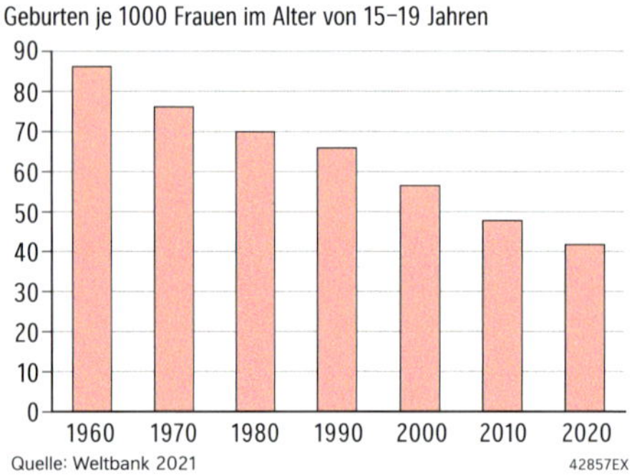

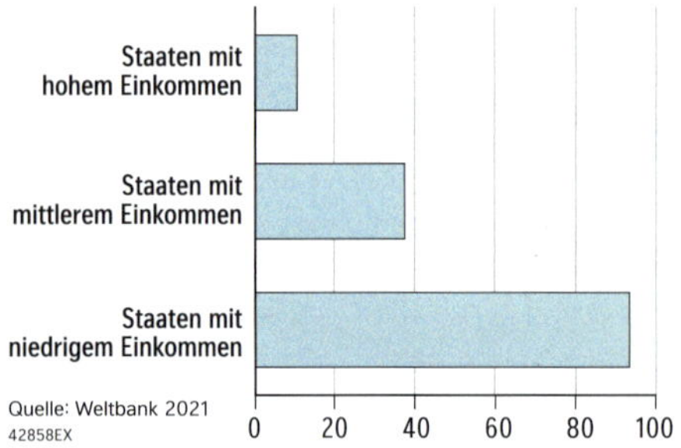

M2 Problemfeld Kinderschwangerschaften: Entwicklung der Fertilität bei Jugendlichen weltweit und nach Staatengruppen

Insgesamt 43 Prozent der Mädchen und jungen Frauen im Alter von 15 bis 19 Jahren, die eine Schwangerschaft vermeiden möchten, haben in Ländern mit niedrigem und mittlerem Einkommen (Entwicklungsländern) keinen Zugang zu modernen Verhütungsmitteln. Die Folge: Etwa die Hälfte aller Schwangerschaften (10,5 Mio. pro Jahr) bei jungen Frauen ist unbeabsichtigt. „Die Hauptursachen hierfür sind mangelnde Sexualaufklärung und ein meist männlich geprägtes Umfeld mit sehr traditionellem Rollenverständnis. Gerade junge Frauen sind auf eine diskrete und jugendfreundliche Beratung angewiesen, verbunden mit dem Angebot von verschiedenen Verhütungsmethoden. Aktuell kommen unterbrochene Lieferketten für Verhütungsmittel aufgrund der Coronapandemie noch erschwerend hinzu", sagt Jan Kreutzberg [...]. Aktuelle Erhebungen des Guttmacher Instituts zeigen, dass in Entwicklungsländern jede vierte Frau zwischen 15 und 49 Jahren (218 Millionen), die eine Schwangerschaft vermeiden möchte, keinen Zugang zu modernen Verhütungsmitteln hat. [...]

Deutsche Stiftung Weltbevölkerung

M4 Problemfeld Verhütung

In Entwicklungsländern beträgt der Anteil verheirateter Mädchen 13,4 %, während er in entwickelten Staaten bei 3,0 % liegt.

Laut UN-Kinderrechtskonvention ist eine Kinderehe eine Eheschließung, bei der mindestens einer der Partner unter 18 Jahre alt ist. Die meisten Staaten der Erde haben heute ein Mindestheiratsalter gesetzlich festgelegt. Dennoch wird heute immer noch in vielen Staaten gegen diese Regelung verstoßen – Schätzungen gehen davon aus, dass täglich etwa 30 000 Kinder zwangsverheiratet werden. Meist sind es minderjährige Mädchen, die so zu einer Ehe gezwungen werden.

M3 Problemfeld Kinderehe

	1970	2020
Subsahara	21,1 %	12,2 %
Nordafrika/Westasien	35,2 %	20,2 %
Südasien	22,0 %	10,9 %
Ost- und Südostasien	52,1 %	16,0 %
Europa/Nordamerika	7,8 %	5,2 %
Lateinamerika/Karibik	10,2 %	3,3 %
Welt	**15,1 %**	**13,9 %**

Quelle: UN Population Division

M5 Anteil verheirateter Mädchen (15 bis 19 Jahre)

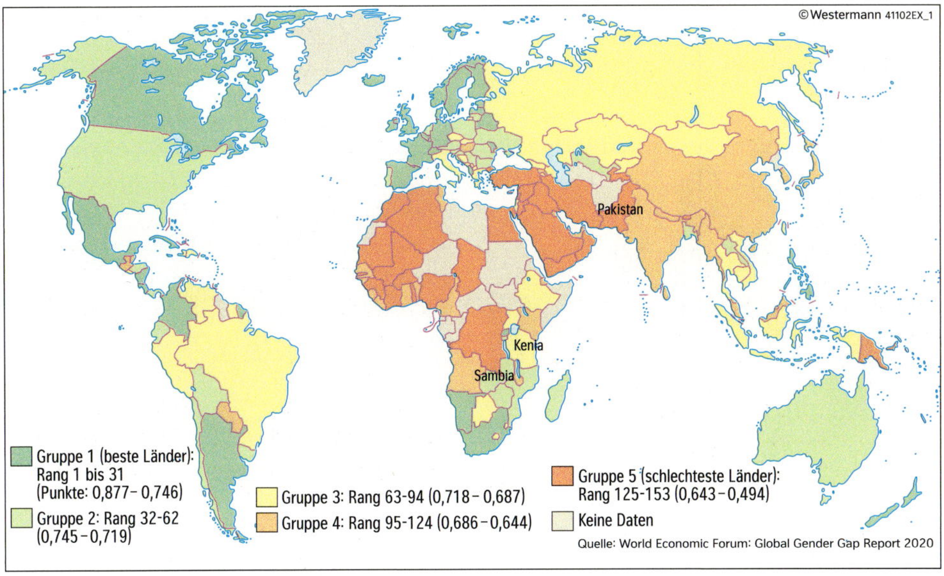

Der Global Gender Gap Index ermittelt über 14 Indikatoren aus den Bereichen Bildung, Gesundheit, politische Teilhabe und Wirtschaft eine Maßzahl für die Gleichstellung der Frauen gegenüber Männern. Die Zahl 0,877 bedeutet z. B., dass Frauen zu 87,7 % gleichgestellt sind.

M6 Index zur Gleichstellung der Geschlechter (Global Gender Gap Index)

Das Programm der niederländischen Nichtregierungsorganisation Triggerise berät und verteilt in mehreren Städten Kenias kostenlose Verhütungsmittel an Mädchen zwischen 15 und 19 Jahren. Über 250 000 Patientinnen haben den Service bereits in Anspruch genommen. [...] Gemeinsam mit ihrer 19-jährigen Freundin Ann Ndinda, ebenfalls Mutter eines kleinen Sohns, sitzt sie [Esther Mutheu] im Wartezimmer einer kleinen Klinik in Huruma, einem Slum in Nairobi. [...] Caroline Nasser klärt Esther Mutheu und Ann Ndinda über Verhütungsmöglichkeiten auf. Caroline Nasser kommt selbst aus der Gegend. Sie spricht junge Frauen auf der Straße an, berät zu Fragen sexueller Gesundheit, Verhütungsmitteln und erklärt den Mädchen, wie der SMS- und Messenger-Chatbot funktioniert. Im Idealfall schickt sie die Mädchen direkt zur Behandlung. „Schreibt das Wort Afya und schickt es an die 22699", erklärt Nasser den jungen Frauen. „Afya" bedeutet Gesundheit auf Suaheli. Daraufhin fragt der Chatbot nach Alter, Geschlecht, Wohnort und sendet im Anschluss die Adresse zur nächstgelegenen Partnerklinik.

Felix Franz

M7 NGO-Projekt Afya in Kenia

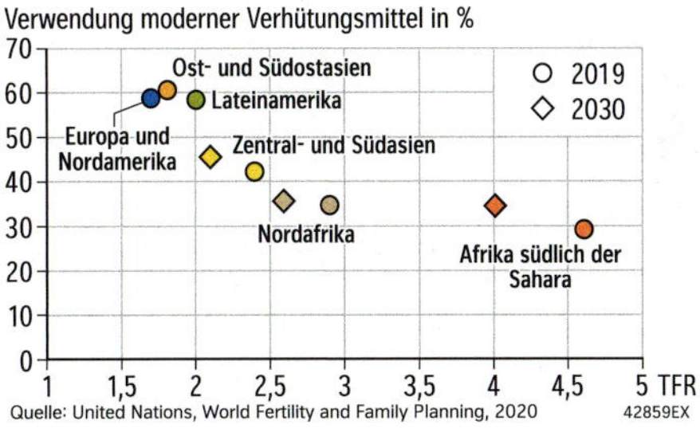

M8 Fertilität und Gebrauch von Kontrazeptiva

Auf der Internationalen Konferenz für Bevölkerung und Entwicklung (ICPD) 1994 in Kairo einigten sich die UN-Mitgliedstaaten darauf, dass eine freiwillige Familienplanung und sexuelle Selbstbestimmung des einzelnen Menschen die Basis für die Eindämmung des Bevölkerungswachstums auf der Erde sein muss. Damit rückte die Staatengemeinschaft von der Idee einer Bevölkerungspolitik „von oben herab nach Plan" ab (z. B. Einkindpolitik). Die Nachfolgekonferenz 2019 in Nairobi bekräftigte diese Strategie. Der Bevölkerungsfonds der Vereinten Nationen UNFPA, der von freiwilligen Beiträgen der Mitgliedstaaten und privaten Spenden finanziert wird, unterstützt Staaten bei der Umsetzung von Programmen zur Familienplanung, Bildung, Gleichberechtigung, sexuellen und reproduktiven Gesundheit und zum Schutz vor Gewalt gegen Frauen.

M9 Bevölkerungspolitik der Vereinten Nationen

1 *Vergleichen Sie Ihre Lebenssituation und Zukunftspläne mit der von Gloria aus Sambia (M1).*

2 *Stellen Sie Ursachen von Teenagerschwangerschaften und deren Auswirkungen auf betroffene Mädchen und Familien sowie auf das Bevölkerungswachstum dar.*

3 *„Besser gebildete Frauen haben weniger Kinder, und gleichzeitig führt mehr Bildung zu einem gesünderen Leben und zu einem Absinken der Sterberate." Erläutern Sie die Forderung von Wolfgang Lutz, Internationales Institut für Angewandte Systemanalyse (M2, M5, M6, M8, Atlas).*

4 *Beurteilen Sie die Wirksamkeit des niederländischen Projekts in Kenia (M7, M9).*

M1 Binnenmigration

M4 Flüchtlinge im Mittelmeer

höchster Anteil internationaler Migration:

Indien: *17,9 Mio.*
Mexiko: *11,2 Mio.*
Russische Föderation: *10,8 Mio.*
China: *10,5 Mio.*
Syrien: *8,5 Mio*

wichtigste Zielländer internationaler Migration:

USA: *50,7 Mio.*
Deutschland: *15,8 Mio.*
Saudi-Arabien: *13,5 Mio.*
Russische Föderation: *11,6 Mio.*
Vereinigtes Königreich: *9,4 Mio.*
(Quelle: migrationdataportal.org)

Ursachen
1. Kriege, Naturkatastrophen Beweggrund: Überleben
2. wirtschaftliche Not Beweggrund: Hoffnungslosigkeit, materielle Verelendung, Arbeitslosigkeit
3. politische und religiöse Verfolgung Beweggrund: Verfolgung, Nichtbeachtung der Menschenrechte
4. soziale Gründe Beweggrund: Verbesserung des Sozialstatus, Familienzusammenführung
5. individuelle Motive Beweggrund: Bildung, Neugier, Abenteuer etc.

M2 Ursachen für Migration

Migration

Mehr als eine Milliarde Menschen migrieren jährlich, das heißt, sie wechseln ihren Wohnort. Die überwiegende Mehrheit zieht bei der als **Binnenmigration** bezeichneten Wanderung innerhalb der Heimatländer um. Bevorzugtes Wanderungsziel sind die Metropolen und Städte. Etwa ein Fünftel aller Migranten zieht über die Staatsgrenzen hinweg. Das waren im Jahr 2019 3,5 % der Weltbevölkerung. Diese internationale Migration erfolgt meist aus beruflichen oder familiären Gründen. Müssen Menschen aus begründeter Furcht vor Verfolgung wegen ihrer Herkunft, Religion oder politischen Überzeugung ihre Heimat verlassen, gelten sie nach dem Völkerrecht als Flüchtlinge. Sie sind oft gezwungen, irreguläre Wege zu gehen.

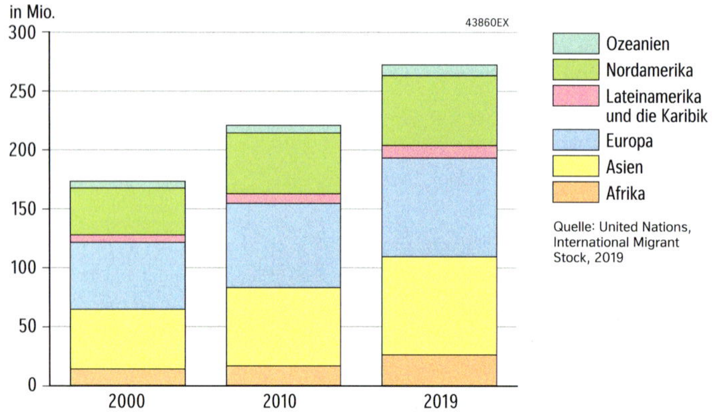

M3 Internationale Migration

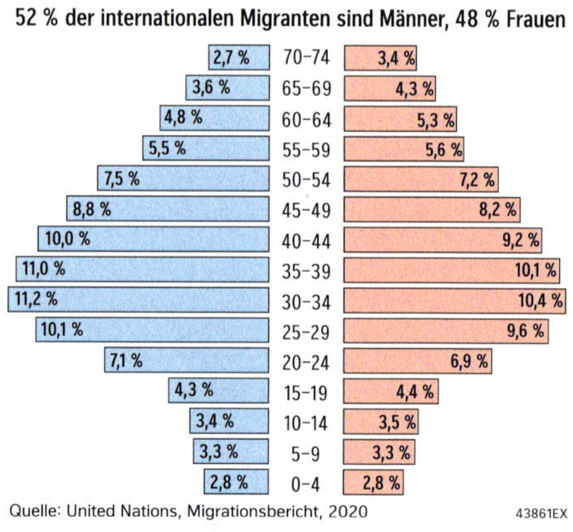

M5 Altersstruktur internationaler Migranten

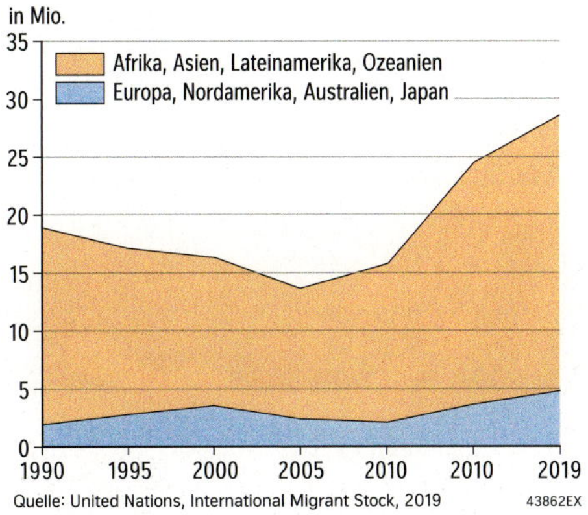

M6 Anzahl der Flüchtlinge nach Regionen

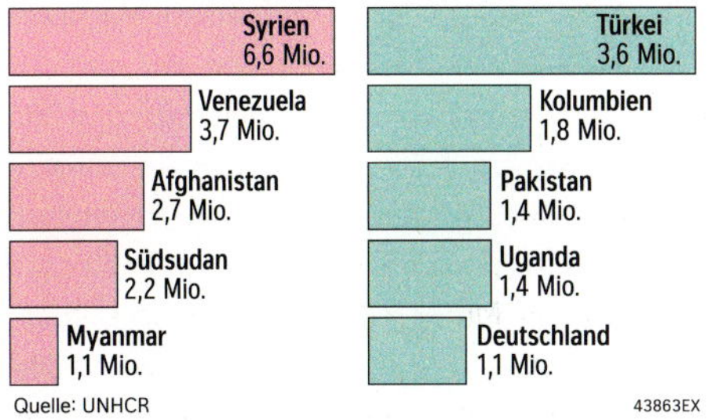

M7 Anzahl internationaler Flüchtlinge nach Herkunfts- und Aufnahmeland 2020

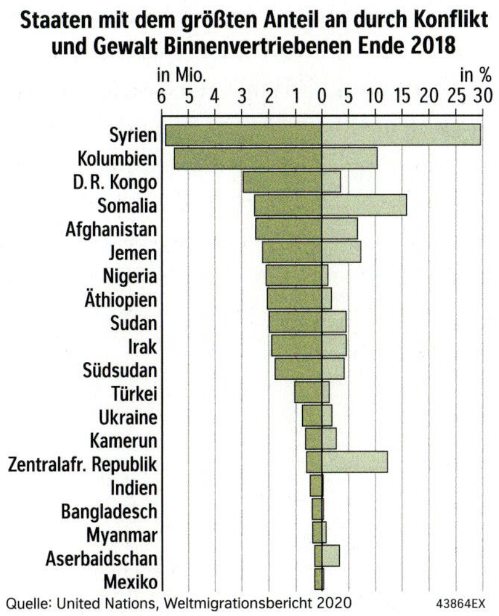

M8 Binnenvertriebene

- Migrantinnen und Migranten haben in Herkunfts- und Zielländern beträchtliche soziokulturelle, zivilgesellschaftliche, politische und wirtschaftliche Beiträge geleistet und wirken unter anderem in zahlreichen Sektoren als Triebkraft für Veränderungen [...].
- Einwanderer sind tendenziell unternehmerischer als Einheimische. In Ländern wie den Vereinigten Staaten haben Migrantinnen und Migranten überproportional zu Innovation beigetragen. [...]
- Die Mehrheit der migrierenden Kinder tun dies zwar über sichere Migrationsvorgänge im Rahmen einer Familieneinheit, doch vielen weiteren Migrantinnen und Migranten im Kindesalter fehlt es während aller Phasen ihres Weges an wirksamem Schutz vor Gefahren und sie sind Menschenrechtsverletzungen ausgesetzt. Die jüngste Schätzung der weltweiten Anzahl an migrierenden Kindern beläuft sich auf 31 Millionen. Es gibt ungefähr 13 Millionen Kinder auf der Flucht, 936 000 asylsuchende Kinder und 17 Millionen, die innerhalb ihres eigenen Landes zwangsvertrieben wurden. [...]
- Die Anzeichen verdichten sich, dass das Ausmaß und die Häufigkeit extremer Wetterereignisse zunehmen. Dies wird sich erwartungsgemäß auch stärker auf die Migration und weitere Formen von Mobilität auswirken. [...]
- Der Migrationsstatus kann die Migrantinnen und Migranten bei der Bewältigung von Krisen stark beeinträchtigen. Eine flexible Einwanderungs- und Visumspolitik kann die Migrantinnen und Migranten dabei unterstützen, sich selbst zu schützen und von den Auswirkungen einer Krise zu erholen. Rückkehr ist zwar eine, aber nicht zwingend die beste Option [...].
- In den vergangenen zwei Jahren hat sich der globale Umgang mit Migration beträchtlich verändert, insbesondere durch die Errichtung des UN-Netzwerkes zur Migration und den Flüchtlings- und Migrationspakt. Diese sind zwar rechtlich nicht bindend, aber sie zeugen davon, dass weitgehend Einigkeit darüber herrscht, dass diese Themenfelder nachhaltige internationale Zusammenarbeit und Verpflichtungen erfordern [...].

Marie McAuliffe, Binod Khadira

M9 Komplexe und neue Migrationsfragen

Recherche-Tipp:

Das globale Migrationsdatenportal wurde im Dezember 2017 als zentrale Anlaufstelle für aktuelle und umfassende Migrationsstatistiken und zuverlässige Informationen über weltweite Migration eingerichtet.
https://migrationdataportal.org

Mauern, Grenzzäune, Stahlnetze:

- *USA / Mexiko: 85 km (Bau weiterer ca. 1000 km zurzeit eingestellt)*
- *Nordirland: 5 km*
- *Spanien / Marokko: 18 km*
- *Zypern / Türkei: 180 km*
- *Israel / Westjordanland: 700 km*
- *Saudi-Arabien / Irak: 700 km*
- *Indien / Bangladesch: 4000 km;*
- *Nordkorea / Südkorea: 240 km*

1 *a) Beschreiben Sie die Fotos unter dem Aspekt der Migration (M1, M2).*
b) Stellen Sie Ihre persönlichen Erfahrungen mit der Thematik Migration dar.
c) Erläutern Sie die Ursachen für Migration in Bezug zu den verschiedenen Migrationsarten (M2).

2 *Analysieren Sie die internationale Migration (M3 – M8).*

3 *Positionieren Sie sich zu den zukünftigen Herausforderungen der internationalen Migration (M9).*

4 *Recherchieren Sie zu aktuellen Migrations- bzw. Fluchtereignissen (Randspalte).*

internationale Migranten gesamt: 272 Millionen (2019)

Arbeitsmigranten: 169 Millionen (2019)

M1 Wanderarbeiter in den Vereinigten Arabischen Emiraten

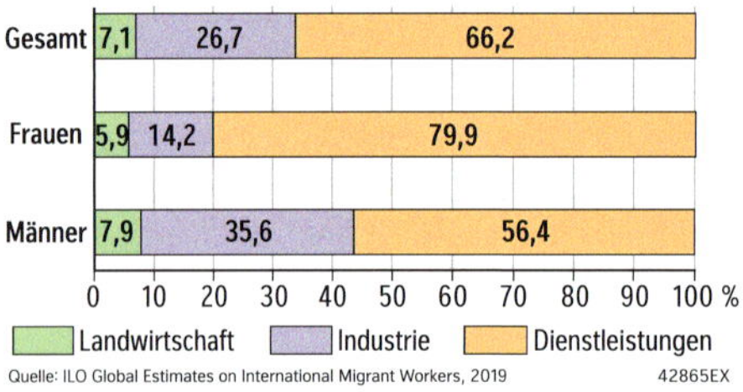

M2 Arbeitsmigration nach Wirtschaftsbereichen

Rücküberweisungen von Wanderarbeitern in ihre Heimatländer aus den Arbeitsländern (in Mrd. US-$):

USA:	*71,6*
VAE:	*45,0*
Saudi-Arabien:	*32,1*
Schweiz:	*28,2*
Deutschland:	*24,1*

	absolut in Mrd. US-$	Anteil am BNE des Staats
Indien	83,3	2,9
China	68,4	0,4
Mexiko	39,0	3,9
Philippinen	35,2	8,8
Frankreich	26,8	1,0
Tonga	0,2	40,2
Haiti	3,1	38,2
Libanon	7,4	36,2
Südsudan	1,3	35,5
Welt	717	

Quelle: Weltbank

M3 Rücküberweisungen von Wanderarbeitern in ihre Heimatländer

Informationen zur Arbeitskräfteeinwanderung in Deutschland:

https://www.bmi.bund.de/DE/themen/migration/zuwanderung/arbeitsmigration/arbeitsmigration-node.html

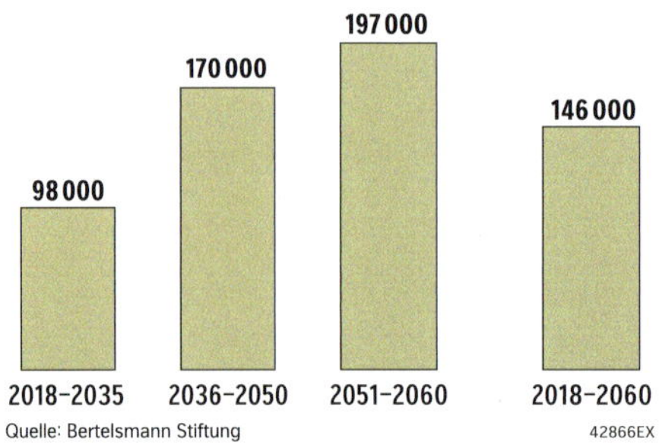

M4 Arbeitskräftebedarf Deutschlands aus Drittstaaten

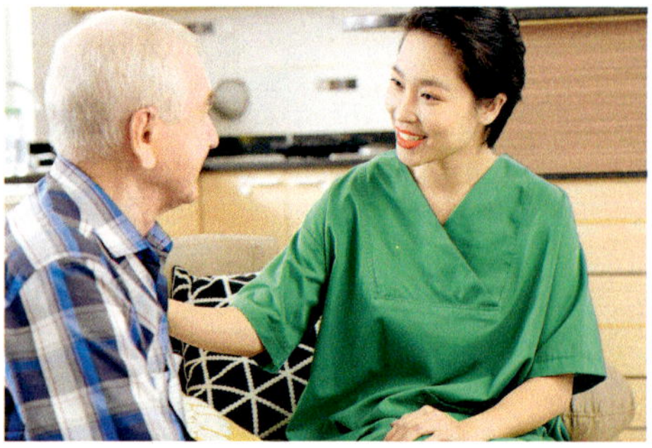

M5 Pflegekraft aus Vietnam in Deutschland

Internationale Arbeitsmigration

Fast zwei Drittel aller internationalen Migranten sind **Wanderarbeiter**, Menschen, die nach der UN-Definition „vom Aufnahmeland für den konkreten Zweck der Ausübung einer wirtschaftlichen Tätigkeit aufgenommen werden". Weltweit wächst ihre Zahl, vor allem in der Landwirtschaft, beim Bau und bei haushaltsnahen Dienstleistungen. Aber auch hoch qualifizierte Menschen wandern aus – mit weitreichenden Folgen für die Herkunftsländer (**Braindrain**). Meist erhalten diese Menschen nur ein vorübergehendes Aufenthaltsrecht für die Dauer ihrer Beschäftigung. Dabei sind Arbeitsmigranten häufig von Ausbeutung, Menschenhandel, Gewaltanwendung und Verletzung der Menschenrechte bedroht. Da jedoch viele Familien von Wanderarbeitern in Staaten mit geringem Einkommen von den Geldüberweisungen abhängig sind, ertragen diese die schlechten Arbeitsbedingungen.

In Deutschland wird die Bevölkerung im Erwerbsalter von knapp 49,8 Mio. Personen Ende 2015 auf 45,9 Mio. im Jahr 2030 sinken. Das ist ein Rückgang um immerhin acht Prozent bei gleichzeitig prognostizierter leicht steigender Bevölkerungszahl. Vor diesem Hintergrund ist Deutschland auf den Zuzug ausländischer Arbeitskräfte angewiesen. Während Bürger der EU problemlos einen Arbeitsvertrag in Deutschland abschließen können, müssen Fachkräfte aus Staaten außerhalb der EU einen Aufenthalt beantragen. Mit 1. März 2020 ist das Fachkräfteeinwanderungsgesetz in Kraft getreten, das den Zugang für Arbeitskräfte erleichtert. Darüber soll Fachkräften eine sichere Perspektive für eine Zukunft in Deutschland gegeben werden.

M6 Grundlage für Arbeitsmigranten in Deutschland

100800-167-03
www.diercke.de

Indien rüstet sich für die größte Rückholaktion seiner Bürger überhaupt. Mindestens 190 000 Inder sollen mit staatlicher Hilfe zurück in die Heimat gebracht werden. Wahrscheinlich aber, kündete der Minister für die zivile Luftfahrt, Hardeep Puri, an, werde sie um ein Vielfaches darüberliegen.
Einer der Schwerpunkte der Rückholaktion sollen die Golfstaaten sein. Bis zum Ausbruch der Coronakrise hatten sich Millionen Inder auf der Arabischen Halbinsel als günstige Arbeitskräfte verdingt. Doch durch die Pandemie hatten sie ihre Arbeit verloren. Viele der ausgestellten Visa sind inzwischen abgelaufen.
Mit der Aktion reagiert Indien auf die desaströsen Umstände, unter denen sich viele der indischen Gastarbeiter – wie auch die aus anderen asiatischen Ländern, so etwa Pakistan und Nepal – seit Ausbruch des Virus auf der Golfhalbinsel leben. Dort hat die pandemiebedingte Schließung vieler Unternehmen in der Region die einkommensschwachen Wanderarbeiter besonders hart getroffen. [...]
In manchen Staaten müssen sie sich nun auf eine noch schwierigere Situation einstellen. So haben die Vereinigten Arabischen Emirate (VAE) eigens ihre Arbeitsgesetzgebung geändert, um es Unternehmen zu ermöglichen, die Arbeitsverträge von Ausländern aufzukündigen und Verträge umzustrukturieren. Auf dieser Grundlage können sie nun deren Löhne senken und die Beschäftigten dazu drängen, unbezahlten Urlaub zu nehmen.
„Die Situation ist sehr schlecht. Viele meiner Freunde und Mitarbeiter in meinem Unternehmen haben ihre Arbeit verloren", sagte Tanveer Abbas, ein Elektriker aus Pakistan, im Interview mit der DW. Derzeit ist er von seinem Job bei einem Bauunternehmen in den Emiraten beurlaubt – unbezahlt. Abbas' Chef hat ihm geraten, einfach abzuwarten. Doch er brauche das Geld, sagt Abbas. Denn seine Familie in Pakistan sei auf seine Überweisungen angewiesen. Blieben sie aus, könnte sich die Familie nichts mehr kaufen. [...]

Tom Allinson, Lewis Sanders

M7 Wanderarbeiter in Not

[...] Die Zahlen sind alarmierend. Jahr für Jahr verließen über 600 marokkanische Ingenieure ihre Heimat, gab im Sommer 2018 Said Amzazi, Innenminister des nordafrikanischen Königreichs, bekannt – ein gewaltiger professioneller Aderlass, der der infrastrukturellen Modernisierung des Landes schwer zusetzt. Dabei sind die Ingenieure nur Teil eines viel umfassenderen Brain Drains, mit dem das Land zu kämpfen hat: Jedes Jahr kehrten dem Land auch rund 8000 Informatiker den Rücken zu, so der Präsident des Marokkanischen Verbandes für Informationstechnologie, Salwa Belkeziz-Karkari. Dies geschehe nicht zuletzt aufgrund der regen Abwerbepolitik französischer Unternehmer, die das Land regelmäßig besuchten, so Belkeziz-Karkari laut der Digitalzeitung „Morroco World News".
Besonders in den letzten Jahren habe sich die Entwicklung noch einmal zugespitzt, sagt Fatima Ait Madani, Migrationssoziologin am Institut für Afrikanische Studien in Rabat. „Die letzten drei Jahrgänge der Ingenieur-Hochschule sind komplett ausgewandert – insgesamt 750 Ingenieure."
Zudem mache sich in den letzten Jahren eine weitere neue Tendenz bemerkbar: „Es wandern nicht nur Studenten oder neue Absolventen aus, sondern auch bereits etablierte Arbeitskräfte. Sie arbeiten zwar bereits in Marokko, streben aber nach besserer Lebensqualität in Europa, vor allem nach besseren Bildungschancen für ihre Kinder", so Madani im DW-Interview. [...]
Wie lässt sich der Braindrain aufhalten? Das Bundesministerium für wirtschaftliche Zusammenarbeit (BMZ) hat darauf in seinem „Marschallplan für Afrika" Antworten gegeben. Dieser umfasst zunächst wirtschaftliche Hilfe. So werden etwa junge Unternehmensgründer unterstützt. Dies geschieht allerdings nicht durch schlichten Geldtransfer. Stattdessen entwickelt das BMZ mit Partnern – etwa Banken – vor Ort speziell zugeschnittene Finanzdienstleistungen, wie Kredite, Lokalwährungsdarlehen und Risikoabsicherungen. Auf diese können junge Unternehmensgründer dann zurückgreifen.

Kersten Knipp

M8 Problem Braindrain – Beispiel Marokko

1 *Sammeln Sie, ausgehend von den Fotos M1 und M5, Erfahrungen zur Wanderarbeitern.*

2 *Analysieren Sie die globale Wanderarbeit (M2, M3).*

3 *„Deutschland ist auf Arbeitskräfte aus dem Ausland angewiesen." Diskutieren Sie diese Aussage (M4, M6).*

4 *Erläutern Sie Probleme, die durch Arbeitsmigration entstehen (M7).*

5 *„Rücküberweisungen bieten ein großes Potenzial, wirtschaftliche Entwicklungsprozesse in Entwicklungsländern in Gang zu setzen." Beurteilen Sie diese Aussage (M3).*

6 *a) „Das Thema Braindrain ist eindeutig der internationalen Migration zuzuordnen." Diskutieren Sie diese Aussage (M8).*
b) Stellen Sie Folgen von Braindrain für die Herkunfts- und Zielländer dar (M8.)

M1 Die City von São Paulo (Brasilien)

4.7 Verstädterung und Metropolisierung

„Einst waren die Städte wie Babylon, Rom oder Jerusalem das Symbol einer ganzen Welt, heute ist die ganze Welt im Begriff, eine Stadt zu werden."

(Lewis Mumford, US-amerikanischer Wissenschaftler)

1950 gab es mit New York und Tokio erst zwei **Megacitys** auf der Erde. Städte mit mehr als zehn Millionen Einwohnern werden nach den Vereinten Nationen dieser Kategorie zugeordnet. 2021 gab es weltweit 33 Megastädte.
Auch **Agglomerationsräume** wie die Metropolregion Rhein-Ruhr weisen auf einer großen Fläche den urbanen Charakter einer Megacity auf. Sie verfügen aber über mehrere Zentren.
Mit dem Wachstum der Städte ändert sich meist auch ihre Bedeutung. Städte, die innerhalb eines nationalen Siedlungssystems gegenüber der zweit- oder drittgrößten Stadt eine um ein Vielfaches höhere Einwohnerzahl besitzen, werden als **Primatstädte** (Primate Citys) bezeichnet. Städte, die eine globale Primacy besitzen, sind sogenannte **Global Citys.** In ihnen konzentrieren sich die Zentralen transnationaler Unternehmen und internationaler Organisationen. Hier bündeln sich die größten Verkehrs-, Finanz- und Informationsströme.

M2 Grundbegriffe der Verstädterung

Etwa zeitgleich mit einem starken Anstieg der Weltbevölkerung setzte in der Mitte des 20. Jahrhunderts auch das globale Städtewachstum ein. Im Jahr 2008 lebten erstmals mehr Menschen in Städten als auf dem Land. Und schon bald werden zwei von drei Menschen in einer Stadt wohnen.

Die Städte sind heute schon die wichtigsten Zuzugsgebiete, die wirtschaftlichen Kernräume und die politischen Steuerungszentralen. Doch der urbane Wandel läuft regional sehr unterschiedlich ab. Während der Anteil der in Städten lebenden Menschen in Europa und Nordamerika schon seit dem 20. Jahrhundert sehr hoch ist, konzentriert sich das Wachstum der Städte gegenwärtig auf Asien, Afrika und Lateinamerika. Und diese Entwicklung wird sich wohl mittelfristig fortsetzen, denn nicht nur der Zuzug, sondern auch Geburtenüberschüsse lassen die Städte expandieren.

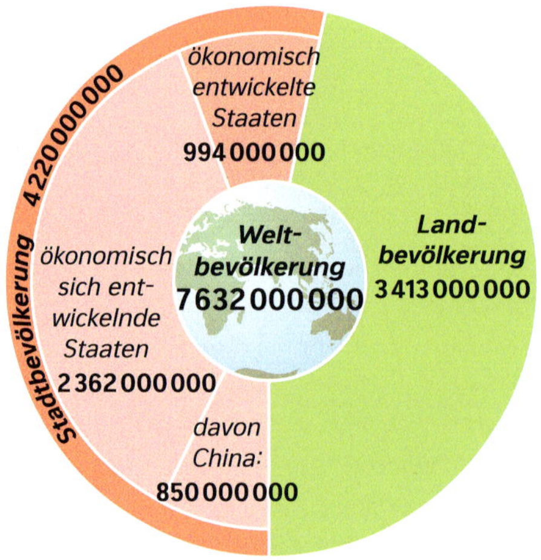

Quelle: United Nations: World Urbanization Prospects, 2018 7563HX_2

M3 Vergleich Stadt- und Landbevölkerung global

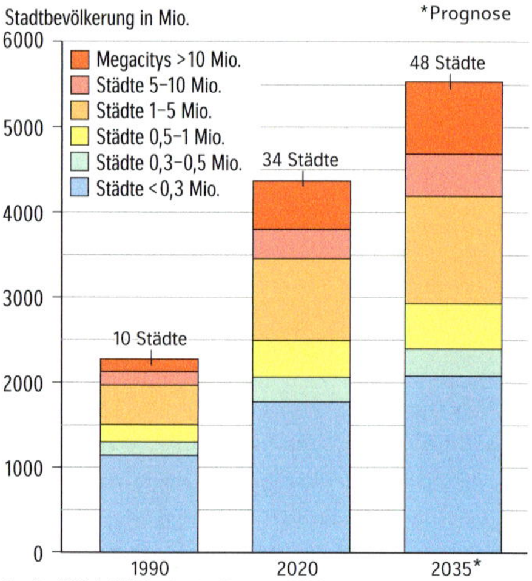

Quelle: UN World Urbanization Prospect 2018 8410HX_4

M4 Entwicklung der Stadtbevölkerung weltweit

100800-276 www.diercke.de

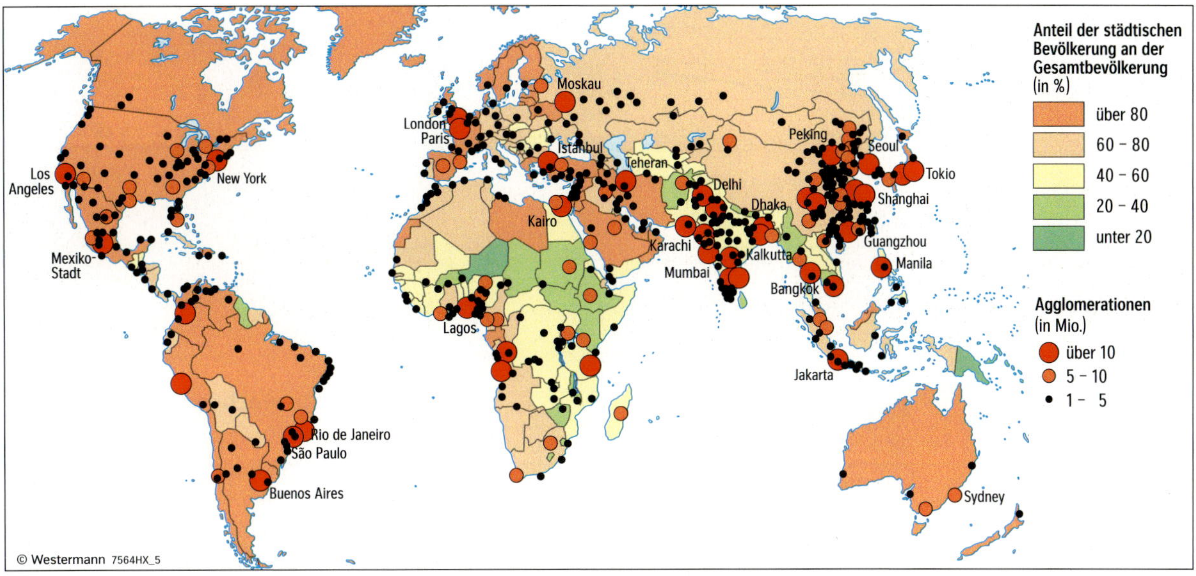

M5 Städtische Agglomerationen (2020)

In der zunehmenden Verstädterung liegt nicht nur ein Risiko, sondern auch eine große Chance. So ist es beispielsweise viel einfacher und kostengünstiger, die Menschen in den Städten mit der lebensnotwendigen Infrastruktur wie Strom, Wasser und sanitären Einrichtungen zu versorgen. Auch der Zugang zur modernen Kommunikation lässt sich einfacher realisieren. Die Wirtschaft profitiert von großen Städten, da viele Unternehmen räumlich nahe zusammenliegen. Zudem steht ihr eine Vielzahl von Arbeitskräften aus allen Bereichen zur Verfügung und auch die Nachfrage ist vielfältiger. [...] Die ökologischen und ökonomischen Kosten für hundert Menschen sind teilweise in einer Stadt erheblich geringer als in dünn besiedelten Gebieten. Und: Städte sind Multiplikatoren für gesellschaftlichen Wandel. Als kulturelles Zentrum treiben sie meist die Modernisierung der ganzen Gesellschaft voran.

Anette Bähring

M6 Annette Bähring von der Deutschen Gesellschaft für Internationale Zusammenarbeit (GIZ) über Verstädterung

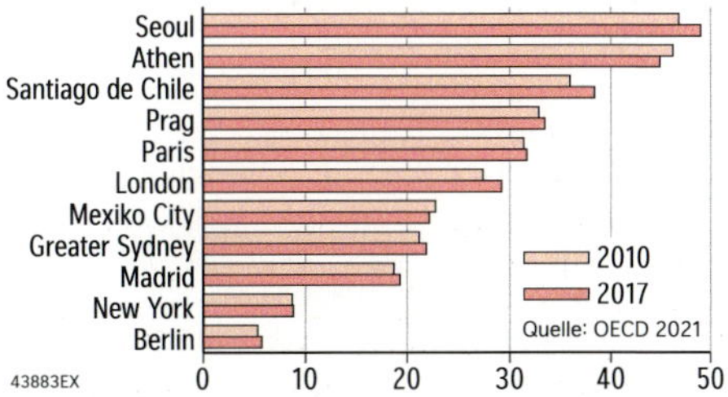

M7 Anteil des BNE am Nationaleinkommen (in %)

	1990	2014	2030
Tokio	32530	37393	36014
Delhi	9384	30291	43345
Shanghai	8606	27058	34341
São Paulo	14776	22043	24490
Mexico City	15642	21782	25415
Dhaka	6621	21006	31234
Kairo	9892	20901	28504
Peking	6788	20463	25366
Mumbai	12355	20411	27343
New York	16086	18804	20817

M8 Top 10 Agglomerationen (Einwohner in Mio.)

1 *Führen Sie ein Brainstorming zum Thema Stadt durch und setzen Sie es in einer Mindmap um.*

2 *a) Beschreiben Sie die städtische Entwicklung (M4).*
b) Beschreiben Sie den Verstädterungsgrad der Erde (M3).

3 *a) Finden Sie Beispiele für Megacitys, Agglomerationen, Primatstädte und Global Citys (M2, M5, Atlas).*
b) Beurteilen Sie, inwieweit Berlin den Stadttypen in M2 zugeordnet werden kann.
c) Analysieren Sie die Entwicklung der Megacitys auf der Erde (M5, M7, M8).

4 *Diskutieren Sie Vor- und Nachteile der Verstädterung (M6).*

100800-277-04 www.diercke.de

100800-270-02 www.diercke.de

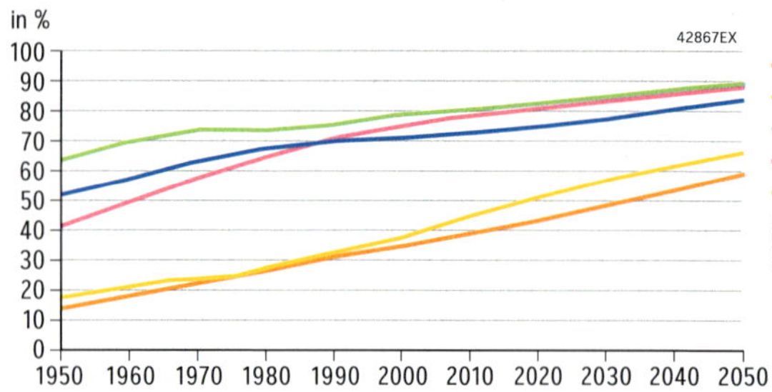

M1 Verstädterung nach Kontinenten

M5 Slum in Nairobi

Verstädterungsgrad:

Prozentualer Anteil der Stadtbevölkerung an der Gesamtbevölkerung

2010	2020	2030	2040
38,9	43,5	48,4	53,6

Quelle: World Urbanization Prospects, 2018

M2 Verstädterungsgrad Afrikas in %

Verstädterungsrate:

Prozentuales Wachstum der Stadtbevölkerung im Vergleich zur Gesamtbevölkerung

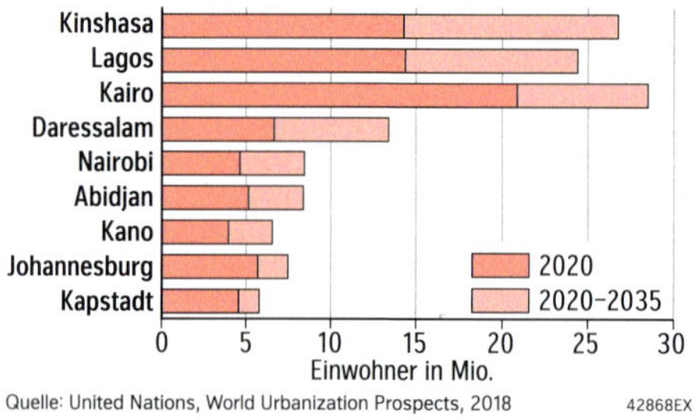

M3 Wachstum afrikanischer Städte

Warum Städte wachsen

Die bedeutendsten Ursachen für die Zunahme der Stadtbevölkerung waren und sind die Zuwanderung aus dem ländlichen Raum und das natürliche Bevölkerungswachstum durch Geburtenüberschüsse. Beide Ursachen sind eng miteinander verwoben, da die Altersgruppe zwischen 15 und 35 Jahren besonders stark an der Landflucht beteiligt ist und damit der Anteil der Frauen im gebärfähigen Alter überproportional hoch ist. Für das die Migration auslösende Ursachengeflecht wird vereinfacht das sogenannte Push-Pull-Modell verwendet. Aus ihm wird deutlich, dass die Sogwirkung der Städte die vorhandenen Disparitäten verstärkt.

[…] „Wir brauchen einen vollständig anderen Städtebau als wir ihn bisher kennen“, meint Dirk Messner vom Deutschen Institut für Entwicklungspolitik (DIE) in Bonn. „Wenn wir nicht versuchen, durch kluge Urbanisierungsstrategien diesen Prozess zu gestalten, dann werden vermutlich eine Milliarde Menschen mehr in riesigen Metropolen leben, die innerhalb von ein, zwei Dekaden aus dem Boden gestampft werden.“ […] Es wird nicht möglich sein, diese Bevölkerungsbewegung aufzuhalten, sagen sowohl internationale als auch deutsche Experten. Umso wichtiger wird es sein, die wachsenden Städte so zu gestalten, dass sie möglichst wenig Klima- und Umweltschäden verursachen. Es geht dabei nicht nur um eine möglichst klimaneutrale Energieversorgung. […] „70 Prozent der Treibhausgasemissionen, mit denen wir es weltweit zu tun haben, werden in Städten produziert“, so DIE-Direktor Dirk Messner. „Wenn wir also jetzt klimaverträgliche Städte bauen, können wir einen wichtigen Beitrag dazu leisten, den Klimawandel signifikant abzubremsen.“ Zur Nachhaltigkeit gehören jedoch nicht nur Umwelt- und Klimaaspekte, sondern auch die Lebensqualität in den Städten. Bezahlbarer Wohnraum, Gesundheitsversorgung, Bildung und Arbeitsplätze gehören ebenso zur sozialen Nachhaltigkeit wie eine unbedenkliche Luftqualität und die Versorgung mit gesunden Lebensmitteln und Trinkwasser. Das wird nur mit öffentlichen Investitionen zu schaffen sein, was in vielen Entwicklungs- und Schwellenländern aber häufig an inkompetente oder korrupte [sic!] Verwaltungen scheitert. „In nordeuropäischen Ländern werden etwa 30 – 40 Prozent der öffentlichen Ausgaben von Städten getätigt. In den allermeisten Entwicklungsländern liegt das im einstelligen Bereich, häufig unter fünf Prozent“, betont Dirk Messner. Der WBGU [Wissenschaftlicher Beirat der Bundesregierung Globale Umweltveränderungen] schlägt deshalb vor, dass sowohl die internationalen Entwicklungsbanken als auch die Geberländer in der internationalen Entwicklungszusammenarbeit vor allem in die Entwicklung ärmerer Stadtviertel investieren. „Die Privatinvestoren interessieren sich nur für die oberen 30 Prozent“, so Messner. „Da brauchen wir einen entsprechenden Politikwechsel und eine entsprechende Prioritätensetzung bei den internationalen Organisationen.“

Helle Jeppesen

M4 Herausforderung Städtewachstum

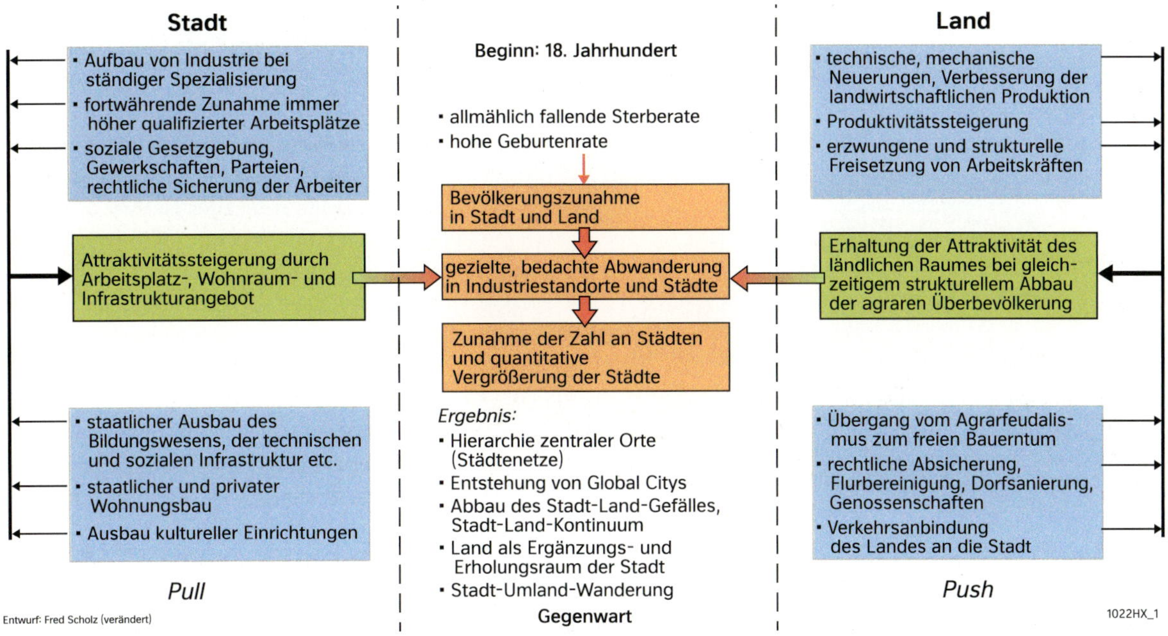

M6 Verstädterung und Bevölkerungszunahme in Industrieländern

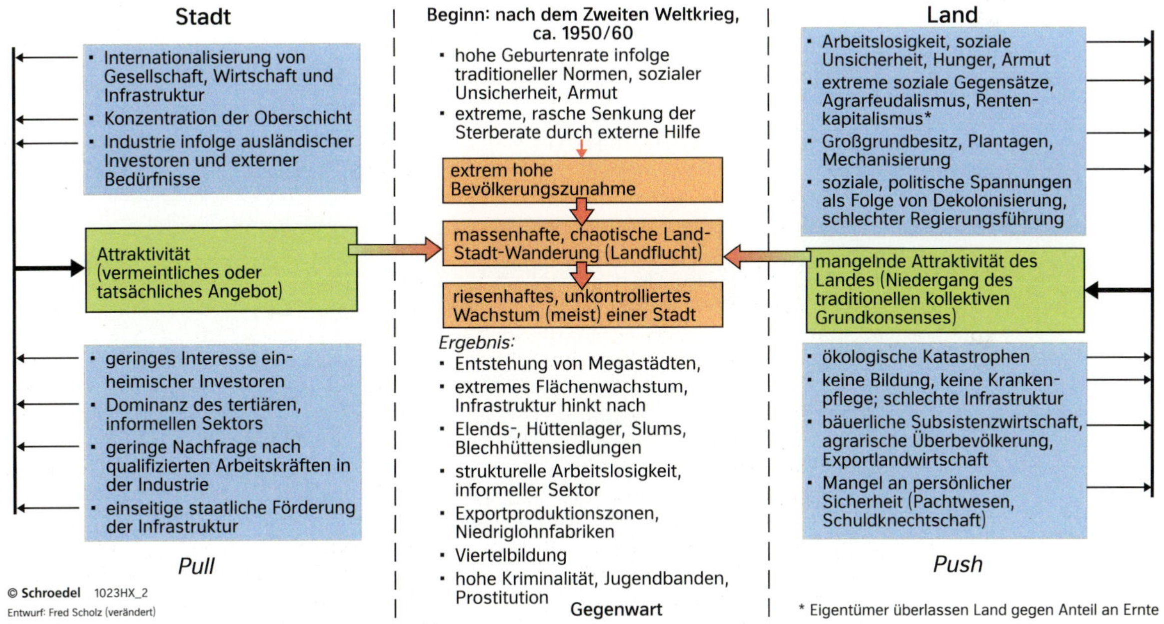

M7 Verstädterung und Bevölkerungszunahme in Entwicklungsländern

1 *a) Vergleichen Sie die Begriffe Verstädterungsgrad und Verstädterungsrate (Randspalte).*
b) Beschreiben Sie die Entwicklung und Prognose der Verstädterung nach Kontinenten (M1).

2 *a) Stellen Sie Ursachen des Städtewachstums kurz dar (Autorentext).*
b) Erläutern Sie grundsätzliche Unterschiede der Verstädterung in Industrie- und Entwicklungsländern und fassen Sie diese in Kernaussagen zusammen (M1, M6, M7).

3 *a) Analysieren Sie die prognostizierten Urbanisierungsprozesse in Afrika (M1 – M3).*
b) Erstellen Sie mit Google Earth eine Kollage zu Auswirkungen des Städtewachstums in Afrika.

4 *Fassen Sie die Herausforderungen des globalen Städtewachstums zusammen (M4).*

100800-146-02
www.diercke.de

Lagos – Megacity in einem Entwicklungsland

M1 Kernstadt von Lagos

Die Spuren der ersten Niederlassung portugiesischer Händler des 14. Jahrhunderts sind nur noch schwer zu finden. Denn seit den 1960er-Jahren entwickelte sich Lagos zu einer der größten Metropolen Afrikas. Und täglich kommen Tausende Menschen hinzu. Die Herausforderungen für die Bereitstellung von Wohnraum, Arbeitsplätzen und Infrastruktur sind für die Stadt groß. Ein Großteil der Bevölkerung lebt in Armut. Daneben wachsen aber auch Bürohochhäuser im Finanzdistrikt in die Höhe und neue wohlhabende Wohnviertel bilden sich heraus – auch mitten in der Stadt.

Der Index of Primacy

ist der Quotient aus der Einwohnerzahl der größten und zweitgrößten Stadt eines Landes. Je größer der Wert, desto höher ist die vorherrschende Position der Stadt.

	2000	2020	2035
Lagos	7,281	14,368	24,419
Kano	2,602	3,999	6,579
Abuja	0,833	3,278	6,071
Ibadan	2,236	3,552	5,874

M2 Einwohnerentwicklung nigerianischer Städte in Millionen

- Stadtfläche: ca. 1000 km² (Berlin ca. 800), Fläche Metropolregion: ca. 14400 km² (etwa Schleswig-Holstein)
- seit 1991 nicht mehr Hauptstadt Nigerias
- dominierendes Finanzzentrum Nigerias
- drei Häfen
- internationaler Flughafen
- Endpunkt dreier großer transafrikanischer Straßen
- Standort mehrerer Universitäten

M4 Steckbrief Lagos

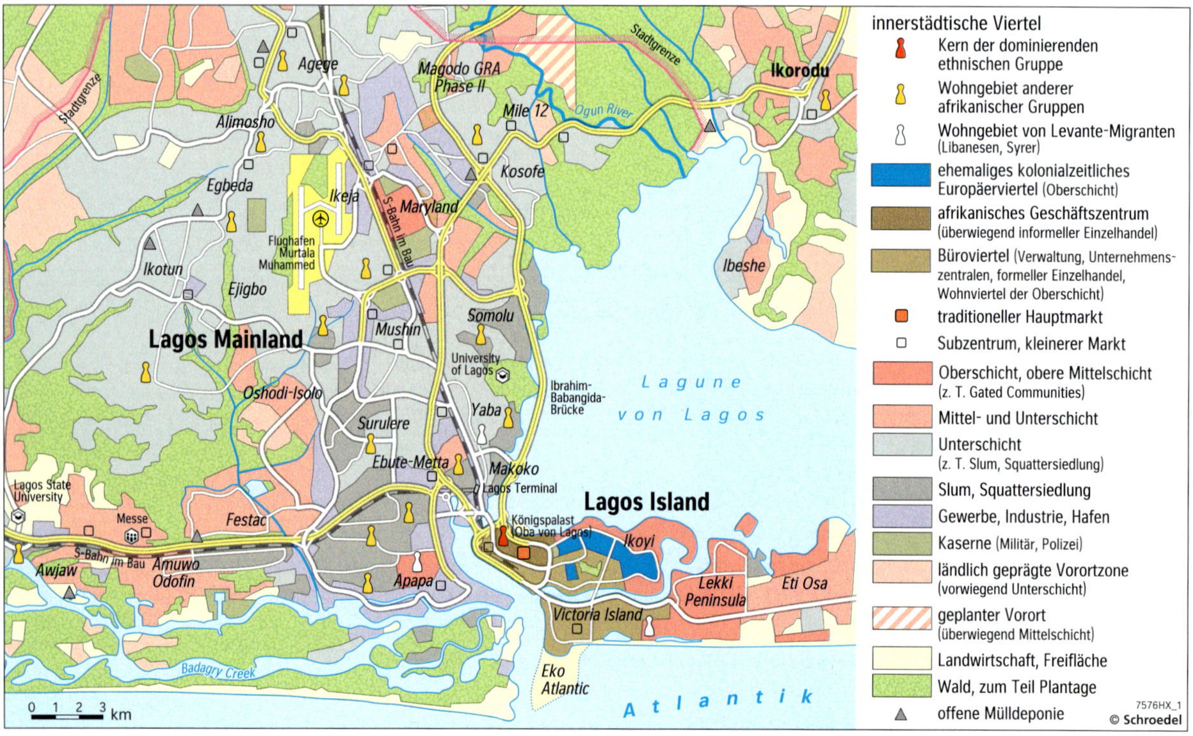

M3 Lagos – Stadtstruktur

100800-146-02 www.diercke.de

Mittlerweile zehn Jahre ist es her, dass riesige Baggerschiffe begannen, vor Victoria Island, dem Geschäftsviertel von Lagos, Sand aufzuschütten. Zehn Quadratkilometer Land wurden dem Meer insgesamt abgerungen und rundherum ein Schutzwall errichtet, um Eko Atlantic City vor Flutwellen abzuschirmen – auch wenn es bisher noch gar nicht so viel Schützenswertes gibt. Entgegen erster Pläne, nach denen 2016 das meiste fertig sein sollte, ragen nur ein paar wenige Hochhäuser in die Luft, der Rest ist sandiges Brachland.

Auf der Website des Megaprojekts ist die Rede von „einer Lösung für viele Probleme". So soll die neu aufgeschüttete Stadt einerseits das dahinterliegende Victoria Island vor weiteren Erosionen schützen. Denn in den letzten Jahrzehnten haben Lagos und andere Küstenstädte und -regionen Nigerias zunehmend mit höheren Wasserständen und Überflutungen zu kämpfen. Zudem soll Eko Atlantic City den 20-Millionen-Moloch Lagos entlasten, indem es Wohnraum für circa 300 000 Menschen sowohl der Oberschicht als auch der Mittelklasse schafft. Nationale wie internationale Unternehmen sollen angelockt werden, ihren Firmensitz hierhin zu verlegen, sodass Eko Atlantic das neue Finanzzentrum Sub Sahara Afrikas wird. Und zu guter Letzt soll von der Elektrizität bis hin zur Wasserversorgung alles sauber und umweltfreundlich sein.

All das hört sich vielversprechend an. So vielversprechend, dass 2013 Bill Clinton zur Eröffnungszeremonie kam und Eko Atlantic City als beispielloses Projekt lobte, das Nigeria als Land des 21. Jahrhunderts zeige. Es demonstriere, wie man im Einklang mit den heutigen natürlichen Gegebenheiten leben könne.

Doch Experten zeichnen ein anderes Bild. So ist sich der nigerianische Meeresbiologe Ako Amadi sicher, dass Eko Atlantic City die Erosionen, vor denen es sich selbst schützen will, für benachbarte Küstenregionen verstärkt: „Durch einen solchen Schutzwall werden die Wellen umgelenkt und treffen andere, nicht geschützte Abschnitte umso heftiger. Die Menschen, die dort leben, verlieren ihren Besitz, manche sogar ihr Leben."

Alfa Beach ist eine solche Gemeinde, die östlich von Eko Atlantic City direkt am Wasser liegt. Seit ein paar Jahren gebe es hier immer öfter verheerende Sturmfluten, der Staat helfe nur wenig, erzählt Bürgermeister Yussuf Atewolara Elegushi. Geht man in Alfa Beach direkt an den Strand, so sieht man einige Häuser, die nur noch Ruinen sind, zerstört und unbewohnbar gemacht durch das Meer. Doch wegziehen kommt für die meisten Bewohner nicht infrage: Sie sind zum großen Teil selbstversorgende Fischer oder Farmer, eine Perspektive woanders sehen sie für sich nicht. Und selbst wenn sie es wollten, wäre es schwierig, denn Wohnraum ist Mangelware in Lagos, zumal für die ärmere Bevölkerung.

Dass Eko Atlantic City genau für dieses Problem der Wohnraumknappheit Abhilfe schaffen soll, erscheint unglaubwürdig, wenn man einen Blick auf Lagos' Bevölkerungsstruktur wirft. Denn etwa 60 Prozent der knapp 20 Millionen Einwohner leben in Elendsvierteln. Im modernen und teuren Eko Atlantic City wird für sie kaum Platz sein. [...]

Das Argument des Wirtschaftswachstums und die Aussicht auf ein glanzvolles Prestigeprojekt scheint der nigerianischen Regierung wichtiger zu sein als all diese Zweifel – und den privaten Investoren allemal. Monika Umunna von der Heinrich-Böll-Stiftung in Lagos erklärt, Eko Atlantic City sei nach ihrem Wissen mittlerweile ein rein privates Projekt: „Es hat als öffentlich-private Partnerschaft begonnen, doch der Staat hat sich anscheinend zurückgezogen."

Dies könne zum einen zu Problemen führen, einen Verantwortlichen zu finden, wenn irgendetwas schieflaufe, also etwa der Schutzwall einsinke, so Umunna weiter. Zum anderen stelle es auch infrage, inwieweit die künstliche Halbinsel tatsächlich, so wie versprochen, ein Musterbeispiel an grüner Bauweise und Energieeffizienz werde. Es sei schwierig nachzuvollziehen, was private Investoren am Ende auf ihren Parzellen umsetzten oder nicht.

Ines Eisele

Öffentlich-private-Partnerschaften beziehungsweise Public Private Partnerships sind Kooperationen von staatlichen Institutionen und privater Wirtschaft bei der Planung, Finanzierung und Betreibung öffentlicher Leistungen, z. B. beim Straßenbau, bei Krankenhäusern und der Energieversorgung.

M5 Eko Atlantic City – Megaprojekt auf Abwegen?

1 *Beschreiben Sie die Lage und Bedeutung der Stadt Lagos (Atlas, M4).*

2 *a) Berechnen Sie die Wachstumsraten und den Index of Primacy für Lagos (M2).*
b) Analysieren Sie die sozioökonomischen Strukturen von Lagos (M3, M4).

3 *Beurteilen Sie das Projekt „Eko Atlantic City" unter dem Aspekt einer nachhaltigen Entwicklung der Stadt Lagos.*

4 *Stellen Sie Herausforderungen und Potenziale der zukünftigen Stadtentwicklung von Lagos in einer Concept-Map dar.*

100800-276 www.diercke.de

100800-277-04 www.diercke.de

M1 Altstadt (Medina) von Marrakesch

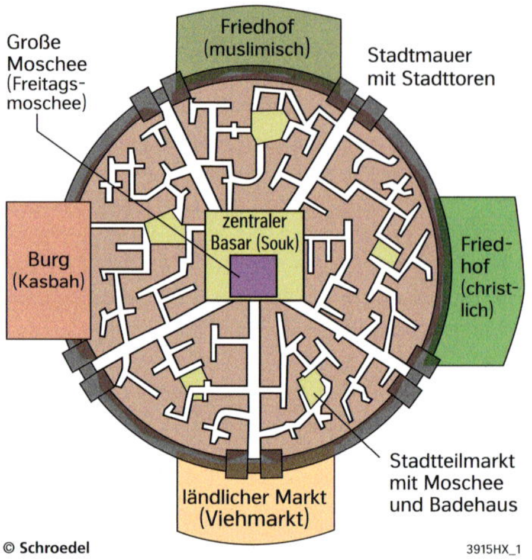

M4 Modell der traditionellen, orientalischen Stadt

arabischer Raum:

(historisch als Orient bezeichnet)

Region, die die Staaten Nordafrikas, der Arabischen Halbinsel und Teile West- und Mittelasiens umfasst

Baurecht und Nachbarschaftsrecht:
„Kennt ihr die Rechte des Nachbarn? ... Ihr dürft nicht so bauen, dass ihr ihm den Wind abschneidet ohne seine Erlaubnis."
Straßenbreite:
„Wenn ihr über die Breite der Straße uneinig seid, macht sie sieben Ellen breit." Diese Breite ist ausreichend, damit sich zwei Lastkamele begegnen können.
Schutz der Privatsphäre:
„Wenn jemand in ein Haus blickt ohne die Erlaubnis der Bewohner und sie ihm ein Auge ausschlagen, so hat er keinen Anspruch auf Blutgeld oder Strafverfolgung."
Notwendigkeit öffentlicher Bäder (Hamams):
„Es ist die Pflicht eines jeden Muslims, (mindestens) einmal in der Woche ein Bad zu nehmen und seinen Kopf und den ganzen Körper zu waschen."

M2 Das alte islamische Baurecht

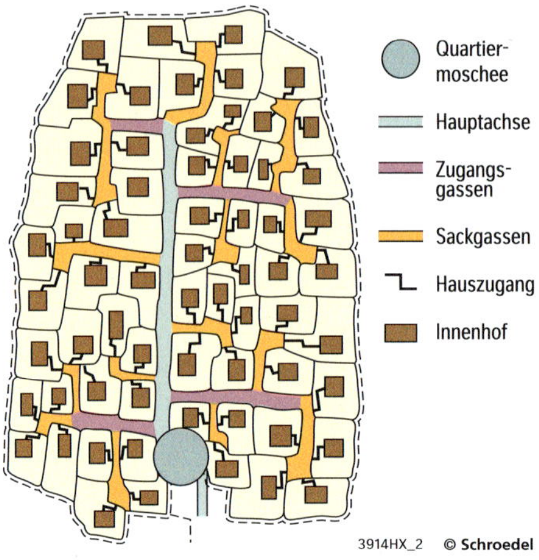

M3 Sackgassenprinzip der orientalischen Stadt

Die orientalische Stadt

Eine hohe Mauer schützte die Bewohner der frühen orientalischen Städte mit ihren prägenden Gebäuden und Einrichtungen wie Moscheen, Kasbah (Burg), Medrese (Koranschule), Basar und Hammam vor feindlichen Überfällen und grenzte sie klar vom Umland ab. Bis heute überragen die Kasbah, der Sitz des Herrschers, und die Große Moschee, das religiöse Zentrum, die Medina (Altstadt) orientalischer Städte. In unmittelbarer Nähe der Moschee befindet sich der zentrale Basar, das bis heute traditionelle Geschäfts- und Wirtschaftszentrum. Der Basar findet, außer am Freitag und an religiösen Feiertagen, täglich statt. In der Nacht wird er durch Tore verschlossen. Er besitzt also keine Wohnfunktion.
Diesen öffentlichen, allen zugänglichen Bereichen, stehen die Wohnhäuser gegenüber, in denen ausschließlich das Privatrecht der Bewohner gilt. Die Gebäude verschiedener ethnischer oder religiöser Gruppen bilden dabei häufig zusammenhängende Quartiere. Oft sind diese Wohnviertel wiederum von Mauern umgeben und bilden weithin autarke Einheiten innerhalb der Stadt. Ein prägendes Element der traditionellen orientalischen Stadt ist das Sackgassen-Straßensystem. Neben den Sackgassen, die als Privatbesitz der anliegenden Bewohner gelten, gibt es öffentliche Durchgangsstraßen in der Medina, die die Verkehrsverbindungen zwischen dem zentralen Basar und den Toren der Stadt sichern. Die Straßen der Wohnviertel sind schmal und die ein- bis vierstöckigen Häuser sind nahezu gleich hoch. So beschatten sich die Wohnhäuser gegenseitig.

100800-180 www.diercke.de

	ländlicher Raum	städtische Peripherie	Altstadt -Medina-	Neustadt -CBD-	städtische Peripherie ländlicher Raum
Aufriss	Dörfer (teilweise städtisch überprägt)	Peripherie	Zentrum; Peripherie; Peripherie	Zentrum; Peripherie	Dorf
Einrichtungen Werte- und Normensystem		Industrie: Technologie; Hightech; ind. Massenproduktion; Gewerkschaften; Low Cost Housing; Slums	Basarwirtschaft: trad. Handwerk; trad. Werte- und Normsysteme; Moschee; öffentl. Bad; Karawanserei; Waqf u.a. islamische Institutionen; Basarhändler	westliche Wirtschaft (marktwirtschaftlich/sozialistisch): moderne Einrichtungen; Banken, Versicherungen, Boutiquen, Kinos, Theater, Modernisierung/ Verwestlichung	© Schroedel 8450HX

M5 Modell der bipolaren, modernisierten orientalischen Stadt

Am Fuße des Atlasgebirges liegt die 1070 gegründete Stadt Marrakesch. Sie ist neben Fes, Rabat und Meknés eine der vier Königsstädte Marokkos. Seit 1985 ist die Altstadt von Marrakesch aufgrund ihrer vielen historischen Gebäude und der erhaltenen alten Stadtstrukturen als UNESCO-Weltkulturerbe anerkannt. Aber die jährlich Hunderttausenden Besucher können auch die neue und moderne Seite von Marrakesch entdecken.
Mit der Kolonialisierung in Marokko durch Frankreich begannen Anfang des 20. Jahrhunderts auch die Veränderungen der Städte. Doch die verwinkelte Altstadt von Marrakesch bot keinen Platz für Veränderungen und neue Häuser. Vor der Stadtmauer wurde nach den Vorstellungen der Kolonialherren die Stadt erweitert. Wohnviertel, Industriegebiete und Geschäftshäuser entstanden. Bald verbanden Straßen die Neustadt (Ville Nouvelle) mit der Altstadt. Neben dem traditionellen Basar entstand ein zweites Geschäftszentrum. Immer mehr Marokkaner zogen auf der Suche nach Arbeit und modernem Wohnraum nach Marrakesch.

M6 Entwicklung der Stadt Marrakesch

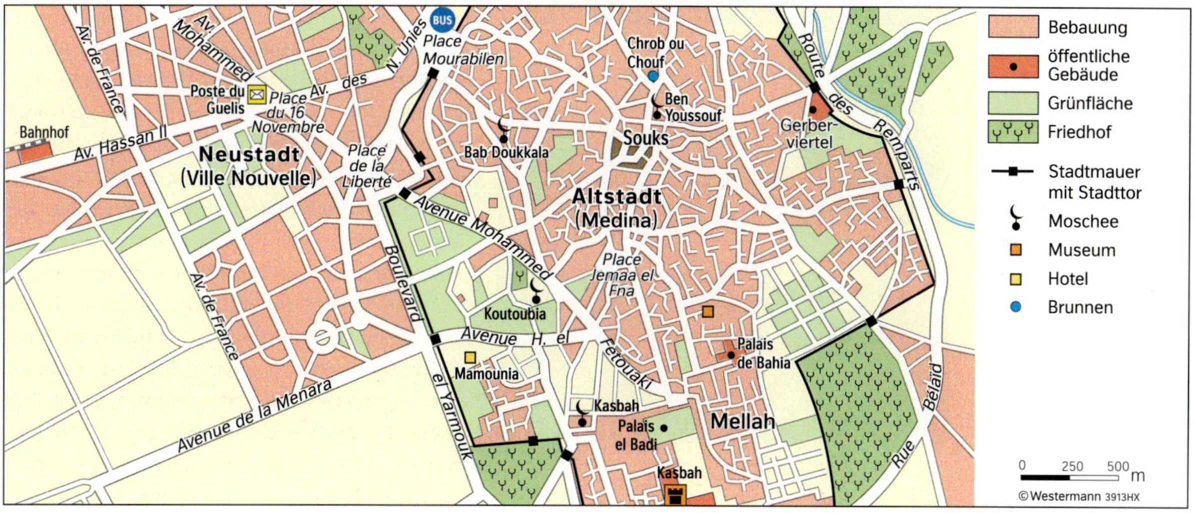

M7 Stadtplan von Marrakesch

1 *Beschreiben Sie die Verbreitung orientalischer Städte auf der Erde. Geben Sie Beispiele an (Atlas).*

2 *Nennen Sie Merkmale der traditionellen orientalischen Stadt. Weisen Sie Einflüsse des Islam bzw. des Klimas auf die Struktur und das Aussehen der orientalischen Stadt nach (M2).*

3 *Erläutern Sie den Aufbau der orientalischen Stadt unter der Prämisse des öffentlichen und privaten Raums.*

4 *„Die Städte im arabischen Raum besitzen zwei Zentren."*
a) Erklären Sie diese Aussage. Beziehen Sie dazu das Modell M5 ein.
b) Erläutern Sie die Entstehung der heutigen städtischen Strukturen Marrakeschs (M6, M7).

5 *Übertragen Sie das Modell der bipolaren Stadt auf andere orientalische Metropolen (Atlas).*

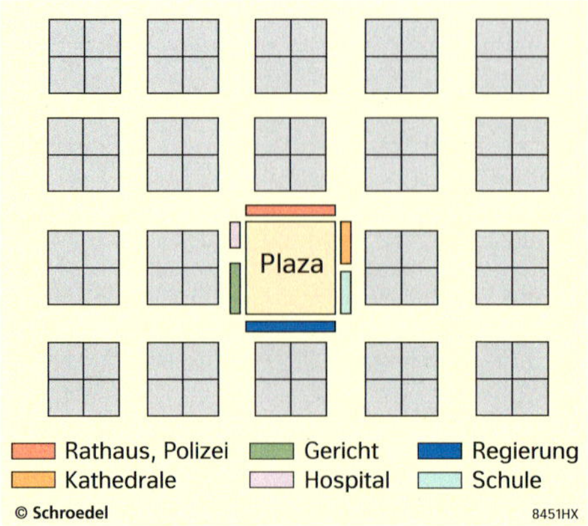

M1 Grundriss einer spanischen Kolonialstadt

M5 Zentraler Platz in Lima

Lateinamerika:

Region, die alle Staaten Mittel- und Südamerikas umfasst

M2 Lima: Stadtansicht

M3 Lima: Slumansicht

M4 Lima: Stadtviertel Villa el Salvador

Die lateinamerikanische Stadt

Als die Spanier Lateinamerika entdeckten, kamen sie als Eroberer. Ihre Siedlungstätigkeit beschränkte sich daher auf die Gründung von Städten, die als Militärstützpunkte und Verwaltungszentren dienten und die häufig an Siedlungsstandorten der indianischen Ureinwohner entstanden (z. B. Cuzco, Mexiko-Stadt). Die königliche Generalinstruktion von 1521 wies an, dass alle neuen Städte nach dem Schachbrettmuster anzulegen sind. Ein zentraler Platz (Plaza) bildete dabei den Mittelpunkt aller kolonialspanischen Städte. Die zentrale Plaza diente immer schon der Repräsentation. Als sichtbares Zeichen von Macht und Reichtum wurden dort viele der Gebäude im kolonialen Barockstil errichtet. Die Häuser abseits der Plaza wirkten dagegen zur Straße hin schmucklos und monoton. Die spanischen Städte, die (nach der Unabhängigkeit der Staaten Lateinamerikas) Mitte des 20. Jahrhunderts unabhängig wurden, lagen meist im Binnenland. Dies erleichterte die Verwaltung und Kontrolle, da sich auch die Zentren der Inka- und Aztekenreiche im Inneren der Länder befanden. Im Unterschied zu den Spaniern kamen die Portugiesen meist als Händler und Siedler und ließen sich an den Küsten nieder. Entscheidend bei Staatsgründungen war das Vorhandensein von Buchten oder Naturhäfen. Der Stadtgrundriss musste an die Geländeverhältnisse angepasst werden. Die portugiesische Kolonialstadt ist daher durch eine dichte Bebauung gekennzeichnet. Da sie vorwiegend als Hafen- und Handelsstadt diente, wurde dem zentralen Platz mit Repräsentationsbauten weniger Bedeutung beigemessen. Oft waren mehrere Plätze über die Stadt verteilt, die als lokale Märkte dienten.

100800-228-04 www.diercke.de

Zeitraum	1500-1830	1830-1900	1900-1930	1930-1950	1950-heute
Stadtentwicklung	Stadtentstehung	1. Verstädterungsphase	Abklingen der 1. Verstädterung	2. Verstädterungsphase	Metropolisierung

Grundrissschema

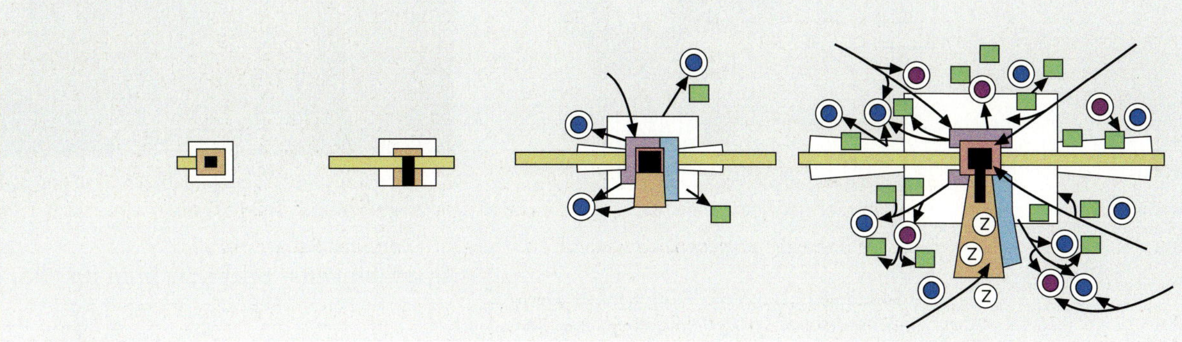

City
Mischzone
Innerstädtische Elendsviertel
Viertel des sozialen Wohnungsbaus
Wohnviertel der Unter- und unteren Mittelschicht
Wohnviertel der Mittel- und oberen Mittelschicht
Wohnviertel der Oberschicht
Vorherrschende Migrationsrichtungen
Suburbios, später: Industriezone
Illegale randstädtische Hüttenviertel
Semilegale und legale randstädtische Hüttenviertel
Ⓩ Subzentren (auch für Spezialbedarf)

M6 Schema der sozialräumlichen Stadtstruktur in Lateinamerika

Die peruanische Hauptstadt Lima wurde von Pizarro, dem spanischen Eroberer des Inkareichs, 1536 gegründet. Heute ist Lima eine nahezu unüberschaubare Agglomeration mit einer hohen Primacy. Das Stadtgebiet lässt sich in vier größere Einheiten gliedern.
Im Stadtkern ist die ursprüngliche Anlage der Stadt noch erkennbar. Hier konzentrieren sich zwar Geschäfts- und Verwaltungsgebäude, aber das Zentrum hat in den letzten Jahren einen erheblichen Bedeutungsverlust erlitten. Viele citytypische Funktionen sind in äußere Bezirke und Subzentren abgewandert.
Durch anhaltenden Funktionsverlust der Innenstadt haben sich an deren Rand zunehmend innerstädtische Slums gebildet, die Tugurios. Die Bausubstanz besteht aus älteren Mietshäusern, die früher wohlhabenden Schichten gehörten. Heute sind sie baufällig und oft überbelegt.
In den 1920er-Jahren entstanden in Richtung Meer in reizvoller Landschaft elegante Villenvororte. Hierhin verlegte die Oberschicht ihre Wohnsitze, später folgten Menschen der Mittelschicht. Ein besonderes Kennzeichen dieses Wohlstandkorridors sind **Gated Communities**. Das sind geschlossene, durch Zäune abgesperrte Wohngebiete, die von Wachpersonal rund um die Uhr gesichert werden.
Die Elendsviertel Limas, die Barriadas, sind bis heute ein charakteristisches Element im Stadtbild. Sie liegen meist im angrenzenden Wüstenland und sind in der Regel illegal und ungeplant entstanden. In den Barriadas lebt mehr als ein Drittel der Stadtbevölkerung. Der Altersdurchschnitt ist vergleichsweise gering.

Einwohner der Agglomeration Lima (in Mio.):

1950:	*1,0*
1960:	*1,3*
1970:	*2,8*
1980:	*4,5*
1990:	*6,5*
2000:	*7,5*
2010:	*8,9*
2020:	*10,7*
2030 (Prognose):	*12,2*

M7 Lima: funktionale und soziale Gliederung

1 *Beschreiben Sie die Verbreitung lateinamerikanischer Städte. Geben Sie Beispiele an (Atlas).*

2 *a) Vergleichen Sie die spanische und portugiesische Kolonialstadt.*
b) Vergleichen Sie das Modell der spanischen Kolonialstadt mit dem Foto von Lima (M1, M5).

3 *Beschreiben Sie die räumlichen und sozioökonomischen Veränderungen der lateinamerikanischen Stadt (M6).*

4 *a) Beschreiben Sie die Lage der Hauptstadt Perus (Atlas).*
b) Erläutern Sie die funktionale und soziale Gliederung Limas (M7).

M1 „... ich jedenfalls verleih nie mehr etwas!"

M4 Schülerproteste gegen Klimwandel in London

Roscher 1912: 1,3 Mrd. Menschen mit Dreifelderwirtschaft, 10,2 Mrd. Menschen mit Getreideanbau und 25,5 Mrd. Menschen mit intensivem Ackerbau

Ballod 1912: unter Berücksichtigung der nutzbaren Fläche und vegetarischer Ernährung auf unterstem sozialem Niveau: 8,361 Mrd. Menschen

Penck 1925: ausgehend von den Bevölkerungsdichten in den einzelnen Klimazonen ein Maximum von 15,9 Mrd. Menschen und durch Abzug unterschiedlicher Böden sowie Reliefverhältnisse wahrscheinlich 7,7 Mrd. Menschen

Hollstein 1937: unter Einbeziehung von Klima, Boden, Relief: 13,295 Mrd. Menschen

Baade 1960: Erweiterung der landwirtschaftlichen Nutzfläche, Steigerung der Erträge, Nutzung des Weltmeeres: 30 bis 38 Mrd. Menschen

Weber 1988: 11 Mrd. Menschen (Ende des 21. Jh.)

M2 Ergebnisse von Tragfähigkeitsberechnungen

Tragfähigkeit – reicht die Erde für alle?

Erste Berechnungen zur Tragfähigkeit gab es schon im 18. Jahrhundert. Wissenschaftler suchten Antworten auf die Frage, wie viele Menschen auf der Erde ausreichend ernährt werden können. Mittlerweile wird die Tragfähigkeit der Erde bzw. von Staaten oder Regionen komplexer verstanden. Zur Bestimmung einer maximalen Bevölkerung werden nicht mehr allein die natürlichen Bedingungen (Klima, Vegetation, Boden), sondern auch soziale Faktoren und ökonomische Grundlagen einbezogen. Eine Wendepunkt in dieser Bewusstseinsbildung war die UN-Konferenz für Umwelt und Entwicklung 1992, bei der sich die große Mehrheit der Staaten auf eine langfristig angelegte Politik nach dem Prinzip der Nachhaltigkeit verpflichtete.

TRAGFÄHIGKEIT

- **ökologische Tragfähigkeit**: Verhältnis von Nutzung / Verbrauch und der zukünftig notwendigen Menge und Qualität der Ressourcen → bei Überschreitung droht eine allgemeine existenzielle Bedrohung
- **regionale Tragfähigkeit**: Verhältnis von regionaler Lebensqualität, überregionalen Chancen und dem Aufwand eines Standortwechsels → bei Überschreitung droht überregionale Migration
- **agrare Tragfähigkeit**: Verhältnis von Nahrungsmittelbedarf und der gegenwärtigen bzw. maximal möglichen Agrarproduktion → bei Überschreitung droht Hunger
- **ökonomische Tragfähigkeit**: Verhältnis von Erwerbsmöglichkeiten und der Anzahl der Erwerbspersonen → bei Überschreitung droht Arbeitslosigkeit
- **soziale Tragfähigkeit**: Verhältnis der Menschen, die am gesellschaftlichen Reichtum teilhaben, und denen, die daran nicht partizipieren → bei Überschreitung droht sozialer Ausschluss, soziale Verwerfungen

M3 Formen der Tragfähigkeit nach W. Weiss

100800–174 www.diercke.de

M5 Landschaft des Bakaa Tals, Libanon

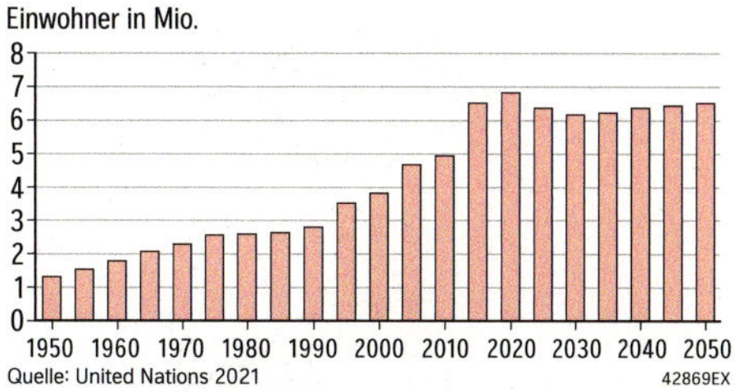

M7 Einwohnerentwicklung Libanon

Viele Klassenzimmer im Libanon bleiben dieser Tage leer. Schüler und Lehrer können nicht zum Unterricht kommen – und das hat derzeit nicht unbedingt etwas mit der Coronapandemie zu tun. „Es wird von Tag zu Tag schwerer, zur Arbeit zu kommen, da wir kaum noch an Benzin kommen", sagt Taghreed Taki. Sie ist Lehrerin an der weiterführenden staatlichen Schule in der Stadt Rachaya im Libanon, zwei Stunden Autofahrt entfernt von der Hauptstadt Beirut. [...] Fernab der Hauptstadt Beirut gibt es kaum öffentliche Transportmittel. Wer kein eigenes Auto hat, kann meist nur Sammeltaxis nutzen. Und selbst in der Hauptstadt gibt es nur ein paar wenige Busse [...]. Und auch Sammeltaxis und Busse müssen zur Nutzung betankt werden. [...] Im Libanon jagt eine Krise die nächste. Und die Treibstoffknappheit ist ein Symptom der Wirtschaftskrise, denn das Land schlingert gefährlich nahe am Staatsbankrott [...]: Das libanesische Pfund, das seit dreißig Jahren an den Dollarkurs gekoppelt ist, hat ungefähr neunzig Prozent seines Wertes eingebüßt; die Weltbank spricht in ihrem neuesten Bericht, dem Lebanon Economic Monitor, von einer der schwersten Wirtschaftskrisen weltweit in der neueren Geschichte. Dazu kommen die Coronapandemie und die schwere Explosion am Hafen von Beirut im August 2020, bei der über 200 Menschen ihr Leben verloren haben. Vier von zehn Libanesen sind arbeitslos, viele Betriebe mussten bereits dichtmachen und die Menschen kommen aufgrund der Wirtschaftskrise nicht an ihre Ersparnisse. [...]

Diana Hodali

M6 Krise im Libanon

HDI	0,744 (Platz 92)
BNE/Einwohner	14717 PPP $
durchschn. Alter Bevölkerung	29 Jahre
Kindersterblichkeit	6,4/1000 EW
Arbeitslosigkeit	11,3 %
Anteil der Einwohner unter der nationalen Armutsgrenze	27,4 %

Quelle: United Nations Development Programme

M8 Sozioökonomische Daten Libanon 2021

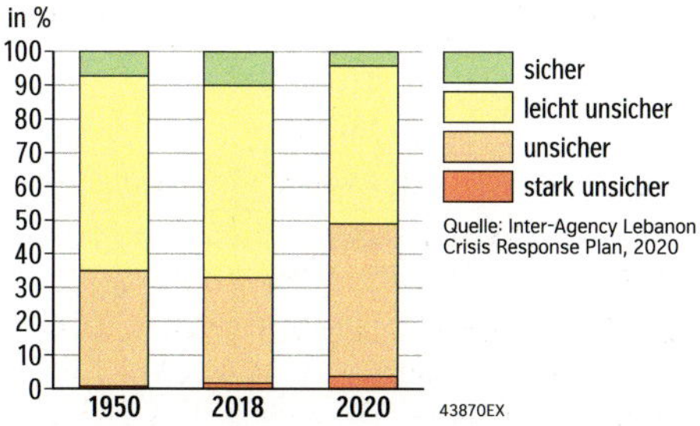

M9 Ernährungssituation im Libanon

Mit Beginn des syrischen Bürgerkriegs 2011 floh weit mehr als 1 Million Menschen in den benachbarten Libanon. Kein anderer Staat auf der Welt hat im Verhältnis zu seiner Einwohnerzahl so viele Flüchtlinge aufgenommen. Eine gewaltige Herausforderung für den Libanon, in dem bereits seit Jahrzehnten rund 450000 palästinensische Flüchtlinge in Lagern leben.

M10 Flüchtlinge im Libanon

1 *Interpretieren Sie die Karikatur (M1).*

2 *Stellen Sie verschiedene Formen der Tragfähigkeit anhand selbst gewählter Beispiele dar (M3).*

3 *„Unser Planet ist am Kollabieren. Ich mache mir solche Sorgen, dass ich beschlossen habe, keine Kinder in die Welt zu setzen" (brit. Sängerin Blythe Papino). Diskutieren Sie diese Position.*

4 *Der Libanon – am Rande der Tragfähigkeit?*

a) Beschreiben Sie die Lage und naturräumliche Ausstattung des Staates (Atlas).

b) Analysieren Sie die demographische, soziale und wirtschaftliche Situation und Entwicklung (M6 – M10).

c) Beurteilen Sie, inwieweit der Libanon Grenzen der Tragfähigkeit überschritten hat (M3).

d) Entwickeln Sie Lösungsstrategien für eine tragfähige, nachhaltige Entwicklung.

100800-158
www.diercke.de

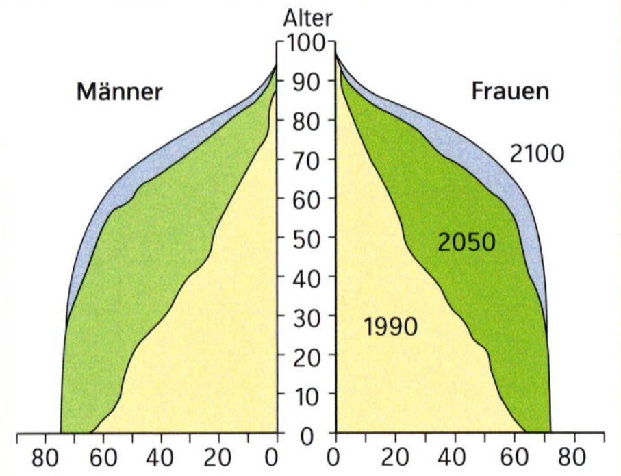

M1 Altersaufbau der Weltbevölkerung

	Geburtenrate in Promille	Sterberate in Promille
1990	50,3	19,5
1995	49,3	19,2
2000	48,2	18,0
2005	47,4	15,5
2010	45,7	12,1
2015	42,9	9,4
2020	40,1	7,9

M2 Geburten-/Sterberate Angola

M3 Durchstarten in der Rente

1 Diskutieren Sie, inwieweit die folgenden Aussagen wahr oder falsch sind. Begründen Sie Ihre Wahl.

a) Die Abbildung M1 zeigt, ...
   A ... dass sich die Weltbevölkerung bis 2100 gegenüber 1900 fast verdoppelt.
   B ... dass bis 2100 die Weltbevölkerung immer jünger wird.
   C ... dass die Weltbevölkerung rasch wächst.
   D ... dass die Lebenserwartung bis 2100 wächst.

b) Ursachen des hohen globalen Bevölkerungswachstums sind ...
   A ... die hohe globale Urbanisierungsrate,
   B ... die Armut in den Entwicklungsländern,
   C ... der Zuwachs der Altersgruppen im Alter zwischen 15 und 45 Jahren,
   D ... der Anstieg der Lebenserwartung.

c) Aus der Tabelle (M2) zur Demographie Angolas ist abzuleiten, ...
   A ... dass die Wachstumsrate im Jahr 1990 größer ist als die im Jahr 2020.
   B ... dass sich Angola gegenwärtig in der zweiten Phase des demographischen Übergangs befindet.
   C ... dass die Fertilitätsrate Angolas stetig sinkt.
   D ... dass im Jahr 2020 die angolanische Bevölkerung um 32,2 Millionen Menschen angewachsen ist.

2 a) Interpretieren Sie das Foto M3.
   b) Entwickeln Sie eine Karikatur oder grafische Darstellung, die das Thema „demographische Dividende" aufgreift.

3 Begründen Sie folgende Feststellungen:
   A Bereiche der Anökumene können zur Ökumene werden.
   B Gewinner des Braindrains sind die Industrieländer.
   C Armutsbekämpfung ist ein Schlüssel zur Senkung des Weltbevölkerungswachstums.

Fachbegriffe

Agglomeration
Altenquotient
Altersstruktur
Anökumene
Bevölkerungsdiagramm
Braindrain
demographischer Übergang
Entwicklungshilfe
Entwicklungszusammenarbeit
Geburtenrate
Gesamtfertilität
Global City
Jugendquotient
Megacity
Migration
ökologischer Fußabdruck
Ökumene
Primatstadt
Push-Pull-Modell
Sterberate
Tragfähigkeit
Total Fertility Rate (TRF)
UNO
Verstädterungsgrad
Verstädterungsrate
Wachstumsrate

Klausurtraining

Jabotabek ist mit über 20 Millionen Einwohnern die größten Agglomeration Südasiens. Das Zentrum der Metropolregion ist die indonesische Hauptstadt Jakarta.

1 Stellen Sie Ursachen und Folgen des Verstädterungsprozesses in der Region Jabotabek dar.

2 Vergleichen Sie die Entstehung von Satellitenstädten (New Towns) mit Suburbanisierungsprozessen in Deutschland.

3 Beurteilen Sie die Aussage: „Die Anlage von Satellitenstädten trägt entscheidend zur Entschärfung von Problemen in Metropolregionen bei."

Die Strategie der Forcierung von Gegenpolen zu Jakarta hatte die Gründung von „New Towns" zur Folge. Dabei handelt es sich um isoliert gelegene und überwiegend durch private Investoren unabhängig voneinander geplante Wohnsiedlungen. Aufgrund günstiger Bodenpreise und geringerer bürokratischer Hemmnisse liegen die Standorte meist auf bisher brachliegenden oder landwirtschaftlich genutzten Flächen. Die Hauptzielgruppe der Investoren ist in der Regel die Mittelschicht. Wohnraum wird überwiegend in Hochhaussiedlungen zur Verfügung gestellt, ohne allzu viel in die übrige Infrastruktur zu investieren. Im Unterschied zu diesen herkömmlichen Wohngebieten gibt es auch einige Satellitenstädte, die mit ihren Privatschulen und Universitäten, Shoppingcenter und Sporteinrichtungen vielfältige Bildungs-, Einkaufs- und Freizeitmöglichkeiten auf hohem Niveau bieten. Die in Jakarta vorhandenen Entwicklungsprobleme sind den Einwohnern dieser Satellitenstädte fremd: Der Verkehr fließt auf gut ausgebauten Straßen, das Wasser wird gründlich gereinigt, der Müll sachgerecht entsorgt und die persönliche Sicherheit ist in umzäunten Wohngebieten mit Wachposten weitaus höher.

M1 New Towns nahe Jakarta (Indonesien)

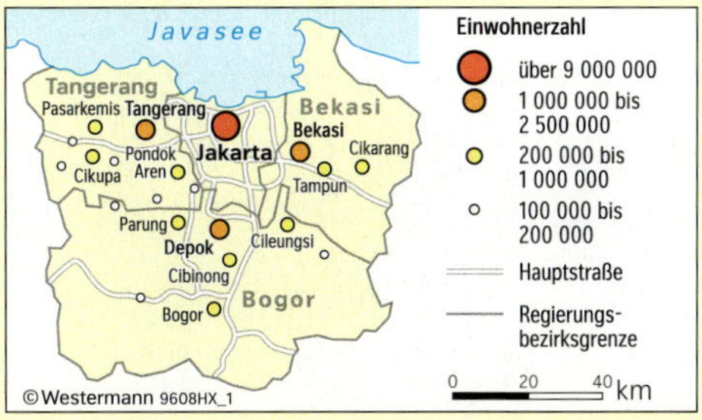

M2 Jakarta und die Agglomeration Jabotabek

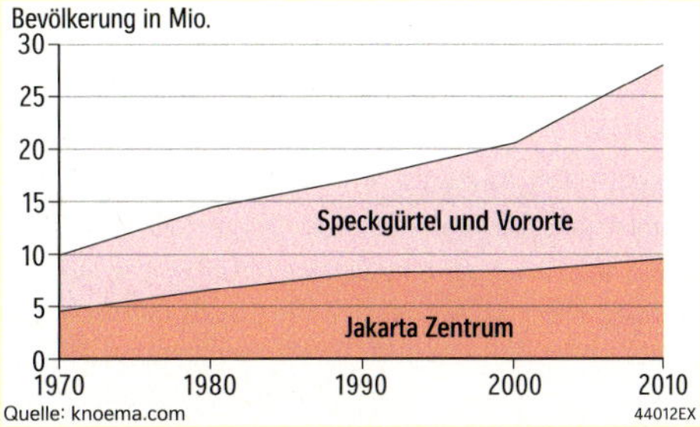

M3 Einwohnerentwicklung Jakarta und Jabotabek (1971 – 2010)

	Indonesien	Jakarta (Stadt)
Einwohner	274,5 Mio.	10,6 Mio
BNE/Einwohner	3922 US-$	12220 US-$
HDI	0,72	0,808
Anteil der Bevölkerung unter der nationalen Armutsgrenze	9,40 %	4,70 %
Alphabetisierungsgrad	95,70 %	99,89 %
Fertilitätsrate	2,27	2,3
Anteil des BIP am gesamten BIP Indonesiens		17,7 %

Quelle: www.newgeography.com

M4 Vergleich statistischer Daten Indonesiens und seiner Hauptstadt Jakarta (2019/2020)

Bevölkerung und Fläche 2020:

Metropolregion Jabotabek:
Einwohner in Mio.: 30,1
Fläche in km²: 4384

Jakarta:
Einwohner in Mio.: 10,6
Fläche in km²: 665

Referatsthemen:

- Afrika – die Bevölkerung wird im nächsten Jahrzehnt weiter wachsen
- Shenzen – vom Fischerdorf zur Megacity
- Integration von Migranten am Beispiel der Heimatstadt

WES-151140-193

4.8 Disparitäten: Staaten im Vergleich

M1 Entwicklungsunterschiede nach sozialen Verhältnissen – Beispiele aus El Salvador und Japan

Klassifikation und Merkmale globaler Entwicklungsunterschiede

Entwicklungsländer und Industrieländer sind häufig genutzte Bezeichnungen im allgemeinen Sprachgebrauch. Dabei führten schon seit dem Altertum Unterschiede hinsichtlich Kultur, Wirtschaft oder Ideologie zur Abgrenzung von Teilräumen der Erde (z. B. Abendland und Morgenland). Seit den 1950er-Jahren haben sich die Gliederungsansätze der Erde stetig geändert. Entwicklungsbegriffe wurden neu gedeutet, welche mithilfe verschiedener Modelle und Theorien aufgrund komplexer Zusammenhänge erklärt werden sollen.

Was ist Entwicklung?
In Anlehnung an die Biologie kann der Begriff Entwicklung als eine fortschreitende Veränderung eines Ausgangszustands nach einem bestimmten Zeitabschnitt verstanden werden. Will man im Bereich der Wirtschaftswissenschaften Zeitpunktbetrachtungen vornehmen, so wird Entwicklung im Sinne von „Entwicklungsstand" verwendet. Will man zeitliche Abläufe beschreiben, so wird der Begriff im Sinne von „Entwicklungsprozess" angewandt.

M2 Entwicklungsbegriff

Was ist Unterentwicklung?
Unterentwicklung ist der Zustand eines Landes (oder einer Gesellschaft), in dem die vorhandenen Natur- und Humanressourcen zur Befriedigung der Grundbedürfnisse nur unzureichend erschlossen sind und in dem gesellschaftliche und kulturelle Entfaltung mangels rechtlicher Sicherheit, politischer Souveränität und demokratischer Staatsführung nicht oder unzureichend möglich ist.

Fred Scholz

M4 Unterentwicklungsbegriff

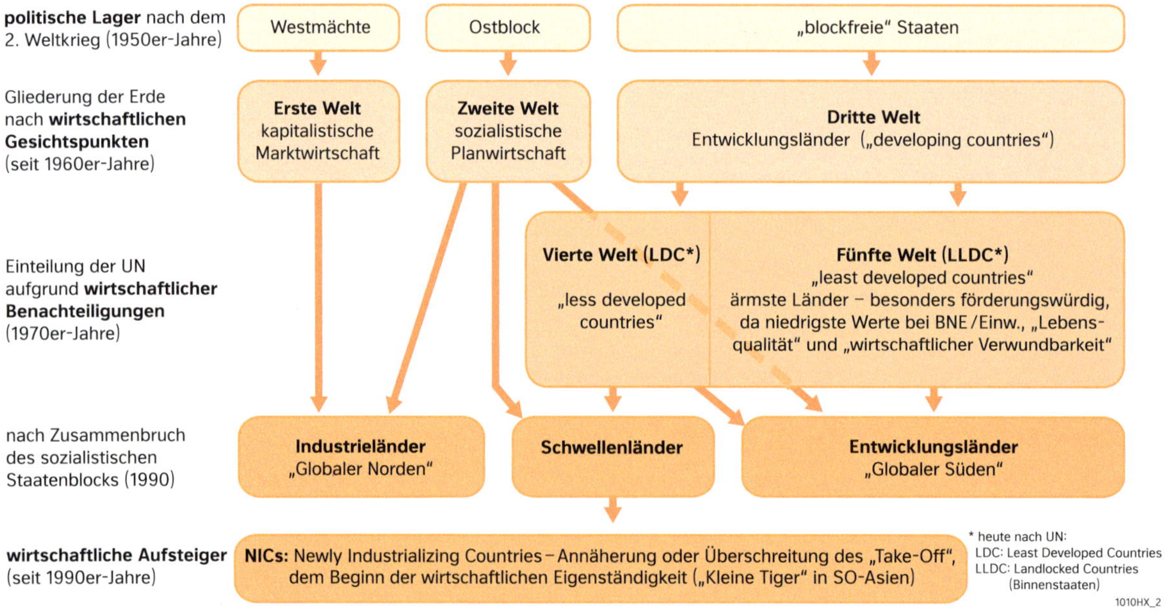

M3 Gliederungsansätze der Erde im Überblick

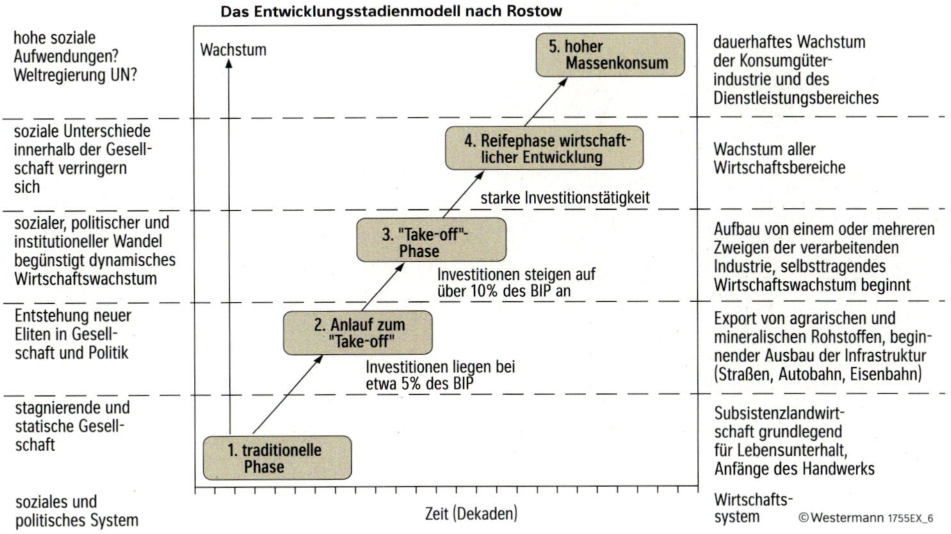

M5 Entwicklungsstadienmodell nach Rostow

Das Wirtschaftsstufenmodell geht auf den US-amerikanischen Ökonom Walt W. Rostow (1916–2003) zurück und besteht aus fünf Stadien. Nach Rostow kann kontinuierliche Entwicklung eines Staates aber nur mit wirtschaftlichem Wachstum entstehen. Das Wachstumsmodell ist ein Klassiker der Modernisierungstheoretiker. Kritiker verweisen auf die zu große Ausrichtung auf westliche Gesellschaften. Darüber hinaus wird bezweifelt, dass ein solch modellhafter Entwicklungsverlauf in der modernen Welt realistisch ist.

Die Frage nach den Ursachen für ungleiche Entwicklungsstände zwischen dem Globalen Norden und dem Globalen Süden beschäftigt die Wissenschaft schon lange. Zu den ältesten Erklärungsansätzen zählen die geodeterministischen Theorien. Demnach können zum Beispiel ungünstige Klima- und Bodenbedingungen, häufige Naturkatastrophen oder fehlende Rohstoffe Entwicklung verhindern oder mindern. Viele Jahre wurde aber der wissenschaftliche Diskurs durch zwei Lager bestimmt, die Modernisierungstheorie und die Dependenztheorie.

Modernisierungs- oder Wachstumstheoretiker gehen davon aus, dass sich alle Staaten allmählich von einer Agrar- zu einer Industriegesellschaft entwickeln. Die Entwicklung durchläuft dabei modellhaft einige Entwicklungsstufen. Modernisierungstheoretiker begründen die Unterentwicklung mit Problemen in den jeweiligen Staaten (endogene Ursachen).

Die Dependenztheorien sehen die Ursachen in einer fehlgeleiteten Entwicklung von außen (exogene Ursachen). Anhänger dieser Theorie verweisen auf koloniale oder nachkoloniale Ausbeutung und die dadurch zum Teil bis heute bestehende Fremdbestimmung und Abhängigkeiten einzelner Staaten. Die Peripherie diente als Quelle billiger Rohstoffe und Absatzmarkt für Fertigprodukte. Heute machen ausländisches Know-how, Kapital und Management die Wirtschaft der Entwicklungsländer von multinationalen Konzernen abhängig.

Diese beiden Entwicklungstheorien werden seit Längerem als zu einseitig kritisiert. Eine wichtige Rolle spielen mittlerweile Ansätze, die besondere Ereignisse (z.B. Naturereignisse, Kriege) und damit verbunden die Vulnerabilität in den Mittelpunkt der Betrachtung rücken. In jüngster Zeit verwies zudem der Geograph Fred Scholz mit seiner Fragmentierungstheorie auf die Einflüsse der Globalisierung. Nach seinem Ansatz profitieren von möglichen Entwicklungsimpulsen nicht ganze Staaten, sondern nur Teilräume davon (Fragmente). Erhoffte Entwicklungen für die breite Bevölkerung (Trickle-Down-Effekte) bleiben oft aus. Nicht Staaten, sondern transnationale Unternehmen sind nach ihm Hauptakteure der Weltwirtschaft.

M6 Theorien von Unterentwicklung und Entwicklung

1 *Grenzen Sie die Begriffe Entwicklung und Unterentwicklung stichpunktartig voneinander ab (M1, M2, M4).*

2 *Beschreiben Sie die begrifflichen Veränderungen der Gliederungsansätze von Staaten auf der Erde (M3).*

3 *a) Geben Sie das Entwicklungsstadienmodell nach Rostow mit eigenen Worten wieder (M5).*
b) Vergleichen Sie kritisch das Modell Rostows mit dem Kondratjews (M5, S. 231).

4 *Fassen Sie die fachwissenschaftlichen Theorien von Unterentwicklung und Entwicklung zusammen (M6).*

5 *Diskutieren Sie, ob und inwiefern Indikatoren der Unterentwicklung auch für die Industriestaaten zutreffen können.*

100800-274 www.diercke.de

M1 Karikatur zu globalen Disparitäten

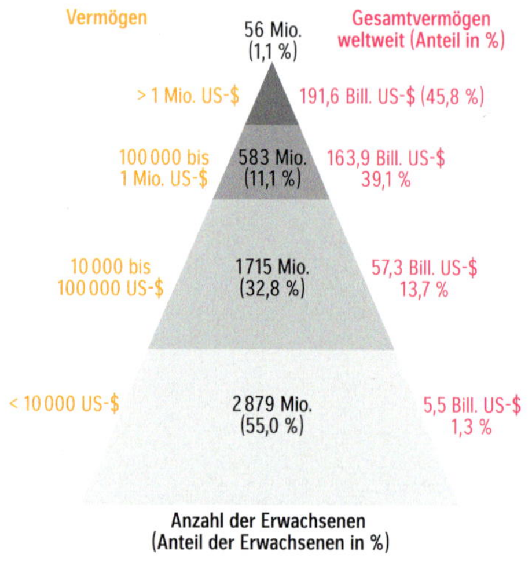

Quelle: Credit Suisse, Global Wealth Report 2021

43986EX

M3 Weltweite Vermögensverteilung

Ursachen und ökonomische Indikatoren weltweiter Disparitäten

Disparitäten:
Ungleiche Lebensbedingungen innerhalb eines Raums bzw. im Vergleich von zwei oder mehreren Regionen. Man kann zwischen globalen, nationalen und regionalen Disparitäten unterscheiden.

Warum sind manche Staaten wirtschaftlich und/oder sozial weiterentwickelt als andere? Auf diese Frage lassen sich keine monokausalen Antworten finden. Die Ursachen werden jedoch in interne und externe Faktoren unterschieden. Um die vorhandenen Disparitäten miteinander vergleichen zu können, benötigt man Daten, die quantitativ erfassbar und gleichzeitig weltweit verfügbar sind. Anhand von ökonomischen wie auch sozialen Merkmalen, den sogenannten Entwicklungsindikatoren, kann der Entwicklungsstand eines Staates nur monokausal oder multiperspektivisch erfasst werden.

Räumliche Disparitäten haben verschiedene Ursachen, sogenannte Faktoren. Diese stehen oft untereinander in engen Wechselbeziehungen. Neben den naturräumlichen Faktoren existieren interne und externe Faktoren. Sie sind wichtig, um Disparitäten zu analysieren. Zumeist handelt es sich aber um einen Ursachenkomplex. So treffen z. B. Bürgerkriege und eine fehlende beziehungsweise einseitige Einbindung in den Weltmarkt in einigen Krisenregionen aufeinander. Sie bedingen bzw. verstärken sich oft gegenseitig. Vermehrt nehmen auch ökologische Faktoren (z. B. bedingt durch den Klimawandel) und demographische Bedingungen (z. B. Bevölkerungsexplosion oder Überalterung) in den jeweiligen Räumen entscheidenden Einfluss.

M2 Externe und interne Faktoren

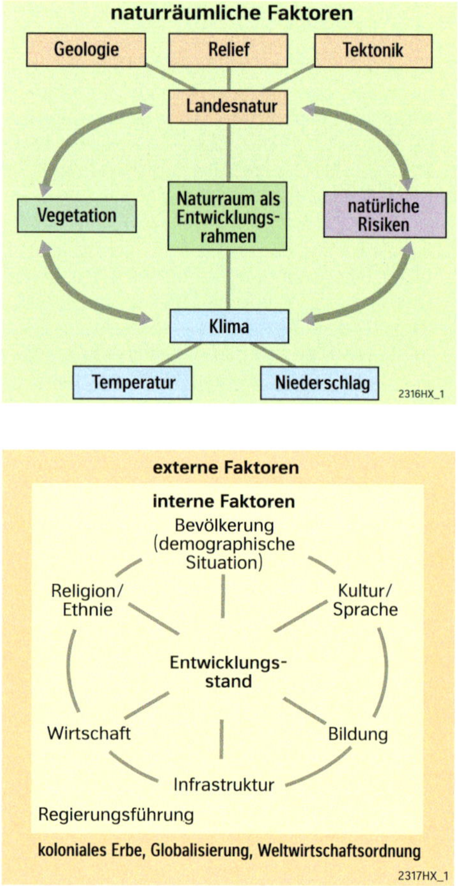

M4 Ursachenfelder von Disparitäten – naturräumliche, externe und interne Faktoren

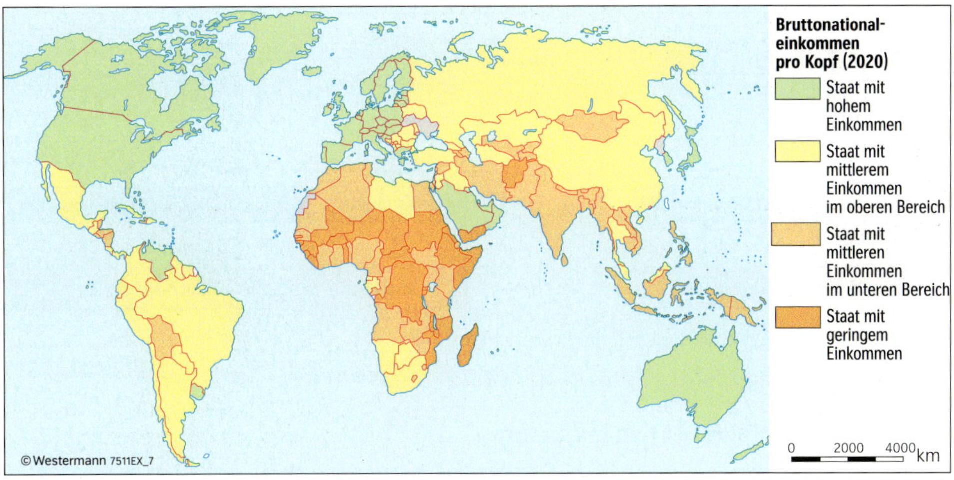

M5 Bruttonationaleinkommen pro Kopf, Weltbankklassifikation 2020

Ländereinteilung der Weltbank nach BNE pro Kopf (2020):

High-Income Country:
> 12696 US-$

Upper-Middle-Income-Country:
4096 – 12695 US-$

Lower-Middle-Income Country:
1046 – 4095 US-$

Low-Income Country:
< 1045 US-$

Wirtschaftlicher Indikator – BNE
Das Bruttonationaleinkommen (BNE) gibt den Wert aller Produkte und Dienstleistungen an, die während eines Jahres von den Bürgern/Firmen eines Staates im In- und Ausland erbracht wurden. Auf Grundlage des BNE kann das für die Kategorisierung einzelner Staaten wichtige Pro-Kopf-Einkommen (BNE pro Kopf) berechnet werden. Dieser Wert ist dann als quantitativer Vergleichswert verwendbar, jedoch werden Einkommens- und Vermögensunterschiede innerhalb einer Gesellschaft nicht berücksichtigt. Auch basieren viele Überlebensstrategien in den Entwicklungsländern auf der **Subsistenzwirtschaft** oder dem informellen Sektor.

M6 Bruttonationaleinkommen

1. Bruttonationaleinkommen / Kopf:
   < 1018 US-$ (Stand 2021)
2. Index „soziale Merkmale“:
   Anteil unterernährter Menschen, Kindersterblichkeitsrate, Einschulungsrate, Alphabetisierungsrate Erwachsener
3. Index „Verwundbarkeit der Volkswirtschaft“:
   Exporte, Stabilität der Exporterlöse, Stabilität des Agrarsektors und Anteil am BIP, Bevölkerung in tief gelegenen Küstenzonen, Opfer von Naturkatastrophen

M8 Abgrenzung von Unterentwicklung (LDC-Staaten) nach Kriterien der Vereinten Nationen (UN)

LDC (Least Developed Countries):

die „Ärmsten der Armen“, die am wenigsten entwickelten Staaten

Wirtschaftlicher Indikator – Gini-Index
Der Gini-Index oder Gini-Koeffizient mit einem Wert zwischen 0 – 1 zeigt in einer Lorenzkurve an, wie viel Prozent der Bevölkerung jeweils Anteil am vorhandenen Einkommen haben. Bezogen auf das Einkommen liegt der Gini-Index für Deutschland bei 0,28, für die USA bei 0,41 und für Südafrika sogar bei 0,60. Experten weisen darauf hin, dass Werte über 0,40 als extrem zu werten sind und die Gefahr sozialer Spannungen sehr groß ist.

M7 Gini-Index

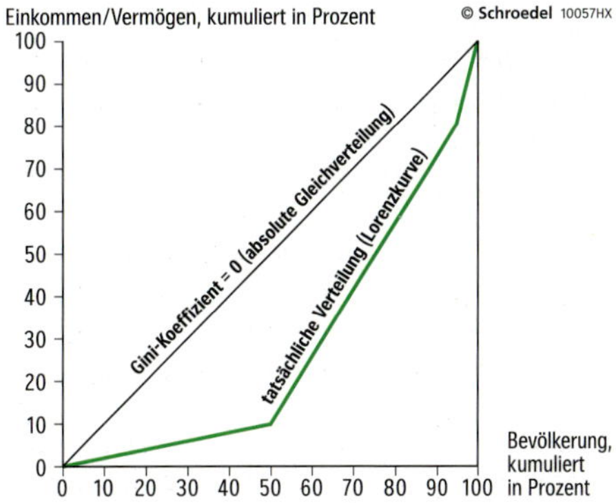

M9 Beispielhafter Gini-Index

1 *a) Beschreiben Sie die Karikatur (M1).*
b) Erklären Sie die Intention der Karikatur in Verbindung mit M3.

2 *Stellen Sie mögliche Zusammenhänge zwischen naturräumlichen und externen wie internen Faktoren als Ursachen der Unterentwicklung dar (M2, M4).*

3 *Vergleichen Sie verschiedene ökonomische Indikatoren zur Bestimmung des Entwicklungsstands (M5 – M9).*

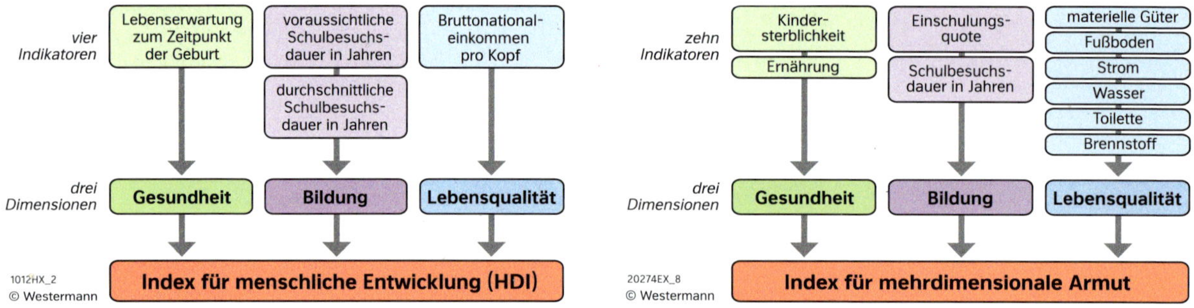

M1 Der Human Development Index (HDI) und der Multidimensional Poverty Index (MPI)

Soziale und multiperspektive Indikatoren

Beim Vergleich von Entwicklungsständen sind Betrachtungen von nur ökonomischen Indikatoren Grenzen gesetzt. Um den Entwicklungsstand einer Gesellschaft darstellen zu können, müssen die sogenannten „basic needs", also die Grundbedürfnisse des Menschen, herangezogen werden – sei es die Versorgung mit Nahrungsmitteln oder eine ausreichende gesundheitliche Versorgung. Ebenso zählen immaterielle Grundbedürfnisse (basic human needs) wie Bildung, Arbeit und Partizipation, also Mitbeteiligung an gesellschaftlichen Entscheidungen, dazu. Dabei können einzelne Indikatoren (Kindersterblichkeit) oder mehrere Indikatoren in Kombination (Human Development Index) herangezogen werden. In letzter Zeit gewinnen auch ökologische Indikatoren an Bedeutung, zum Beispiel der ökologische Fußabdruck einer Gesellschaft.

„The process of economic growth is a rather poor basis for judging the progress of a country; it is not, of course, irrelevant but it is only one factor among many."

Amartya Sen, indischer Wirtschaftswissenschaftler 2004

Mithilfe des **Human Development Index** (HDI) wird der Entwicklungsstand eines Staates in drei grundlegenden Bereichen menschlicher Entwicklung gemessen: Gesundheit, Bildung und Lebensstandard. Die Werte für diese drei Indikatoren werden auf eine Skala von 0 (niedrigster Wert) bis 1 (höchster Wert) projiziert. Der HDI wird als Durchschnitt aus den drei Werten gebildet, wobei die jeweiligen Werte der Staaten in ein Verhältnis zu festgelegten Grenzwerten gesetzt werden. Um die ansonsten zu große Bedeutung des wirtschaftlichen Indexwertes zu mindern, gehen die BIP/EW-Werte logarithmetisch in die Berechnung ein. 2010 wurde der Human Sutainable Development Index (HSDI) veröffentlicht, der um eine ökologische Komponente erweitert wurde.

Indikator	Maximum	Minimum
Lebenserwartung in Jahren	85	48
Alphabetenrate in Prozent und Einschulungsrate in Prozent	100 100	0 0
BIP/EW nach KKP (PPP-USD im Jahr)	130000	300

Indexwert = (Wert des Staates – Minimum) / (Maximum – Minimum)

M2 Der HDI und dessen Berechnung

Neben dem HDI gibt es weitere Indizes, mithilfe derer Aussagen zum Entwicklungsstand eines Staates getroffen werden können. So hat der 2010 neu eingeführte **Multidimensional Poverty Index** (MPI) wie der HDI drei Dimensionen: Gesundheit, Bildung und Lebensstandard. Diesen wurden jedoch zehn Indikatoren mit jeweils identischer Gewichtung in ihrer Dimension zugrunde gelegt. Der MPI soll ausdrücken, welche Verwirklichungschancen für die Menschen innerhalb eines Staates bestehen. Folgendes Beispiel veranschaulicht die Berechnung des MPI:

Eine Person lebt in einem Haushalt, in dem vor drei Jahren ein Kind starb, kein Strom genutzt wird, die Frauen über eine Stunde zur nächsten Wasserquelle gehen müssen und der Boden der Behausung aus Dung besteht. Mit diesen Informationen werden die prozentualen Gewichte der einzelnen Indikatoren zusammengezählt. Ein Haushalt gilt als arm, wenn die Summe über 30% liegt.
In diesem Fall:
16,7% (Kind gestorben) + 5,6% (kein Strom) + 5,6% (kein Trinkwasser in Laufentfernung) + 5,6% (Boden aus Dung) = 33,5%.
Damit gilt dieser Mensch (und alle Haushaltsmitglieder) als multidimensional arm.

M3 Der MPI und dessen Berechnung

100800-274 www.diercke.de

Dimension	Indikator	Beschreibung	Gewicht
Bildung	Jahre des Schulbesuchs	kein Mitglied des Haushalts, das mindestens 5 Jahre in die Schule ging	16,7 %
	Einschulungsrate	Kind im Alter zwischen einem Jahr und acht Jahren, das die Schule nicht besucht	16,7 %
Gesundheit	Kindersterblichkeit	ein Kind in der Familie ist gestorben	16,7 %
	Ernährung	ein Kind oder ein Erwachsener in der Familie ist unterernährt	16,7 %
Lebens-standard	Strom	der Haushalt nutzt keinen Strom	5,6 %
	sanitäre Anlagen	nur einfache Sanitäreinrichtungen sind vorhanden, oder man muss sie mit anderen Haushalten teilen	5,6 %
	Wasser	der Haushalt hat keinen Zugang zu sauberem Trinkwasser oder die Wasserquelle ist mehr als 30 Minuten Fußmarsch entfernt	5,6 %
	Boden	die Behausung hat einen Boden aus Erde, Dung oder Sand	5,6 %
	Brennstoffe zum Kochen	es wird mit Dung, Kohle oder Holz gekocht	5,6 %
	Besitz an Gütern	der Haushalt besitzt nicht mehr als jeweils ein Telefon, einen Fernseher oder ein Motorrad und kein Auto bzw. keinen Traktor	5,6 %

M4 Dimensionen und Indikatoren des Multidimensional Poverty Index (MPI)

Staaten	BNE pro Kopf in USD	Gini-Index *	Erwerbstätige nach Wirtschaftssektoren (I/II/III, in %)	Lebenserwartung in Jahren w/m *	Kindersterblichkeit pro 1000 EW	Alphabetisierungsrate w/m, in %*	Anteil Bevölkerung in Slums in %*	HDI	MPI (in %)
Brasilien	9130	53,9	9,1/19,6/71,3	79,3/72,0	12,4	93,4/93,0	16,0	0,765	3,8
China	10410	38,5	25,4/28,2/46,4	79,0/74,5	6,8	95,1/98,4	24,6	0,761	3,9
Deutschland	42526	31,9	0,8/26,8/72,1	83,6/78,7	3,8	-	-	0,947	-
Mali	880	33,0 **	62,6/7,6/29,8	59,5/58,0	60,2	25,7/46,1	47,2	0,434	68,3
Mosambik	480	54,0 ***	70,3/8,4521,2	62,8/57,0	54,8	50,2/72,5	77,2	0,456	72,5
Portugal	23080	33,8	5,9/24,7/69,4	84,6/78,8	3,1	95,0/97,3	3,6	0,864	-
Türkei	9610	41,9	18,4/26,3/55,3	80,2/74,3	8,6	93,4/98,8	8,6	0,820	-
USA	66760	41 (2017)	1,3/19,8/78,9	81,1/76,1	5,6	99,0/99,0	-	0,926	-
Vietnam	2540	35,7	37,4/27,6/35,0	79,4/71,2	15,9	93,5/96,4	13,8	0,704	4,9

*2018, **2009, ***2014; Quelle: Weltbank 2020; United Nations Development Programme 2020

M5 Staaten im Vergleich (2019)

1 *Geben Sie die Zusammensetzung und Bedeutung des HDI und MPI als Indikatoren mit eigenen Worten wieder (M1 – M4, Atlas).*

2 *Erstellen Sie eine Mindmap zum Thema „Klassifikation und Indikatoren von Entwicklung/Unterentwicklung" (S. 194 – 197; M1 – M4, Atlas).*

3 *a) Ordnen Sie zwei selbst gewählte Staaten begründend hinsichtlich ihres Entwicklungsstandes ein (M5, 196/197).*

b) Vergleichen Sie den Entwicklungsstand einzelner selbst gewählter Staaten (M5).

4 *Beurteilen Sie folgende Aussage: „Der Entwicklungsstand eines Staates ist über seine ökonomischen Merkmale erfassbar."*

M1 Karikatur

Entwicklungsstrategien – Wege und Maßnahmen zur Überwindung globaler Disparitäten

1990 widersprach die von den Entwicklungsländern gebildete Süd-Kommission der These, dass das Wirtschaftswachstum allein das entscheidende Merkmal für Entwicklung darstelle. Seit über einem halben Jahrhundert werden im Rahmen der Entwicklungspolitik Lösungen für den Abbau von Entwicklungsunterschieden zwischen den Staaten des Globalen Nordens und des Globalen Südens gesucht, um die Lebensbedingungen nachhaltig zu verbessern. Zentraler Bestandteil ist dabei die Umsetzung der SDGs (S. 144/145).

„Entwicklung ist ein Prozess, der es den Menschen ermöglicht, Fähigkeiten zu entfalten, Selbstvertrauen zu gewinnen und ein erfülltes menschenwürdiges Leben zu führen. Sie ist der Ausweg aus politischer, wirtschaftlicher und sozialer Unterdrückung."

Süd-Kommission 1991

Die Schwerpunkte und Zielsetzungen in der **Entwicklungspolitik** haben sich im Lauf der Jahrzehnte immer wieder verändert. Während jahrzehntelang der Wohlstand des Nordens als Entwicklungsziel galt, an dem man sich orientierte, steht nun die partnerschaftliche Gleichberechtigung unter Berücksichtigung der Nachhaltigkeit im Fokus.
Dafür gibt es nicht nur eine Entwicklungsstrategie, die alle anderen ablöst, sondern eine gesamtheitliche Betrachtung innerhalb der Entwicklungszusammenarbeit, die angepasst, nachhaltig und als Hilfe zur Selbsthilfe ausgerichtet ist. Deshalb wurde der Begriff der „**Entwicklungshilfe**" aus der Anfangszeit des deutschen Engagements gegen Unterentwicklung durch den Begriff „Entwicklungszusammenarbeit" ersetzt, der die Bedeutung der Partnerschaft zwischen den Industrieländern und den Ländern des Globalen Südens in der Umsetzung der entwicklungspolitischen Ziele hervorhebt.
Entwicklungszusammenarbeit wird von einer Fülle von Organisationen, Gesellschaften und Einzelpersonen praktiziert. Dabei agieren staatliche und nichtstaatliche Organisationen von der lokalen bis zur internationalen Ebene zunehmend enger. Akteure wie die Weltbank sind bemüht, Entwicklungsunterschiede mithilfe von Krediten und technischen Hilfen abzubauen. Der Internationale Währungsfonds (IWF) hilft, Währungen von Staaten, die in Not sind, zu stabilisieren. Nichtregierungsorganisationen (NGOs), deren Zahl mit der Globalisierung stark zugenommen hat, agieren unabhängig und setzen sich z.B. für Menschenrechte, humanitäre Hilfe oder Umweltschutz ein. Bekannte NGOs sind Greenpeace und Amnesty International. Auch kirchliche Hilfswerke wie Misereor erfüllen wichtige Funktionen.

M2 Entwicklungspolitik – Entwicklungszusammenarbeit – Entwicklungshilfe

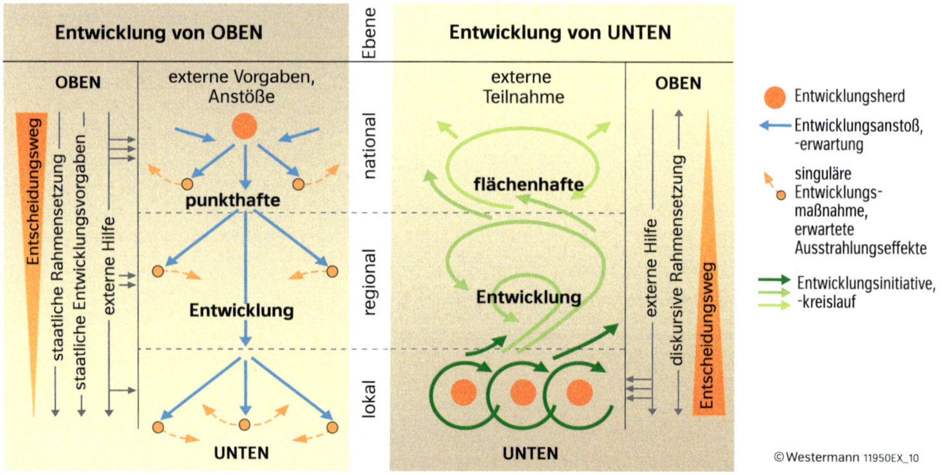

M3 Entwicklungsmodelle

100800-274-02 www.diercke.de

ab etwa 1960

Strategie der nachholenden Entwicklung

Bei dieser Strategie, die die Unterentwicklung eines Staates als Ergebnis eines wirtschaftlichen Rückstandes ansieht, sollen Wachstumszentren gefördert werden, damit deren Entwicklungsimpulse auf das Umland „durchsickern" (Trickle-Down-Effect). Maßnahmen hierfür sind etwa der Aufbau von Industrie, die Verbesserung der Infrastruktur und Agrarreformen. Man erhofft sich durch wirtschaftliches Wachstum, finanzielle und technische Hilfen einen „Big Push", der den Anschluss an die Industrieländer erwirkt. Aber Wachstum lässt sich nur begrenzt von außen „verordnen" und der erhoffte „Durchsickerungseffekt" nach unten blieb mit Ausnahme weniger Staaten aus. Profitiert hat davon vor allem die wirtschaftliche und politische Elite eines Staates.

Strategie der Dissoziation

Diese Strategie strebt die Loslösung vom Weltmarkt an, damit eine unabhängige Entwicklung erreicht wird. Durch die Entkopplung eines Staates sollen die negativen Folgen des Weltmarkts reduziert werden. Die Wirtschaft bekommt somit die Chance, sich unabhängig und binnenmarktorientiert zu entwickeln. Maßnahmen hierfür sind unter anderem die Errichtung von Schutzzöllen, der Aufbau einer Grundstoffindustrie, die Nutzung einheimischer Ressourcen und die Entwicklung einer verarbeitenden Industrie. Kritiker führen an, dass ein Abkoppeln von Staaten ohne ausreichende Ressourcen kaum möglich sei. Hinzu kommt, dass auch die internen Strukturschwächen vor allem extern gesteuert sind, denn die wenigen Finanz- und Industriezentren sind mit dem Ausland und dem Weltmarkt enger verbunden als mit dem eigenen Hinterland.

ab etwa 1970

Strategie der Befriedigung der Grundbedürfnisse

Bei dieser Strategie steht der Zusammenhang zwischen Gesundheits- und Nahrungsversorgung der Bevölkerung im Vordergrund. Somit müssen zunächst die Grundbedürfnisse wie Ernährung, Gesundheit, sauberes Wasser, Wohnen, Kleidung und sanitäre Anlagen sichergestellt werden. Die Bekämpfung der Armut, eine zunehmende Partizipation der Bevölkerung und eine gerechte Verteilung des Einkommens gelten als die primären Ziele. Im Lauf der Zeit kam aber Kritik auf, weil diese Strategie keine wirklichen Entwicklungsperspektiven bot, sondern die Entwicklungsunterschiede der Staaten des Globalen Südens verewigte, indem sie diese „erträglicher" machte, anstatt die Industrialisierung dieser Staaten zu fördern.

ab etwa 1990

Strategie der nachhaltigen Entwicklung

Hier wird eine Form der Entwicklung gefördert, die auch die Belange von nachfolgenden Generationen berücksichtigt und eine globale Verantwortung aller Menschen in den Mittelpunkt stellt. Alle Maßnahmen werden somit nach den Gesichtspunkten der ökologischen Verträglichkeit, einer sozialen Gerechtigkeit und des wirtschaftlichen Wohlstandes geprüft. Maßnahmen hierfür sind unter anderem der ökologische Anbau und die Unterstützung bäuerlicher Kleinbetriebe, indem diese unabhängig vom Weltmarktpreis wirtschaften können und einen Mindestpreis garantiert bekommen. Während deshalb einige Staaten des Globalen Südens eine Vorreiterrolle bei klima- und ressourcenschonenden Technologien einnehmen, verändern Industrieländer wie Deutschland ihren Konsumstil nicht immer konsequent genug.

ab etwa 2016

Sustainable Development Goals (SDGs)

Die Sustainable Development Goals umfassen 17 Ziele und 169 Unterziele. Die SDGs gehen von einem multidimensionalen Entwicklungsbegriff aus, der sich an alle Staaten richtet und auch alle Staaten in die Verantwortung nimmt. Die Staaten des Globalen Südens wie des Globalen Nordens sind angehalten, ihre wichtigsten Ziele für die eigene Gesellschaft zu benennen und umzusetzen. Sie geben der Gesellschaft weltweit soziale, wirtschaftliche, ökologische und politische Mindeststandards vor, sodass erkennbar wird, dass Armutsbekämpfung, Klimapolitik und nachhaltige Entwicklung zusammengedacht werden müssen. Die Gefahr bleibt aber, dass die Rolle und die Wirksamkeit dieser universellen Zielvorgaben überschätzt werden und sie am Ende in leeren Aktionsbekundungen verharren. Doch die ambitionierte Zielsetzung lässt hoffen, denn die Zielvorgaben sind von allen Unterzeichnern anerkannt worden und jeder Staat bestimmt die Art der Umsetzung, die im Zuge eines Monitorings transparent gemacht wird.

M4 Wandel der Entwicklungsstrategien

1 *Analysieren Sie die Karikatur und entwickeln Sie eine eigene Bildunterschrift (M1).*

2 *Grenzen Sie die Fachtermini Entwicklungspolitik, Entwicklungszusammenarbeit und Entwicklungshilfe voneinander ab (M2).*

3 *Erklären Sie die sich verändernden Entwicklungsstrategien. Gehen Sie dabei jeweils auf Zielsetzung/Leitbild, Maßnahmen und mögliche Kritik ein (M4).*

4 *a) Vergleichen Sie die dargestellten Entwicklungsmodelle (M3).*
b) Ordnen Sie die Entwicklungsstrategien den Entwicklungsmodellen begründet zu (M3, M4).

M1 Pufferzone zwischen Nord- und Südzypern

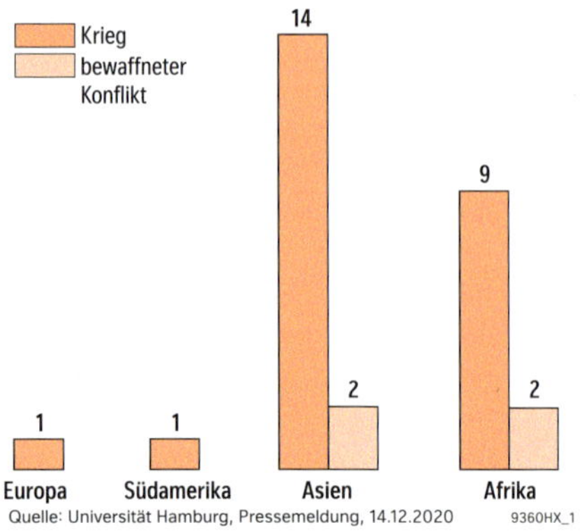

M3 Konfliktregionen (2020)

Anzahl der Soldaten bei UN-Friedensmissionen nach Nationen (2021):

Bangladesch	*6554*
Nepal:	*5571*
Indien:	*5525*
Äthiopien:	*5488*
Ruanda:	*5331*
Deutschland:	*552*
USA:	*31*

Die UN Peacekeeping Force in Zypern (UNFICYP) [mit 745 Soldaten, Stand 2021] ist eine der am längsten laufenden Friedensmissionen. Sie wurde 1964 geschaffen, um weitere Kämpfe zwischen den griechischen Zyprioten und türkisch-zypriotischen Minderheiten auf der Insel zu verhindern und eine Rückkehr zu normalen Bedingungen zu gewährleisten.
Die Waffenstillstandslinien, auch Green Lines genannt (dazwischen ist die Pufferzone), erstrecken sich über 180 Kilometer durch die ganze Insel. [...] Die Aufgabe von UNFICYP ist derzeit die Unterstützung der vollständigen Wiederaufnahme ziviler Aktivitäten in der Pufferzone [...]. Durchschnittlich registriert UNFICYP jährlich 1000 Vorfälle in der Pufferzone. Versuche, den Zypernkonflikt zu lösen und die Insel zu vereinigen, brachten bisher kein Ergebnis, obwohl sich die Beziehungen zwischen Norden und Süden im Laufe der Jahre verbessert haben. [...] Die Pufferzone selbst steht derzeit [2019] von Einwohnern aus dem Süden unter hohem Druck. Grund dafür sind die Landwirtschaft und die Jagd in der Pufferzone. Das führt oft zu heiklen Situationen zwischen den unbewaffneten UN-Soldaten und den mit Waffen ausgestatteten Jägern. Die Bauern hingegen bewirtschaften ihre Felder oft bis dicht an die türkische Waffenstillstandslinie, was zu Spannungen mit den türkisch-zypriotischen Sicherheitskräften führen kann. [...] Ein weiteres Problem ist die Zunahme von Drohnenbewegungen. Schmuggler nutzen die Kleinstdrohnen, um Drogen vom Norden in den Süden zu transportieren [...]. Seit dem Jahre 1964 haben 186 UN-Personen hier im Einsatz ihr Leben verloren. [...] Seit geraumer Zeit wird die Sinnhaftigkeit der [...] Friedensmission UNFICYP des Öfteren infrage gestellt und die Schließung der Mission gefordert.

Michael Barthou, Tamino Eder

M2 Längste Blauhelmmission – Zypern

Friedenspolitik der Vereinten Nationen

„Wir, die Völker der Vereinten Nationen – fest entschlossen, künftige Geschlechter vor der Geißel des Krieges zu bewahren, die zweimal zu unseren Lebzeiten unsagbares Leid über die Menschheit gebracht hat ...“, lautet der Anfang der Präambel der Charta der Vereinten Nationen (UN).

Die Wahrung des Weltfriedens erklärten die Gründer der Vereinten Nationen 1945 zu einer ihrer Hauptaufgaben. Frieden ist im Verständnis der UN nicht nur eine Zeit ohne Krieg, sondern ein anzustrebender Zustand, in dem soziale Gerechtigkeit, Respekt vor den Menschenrechten und gute Nachbarschaft zwischen allen gewährleistet sind.

Die UN-Friedensmissionen gehören zu den wichtigsten friedenspolitischen Instrumenten der Vereinten Nationen. Unterschieden wird dabei zwischen:

- UN-geführten Missionen (die „Blauhelm-Missionen“ unterstehen einem Sondergesandten des Generalsekretärs und einem UN-Truppenkommandeur) und
- UN-mandatierten Missionen (diese Einsätze werden von anderen Organisationen bzw. Verteidigungsbündnissen geführt).

Die Vereinten Nationen stehen vor wachsenden Herausforderungen. Bei der Konfliktbewältigung sind sie aber auf die Freiwilligkeit ihrer Mitgliedstaaten angewiesen. Zum Teil sind die zur Verfügung stehenden Soldaten, unter anderem aus Entwicklungsländern, unzureichend ausgebildet und ausgerüstet. Die Industriestaaten haben sich aus der Friedenssicherung unter dem Kommando der UN zurückgezogen und führen teure Militäreinsätze, vom Sicherheitsrat autorisiert, in eigener Regie durch.

Friedenssicherungseinsätze	
• seit 1948:	71
• laufende Friedensmissionen unter Leitung der DPKO (Department for Peacekeeping Operations):	12
Personal	
• uniformiertes Personal:	72 789
davon Truppen:	62 378
• Polizei:	7 234
• Militärbeobachter:	1098
• Staaten, die uniformiertes Personal bereitstellen:	121
• internationales Zivilpersonal:	3820
• lokales Zivilpersonal:	8 176
• UN-Freiwillige:	1236
• Gesamtzahl des an 12 DKPO geführten Friedenssicherungseinsätzen beteiligten Personals:	86 021
• Anzahl der Todesopfer bei Friedenssicherungseinsätzen seit 1948:	1492

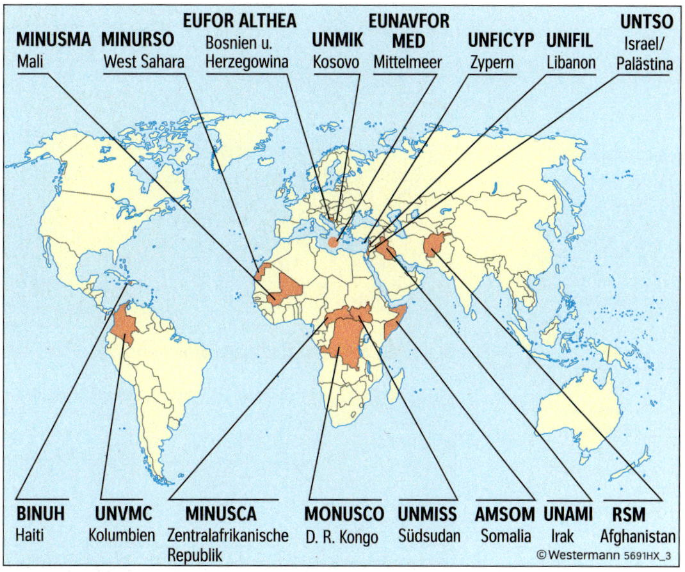

Finanzierung
• 6,58 Mrd. USD (1.7.2020 – 30.6.2021)

M4 Friedenssicherungseinsätze der Vereinten Nationen (2021)

Vorbeugende Diplomatie (preventive diplomacy): Einsatz diplomatischer Mittel, um das Entstehen von Streitigkeiten zu verhüten, ihre Eskalationen zu Konflikten zu verhindern und diese einzugrenzen

Vorbeugende Einsätze (preventive deployments): präventive Truppeneinsätze, um den Ausbruch eines Konfliktes im Vorfeld zu verhindern. Bei einer innerstaatlichen Krise kann ein vorbeugender Einsatz auf Antrag bzw. mit Zustimmung der Regierung oder aller Konfliktparteien erfolgen.

Friedensschaffung (peacemaking): durch friedliche Mittel gestalteter Prozess bis zum Waffenstillstand oder Abschluss eines Friedensvertrags zwischen feindlichen Parteien

Friedenssicherung (peacekeeping): Errichtung einer personellen Präsenz der UN vor Ort mit Zustimmung der Konfliktbeteiligten (z. B. Soldaten, Polizisten) zur Überwachung und Durchführung der Waffenstillstands- und Friedensvereinbarungen

Friedensdurchsetzung (peace enforcement): Zwangsmaßnahmen, auch mit bewaffneten Kräften, um internationalen Frieden und Sicherheit wiederherzustellen. Der Sicherheitsrat muss hierfür die Gefährdung oder den Bruch des internationalen Friedens, der Sicherheit oder eine Aggression festgestellt haben.

Friedenskonsolidierung (peacebuilding): Phase nach Beendigung eines Konfliktes und Wiederherstellung bzw. Förderung staatlicher Strukturen, die geeignet sind, den Frieden dauerhaft zu festigen

nach: Auswärtiges Amt

M5 Konfliktbewältigungsstrategien und -instrumente der UN

1 *Beschreiben Sie das globale Konfliktpotenzial und mögliche Handlungsoptionen der UN (M3 – M5).*

2 *Erklären Sie die Notwendigkeit der Blauhelmmission in Zypern (M1, M2, M4, M5).*

3 *Nehmen Sie Stellung zu folgender Aussage des Wissenschaftlers Hubert Faustmann von der Friedrich-Ebert-Stiftung: „Der Glaube an eine Wiedervereinigung auf der Insel ist momentan wohl niedriger denn je" (M2).*

4 *Analysieren Sie mittels Recherche die Ursachen, Auswirkungen und getroffenen Maßnahmen zu einer weiteren UN-Mission Ihrer Wahl (M4, Internet).*

naturräumliche Faktoren

interne Faktoren u. a. Wirtschaft

9299HX_11

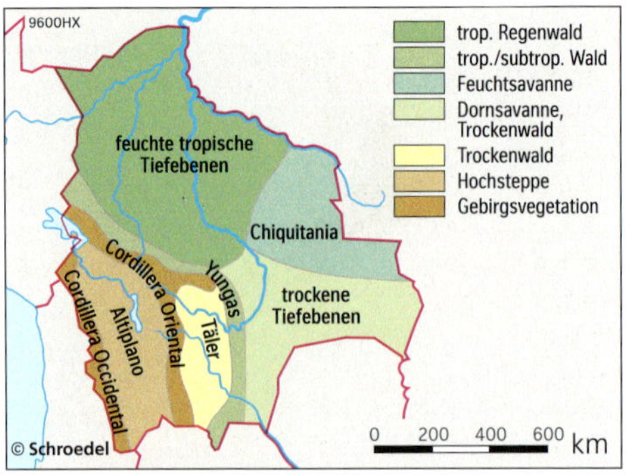

M1 Die Landschaftszonen Boliviens

M2 Die Copacabana am Titicacasee

Bolivien – ein rohstoffreicher und zugleich armer Staat

Bolivien ist ein Binnenland in Südamerika und hat damit keinen nationalen Anschluss an ein Meer oder einen Ozean. Weite Teile im Osten des Staates werden von ausgedehnten Tiefländern geprägt, in denen man noch intakte Teile des tropischen Regenwaldes findet. Im Westen wird das Land von den Ketten der Anden durchzogen. Dazwischen, auf der Hochebene des Altiplano, liegt der höchste Binnensee der Welt, der Titicacasee (3812 m). Im Übergangsraum zwischen Anden und östlichen Tieflandgebieten findet man die Yungas, die vorwiegend subtropisch geprägt sind.

In den rohstoffreichen westlichen Landesteilen wurden seit Jahrhunderten Bodenschätze gewonnen. Trotzdem zählt das Gebiet zu den ärmeren Regionen des insgesamt schwach entwickelten Staates.

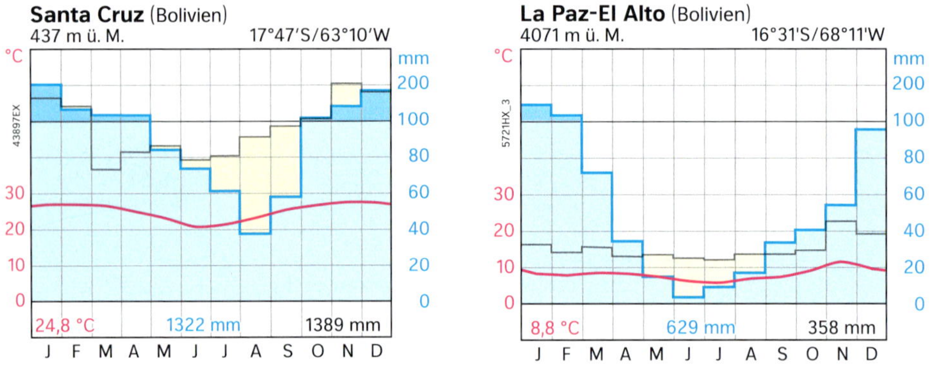

M3 Klimadiagramme Boliviens – Santa Cruz und La Paz

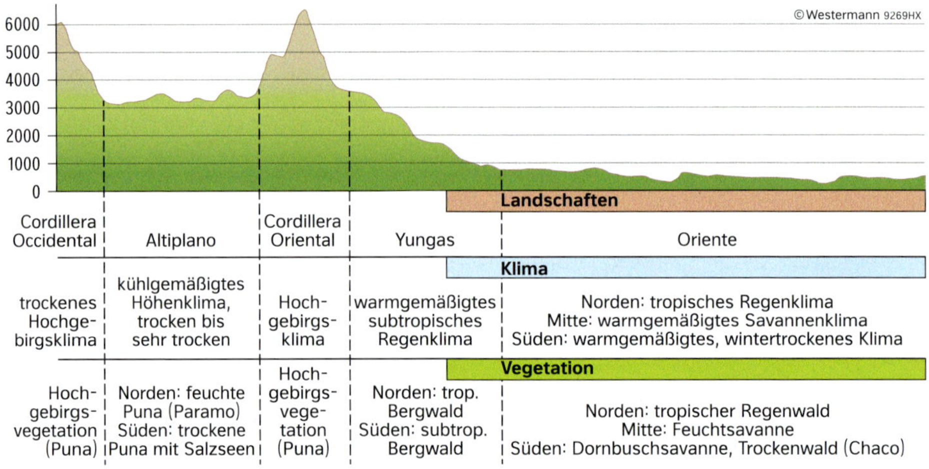

M4 Landschaftsprofil durch Bolivien

100800-232 www.diercke.de

Der Begriff „suma quamaña" bedeutet so viel wie „gut leben" oder „gutes Leben". Daraus abgeleitet entstand das Konzept des „vivir bien" – was auf Spanisch ebenfalls „gut leben" bedeutet – die Grundlage der neuen Verfassung des Andenstaates. Gespeist wird dieser Wertekanon aus zwei bedeutenden gesellschaftlichen Strömungen der vergangenen zwei Jahrzehnte: zum einen die Ablehnung der kapitalistischen Wirtschaftspolitik und zum anderen das Erstarken der indigenen Organisationen. [...]
Die Armutsraten des Andenstaates, in dem sich über 60 Prozent der Bevölkerung als Indigene bezeichnen, sind die höchsten in Südamerika. Präsident Evo Morales hat bei seinem Amtsantritt versprochen, die Rohstoffe zur Bekämpfung der Armut einzusetzen und gleichzeitig die Rechte der Umwelt und der indigenen Völker zu wahren. [...] Er forderte damals, die Wirtschaftspolitik müsse sich ändern und der Konsum von Luxusgütern gebremst werden. [...] Die Regierung von Evo Morales nahm das Konzept des „vivir bien" in die neue Verfassung Boliviens auf und verknüpfte es mit der Strategie der Nationalisierung der Wirtschaft sowie einem starken Umweltschutzdiskurs. [...]

Sara Shahriari

M5 Regierungsmotto „vivir bien"

Der Sozialist und erste indigene Präsident des Landes Evo Morales hat Bolivien in eine Phase wirtschaftlichen Wachstums geführt, die Inflationsrate eingedämmt, Straßen gebaut und Boliviens ersten Satelliten ins All schicken lassen. Während der Regierungszeit von Morales wuchs die Wirtschaftskraft jährlich um rund fünf Prozent, die Armutsrate in der Bevölkerung sank von 60 auf 35 Prozent. Morales genoss daher auch lange breite Popularität.
Jedoch erkannte er ein Referendum für die Begrenzung der Amtszeiten des Präsidenten nicht an. Letztlich forderten auch Armee und Polizei seinen Abgang. Evo Morales trat daraufhin im November 2019 zurück. Ein Jahr lang regierte die demokratisch nicht legitimierte Jeanine Áñez den Staat. Im Oktober 2020 wurde Luis Arce, der Kandidat der „Bewegung für den Sozialismus (MAS)", zum neuen Präsidenten Boliviens gewählt. Arces setzt auf Teilverstaatlichungen der Bodenschätze und die soziale Umverteilung der Einnahmen, gepaart mit staatlichen Investitionen in Gesundheit, Bildung und Infrastruktur. Bei den Kommunal- und Regionalwahlen im März 2021 scheiterte die MAS aufgrund ihrer mangelhaften Bewältigung der Coronakrise in den Großstädten gegen Oppositionskandidaten.

M7 Bilanz der Regierung Evo Morales

M8 Evo Morales, Boliviens erster indigener Präsident von 2006 bis 2019

	Bolivien 2010	Bolivien 2019	Deutschland 2019
Bruttonationaleinkommen je Einwohner pro Jahr (in USD)	3090	4195	48520
Wirtschaftswachstum des BIP zum Vorjahr (in Prozent)	4,1	2,2	0,5
Anteil der Sektoren am BIP (in Prozent)	Primär 10,4 Sekundär 30,1 Tertiär 43,5	12,2 25,2 50,7	0,8 26,8 62,4
Anteil der Erwerbstätigen am BIP (in Prozent)	Primär 30,0 Sekundär 20,7 Tertiär 49,3	30,7 19,4 49,9	1,2 26,7 72,1
Jugendarbeitslosenquote, 15 – 24 Jahre (in Prozent)	5,2	6,9	5,4
Lebenserwartung	68,0	71,0 (2018)	80,8 (2018)
Kindersterblichkeit (in Promille)	44,7	26	3,8
HDI-Wert	0,632	0,718	0,947
MPI (in Prozent)	35	20,4	–

Quelle: Weltbank; UNDP Human Development Report 2020

M6 Statistische Daten Boliviens und Deutschlands im Vergleich

Information:
Da die Weltbank Finanzdienstleistungen nicht mehr in die Dienstleistungen mit einbezieht, ergeben sich für die Summe der BIP-Anteile keine 100 Prozent. Allerdings werden Finanzdienstleistungen bislang nicht gesondert angegeben.

1 *Beschreiben Sie die naturräumlichen Gegebenheiten und Besonderheiten Boliviens (M1 – M4, Atlas).*

2 *a) Charakterisieren Sie die sozioökonomische Entwicklung Boliviens 2010 bis 2019 (M5 – M7).*
b) Ordnen Sie Bolivien nach Ihnen bekannten Klassifikationsmöglichkeiten hinsichtlich seines Entwicklungsstandes begründend ein (M6, S. 196 – 199).
c) Vergleichen Sie den sozialen wie ökonomischen Entwicklungsstand Boliviens und Deutschlands (M6).

3 *Beurteilen Sie die Bedeutung und Umsetzung des Regierungsmottos „vivir bien" (M5 – M7).*

100800-234 www.diercke.de

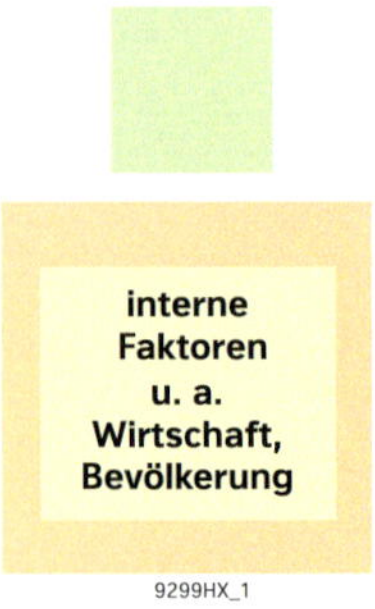

Landwirtschaft und Bergbau

Die Landwirtschaft ist ein bedeutender Wirtschaftszweig Boliviens, jedoch kann zum einen lediglich ein Zwanzigstel der Landesfläche dafür genutzt werden. Zum anderen begrenzen mangelhafte Infrastruktur, geringe Kaufkraft und fehlendes Wissen über landwirtschaftliche Produktionsmethoden die Erfolge in der Landwirtschaft. Angebaut werden insbesondere Mais, Quinoa und Getreide im Hochland sowie Zuckerrohr, Baumwolle, Kaffee, Tabak und Kokapflanzen im Tiefland.

Dennoch kann sich Bolivien selbst nicht ausreichend mit Lebensmitteln versorgen und ist auf Importe angewiesen. Zudem werden seit Jahrhunderten Rohstoffe in Bolivien abgebaut (z. B. Silber in Potosi oder Lithium im Uyuni-Salzsee). Allerdings profitierten vom Gewinn zuerst die Spanier als Kolonialmacht, später vor allem ausländische Unternehmen, die die Gewinne außer Landes transferierten. Die Folge ist ein negatives Verhältnis der Terms of Trade.

Die jüngere Entwicklung in der Montanindustrie zeichnet sich durch starke staatliche Eingriffe aus. Durch die Verstaatlichung großer Unternehmen sollten die großen sozialen Unterschiede im Land verringert werden.

M8 Das Staatswappen Boliviens sollte nach Präsident Morales um einen Kokazweig ergänzt werden.

Knapp ein Drittel der Bevölkerung ist nach wie vor in der Landwirtschaft beschäftigt, insbesondere in der Hochebene Altiplano wird noch weitgehend mit traditionellen Methoden gearbeitet. Dabei waren die Entwicklungen in der Landwirtschaft in den letzten Jahrzehnten ambivalent. Dies ist auf eine starke Kontrolle durch die Regierung zurückzuführen, indem zum einen vor allem auf Grundnahrungsmittel wie Reis, Mais, Soja, Kartoffeln und Zucker eine Preiskontrolle durchgeführt wird. Zum anderen werden Exporte kontrolliert, wodurch insgesamt die Einnahmen der Landwirte verschiedenen Abhängigkeiten unterworfen sind. Dazu kam die Reduzierung von Großgrundbesitz verbunden mit der Umverteilung von landwirtschaftlichen Gütern, vor allem in den Regionen Santa Cruz (Zentral), Beni (Nordosten) und Pando (Norden). Auch wenn der Anteil der Landwirtschaft am BIP seit 2014 zunehmend steigt, ist der Staat nicht in der Lage, selbst alle Produkte ausreichend zu produzieren. So müssen Kaffee und Reis zur Versorgung der Bevölkerung importiert werden. Angesichts der steigenden Nahrungsmittelpreise auf dem Weltmarkt ist die bolivianische Regierung um die Nahrungsmittelsicherheit ihrer Bevölkerung besorgt.

M9 Probleme der Landwirtschaft Boliviens

[...] Die Mehrheit der Bewohner in der Yungas-Region lebt vom traditionellen Anbau der Kokapflanze, die in der indigenen Andenkultur als heilig gilt. Das Kauen der bitteren Blätter hilft gegen Höhenkrankheit, Erschöpfung und Hunger. Seit Jahrzehnten erschließen Kokabauer neue Waldgebiete für die Expansion ihrer Kokaproduktion. Rauchwolken über den dicht bewachsenen, grünen Steilhängen sind ein tägliches Bild, die schwarze Erde verbrannter Waldflächen bestimmt die Landschaft. Das Ökosystem der Yungas leidet unter massiver Brandrodung und dem Einsatz von Chemikalien. Auf einem Kokafeld wächst nichts als Koka. Die Monokultur benötigt keinen Schatten, hinterlässt nährstoffarme Böden und erlaubt den Wäldern kaum Regeneration. [...] „Früher gab es keine Probleme mit dem Kokaanbau, aber seit einigen Jahren lautet das Motto, immer mehr und mehr zu produzieren", erklärt Romane Chaigneau einer Nichtregierungsorganisation [...]. Seit 2012 werben sie in der Region für Alternativen zur Kokapflanze, um die Aufforstung voranzutreiben und die Biodiversität des subtropischen Waldes zu schützen. [...]

Aaron Wörz

M11 Kokaanbau in Bolivien

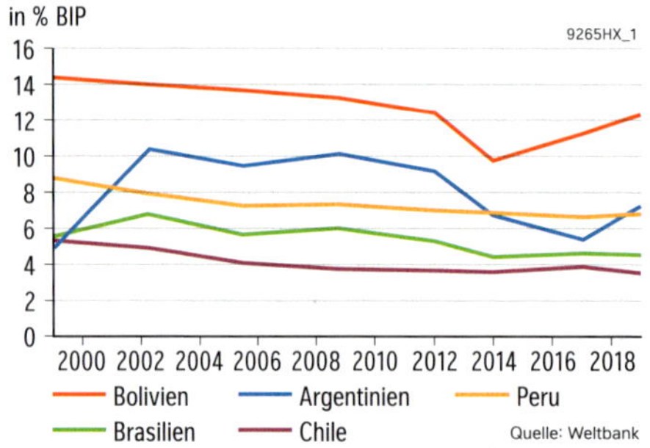

M10 Anteil der Landwirtschaft am BIP (in Prozent)

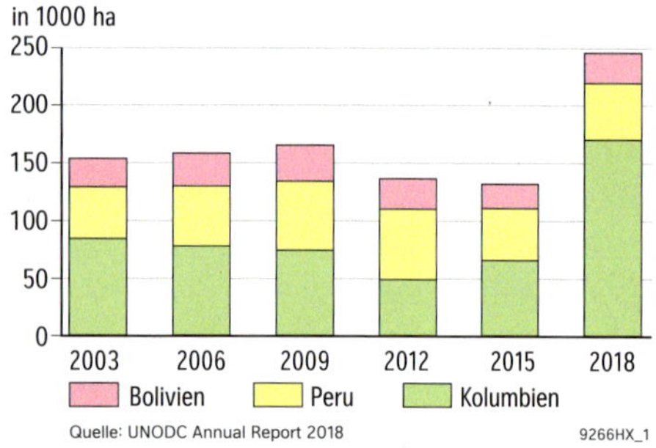

M12 Kokaanpflanzungen im Andenraum 2003 – 2018 (in ha)

100800-232 www.diercke.de

Sie putzen Schuhe, verkaufen Zeitungen oder Süßigkeiten; sie werben auf Märkten Kunden für Restaurants, arbeiten als Hausmädchen oder schuften als Hauer in den Silberminen der Bergbaustadt Potosí. [...] In Bolivien, dem ärmsten Staat Südamerikas, ist die Kinderarbeit besonders tief verwurzelt. Mehr als 700000 Kinder arbeiten in dem Land, sie müssen zum Überleben ihrer Familien beitragen.
Um sie dabei zu schützen, erließ die sozialistische bolivianische Regierung [...] 2014 das „Gesetz 548", das Kinderarbeit ab zehn Jahren unter bestimmten Bedingungen erlaubte. Inzwischen hat die bolivianische Regierung das Gesetz in den umstrittenen Passagen weitgehend zurückgenommen, aber der Streit bleibt. In ihm konkurrieren zwei Sichtweisen: die der EU und der Vereinten Nationen, ihnen gilt Kinderarbeit als Ausbeutung, die schnellstmöglich abgeschafft werden sollte; und die bolivianische, in der Kinderarbeit als gesellschaftliche Realität und kulturelle Besonderheit akzeptiert wird, die es zu regulieren gilt. [...]
In Potosí ist das Thema noch wichtiger als anderswo in Bolivien. 180000 Menschen wohnen hier am Fuße des Berges Cerro Rico. [...] Heute gibt es 11 000 Bergarbeiter, 1000 davon sind Kinder, manche nicht mehr als zwölf Jahre alt. Sie bauen Zinn, Kupfer, Zink und Blei ab. Die meisten Bergarbeiter sterben immer noch 10 bis 15 Jahre vor dem nationalen Durchschnitt. Oft kommt es in den Minen zu Unfällen. Die häufigste Todesursache sind jedoch Lungenkrankheiten, die sich entwickeln, wenn die Bergarbeiter in den Minen giftigen Staub einatmen.

Klaus Ehringfeld, verändert

M13 Kinderarbeit in Bolivien

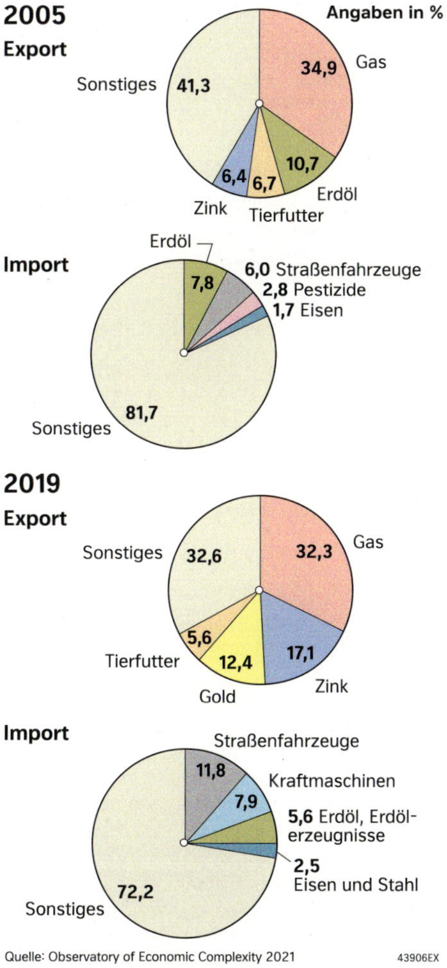

M14 Export- und Importgüter

Export nach	in %	Import aus	in %
Argentinien	15,5	Brasilien	21,5
Brasilien	15,4	Chile	15,4
VAE	11,8	China	13,0
Indien	9,9	Peru	10,8
USA	5,5	Argentinien	7,6

Quelle: Observatory of Economic Complexity 2021

M15 Boliviens Haupthandelspartner (2019)

1 *Fassen Sie die besondere Rolle des Kokaanbaus für den primären Sektor und die Bevölkerung Boliviens zusammen (M11, M12).*

2 *a) Beschreiben Sie die Rohstoffausstattung Boliviens (Atlas).*
b) Charakterisieren Sie die Wirtschaftsstruktur und Industriezentren Boliviens (M6 S. 205, M13–M15, Atlas).

3 *Nehmen Sie Stellung dazu, ob und inwieweit das Wappen Boliviens ein Ausdruck nationaler Identität ist (M8, Internet).*

100800-234
www.diercke.de

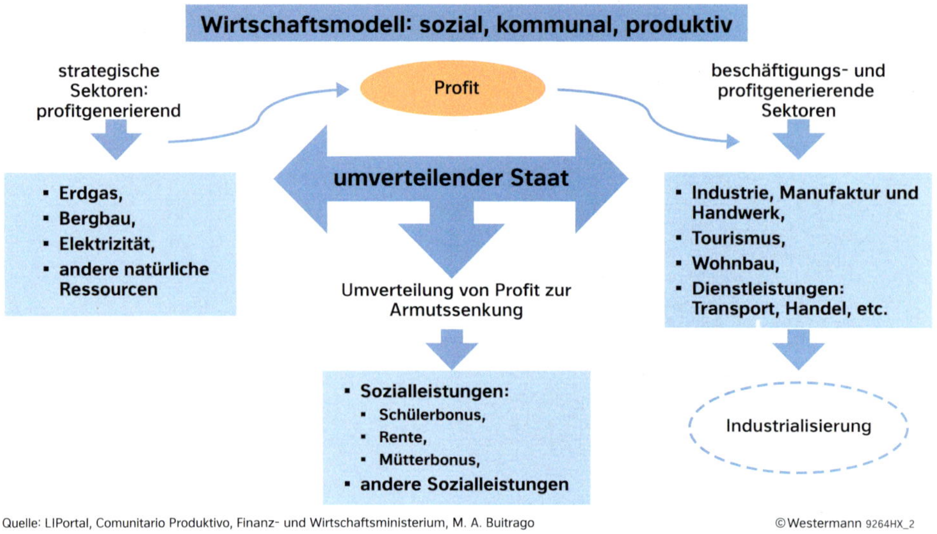

M16 Wirtschaftsstruktur Boliviens

Projekt	Kosten Mio. USD	Beginn/Fertigstellung
Südamerikanische Transkontinentalbahn durch Brasilien, Bolivien und Peru	14000	2019–2024
Wasserstraße Paraguay-Paraná	7600	in Planung
Bolivianisch-deutsches Joint Venture zur Lithiumgewinnung und -verarbeitung	1300	Kooperation beschlossen, in Planung
Geothermiekraftwerk Laguna Colorada	613	Warten auf Baugenehmigung; Fertigstellung 2023

Quelle: www.gtai.de

M17 Investitionsmaßnahmen des Staates

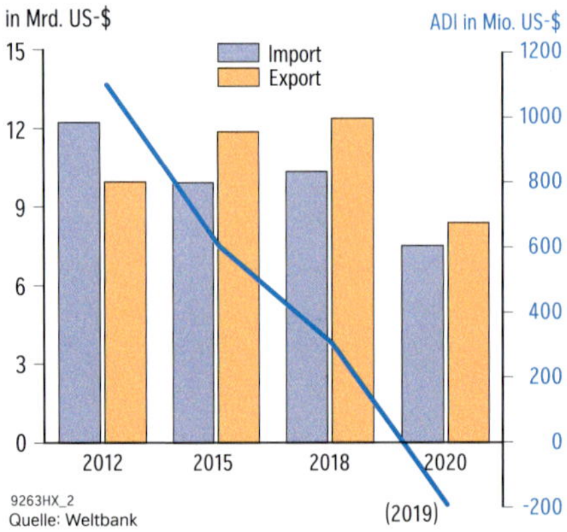

M18 Entwicklung der ADI und des Außenhandels in Bolivien

Wirtschaft im Aufwind?

Laut Internationalem Währungsfonds (IWF) entwickelte sich die Wirtschaft in Bolivien in der Zeit von 2006 bis 2019 positiv. Zu den Stützen der positiven Entwicklung (S. 205 M6) zählen hohe öffentliche Ausgaben und Einnahmen aus dem Erdgasexport sowie ein starker privater Konsum. Trotz positiver Aussichten stellt die fehlende Stabilität der bolivianischen Wirtschaft ein Risiko dar: Grund dafür sind die geringe Diversifizierung und die große Abhängigkeit vom Rohstoff- und Erdgasexport, deren Weltmarktpreisen sowie Abnehmerstaaten. Vor allem die beiden wichtigsten wirtschaftlichen Partner Brasilien und Argentinien bereiten durch politische Unsicherheiten (Machtkämpfe, Rezession, Inflation) Sorgen.

Auch für ausländische Investoren ist Bolivien attraktiv, vor allem aufgrund der großen Rohstoffvorkommen (insbesondere von Lithium) und einer konstanten wirtschaftlichen Entwicklung vor der Coronakrise. Allerdings ist der Marktzugang durch Restriktionen für ausländische Interessenten, unter anderem fehlende Investitionsschutzabkommen, beschränkt. Dies führt dazu, dass die ausländischen Direktinvestitionen mit einem Anteil von 0,9 % am BIP im Jahr 2018 einen Tiefststand erreichten.

1 *Beschreiben Sie die bolivianische Wirtschaftsstruktur (M16).*

2 *Stellen Sie interne wie externe Faktoren in Bolivien dar, die dessen Entwicklung beeinfluss(t)en (M5–M18, Atlas, S. 196 M4).*

3 *Beurteilen Sie Chancen und Risiken eines auf Rohstoffabbau basierenden Wachstums (M16–M18).*

4 *Beurteilen Sie die wirtschaftliche Situation Boliviens auf Grundlage Ihrer Ergebnisse.*

100800-232 www.diercke.de

Durchführen einer SWOT-Analyse

Die Bezeichnung SWOT basiert auf den englischen Begriffen Strengths (Stärken), Weaknesses (Schwächen), Opportunities (Chancen) und Threats (Risiken). Die SWOT-Analyse wurde ursprünglich in Wirtschaftsanalysen angewandt und dient der Entwicklung von Strategien und Handlungsempfehlungen für ein Unternehmen. Dabei sollen Stärken-Schwächen-Profile die unternehmensinterne Situation widerspiegeln, während die Chancen-Risiken-Profile wesentliche externe Einflussfaktoren auf das Unternehmen erfassen sollen. Letztere sind unter Einbeziehung der Wettbewerbersituation zu erarbeiten.
Aber auch in der Geographie kann die SWOT-Analyse eine wichtige Methode zur Analyse und Beurteilung geographischer Sachverhalte und Fragestellungen sein.

1. Zielvereinbarung
Die Analyse soll durch ein Ziel thematisch geleitet werden. Die Zielfrage muss deshalb eindeutig sein. Beispiel: Bolivien – eine diversifizierte und zukunftsfähige Wirtschaft?

2. interne Analyse
Ermitteln Sie Stärken und Schwächen und tragen Sie diese in eine SWOT-Map ein.

3. externe Analyse
Ermitteln Sie relevante Chancen und Risiken. Fügen Sie diese in die SWOT-Map ein.

4. Auswertung
Untersuchen Sie die Kombinationen von Stärken, Schwächen, Chancen und Risiken. Beurteilen Sie die Ergebnisse im Sinne der Zielfrage.

5. Präsentation
Fassen Sie Ihre Ergebnisse zusammen und präsentieren Sie diese.

M20 Arbeitsschritte

SWOT-Analyse	
Strengths (Stärken) Was sind die Stärken des Raums oder Unternehmens? Welche positiven Entwicklungen gibt bzw. gab es? Was sind die Standortvorteile? z. B. umfangreiche Rohstoffausstattung, qualifizierte Arbeitskräfte, technologisches Know-how	**Opportunities (Chancen)** Welche Zukunftschancen hat der Raum? Welche Faktoren im Umfeld könnten für Unternehmen förderlich sein? Welche positiven Entwicklungen sind denkbar? z. B. eine junge wachsende Bevölkerung, attraktive Absatzmärkte, Investitionen in F&E oder Infrastruktur
Weaknesses (Schwächen) Worin liegen die Probleme des Raums? Welche Wettbewerbsnachteile hat das Unternehmen? Was sind Hemmnisse einer positiven Entwicklung? Welche Standortnachteile sind relevant? z. B. bad governance, Abhängigkeiten (Handelsgüter/-partner), geringe Kaufkraft	**Threats (Risiken)** Welche Risiken könnten auf den Raum oder das Unternehmen zukommen? Was sind kritische Faktoren? z. B. staatliche Eingriffe, hohe Inflationsraten, Imageverluste

M19 Die Teile einer SWOT-Analyse in einer SWOT-Map mit möglichen Fragen zur Verdeutlichung

1 *Führen Sie eine SWOT-Analyse zur Frage: Wie effektiv und zukunftsfähig ist Boliviens Wirtschaft? Nutzen Sie die Materialien der Seiten S. 204 – 208, um wesentliche soziale und ökonomische Stärken, Schwächen, Chancen und Risiken Boliviens herauszuarbeiten (M19, M20).*

Desertifikation im Sahel

M1 Nutzung von Wasserstellen im Sahel

Nutzung des Naturraumes im Sudan

Mehr als eine halbe Milliarde Menschen weltweit ist von Desertifikation – der durch den Menschen verursachten Ausbreitung der Wüste – betroffen. Besonders gefährdet ist die Sahelzone, ein von West nach Ost verlaufender Landstreifen in Nordafrika. In dieser Sahelzone liegt der Sudan, der bis zur Unabhängigkeit des Südsudans 2011 der größte Staat Afrikas war. Vor allem wiederkehrende Dürren im Osten des Sudans erschweren die Versorgung der Bevölkerung mit Nahrungsmitteln und Wasser. Die Bevölkerung hat sich zwar an die naturgeographischen Bedingungen angepasst, jedoch wurde dieses über Jahrhunderte funktionierende Gleichgewicht in den letzten Jahrzehnten gestört. Der Sudan selbst muss daher dringend neue industrielle Bereiche entwickeln und seinen Landwirtschaftssektor modernisieren.

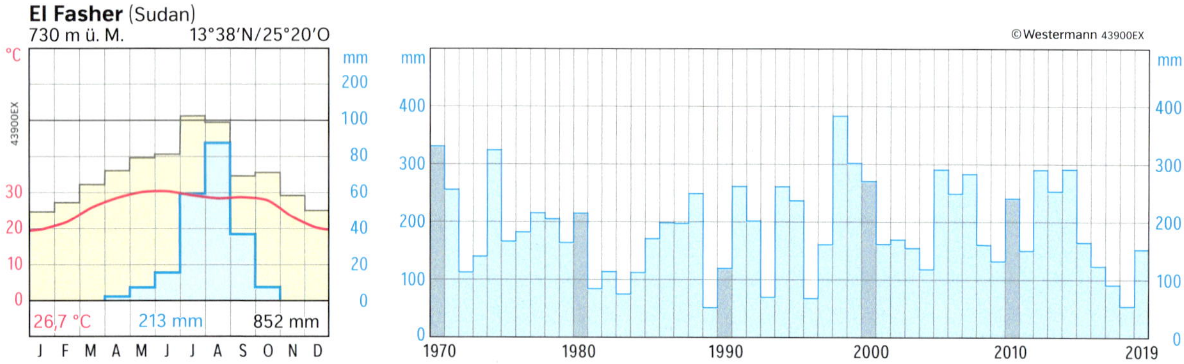

M2 Klima und Niederschlagsvariabilität in El Fasher (Sudan)

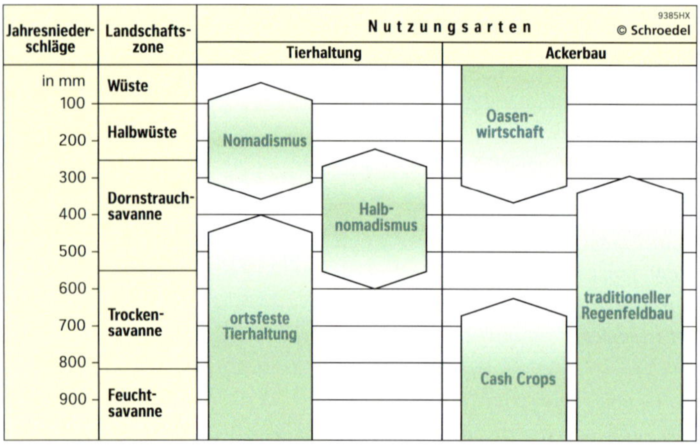

M3 Traditionelle landwirtschaftliche Nutzung in Wüsten- und Savannengebieten

Phase mit überdurchschnittlichen Niederschlägen	Phase mit unterdurchschnittlichen Niederschlägen
Aufstockung der Herden Vordringen des Hirseanbaus über die Grenze des Regenfeldbaus hinaus Zunahme der Sesshaftigkeit der nomadisch lebenden Bevölkerung mehrere Ernten möglich Anlegen von Reserven für Dürrejahre	Nutzungskonflikte durch in Dürrejahren nach Süden wandernde Nomaden alternative Einkommensmöglichkeiten werden gesucht: Abholzung von Bäumen zur Herstellung von Holzkohle Konzentration auf die vorhandenen Tiefbrunnen extreme Dürre: Ausfall der Hirseernte führt zu Hungerkatastrophen Migration und Flucht

M4 Einfluss der Niederschlagsmengen auf die Landnutzung

100800-257-03 www.diercke.de
100800-148 www.diercke.de

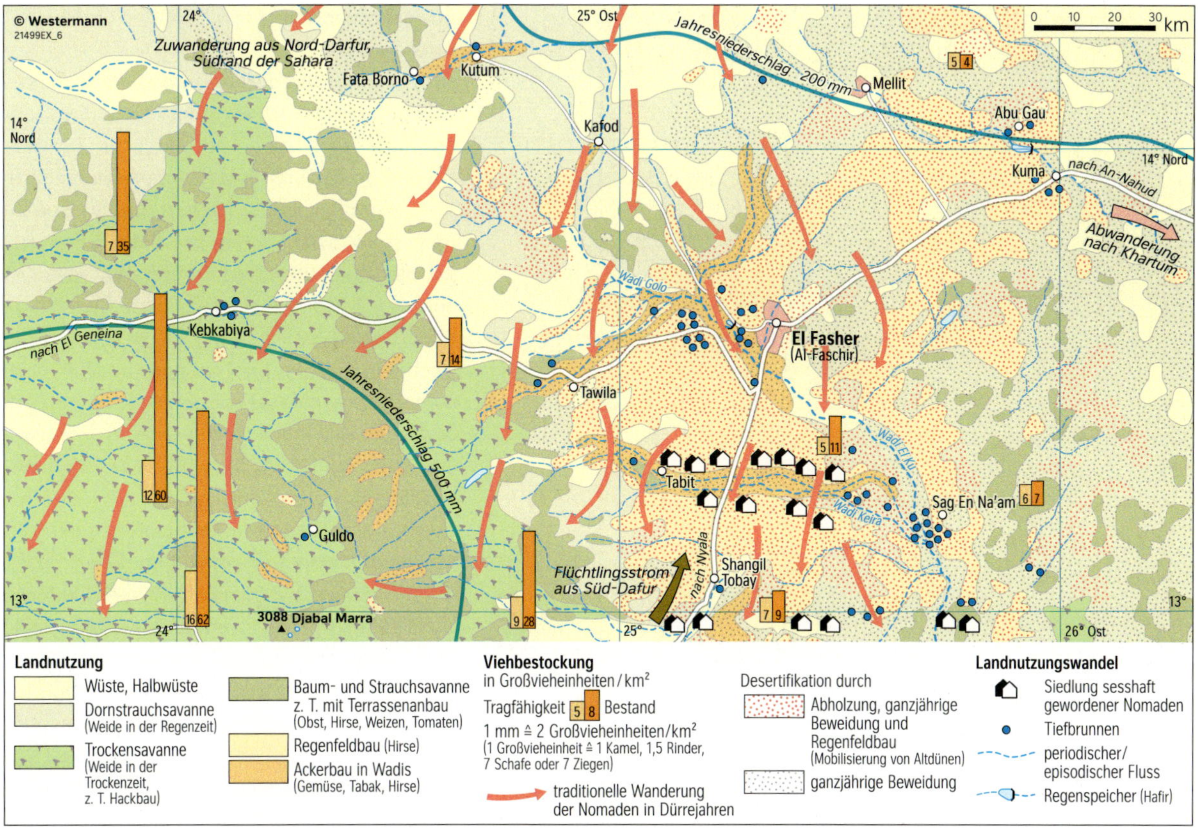

M5 Landnutzung und Tierbestände in El Fasher (Sudan)

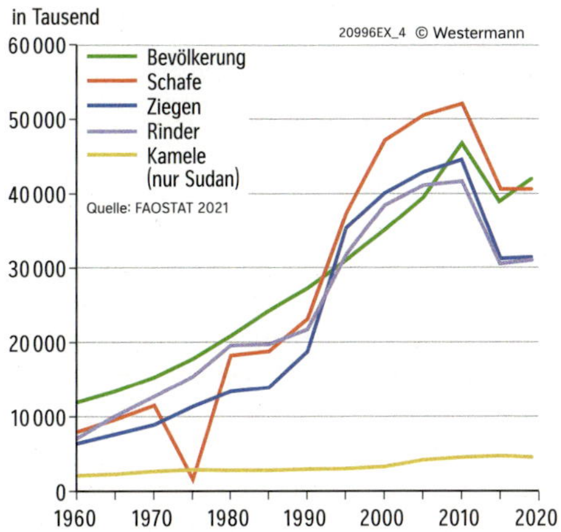

M6 Bevölkerungsentwicklung und Tierbestand im Sudan 1961 – 2018

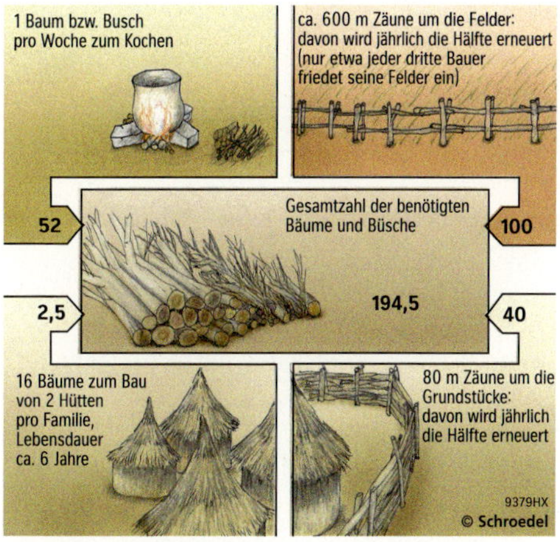

M7 Jährlicher Holzverbrauch einer Hackbauernfamilie im Sahel

Hinweis zu M6:

Die starken Einbrüche der Daten sind darauf zurückzuführen, dass der Südsudan 2011 vom Sudan unabhängig wurde und die Daten des Südsudans entsprechend nicht weiter in die Statistik einfließen.

1 *Beschreiben Sie die naturgeographischen Gegebenheiten des Sudans (M1, M2, Atlas).*

2 *a) Stellen Sie den Zusammenhang zwischen Wanderungsbewegungen und klimatischen Gegebenheiten dar (M3 – M5).*

b) Analysieren Sie die landwirtschaftliche Nutzung im Sudan und in El Fasher (M1 – M7).

c) Erklären Sie die Vor- und Nachteile einer Ziegenhaltung in der Sahelzone (M3 – M6, Internet).

3 *Diskutieren Sie die Vulnerabilität und Zukunftsfähigkeit des Naturraumes El Fashers als Lebensraum (Atlas, S. 142/143).*

100800-149 www.diercke.de

100800-151-01 www.149.de

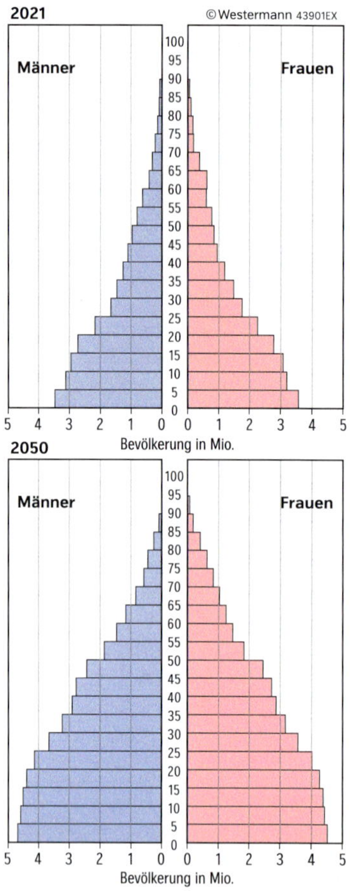

M8 Altersdiagramm des Sudans 2021 und 2050

Sozioökonomische Entwicklungen und Strukturen im Sudan

Nicht nur naturgeographische Gegebenheiten beeinflussen das (Über-)Leben im Sudan, sondern ebenso soziale und politische Entwicklungen. So belasten bewaffnete Konflikte (z. B. im Darfur oder an der Grenze zum Südsudan) und soziale Spannungen zwischen Regierung, Rebellen und ethnischen Gruppen den Alltag im Sudan. 9,3 Mio. Menschen sind auf humanitäre Hilfe angewiesen.

Nachdem Sudans Ex-Präsident Baschir nach monatelangen Massenprotesten im April 2019 durch das Militär abgesetzt wurde, einigten sich der militärische Übergangsrat und das Oppositionsbündnis auf die Bildung einer zivil geführten Übergangsregierung für drei Jahre. Zu den Prioritäten der Übergangsregierung gehört neben weiteren Friedensabkommen mit verschiedenen Konfliktparteien vor allem die Umsetzung umfangreicher Wirtschaftsreformen zur Lösung der schwerwiegenden Wirtschaftskrise verbunden mit einer stark schwankenden Inflationsrate. Unterstützung internationaler und regionaler Partner ist dabei notwendig. Des Weiteren bestehen weitere Verwerfungen durch die Kolonialzeit und die 2011 durch die USA unterstützte Unabhängigkeit des Südsudans.

Export- und Importgüter Sudans 2019 (in %):

Exportgüter:

Gold:	*30,0*
Ölprodukte:	*18,6*
Rohöl:	*19,8*
Tiere:	*11,2*
Baumwolle:	*3,3*

Importgüter:

Zucker:	*6,3*
Weizen:	*5,9*
Medikamente:	*2,9*
Schmuck:	*1,9*
Fahrzeugteile:	*1,6*

		1995	2005	2019
BNE je Einwohner pro Jahr (in USD)		339	478	717
BNE-Wirtschaftswachstum zum Vorjahr (in Prozent)		6,9	7,7	1,1
Anteil der Sektoren am BIP (in Prozent)	Primär	37,2	30,5	28,4
	Sekundär	10,1	26,8	30,7
	Tertiär	48,9	39,5	32,2
Anteil der Erwerbstätigen am BIP (in Prozent)	Primär	52,9	49,3	39,9
	Sekundär	11,6	12,9	16,2
	Tertiär	35,5	37,6	43,8
Jugendarbeitslosenquote, 15-24 Jahre (in Prozent)		27,6	28,3	32,2
Export in Mrd. USD		6,8	5,0	2,6
Import in Mrd. USD		1,3	7,5	2,3
Lebenserwartung		56	60	65 (2018)
Fertilitätsrate (Geburten pro Frau)		5,8	5,1	4,4 (2018)
Geburtenrate (in Promille)		40,9	37,7	32,1 (2018)
Kindersterblichkeit (in Promille)		75	57,7	41
Sterberate (in Promille)		11,3	9,1	7,1 (2018)
HDI-Wert		0,366	0,437	0,506
MPI (in Prozent)		–	–	52,3

Quelle: U.S. Census Bureau; United Nations Development Plan

M9 Ausgewählte Strukturdaten Sudans

Das hohe Bevölkerungswachstum in den Sahelstaaten zwang die Menschen des Raumes zur Produktion von immer mehr Nahrungsmitteln. Die dafür notwendigen Felder wurden immer näher an der agronomischen Trockengrenze angelegt. Diese Entwicklung begünstigte eine Reihe von Jahren mit überdurchschnittlich hohen Niederschlägen, aber auch, dass auf den vergleichsweise günstigeren Ackerflächen im Süden zunehmend landwirtschaftliche Exportgüter wie Baumwolle und Erdnüsse angebaut wurden.
Vermehrt wurde jedoch auf die Einhaltung von Brachezeiten, in denen sich die Böden regenieren konnten, verzichtet. Nach wenigen Jahren mussten deshalb diese Flächen aufgegeben werden. Die Böden waren danach ohne Vegetation der Sonne schutzlos ausgesetzt und trockneten noch schneller und vor allem tiefer aus. Winderosion und in der Regenzeit Wassererosion führten zum Bodenabtrag und zur kompletten Verwüstung der Gebiete. Eine Regeneration der natürlichen Vegetation ist nahezu unmöglich.
Die Sahelstaaten gehören zu den ärmsten Staaten der Welt. In den ländlichen Regionen ist Holz bis heute der bedeutendste Energierohstoff und zugleich wichtigstes Baumaterial. Im Umkreis vieler Dörfer ist die erosionshemmende Baum- und Strauchvegetation deshalb abgeholzt.
Mit entwicklungspolitischen Maßnahmen wurden in den Sahelstaaten immer mehr Tiefbrunnen gegraben, die Wasser zur freien Verfügung stellten. Dies führte unter anderem zu einer Vergrößerung der Herden auf den Weideflächen um diese Wasserstellen – mit fatalen Folgen, denn die großen Herden fraßen die Vegetation weitgehend kahl. Durch den Viehtritt verdichtete sich der Boden, Oberflächenabfluss und damit die Erosion nahmen zu, gleichzeitig sank die Grundwasserneubildung. Immer häufiger übernehmen Lohnarbeiter die Viehhaltung. Traditionelle Regeln der nomadischen Weidewirtschaft gehen dadurch verloren und führen zur Übernutzung der Flächen.
Dagegen setzen sich moderne, standortgerechte Landnutzungsmethoden aufgrund fehlender Bildungs- und Ausbildungsmöglichkeiten der Landbevölkerung, mangelnder Investitionsmittel der Bauern sowie fehlender beziehungsweise einer verfehlten nationalen Agrarpolitik nur partiell durch.

M10 Ursachen der Desertifikation im Sahel

Agronomische Trockengrenze:

Bis zu dieser Grenze ist Ackerbau ohne künstliche Bewässerung möglich.

[...] Betrachtet man die Bevölkerungsentwicklung in den einzelnen Teilräumen, so kann man einerseits eine starke Zunahme durch das Wachstum der ansässigen Bevölkerung beobachten, andererseits bildeten die anbaufähigen Teile der Trockengebiete bisher wichtige Reserveräume zur Aufnahme überquellender Bevölkerung aus den dicht- bis überbevölkerten humiden Regionen bzw. den nomadisch geprägten Räumen. [...] Bei einem derzeit zwar reduzierten, aber immer noch zu hohen Bevölkerungswachstum [...] werden die noch existierenden Reserveflächen [...] bis in die stark dürregefährdeten Gebiete im agronomischen Trockengrenzenbereich aufgesiedelt [...].

B. Hornetz, R. Jätzold, verändert

M11 Wandel der Sozialstruktur

In der Hierarchie der Savannenvölker belegten die Nomaden traditionell eine herausgehobene Position, denen die benachbarten Ackerbauern als Sklaven dienten. Heute ist die Rollenverteilung fast umgekehrt. Bei den meisten Nomadenvölkern zeichnet sich ein steter ökonomischer und sozialer Niedergang ab. Als Erstes verloren sie durch den Ausbau der Verkehrsinfrastruktur ihr Transportmonopol: Das Kamel wurde durch den Lkw ersetzt. Anhaltendes Bevölkerungswachstum verschärfte die Konkurrenz um die knapper werdenden Ressourcen Land und Wasser. [...] Schließlich reichte die Futtergrundlage der kargen Weiden nicht mehr aus. Übernutzung, Degradation bis hin zur Desertifikation waren die Folge.

U. Scholz, verändert

M12 Folgen der Besiedlung

1 *a) Beschreiben Sie die demographische, soziale und ökonomische Entwicklung des Sudans (M8, M9).*
b) Ordnen Sie den Staat Sudan begründend nach Ihnen bekannten Kriterien der Klassifikation ein (M8 – 10, S. 194/195).

2 *Erklären Sie das Ursachengeflecht der Desertifikation in der Sahelregion (M8 – M12, S. 210/211).*

3 *„Armut ist die entscheidende Ursache der Probleme im Sahel." Überprüfen Sie diese Aussage.*

4 *a) Erstellen Sie abschließend ein Wirkungsgefüge zur Desertifikationsproblematik im Sudan (S. 210 – 213).*
b) Präsentieren Sie Ihr Wirkungsgefüge mittels Kurzvortrag.

100800-146 www.diercke.de

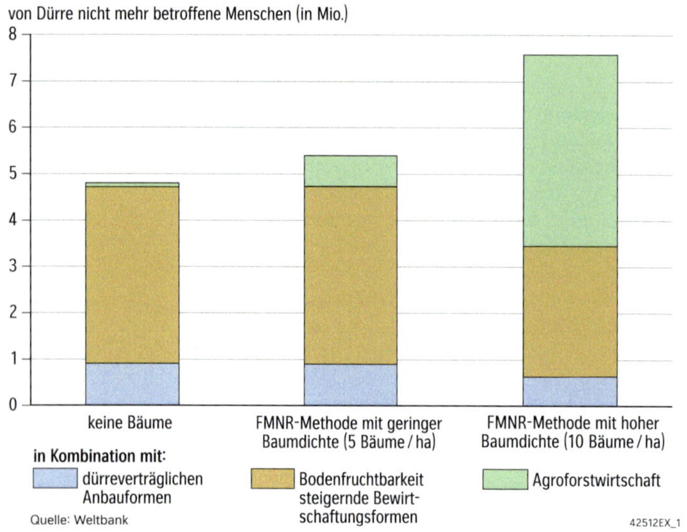

M13 Verringerung der durchschnittlich von Dürre betroffenen Personen durch FMNR und andere Anpasssungsformen bis 2030

Maßnahmen und Perspektiven

Ein vollständig desertifizierter Raum ist für die menschliche Nutzung unwiederbringlich zerstört. Daher gilt es, früh den Prozess der Desertifikation zu verlangsamen oder sogar aufzuhalten. Neben wirtschaftlichen, politischen und sozialen Maßnahmen könnten Veränderungen in der Landnutzung die weitere Wüstenausbreitung stoppen, degradierte Flächen wieder in Bewirtschaftung bringen und deren nachhaltige Nutzung fördern. Hauptziel aller agrarwirtschaftlichen Projekte ist der Erhalt bzw. die Regeneration der Vegetation. Dafür werden lokale, nationale oder internationale Maßnahmen nach dem Ansatz Hilfe zur Selbsthilfe ergriffen. Die Wirksamkeit und Nachhaltigkeit variiert je nach finanzieller Förderung, Umsetzungsintensität und politischer Stabilität. Letztlich geht es um nationale Einzelmaßnahmen, die zu einer Gesamtlösung beitragen sollen.

„If you want to go fast, go alone and if you want to go far, go with others."

Afrikanisches Sprichwort

In den 1980er-Jahren forschte der australische Agrarwissenschaftler Tony Rinaudo im Auftrag einer Nichtregierungsorganisation zu Maßnahmen gegen die Desertifikation in der Sahelzone. Eher zufällig entdeckte er im Umfeld von vermeintlich toten Bäumen im Sand junge Triebe und vermutete, dass das unterirdische Wurzelsystem fortlebt. Er entwickelte daraus die Wiederaufforstungstechnik „Farmer Managed Natural Regneration" (FMNR), für die er 2018 den Alternativen Nobelpreis bekam. Statt mit enormem Aufwand neue Bäume zu pflanzen, nutzt FMNR die Reserven der Natur. Dabei werden noch vorhandene, unterirdische Wurzeln gerodeter Bäume wieder zum Austreiben gebracht. Die Wurzeln halten die Feuchtigkeit in der Erde, das Laub der Bäume beschattet die Böden und sorgt zusammen mit den Früchten für das Entstehen neuer Humusschichten. Nach diesem Prinzip werden ganze Wälder wieder aufgeforstet.
Zwei gewünschte Effekte stehen hierbei im Vordergrund: Das Wurzelwerk schützt vor Erosion und überschüssige Äste können als Brenn- oder Bauholz genutzt werden. Durch die geringen Kosten und Risiken, verbunden mit Vorteilen für die Landwirtschaft und das Lokalklima, hat sich die Methode schnell und selbstständig von Dorf zu Dorf verbreitet.

M14 Das FMNR-Prinzip

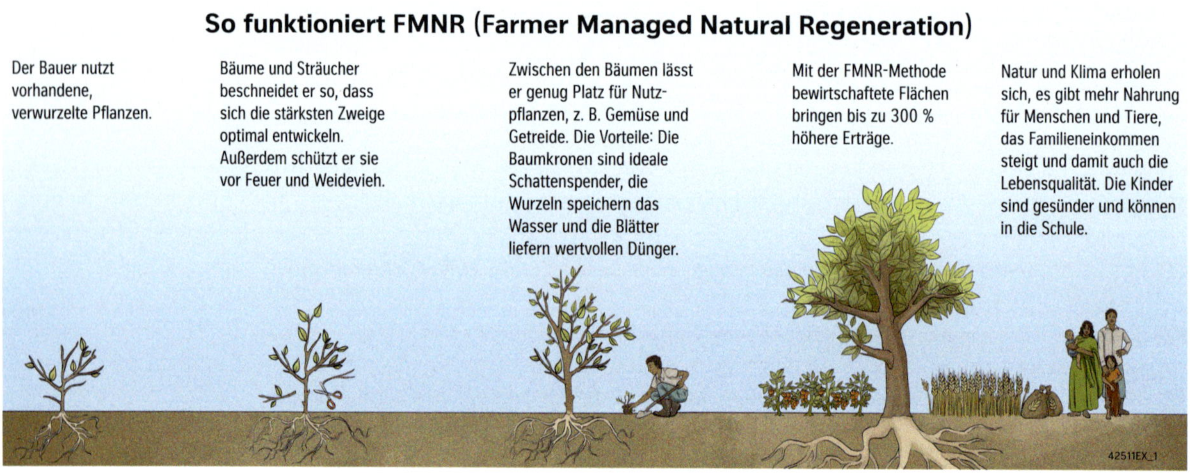

M15 Die Funktionsweise des FMNR-Prinzips

M16 Welttag im Kampf gegen Desertifikation und Dürre

Als Teil der UN-Konvention zur Bekämpfung von Wüstenbildung wurde 2017 der „Gender Action Plan“ ins Leben gerufen, der darauf abzielt, Frauen in Entscheidungen einzubinden und ihre Rechte zu stärken. Denn die Frauen in den ländlichen, von Bodendegradierung betroffenen Gebieten, nehmen eine Schlüsselrolle bei der Nutzung der natürlichen Ressourcen ein. Der Sudan hat 2020 erstmals seinen GAP veröffentlicht und sich dabei zur Umsetzung folgender Ziele verpflichtet: Zum einen unterstützt der Sudan die Förderung und Stärkung von Frauengruppen im Wirtschaftszweig der Gummiherstellung (GAPA), wobei der Anteil der Frauen von derzeit 2 auf 20 Prozent erhöht werden soll, verbunden mit der Förderung der Lese- und Rechenkompetenz sowie Stärkung der Führungsrolle von Frauen in den lokalen Wasserwirtschaftsausschüssen und bei Konfliktlösungsstrategien. Zum anderen werden Probleme im Zusammenhang mit kulturellen und strukturellen Ungleichheiten zu Hause durch den Einsatz des Gender Action Learning System (GALS) behoben. Zu den Leitprinzipien zählen individuelle Betrachtung des einzelnen Menschen hinsichtlich eigener Strategien zur Verbesserung der Existenzgrundlage und deren Stärkung verbunden mit der Erarbeitung von Lösungsmöglichkeiten. Abschließend soll eine Chancengleichheit jedes Einzelnen, speziell von Menschen mit Behinderung und anderen schutzbedürftigen Gruppen, erreicht werden.

M17 Gender Action Plan (GAP) der UN und des Staates Sudan (2020)

Groß und grün soll sich die Mauer durch Afrika ziehen – von Senegals Küste am [A]tlantischen Ozean bis ganz in den Osten Äthiopiens. Ein 15 Kilometer breites und 7775 Kilometer langes Band aus Bäumen mit einem klaren Ziel: Die Sahara davon abzuhalten, sich [...] auf dem Kontinent auszubreiten und so Millionen von Menschen ihrer Lebensgrundlage zu berauben. [...]
Die grüne Mauer ist mehr als nur ein Umweltprojekt: Bis zum Jahr 2030 sollen 100 Millionen Hektar derzeit unfruchtbares Land in der Sahelregion wiederhergestellt, 250 Millionen Tonnen Kohlenstoff gebunden und zehn Millionen grüne Arbeitsplätze geschaffen werden. „Es geht nicht nur darum, Bäume in der Sahelregion zu pflanzen, sondern auch darum, Themen wie Klimawandel, Dürre, Hungersnot, Konflikte, Migration und die Landverödung anzugehen“, sagt Klimaexpertin Janani Vivekananda. [...]
Doch laut den Vereinten Nationen hat die Initiative nach etwas mehr als einer Dekade erst 15 Prozent des Ziels erreicht. „Der Fortschritt ist langsam, aber auf dem Weg haben wir einiges gelernt“, so Vivekananda. So habe die Wissenschaft inzwischen gezeigt, dass eine durchgehende Mauer nicht immer geeignet sei, da sonst auch dort Bäume gepflanzt würden, wo keine Menschen lebten, die die Bäume pflegen könnten. Stattdessen hätten sich lokale Initiativen gebildet, um mit traditionellen Methoden die Bäume zu erhalten. [...]
Seit 2007 hat [...] Äthiopien große Fortschritte gemacht: Demnach hat der Staat rund 15 Millionen Hektar verödete Böden wiederhergestellt. [...] Erfolge im Kampf gegen die Wüstenbildung sind auch in Nigeria sichtbar: Dort wurden fünf Millionen Hektar Land wiederhergestellt und dabei 20 000 Jobs geschaffen. Auch in Senegal konnten mehr als 11 Millionen Bäume gepflanzt und so 25 000 Hektar Land wieder fruchtbar gemacht werden. Anders sehe es jedoch in vielen Ländern im mittleren Afrika aus, sagt [Klimaexperte Hans-Josef] Fell. [...] „Der Terrorismus ist hier sehr stark und lähmt menschliche Bemühungen und Hilfsorganisationen. Auch Korruption spielt eine Rolle [...].“

Silja Fröhlich, verändert

M18 Ziele und Bilanz des Great-Green-Wall-Projekts

1 *Fassen Sie die Ziele und möglichen Umsetzungsprobleme des Gender Action Plans und des Great-Green-Wall-Projekts zusammen (M17, M18).*

2 *Diskutieren Sie Chancen und Herausforderungen des Great-Green-Wall-Projekts (M18, Internet).*

3 *Vergleichen Sie das FMNR-Prinzip mit der Agroforstwirtschaft (M13–M15, S. 152/153).*

4 *Erläutern Sie anhand Ihres Wirkungsgefüges die möglichen Auswirkungen der aufgezeigten Maßnahmen für den Sudan (M13–M18, S. 210–213).*

5 *Nehmen Sie Stellung zu folgender Aussage: „Ein globales Bewusstsein und eine globale Zusammenarbeit der Staaten sind der Schlüssel zur Desertifikationsbekämpfung.“*

M1 Sojaernte in Mato Grosso (Brasilien)

M3 Verunreinigung des Densu (Ghana)

Syndrome des globalen Wandels

Um die globalen Umwelt- und Entwicklungsprobleme analysieren und beschreiben zu können, entwickelte der Wissenschaftliche Beirat der Bundesregierung Globale Umweltveränderungen (WBGU) in den 1990er-Jahren den Syndrom-Ansatz. Der Begriff Syndrom wurde dabei aus der Medizin entnommen und beschreibt dort komplexe Krankheitsbilder. Die Grundthese des Syndrom-Ansatzes im geographischen Sinne lautet: Der globale Wandel lässt sich in seiner Dynamik auf eine überschaubare Zahl von Kausalmustern in den Mensch-Umwelt-Beziehungen zurückführen. Diese werden als Symptome ausgewiesen. Die nicht-nachhaltigen Verläufe dieser dynamischen Muster werden als Syndrome des globalen Wandels bezeichnet. In verschiedenen Regionen der Welt sind ähnliche Mechanismen im System Mensch–Umwelt feststellbar. So entwickelte der WBGU drei Syndromgruppen des globalen Wandels – Nutzung, Entwicklung und Entsorgung/Senken, denen jeweils spezifische Umweltschädigungen zugewiesen wurden. Durch die Analyse der Ursachenmuster soll globalen Fehlentwicklungen entgegengewirkt werden.

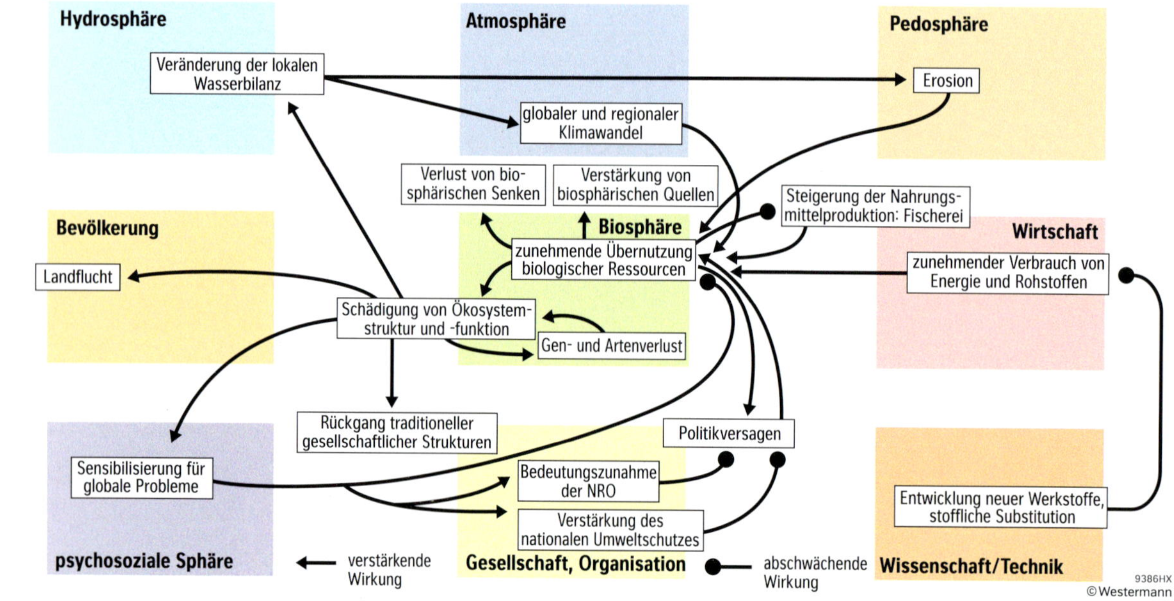

M2 Mögliches Beziehungsgeflecht des Sahel-Syndroms (Ausweisung der Beziehungen nicht vollständig)

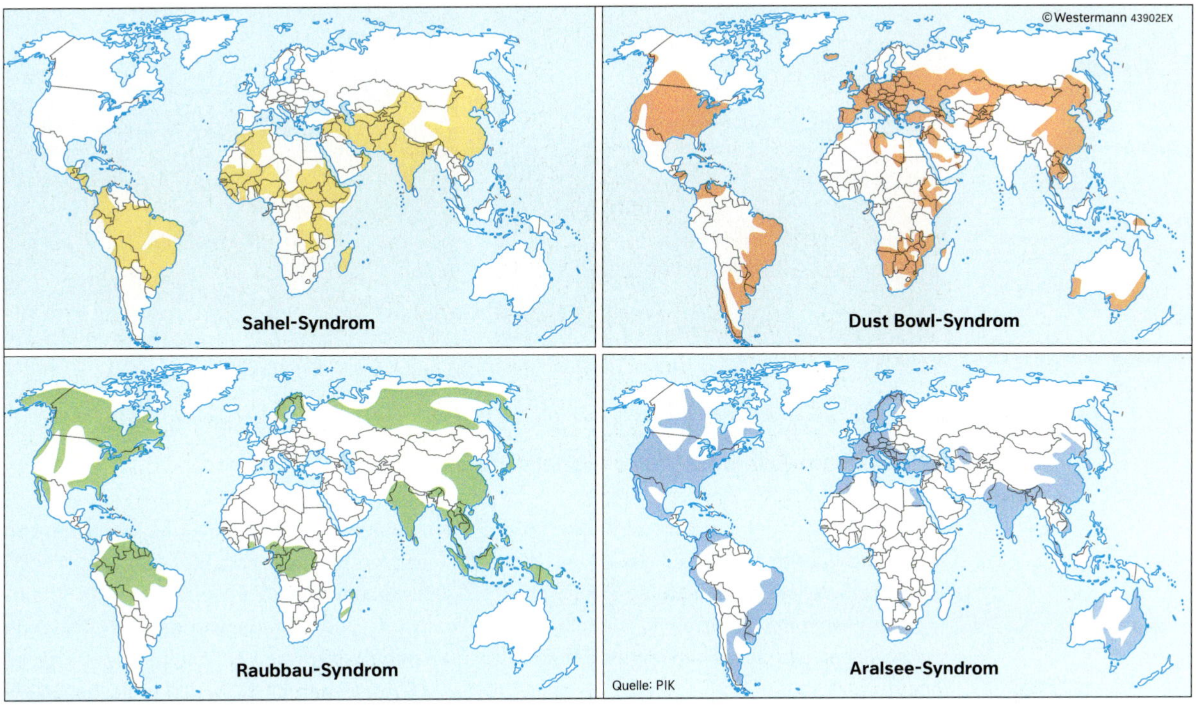

M4 Globale Verteilung ausgewählter Syndrome

Übernutzungssyndrome

1 Sahel-Syndrom: landwirtschaftliche Übernutzung durch verarmte Landbevölkerung
2 Raubbau-Syndrom: Übernutzung aufgrund kurzfristiger Gewinninteressen
3 Landflucht-Syndrom: Umweltschäden durch Strukturwandel traditioneller Anbaumethoden
4 Dust-Bowl-Syndrom: nicht nachhaltige industrielle Bewirtschaftung von Böden und Gewässern
5 Katanga-Syndrom: Umweltschäden durch Abbau von Rohstoffen
6 Tourismus-Syndrom: soziale Veränderungen und Umweltschäden durch Massentourismus
7 Verbrannte-Erde-Syndrom: Schäden durch Militär

Entwicklungssyndrome

8 Aralsee-Syndrom: Schäden durch gescheiterte oder fehlgeleitete Großprojekte
9 Grüne-Revolution-Syndrom: Umweltschäden durch Transfer landwirtschaftlicher Methoden
10 Kleine-Tiger-Syndrom: rasante ökonomische Entwicklung und deren Folgen
11 Favela-Syndrom: Probleme durch umweltgefährdendes Verhalten in Marginalsiedlungen
12 Suburbia-Syndrom: Umweltauswirkungen durch Ausweitungen von Agglomerationen
13 Havarie-Syndrom: lokale Industriekatastrophen und deren langfristige Folgen

Entsorgungssyndrome

14 Hohe-Schornstein-Syndrom: Umweltprobleme durch weiträumige Entsorgung
15 Müllkippen-Syndrom: Umweltprobleme durch lokale, eng begrenzte Entsorgung
16 Altlasten-Syndrom: Standortprobleme durch alte Schadstoffeinträge

M5 Syndrome des globalen Wandels

1 *Beschreiben Sie das Syndrom-Konzept im Allgemeinen und die Verteilung ausgewählter Syndrome weltweit (M4, M5).*

2 *Ordnen Sie M1 und M3 einer Syndrom-Gruppe begründend zu (M5, Internet).*

3 *a) Vergleichen Sie Ihr Wirkungsgefüge (S. 213) mit der Abbildung M2. Ergänzen Sie gegebenenfalls fehlende Aspekte oder Verbindungen.*
b) Erläutern Sie mithilfe Ihres Wirkungsgefüges das Syndrom-Konzept am Raumbeispiel Sudan (S. 210–215).
c) Ordnen Sie das Raumbeispiel Sudan begründend einer Syndromgruppe zu (M5).

naturräumliche Faktoren u. a. Klima

9299HX_9

M1 Architektonische Gegensätze – die Howrah-Brücke und der Blumenmarkt Kalkuttas

Indien – vom Armenhaus zur globalen Supermacht?

Die Bundesrepublik Indien mit 28 Bundesstaaten ist nach Fläche, Bevölkerungszahl und Wirtschaftskraft der bei Weitem größte Staat Südasiens. Die Vielfalt des Naturraums ist maßgeblich für das Leben wie Überleben von Millionen von Indern.

Bekannt als „Demokratie der Welt", versteht der Staat sich als säkular, wenn auch der Hinduismus die Religion der Mehrheit der Bevölkerung darstellt. Das Kastenwesen hat zudem immer noch bestimmende Auswirkungen auf das Leben der Menschen, obgleich der Staat bestrebt ist, den Folgen von Diskriminierung, vor allem von Frauen, entgegenzuwirken.

1990 stand Indien unmittelbar vor einem Staatsbankrott und war gezwungen, umfassende Wirtschaftsreformen einzuleiten. Bald gab es erste Anzeichen eines neuen indischen Wirtschaftswunders. Insbesondere die Erfolge in der IT-Industrie verhalfen zu einem allmählichen Imagewandel: Indien wurde zum Synonym für Callcenter und Outsourcing und gilt seitdem als verlängerte Werkbank beziehungsweise Schreibtisch der Welt.

M2 Großlandschaften Südasiens

Das Hochland von Dekkan nimmt den größten Teil der keilförmig in den Indischen Ozean hineinragenden indischen Halbinsel ein. Das Vindhya- und das Satpuragebirge schirmen den Dekkan von der Gangesebene im Norden ab. Im Westen wird er von den bis zu 2700 Meter hohen Westghats, im Osten von den flacheren Ostghats begrenzt. Die Westghats fallen steil zur Konkan- und Malabarküste entlang des Arabischen Meeres ab. Die Ostghats gehen in die breiteren östlichen Küstenebenen am Golf von Bengalen über. Die natürliche Grenze im Norden und Nordosten bildet der Himalaya, der im äußersten Nordwesten durch das Hochtal des Indus vom Karakorum getrennt wird. Südlich des Himalayas schließen sich die breiten, fruchtbaren Flussebenen des Ganges und des Brahmaputra an. Den Nordosten Indiens, einschließlich der Brahmaputra-Ebene, verbindet nur ein schmaler Korridor zwischen Bangladesch und Nepal bzw. Bhutan mit dem Rest des Staates. Die Nordostregion wird durch das bis zu 3800 Meter hohe Patkai- oder Purvachalgebirge von Myanmar sowie das knapp 2000 Meter hohe Khasigebirge von Bangladesch abgeschirmt.

M3 Indiens vielfältiges Relief

100800-164 www.diercke.de

M4 Überschwemmung in Varanasi

M6 Ausgetrockneter Stausee in Nordkarnataka

Der Monsun – Fluch und Segen Indiens

Der Monsun prägt Indien. Er liefert innerhalb weniger Monate 80 Prozent der Gesamtniederschläge. An seinem Wasser hängt das Leben der Bauern, vieler Städte und Unternehmen. Doch der Zeitpunkt seines Eintreffens und die Höhe der Niederschläge können jährlich und regional stark variieren. Zudem kommt es in Indien oft zu extremen Wetterereignissen (z. B. zu Starkniederschlägen oder Dürren). Das gefährdet die Menschen und die Wirtschaft Indiens.

„Die Situation in den östlichen Bezirken ist übel. Der Regen lässt nicht nach", sagte ein Mitarbeiter des Katastrophenschutzes im Bundesstaat Uttar Pradesh. Bei Hauseinstürzen und Blitzeinschlägen habe es die meisten Todesfälle gegeben. Andere Opfer seien in den Fluten ertrunken, sagte er. Im Nachbarstaat Bihar starben mindestens sieben Menschen infolge der Unwetter, wie der Sender NDTV berichtete. Der Wetterdienst kündigte für Montag weitere Regenfälle an. [...] Sie [die Unwetter] brachten bisher Bäume und Strommasten zum Umstürzen, deckten Dächer ab und zerstörten provisorische Unterkünfte. Vielerorts gab es schwere Überschwemmungen. [...] Von Juni bis zum 24. September kamen nach Angaben des indischen Innenministeriums bereits mehr als 1600 Menschen als Folge von Unwettern ums Leben.

nob/haz

M5 Wasser im Überfluss

Alwar ist eine Stadt im Norden Indiens, knapp 150 Kilometer von der Hauptstadt Neu-Delhi entfernt. Schon am frühen Morgen versammeln sich die Frauen hier an der zentralen Versorgungsstelle für Wasser. Jede hat so viele Behältnisse mit, wie sie tragen kann. Es geht darum, möglichst viel des wertvollen Nass zu ergattern, denn die verfügbare Menge ist begrenzt. Ist der letzte Tropfen aus dem Hahn, gehen die Frauen, die zu spät waren, leer aus.
Wasser ist dieser Tage in Indien nicht selbstverständlich. Das Land ächzt unter der schlimmsten Wasserkrise seit Menschengedenken, [...] 200 000 Inder sterben jedes Jahr, weil ihnen der Zugang zu sauberem Wasser fehlt. [...] 600 Millionen Menschen droht das Wasser früher oder später auszugehen. [...] Als Indien 1947 unabhängig von der britischen Herrschaft wurde, gab es gerade einmal in 232 Dörfern eine Trinkwasserversorgung. Heute sind es 250 000. Die Gefahr von Dürren hat sich verzehnfacht, die Wahrscheinlichkeit von Überschwemmungen ist acht Mal höher. [...]
In Indien leben 16 Prozent der Weltbevölkerung. Das Land verfügt aber nur über vier Prozent des weltweit verfügbaren Süßwassers. Man geht davon aus, dass sich der Wasserbedarf bis zum Jahr 2030 verdoppeln wird. Das könnte das Problem noch einmal verschärfen und Wasserknappheit für Hunderte von Millionen Menschen bedeuten.

Jasvinder Sehgal

M7 Indiens Wasserkrise

1 *Beschreiben Sie die aufgezeigten Gegensätze in Indien (M1, M2).*

2 *Charakterisieren Sie die naturräumlichen Gegebenheiten und Besonderheiten Indiens (M2, M3, Atlas).*

3 *Erklären Sie die Entstehung und Auswirkungen des Monsuns in Indien (M3 – M7, S. 336/337).*

4 *Nehmen Sie Stellung zu folgender Aussage: „Indien – Land der Gegensätze!"*

100800-182 www.diercke.de

interne/externe Faktoren u. a. Bevölkerung, Religion, Globalisierung

9299HX_5

M8 Straßenszene in Indien

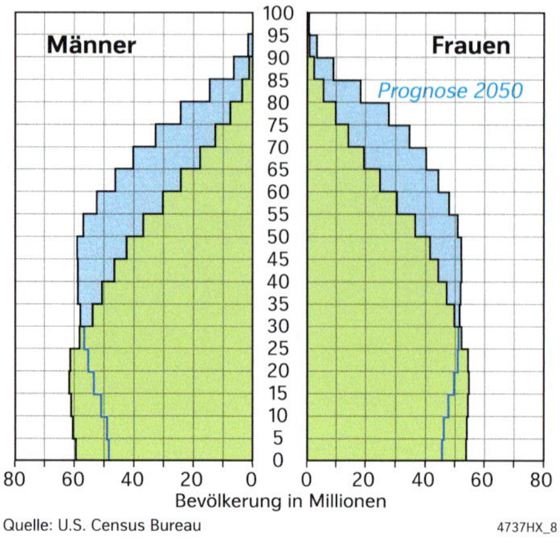

M11 Bevölkerungsdiagramm Indiens

Bevölkerung – Chance oder Pulverfass?

Beinahe jede Sekunde wird in Indien ein Baby geboren. Das sind mehr als 20 Millionen Neubürger jedes Jahr. Im Jahr 2050 werden in Indien 1,6 Mrd. Menschen leben – mehr als in China. Viele werden unter 30 Jahre alt sein. Das ist ein gewaltiges Potenzial an Arbeitskräften und Konsumenten. Schon heute müsste Indien deshalb zusätzlich pro Jahr 127 000 Schulen bauen, vier Millionen Arbeitsplätze und zehn Millionen Tonnen Nahrungsmittel bereitstellen. Die Infrastruktur kann nicht in dem Maße ausgebaut werden, in welchem die Bevölkerung wächst. Neben den sozialen und religiösen Unterschieden innerhalb der Gesellschaft besteht ein soziales Stadt-Land-Gefälle, bei dem unter Traditionalisten besonders Frauen benachteiligt sind. Ihre Rolle soll sich auf Ehe, Haushalt und Kinderbetreuung beschränken. Bildungspolitisch sind in den letzten Jahrzehnten aber enorme Fortschritte in der Alphabetisierung erreicht worden.

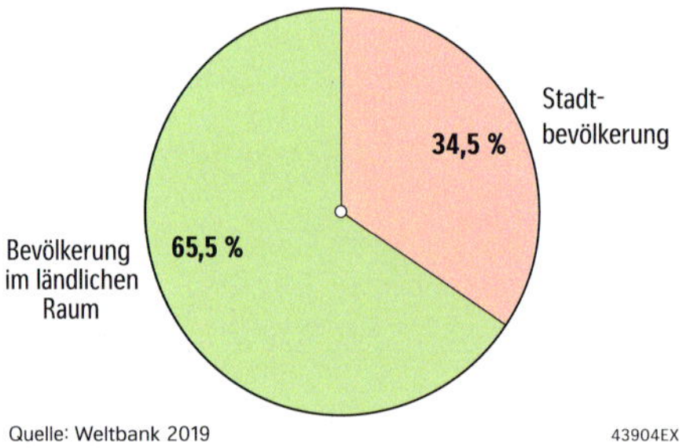

M9 Bevölkerung Indiens

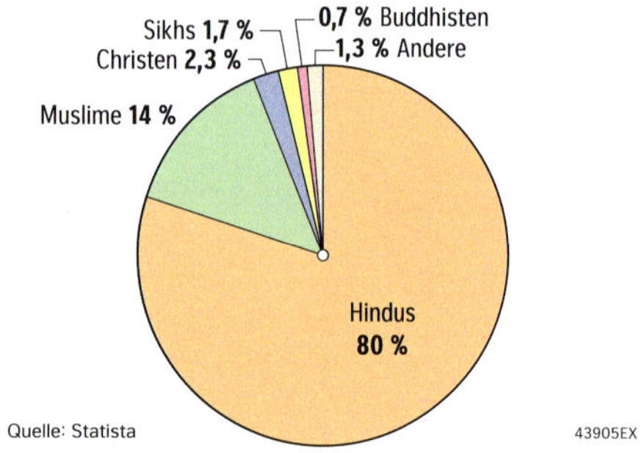

M12 Religionszugehörigkeiten in Indien

	1995	2005	2018
Bevölkerung (in 1000)	963 922	1 147 609	1 352 617
Wachstumsrate (in Prozent)	1,9	1,5	1,0
Fertilitätsrate (Geburten pro Frau)	3,6	2,9	2,2
Geburtenrate (in Promille)	28,7	25,0	17,8
Lebenserwartung bei Geburt (in Jahren)	60,3	64,5	69,4
Kindersterblichkeit (in Promille)	78	55,7	29,7
Sterberate (in Promille)	9,8	8,3	7,3

Quelle: Weltbank, 2020

M10 Demographische Strukturdaten Indiens

Das **Kastensystem** ist eine aus dem Hinduismus abgeleitete, stark hierarchische Sozialordnung. Der Hindu glaubt, dass er nach dem Tod so oft wiedergeboren wird, bis er sich über viele Leben zur Vollkommenheit entwickelt hat. Den Grad des Fortschritts kann er am Rang seiner Kaste erkennen. Die Kastenzugehörigkeit ist angeboren und lebenslang festgelegt. Als höchste Tugend gilt, sich in das „zugewiesene“ Leben einzufügen. Nur so hat man die Chance, in einem nächsten Leben in einer höheren Kaste wiedergeboren zu werden. Das Leben innerhalb einer Kaste ist stark reglementiert. So darf man z. B. nur innerhalb seiner Kaste heiraten oder arbeiten. Es gibt vier Hauptkasten, die in sogenannte Jatis unterteilt sind.

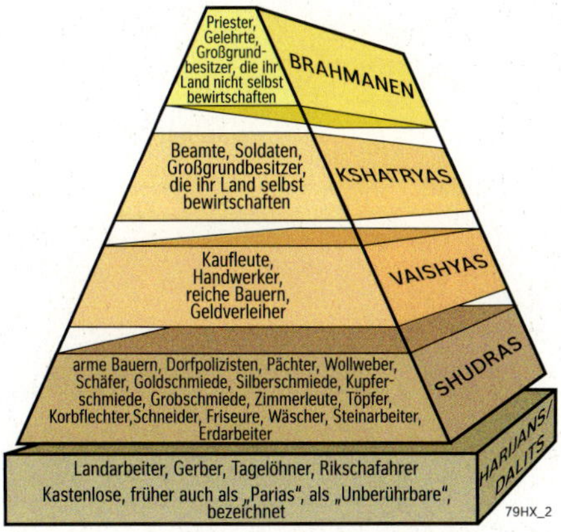

M13 Das Kastensystem der hinduistischen Religion

Der Tod einer jungen Frau im September 2020 hat viele Menschen in Indien aufgewühlt. [...] Manisha wurde Opfer eines brutalen Verbrechens, körperlich schwer misshandelt. [...] Doch die Polizei interessierte das nicht. Nach dem Tod haben Polizisten [...] Manisha [...] verbrannt. [...] Manisha war eine Dalit, eine „Unberührbare“, wie sie früher genannt wurden. [...] Bis heute ist die indische Gesellschaft an diese starren Regeln gebunden. 95 Prozent der Inderinnen und Inder heiraten nur in ihrer eigenen Kaste.
Auch wenn die indische Verfassung „Unberührbarkeit“ und Diskriminierung aufgrund der Kaste unter Strafe stellt, können die Dalits vor allem in ländlichen Gebieten der Hierarchie des Kastenwesens nicht entkommen. [...]

Silke Diettrich

M14 Bedeutung von Kasten in Indien heute

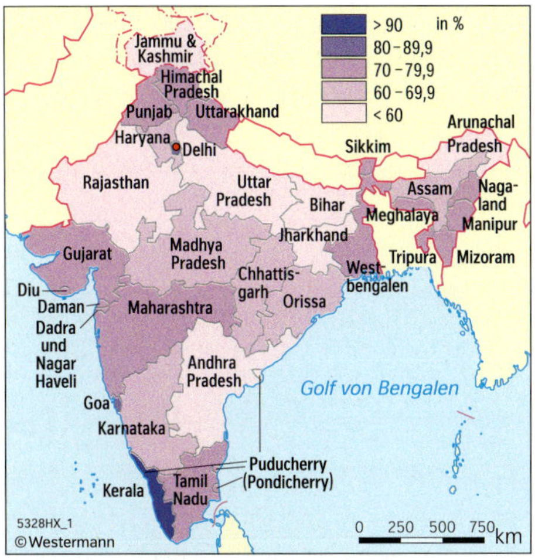

M16 Alphabetisierungsrate von Frauen in Indiens Bundesstaaten

Entwicklung der Alphabetisierungsrate:

1991:
Frauen: 33,73 %
Männer: 61,64 %

2001:
Frauen: 47,84 %
Männer: 73,41 %

2011:
Frauen: 59,28 %
Männer: 78,88 %

2018:
Frauen: 65,79 %
Männer: 82,37 %

In ländlichen Regionen dürfen traditionell indische Mädchen bis zu ihrer Heirat das Elternhaus nicht verlassen. Viele bleiben deshalb Analphabetinnen, erfahren nichts über Verhütung, haben keine Chance auf Arbeit und keine finanzielle Unabhängigkeit. Nicht selten werden indische Mädchen sehr jung verheiratet. Daher haben viele schon mit Anfang 20 drei bis vier Kinder. Bei der Hochzeit muss an den Ehemann eine hohe Mitgift gezahlt werden. Das treibt viele Eltern in den finanziellen Ruin. Darum werden pro Jahr geschätzt fünf Millionen Mädchen abgetrieben.

M15 Benachteiligung indischer Frauen in ländlichen Regionen

1 *Beschreiben Sie die demographischen und sozialen Entwicklungen Indiens (M8 – M12).*

2 *Erläutern Sie Bedeutung des Kastensystems für die indische Gesellschaft (M13, M14).*

3 *a) Charakterisieren Sie die Stellung der Frau in der indischen Gesellschaft (M15, M16, Randspalte).*
b) „Frauen sind der Schlüssel einer positiven Entwicklung Indiens.“ Entwickeln Sie unter Berücksichtigung dieser Aussage konkrete Maßnahmen zur Verbesserung der Situation der Frauen in Indien.

4 *Diskutieren Sie aus Ihren Ergebnissen (Aufgabe 1 – 3) Chancen und Gefahren für die zukünftige Entwicklung Indiens.*

100800-183-04 www.diercke.de

M17 Stau im Verkehr in Indien

Ein neuer Tiger auf dem Sprung?

1990 war Indien einer der ärmsten Staaten der Welt und nahezu zahlungsunfähig. Deshalb sah sich die Regierung gezwungen, Wirtschaftsreformen nach neoliberalen Grundsätzen durchzuführen. Dazu gehörten unter anderem Privatisierungen, der Abbau von Zollschranken und die Öffnung des Marktes für ausländische Investoren. Heute ist Indien nicht nur die größte Demokratie der Welt und eine Atommacht. Der Staat gehört auch zu den Top 10 Volkswirtschaften der Welt. Der Wachstumsmotor wird insbesondere vom Dienstleistungssektor und dem riesigen Binnenmarkt, das heißt vom Konsum einer immer wohlhabenderen Bevölkerung, angetrieben. Angesichts der rasanten Entwicklung scheint der Aufstieg Indiens zu einer neuen Weltmacht nur eine Frage der Zeit. Doch es leben auch noch über 800 Millionen Inder, vor allem auf dem Land, von weniger als 1,90 US-$ am Tag.

interne/externe Faktoren u. a. Wirtschaft, Globalisierung

9299HX_3

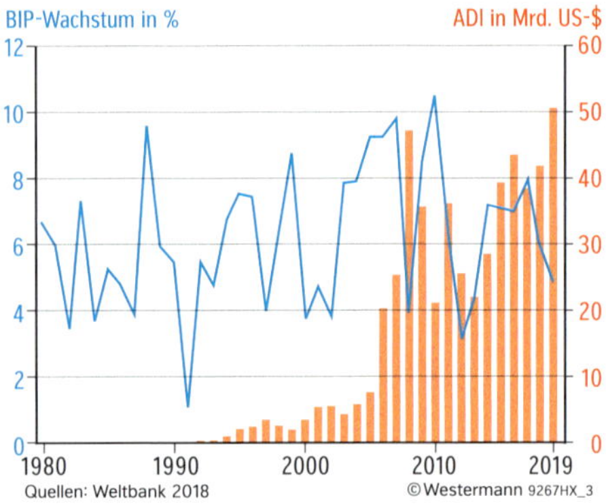

M18 Entwicklung des Bruttoinlandprodukts und der ausländischen Direktinvestitionen in Indien

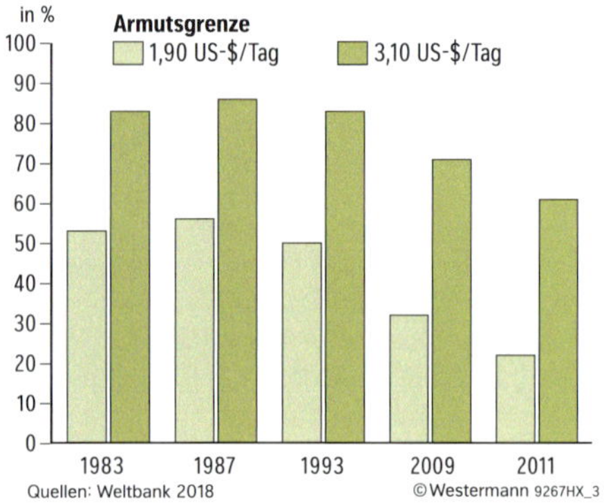

M20 Anteil der armen Bevölkerung in Indien

	Indien 2014	Indien 2019	Deutschland 2019
BNE je Einwohner pro Jahr (in USD)	1621	2145	48520
BNE-Wirtschaftswachstum zum Vorjahr (in Prozent)	7,4	5,0	0,5
Anteil der Sektoren am BIP (in Prozent des BIP)	16,7 (I) 27,6 (II) 47,8 (III)	15,9 (I) 24,8 (II) 49,8 (III)	0,7 (I) 26,8 (II) 62,4 (III)
Anteil der Erwerbstätigen am BIP (in Prozent des BIP), nach Sektoren	45,8 (I) 24,5 (II) 29,6 (III)	42,4 (I) 25,6 (II) 32,0 (III)	1,2 (I) 27,0 (II) 71,8 (III)
Jugendarbeitslosenquote, 15 – 24 Jahre (in Prozent)	22,0	23,3	5,4
Export (in Mrd. USD)	468,3	536,5	1806,2
Import (in Mrd. USD)	529,2	614,0	1742,9
HDI-Wert	0,610	0,645	0,947
MPI (in Prozent)	52,0	27,9	–

Quelle: Weltbank

M19 Wirtschaftsdaten Indiens und Deutschlands im Vergleich

Information:

Da die Weltbank Finanzdienstleistungen nicht mehr in die Dienstleistungen mit einbezieht, ergeben sich für die Summe der BIP-Anteile keine 100 Prozent. Allerdings werden Finanzdienstleistungen bislang nicht gesondert angegeben.

100800-177 www.diercke.de

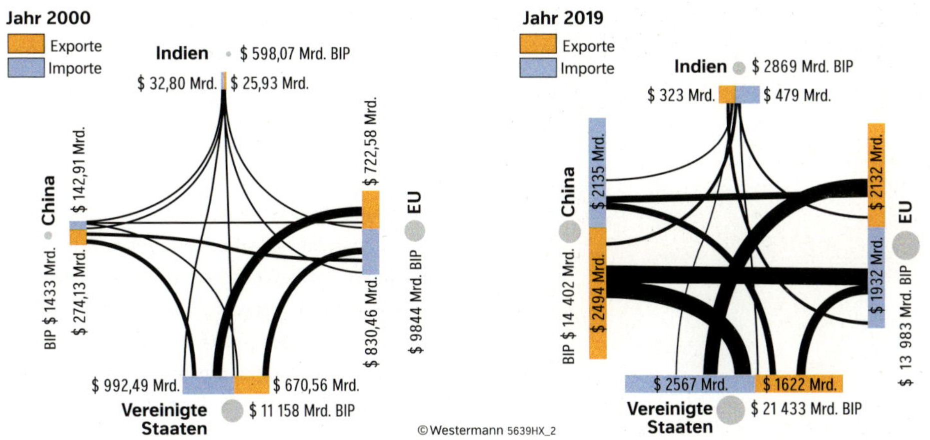

M21 Bruttoinlandsprodukt (BIP) und Handel Indiens im globalen Vergleich

„Make in India", „Skill India", „Digital India" – das sind nur drei der ehrgeizigen Programme, die Narendra Modi nach seinem Amtsantritt vor fünf Jahren aus der Taufe gehoben hat. Nach dem Wahlsieg [2014] [...] versprach der frischgebackene indische Premierminister eine ganz neue Ära für sein Land. [...] Doch fünf Jahre nach Modis Amtsantritt ist klar, dass Indien und das Reich der Mitte nur schwer zu vergleichen sind. [...]. Indien habe China zwar mittlerweile beim Wirtschaftswachstum überflügelt, starte aber von einer viel niedrigeren Basis. [...] Nach Angaben der Weltbank hatte der Warenhandel Chinas 2017 einen Umfang von 2,3 Billionen US-Dollar bei den Exporten und 1,8 Billionen US-Dollar bei den Importen. In Indien liegen die Vergleichswerte bei gerade einmal 298 Milliarden US-Dollar und 447 Milliarden US-Dollar. „Damit ist der Warenhandel Chinas mehr als fünfmal so groß wie der Indiens, bei hohen Exportüberschüssen Chinas und – relativ gesehen – noch höheren Defiziten Indiens", gibt Südasien-Experte Zingel zu bedenken. [...]
Haben die Kritiker also Recht, die behaupten, Indien sei der ewige Hoffnungsträger [...]?
„Ein umfassendes Konzept sowie der Wille und die Möglichkeiten der Durchsetzung eines solchen Konzepts fehlen", sagt Südasien-Experte Zingel.
China und die USA bleiben für die indische Regierung das Maß aller Dinge, der Aufstieg zu einer der größten Volkswirtschaften ist für die Entscheider in Neu-Delhi nur noch eine Frage der Zeit. Erst Anfang April hat Indiens Finanzminister Arun Jaitley [...] wieder die glänzende Zukunft Indiens heraufbeschworen: 2030 würde das Land mit einem Bruttoinlandsprodukt (BIP) von rund 10 Billionen US-Dollar zur drittgrößten Wirtschaftsmacht hinter den USA und China aufsteigen. [...] Außerdem, so der Finanzminister, werde man die Zahl der Inder, die in bitterer Armut leben, in den nächsten drei Jahren auf einen Anteil an der Gesamtbevölkerung von unter 15 Prozent drücken. [...] Laut Außenhandelskammer-Chef Steinrücke beschäftigen alleine die 30 größten deutschen Unternehmen in Indien direkt und indirekt mehr als eine halbe Million Menschen. Die Mehrzahl der Firmen sei hochprofitabel und das „hervorragende Image von ‚Made in Germany' ungebrochen". [...] Einen langen Atem müssen ausländische Unternehmen auch in Zukunft haben. Denn jede weitere Marktöffnung braucht in Indien ihre Zeit und wird in manchen Branchen noch sehr lange dauern. Für Wolfgang-Peter Zingel steht fest: „Modis Ziele sind klar: teilweise marktorientiert, nicht zu liberal und mit einer soliden Rolle für staatliche Unternehmen."

Thomas Kohlmann, verändert

M22 Ewiger Hoffnungsträger Indien? Bilanz zum Wirtschaftskurs der Regierung Modi

Export- und Importgüter Indiens 2019 (in %)

Exportgüter:

Raffiniertes Erdöl:	*11,9*
Diamanten:	*6,9*
Medikamente:	*4,8*
Schmuck:	*4,2*

Importgüter:

Rohöl:	*19,6*
Gold:	*7,1*
Diamanten:	*4,5*
Kohlebriketts:	*5,2*

1 *a) Beschreiben Sie die wirtschaftliche Entwicklung und Wirtschaftsstruktur Indiens (M18, M19, Atlas).*
b) Charakterisieren Sie die wirtschaftliche Rolle Indiens in der Weltwirtschaft (M21, M22, Atlas).
c) Vergleichen Sie den Entwicklungsstand Indiens und Deutschlands (M19).

2 *Überprüfen Sie den Erfolg des Wirtschaftskurses der Regierung Modi (M21, M22, Randspalte).*

3 *„Wenn Indien so weitermacht, wird es innerhalb der nächsten 20 Jahre die führende globale Wirtschaftsmacht sein." Nehmen Sie mittels Kommentar Stellung zu dieser Aussage (M18 – M22).*

4 *Entwickeln Sie einen Maßnahmenkatalog unter Berücksichtigung der Dimensionen der Nachhaltigkeit, mit dem das Wirtschaftswachstum Indiens auch zukünftig gesichert werden könnte.*

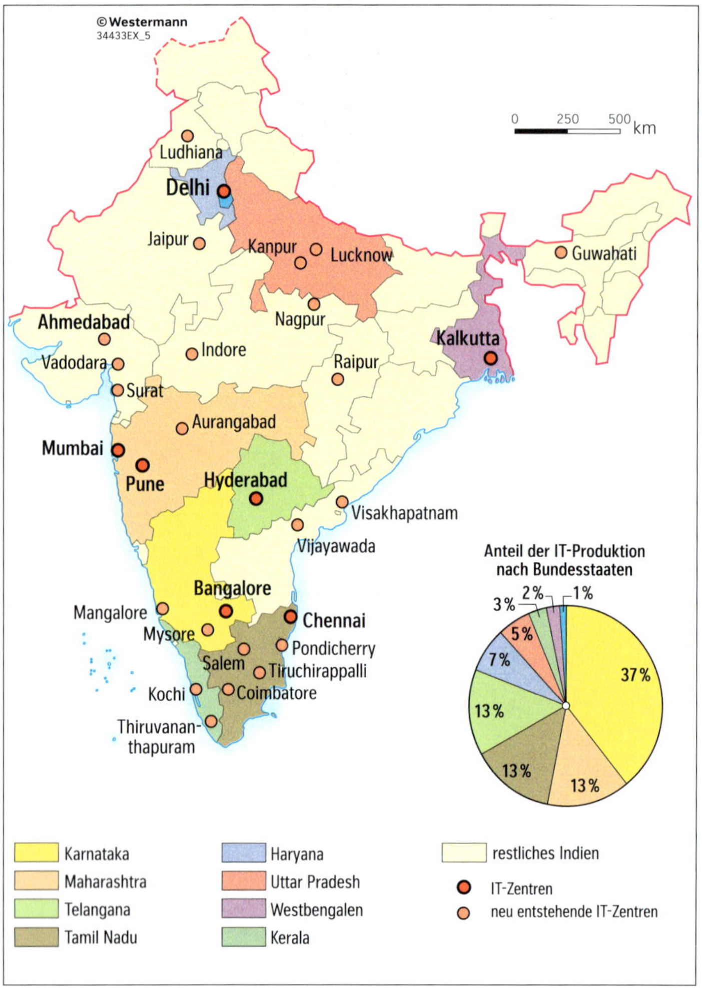

M23 Wichtige BPO/IT-Städte Indiens

- Zentrum der zivilen und militärischen Luft- und Raumfahrtindustrie
- Arbeitsort von einem Drittel aller IT-Fachkräfte Indiens
- Standort zahlreicher internationaler Unternehmen, z. B. Siemens, Dell, Intel, Bosch, SAP, HP, IBM
- Sitz von etwa 20 Universitäten, mehreren Ingenieurschulen und Forschungsinstituten
- höchste Lebenshaltungskosten Indiens
- Platz 9 im Technology Innovation Hubs Report 2020
- Platz 139 von 500 im Innovation Cities Index 2019
- Platz 17 von 33 im Global Cities Investment Monitor 2019 (Platz 5 in Asien)
- Platz 149 von 231 im Quality of Living Ranking 2019
- Platz 6 laut TomTom Traffic Index 2020 mit dem höchsten Verkehrsstauaufkommen

M24 Fakten zu Bangalore

IT-Sektor im Boom oder Umbruch?

Die indische Softwareindustrie, die seit 1991 eine Wachstumsrate von 50 Prozent aufweist, hat dem Staat zu einem enormen wirtschaftlichen Aufschwung und einem besonderen Image verholfen. In der Informationstechnologie hat Indien mitunter ein internationales Spitzenniveau erreicht. Derzeit exportiert Indien Software und IT-Dienstleistungen in mehr als 100 Staaten auf der ganzen Welt und ist zu einer IT-Supermacht geworden. Doch weltweite Veränderungen und fehlende politische Weichenstellungen könnten die Position Indiens im IT-Bereich gefährden.

Bangalore wird auch als das Silicon Valley von Asien bezeichnet. Die Stadt ist nicht nur ein IT-Hub, sondern auch bekannt für die vielen Technologieparks, Bildungseinrichtungen und Luft- und Raumfahrtzentren.
Bereits in den 1950er-Jahren siedelten sich diverse Unternehmen in Bangalore an und legten den Grundstein für das Wachstum moderner Industrieunternehmen. Im Jahr 1984 eröffnete Texas Instruments als erstes ausländisches Unternehmen ein Forschungs- und Entwicklungszentrum in Indien, und zwar in Bangalore. Im Zuge der wirtschaftlichen Liberalisierung 1991 folgten mehr und mehr multinationale Unternehmen diesem Beispiel und trugen so wesentlich zur Entwicklung Bangalores als High-Tech-Cluster bei. Derzeit dominieren drei Bereiche die indische IT-Industrie: die Auslagerung von Geschäftsprozessen (Business Process Outsourcing, BPO); Forschung und Entwicklung (Research and Development, R&D) sowie Ingenieurdienstleistungen (Engineering Services). Gründe dafür sind unter anderem die gute Qualifikation indischer IT-Fachkräfte, vergleichsweise niedrige Löhne sowie gute englische Sprachkompetenz. Vor allem US-amerikanische Unternehmen haben Teile ihrer Wertschöpfung nach Indien verlagert. Dies wiederum setzte eine enorme wirtschaftliche wie stadtgeographische Entwicklung Bangalores in Gange. Seit 1990 hat sich die Einwohnerzahl von vier Millionen auf knapp 13 Millionen verdreifacht. Immerhin lag der Bruttomonatslohn in Bangalore 2019 bei knapp 91 000 Indischen Rupien (1150 €). Im Vergleich dazu betrug er in der Region New Delhi 71 000 IR (900 €) oder in der Niedriglohnregion Ahmedabad 64 000 IR (810 €). Folgen dieses rasanten Aufstiegs sind eine unterentwickelte Infrastruktur, Engpässe bei der Wasserversorgung sowie der Müllbeseitigung und eine zunehmende Luftverschmutzung aufgrund des steigenden Verkehrs. Zudem lebt knapp ein Zehntel der Einwohner der Stadt in Slums.

M25 Entwicklung Bangalores zum IT-Zentrum

Trotz globaler wirtschaftlicher Turbulenzen hat sich die indische IT-Branche im laufenden Finanzjahr 2018/19 bislang behaupten können. [...] Dieser Erfolg verteilt sich auf zahlreiche Teilbereiche der Branche. So entfallen rund 52 Prozent des Gesamtumsatzes auf IT-Dienstleistungen, einschließlich Softwaretests, IT-Infrastrukturmanagement und Systemintegration. Etwa 20 Prozent des Umsatzes erzielen Engineering, Research & Development (ER&D) sowie Softwarepakete. Gut 19 Prozent verteilen sich auf den Betrieb von Callcentern, Kundenbetreuung, Buchhaltungsdienstleistungen und logistische Unterstützung. Die restlichen 9 Prozent entfallen auf den Verkauf von Hardware. [...] Der Schwerpunkt der IT-Dienstleistungen verändert sich weltweit. Nachgefragte Dienste sind unter anderem Cloud-Lösungen, Software, Künstliche Intelligenz sowie Datenanalyse. Diese Bereiche werden der Motor für künftiges Wachstum des Sektors sein. Die Hauptbereiche der indischen IT-Betriebe [...] werden zunehmend automatisiert und müssen künftig mit sinkenden Erträgen rechnen. [...] Weitreichende Reformen sind auch seitens der Regierung gefragt. Zwar wurde durch die „Digital India Initiative“, bei der umgerechnet etwa 20 Milliarden USD in die Digitalisierung investiert werden sollen, ein wichtiger Beitrag geleistet. Doch auch die Rahmenbedingungen für die Entwicklung einer innovativen Wissensökonomie müssen geschaffen werden. Der Anteil an Ausgaben für Forschung und Entwicklung in Indien ist gemessen am [...] BIP mit rund 0,7 Prozent niedrig [...] (zum Vergleich: Anteil in China 2,1 und in Deutschland 3 Prozent). [...] Weiterhin ist die Ausbildung von Fachkräften von enormer Bedeutung. Zwar verfügt Indien über Eliteuniversitäten [...]. Mehr als 90 Prozent der Universitäten bleiben weit hinter dieser Ausbildungsqualität zurück. Als problematisch erweist sich mehr und mehr, dass notwendige Investitionen in die Erweiterung der Infrastruktur verschoben wurden oder ganz unterblieben sind. Die indische Regierung hat zwar jahrzehntelang in die Entwicklung von IT-Clustern investiert – vor allem der Aufstieg von Bengaluru, ist beträchtlich – hat es allerdings versäumt, diese Entwicklungen durch [...] Infrastrukturinvestitionen abzusichern. Diese ist in den meisten Clustern noch heute mangelhaft.

Heena Nazir, verändert

M26 Indischer IT-Sektor im Umbruch?

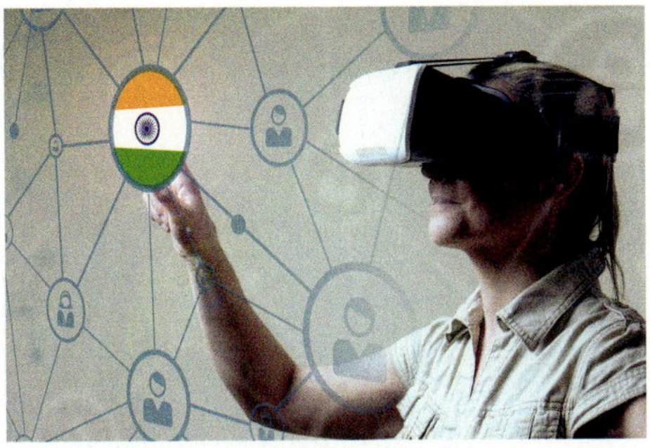

M27 Indiens Sprung in die Zukunft?

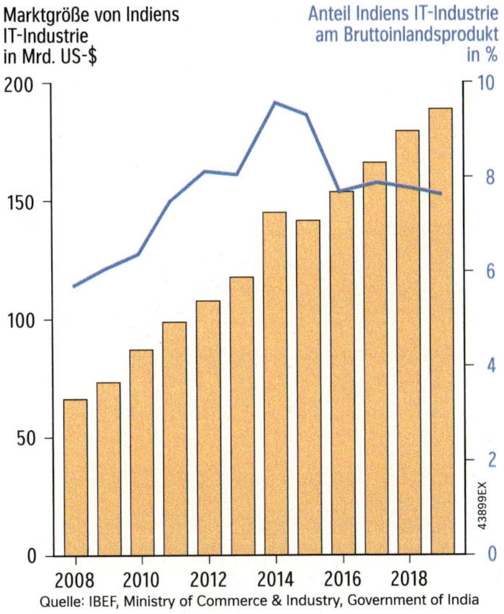

M28 Indiens IT-Industrie

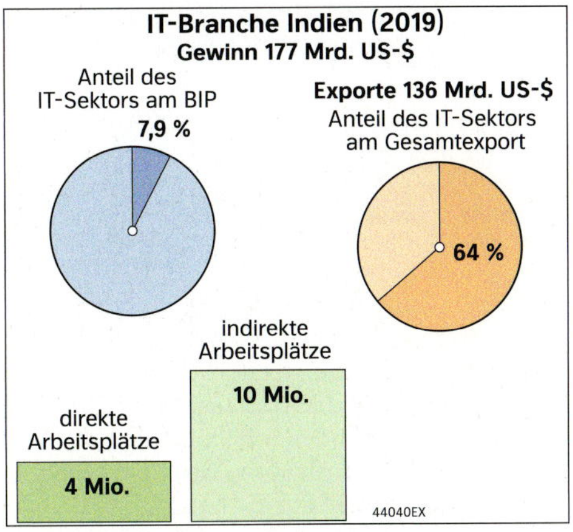

M29 Kenndaten zum indischen IT-Sektor

1 *Charakterisieren Sie die Entwicklung und Bedeutung des indischen IT-Sektors am Beispiel Bangalores (M23 – M29, Atlas).*

2 *Erklären Sie folgende Aussage: „Bangalore = Silicon Valley und Coolie Valley zugleich.“ Beziehen Sie dazu Ihre Kenntnisse zum amerikanischen Sunbelt mit ein (M26 – M29, S. 246/247, Atlas).*

3 *Beurteilen Sie mittels SWOT-Analyse die Zukunftsfähigkeit der indischen Wirtschaft ausgehend von den demographischen Herausforderungen und dem Ausbau der IT (S. 209, S. 218 – 225).*

100800-182-03 www.diercke.de
100800-211-05 www.diercke.de

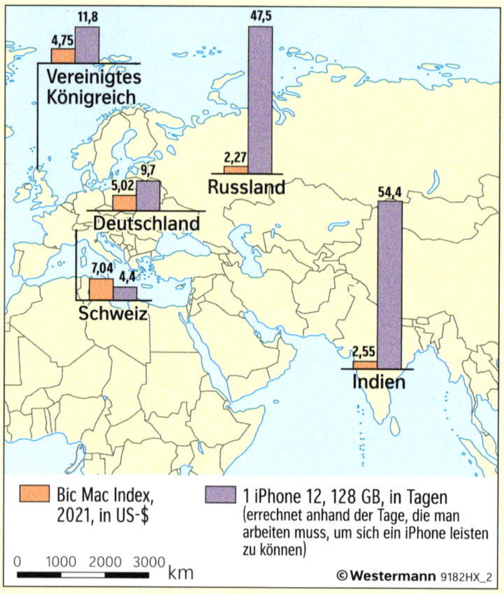

M1 Kaufkraftvergleich: Bic Mac Index und iPhone-Koeffizient

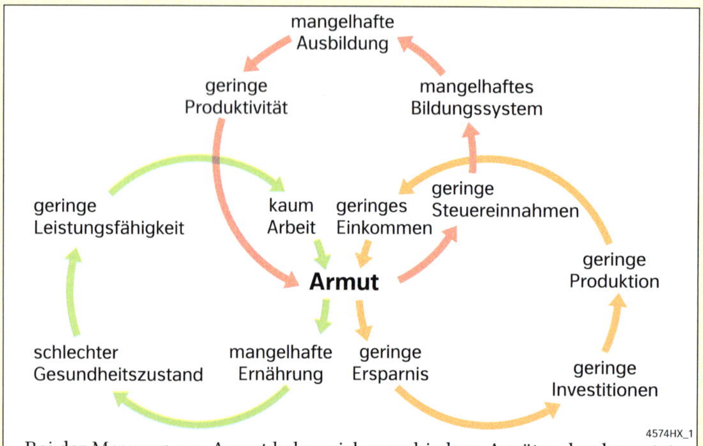

Bei der Messung von Armut haben sich verschiedene Ansätze durchgesetzt. Die Weltbank definiert Menschen als extrem arm, wenn sie weniger als 1,90 US-Dollar pro Tag zur Verfügung haben. Bei diesem Ansatz wird die Kaufkraft des US-Dollars in lokale Kaufkraft umgerechnet. Das heißt, dass extrem arme Menschen nicht in der Lage sind, sich täglich die Menge an Gütern zu kaufen, die in den USA 1,90 US-Dollar kosten würden.

M2 Der Teufelskreis der Armut

1 Diskutieren Sie, ob und inwieweit folgende Aussagen fachlich zutreffend sind. Begründen Sie Ihre Entscheidung.

a) Die Abbildung M1 zeigt, dass ...
A ... die Lohnkosten in Industrieländern höher sind als in wirtschaftlich geringer entwickelten Staaten.
B ... der Kaufkraftvergleich zur Erfassung von Entwicklungsunterschieden geeignet ist.
C ... der Burger als Ware zum Vergleich der Kaufkraftunterschiede geeignet ist.

b) Das Modell des Teufelskreises der Armut (M2) ermöglicht es ...
A ... Ursachen für Armut zu erfassen.
B ... die Komplexität des Armutsbegriffes zu veranschaulichen.
C ... die im Modell dargestellten Inhalte auf ein beliebiges Entwicklungsland zu übertragen.
D ... die Folgen der Armut in Entwicklungs-, Industrie- und Schwellenländern abzubilden.

2 Überprüfen Sie folgende Aussagen. Begründen Sie Ihre Entscheidung.
- Von multidimensionaler Armut ist weltweit mehr als eine Milliarde Menschen betroffen.
- Die Entwicklungsziele der „Agenda 2030 für nachhaltige Entwicklung" gelten für Entwicklungs-, Schwellen und Industrieländer.
- Der Naturraum ist die wichtigste Voraussetzung für die Entwicklung eines Staates.
- Rohstoffreiche Staaten haben ein höheres Entwicklungspotenzial als rohstoffarme Staaten.

3 Entwickeln Sie eine Mindmap zum Thema Entwicklungsstand für folgende Staaten (vgl. S. 204–225). Strukturieren Sie nach internen, externen und naturräumlichen Ursachen.
a) Bolivien b) Sudan c) Indien

Fachbegriffe

ADI
Agronomische Trockengrenze
Armutsgrenze
BPO
Bruttonationaleinkommen
Desertifikation
Disparitäten
Entwicklungsbegriff
FMNR
Gini-Index
Great Green Wall
HDI
Kastensystem
Monsun
MPI
Nomadismus
SDG
Subsistenzwirtschaft
SWOT-Analyse
Syndromkonzept
Terms of Trade
UN

1 Beschreiben Sie die sozioökonomischen Unterschiede in Thailand.

2 Analysieren Sie, ausgehend vom Vergleich der Zentralregion mit der Nordostregion Thailands, Ursachen für Disparitäten.

3 Beurteilen Sie mögliche Folgen einer weiteren disparitären Entwicklung des Staates.

Ranking	Stadt/Region	HAI
1	Phuket	0,6885
2	Ayutthaya	0,6811
5	Bangkok	0,6780
76	Narathiwat	0,4800
77	Mae Hong Son	0,4637

M3 HAI-Ranking Thailand 2017

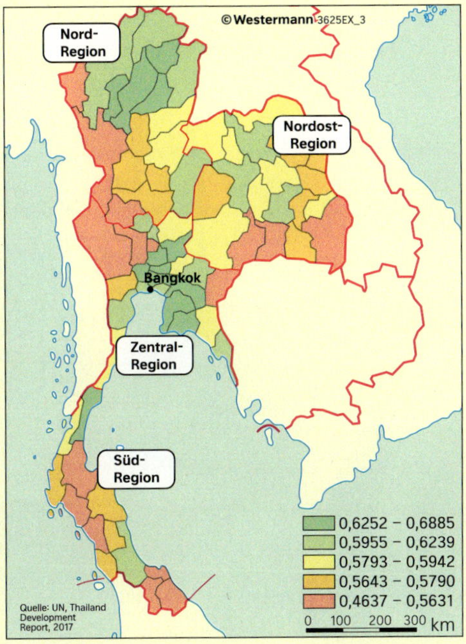

M1 Human Achievement Index (HAI)

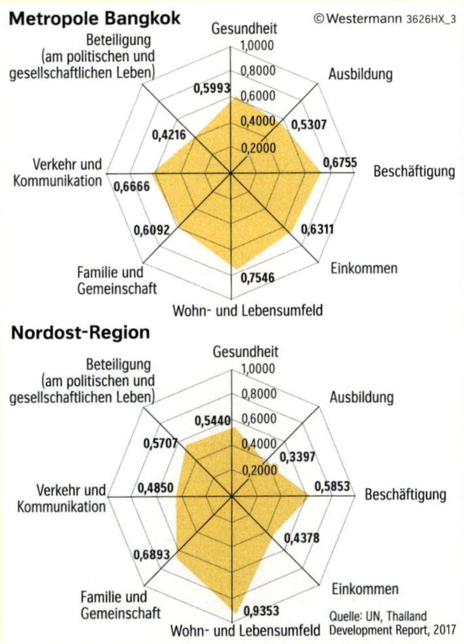

M4 HAI-Vergleich von Bangkok und der NO-Region

Human Achievement Index (HAI):

Der HAI ist vergleichbar mit dem Human Development Index (HDI). Er wird unter anderem in Thailand auf Regionalebene erhoben. Er setzt sich aus vielen Indikatoren in acht Bereichen zusammen (Gesundheit, Ausbildung, Beschäftigung, Einkommen, Wohn- und Lebensumfeld, Familie und Gemeinschaft, Verkehr und Kommunikation, Teilhabe).

	Bevölkerung (Mio.)	Lebenserwartung	besuchte Schuljahre
Bangkok	8,3/9,4	75,4/77,1	10,1/10,2
Zentral	18,4/20,9	75,9/76,4	8,1/8,4
Nordost	21,5/18,3	75,4/77,1	6,5/6,8
Norden	11,1/11,5	75,6/76,9	6,3/6,8
Süden	8,9/9,2	75,7/77,4	7,6/7,7
Thailand	68,4/69,6	75,7/77,2	7,6/7,9

(Quelle: Thailand Human Development Report 2014, 2019)

M2 Regionale Unterschiede (Grunddaten 2014/2019)

Referatsthemen

- Globale Auswirkungen zunehmender Desertifikation
- Land Grabbing – Zukunftssicherung oder moderner Kolonialismus
- Rohstoffreichtum – Entwicklungschancen oder Entwicklungsproblem

WES-151140-227

Ausgewählte Weltwirtschaftsregionen im Wandel

Globale Verbindung über Flugverkehr

M1 Beispiele aus verschiedenen Kondratjewzyklen

5.1 Ursachen und Folgen der Globalisierung

Durch die industrielle Revolution wurde die erste der bisher fünf Langzeitwellen der Konjunktur ausgelöst, die nach dem russischen Konjunkturforscher Nikolai Kondratjew (1892 – 1938) auch Kondratjewzyklen genannt werden. Der Impuls für einen solchen Zyklus geht von sogenannten Basisinnovationen aus. Diese bestehen aus einem Bündel eng vernetzter Technologien, erschließen ein großes Knappheitsfeld der Gesellschaft und erreichen ein großes Absatzvolumen. Diese Basisinnovationen beeinflussen die Weltwirtschaft über Jahrzehnte. Ihre Existenz löst auch eine Umgestaltung der Gesellschaft aus.
Die darauffolgenden Zyklen bauen auf den durch die vorherigen Zyklen geschaffenen Möglichkeiten und Veränderungen auf, sodass sich eine aufsteigende Basislinie ergibt (M5). Die Entwicklung der weiteren Zyklen bedeutete immer wieder auch eine Veränderung der jeweils wirtschaftlich führenden Staaten sowie der gesellschaftlichen Strukturen. In der zweiten Hälfte des 20. Jahrhunderts wuchs die Bedeutung des Dienstleistungssektors insbesondere für den Arbeitsmarkt. In der aktuellen fünften Phase entwickeln sich die Informations- und Kommunikationstechniken zu einem wichtigen Motor der Wirtschaft. Es verstärken sich Globalisierungsprozesse, Rationalisierungsprozesse im tertiären Wirtschaftssektor (Dienstleistungen) sowie die Entwicklung der Industrie 4.0. Diese fünfte industrielle Revolution steht international für die Digitalisierung der Industrie. Gleichzeitig veränderte sie auch die Gesellschaft in vielen Bereichen auf der Welt. Die Informationsgesellschaft war entstanden und wird zum prägenden Wachstumsfaktor.

M2 Die Theorie von Kondratjew

Die Bezeichnung Industrie 4.0 fasst diverse Innovationen im Rahmen der Digitalisierung zusammen. Es erfolgt eine digitale Vernetzung aller an der Produktions- und Wertschöpfungskette beteiligten Menschen, Maschinen, Prozesse und Systeme. Dies ermöglicht die Individualisierung der Produkte und Steuerung von Prozessen fast in Echtzeit auf Basis leistungsfähiger Steuerungs- und Speichersysteme. Ziel ist die „intelligente Fabrik". Hier konkurrieren große Wirtschaftsmächte und Unternehmen um Technologieführerschaft.
(Martina Fuchs)

Wirtschaft im Wandel

In der Geschichte der Menschheit haben sich Art und Weise des wirtschaftlichen Handels und damit auch Raumstrukturen immer wieder gewandelt.
In der vorindustriellen **Agrargesellschaft** arbeiteten die meisten Menschen im standortgebundenen primären Sektor, dessen Entwicklung stark von naturgeographischen Faktoren beeinflusst wurde.
Ausgehend von England Anfang des 19. Jahrhunderts erfolgten die industrielle Revolution und der Übergang in die **Industriegesellschaft**. Es entstanden neue industrielle Zentren. Die **Produktionsfaktoren** Boden, Arbeit und Kapital sowie politische Rahmenbedingungen waren entscheidende Einflussfaktoren. Die wirtschaftliche Entwicklung erfolgte jetzt in Zyklen, die zu neuen Produktionsschwerpunkten, Standortanforderungen und zur Entstehung neuer wachstumsstarker Unternehmen führten. Im letzten Drittel des 20. Jahrhunderts gewann der Dienstleistungssektor immer stärker an Bedeutung (Tertiärisierung) und verstärkte die zuvor schon erfolgte Globalisierung der Produktion. Der Finanzsektor förderte diesen Prozess, der durch die Fortschritte in der Informationstechnologie beschleunigt wurde, massiv. Global Cities als internationale Entscheidungszentren entstanden. Einzelne Wissenschaftler sehen seit Anfang des 21. Jahrhunderts einen Übergang zum digitalen Kapitalismus (Staab-Hamburger Institut für Sozialforschung) oder Überwachungskapitalismus (Shoshana Zuboff), in dem der Zugang und Besitz von Daten zu einem eigenständigen globalen Wachstumsmotor werden.

M3 Beispiel aus den Kondratjewzyklen

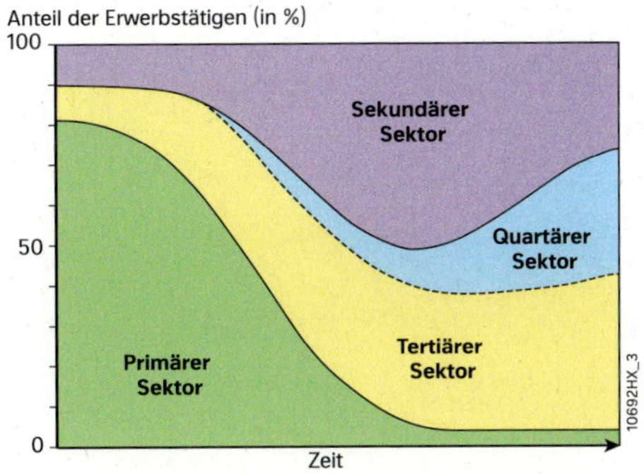

M6 Aktualisiertes Modell zur Wirtschaftsentwicklung nach Fourastié

Fourastié entwickelte 1954 ein Sektorenmodell der Wirtschaft, um die langfristige Entwicklung der Gesellschaft zu erfassen. Dabei unterteilte er die Wirtschaft in drei Sektoren: primärer Sektor (Landwirtschaft, Forstwirtschaft, Fischerei), sekundärer Sektor (produzierendes Gewerbe bzw. Industrie) und tertiärer Sektor (Dienstleistungen). Heute geht man von vier Sektoren aus und hat den quartären Sektor mit den Bereichen Finanzen (Banken, Versicherungen), Forschung, Bildung, Informations- und Kommunikationstechnik und unternehmensorientierte Dienstleistungen aus dem ehemaligen tertiären Sektor als eigenständigen Bereich ausgegliedert. Die wirtschaftlichen Hauptaktivitäten verschieben sich mit der Zeit vom primären (Agrargesellschaft) über den sekundären (Industriegesellschaft) zum tertiären Sektor (Dienstleistungsgesellschaft).

Innerhalb der Dienstleistungen gewinnt der quartäre Sektor eine immer stärkere wirtschaftliche Bedeutung. Dabei wächst insbesondere der Finanzsektor, sodass man auch von einem Finanzmarkt-Kapitalismus (auch Finanzkapitalismus) spricht, um den wachsensen Einfluss globaler Finanzmärkte und ihrer Akteure auf die Realwirtschaft zu verdeutlichen.

M4 Das Sektorenmodell des Franzosen Jean Fourastié und seine Weiterentwicklung

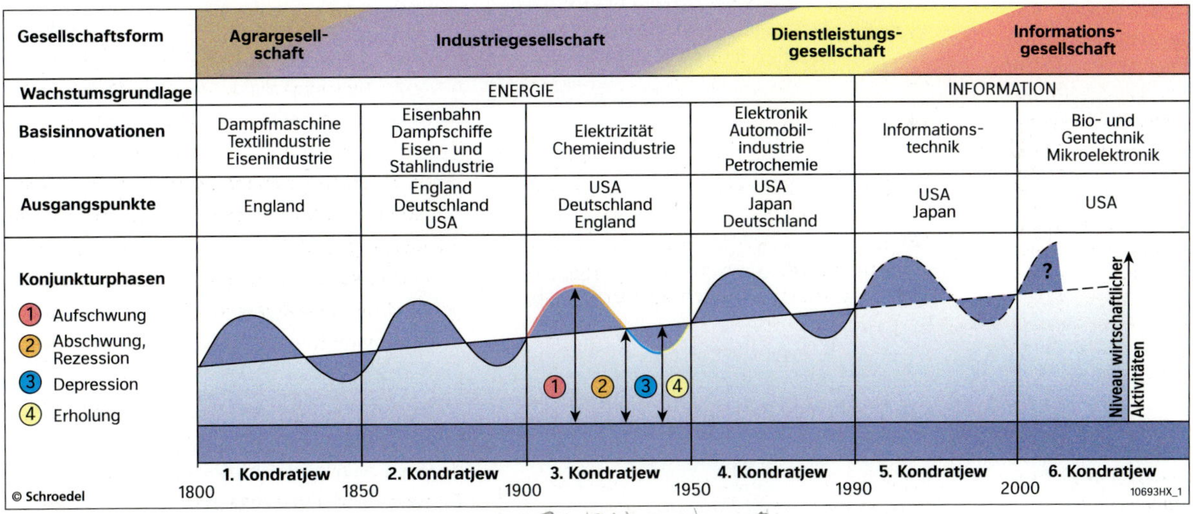

M5 Zyklen nach Kondratjew (Theorie der langen Wellen)

1 *Beschreiben Sie die Entwicklung der Wirtschaftssektoren mit dem Modell von Fourastié (M4, M6).*

2 *Erläutern Sie das Modell von Kondratjew, indem Sie die Besonderheiten der jeweiligen Phase und des Phasenübergangs herausarbeiten (M1, M2, M5, Autorentext).*

3 *„Jeder Zyklus erfordert auch einen Wandel der Standortfaktoren." Erörtern Sie diese Aussage.*

4 *Diskutieren Sie in Gruppen, ob die Begriffe Finanzmarkt-Kapitalismus und digitaler Kapitalismus geeignet sind, um aktuelle Veränderungen zu erfassen.*

Das Phänomen der Globalisierung

Der Begriff Globalisierung wird verstärkt seit den 1990er-Jahren des 20. Jahrhunderts verwendet. Er steht für den Anstieg des weltweiten Austausches von Waren, Kapital und insbesondere von Informationen. Außerdem erfasst der Begriff auch die globale Verbreitung von Moden, Esskulturen, Krankheiten, Unternehmen (Global Player) und ökologischen Problemen. Die Dynamik der Globalisierung wird von ökonomischen Kräften vorangetrieben. Kostensenkung, Markterschließung und Gewinnmaximierung sind Hauptmotive für Unternehmen. Aber auch die Nachfrage der Konsumenten nach möglichst preiswerten bzw. exotischen Produkten fördert diesen Prozess.

"You drive a Japanese car, drink French wine, eat Chinese food, own an American computer, buy Canadian lumber and vacation in Mexico. How can you be AGAINST free trade?!"

M1 Gedanken zur Globalisierung

Globalisierung ist ein primär wirtschaftliches, Wachstum generierendes, Wohlstand verheißendes, weltweit präsentes Phänomen. Es findet Niederschlag in der Entgrenzung der Finanz-, Waren-, Arbeits-, Rohstoff- und Produktionsmärkte sowie in der Gültigkeit von Wettbewerb, Privatisierung und Deregulierung. All dies schlägt sich in weltweiten technologischen Netzwerken, in Transport-, Produktions- und Informationssystemen, in einem supranationalen politischen Zusammenspiel und in der Ubiquität [lat.: überall vorkommend] von alltäglichen Lebensweisen, Konsumverhalten und kulturellen Bedürfnissen nieder.

Fred Scholz

M2 Definition von Globalisierung

IWF:
Internationaler Währungsfonds, eine der einflussreichsten Finanzorganisationen der Welt mit 190 Mitgliedstaaten (Stand: 2021)

Schon im 15. und 16. Jahrhundert entstanden durch Kolonialisierung, Sklavenhandel, Ressourcenausbeutung globale Verflechtungen. Seit der industriellen Revolution wuchsen weltweite Handelsverflechtungen. Nach 1945 wurden wichtige Grundlagen für heutige Globalisierungsprozesse gelegt. Es entstanden die UNO, die Weltbank, der Internationale Währungsfonds (IWF/IMF) und die Welthandelsorganisation (WTO, ehemals GATT). 1944 wurde in Bretton Woods die internationale Währungsordnung neu geregelt. Neoliberale Wirtschafts- und Finanzreformen ab den 1970er-Jahren beseitigten staatliche Regeln zugunsten sogenannter freier Marktkräfte. Freihandelszonen, freie Produktionszonen und neue Formen der internationalen Arbeitsteilung entstanden.

M4 Entwicklung der Globalisierung

WTO:
Die Welthandelsorganisation ist eine rechtsfähige UN-Organisation, die den internationalen Handel überwacht und in Streitfällen vermittelt.

M3 Akteure der Globalisierung

Anfang des 21. Jahrhunderts wurde der Finanzsektor auf der Suche nach rentablen Geldanlagen ein wesentlicher Verstärker der Globalisierung. Neue Zentren der Weltwirtschaft (Global Cities) wie beispielsweise die Bankenstandorte London, Frankfurt, Tokio oder Singapur entstanden. Weitere Faktoren sind die Digitalisierung und das Internet, wodurch eine schnelle globale Verteilung von Informationen sowie neue Formen der Arbeitsteilung und die Entstehung globaler Plattformen (z. B. Google, Amazon, Facebook) ermöglicht werden. Die Weltfinanzkrise 2009, die Pandemie ab 2020 mit unterbrochenen Lieferketten, neue nationalstaatliche Bewegungen (Make America great again), wachsende soziale und wirtschaftliche Unterschiede sowie neue Bewegungen (z. B. Fridays for future) stellen die Frage nach einer Neugestaltung der Globalisierung – einer solidarischen Globalisierung.

M5 Aktuelle Globalisierungstendenzen

100800-268 www.diercke.de

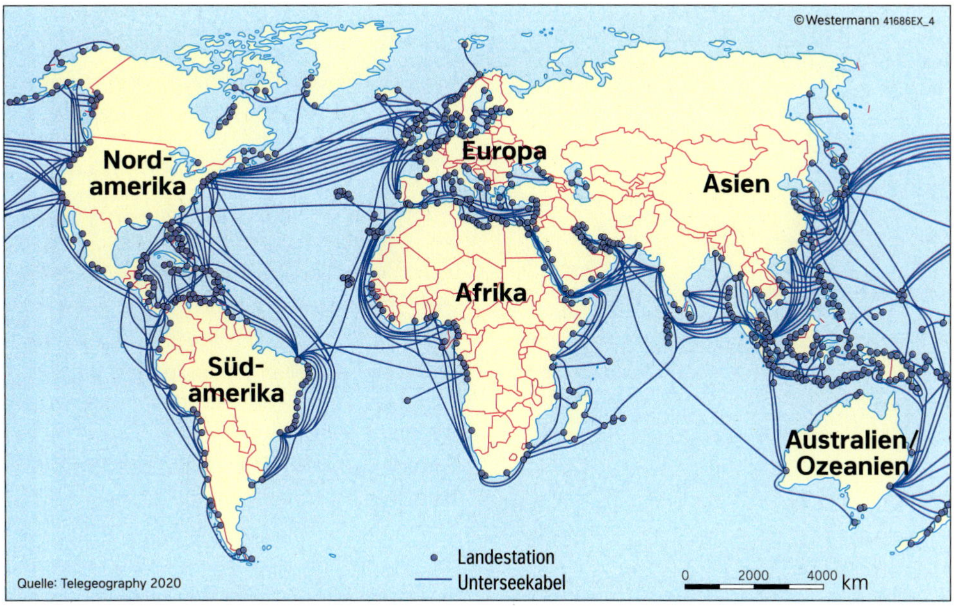

M6 Vernetzte Welt – Untersee-Internetkabel (2019)

Weltweit existieren ca. 400 Untersee-Internetkabel mit einer Länge von 1,2 Mio. km, davon verbinden 16 die USA mit Asien und 20 die USA mit Europa; Leistungsfähigkeit einzelner Kabelverbindungen 2018: bis zu 160 Terabit je Sekunde (≥ 71 Millionen HD-Spielfilme pro Sekunde). Somit besteht die „Cloud“ aus Datenzentren, die miteinander verbunden sind.

Ökonomische Globalisierung:
weltweite Integration von Märkten, grenzüberschreitender Kapitalverkehr, globale Lieferketten und Arbeitsteilung

Gesellschaftliche Globalisierung:
Beeinflussung der sozialen Beziehungen und gesellschaftlichen Ordnungen

Kulturelle Globalisierung:
weltweite Dominanz westlicher Musik, Moden, Normen und Lebensformen

Politische Globalisierung:
bedeutende Rolle supranationaler Organisationen, Abkommen und NGOs

Ökologische Globalisierung:
globale Verflechtung von Umweltwirkungen wie Klimawandel, Umweltbelastungen

M7 Dimensionen der Globalisierung

Das Phänomen der Globalisierung beruht auf einer Reihe von Faktoren. Diese sind in vielfältiger Weise miteinander verknüpft und beeinflussen sich wechselseitig. Die einzelnen Bereiche umfassen weitere Einflussfaktoren, wie beispielsweise neue Transportsysteme (technische Neuerungen) oder Wirtschaftskonflikte/Wirtschaftskriege (politische Veränderungen).

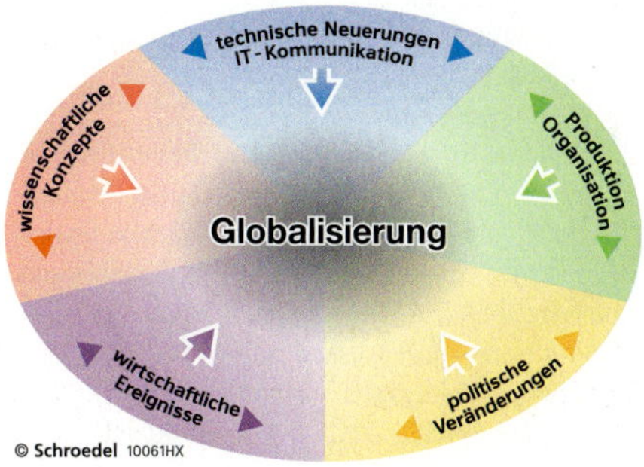

M8 Determinanten der Globalisierung

Global Player:
Wortwörtlich aus dem Englischen übersetzt bedeutet Global Player „weltweiter Spieler“. Gemeint sind Unternehmen und Konzerne, die eine enorme Marktbedeutung haben, weltweit Niederlassungen/Zweigbetriebe und/oder Beteiligungen unterhalten und damit global produzieren und handeln. Oftmals nutzen die Global Player auch die unterschiedlichen Umwelt- und Sozialstandards sowie Steuervorteile aus. Sie haben einen nicht zu unterschätzenden Einfluss auf die Politik von Staaten und Handelsbündnissen.

1 *Nennen Sie Beispiele für die verschiedenen Dimensionen der Globalisierung (M2, M7, M8).*

2 *Analysieren Sie die unterschiedlichen Einflussfaktoren auf Globalisierungsprozesse seit dem 16. Jahrhundert, indem Sie ...*
a) ... die verschiedenen Phasen benennen,
b) ... die jeweiligen Einflussfaktoren bestimmen,
c) ... Unterschiede unter Berücksichtigung der jeweiligen Auswirkungen erläutern (Autorentext, M1 – M6).

3 *„Kann nach der Dominanz neoliberaler Globalisierung auch ein Zeitalter solidarischer Globalisierung anbrechen?“ Diskutieren Sie in Gruppen diese Frage. Beziehen Sie dabei auch die Substainable Development Goals (S. 144/145) sowie die Rolle internationaler NGOs ein.*

Containerverkehr (TEU 20-Fuß-Container)

Umschlag in Häfen 2019: 811 Mio. TEU

Transportkosten Seetransport 2018: ca. 2 % – 3 % des Warenwertes, z. B. Jeans von Asien nach Europa ca. 30 Cent pro Jeans

(Quellen: WTO, World Trade Statistical 2020; Welt.de vom 25.8.2018)

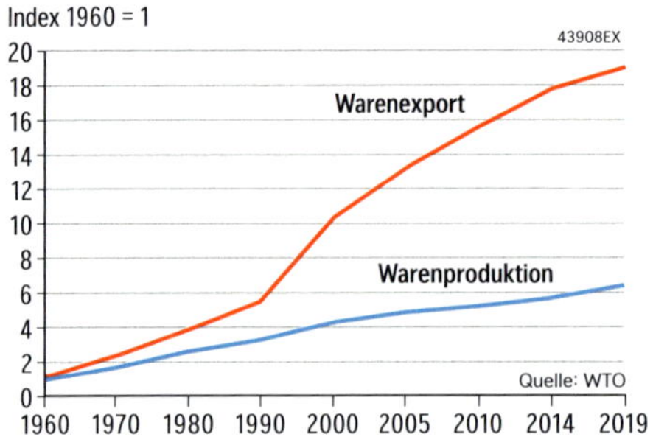

M1 Entwicklung der globalen Warenproduktion und des globalen Warenexports in konstanten Preisen

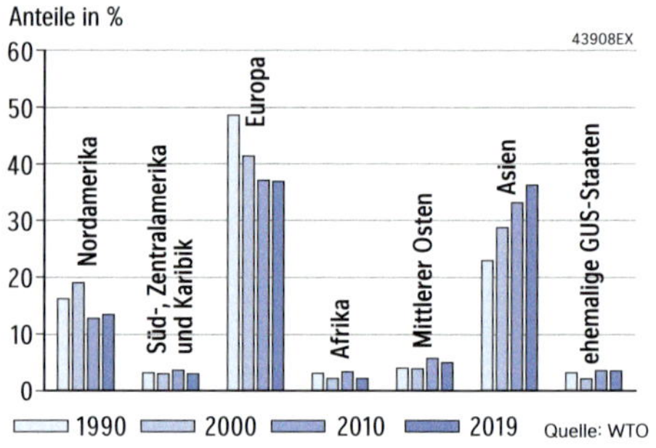

M5 Entwicklung der Anteile der einzelnen Großräume am weltweiten Warenexport

Entwicklung und Struktur des Welthandels

Die rasante Entwicklung des Welthandels stellt ein wesentliches Element der Globalisierung dar. Die ökonomische Vernetzung der Welt wurde gefördert durch technologische Fortschritte in den Bereichen Transport, Kommunikation und Logistik, durch Reduzierung von Zöllen und Ausweitung der Freihandelszonen sowie durch stark anwachsende Kapitalmengen. Dies ermöglichte eine weltweite Arbeitsteilung und Ausdifferenzierung der Lieferketten und Produktionsstandorte.
In jüngster Zeit wuchs der Export von Dienstleistungen noch stärker – von knapp 208 Milliarden US-Dollar (1977) auf 1491 (2000) und auf 6228 im Jahr 2019. Während Entwicklungsländer beim Warenexport noch einen Anteil von fast 10 % (2019) haben, beträgt ihr Anteil an den Dienstleistungsexporten nur 0,7 % (2019). International dominiert eindeutig die Triade (Europa, Asien, Nordamerika). Eindeutige Verlierer seit 1948 sind süd- und zentralamerikanische Staaten, deren Anteil am Welthandel von 11,3 % (1948) auf 3,2 % (2019) fiel, sowie die afrikanischen Staaten, deren Anteil von 7,3 % (1948) auf 2,5 % (2019) zurückging. Gleichzeitig stieg die Verschuldung.
Entgegen der These von den Vorteilen des Freihandels für alle Beteiligten ist auffällig, dass die alten Industriestaaten sowie wirtschaftsstarke asiatische Staaten wie China, Südkorea und Japan ihre Industrie während ihrer Aufbauphase durch Zölle und Handelsbeschränkungen schützten. Erst mit Erreichung einer internationalen Konkurrenzfähigkeit öffneten sie sich stärker für den Weltmarkt und forderten Freihandel. 2020 entstand mit dem RCEP-Abkommen zwischen China, Japan und weiteren 13 asiatischen Staaten die weltweit größte Freihandelszone.

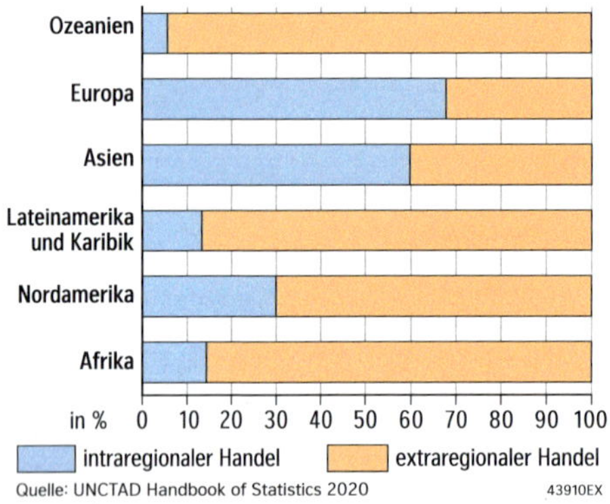

M2 Anteile der Warenexporte innerhalb der Regionen und regionsübergreifend

Entwicklung der weltweiten Warenexporte in Mio. US-$:

1950:	*62 040*
1960:	*130 460*
1970:	*316 920*
1980:	*2 036 136*
1990:	*3 489 739*
2000:	*6 454 020*
2010:	*15 306 475*
2019:	*18 888 714*
2020:	*17 582 919*

(Quelle: WTO-Statistik)

Unternehmen, die sich global verteilte Beschaffungs-, Produktions- und Absatzmärkte erschließen, wandeln sich zu komplexen Transnationalen Konzernen/Unternehmen (TNC/TNU). Sie optimieren dabei ihre Wertschöpfungskette (gesamte Produktions- und Absatzkette) durch Nutzung sich jeweils bietender günstiger Steuer-, Umwelt- oder Sozial- und Arbeitsstandards. Dies erschwert nationalstaatliche Kontrolle und führte 2021 zur Verabschiedung eines Lieferkettengesetzes durch den Bundestag, das Großunternehmen auf die Einhaltung von Menschenrechtsstandards auch bei ihren Lieferanten verpflichtet.

M3 Transnationale Unternehmen

RCEP:	29,6 %
USMCA (ehemals NAFTA):	27,9 %
EU:	17,8 %
Mercosur (Teil Südamerikas):	3,9 %

Quelle: Weltbank

M4 Anteil von Wirtschaftsbündnissen am weltweiten BIP 2019

100800-266 www.diercke.de

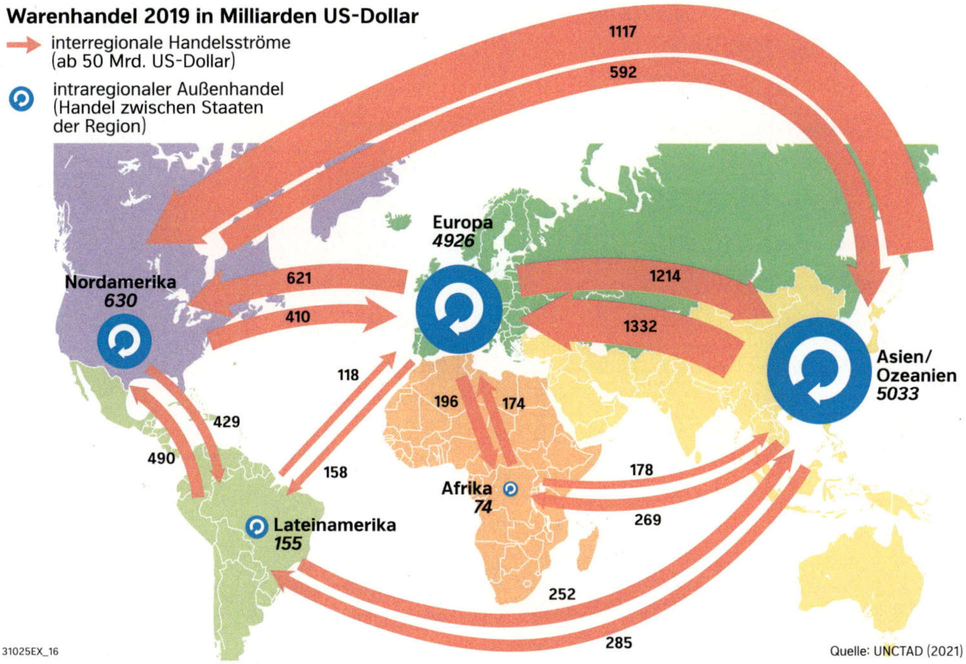

M6 Globale Handelsströme

> Für die Industrieländer ist es richtig, keine Zölle mehr zu erheben. [...] Doch für Entwicklungsländer ist es schädlich, wenn sie dem schrankenlosen Freihandel ausgesetzt sind. [...] Im 19. Jahrhundert betrug der technologische Abstand zwischen den reichsten und ärmsten Ländern höchstens 4 zu 1 [...] Inzwischen aber hat sich die Kluft [...] auf etwa 60 zu 1 ausgeweitet. [...]
>
> Ulrike Hermann

M7 Stellungnahme von Ulrike Hermann zum internationalen Freihandel

> Die hochgradig spezialisierte und räumlich entgrenzte Arbeitsteilung [...] führt [...] in ein komplexes System der organisierten Unverantwortlichkeit, weil sich die sozialen und ökologischen Wirkungen ökonomischer Handlungen nicht mehr kontrollieren lassen. Mit zunehmender räumlicher Ausdehnung und ökonomischer Verflechtung steigt [...] die [...] Krisenanfälligkeit.
>
> Niko Paech

M9 Globalisierung – verantwortungslos und verwundbar

Anteile am Teepreis:

Plantagenarbeiter: 1,1 %
Plantagenbesitzer: 0,9 %
Großhandel: 10,8 %
Teeunternehmen: 22,5 %
Einzelhandel: 58,2 %
Steuer: 6,5 %
(Quelle: Oxfam 2021)

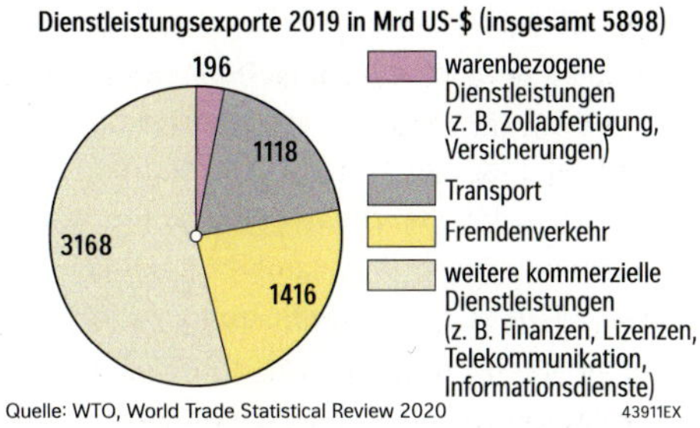

M8 Dienstleistungsexporte – Hauptgruppen

Staat	Außenhandelsbilanz 2018	Verschuldung 2019
Äthiopien	−12 180	28 287
Bolivien	10 470	14 344
Ghana	−753	26 953
Deutschland	243 346	Gläubiger
Vietnam	8 231	118 490
Argentinien	−11 122	279 305

M10 Außenhandelsbilanz (Waren und Dienstleistungen) ausgewählter Staaten in Mio. US-$

Gläubiger bedeutet, dass Deutschland mehr Geld an das Ausland verliehen hat, als es selbst im Ausland Kredite aufnahm.

1 *Beschreiben Sie die Strukturen des globalen Handels (M1 – M6, M8, M10, Randspalte).*

2 *Analysieren Sie die Veränderungen im Bereich des Welthandels (Randspalte, M1, M5, M7).*

3 *Diskutieren Sie die Vor- und Nachteile der Liberalisierung und Expansion des Welthandels aus der Sicht unterschiedlicher Akteure (Verbraucher, Arbeitskräfte, Unternehmen, Staaten).*

4 *Nehmen Sie Stellung zu den Thesen von Ulrike Hermann und Niko Paech (M7, M9).*

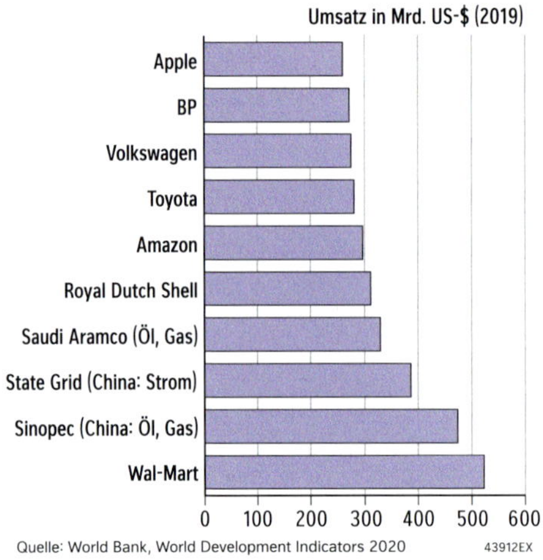

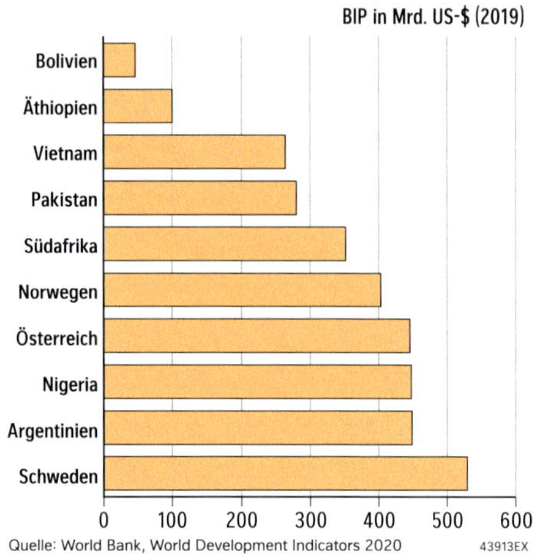

M1 Umsätze ausgewählter Unternehmen im Vergleich zum BIP ausgewählter Staaten 2019

Hedgefonds:
handeln oft mit hochspekulativen Anlageformen wie Kreditderivaten (Finanzprodukte auf Basis von Hypotheken) oder anderen Finanzderivaten (künstlich geschaffenen Papieren, die z. B. zukünftige Preisentwicklungen von Waren, Rohstoffen, Devisen oder Zinsen widerspiegeln). Es sind auch Leergeschäfte (Verkäufe in der Zukunft) möglich.

Finanzmarkt-Kapitalismus:
Dieser Begriff soll die wachsende Bedeutung globaler Finanzmärkte für die Entwicklung von Volkswirtschaften verdeutlichen. Investmentfonds, Hedgefonds, Privat-Equity-Firmen (sammeln Gelder von Privatanlegern), Analysten oder Ratingagenturen (bewerten Finanzprodukte und Unternehmen) bestimmen zunehmend über Strategien großer Unternehmen.

Kaum ein Teilbereich der Wirtschaft ist stärker digitalisiert und globaler vernetzt als der Finanzsektor, steht dieser doch symptomatisch für die Globalisierung – auch mit ihren Schattenseiten. Die Expansion und eine neue Qualität der Finanzindustrie spätestens seit den 1980er-Jahren ist untrennbar mit dem Wandel historischer sowie dem Aufstieg neuer Finanzzentren verbunden. Finanzzentren stellen die Knoten eines globalen Netzwerks aus Informations- und Kapitalströmen dar, an denen Finanzprodukte entwickelt, Vermögen verwaltet und Wertpapiere gehandelt werden. Europas Finanzzentren sind ein wichtiger Teil dieses globalen Netzwerkes. [...] Prinzipiell neigen Finanzaktivitäten zur Konzentration in spezialisierten Finanzzentren.

Sabine Dörry, Robert Musil

M2 Finanzzentren und ihre Bedeutung

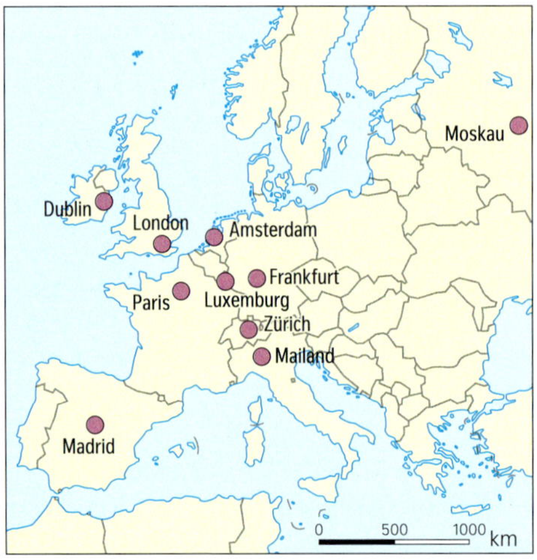

M3 Europäische Finanzzentren mit globaler Bedeutung

Strukturen und Folgen der Weltfinanzströme

Die weltweit zur Verfügung stehenden Finanzmittel und deren Dynamik sind in den letzten Jahrzehnten enorm gewachsen. Ursachen dafür sind insbesondere die teilweise zinsfreie Bereitstellung von Geldern durch Zentralbanken (EZB, FED), die schrittweise Beseitigung von Kontrollen im internationalen Kapitalverkehr, die Senkung von Steuern für Unternehmen und Spitzenverdiener, die fehlende Besteuerung von Finanztransaktionen, die zunehmende Bedeutung von „Steueroasen" und damit die Möglichkeit der Steuervermeidung für Unternehmen und Spitzenverdiener. Diese Finanzmittel werden zunehmend in Finanzprodukte angelegt. Dabei werden immer neue Finanzprodukte, sogenannte **Finanzderivate**, entwickelt, die teilweise hochriskant sind. Insgesamt übertrifft der Finanzsektor den Warenhandel oder den Wert der Warenproduktion um ein Mehrfaches. Diese Entwicklung führte zur Ausbildung eines Finanzmarkt-Kapitalismus, wo kurzfristige Gewinnmaximierungen im Mittelpunkt wirtschaftlichen Handels stehen, Investitionen in die eigentliche Produktion sind nachrangig. Zunehmend werden für diese Finanzmittel auch Anlagemöglichkeiten im Immobiliensektor gesucht. Darüber hinaus wird mit Devisen, Rohstoffen und Unternehmen, die zur kurzfristigen Gewinnmaximierung gekauft werden, spekuliert. Damit beeinflusst der Finanzsektor die wirtschaftliche Entwicklung von Staaten, Regionen und Unternehmen und verschärft Ungleichgewichte mit Konsequenzen für alle Menschen.

Die soziale Ungleichheit ist unerträglich hoch. Die ärmere Hälfte der Weltbevölkerung besitzt gemeinsam nicht einmal ein Prozent des globalen Vermögens. An der Spitze der Vermögensverteilung stehen 2153 Personen, die jeweils über mehr als eine Milliarde US-Dollar Privatvermögen verfügen. Gemeinsam gehört ihnen mehr Vermögen als den unteren 60 Prozent der Weltbevölkerung. [...]

Oxfam (Hrsg.)

M4 Soziale Ungleichheit

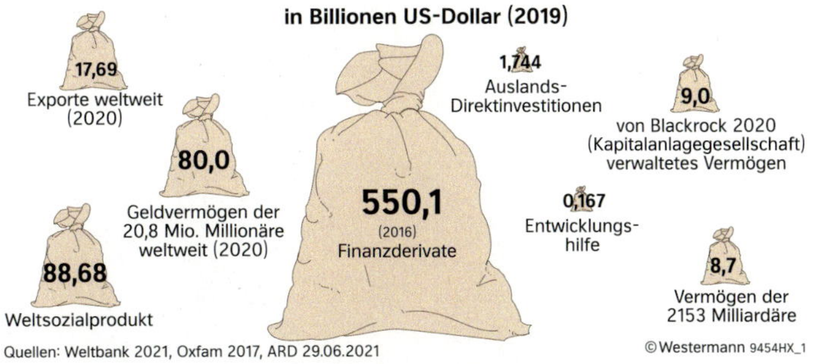

M7 Globale Finanzmittel im Vergleich

Auch Direktinvestitionen im Ausland konzentrieren sich zunehmend auf globale Finanzzentren. Laut IWF werden in diesen Finanzzentren fast 50 Prozent der weltweiten Investitionen (Stand: 2017) abgewickelt, wobei sie nur ca. 7 Prozent der weltweiten Wirtschaftsleistung umfassen. Eine Ursache ist, dass Unternehmen ihren juristischen Sitz in Finanzzentren verlagern, um Steuern zu sparen. So hat Amazon Europa seinen Sitz in Luxemburg, Apple, Google, Facebook haben ihren in Irland.

M5 Unternehmenssitze und Finanzzentren

Täglich werden an den internationalen Börsen Devisen im Umfang von 6,5 Billionen Dollar (2019) gehandelt. Ein Teil des Handels ist Spekulation mit Währungen. Gelder aus Staaten mit niedrigen Zinsen werden in Staaten mit hohen Zinsen getragen, wo Spekulanten sie kurzfristig anlegen, um von der Zinsdifferenz zu profitieren. Auslöser sind meist hohe Inflationsraten. Um die Gelder anlegen zu können, muss die nationale Währung gekauft werden, wodurch ihr Wert steigt. Nationale Produkte verteuern sich so auf dem internationalen Markt, Importgüter verbilligen sich. Die nationale Produktion sinkt, eine Wirtschaftskrise kann entstehen. Dann steigen Währungsspekulanten aus, tauschen die überbewertete Währung zurück, was zu einer Abwertung führt und Importe verteuert. In Ungarn oder Argentinien sind so Wirtschaftskrisen ausgelöst worden.

M6 Auswirkungen von Währungsspekulationen

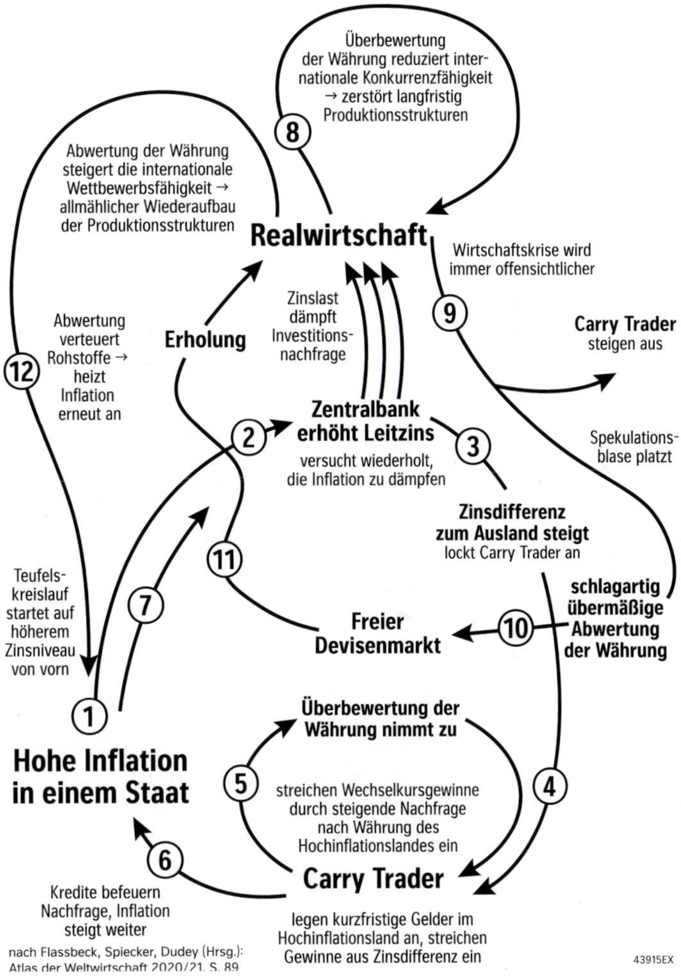

M8 Folgen von Währungsspekulationen für einzelne Staaten

1 *Bennen Sie die einzelnen Elemente der globalen Finanzströme (Autorentext, M1 – 4).*

2 *Erläutern Sie räumliche Konsequenzen der expandierenden Finanzströme (M2, M3, M5 – M8).*

3 *Beschreiben Sie den Teufelskreis der Zins- und Währungsspekulation (M6, M8).*

4 *Erstellen Sie eine Mindmap zum Thema wachsende Weltfinanzströme und ihre Ursachen sowie Gefahren (M1 – M8).*

5 *Setzen Sie sich mit der These auseinander, dass der Finanzmarkt-Kapitalismus soziale und regionale bzw. internationale Ungleichheiten verschärft (M1 – M8).*

M1 Chinesische Schuhfabrik im Industriepark bei Addis Abeba/Äthopien

__Nationaleinkommen:__
fasst alle Löhne und Gehälter, Unternehmens- und Vermögenseinkommen sowie vom Staat gezahlte Subventionen zusammen

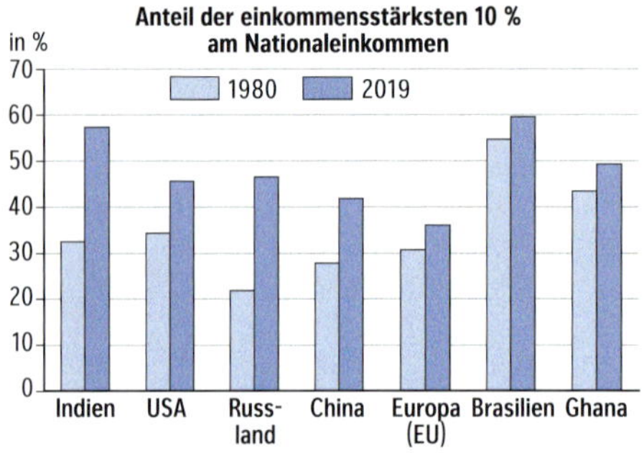

Quellen: https://wid.world; Piketty, Kapital und Ideologie, München 2020 43916EX

M2 Entwicklung der Einkommensverteilung

> [...] Rund um den Globus haben die Menschen im Corona-Krisenjahr in der Summe so viel Reichtum angehäuft wie nie. Das Vermögen ist jedoch ungleich verteilt. Vor allem der Club der Reichen und Superreichen wuchs kräftig. Superreiche – das sind Menschen mit einem Vermögen von mehr als 100 Mio. US-$. [...] Über 60 000 Menschen besitzen [...] 15 % des weltweit investierbaren Vermögens. [...] Die globalen Ungleichheiten dürften weiter zunehmen [...]
>
> Bianca von der Au

M3 Vor allem Superreiche werden reicher

__Terms of Trade:__
erfassen die Entwicklung der Preise der Export- und Importgüter. Steigen die Exportpreise schneller als die Importpreise, kann der jeweilige Staat für die gleiche Menge an Exportgütern mehr Importgüter erwerben.

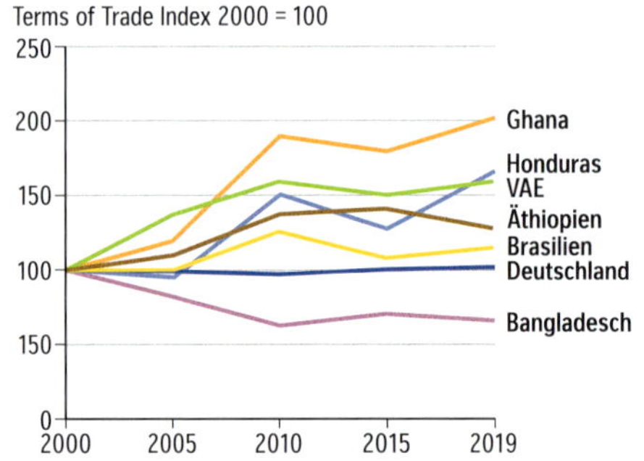

Quelle: Weltbank 2021 43917EX

M4 Entwicklung der Terms of Trade

Gewinner und Verlierer der Globalisierung

Eine globalisierte Wirtschaft bietet vielfältige Chancen, aber auch Risiken sowohl für Staaten, Unternehmen als auch für die einzelnen Bürger. Dies zeigte sich in der Pandemie 2020/2021 mit ihren globalen Folgen bezüglich der Gesundheit, der Unterbrechung von Lieferketten, dem Zusammenbruch des Tourismus und der Verschärfung von Einkommensunterschieden. Aber schon zuvor profitierten nicht alle Staaten, Regionen, Städte oder Bürger von der Globalisierung. Schon in den 1960er-Jahren entwickelten Vertreter aus Lateinamerika die Dependenztheorie, die auf ungleiche Zentrum-Peripherie-Strukturen hinwies, die zwischen den Staaten des Nordens und des Südens, aber auch innerhalb der jeweiligen Staaten entstehen. Auf der einen Seite konnten Entwicklungsländer über die Entstehung arbeitsintensiver Produktionsbereiche neue Einkommensmöglichkeiten schaffen, wodurch teilweise eine Weiterentwicklung erfolgte (z. B. in Regionen Südostasiens). Insgesamt jedoch verschärften sich eher die Disparitäten, wie es auch in der Theorie der fragmentierten Entwicklung zum Ausdruck kommt, die der Geograph F. Scholz im letzten Jahrzehnt entwickelte. Vermehrt entstehen ungleiche Lebensverhältnisse und ungleiche Austauschbedingungen (Terms of Trade). Aufgrund der weltweit steigenden Nachfrage nach bergbaulichen und agrarischen Rohstoffen seit 2000 konnten jedoch im Bereich der Terms of Trade viele Staaten ihre Situation bezüglich dieses Indikators verbessern.

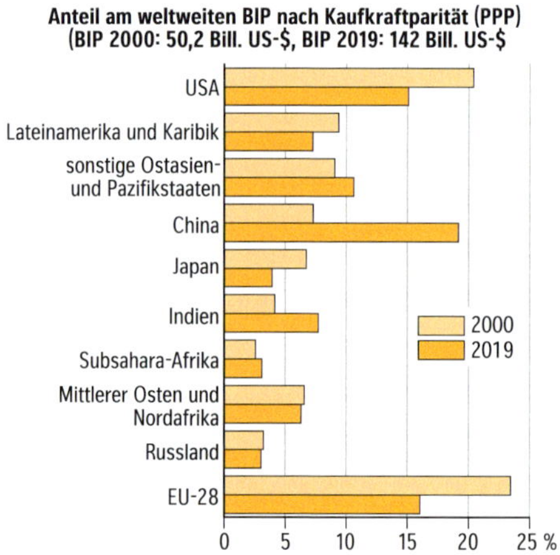

Quelle: Atlas der Weltwirtschaft 2020/21 43918EX

M5 Anteile von Regionen und Staaten am weltweiten BIP (nach Kaufkraftparität)

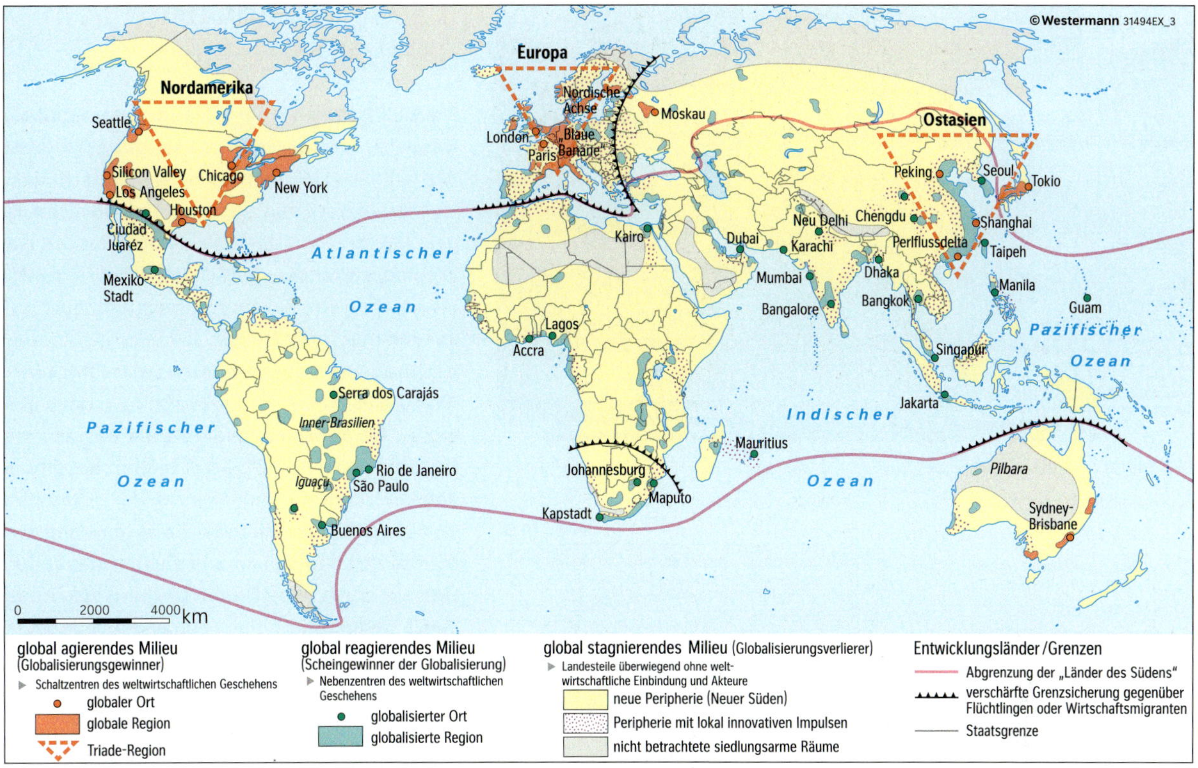

M6 Karte zur Theorie der fragmentierten Entwicklung nach F. Scholz

Diese Theorie geht vor dem Hintergrund einer globalisierten Wirtschaft davon aus, dass die Nationalstaaten an Bedeutung verlieren. Transnationale Unternehmen und Institutionen haben ihren Sitz in den globalen Orten des Nordens und bestimmen von dort das Geschehen in den globalisierten Orten und Regionen des Südens. Dort befinden sich Hightechdienstleistungen, Tourismuszentren, Steuerparadiese, Massengüterproduktion, existieren Niedriglohnsektoren und Kinderarbeit, werden Bergbauprodukte und Rohstoffe umgeschlagen. Diese Orte können aufgrund ihrer Abhängigkeit nur reagieren, stehen in ständiger Standortkonkurrenz und sind nur „Scheingewinner" der Globalisierung. Der „Rest" der Weltbevölkerung in den neuen Peripherien kann von der Globalisierung nicht profitieren. Einzelne Regionen, Orte oder Stadtteile bilden Fragmente der Armut oder des Reichtums, auch innerhalb der alten Industriestaaten.

M7 Zur Theorie der fragmentierten Entwicklung nach F. Scholz

1 *Stellen Sie die wesentlichen Gewinner und Verlierer der Globalisierung dar (M2 – M6).*

2 *Erklären Sie unter Einbeziehung von M6 und M7 die unterschiedlichen Auswirkungen der Globalisierung auf Regionen und Bevölkerung.*

3 *Skizzieren Sie die Hauptaussagen der Theorie der fragmentierten Entwicklung.*

4 *Das Beispiel der chinesischen Schuhfabrik in Äthiopien:*

a) Ordnen Sie das Beispiel der chinesischen Schuhfabrik in die Theorie der fragmentierten Entwicklung ein (M1, M6, M7).

b) Diskutieren Sie Vor- und Nachteile dieser Investition für Betroffene und den Staat Äthiopien (M1, M7).

5 *Nehmen Sie vor dem Hintergrund der Seiten zur Globalisierung (S. 230 – 239) abschließend Stellung zur These: „Ungeregelte Globalisierungsprozesse führen zu wenigen Gewinnern und vielen Verlierern."*

M1 Made in United States

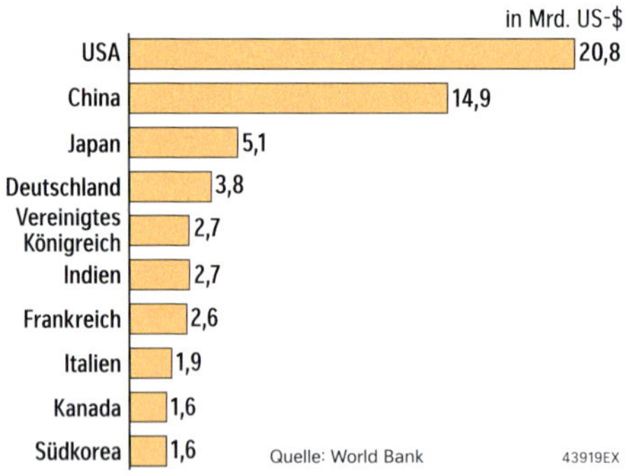

M2 BIP in Billionen US-Dollar im Vergleich (2020)

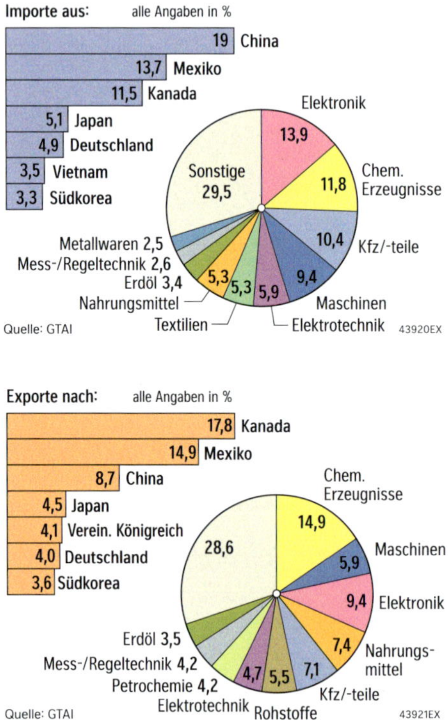

M3 Der Außenhandel der USA in Zahlen (2020)

5.2 Die Position der USA in der Weltwirtschaft

Die USA gelten als die führende internationale Handelsmacht der Welt, da sie gut ein Fünftel des jährlichen Welteinkommens erwirtschaften. Im Jahr 2020 betrug das Bruttoinlandsprodukt der USA 20,8 Bio. US-Dollar, wobei der Dienstleistungssektor den größten Anteil mit rund 80 % erwirtschaftete. Ressourcenreichtum, eine gut ausgebaute Infrastruktur, die enorme Binnennachfrage und die freie Marktwirtschaft führten zu diesem Erfolg. Tagtäglich begegnen uns multi- und transnationale US-Unternehmen wie HP, Microsoft, Apple oder Amazon, die global agieren. Der hohe Kapitaleinsatz für Forschung und Entwicklung sichert das Know-how und den Marktanteil im Ausland und steigert damit den Umsatz durch neue Produkte. Rund ein Drittel der 25 weltgrößten Industrieunternehmen kommt aus den USA.

Ausgehend von der wirtschaftlichen Stärke des eigenen Staates gelang es den USA in ganz besonderer Weise, sich eine Spitzenstellung auf dem Weltmarkt zu erarbeiten. Hohe Leistungsfähigkeit und Kaufkraft der Einwohner waren seit jeher Garanten für eine umfangreiche Produktion und einen riesigen Absatzmarkt. Einfuhrbestimmungen, die den einheimischen Waren den Vorzug gaben, unterstützten das Wachstum über viele Jahrzehnte.
Auch die politischen und gesellschaftlichen Voraussetzungen für diese Entwicklung waren von Beginn an günstig. Der Staat verfügt über einen liberalen und innovativen Wirtschaftsgeist, der ein freies Unternehmertum, die Möglichkeit der privaten Kapitalbildung und eine grundsätzlich positive Einstellung zu Geld ermöglichte. Aber auch die immensen Investitionen der Privatwirtschaft und des Staates im eigenen Land förderten diese Entwicklung. Wichtige Säulen der US-Wirtschaft sind nicht nur der produzierende Sektor und der Dienstleistungssektor, sondern auch die Landwirtschaft. Ihre Leistungskraft ist groß genug, um den riesigen Binnenmarkt zu versorgen. Zudem gelten die USA als einer der größten Agrarexporteure der Welt.
Auf der anderen Seite stehen krasse Ungleichheit innerhalb der Gesellschaft, Handelskriege und wachsende Staatsschulden. Regelmäßig wird vom Ende der US-amerikanischen Vorherrschaft gesprochen. Doch verweist jede Schwäche der US-Wirtschaft auf ihre zugrunde liegenden Stärken.

M4 Grundlagen wirtschaftlicher Stärke der USA

100800-210 www.diercke.de

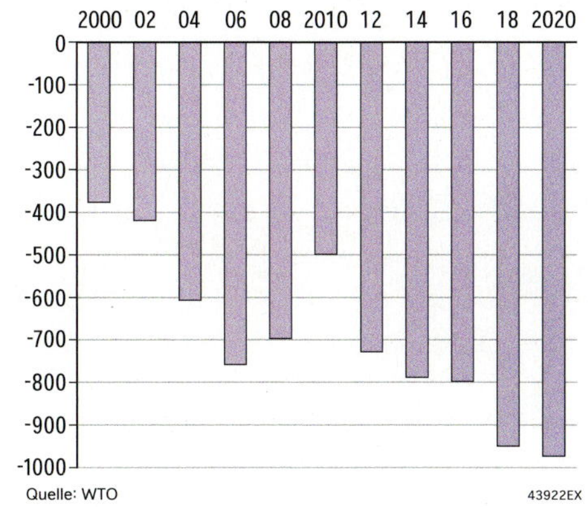

M5 Außenhandelsbilanz der USA in Milliarden US-Dollar

Technologisch und wissenschaftlich spielen die USA immer noch eine zentrale Rolle in der Welt. Aber die Position der weltweit größten Volkswirtschaft gerät ins Wanken. Deshalb verfolgte der Staat unter Präsident Trump wirtschaftspolitisch eine aggressive Tonart. Trump war aus mehreren wichtigen internationalen Vereinbarungen ausgestiegen (z. B. Pariser Klimaschutzvertrag und WHO). Auch wirtschaftlich verfolgte Trump den harten Kurs „America First!". Während die USA nach dem Zweiten Weltkrieg eine zentrale Rolle beim Aufbau einer liberalen und regelbasierten Handelsordnung spielten, verfügte Trump den Ausstieg aus verschiedenen Freihandelsabkommen. Protektionistische Maßnahmen und Schutzzölle auf Importe sollten heimische Arbeitsplätze schützen. Aber auch der neue Präsident Joe Biden hat eine Politik zugunsten heimischer Produkte angekündigt. So will Biden etwa sicherstellen, dass bei staatlichen Aufträgen vor allem heimische Unternehmen profitieren. Zunächst soll der Mindestanteil bei der staatlichen Auftragsvergabe an US-Firmen von 55 auf 60 Prozent steigen. Bis 2029 soll er dann 75 Prozent umfassen. Auch außenpolitisch versucht Präsident Biden, die Stellung der USA zu sichern. Beispiel dafür ist die US-Initiative für ein milliardenschweres Infrastrukturprojekt zur Unterstützung armer Staaten durch die G7, das eine Alternative zu Chinas „Neuer Seidenstraße" darstellt.

M6 Wirtschaftswachstum durch „America First!"?

Leitwährung

Nachdem die europäischen Landeswährungen infolge der Weltkriege stark erschüttert worden waren, entwickelte sich der US-Dollar parallel zum wirtschaftlichen Erstarken der USA zur internationalen Leitwährung Nummer eins. Heute werden die meisten Rohstoffe und Konsum- und Investitionsgüter in dieser Währung auf dem Weltmarkt gehandelt.

weltweite Dominanz des Börsenplatzes New York

Nahezu alle Wertpapierbörsen der Welt hängen mit ihren Kursen von der US-amerikanischen Börse ab. Wirtschaftskrisen in den USA wie der „Black Thursday" an den US-amerikanischen Börsen 1929 können sich zu massiven Weltwirtschaftskrisen ausweiten. Zuletzt zeigte sich dies in der Wirtschaftskrise der Jahre 2008 und 2009.

weltweite Kapitalbeteiligungen und Unternehmenskäufe

US-Unternehmen waren international die ersten mit Kapitalbeteiligungen an ausländischen Firmen und damit auch entscheidenden unternehmerischen Mitspracherechten. So gehört z. B. Opel zum General-Motors-Konzern, was erst durch die Krise des US-Konzerns 2009/10 ins Bewusstsein rückte.

weltweite Produktplatzierung

Als Folge von Kapitalbeteiligungen und Firmenkäufen sowie dank des gigantischen privaten Investitionskapitals konnten US-amerikanische Produkte, Dienstleistungen und Unternehmenskonzepte auch auf allen Kontinenten platziert werden. Beispiele wären McDonalds, Coca-Cola und Starbucks.

weltwirtschaftspolitische Dominanz

Die USA sind an entscheidenden weltwirtschaftlichen Prozessen beteiligt. In vielen weltweit agierenden Wirtschaftsorganisationen übernehmen sie die dominierende Rolle und setzen ihre Interessen durch.

M7 Kennzeichen der wirtschaftlichen Vormachtstellung der USA

Anteil an den Top 100 Unternehmen weltweit (2018):

USA:	*54*
China:	*12*
Verein. Königreich:	*5*
Frankreich:	*4*
Deutschland:	*4*
Schweiz:	*3*
Irland:	*2*
Spanien:	*2*

(Quelle: Paymentandbanking.com)

Währungsreserven in Milliarden US-Dollar (2020):

1.	*China:*	*3243,3*
2.	*Japan:*	*1383,2*
3.	*Schweiz:*	*961,8*
4.	*Russland:*	*568,9*
11.	*Deutschland:*	*253,2*
19.	*USA:*	*133,2*

(Quelle: IWF)

1 *Nennen Sie wesentliche Ursachen und Faktoren, die die Entwicklung der USA zur Weltwirtschaftsmacht förderten (M4, M7).*

2 *Erläutern Sie mithilfe der Materialien die Stellung der USA in der Weltwirtschaft (M1 – M7).*

3 *Stellen Sie mögliche Schwachpunkte der US-Wirtschaft dar (M3, M5, M6).*

4 *Erörtern Sie die Frage, ob die USA noch heute die überragende Weltwirtschaftsmacht sind (M1 – M7, Internetrecherche).*

M1 Stahlindustrie in Cleveland, Illinois (Manufacturing Belt)

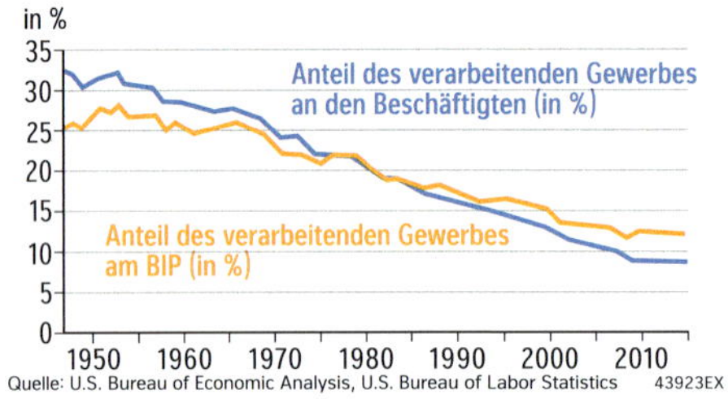

M2 Wertschöpfung und Beschäftigung im verarbeitenden Gewerbe in den USA

Anteil des Manufacturing Belts an der industriellen Wertschöpfung der USA in %:

1967:	*58,6*
1972:	*55,2*
1977:	*51,6*
1982:	*46,5*
1987:	*45,2*
2018:	*26,0*

(Quelle: Norbert de Lange: Die regionale Entwicklung der USA in den achtziger Jahren, U. S. Census)

Jahr	Pittsburgh	Detroit	Cleveland
1930	669800	1569000	900400
1950	676800	1850000	914800
1970	520100	1510000	750900
1990	369900	1028000	505700
2010	305500	713800	396300
2019	300286	670031	381000

M3 Einwohnerentwicklung ausgewählter Städte

US-Autoproduktion in Millionen (ausgenommen Nutzfahrzeuge):

1975:	*6,55*
1985:	*8,18*
1995:	*6,35*
2005:	*4,32*
2010:	*2,73*
2019:	*2,53*

(Quelle: OICA)

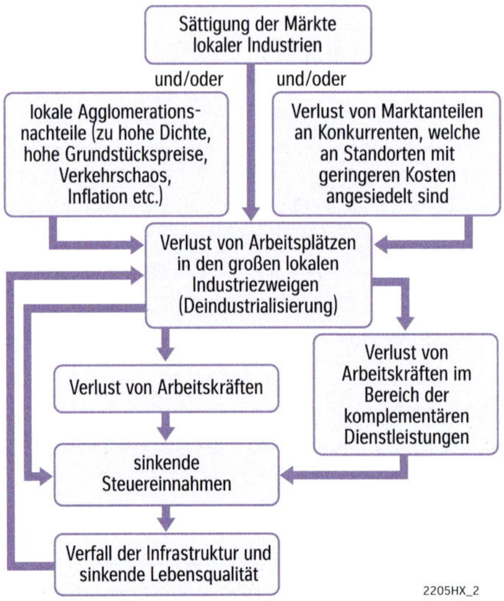

M4 Spirale der Deindustrialisierung

M5 Skyline von Atlanta, Georgia (Sun Belt)

Strukturwandel in der Industrie

Der sekundäre Sektor in den USA liegt gemessen an seinem Anteil am BIP mit 19,3 Prozent (2019) deutlich hinter dem Dienstleistungssektor (80 Prozent) zurück. Ab den 1970er-Jahren kam es zu einem starken industriellen Strukturwandel, der vielfach mit den Schlagwörtern „Rise of the Sunbelt" und „Decline of the Northeast" umschrieben wurde. Damit einher gingen auch eine Umverteilung von Wirtschaftsaktivitäten und eine Attraktivitätssteigerung von einzelnen Staaten im Süden und Westen der USA gegenüber der Industrieregion um die Großen Seen, dem Manufacturing Belt, der zunehmend an Bedeutung verlor.

Der Manufacturing Belt im Nordosten der USA ist der traditionelle industrielle Kernraum des Staates und heute noch das weltweit größte Industriegebiet. 1950 betrug der Anteil des Manufacturing Belts an der Eisen- und Stahlindustrie und Fahrzeugproduktion 75 Prozent der Gesamtwertschöpfung der USA in diesem Bereich. Die wirtschaftliche Blütezeit hielt bis in die 1970er-Jahre an. Die zunehmende Rohstoffsubstitution ließ die Nachfrage nach Eisen und Stahl aber stark sinken. Im Zuge der rückläufigen Rohstahlproduktion offenbarte sich aber auch in den Eisen und Stahl verarbeitenden Industriezweigen eine eingeschränkte Wettbewerbsfähigkeit. Hinzu kam, dass fast zugleich konkurrierende Produkte aus Übersee (z. B. Fahrzeuge, Rohstoffe) große Marktanteile eroberten. Diese Prozesse lösten Krisen im Kohle-, Stahl- und Automobilbereich aus. Der Manufacturing Belt wurde zum Rust Belt. Besonders betroffen waren die monostrukturierten Altindustrieräume Cleveland, Detroit und Pittsburgh. Trotzdem liegt heute die industrielle Produktion der Region noch über dem US-Durchschnitt.

M6 Entwicklung des Manufacturing Belts

100800-211 www.diercke.de

M7 Wichtige Wirtschaftsregionen der USA

Der Süden der USA war lange Zeit landwirtschaftlich geprägt. Erst Erdöl- und Erdgasfunde in Texas und Louisiana um 1900 lösten eine erste punktuelle Industrialisierung aus. Nach dem Zweiten Weltkrieg begann der Aus- und Aufbau von Standorten der Petrochemie, des Flugzeugbaus, der Raumfahrt, der Rüstungsindustrie und der Mikroelektronik. Der Sunbelt entwickelte sich immer stärker zu einem Gegengewicht des Nordostens.
Entscheidend für den Prozess war die Verzahnung von Produktion und innovativer Forschung. Neben günstigen Produktionsbedingungen sorgten vor allem die öffentlichen Subventionen, zum Teil in enger Verbindung mit Institutionen wie der NASA, sowie die große Bereitschaft, in Forschungs- und Entwicklungsprojekte zu investieren, für die Attraktivität der Standorte. Dies löste eine Zuwanderungswelle aus den altindustrialisierten Gebieten aus, die bis heute anhält. Auch zahlreiche ausländische Unternehmen ließen sich im Sunbelt nieder. Der tertiäre Sektor mit einem „kreativen Unternehmensmilieu“ dominiert.

M8 Entwicklung des Sunbelts

Stadt	BIP in Mio. US-$ (2018)	Veränderung des BIP in % 2013 – 2018
San Jose, Kalifornien	331	+49,4
San Francisco, Kalifornien	548	+31,6
Austin, Texas	146	+30,3
Seattle, Washington	39	+27,5
Raleigh, North Carolina	83	+26,5
Portland, Oklahoma	164	+24,6
San Antonio, Texas	133	+24,0

Quelle: Austin Chamber

M9 Die am stärksten wachsenden Metropolregionen der USA 2013 – 2018

- Ballungsräume mit großem Angebot an spezialisierten, leistungsfähigen und gewerkschaftlich nicht organisierten Arbeitskräften
- zu Beginn niedrige Boden- und Immobilienpreise
- hohe Investitionsbereitschaft in Forschung und Hightech-Produktion
- meist gute Verkehrsanbindung
- staatliche Subventionen
- enge Verflechtungen mit staatlichen Institutionen (z. B. NASA)
- Klimagunst
- hoher Freizeitwert, Tourismusindustrie

M10 Wirtschaftliche Gunstfaktoren im Sunbelt

1 *a) Lokalisieren Sie den Manufacturing Belt (Atlas, M7).*
b) Nennen Sie die Standortfaktoren des Manufacturing Belts (Atlas, M6).

2 *Erläutern Sie die Veränderung der Standortfaktoren im Manufacturing Belt (M1 – M6, Randspalte).*

3 *Beschreiben Sie den Prozess der Verlagerung der wirtschaftlichen Schwerpunkte in den USA (räumlich, sektoral) (M8 – M10, Atlas).*

4 *Erläutern Sie die Vorteile des Sunbelts im Vergleich zum Manufacturing Belt aus Sicht der Unternehmer und Arbeitnehmer (M10).*

5 *Stellen Sie die Synergieeffekte des Sunbelts in Anlehnung an die Grafik M4 grafisch dar.*

__Motor City/Mo-Town:__
Vor 100 Jahren startete Henry Ford in Detroit mit der Fließband-Produktion seines „Tin Lizzy“ (Blechliesl) genannten Modells T und schrieb damit Geschichte. Seitdem trägt Detroit den Spitznamen „Motor City“ oder „Mo-Town“.

M1 Innenstadt Detroit mit planierten Grundstücken

Großstadt im Manufacturing Belt: Detroit – die schrumpfende Stadt?

Als Henry Ford vor etwa 100 Jahren die Fließbandfertigung entwickelte, begann der Aufstieg der mittelgroßen Stadt in Michigan. Die „Großen Drei“ – Chrysler, Ford, General Motors – schufen die Autostadt schlechthin. Mittlerweile gleicht sie für viele einem Albtraum und gehört zum Musterbeispiel einer Shrinking City. Fast jedes fünfte Haus in Detroit steht leer. Zudem gilt die Stadt als gefährlichste der USA.

ab 1850	Beginn der Industrialisierung
1864	Start der Stahlproduktion
1898	Beginn der Automobilproduktion (Ford, Dodge, Chrysler, Studebaker)
ab 1900	industrielles Zentrum mit vorwiegend automobiler Monostruktur, Zuwanderung von Afroamerikanern
seit 1960	Suburbanisierung der weißen Bevölkerung
ab 1970	Abwanderung der Automobilproduktion (z.T. in den Süden)
1973	Rezession durch die Ölkrise trifft Detroit besonders hart
2013	Insolvenz der Stadt

M2 Entwicklung Detroits

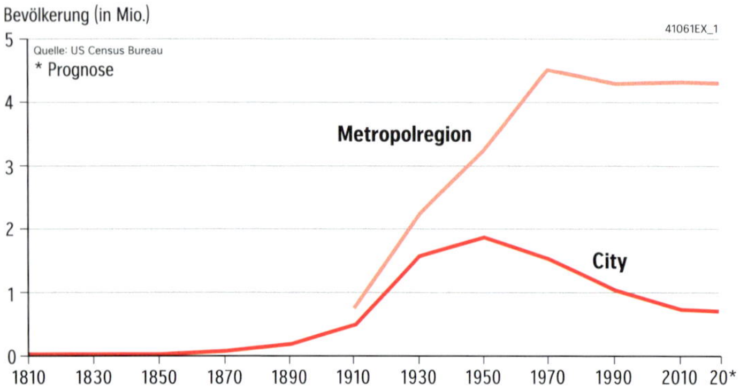

M3 Bevölkerungsentwicklung im Raum Detroit

Zur Zeit der Industrialisierung und der beginnenden Massenproduktion des Autos war der wichtigste Standortfaktor die Nähe zu Rohstoffvorkommen, Zulieferbetrieben und Absatzmärkten, die eine Minimierung der Transportkosten bedeutete. Die „Big Three“ (General Motors, Ford, Chrysler) wählten aus diesem Grund ihren Standort im Raum Detroit und bauten dort ein dichtes Netz an Zulieferbetrieben auf. Der Fahrzeugbau machte Detroit in kürzester Zeit zu einer prosperierenden Millionenstadt.

Infolge der Automatisierung im Fahrzeugbau nach dem Zweiten Weltkrieg, der japanischen Konkurrenz und der Ölkrise in den 1970er-Jahren kam es zu einem tiefgreifenden Strukturwandel in der US-Automobilindustrie. Die Fahrzeugproduktion brach massiv ein. Die Firmen reagierten mit Massenentlassungen (bis zum Jahr 2013 Verlust von etwa 180 000 Arbeitsplätzen), Produktionsumstellungen und Verlagerungen ins kostengünstige Umland. Die gut verdienende Mittel- und Oberschicht wanderte in andere Gebiete der USA ab (vorrangig in den Sunbelt).

Der krisenhafte Niedergang der Automobilindustrie verursachte einen Leerstand von etwa 78 000 Gebäuden und 66 000 besitzlosen Grundstücken. Die zerfallende Infrastruktur führte zu Armut und extrem hoher Kriminalität.

Die Bemühungen, neue Industrien anzusiedeln, waren bisher wenig erfolgreich. Denn Detroit konkurriert mit attraktiveren Standorten. Die Autohersteller haben längst einen Teil ihrer Produktion in andere Bundesstaaten verlagert. Auch deutsche Hersteller wie Mercedes, VW oder BMW errichteten ihre Werke im Süden. Zwar zeichnet sich ein Comeback der „Big Three“ in den letzten Jahren ab. Doch auch diese benötigen weniger Mitarbeiter als zuvor. Vom derzeitigen Aufschwung in der Automobilproduktion profitieren daher nur flexible, gut qualifizierte Arbeitnehmer.

Erste Rettungsversuche zur Diversifizierung der Wirtschaft im Strukturwandel brachten kaum Belebung. Die niedrigen Immobilienpreise lockten jedoch in den letzten Jahren zunehmend Pioniere wie Künstler und Kreative in die Stadt. Es besteht die Hoffnung, dass sich aus einer dynamischen Nischenkultur etwas Größeres entwickelt.

Einige Anzeichen deuten darauf hin, dass sich die Stadt langsam erholt. In Downtown Detroit ist im Zuge der Tertiärisierung eine neue Wolkenkratzer-City entstanden, in der durch ein besseres Arbeitsplatzangebot versucht wird, Menschen in die Stadt zurückzuholen. Jedoch bleibt die Revitalisierung bisher auf den zentralen Teil der Stadt beschränkt.

M4 Detroit – eine Stadt zwischen Niedergang und Aufschwung

100800-211 www.diercke.de

M5 Autonome Mobilität in der Innenstadt von Detroit

Das Detroit von heute ist in vielerlei Hinsicht mit New York in den 80er-Jahren oder Berlin nach dem Mauerfall zu vergleichen. Es gibt viel Platz und noch mehr Möglichkeiten, der Stadt seinen Stempel aufzudrücken.
Zuerst kommen die Künstler, die ganze Stadtteile besetzen und aus verfallenden Häusern Ateliers, Kommunen und Galerien machten. Mit ihnen entsteht eine Subkultur: Clubs & Partys in leerstehenden Fabrikhallen, Coffeeshops mit Bioprodukten und veganen Gerichten. „Detroit hat das Potenzial, das nächste große Ding zu werden, 34,5 Prozent aller Erwerbstätigen sind Mitglieder der kreativen Klasse, das ist heute mehr als der US-Durchschnitt" so Wirtschaftswissenschaftler Richard Florida. Seiner Theorie nach wächst die ökonomische Stärke einer Region überproportional mit dem Zuzug von Künstlern, Musikern, Homosexuellen und Tech-Fachkräften. Günstige Mieten, niedrige Löhne, eine Vielzahl von Förderprogrammen sowie drei auf Ingenieurwesen spezialisierte Universitäten machen die Stadt zu einer attraktiven Alternative zu Tech-Standorten wie dem Silicon Valley, New York oder Austin, Texas. Die Universität von Michigan plant ab 2021 den Bau eines Forschungs- und Innovationszentrums. Das Zentrum soll sich auf Technologieforschung und Bildung konzentrieren.

Detroit Rock Solid INC (Hrsg.):

M6 Detroit zwischen Hipstern und Start-ups

2019	Detroit	Michigan
Bevölkerung Veränderung zu 2010 (in %)	713777 –6,1	9883640 +1,0
Einwohner unter 5 Jahren (in %)	7,2	5,7
Einwohner unter 18 Jahren (in %)	25,0	21,5
Einwohner unter 65 Jahren (in %)	13,6	17,7
Ethnische Gruppen (in %) (Auswahl) Weiße Afroamerikaner Native Americans Hispanics	 10,5 78,3 0,4 7,7	 79,2 14,1 0,7 5,3
Durchschnittseinkommen pro Kopf in US-Dollar Durchschnittseinkommen pro Haushalt in US-Dollar	18621 30894	31713 57144
Einwohner unter der Armutsgrenze (in %)	35,0	13,0

Quelle: U.S. Census Bureau

M7 Sozioökonomische Daten Detroits

Unternehmen	Beschäftigte		
	2016	2017	2018
Ford Motor Co.	44598	48000	48000
General Motors Co.	32353	37713	37400
FCA USLLC (Chrysler)	33657	32514	35399
University of Michigan	30852	32749	34067
Beaumont Health	22225	28038	28012
Henry Ford Health System	17332	17608	23724
U.S. Government	18701	18920	18817
Rock Ventures	13445	16617	17819

Quelle: Detroit Regional Camber 2020

M8 Größte Arbeitgeber in der Region Detroit

- Ford plant im Südwesten des Stadtzentrums von Detroit (Stadtteil Romulus) mit 185 Millionen US-Dollar ein Batterieforschungszentrum für E-Autos zu errichten. 200 Ingenieure sollen dort künftig neue Fertigungstechniken pilotisieren und die Batterietechnologie fördern.
- General Motors wandelt seine Produktionsstätte in Detroit-Hamtramck zu einem reinen Elektrofahrzeug-Werk um.
- GM will zusammen mit LG in eine eigene Batteriezellfabrik für 2,3 Mrd. US-Dollar im Bundesstaat Ohio investieren.

M9 Elektroautos als neuer Antriebsmotor?

1 *Beschreiben Sie die Stadtansicht der City von Detroit (M1).*

2 *Stellen Sie die Bevölkerungsentwicklung der City von Detroit im Vergleich zur Metropolregion dar (M3) und begründen Sie diese (M2, M4, M6).*

3 *Arbeiten Sie die Folgen der Deindustrialisierung heraus (M4) und erstellen Sie mit den Ergebnissen ein Fließschema.*

4 *Der Wirtschaftswissenschaftler Myrdal spricht in seiner Theorie vom ökonomischen Wachstum von „kumulativen Wachstums- und Schrumpfungsprozessen" (S. 98). Diskutieren Sie, inwieweit sich diese Theorie auf Detroit anwenden lässt (M6). Berücksichtigen Sie auch die Kondratjew-Zyklen in Ihren Erläuterungen (S. 230 – 231).*

5 *Analysieren Sie die Bevölkerungs- und Wirtschaftsstruktur Detroits und beurteilen Sie die Chancen einer Revitalisierung der Stadt (M6 – M9).*

Der neue Hauptsitz von Apple ist der Apple Park in Cupertino im Silicon Valley. Apple-Mitarbeiter bezeichnen das Gebäude mit 260 000 km² Fläche und einem Außenumfang von 1,6 km als „Spaceship“.

Halbleiterindustrie:
Halbleitertechnik ist ein Bereich der Hightechindustrie. Sie befasst sich mit der technischen Herstellung mikroelektronischer Baugruppen, vorwiegend aus Halbleitermaterialien wie Silicium.

Spin-off-Effekt:
Gründung kleiner, innovativer Betriebe (sogenannte Start-up-Unternehmen) durch Mitarbeiter von Universitäten und Forschungseinrichtungen, aber auch aus größeren Privatunternehmen heraus. Voraussetzungen sind Eigeninitiative, Unterstützung durch Risikokapital, eine räumlich-sektorale Spezialisierung in der Region sowie gute Kommunikationsstrukturen.

M1 Der Apple Park im Silicon Valley

Das Silicon Valley – Hightechzentrum im Sunbelt

Das Silicon Valley ist die größte Agglomeration von Hightechfirmen weltweit. Hier arbeiten rund zwei Millionen Menschen, wobei die höchsten Beschäftigtenzuwächse in den 1990er-Jahren zu verzeichnen waren. Seit den 1970er-Jahren entwickelte sich das relativ kleine Tal (70 km lang und 30 km breit) zum Zentrum der Halbleiterindustrie mit etwa 2500 Unternehmen, wobei rund 30 der umsatzstärksten Unternehmen der USA (2020) hier angesiedelt sind. Die Vielfalt und Vernetzung an Technologiefeldern ist besonders hoch.
Der Ursprung des Erfolges des Silicon Valley geht aber auf die Gründer der heutigen Firma Hewlett Packard – W. Hewlett und D. Packard – zurück. Die Absolventen der Standford University entwickelten in einer Garage in Palo Alto bei San Francisco den Vorläufer des heutigen PC.

Das Silicon Valley gilt aufgrund seines Entwicklungsprozesses als Vorbild für Hightechcluster weltweit. Die Grundlagen für diese Entwicklung wurden 1891 mit der Gründung der renommierten Stanford University gelegt. Diese errichtete auf ihrem Campus Forschungs- und Technologieparks und förderte die Ansiedlung von Unternehmen, darunter das von Hewlett Packard. Auch der Miterfinder des Transistors (Halbleitertechnologie), William Shockley, siedelte sich 1947 im Stanford Research Park an. Wachstumsimpulse erlangte die Region außerdem bereits in den 1940er-Jahren durch das Militär. Es unterhielt wichtige Stützpunkte in Kalifornien. Mit dem Zweiten Weltkrieg wurde die Elektronik zum wesentlichen Bestandteil der Waffenindustrie. Infolgedessen wurden umfangreiche öffentliche Aufträge an Unternehmen aus dem Silicon Valley vergeben. Bis in die 1960er-Jahre hinein wurden etwa 40 Prozent der Beschäftigten aus staatlichen Aufträgen der Rüstungs- und Raumfahrtindustrie finanziert.
In den darauffolgenden Jahren wuchs der Standort weiter. Vor allem **Spin-off-Effekte** führten zu einer zunehmenden Vernetzung der Unternehmen und verstärkten die Clusterstruktur des Silicon Valley. Durch die Spin-off-Effekte entstanden zudem ständig neue Unternehmen, in der Regel kleine Start-ups. So beschäftigen dort heute 3000 – 5000 Unternehmen weniger als 20 Mitarbeiter. Bekannt sind dagegen allerdings eher die global agierenden Großkonzerne der Hightechindustrie.
Der extreme Boom in der Bay Area um San Francisco brachte aber auch Agglomerationsnachteile. Aufgrund der hohen Nachfrage und des Zuzugs von Personen zählt der Immobilienmarkt von San Francisco zu den teuersten der USA. Zahlreiche Beschäftigte müssen deshalb weite Anfahrten auf überfüllten Highways in Kauf nehmen.

M3 Entstehung des Silicon Valley

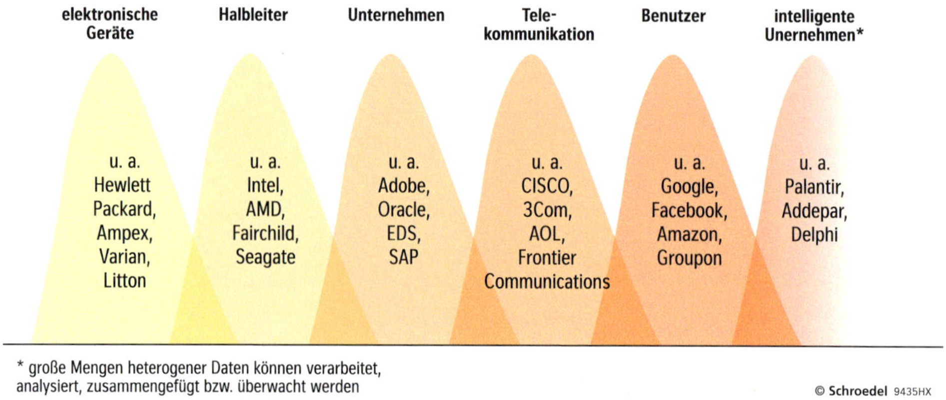

M2 Technologische Trends im Silicon Valley

100800–214 www.diercke.de

Seine Heimatstadt sei eben nicht mehr die, die sie vor 20 Jahren gewesen sei, sagte Tanium-Chef Orion Hindawi. [...] Der 40-jährige Tanium-Mitbegründer habe zusammen mit seiner Familie [...] die Koffer gepackt und die San Francisco Bay Area Richtung Seattle verlassen. Nun holte er auch den Hauptsitz seines milliardenschweren IT-Unternehmens in den US-Bundesstaat Washington – konkret in das unweit von seinem neuen Wohnsitz gelegene und keine 50 000 Einwohnerinnen und Einwohner zählende Kirkland.

Er habe erkannt, dass die „Mythologie um das Silicon Valley“ nicht mehr mit ihm mitgeschwungen sei, so Hindawi laut GeekWire. Die Rede ist hier etwa von den immensen Kosten, mit denen Unternehmen in und um das Silicon Valley konfrontiert seien – und von einem Ort, der „unglücklich macht“. [...] Noch tiefer mit dem Silicon Valley verwurzelt ist das nun ebenfalls abziehende Unternehmen HPE. [...] Rund um den Standort der neuen Konzernfiliale hat HPE eigenen Angaben zufolge bereits seinen größten Beschäftigungsschwerpunkt in den USA. Houston sei schließlich auch ein attraktiver Standort, um künftige Mitarbeiter anzulocken.

Niedrigere Steuern, weniger Regulierung, günstigere Mieten scheinen dabei eine Rolle zu spielen. Insgesamt hat die Überbevölkerung in den letzten Jahren zu einer Verringerung der Lebensqualität geführt: Platznot, Verkehrs- und Umweltprobleme. 2001 kam es in Nordkalifornien zu einem Stromnotstand, von dem auch das Silicon Valley betroffen war. Experten zufolge [...] hätten in den vergangenen zehn Jahren geschätzte 15 000 Unternehmen den US-Bundesstaat Kalifornien verlassen.

Zudem bildeten sich in den USA neue Tech-Hotspots, darunter neben der „Amazon-Stadt“ Seattle auch Denver, der im August angekündigte neue Standort des Softwarekonzerns Palantir, sowie Austin, die Hauptstadt des US-Bundesstaates Texas – wobei der Spitzname „Silicon Hills“ mehr als deutlich macht, welches Vorbild der im Hügelland von Austin angesiedelte Cluster von Hightech-Unternehmen hat. [...]

pepr, verändert

M4 Das Silicon Valley unter Druck?

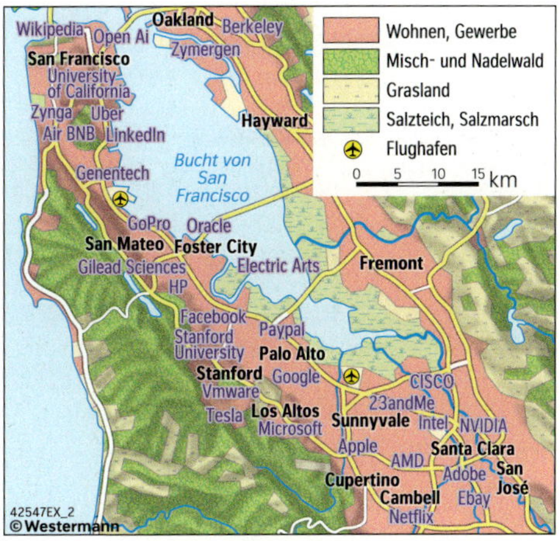

M5 Im Silicon Valley ansässige Unternehmen (Auswahl)

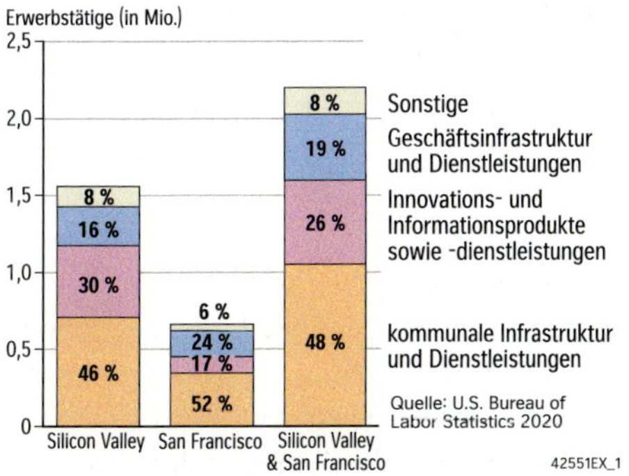

M6 Hauptbereiche der Erwerbstätigkeit im Silicon Valley (2020)

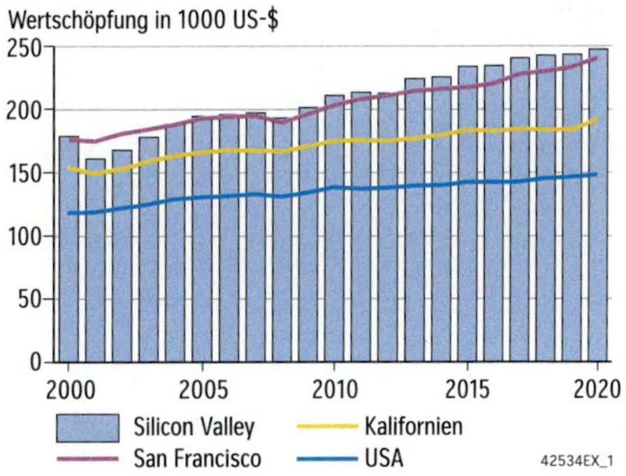

M7 Wertschöpfung pro Mitarbeiter

1 *Beschreiben Sie die Standortbedingungen des Silicon Valley (Atlas).*

2 *Analysieren Sie die Wirtschaftsstruktur des Hightechstandortes (Atlas, M2 – M7).*

3 *Erläutern Sie Stärken und Schwächen des Silicon Valley im Hinblick auf die Konzentration von Hightechunternehmen (M2 – M5).*

4 *Analysieren Sie an einem Beispiel der US-Westküste die räumlichen Konsequenzen des Strukturwandels für die Stadtentwicklung (Atlas, Internet).*

5 *In zahlreichen Medien ist bereits vom Exodus des Silicon Valley die Rede. Nehmen Sie Stellung zu dieser These.*

5.3 Der asiatisch-pazifische Raum in der Weltwirtschaft

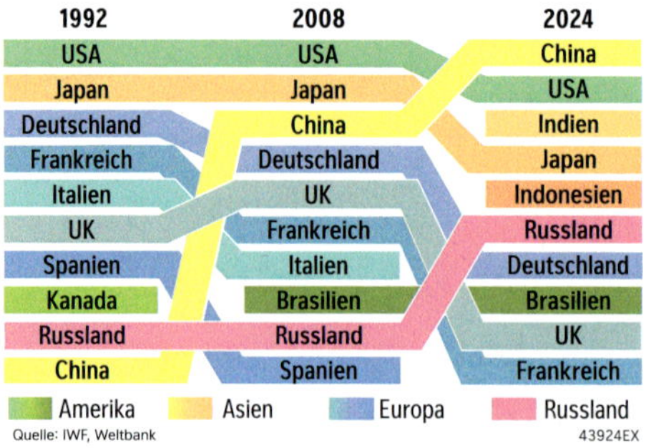

M1 Die weltweit größten Volkswirtschaften gemessen am Bruttoinlandsprodukt

Jährliches BIP-Wachstum in % 2019:

Vietnam:	*7,0*
Myanmar:	*6,9*
Kambodscha:	*6,8*
China:	*6,1*
Philippinen:	*5,9*
Indonesien:	*5,0*
Laos:	*5,0*
Malaysia:	*4,3*
Singapur:	*3,1*
Taiwan:	*2,5*
Thailand:	*2,4*
Südkorea:	*2,0*
Japan:	*0,7*
Europäische Union:	*1,5*
Deutschland:	*0,6*

(Quelle: UNCTAD)

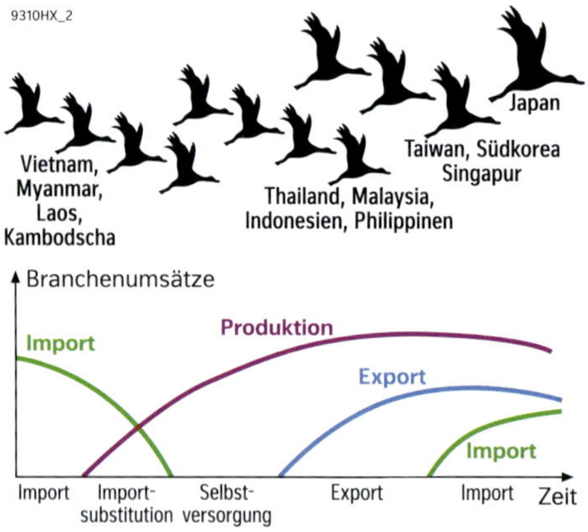

M2 Modell der Fluggänse

Staat/Jahr	Strategie	Hemmnisse
alle mit Ausnahme von Hongkong	Importsubstitution	geringe Binnennachfrage
Anfang 1960er-Jahre: Südkorea, Taiwan 1965: Singapur Anfang der 1970er-Jahre: Malaysia, Philippinen Ende der 1970er-Jahre: Thailand	Exportförderung: arbeitsintensive Produktion	Importrestriktionen der Abnehmerländer; steigende Löhne; Konkurrenz durch andere Niedriglohnländer
1970er-Jahre: Schwellenländer der 1. Generation 1986: Malaysia	Kopplung Importsubstitution und Exportförderung: kapital- und humankapitalintensive Produktion	steigende Löhne und Konkurrenz anderer Schwellenländer; geringe Wettbewerbsfähigkeit in Bezug auf Produkt- und Produktionsinnovationen
Anfang 1990er-Jahre bis heute: Taiwan, Südkorea, Singapur	Intensivierung von Forschung und Entwicklung (Umfang und Struktur der Programme vergleichbar mit Industrieländern)	?

← Hemmnisse (Restriktionen) der gewählten Strategie ← - - Strategiewechsel als Reaktion auf Hemmnisse

9306HX

M3 Industrialisierungsphasen in asiatischen Entwicklungs- und Schwellenländern

Unter dem Begriff asiatisch-pazifischer Raum werden die an den Pazifischen Ozean grenzenden asiatischen Staaten zusammengefasst. Dazu gehören die kontinentalen Gebiete Ost- und Südostasiens, aber auch die asiatischen Inseln wie Japan und Indonesien. Viele dieser Staaten haben seit den 1980er-Jahren und im Zuge der Globalisierung eine positive wirtschaftliche Entwicklung erfahren. In diesem Zusammenhang hat sich die Rolle des asiatisch-pazifischen Raums in der Weltwirtschaft grundlegend verändert. Im Jahr 2020 haben sich zahlreiche Staaten dieser Region zur größten Freihandelszone der Welt (RCEP) zusammengeschlossen. Mit China und Japan, die sich ebenso an diesem Freihandelsvertrag beteiligen, sind schon allein die Zahlen gigantisch. Das Bruttoinlandsprodukt aller Staaten der Freihandelszone beträgt fast 26 Billionen Dollar. Für Unternehmen aus den USA und Europa dürften sich die Wettbewerbsbedingungen in der Region erschweren.

Der asiatisch-pazifische Raum gehört zu den sich am schnellsten entwickelnden Wirtschaftsregionen der Erde. Dabei zeichnet sich die Region durch eine einmalige Wirtschaftsdynamik mit Zuwachsraten des Bruttoinlandprodukts zwischen fünf und zehn Prozent sowie durch die Ausbreitung der Wirtschaftsleistung auf immer mehr Staaten des Raumes aus.
Eine der Grundlagen dieses Erfolges ist die Industrialisierungsstrategie, die sich am Modell der Fluggänse und der Produktzyklentheorie orientiert. Der starken Exportorientierung geht oft eine **importsubstitutierende** Phase voraus. Ziel ist, die Importe durch eigene Industrieprodukte zu ersetzen. So konnte die eigene Wirtschaft gestärkt und der heimische Markt vor ausländischer Konkurrenz geschützt werden (**Protektionismus**).
Japan übernahm als Vorreiter in diesem Modell die Rolle der „Leitgans". In den 1970er-Jahren folgten Südkorea, Singapur, Hongkong und Taiwan (2. Generation). Mit fortschreitender Entwicklung einhergehend mit steigenden Arbeitskosten verlagerten die vier „kleinen Tiger" ab den 1980er-Jahren ihre Produktion in die weniger entwickelten Nachbarstaaten, Malaysia, Indonesien, Thailand und die Philippinen (3. Generation). Hier dominierte allerdings die Exportorientierung von Anfang an.

M4 Strategien des asiatisch-pazifischen Raumes

100800-266 www.diercke.de

	1980	1990	2010	2019
Südostasien	1,1	1,6	3,0	3,6
Ostasien	9,5	17,7	20,6	25,1
Asien	14,8	23,9	36,6	37,8
Nordamerika	33,5	28,7	25,2	26,6
Europa	39,8	38,2	30,0	24,5
China	2,7	1,7	9,2	17,4
Japan	6,1	13,7	8,6	4,1

Quelle: UNCTAD, Weltbank

M5 Anteil an der globalen Wirtschaftskraft (in % des BIP)

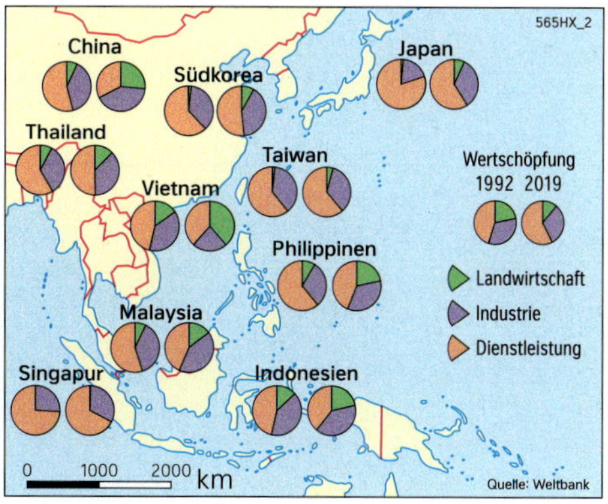

M8 Entwicklung der Anteile des BIP

Inmitten der Handelsstreitigkeiten mit den USA hat China mit 14 anderen Asien-Pazifik-Staaten den größten Freihandelsblock der Welt geschmiedet. Die „regionale, umfassende Wirtschaftspartnerschaft" oder RCEP, wie der Pakt abgekürzt wird, umfasst 2,2 Mrd. Menschen und rund ein Drittel der weltweiten Wirtschaftsleistung und erweitert damit den Einfluss aller ASEAN-Staaten um ein Vielfaches. Ziele des Abkommens sind der Abbau von Zöllen, die Festlegung gemeinsamer Handelsregeln und damit eine Erleichterung der Lieferketten.

M6 RCEP – der weltgrößte Freihandelspakt

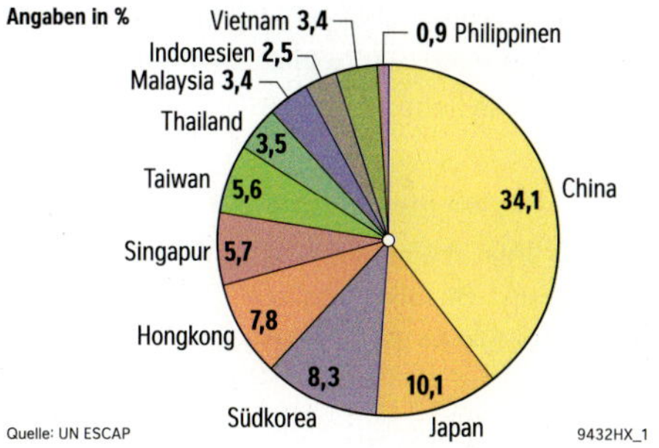

M7 Exportanteile Südost-/Ostasiens 2018 in %

tagesschau.de: Herr Hilpert, wer profitiert von diesem RCEP genannten Freihandelsabkommen?
Hilpert: Alle 15 Staaten, die daran teilnehmen, werden auch davon profitieren. Das sind China, Japan, Südkorea, Australien, Neuseeland und die zehn ASEAN-Staaten. Aber sie profitieren in unterschiedlichem Maße. Es gibt Berechnungen über die mutmaßlichen Wohlstandsgewinne durch dieses Abkommen und da entfällt von dem auf 200 Milliarden Dollar taxierten Gewinn etwa die Hälfte auf China, ein Viertel auf Japan und das andere Viertel auf die restlichen Staaten.
tagesschau.de: Nimmt damit auch die Dominanz Pekings in Ostasien zu?
Hilpert: Das neue Abkommen ebnet China einerseits den Weg zu weiterem Vorsprung, aber es hegt (= beschränkt) auch durch eine verbindliche Regelsetzung ein. [...] Dass es überhaupt zustande kam, lag daran, dass die Federführung nicht von Peking, sondern von den ASEAN-Staaten ausging. RCEP ist eine Konsolidierung der Vereinbarungen, die ASEAN bereits mit anderen Staaten getroffen hat. Das Abkommen ermöglicht es jetzt den ASEAN-Staaten, Zulieferernetzwerke mit Japan, China und Südkorea zu bilden und auszubauen. Tatsächlich gewinnen alle Beteiligten durch RCEP.

M9 Asien-Experte Hanns Hilpert über das RCEP-Abkommen: „Von der Fabrik zum Markt der Welt"

Anteil der Freihandelszonen am Welt-Bruttoinlandsprodukt in %, 2024 (Prognose):

RCEP:	*32,5*
USMCA:	*26,1*
EU-27:	*18,2*
Mercosur:	*3,3*

(Quelle: IWF, UNCTAD)

1 *Nennen Sie Besonderheiten der Entwicklung des asiatisch-pazifischen Raumes (M2–M9).*

2 *a) Erläutern Sie die Kernelemente des Fluggänsemodells (M2–M5, Randspalte).*
b) Überprüfen Sie die Übertragbarkeit des „Modells der Fluggänse" auf andere Staaten (M1–M5).

3 *Vergleichen Sie wichtige wirtschaftliche Kennzahlen eines Tigerstaates der 2. Generation mit einem der 3. oder 4. Generation (www.worldbank.org; www.adb.org).*
a) Analysieren Sie beide Staaten anhand der wirtschaftlichen Kennzahlen miteinander.
b) Halten Sie Gemeinsamkeiten und Unterschiede in der wirtschaftlichen Entwicklung fest.
c) Leiten Sie entsprechende Industrialisierungsstrategien ab und präsentieren Sie Ihre Ergebnisse.

4 *Diskutieren Sie die Bedeutung des RCEP-Abkommens nach Hanns Hilpert für Staaten des asiatisch-pazifischen Raums sowie andere Wirtschaftsregionen außerhalb Asiens (M9, Randspalte).*

M1 Landwirtschaftliche Anbauzonen Chinas

5.4 China

Naturraum – am Rande der Tragfähigkeit?

- China ist die Nr. 1 in der weltweiten Getreideproduktion (20 Prozent).
- Mit einem Anteil von 40 Prozent ist China der weltweit größte Schweinefleischproduzent.
- Ein Drittel der weltweiten Reiserträge fällt auf China (Platz 1).
- 22 Prozent der globalen Baumwollproduktion sind im Norden Chinas lokalisiert.

Quelle: FAO 2019

M2 China: Global Player in der Landwirtschaft

In keinem Land der Welt wird so viel klimaschädliches CO_2 in die Luft geblasen wie in China. Die Staats- und Parteiführung in Peking bekennt sich zwar zu Klimazielen. [...] Staats- und Parteichef Xi Jinping versprach bei der UN-Generalversammlung Mitte September Besserung. „China wird seine bisher zugesagten Beiträge zum Klimaschutz erhöhen, durch neue ambitionierte Strategien und Maßnahmen. Wir streben an, dass die CO_2-Emissionen bis 2030 ihren Höhepunkt erreichen, und wir wollen bis 2060 CO_2-neutral werden." [...] Die Realität in China zeichnet ein ganz anderes Bild: So werden in der Volksrepublik zurzeit Kohlekraftwerke mit einer Gesamtleistung von fast 250 Gigawatt geplant oder gebaut. Das entspricht etwa dem 230-Fachen, was das neue umstrittene Riesen-Kohlekraftwerk im nordrhein-westfälischen Datteln leistet.

Steffen Wurzel, verändert

M3 Chinas großes Klimaziel

Mit etwa 9,6 Mio. Quadratkilometern ist die Volksrepublik China der viertgrößte Staat der Erde. Die riesige Fläche ist durch vielfältige Naturräume geprägt. Dabei beeinflussen die naturräumlichen Voraussetzungen maßgeblich die wirtschaftliche Nutzung. Das liegt zum einen an der Höhenlage und am Relief, zum anderen an der Verfügbarkeit von Wasser und an der Bodenqualität. Beim Streben nach wirtschaftlichem Erfolg und einer wachsenden Bevölkerung stößt China dabei an seine ökologische Tragfähigkeit.

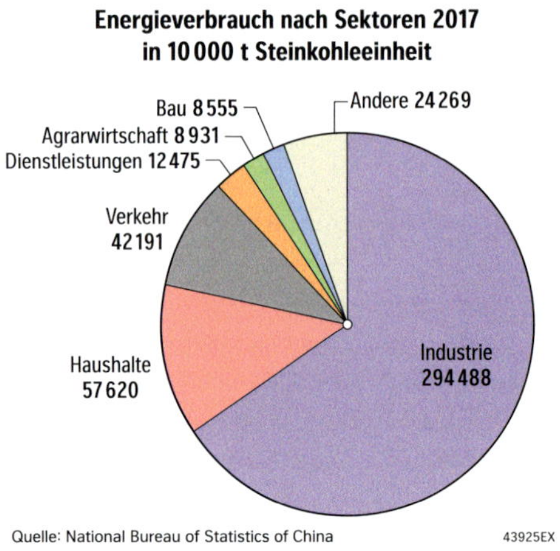

M4 Energieverbrauch Chinas (2017)

100800-186 www.diercke.de

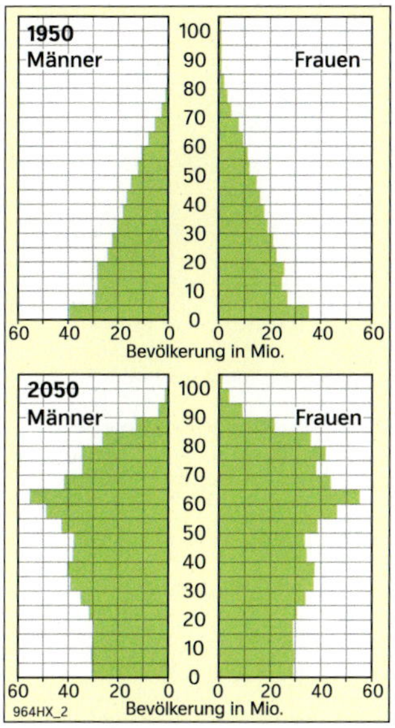

M5 Altersstruktur Chinas

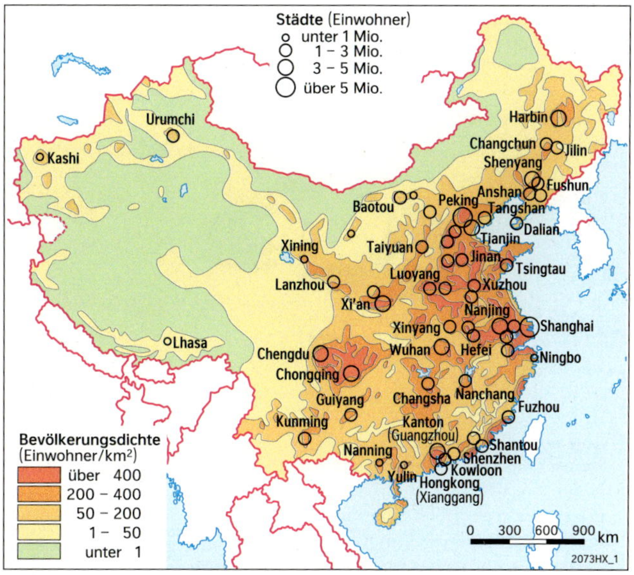

M6 Bevölkerungsverteilung Chinas

Mit nur 7 % der chinesischen Wasserressourcen machen die dunkel markierten Provinzen Chinas 36 % der nationalen landwirtschaftlichen Produktion aus, beherbergen 38 % der Gesamtbevölkerung und erwirtschaften 43 % des BIP Chinas.

(Quelle: Chinawaterrisk.org)

Jedes Jahr geht in der Volksrepublik China mehr Anbaufläche verloren:

- Im Nordwesten geschieht dies vor allem durch Versalzung bei unsachgemäßer Bewässerung und durch Übersandung.
- Im Lössbergland und in den entwaldeten Berggebieten des Südens bedroht die Bodenerosion die Landwirtschaftsflächen. Zudem werden viele ehemals landwirtschaftlich bewirtschaftete, terrassierte Hänge aufgegeben.
- Im Umland der großen Städte des Ostens werden die Anbauflächen vor allem von Neubausiedlungen, Industrieanlagen und Verkehrswegen (Flächenverbrauch und Versiegelung) sowie durch industrielle Vergiftungen von Wasser und Böden bedroht.

China investiert auf der Suche nach geeigneten Agrarflächen außerhalb der Volksrepublik – man spricht in diesem Zusammenhang vom sogenannten Landgrabbing. Den Umweltproblemen in China hat der Staat den Kampf angesagt. China bemüht sich z.B. um die Entwicklung eigener Umwelttechnologien.

M7 Gefährdung von Umwelt und Landwirtschaft

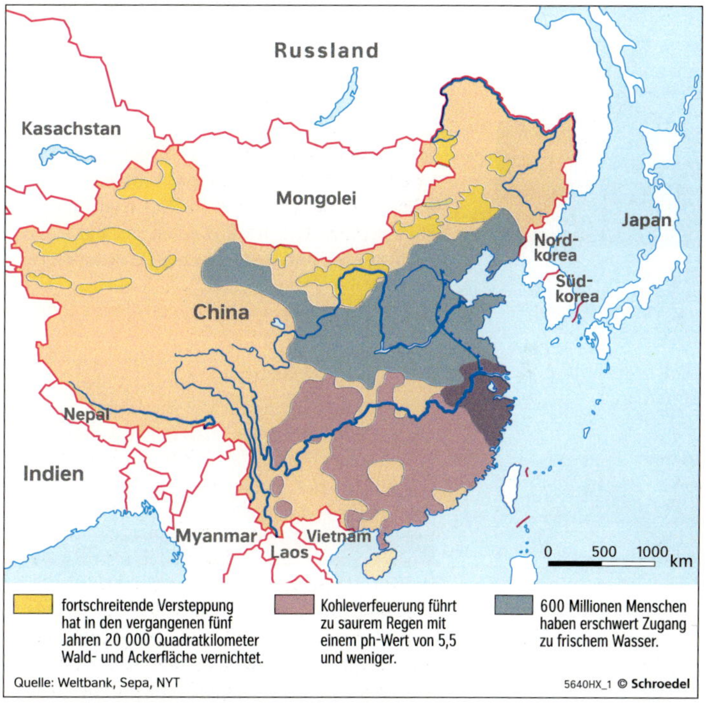

M8 Ausgewählte Umweltprobleme Chinas (2020)

1 *Beschreiben und erläutern Sie die Bevölkerungsverteilung und -entwicklung in China (M5, M6).*

2 *a) Erläutern Sie die räumliche Verteilung der landwirtschaftlichen Nutzungsformen (M1, Atlas).*
b) Beurteilen Sie die Tragfähigkeit der chinesischen Landwirtschaft vor dem Hintergrund der demographischen und wirtschaftlichen Entwicklung (M1, M2, M4 – M8).

3 *Bewerten Sie die Zielsetzung Chinas, bis 2060 die Klimaneutralität zu erreichen (M3, M4).*

4 *Recherchieren Sie Maßnahmen des chinesischen Staates gegen Umweltprobleme (Internet).*

M1 Mao Tse Tung (Vorsitzender der Kommunistischen Partei 1943–1976), zur Lage Chinas 1959:

„Großartige Erfolge, zahlreiche Probleme und eine glänzende Zukunft."

M2 Deng Xiaoping (Führer der VR China 1979–1997)

„Reich werden ist ehrenhaft."

M3 Xi Jingping (Staatspräsident der Volksrepublik China)

„Der Traum des chinesischen Volkes ist eng verbunden mit den Träumen der Menschen in der restlichen Welt."

M4 China: die nächste Supermacht?

ab 1978

In der Industrie werden Privatunternehmen zugelassen und es erfolgt eine stufenweise Abkehr von der Zentralverwaltungswirtschaft.

ab 1980

Punktuelle Öffnung des Landes durch Ausweisung von Sonderwirtschaftszonen.

Importsubstitution (bis 1986/87)

Verstärkte Produktion von Waren, die China zuvor importieren musste; ausländische Produkte werden schrittweise durch Importzölle oder Quoten verteuert beziehungsweise verknappt.

Exportorientierung (ab 1987)

Gezielte Förderung der Exportwirtschaft, vor allem bei arbeitsintensiven Branchen; hinzu kommt ein verstärktes Anwerben ausländischer Produzenten und ausländischer Direktinvestitionen (ADI).

Verstärkte Öffnung (ab 1992)

Joint Ventures, ausländische Direktinvestitionen und hohe Importzölle für ähnliche ausländische Produkte ermöglichen die Entwicklung ausgewählter Branchen (zum Beispiel Automobilindustrie). Die „sozialistische Marktwirtschaft mit chinesischen Merkmalen" wird 1993 in der Verfassung verankert.

Liberalisierung des Außenhandels (ab 2001)

Beitritt zur Welthandelsorganisation (WTO), Anpassung an außenwirtschaftliche Standards und Prinzipien, Öffnung des Dienstleistungssektors für ausländische Direktinvestitionen.

Gegenwart und Zukunft

Auf- und Ausbau interkontinentaler Handels- und Infrastrukturnetze zwischen der VR China und über 70 weiteren Staaten (Initiative One Belt, One Road). Umbau der eigenen Volkswirtschaft auf das Konzept „Binnenkonsum- und Dienstleistungsorientierung"; Konzentration von Kapital auf das Hinterland, Förderung wertschöpfungsintensiver Branchen, „Made in China 2025"-Strategie.

M5 Wirtschaftliche Entwicklung Chinas

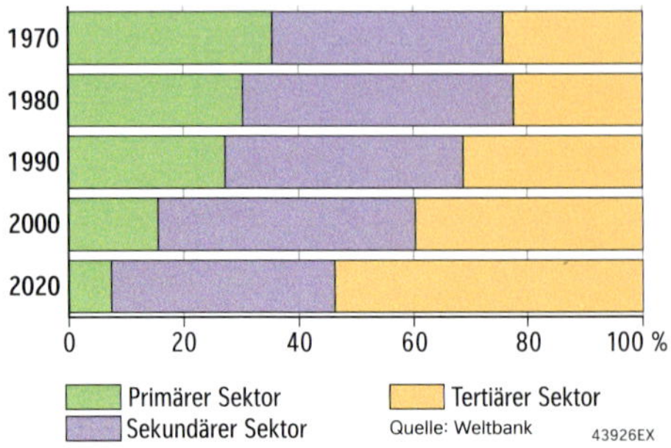

M6 Wandel der Wirtschaftssektoren Chinas (Anteil am BIP in %)

China – die neue Weltwirtschaftsmacht?

Mit der Reform der chinesischen Wirtschaft hin zur „sozialistischen Marktwirtschaft" vor rund 30 Jahren hat sich China wirtschaftlich und strukturell enorm entwickelt. Seitdem verzeichnet der Staat imposante Wachstumsraten des Bruttoinlandproduktes von bis zu zehn Prozent (2019: 6,1 %). China löste Japan im Jahr 2010 als zweitgrößte Volkswirtschaft der Welt ab. Den wirtschaftlichen Aufschwung hat die Volksrepublik vor allem ihrer auf Export ausgerichteten Wirtschaft zu verdanken. Als „Werkbank der Welt" ist China zum Exportweltmeister aufgestiegen. Andererseits ist der Staat auch durch regionale und soziale Disparitäten gekennzeichnet.

Bis zum Tod Mao Tse Tungs 1976 war China ein armes Agrarland mit einer geringen Einbindung in den Weltmarkt. Erst mit den Wirtschaftsreformen Deng Xiaopings (1978) gingen die Öffnung des wirtschaftlichen Systems und die Liberalisierung des Handels einher (sozialistische Marktwirtschaft). Darüber hinaus begünstigten niedrige Produktionskosten, vor allem durch geringe Arbeitslöhne, eine steigende Nachfrage nach chinesischen Produkten in China und der Welt sowie eine zunehmende Innovationskraft in Forschung und Entwicklung die chinesische Wirtschaftsentwicklung.

Auch die Öffnung gegenüber ausländischen Investoren trug ihren Teil zur Wirtschaftsentwicklung bei. Die Regierung schuf Anreize für ausländische Unternehmen, Joint Ventures mit chinesischen Firmen einzugehen. Diese wurden in strategisch günstigen Gebieten wie z.B. in den Sonderwirtschaftszonen an der Küste Chinas angesiedelt. Seitdem stieg der Anteil ausländischer Direktinvestitionen in der Volksrepublik China rasant.

M7 Warum ist die chinesische Wirtschaft so stark?

100800-186 www.diercke.de

Im Jahr 2049 wird die Volksrepublik China 100 Jahre alt. Bis dahin will China den Sprung vom Schwellenland zum voll entwickelten Industrieland geschafft haben. Angesichts der Bevölkerungs- und Lohnentwicklung will die Volksrepublik nicht dauerhaft auf eine billige, auf den Export ausgerichtete Produktion von Konsum- und Elektronikgütern am unteren Ende der Wertschöpfungskette setzen. Mittels gezielter industriepolitischer Steuerung sollen vielmehr Exporterfolge mit eigenen kapitalintensiven und hochwertigeren „Produkten" wie beispielsweise Hochgeschwindigkeitszügen, Nuklearreaktoren, Flugzeugen und (Elektro-)Autos erzielt werden. Durch „eigenständige Innovation" und den Versuch, ganze Wertschöpfungsketten zu kontrollieren, will China eine industrielle und technologische Führungsposition in Zukunftsindustrien erreichen. In der Digitalwirtschaft und in Industriezweigen, wie sie durch die „Made in China 2025"-Strategie gefördert werden, beabsichtigt Staatspräsident Xi Jingping, ausländische Technologien durch chinesische zu ersetzen. Zur Erreichung dieses Ziels investiert China auch international, um kritische Technologien und Know-how aufzukaufen, eigene Schlüsselindustrien zu entwickeln und marktfähig zu machen. Seit 2018 herrscht deshalb zwischen China und den USA ein Handelskrieg. Die USA sehen ihre Technologien in Gefahr und werfen China „unfairen Wettbewerb" vor. Anfang Juli 2018 verhängten die USA Zölle in Höhe von 25 Prozent auf chinesische Waren im Wert von 34 Milliarden US-Dollar.

M8 Wirtschaftsziele Chinas

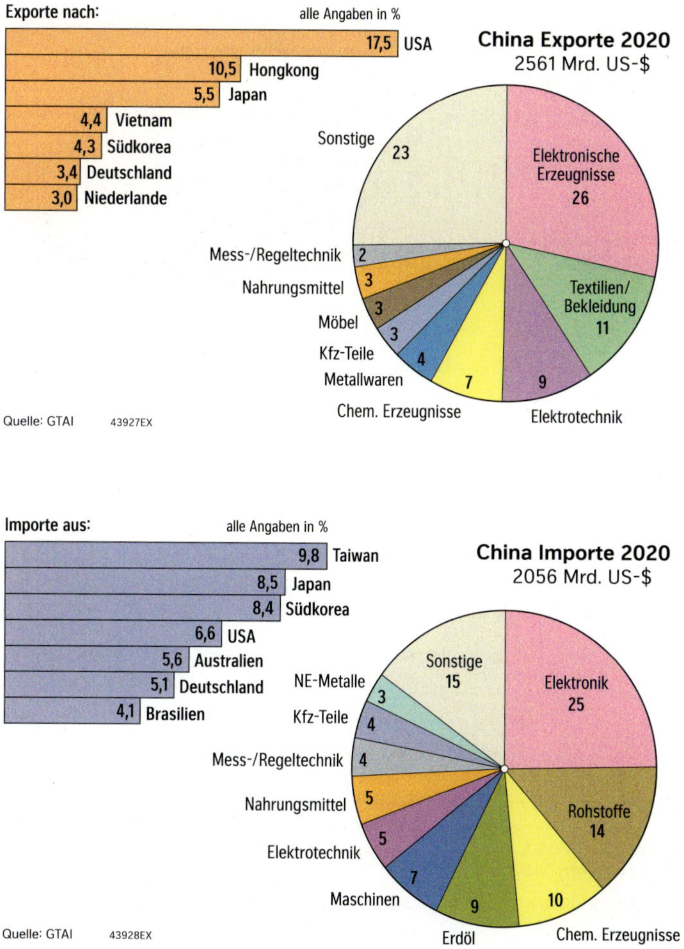

M10 Außenhandelsstruktur Chinas 2020

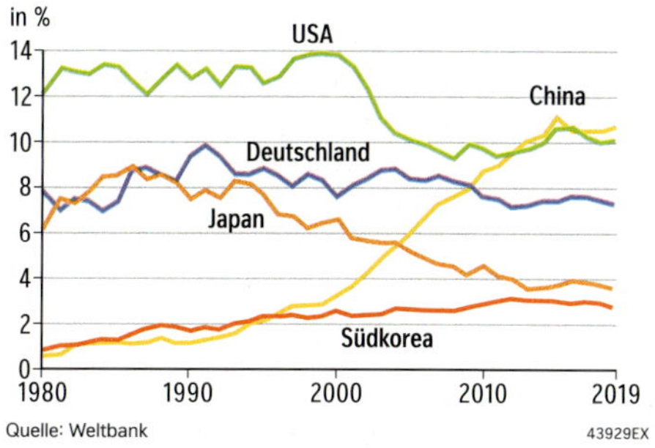

M9 Exportanteile 1980–2019 der größten Wirtschaftsnationen in %

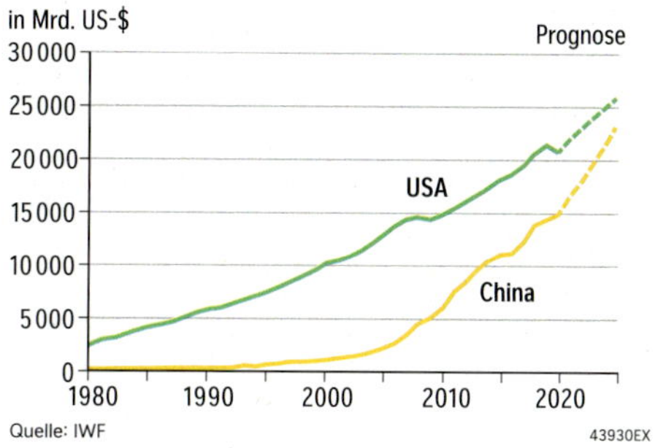

M11 Entwicklung des BIP Chinas und der USA in Mrd. US-Dollar 1980–2025

BIP pro Kopf 2020:
China: 10484 US-Dollar
USA: 63416 US-Dollar

HDI 2020:
China: 0,761
USA: 0,926

1 *Beschreiben Sie die wirtschaftliche Entwicklung der Volksrepublik China (M1–M7, M9–11), indem Sie ...*
a) ... die Faktoren benennen, welche die wirtschaftliche Entwicklung maßgeblich beeinflussten.
b) ... die entscheidenden Etappen der wirtschaftlichen Entwicklung erläutern.

2 *Bewerten Sie die Chancen Chinas, den Status eines Industrielandes bis 2049 zu erreichen (M8).*

3 *„China – ein Vorbild für Entwicklungsländer, um den Aufstieg zum Schwellenland zu erreichen?" Erörtern Sie diese These.*

One Belt, One Road in Zahlen 2018:

900 Projekte in mehr als 70 Staaten

4,4 Mrd. Menschen leben in den beteiligten Staaten

Gesamtinvestitionen von über 900 Mrd. US-Dollar

38 % des Welthandels kommt aus Staaten der „Neuen Seidenstraße"
(Quelle: Weltbank)

M1 Erster Güterzug auf der Neuen Seidenstraße

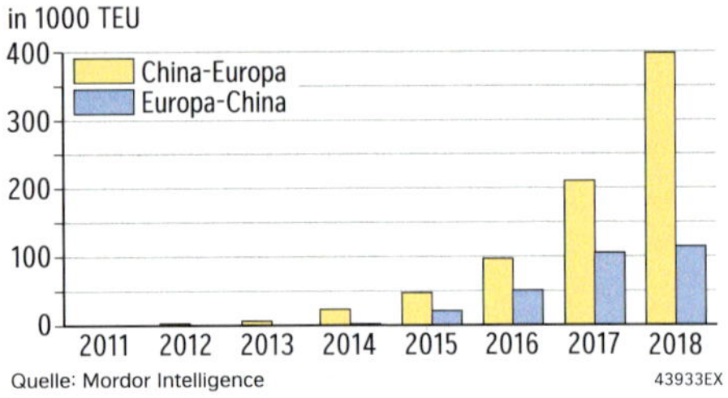

M4 Zugverkehr zwischen China und Europa

Chinas „Neue Seidenstraße" – Chance oder Bedrohung?

Peking plant derzeit Milliardeninvestitionen in Straßen, Schienen und weitere Infrastruktur, um Handelskorridore zu schaffen, die quer durch Asien und bis nach Afrika sowie Europa reichen. Die Pläne für die sogenannte „Neue Seidenstraße" knüpfen an die wichtigste Handelsverbindung zwischen China und Europa in der Antike und im Frühmittelalter an. China bewirbt dieses Großprojekt als Win-Win-Situation für alle Beteiligten. Das Projekt ist aber auch umstritten.

Im Jahr 2013 rief Chinas Staatspräsident Xi Jinping die „One Belt, One Road"-Initiative aus, mit der nicht nur westliche chinesische Provinzen verstärkt eingebunden werden sollen, sondern auch Warenströme nach Westen verlagert werden sollen. Offizielles Ziel ist es unter anderem dabei, den internationalen Wohlstand zu erhöhen, Wachstum zu schaffen und wirtschaftliche Integration sowie gesellschaftliche Interaktion zwischen den involvierten Staaten zu fördern. Die „Neue Seidenstraße" ist Kern der chinesischen Außen- und Wirtschaftspolitik. China will ein neues Handelsnetzwerk zwischen Asien, Afrika und Europa schaffen und verspricht den Staaten Investitionen und Entwicklung. Es sollen Zugstrecken, Straßen und Häfen entstehen sowie Kraftwerke, Pipelines und Flughäfen. Dabei soll das gesamte Volumen aller Projekte bis zu eine Billion Dollar betragen. Die Infrastrukturprojekte werden meist durch Kredite chinesischer Staatsbanken finanziert und von chinesischen Unternehmen erbaut. Bis zu 90 Prozent aller Seidenstraßen-Projekte gehen an Firmen aus China.

M5 Das „Neue Seidenstraßen"-Projekt

BRI-Staaten:

Die „Belt and Road Initiative" (BRI), wird in Deutschland als „Neue-Seidenstraße-Initiative" bezeichnet. Dieses außenpolitische Konzept umfasst die Integration von Wirtschaftsräumen in Asien, Europa und Afrika (BRI-Staaten).

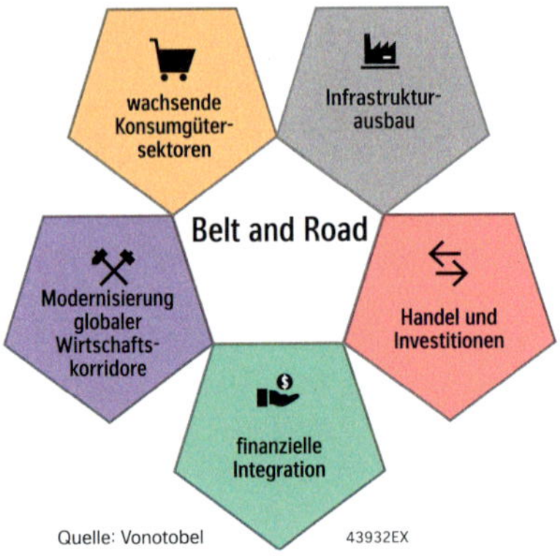

M2 Kernelemente der Belt and Road Initiative

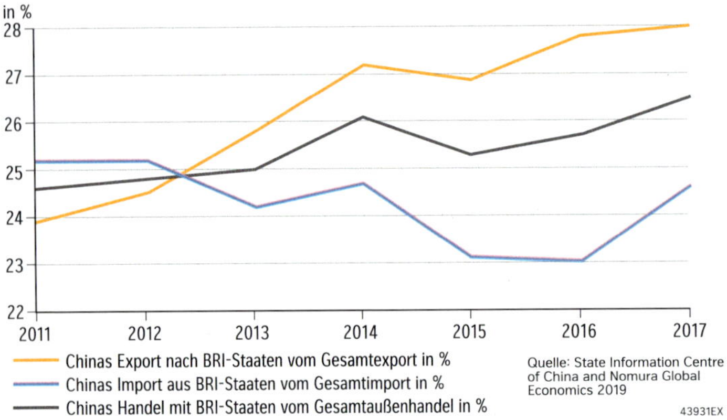

M3 Chinas Handel mit BRI-Staaten in %

	2005 – 2013	2014 – 2018
Landwirtschaft	18990	61450
Medizin	1730	13980
Technologie	8430	43990
Logistik	3320	29420
Tourismus	1840	37420
Energie	228500	128580
Metalle	88810	41910
Transport	23670	86420
Finanzen	36450	39640
Versicherung	37730	62810

Quelle: OECD

M6 Ausländische Direktinvestitionen Chinas nach Sektoren in Millionen US-Dollar 2005 – 2013 und 2014 – 2018

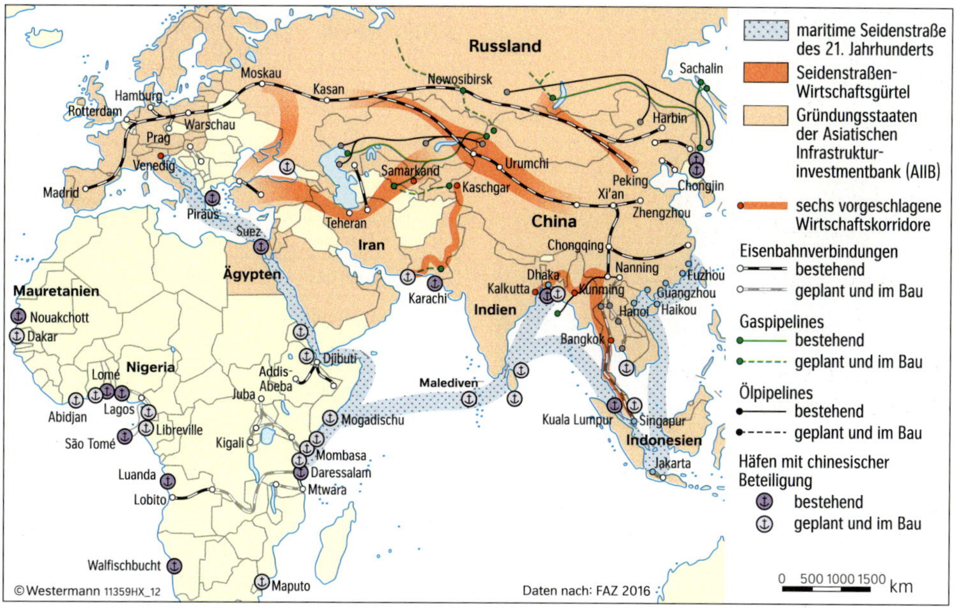

M7 Chinas Weg in den Westen

Unterschiedliche Haltungen zum Seidenstraßen-Projekt:

„Die Neue Seidenstraße hat ihren Ursprung in China und bietet Vorteile, die der ganzen Welt zugutekommen."

Xi Jingping, Staatspräsident der VR China

„Staatschef Xi Jingping verfolgt eine nationalistische Wirtschaftspolitik, die auf eine Stärkung der großen Staatsunternehmen hinausläuft."

Reinhard Bütikofer, Wirtschaftspolitiker der Grünen

Mit dem Seidenstraßen-Projekt plant China, die Handelskosten erheblich zu senken, den Warenaustausch zu erhöhen und innerhalb des Staates das Wirtschaftswachstum auch im Landesinneren anzukurbeln. Die fünf Kernelemente, wie von der chinesischen Regierung vorgegeben, spielen hier eine zentrale Rolle.
Dafür hat die Regierung in mehr als 70 Staaten kräftig investiert (seit 2013: 489 Mrd. US-Dollar, ifo Institut). Neben einer schnelleren Anbindung an China können durch Investitionen in die Infrastruktur auch Märkte entlang dieser neuen Korridore erschlossen werden. Allerdings haben sich viele Staaten im Laufe des Projektes immens durch die Aufnahme chinesischer Kredite verschuldet. China hält mittlerweile rund 17 Prozent der öffentlichen Gesamtverschuldung Afrikas (IWD, 2019). Trotzdem erscheint das Projekt für viele Staaten weiterhin attraktiv. Skeptiker warnen jedoch eindringlich vor einer Globalisierung mit chinesischer Prägung.

M8 Win-Win-Situation?

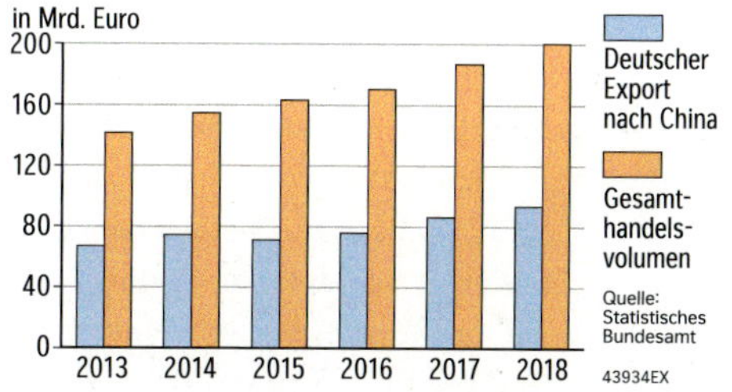

M9 Handelsvolumen zwischen China und Deutschland

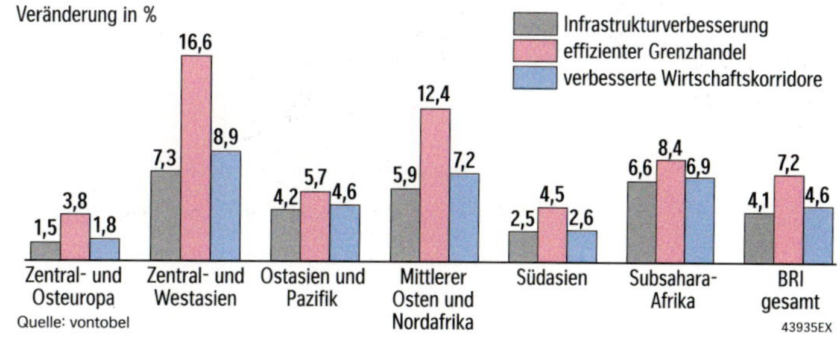

M10 BRI-Handelsauswirkungen der Neuen Seidenstraße (Prognose)

1 *a) Beschreiben Sie das Projekt „Neue Seidenstraße" (M2, M5 – M7).*
b) Nennen Sie wesentliche Ziele und Erwartungen, die China mit dem Seidenstraßenprojekt verbindet (M5, M8).

2 *Stellen Sie Chancen und Risiken des Baus der „Neuen Seidenstraße" aus Sicht Chinas, der BRI-Staaten und der Europäischen Union gegenüber (M2 – M10).*

3 *Diskutieren Sie anhand der beiden Zitate in der Randspalte, inwieweit das Seidenstraßenprojekt eine Win-Win-Situation darstellt oder China rein geostrategische Ziele verfolgt.*

4 *Entwickeln Sie mögliche Szenarien, die sich aus dem Seidenstraßenprojekt für die Weltwirtschaft ergeben können.*

Region	BIP/Kopf in US-$ 2019
Shanghai:	*22 800*
Pudong:	*33 209*
China gesamt:	*10 261*
Jangtse Wirtschaftskorridor:	*8 380*

M1 Shanghais Stadtteil Pudong

Rang	Stadt	BIP in Mrd. US-Dollar	BIP-Wachstum in %
1	Shanghai	475	6,6
2	Peking	440	6,6
3	Shenzhen	349	7,5
4	Guangzhou	334	6,5
6	Tianjin	273	3,6
7	Suzhou	268	7,8
8	Chengdu	222	8,0
9	Wuhan	215	8,0
10	Hangzhou	196	7,0

Quelle: National Bureau of Statistics of China

M3 Chinas größte Städte nach dem BIP 2018

Sonderwirtschaftszone:

Eine Sonderwirtschaftszone umfasst ein abgegrenztes Gebiet innerhalb eines Staates, für das zoll-, steuer- und andere rechtliche Sonderbestimmungen gelten, die wirtschaftliche Aktivitäten fördern.

Fallbeispiel: Shanghai – „Lokomotive" der chinesischen Wirtschaft?

Chinas größte Stadt erlebt einen Wirtschafts- und Bauboom ohnegleichen. Die 24-Millionen-Einwohner-Stadt (2019) (Kernstadt: 15,4 Mio. Einwohner) verändert sich rasend schnell. Shanghais Aufstieg zum wichtigsten Wirtschafts- und Finanzzentrum Chinas begann 1990 mit der Gründung der Sonderwirtschaftszone Pudong. Gemessen am BIP pro Kopf ist Shanghai mit 22 800 US-Dollar pro Einwohner im Jahr 2019 im Vergleich zum gesamten China mit 10 261 US-Dollar eine der reichsten Städte der Volksrepublik.

Shanghai untersteht wie Peking und Tianjin in Nordchina direkt der Zentralregierung und besitzt somit den Rang einer Provinz. Die Stadt ist seit Langem ein wichtiger Industriestandort. In der Mao-Ära verlor die Stadt jedoch an Bedeutung. In der Planwirtschaft musste sie zugunsten anderer Standorte Kapital, Maschinen und Arbeitskräfte abgeben. Mit dem Beginn der chinesischen Wirtschaftsreformen Anfang der 1980er-Jahre wurde Shanghai zunächst von den südlichen Provinzen wie zum Beispiel Guangdong überflügelt. Erst 1986 begann ein von der Regierung initiierter Modernisierungsschub Shanghais, mit dem Ziel, ein neues Wirtschaftszentrum in Ostasien zu gründen. Investiert wurde vor allem in den Ausbau der Infrastruktur. Neben dem Bau des internationalen Flughafens Pudong, von drei Brücken über den Huangpu, Autobahnen und zwei U-Bahnlinien wurde 2006 mit dem Bau des Tiefseehafens Yangshan begonnen. Darüber hinaus erfolgte eine radikale Erneuerung der Altstadt.

M4 Wachstumsstandort Shanghai

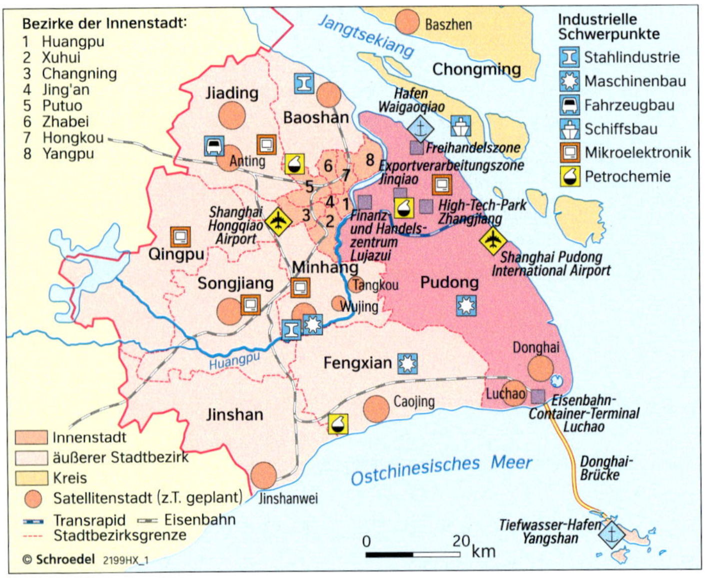

M2 Wirtschaftsraum Shanghai

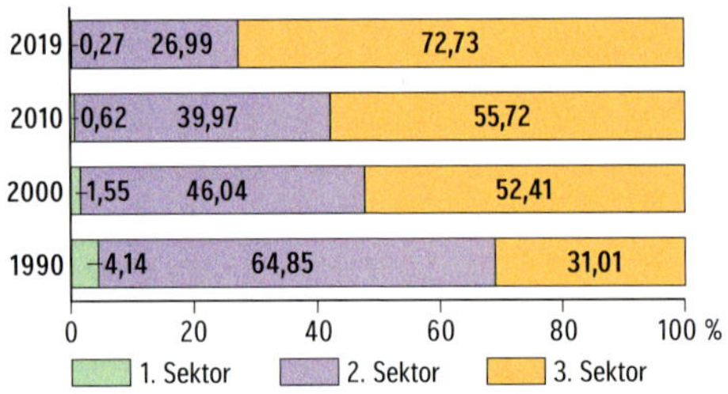

Quelle: Shanghai Statistical Yearbook 2020 43936EX

M5 Anteil der Wirtschaftssektoren Shanghais am BIP in %

Shanghais östlich gelegener Bezirk Pudong ist das Aushängeschild der aufstrebenden Metropole. Seit 1990 hat sich die einst durch Landwirtschaft geprägte Region zum pulsierenden Bezirk entwickelt. Mit Pudong hat Shanghai seinen alten Ruf als „Drachenkopf" – als international bedeutendes Zentrum Chinas – wiedergewonnen.
Die Sonderwirtschaftszone ist mit 1210 km² größer als die eigentliche Innenstadt Shanghais. Mit ihr ist sie über sechs Brücken und zehn Tunnel verbunden. Pudong besteht aus vier Teilen: dem Finanz- und Handelszentrum Lujizani, dem Exportgebiet Jinqiao, der Handelszone Waigaoqiao und dem Gebiet des Zhangjiang Hightech Park. Als Sonderwirtschaftszone genießt Pudong zahlreiche politische und wirtschaftliche Vorteile. So lockt der Stadtteil durch Steuervergünstigungen ausländische Investoren an. Außerdem siedeln sich Unternehmen aus kapitalintensiven Branchen an, wie z.B. aus der Automobilindustrie, Biotechnologie, Computer- und Mikroelektronik sowie Telekommunikation. Bis zum Jahr 2000 haben sich bereits 6635 ausländische Unternehmen in Pudong angesiedelt. Neben allen wichtigen chinesischen Banken sind in der Sonderwirtschaftszone auch die meisten international bedeutenden Banken vertreten. Dadurch wurde Pudong zu einem internationalen Finanzzentrum. Diese Entwicklung begünstigte der Neubau des internationalen Flughafens zusätzlich.
Das Bruttoinlandsprodukt von Pudong stieg von 6 Milliarden Yuan im Jahr 1990 (8,3% des BIP Shanghais) auf über eine Billion Yuan im Jahr 2018. Während Shanghai eine lange industrielle Tradition aufweist, wurde seit 1999 vor allem in den tertiären Sektor investiert (2018: 69,2% des BIP). Dennoch ist der sekundäre Sektor – im Gegensatz zu anderen Global Cities – für Shanghai immer noch von enormer Bedeutung.

M6 Pudong – wirtschaftliches Zentrum Chinas

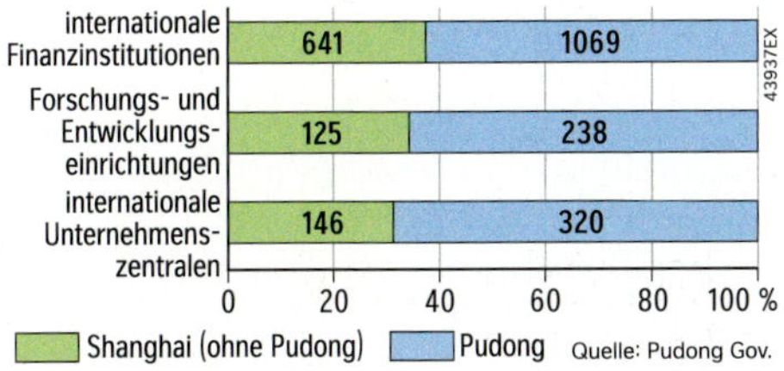

M7 Pudong in Zahlen

Im Rahmen seiner wirtschaftlichen Vorreiterrolle schlägt China mit Pudong weitere Schritte der wirtschaftlichen Öffnung ein. Der neue Plan, der zum 30. Geburtstag der Sonderwirtschaftszone Pudong (2020) vorgestellt wurde, zielt darauf ab, eine starke und aktive Kernwirtschaftszone und ein Tor für die weitere Öffnung der Region zu schaffen. Von Pudong aus soll eine integrierte Entwicklung entlang des Jangtsekiang erfolgen – eine nationale Strategie zur Stärkung der Binnenwirtschaft. Der Jangtse-Wirtschaftsgürtel umfasst neben elf Provinzen drei der fünf größten Städtecluster Chinas, das Jangtse-Flussdelta, das Cluster Mittellauf Jangtse und den Ballungsraum Chengdu-Chongqing. Vor allem die letzten beiden Cluster haben noch Aufholbedarf im Ausbau des sekundären und tertiären Sektors. Der Wirtschaftsgürtel umfasst 20 Prozent von Chinas Landfläche und 40 Prozent der Bevölkerung.

M8 Impulse für den Jangtse-Wirtschaftsgürtel

Cluster	Anzahl der Städte	Bevölkerung in Mio.	BIP in Mrd. US-Dollar	Anteil am BIP in %
Jangtse Flussdelta	26	150	1,84	19,1
Mittleres Jangtse Cluster	31	121	0,87	13,2
Chengdu-Chongqing Cluster	16	91	0,55	6,3

Quelle: GTAI, National Bureau of Statistics of China

M9 Cluster des Jangtse-Wirtschaftsgürtels

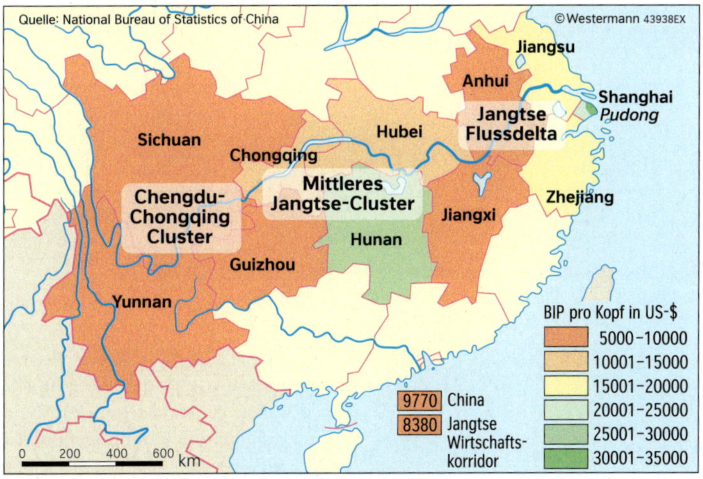

M10 Der Jangtse-Wirtschaftsgürtel mit seinen Städteclustern

1 *Beschreiben Sie die Lage und die Standortgunst Shanghais (M2, M4, M6, Atlas).*

2 *Erläutern Sie die Entwicklung der Sonderwirtschaftszone Pudong (M4, M6–M8).*

3 *Diskutieren Sie die Bedeutung Pudongs als Freihandelszone für die Entwicklung Shanghais und der chinesischen Wirtschaft gesamt. Berücksichtigen Sie dabei insbesondere die Region um den Jangtsekiang (M3, M5–M10).*

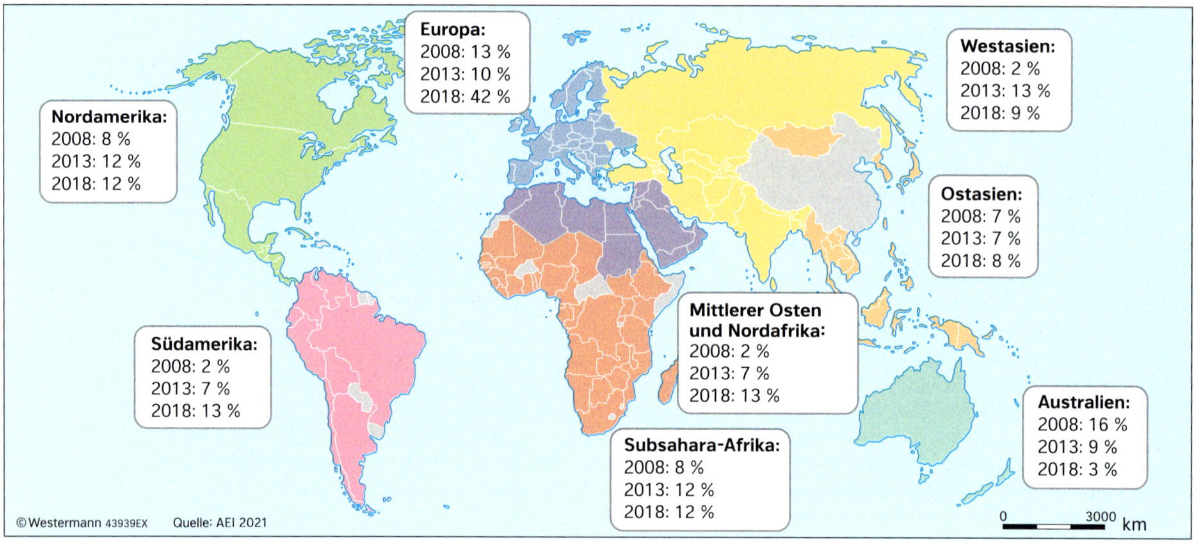

M1 Chinesische Direktinvestitionen nach Zielregionen 2008 – 2018

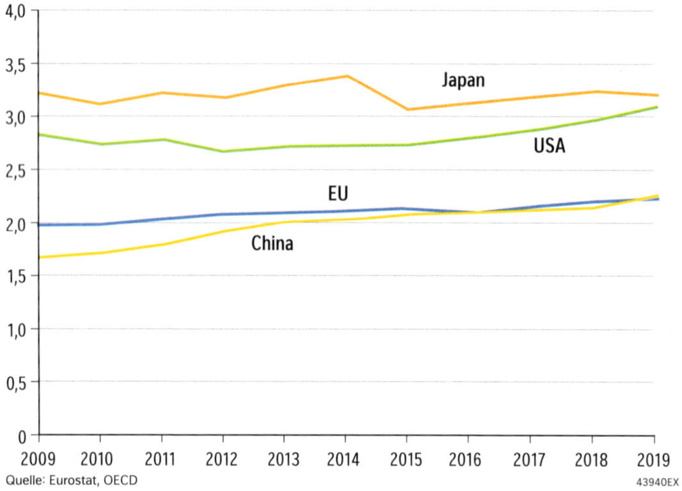

M2 Ausgaben für Forschung und Entwicklung in Prozent des BIP

China – Wirtschaftssupermacht der Zukunft?

China hat sich zu einem industriellen Kraftzentrum entwickelt. Es ist sogar zum weltweit größten Exporteur von Waren geworden, mit dem produktivsten Fertigungssektor überhaupt. Als zweitgrößte Volkswirtschaft der Welt ist China für rund 15 Prozent der globalen Wirtschaftsleistung verantwortlich. Bis 2049 will der Staat die größte Industrienation werden. Die Volksrepublik investiert dabei in hohem Maße im Ausland. Ziel der Investitionstätigkeit sind Ressourcen, Know-how, Technologietransfer und Steigerung der Wettbewerbsfähigkeit. Der enorme Aufschwung basiert aber auf einer exzessiven Nutzung von Energie und Rohstoffen. Kritische Meinungsäußerungen, demokratische Teilhabe oder der Schutz von Minderheiten werden durch teilweise strenge Maßnahmen unterbunden (z. B. Internetkontrolle).

Mitte 2015 verabschiedete die chinesische Regierung ein Programm zur Modernisierung der chinesischen Industrie: „Made in China 2025“. Im Zentrum dieser staatlichen Technologiepolitik steht die Devise „Qualität statt Quantität“. „Made in China“ soll für Qualität stehen und nicht nur für den Export von billiger Massenware. China hat bereits heute sein Image als bloße „Werkbank der Welt“, die nur Waren wie z. B. Spielzeug für den Export herstellt, abgelegt. Der Standort China wird teurer und der Schritt von der Produktion industrieller Güter hin zu Forschung und Entwicklung ist in vielen Bereichen vollzogen. Wenn chinesische Produkte mit hochwertiger Qualität überzeugen, wird der Staat im Spitzentechnologiebereich wie z. B. in der Flug-, Solar- und Medizintechnik, Telekommunikation, Hybridtechnologie etc. zu einem Konkurrenten, der beim Erwerb von Know-how auch auf Unternehmensaufkäufe im Ausland setzt. Mit dem Masterplan „Made in China 2025“ und Investitionen in Milliardenhöhe strebt China die Marktführerschaft in Bereichen an, auf denen heute das Wachstum vieler Industrieländer beruht.

M3 „Made in China 2025“

Die chinesische Wirtschaft zeigt seit 2018 ihre Schwächen. Das Wirtschaftswachstum erreichte den niedrigsten Wert seit mehr als einem Vierteljahrhundert (6,75 %). Mit zunehmender Entwicklung erweist es sich als immer schwieriger, eine stabile Binnenkonjunktur aufzubauen, als über Billiglöhne Exportweltmeister zu werden. Zusätzlich belastet der Handelskonflikt mit den USA die chinesische Wirtschaft und hat das Ziel Chinas, unabhängig vom Weltmarkt zu werden, weiter vorangetrieben. Bis 2025 sollen bis zu 70 Prozent aller industriellen Komponenten allein in China hergestellt werden. Um dieses Ziel zu erreichen, bedarf es hoher Investitionen in Forschung und Entwicklung.
Um die Entwicklungsziele voranzutreiben, kontrolliert die kommunistische Partei durch staatliche Kontrolle die Wirtschaft. Insbesondere die enorme Ungleichheit und die soziale Spaltung innerhalb des Staates prägen das Land. Die Löhne zwischen der Land- und der Stadtbevölkerung klaffen immer weiter auseinander. Infolgedessen zog es in den letzten Jahrzehnten viele Arbeitskräfte aus den westlichen Provinzen an die Ostküste Chinas, den Exportmotor des Staates. In den letzten Jahren hat diese Region einen Boom in der IT- und Technologiebranche durchgemacht, wodurch sich das Arbeitsplatzangebot im sekundären und tertiären Sektor deutlich verändert hat. Der allgemeine Anstieg des Lohnniveaus hat gleichzeitig die arbeitsintensiven Bereiche so verteuert, dass versucht wird, eine Steigerung der Produktion über Automatisierung von Produktionsprozessen zu erreichen. Im Gegenzug sind ganze Industriebereiche, die weiter auf Billiglohnarbeit setzen, in die südostasiatische Nachbarschaft abgewandert. In der Konsequenz haben viele Fabrikarbeiter ihre Anstellungen verloren und sind in ihre Heimatprovinzen zurückgekehrt.
Etwa 40 Prozent der Gesamtbevölkerung leben von rund 140 US-Dollar pro Monat. Selbst der chinesische Premier Le Kequiang sagte noch im Mai 2020, das sei nicht einmal genug, um in der Stadt die Miete für ein Zimmer zu bezahlen. Diese Entwicklung spiegelt sich auch in der wachsenden Kluft zwischen Arm und Reich wider. So gibt es zwar viele Gewinner des Wirtschaftswachstums, aber immer noch Menschen, die unter Armut leiden. Infolgedessen gibt es einen anhaltenden Zustrom von Wanderarbeitern in die Städte.

M4 Chinas soziökonomische Probleme

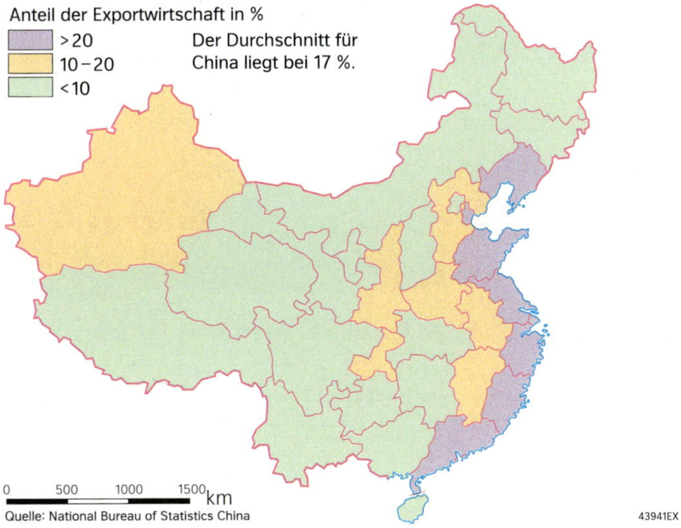

M5 Anteil der Exportwirtschaft an der Wertschöpfung in chinesischen Provinzen in Prozent (2017)

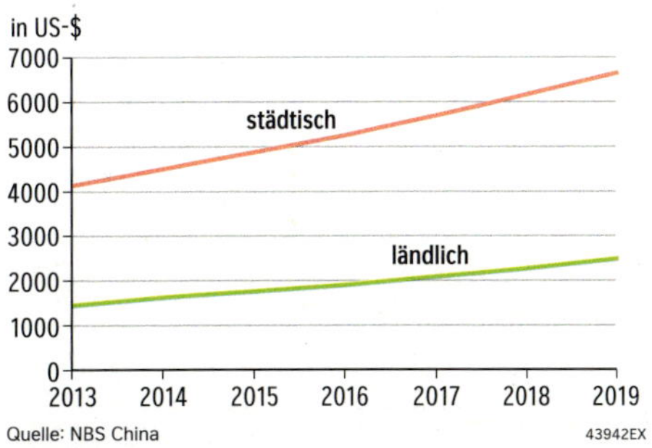

M6 Entwicklung des chinesischen Pro-Kopf-Einkommens pro Jahr in Stadt und Land

In ihrem Lagebericht „China 2030“ schlägt die Weltbank folgende Punkte zur weiteren Entwicklung Chinas vor:
- Stärkung des Privatsektors,
- weitere Öffnung der Märkte,
- Reformierung der Landarbeits- und Finanzpolitik,
- Schaffung eines flächendeckenden Zugangs zu Bildung, Gesundheit und Jobs,
- Verbesserung des Urheberrechtsschutzes,
- Stärkung des Umweltschutzes als „grüner Motor“ für Entwicklungen.

M7 Entwicklungsvorschläge der Weltbank für die Volksrepublik China

1 *Führen Sie eine SWOT-Analyse (siehe S. 209) zur Frage: „China – Wirtschaftssupermacht der Zukunft?“ durch. Nutzen Sie die Materialien der Seiten 250 bis 259, um wesentliche sozioökonomische Stärken, Schwächen, Chancen und Risiken Chinas herauszuarbeiten.*

2 *Beurteilen Sie die wirtschaftliche Situation Chinas auf Grundlage Ihrer Ergebnisse.*

M1 Karikatur zu Japans Wirtschaftsmodell

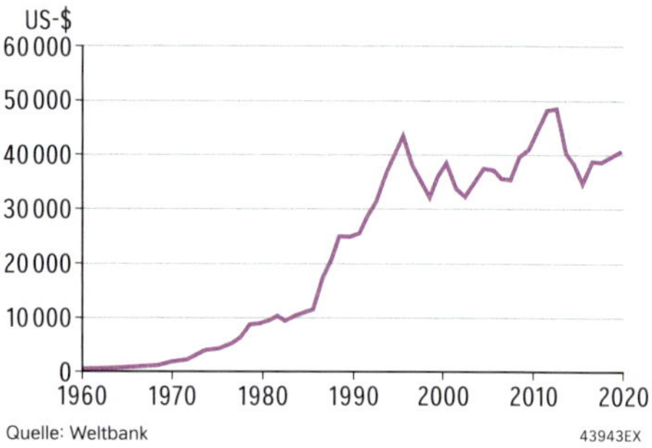

M4 Entwicklung des BIP pro Kopf in Japan

5.5 Japan – Entwicklung durch staatliche Lenkung

Importsubstitution:
Ersetzen eines Importguts durch ein im Inland (kostengünstiger) produziertes Gut. Die Strategie der Importsubstitution zielt auf eine Steigerung der Beschäftigung, des Bruttoinlandsprodukts und der Außenhandelsbilanz ab. Maßnahmen zur Umsetzung sind etwa die Erhöhung von Zöllen und Abgaben und die Subventionierung des Aufbaus inländischer Produktionsstrukturen.

Nachkriegszeit (ab 1945)
Wiederaufbau mit Unterstützung der USA

1950er-Jahre:
arbeitsintensive Leichtindustrie (z. B. Textil- und Bekleidungsindustrie)

1960er-Jahre:
importsubstituierende Grundstoff- und Zwischengüterindustrie

ab Mitte 1960er-Jahre:
kapital- und ausbildungsintensive Schwerindustrie, Schiffbau sowie Mineralölverarbeitung

1980er-Jahre:
kapital- und technologieintensive Investitions- und hochwertige Konsumgüterindustrie (Maschinenbau, Elektroindustrie)

ab 1990er-Jahre:
kapital- und forschungsintensive Investitions- und Konsumgüterindustrie (z. B. Biotechnologie, Hightechindustrie; Ausbau quartärer Sektor)

M2 Entwicklungsphasen der japanischen Wirtschaft

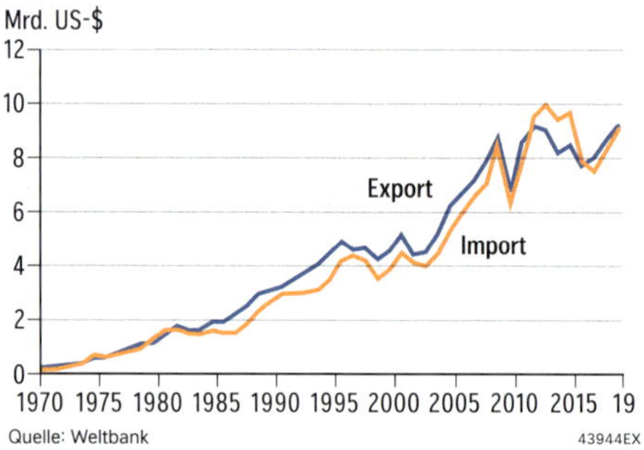

M3 Entwicklung der Handelsbilanz Japans (1970–2019)

Ende des Zweiten Weltkrieges war Japans Industriekapazität zu 80 Prozent zerstört. Doch mit dem Beginn des „Kalten Krieges" – einem Zeitraum der Aufrüstung und der Auseinandersetzung zwischen sozialistischen Staaten (v. a. der Sowjetunion) und kapitalistischen Staaten (v. a. den USA) – unterstützten die Vereinigten Staaten den Wiederaufbau des zerrütteten Landes. So schützten sie es vor dem an Einfluss gewinnenden, sowjetisch dominierten Sozialismus. Die ersten Wirtschaftsschwerpunkte lagen insbesondere auf arbeitsintensiven Schlüsselindustrien wie z. B. der Textil- und Bekleidungsindustrie, später Eisen- und Stahlindustrie sowie dem Schiffbau. Hinter einem Wall von Schutzzöllen baute der Staat eine gewaltige Exportindustrie auf, die mit ihren Billigprodukten Europa und der USA Konkurrenz machte. Durch ständige Anpassung an die Marktbedingungen und einen damit stetig einhergehenden Strukturwandel des industriellen Schwerpunktes konnte sich Japan zum Hightechriesen entwickeln. Dabei wechselte Japan zwischen Importsubstitution und Exportorientierung. Innerhalb weniger Jahre kontrollierten die Japaner auch die Hightechbranche (z. B. Unterhaltungselektronik). Damit erfolgte seit den 1960er-Jahren ein Wandel von der arbeits- und ausbildungsintensiven Phase zur technologie- und später forschungsintensiven Phase. In den 1970er- und 1980er-Jahren überschwemmten japanische Exportprodukte mit Dumpingpreisen den Weltmarkt, während die Binnenwirtschaft vor Importen geschützt wurde. Dabei wählte Japan als Wachstumsmotor vor allem Branchen mit hoher Nachfrage auf dem Weltmarkt, wodurch hohe Gewinne erzielt werden konnten. Die Verdrängung ganzer Industriezweige in den USA und Europa ließ den Begriff der Japanangst (Nippophonia) aufkommen.

Maßgeblich am Erfolg der japanischen Wirtschaft ist das Ministerium für Wirtschaft, Handel und Industrie (METI) beteiligt. Zu seinen Aufgaben gehören etwa die Beschaffung von Informationen und deren Analyse vor einer wirtschaftlichen Entscheidung, die Koordination von Exportoffensiven und die langfristige Planung von Entwicklungsprojekten. Auch übernimmt das METI teilweise die globale Vermarktung der Produkte. Zudem vergibt das Ministerium „Starthilfen" an japanische Firmen bzw. leitet Entwicklungsprojekte auch selbst. Ein Erfolgsfaktor lag nach 1945 in der Übernahme ausländischer Schlüsseltechnologien („umgekehrter Maschinenbau"). Diese Technologien wurden kontinuierlich verbessert (Kaizen), um Marktanteile zu erobern. Charakteristisch für Japan ist die duale Wirtschaftsstruktur aus kleinen Zulieferbetrieben und Großunternehmen. Die kapitalschwachen Kleinbetriebe übernehmen die arbeitsintensive Produktion (heute oft im Ausland), sodass die Großbetriebe Kosten sparen (lean production). Die Großbetriebe konnten dadurch lange Vergünstigungen wie lebenslange Beschäftigungsgarantien, zinsgünstige Kredite etc. bieten. Die Identifikation mit den Unternehmen und die Arbeitsproduktivität wuchsen infolgedessen.

M5 Japans Wirtschaft: Gründe für den Erfolg

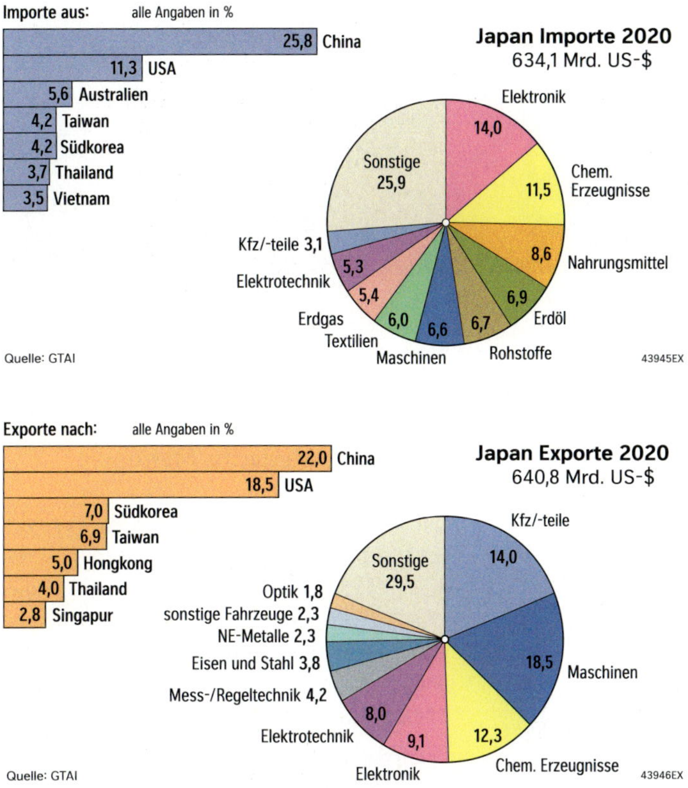

M7 Außenhandelsstruktur Japans (2020)

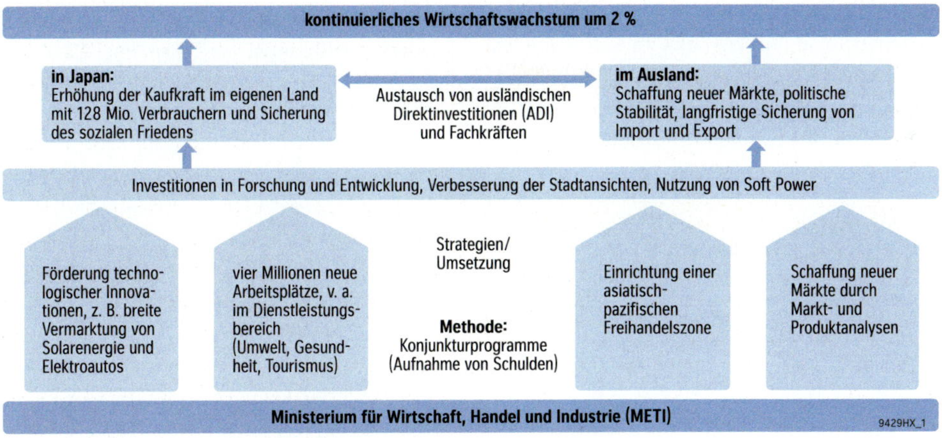

M6 Die japanische Wirtschaftsstrategie

1 *Beschreiben Sie die Entwicklungsetappen der japanischen Wirtschaft (M1 – M6).*

2 *Nennen Sie politische und wirtschaftliche Faktoren, die Japans Entwicklung zur Wirtschaftsmacht entscheidend beeinflussten (M3 – M5).*

3 *Nehmen Sie Stellung zu der These, dass der Erfolg Japans entscheidend durch den Staat und durch kulturelle Besonderheiten geprägt wurde. Nutzen Sie das Internet.*

4 *Erläutern Sie Zusammenhänge zwischen der Entwicklung in der südost- und ostasiatischen Region und den Erfolgen und Problemen Japans (S. 248 – 249, M3, M4).*

5 *Erläutern Sie die Karikatur (M1).*

M1 Tokio – ein Häusermeer

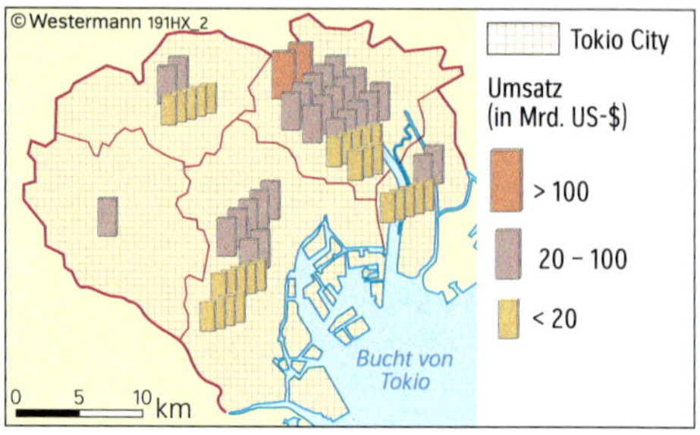

M3 Lage Transnationaler Unternehmen in Tokio

Fallbeispiel Tokio – Global City, Megacity, Metropole

Der Agglomerationsraum Tokio ist das wirtschaftliche Herz Japans. In der Stadt und den drei umgebenden Präfekturen leben zusammen über 38,5 Mio. Menschen auf nur vier Prozent der Fläche Japans, während auf die Kernstadt Tokio ungefähr 13,9 Mio. Einwohner (2019) entfallen. Die Konzentration Japans auf Tokio hat neben naturräumlichen Gründen (geschützte Bucht, fruchtbare Ebenen) vor allem aber auch historische, politische und wirtschaftliche Ursachen. Die dadurch bedingte Platznot zwingt die Stadt zur Neulandgewinnung in der Bucht von Tokio. Zwischen Tokio und Fukuoka im Süden Japans erstreckt sich das weltweit größte Städteband. In dieser Megalopolis konzentrieren sich auf 20 Prozent Fläche etwa 80 Prozent der Einwohner und 85 Prozent der Industrie Japans.

Die Global City Tokio gilt als eine der wichtigsten weltweiten Steuerungs- und Kontrollzentralen wirtschaftlicher Aktivitäten. Sie ist Hauptsitz zahlreicher Transnationaler Unternehmen. Neben New York und London hat sich die Stadt zu einem der wichtigsten Finanzzentren entwickelt. Tokio besitzt die größte Börse und die führende Wertpapierbörse in Ostasien. Etwa 75 Prozent (2300 Unternehmen) aller ausländischen Unternehmen haben hier ihren Sitz. Als nationales Zentrum konzentrieren sich in Tokio zudem die wichtigsten zentralörtlichen Funktionen des Staates. Behörden, politische Institutionen und Unternehmenszentralen nutzen auf engstem Raum Face-to-Face-Kontakte und Fühlungsvorteile. Die starke Tertiärisierung der Wirtschaft in der Global City wird durch die zunehmende Anzahl von Unternehmen in der Kommunikations-, Gesundheits- und Bildungsbranche deutlich.

M4 Bedeutung der Global City

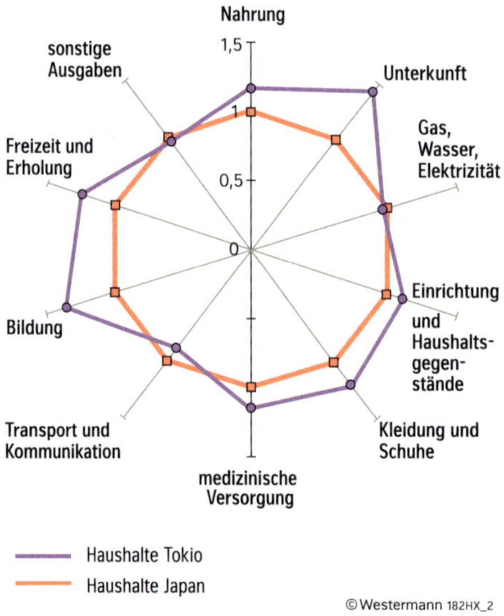

M2 Haushaltsausgaben in Tokio

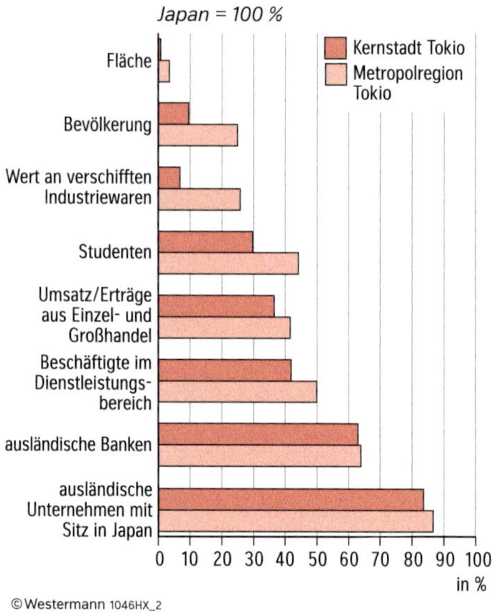

M5 Bedeutung von Tokio

100800-190 www.diercke.de

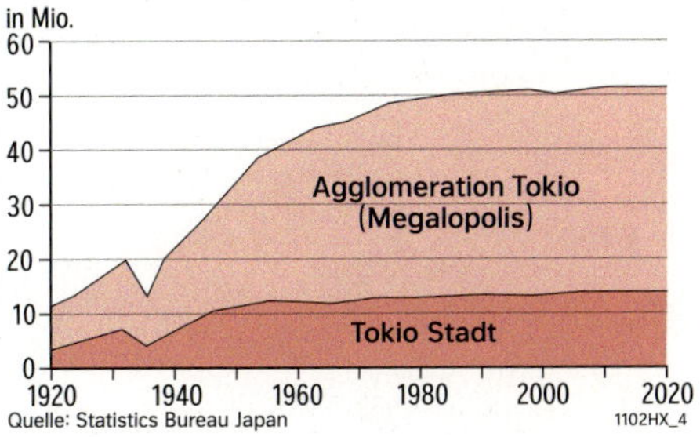

M6 Bevölkerungsentwicklung von Tokio

Mit der Entwicklung zur Megastadt waren und sind auch zahlreiche Probleme verbunden. Die Flächenknappheit in Tokio bedingt hohe Bodenpreise. Diese ziehen wiederum extrem hohe Lebenshaltungskosten nach sich. Und auch Unternehmen haben deshalb Schwierigkeiten zu expandieren. So wird in Tokio das Konzept der Entlastungszentren verfolgt. Die Entlastungszentren liegen mit ihrem Arbeitsplatzangebot vor allem im tertiären Sektor in 25 – 50 km Entfernung zum Stadtzentrum an Kreuzungspunkten von radialen Verkehrslinien. Der Vorteil ist eine Reduzierung der Fahrzeiten für Pendler in die Stadt und aus ihr hinaus.
Als besonders vorteilhaft haben sich außerdem Maßnahmen der Neulandgewinnung gezeigt. Dazu werden auf Landseite ganze Berge abgegraben und im Meer aufgeschüttet. In dieser Größenordnung sind die für Japans Wirtschaft wichtigen Flächen für Hafenanlagen, Industriebetriebe und Infrastrukturprojekte weltweit einmalig.
Um der Bevölkerungskonzentration in Tokio zu begegnen, plant die japanische Regierung in Zukunft, die Städte Osaka und Fukuoka im Süden des Landes als internationale Finanzzentren auszubauen. Diese neuen Standorte sollen auch die Attraktivität Japans als Finanzstandort stärken und ein neues Gegengewicht zu Hongkong und Shanghai als Finanzzentren im asiatisch-pazifischen Raum bilden.

M7 Raumplanungsstrategien Tokios

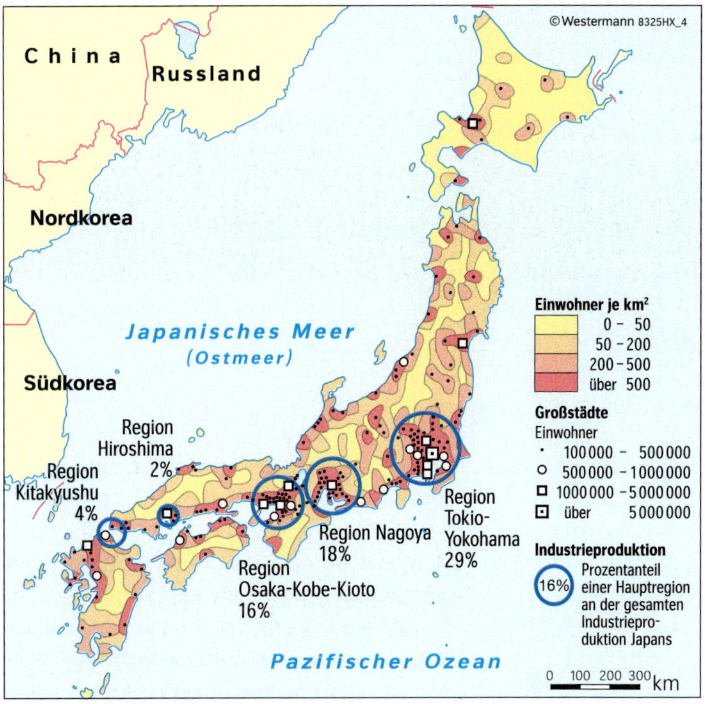

M8 Bevölkerungsverteilung von Japan

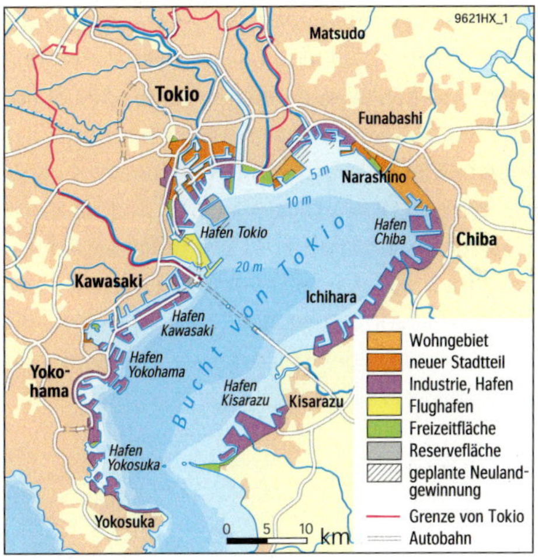

M9 Landgewinnung in Tokio

Größte Städte Japans (Einwohner in Mio.)

1. Tokio:	*13,9*
2. Yokohama:	*9,2*
3. Osaka:	*8,8*
...	
9. Fukuoka:	*5,4*

(Quelle: Statistical Handbook Japan, 2020)

1 *Beschreiben Sie die besondere Stellung Tokios innerhalb Japans (M5, Atlas).*

2 *Nennen Sie Vor- und Nachteile räumlicher Konzentration in den Metropolregionen (M1 – M9).*

3 *Erläutern Sie die besondere Bedeutung der Global City Tokio für die japanische Wirtschaft (M2 – M6).*

4 *Verfassen Sie einen kritischen Zeitungsartikel über die Verlegung von Finanzdienstleistungen nach Osaka und Fukuoka und deren Konsequenzen für Tokio und Japan (M7).*

5 *Bewerten Sie die ergriffenen Strategien der Raumplanung in Tokio zur Vermeidung einer Überlastung des Raumes unter Einbeziehung möglicher Wachstumsgrenzen der Metropole (M6 – M9, Atlas).*

6 *Vergleichen Sie mithilfe des Diercke Globus online (www.diercke.de) frühere und aktuelle Strukturen in der Bucht von Tokio (M9). Analysieren Sie die Veränderungen.*

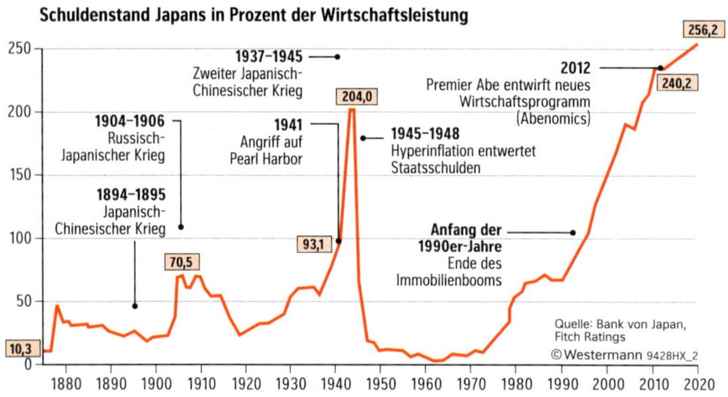

M1 Bruttostaatsverschuldung in % des BIP

M3 Regierung und Toyota setzen auf Wasserstoffautos

Japan – Erfolgsmodell mit Zukunft?

Japan hat seit Ende der 1990er-Jahre wiederkehrend wirtschaftliche Stagnationsphasen durchlebt und ist für viele Industrieländer ein mahnendes Beispiel, welche negativen Folgen verschleppte Strukturreformen in Kombination mit einem voranschreitenden demographischen Wandel für einen Staat haben können. Konjunkturprogramme der letzten Jahre haben kaum zur Wirtschaftsentwicklung beigetragen. So erhöhten die großen Exportkonzerne weder die Löhne, noch schufen sie vermehrt Festanstellungen oder investierten im Inland. Um zu verhindern, dass die Wirtschaft weiter schrumpft und dadurch niedrigere Einkommen und eine Verschärfung der Armut verursacht, muss Japan nach Ansicht von Wirtschaftswissenschaftlern seine Produktivität erhöhen oder weitaus mehr Einwanderung als bisher zulassen.

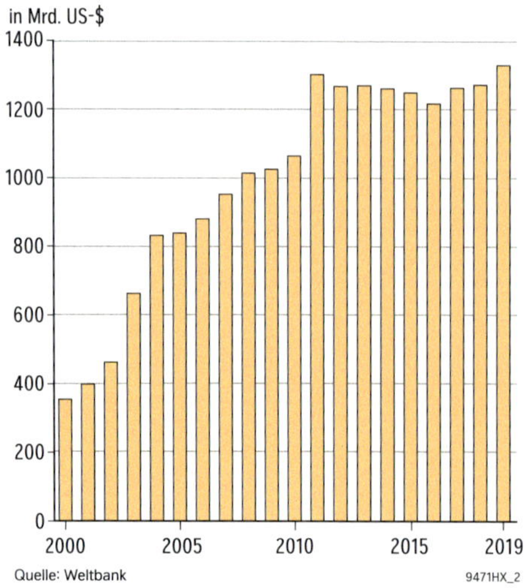

M2 Währungsreserven Japans

Society 5.0
Japan hat den zweitgrößten IT-Sektor aller OECD-Länder. Der Staat investiert massiv in Informations- und Kommunikationstechnologien sowie Forschung und Entwicklung. Seine IT-Produkte sind auf internationalen Märkten in höchstem Maße wettbewerbsfähig. Das Ministerium für Wirtschaft, Handel und Industrie (METI) sprach der Society 5.0 eine Schlüsselrolle in der Klärung demographischer, sozialer und wirtschaftlicher Probleme zu. Oberste Ziele des Konzepts sind eine Verbesserung der Lebenswelt und eine Erhöhung der Lebensqualität. Das Fundament der Society 5.0 bilden digitale Infrastrukturen, Plattformen und Services, welche auf smarten Technologien wie z. B. Künstlicher Intelligenz oder Robotik basieren. Diese Technologien haben inzwischen einen Reifegrad erreicht, der die größten gesellschaftlichen und wirtschaftlichen Umwälzungen seit der industriellen Revolution ermöglicht.

Nationale Wasserstoffstrategie
Japans Regierung versteht sich als globaler Vorreiter, Strom ohne CO_2-Emissionen aus Wasserstoff herzustellen. In Brennstoffzellen gehen Wasser- und Sauerstoff eine chemische Reaktion ein. Daraus resultieren Strom und Wärme, mit Wasser als einzigem Nebenprodukt. Um diesen technologischen Vorsprung zu sichern, verabschiedete die Regierung bereits im Jahr 2017 eine nationale Wasserstoffstrategie. Japan sticht mit diesen ambitionierten Zielen sowie einer engen Kollaboration zwischen Politik und Wirtschaft heraus. Der Staat will Wasserstoff bis 2050 weltweit zu einer Alternative für fossile Brennstoffe aufbauen. Geplant ist, in zehn Jahren eine globale Lieferkette aufzubauen, die Wasserstoff in großindustriellem Maßstab produzieren und verteilen kann.

M4 Vorreiter Japan?

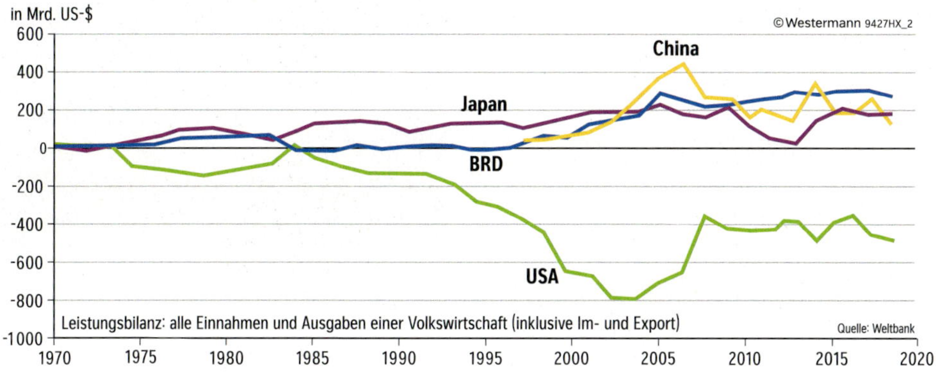

M5 Leistungsbilanz Japans im Vergleich

Höchstes Durchschnittsalter weltweit
Das Durchschnittsalter in Japan lag 2020 bei 48,4 Jahren (Deutschland: 45,7 Jahre). Damit ist es weltweit der Staat mit dem höchsten Durchschnittsalter. Etwa ein Viertel der Gesamtbevölkerung ist dabei über 65 Jahre alt. Der Anteil der über 65 Jahre alten Japaner an der Gesamtbevölkerung wird sich bis zum Jahr 2060 auf 40 Prozent fast verdoppeln. Zudem wird die Gesamtbevölkerung bis 2050 um ungefähr 20 Prozent zurückgehen. Gründe dafür sind insbesondere die niedrige Fertilitätsrate von 1,39 Kindern pro Frau (2020) und die hohe Lebenserwartung von 81,4 Jahren für Männer und 87,7 Jahren für Frauen.

Arbeitskräftemangel und Wissensverlust
Durch den Bevölkerungsrückgang und die höhere Zahl von Menschen im Rentenalter werden dem Arbeitsmarkt zukünftig Arbeitskräfte fehlen. Gleichzeitig steigt der Abhängigkeitsquotient, denn es stehen immer mehr erwerbstätige Personen nicht erwerbstätigen Personen gegenüber. Bis 2040 wird prognostiziert, dass der Anteil der erwerbstätigen Bevölkerung zwischen 15 und 65 Jahren auf 40 Prozent zurückgehen wird (OECD, 2015).

Landflucht und Vergreisung
Der Verstädterungsgrad Japans nimmt weiter zu. Lebten 2001 circa 80 Prozent der Gesamtbevölkerung in der Stadt, so waren es zehn Jahre später über 91 Prozent. Besonders junge Menschen ziehen in die Städte. In ländlichen Regionen wird damit eine Abwärtsspirale in Gang gesetzt. In manchen Dörfern leben bereits jetzt schon über 70 Prozent Senioren.

Staatsverschuldung und Konsumverhalten
Kein Industrieland ist so hoch verschuldet wie Japan. Das BIP wächst seit Jahren nur minimal (2018: + 0,6 %), die Einkommen sind in den vergangenen Jahren tendenziell gesunken. Immer wieder hat der Staat auch mit fallenden Preisen zu kämpfen. Erwarten Verbraucher und Firmen auch für die Zukunft ein sinkendes Preisniveau, schieben sie größere Investitionen hinaus. Japans ältere Bürger stabilisieren den Staat. Die Staatsschulden halten fast nur japanische Senioren, die ihre Ersparnisse auf den Banken verwalten.

Außenhandel
Japans Handelsbilanz ist seit mehreren Jahren teilweise im Minus. Dagegen verzeichnet die Leistungsbilanz aufgrund hoher Vermögenseinnahmen aus dem Ausland noch einen Überschuss. Die hohen Handelsbilanzüberschüsse der 1970er- und 1980er-Jahre kann Japan schon lange nicht mehr erreichen. Investitions- und Exportschwäche und mangelnde Wettbewerbsfähigkeit japanischer Unternehmen sind wesentliche wirtschaftliche Problemfelder.

M6 Sozioökonomische Probleme Japans

1 *Erklären Sie die Herausforderungen, vor denen Japan in Zukunft steht (M6).*

2 *Führen Sie eine SWOT-Analyse zu Japan durch, bei der Sie Stärken, Schwächen, Chancen und Risiken des Staates herausarbeiten (S. 260 – 265, S. 209).*

3 *Ordnen Sie die japanischen Zukunftsstrategien in das Fluggänsemodell ein (M4, S. 248).*

4 *Nehmen Sie Stellung zur Frage, ob Japan mithilfe der Strategien „Society 5.0“ und der nationalen Wasserstoffstrategie seinen Status als „Leitgans Asiens“ erhalten kann (M4).*

Ho-Chi-Minh-Stadt (früher Saigon), die 13-Millionen-Einwohner-Metropole im Süden Vietnams, ist das wirtschaftliche Zentrum des Staats. Bis 2050 könnte Vietnam Rang 20 der größten Volkswirtschaften der Welt belegen (2019: Platz 32).

1986
Beschluss zur Doi-Moi-Politik: Einführung marktwirtschaftlicher Reformen und Öffnung

1988
volle wirtschaftliche Souveränität von Bauern auf gepachtetem Boden; Verabschiedung eines liberalen Gesetzes über Auslandsinvestitionen

1989
Freigabe der Preise für nahezu alle Waren und Dienstleistungen (Ausnahmen: Energie, Mieten, Medikamente)

1990
Zulassung privater Banken; Vietnam rückt auf Platz 2 der Kaffee exportierenden Staaten

1991
Einrichtung von „Export Processing Zones“ (Befreiung von Gewinnsteuern)

1995
Einführung eines Sozialversicherungsfonds; Beitritt zur ASEAN

1996
Kooperationsvertrag mit der EG (heute EU)

2000
Handelsabkommen zwischen Vietnam und den USA; Verabschiedung des Unternehmensgesetzes zur Gewerbefreiheit; die Folge daraus: Gründung von 50 000 neuen Betrieben

2001
Privatunternehmen mit Staatsbetrieben gleichgestellt

2007
Beitritt zur Welthandelsorganisation (WTO)

2015
Freihandelsabkommen mit der EU abgeschlossen

2018
erstmals Widerstände und Proteste seitens der Bevölkerung gegen die Errichtung weiterer Sonderwirtschaftszonen; Demonstranten fürchten einen „Ausverkauf“ des Staates an chinesische Investoren

2019
Freihandelsabkommen mit der EU tritt in Kraft

2020
Beitritt zur größten Freihandelszone der Welt: Regional Comprehensive Economic Partnership (RCEP)

M1 Wirtschaftliche Entwicklung Vietnams

M2 Ho-Chi-Minh-Stadt im Umbruch

5.6 Vietnam – Entwicklung durch Transformation

„In mehr als 30 Jahren Reformprogramm (Doi Moi) und zwölf Jahre nach dem Beitritt zur WTO hat sich die vietnamesische Wirtschaft zunehmend in die regionale und globale Wirtschaft integriert.“

S. E. Nguyen Minh Vu, vietnamenischer Botschafter, Diplomatisches Magazin, 2.10.2019

Trotz der Covid-19-Pandemie hat Vietnam als einer der wenigen Staaten der Welt das Jahr 2020 mit einem wirtschaftlichen Wachstum beendet. Die Öffnung gegenüber der Globalisierung hat dem Staat einen Wirtschaftsboom beschert. Dabei gab die pure Not den Ausschlag für diese Entwicklung. Vor 35 Jahren gehörte Vietnam mit einem BIP/Kopf von 653 US-Dollar noch zu den ärmsten Staaten der Welt (2020: 2785 US-Dollar). Heute hat sich die Sozialistische Republik zu einem Staat mit niedrigen mittleren Einkommen gewandelt. Die vietnamesische Wirtschaft wächst mit Rekordwerten um sieben Prozent jedes Jahr. Seine geographische Lage, günstige Löhne sowie eine unternehmerfreundliche Wirtschaftspolitik stärken dabei Vietnams internationale Wettbewerbsfähigkeit. Die Sonderwirtschaftszonen sind das zentrale Instrument der Wirtschaftsförderung Vietnams und sollen als „Reformtestzentren“ über Rückkopplungseffekte indirekt Innovation, Technologie- und Wissenstransfer für die Volkswirtschaft vorantreiben. 40 Prozent der ausländischen Direktinvestitionen fließen dorthin.

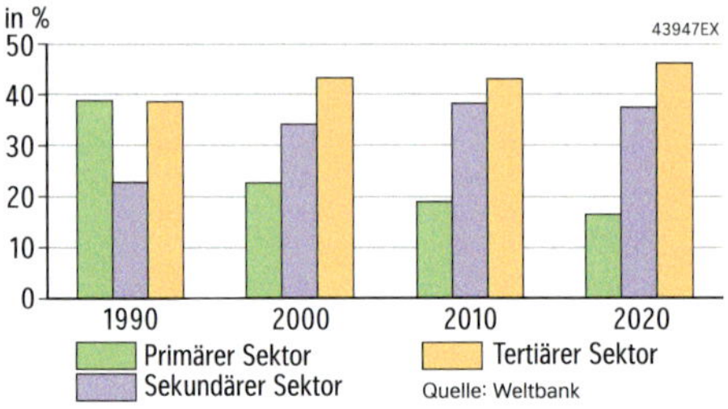

M3 Anteil der Wirtschaftssektoren am BIP

2020 war wohl eines der entscheidendsten Jahre für die vietnamesische Wirtschaft. Neben dem Inkrafttreten des Freihandelsabkommens mit der Europäischen Union hat Vietnam als einer von 15 Mitgliedsstaaten das größte Freihandelsabkommen der Welt (RCEP) unterzeichnet.
Vor 25 Jahren sah aber die wirtschaftliche Situation Vietnams noch völlig anders aus. Der Staat war damals wirtschaftlich am Boden. Planwirtschaft und Missmanagement hatten den Staat nach dem Krieg völlig ruiniert. Erst schwere Dürren und daraus resultierende Hungersnöte zwangen die Machthaber in Hanoi zum Umdenken.
Antriebskraft ökonomischer Reformen war unter anderem die Nähe zu Märkten wie China, Hongkong, Japan, Singapur, Südkorea und Taiwan. Der Zusammenbruch der Sowjetunion Anfang der 1990er-Jahre und der Wegfall von Transferleistungen beschleunigten diesen Prozess. Dies erleichterte den Reformern der regierenden Kommunistischen Partei, die Transformation von planwirtschaftlichen Handelsstrukturen zu liberalisieren. Ihr Interesse an einer wirtschaftlichen Öffnung des Staates fiel zudem in eine Zeit, als Globalisierung und Internationalisierung intensiver als je zuvor das ökonomische Geschehen prägten. Um das Einkommensniveau der rasch wachsenden jungen Bevölkerung nachhaltig zu erhöhen, musste Vietnam die Wertschöpfungsketten verbessern und in zukunftsfähige Technologien investieren. Seit Einführung der „Doi-Moi-Politik“ 1986 erlebt der Staat einen rasanten wirtschaftlichen Aufschwung, vor allem in den Sonderwirtschaftszonen. Diesen verdankt der Staat hohen Investitionsraten ausländischer Unternehmen, einer daran gekoppelten starken Exportwirtschaft und dem steigenden Konsum der wachsenden jungen Mittelschicht. Das exportorientierte Wachstumsmodell zeigt jedoch trotz ökonomischer Erfolge erhebliche Mängel und strukturelle Probleme im sozialen und ökologischen Bereich. Es wird entscheidend sein, ob es Vietnam gelingt, die wirtschaftlichen Reformen durch Reformen der öffentlichen Verwaltung sowie der Gerichtsbarkeit zu unterstützen.

M4 Politik der Transformation

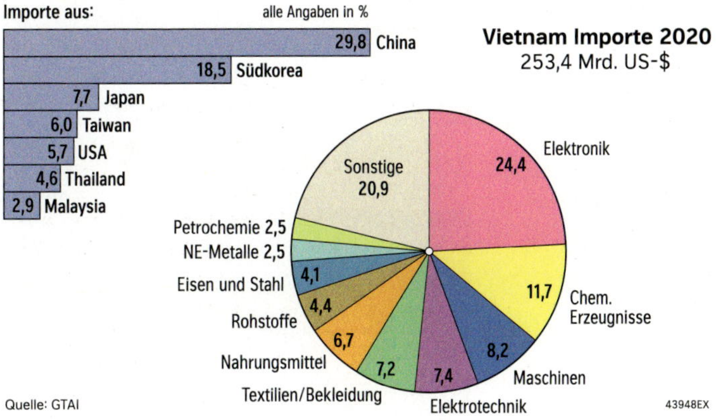

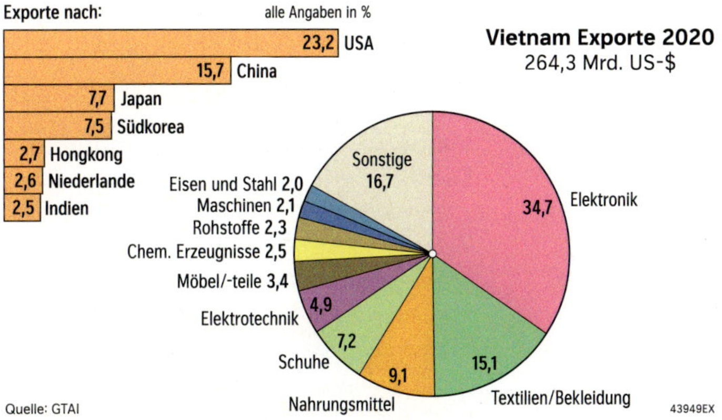

M5 Vietnams Außenhandelsstruktur (2020)

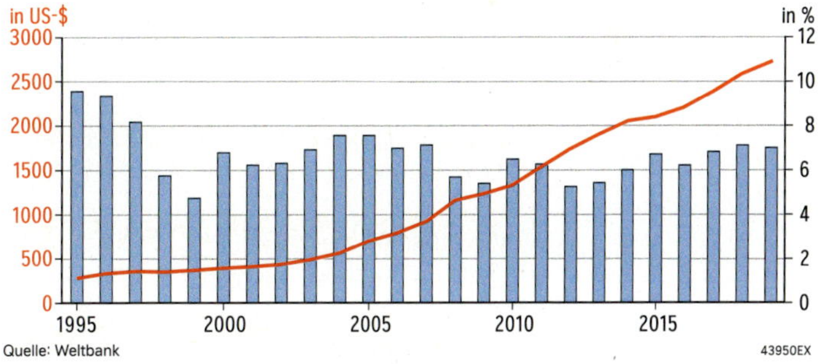

M6 Bruttoinlandsprodukt pro Kopf Vietnams und Wachstum des BIP in %

1 *Benennen Sie wichtige politische und wirtschaftliche Etappen in der Entwicklung Vietnams (M1).*

2 *Analysieren Sie die wirtschaftliche Entwicklung Vietnams unter Berücksichtigung der Doi-Moi-Reformpolitik (M1 – M6).*

3 *Fassen Sie Erfolge der Doi-Moi-Politik und und weiterbestehende Probleme in Vietnam zusammen. Stellen Sie diese tabellarisch gegenüber (M3 – M6).*

4 *Vergleichen Sie den wirtschaftlichen Transformationsprozess mit der Entwicklung Japans und Chinas (S. 250 – 265). Arbeiten Sie Ähnlichkeiten und Unterschiede heraus.*

5 *Beurteilen Sie folgende Aussage: „Vietnam ist vielleicht ein Tiger, ist aber bisher noch nicht weit gesprungen.“*

M1 Vietnamesische Angestellte auf dem Weg zum Samsung-Werk nördlich von Hanoi

Vietnam – ein attraktiver Standort in Südostasien?

Vietnams starke Exportwirtschaft und Standortvorteile gegenüber anderen asiatisch-pazifischen Staaten haben in den letzten Jahren zu einer zunehmenden Verflechtung mit internationalen Handelspartnern geführt. Für den Smartphone-Hersteller Samsung ist der Staat, der lange primär für Schuh- und Textilproduktion bekannt war, schon seit Jahren der wichtigste Produktionsstandort. Mehr als die Hälfte der Telefone des südkoreanischen Herstellers wird in vietnamesischen Fabriken produziert.

Bereich	Investitionen in (Mio. USD)	Anteil in %
verarbeitendes Gewerbe	225 733,19	58,95
Versicherungen	60 112,78	15,70
Elektrik, Gas, Wasser und Windkraft	28 733,30	7,50
Hotelwirtschaft	12 516,35	3,27
Konstruktion, Bauwesen	10 683,43	2,79
Einzel- und Großhandel	8 434,23	2,2
Transport	5 235,86	1,37
Bergbau	4 897,63	1,28
Bildung	4 404,89	1,15
Kommunikation	3 950,95	1,03
Sonstige	24 937,00	6,51
total	382 893,10	100

Quelle: GSO Vietnam 2020

M2 Ausländische Direktinvestitionen insgesamt bis 2020

In den vergangenen Jahren ist Vietnam in der Wertschöpfungskette aufgestiegen. Anstatt Textilien und Bekleidung wurden vermehrt höherwertige Produkte wie Mikrochips, Smartphones und andere Elektronik produziert. Der Staat profitierte dabei aufgrund der geringeren Arbeitskosten (durchschnittlicher Monatslohn 270 US-Dollar) und der niedrigeren Betriebskosten auch von der Verlagerung von Produktionsstätten aus China (z.B. Apple und seine Zulieferer Foxconn, Pegatron sowie Panasonic). Vietnam entwickelte sich so zu einem alternativen Produktionszentrum in Ost- und Südostasien und zu dem am meisten favorisierten Staat für Verlagerungen von Aktivitäten innerhalb Asiens – vor Indien, Indonesien, Thailand und Malaysia. Um die dringend benötigten Devisen zu bekommen und die hohe Arbeitslosigkeit zu bekämpfen, wurden **Sonderwirtschaftszonen** in Vietnam eingerichtet, in denen Unternehmen Vorteile genießen und die Infrastruktur oftmals sogar kostenlos bereitgestellt wird. Sie sollten der Beschleunigung der Industrialisierung dienen.
Größter privater Auslandsinvestor ist der koreanische Technologiekonzern Samsung, der bis 2020 über 17 Milliarden US-Dollar an acht verschiedenen Standorten investiert hat, 2200 Personen allein in Forschung und Entwicklung in Vietnam beschäftigt und über 20 Prozent des vietnamesischen Ausfuhrvolumens beisteuert.
Insgesamt sind ausländische Investitionen von großer Bedeutung für die vietnamesische Wirtschaft. Sie trugen 2020 zu den Steuereinnahmen 15 Prozent, zum Bruttoinlandsprodukt 20 Prozent und zu den Ausfuhren 70 Prozent bei.
Die ausländischen Arbeitgeber gewinnen in Vietnam auf dem geregelten Arbeitsmarkt immer mehr an Gewicht. Vor allem Firmen aus Korea, Japan und Taiwan lassen in Vietnam Produkte für den Weltmarkt nähen, montieren und fertigen. Da in der Land-, Forst- und Fischereiwirtschaft noch rund 37 Prozent (2019) aller Arbeitnehmer tätig sind, besteht noch ein großes Kontingent an Arbeitskräften, die in feste Industrie- und Dienstleistungsjobs wechseln könnten. An erfahrenen Fachkräften mangelt es aber noch, weil das Bildungswesen mit der schnellen wirtschaftlichen Entwicklung nicht mithalten konnte.
Doch sind es gerade die geringen Lohnkosten, die für ausländische Unternehmen reizvoll sind. Vietnams geringste monatliche Gehälter lagen 2019 je nach Region zwischen 125 bis 180 US-Dollar, die höchsten Raten wurden in den städtischen Regionen wie Ho-Chi-Minh-Stadt und Hanoi erzielt. Die Gehälter sind jedoch im Vergleich mit China, wo sie zwischen 140 und 346 US-Dollar betrugen, teilweise nur halb so hoch.

M3 Vietnam – ein attraktiver Standort?

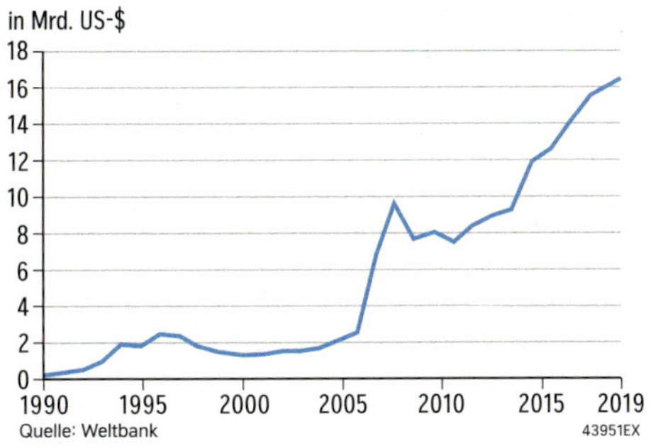

M4 Jährliche ausländische Direktinvestitionen

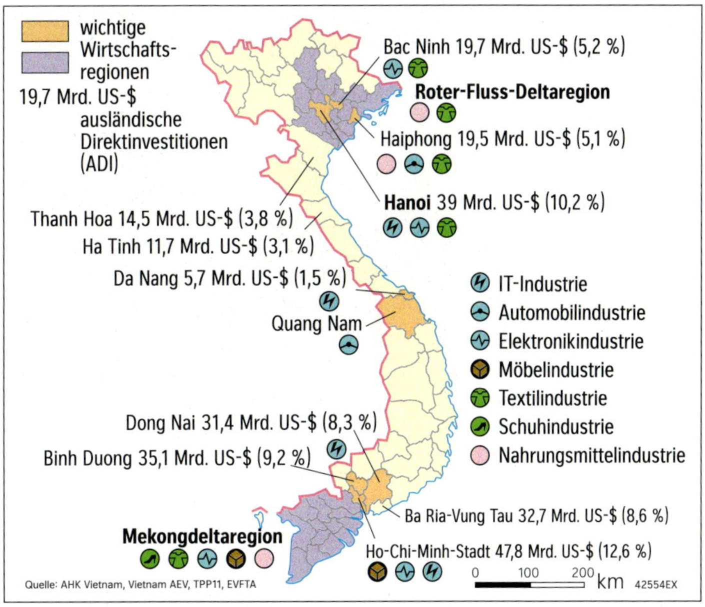

M6 Wirtschaftsregionen, Branchen und ausländische Direktinvestitionen insgesamt bis 2019

Der Ort Bac Ninh im Norden Vietnams, 30 Kilometer von Hanoi entfernt, war vor zehn Jahren noch eine verstaubte Kleinstadt. Er liegt im Delta des Roten Flusses, das traditionell stark landwirtschaftlich geprägt ist. Das hat sich grundlegend geändert. Vor allem weil Samsung, Südkoreas größter Mischkonzern, auf der grünen Wiese 2008 rund 2,5 Milliarden US-Dollar in ein Mobiltelefonwerk investierte.

Das Unternehmen, das neben Smartphones auch Schiffe, Hochhäuser, Autos und Lebensversicherungen verkauft und im vergangenen Jahr mehr als 200 Milliarden Euro Umsatz gemacht hat, stellte im Jahr 2016 rund die Hälfte aller weltweit verkauften Samsung-Mobiltelefone in Bac Ninh her. Neben Smartphones kommen auch Batterien und Akkus dorther. Neben Samsung ließen sich auch 60 Zulieferbetriebe nieder von denen 55 ausländische, in der Regel koreanische Unternehmen sind. [...] Mit Samsungs Unterstützung ist Bac Ninh das Zentrum der Rundfunk-, Fernseh- und Nachrichtentechnik des Landes und Teil der internationalen Wertschöpfungskette von Mobiltelefonen geworden. [...] „Im Gegensatz zur chinesischen Industrialisierung lässt Vietnam ausländischen Unternehmen sehr viel Freiraum. Es gibt beispielsweise in vielen Industriebranchen keine Pflicht, einen inländischen Partner mit ins Boot zu holen“, sagt Revilla Diez.

Jürgen Rees

M5 Der Konzern Samsung als Investor

Im Juni 2018 protestierten mehrere Tausend Demonstranten gegen einen Gesetzesentwurf zur Errichtung von drei Sonderwirtschaftszonen (Van Don an der Grenze zu China im Norden, Bac Van Phon an der Küste des Südchinesischen Meeres, Phu Quoc an der Grenze zur kambodschanischen Sonderwirtschaftszone Shianoukille). In den geplanten Zonen sollen ausländische Investoren das Land für 99 Jahre pachten können. Weitere Anreize wie vereinfachte Genehmigungen sind geplant, um ausländisches Geld anzulocken. Die Demonstranten befürchten, dass die in Nord-, Zentral- und Südvietnam gelegenen Zonen vor allem an chinesische Investoren gehen werden. Demonstranten trugen Plakate, auf denen sie forderten: „Keine Verpachtung an Chinesen. Nicht für einen einzigen Tag.“ In Vietnam gibt es tiefsitzende Ressentiments gegen die ehemalige Kolonialmacht.

M7 Konflikte um die Sonderwirtschaftszonen

Herkunft ausländischer Investitionen in Mio. US-Dollar nach Herkunftsländern (2020):

1. Südkorea:	*70 505*
2. Japan:	*60 112*
3. Singapur:	*56 312*
4. Taiwan:	*33 702*
5. Hong Kong:	*23 371*

1 *Charakterisieren Sie die Wirtschaftsregionen Vietnams (M6, Atlas).*

2 *Erläutern Sie die Attraktivität Vietnams als Produktionsstandort unter Berücksichtigung wichtiger Standortfaktoren für ausländische Unternehmen (M3).*

3 *Erörtern Sie die Bedeutung ausländischer Arbeitgeber und Direktinvestitionen für Staaten wie Vietnam (M2 – M5).*

4 *Entwickeln Sie Entwicklungsszenarien für Vietnam als Standort ausländischer Unternehmen unter Berücksichtigung des Freihandelsabkommens RCEP und jenem mit der EU, der ausländischen Direktinvestitionen und der Ihnen zur Verfügung stehenden Informationen (Internet).*

5 *Bewerten Sie die Einrichtung von Sonderwirtschaftzonen für die Entwicklung des Staates (Vor- und Nachteile) (M3, M6, M7).*

100800-196 www.diercke.de

1 Diskutieren Sie, welche Aussagen zum Begriff der Globalisierung passen. Begründen Sie Ihre Wahl.

a) Merkmale der Globalisierung sind ...
   - A ... die zunehmende wirtschaftliche Verflechtung und Arbeitsteilung in der Weltwirtschaft.
   - B ... die Reduzierung der Transportkosten.
   - C ... die Verringerung sozialer Disparitäten.
   - D ... weiter anwachsende Handels- und Kapitalströme.

b) Das Ausmaß wirtschaftlicher Globalisierung lässt sich messen ...
   - A ... am Anteil der Exporte an der Weltproduktion.
   - B ... an der Höhe erwirtschafteter Devisen für Exporte.
   - C ... an der wachsenden Wirtschafts- und Finanzkraft multinationaler Unternehmen.
   - D ... an der globalen Handelsverflechtung.

2 Beschreiben Sie die wesentlichen Wirtschaftsbündnisse (M1) und erläutern Sie ihre jeweilige Bedeutung vor dem Hintergrund der Globalisierung.

3 Erläutern Sie die folgenden Aussagen im Rahmen der fragmentierten Entwicklung:

a) Globalisierung ist durch extremen Wettbewerb bestimmt. Deshalb gibt es Gewinner und Verlierer der Globalisierung.

b) Als Folge der Globalisierung resultiert eine Fragmentierung von Räumen und Gesellschaften, sowohl im Süden als auch im Norden.

c) Nur Orte und Personen, die sich dem globalisierten Wettbewerb stellen, können von den wirtschaftlichen Möglichkeiten, die die Globalisierung bietet, profitieren.

4 Erläutern Sie das Fluggänsemodell unter Berücksichtigung des Produktlebenszyklus.

5 Überprüfen Sie, ob die folgenden Aussagen stimmen. Begründen Sie kurz Ihre Antwort.

a) Alle Staaten Südostasiens haben alle Phasen des Fluggänsemodells durchlaufen.

b) Das Fluggänsemodell sieht nicht vor, dass in einem Staat mehrere Industrialisierungsphasen parallel existieren.

c) Es wechseln sich im Fluggänsemodell immer importsubstituierende und exportorientierende Phase ab.

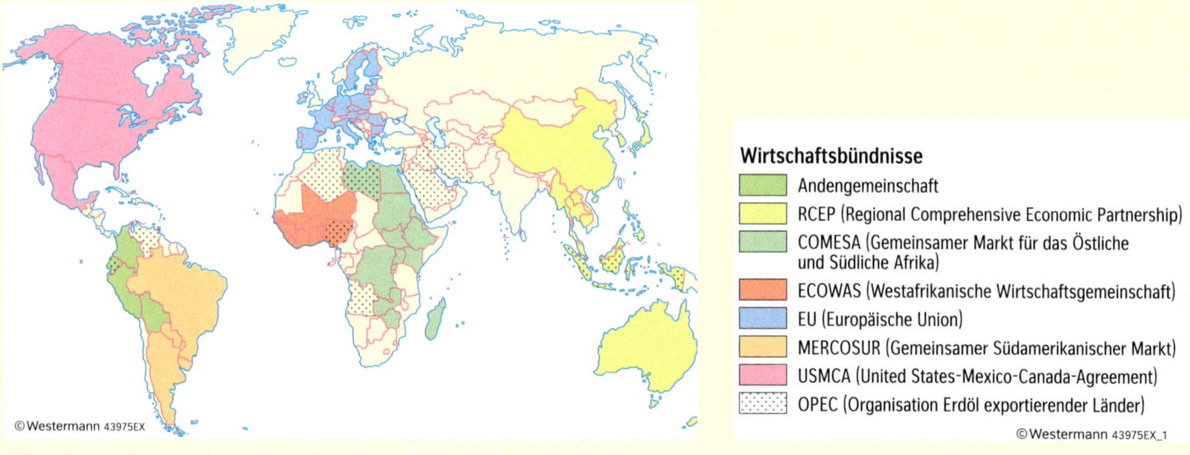

M1 Wirtschaftsbündnisse

Fachbegriffe

digitaler Kapitalismus
Doi-Moi-Politik
Finanzkapitalismus
Fluggänsemodell
fragmentierte Entwicklung
Global City
Globalisierung
Global Player
Importsubstitution
Handelsbilanz
Kondratieffzyklen
Liberalisierung
Megacity
Produktlebenszyklus
Protektionismus
Rustbelt/Sunbelt
Spin-off-Effekt
Start-up-Unternehmen
Transnationale Unternehmen

1 Erläutern Sie die Lage und naturräumlichen Gegebenheiten Malaysias als Voraussetzung für die sozioökonomische Entwicklung.

2 Analysieren Sie die Entwicklung und den Entwicklungsstand Malaysias unter Berücksichtigung des Fluggänsemodells und der verfolgten Entwicklungsstrategien.

3 Nehmen Sie Stellung zur Frage: Ist Malaysia auf dem Sprung zum Industriestaat?

Anteil der Wirtschaftssektoren am BIP in %	1990	2000	2010	2019
primärer Sektor	15	8	10	8
sekundärer Sektor	42	47	41	38
tertiärer Sektor	43	45	49	54

M1 Wirtschaftsstruktur Malaysias

Anteil der Erwerbstätigen an Sektoren in %	1990	2000	2010	2019
primärer Sektor	23	18	14	10
sekundärer Sektor	31	33	28	27
tertiärer Sektor	46	49	58	63

M2 Beschäftigtenstruktur Malaysias

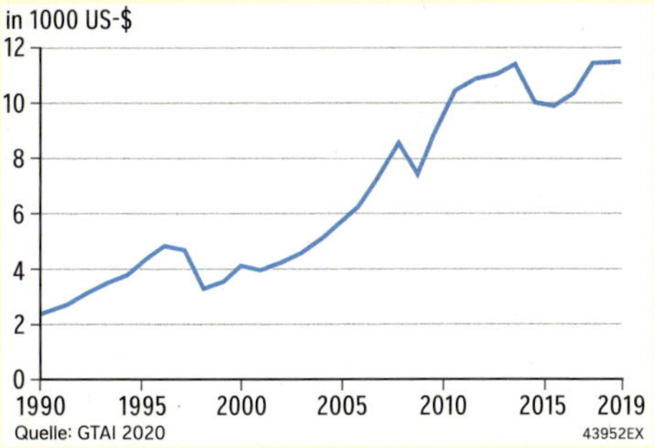

M3 Malaysias Bruttoinlandsprodukt pro Kopf

Nach der Unabhängigkeit (1957) wurde an koloniale Strukturen angeknüpft. Die Plantagenwirtschaft wurde, mit einem Fokus auf Ölpalmen, ausgeweitet. Malaysia ist heute neben Indonesien der zweitgrößte Palmölproduzent. In den 1970er-Jahren verfolgte Malaysia das Programm der „Neuen Ökonomischen Politik". Ziele waren die Abschaffung der Armut und eine Umstrukturierung der Gesellschaft. Die bis dahin unterprivilegierte Bevölkerungsmehrheit der ethnischen Malaien wurde gegenüber den wirtschaftlich dominierenden chinesisch- und indischstämmigen Malaysiern aufgewertet. Außerdem wurde eine konsequente Industrialisierungspolitik nach dem Beispiel Japans verfolgt. Günstige Rahmenbedingungen für privates Kapital und billige Arbeitskräfte bildeten dabei Standortvorteile.
Seit den 1980er-Jahren gilt Malaysia international als attraktiver und kostengünstiger Produktionsstandort. Der Staat wird einerseits als Billiglohnland eingestuft, steht aber zugleich für Hochtechnologie, z.B. als weltweit exportierender Mikrochip- und Solarzellenhersteller.

M4 Entwicklungsstrategien Malaysias

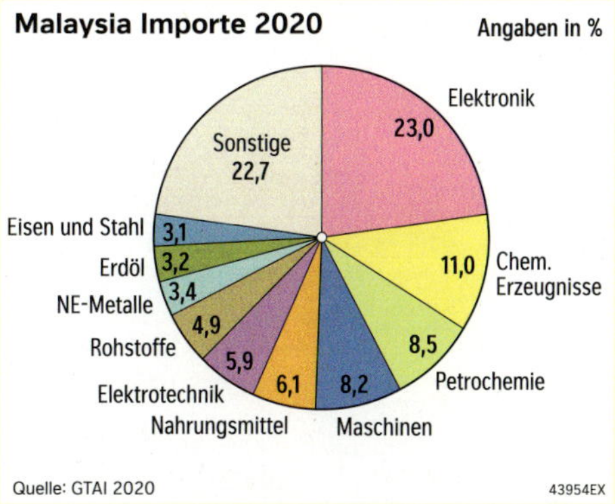

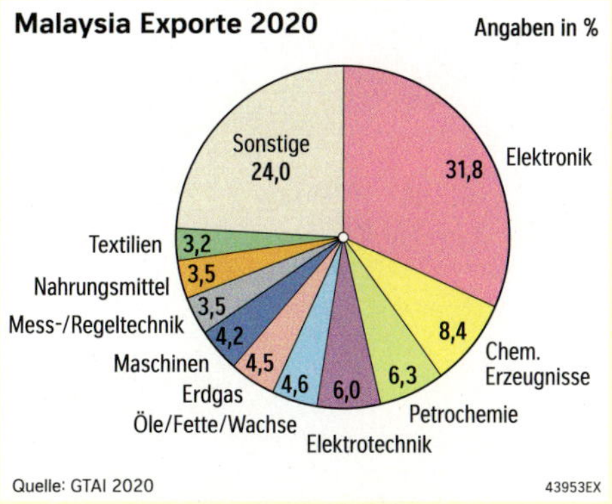

M5 Außenhandelsstruktur Malaysias

Strukturdaten von Malaysia:

32,37 Mio. Einwohner

Lebenserwartung: 76,2 Jahre

Bevölkerungswachstum: 1,3 %

Alphabetisierungsrate: 94 %

HDI: 0,810

BNE/Kopf: 10 270 USD

BIP-Wachstum: 4,3 % (2019)

Arbeitslosenquote: 4,5 %

Importe (2019): 190 Mrd. US-$

Exporte (2019): 240 Mrd. US-$

Referatsthemen:

- Austin, Texas – das neue Silicon Valley?
- ASEAN/RCEP – Motor zur Entwicklung des asiatisch-pazifischen Raums?
- Palmölproduktion in Indonesien – ein wichtiges Standbein für den Tigerstaat?
- Globalisierung und Finanzkapitalismus – bestimmen sie die Entwicklung von Nationalstaaten?

WES-151140-271

Physische Geographie

Mount Robson, Rocky Mountains, Kanada

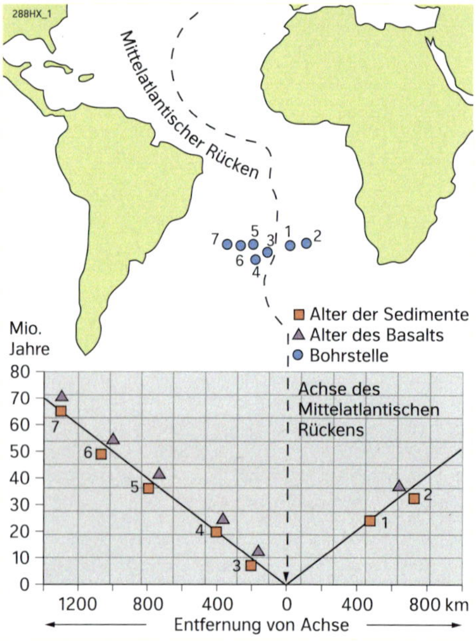

M1 Tiefseebohrungen der Glomar Challenger

6.1 Das Phänomen der Plattentektonik

Schalenbau und Tektonik

Ende der 1960er-Jahre begannen amerikanische Geologen mit dem Bohrschiff „Glomar Challenger", systematisch Tiefenbohrungen in den Ozeanen durchzuführen. Die über 900 Bohrungen erbrachten Hinweise zum Schalenbau der Erde und entscheidende wissenschaftliche Beweise für die 50 Jahre zuvor von Alfred Wegener begründete Kontinentalverschiebungstheorie. Sie bildeten auch den Startpunkt für die Theorie der **Plattentektonik**.

Die Theorie der Plattentektonik

Nach dieser Theorie besteht der äußere Teil der Erde aus relativ starren, verschieden großen **Lithosphäre**platten. Diese bewegen sich auf der **Asthenosphäre** in unterschiedliche Richtungen und mit unterschiedlichen Geschwindigkeiten. Mitte der 1980er-Jahre konnten diese Bewegungen mithilfe von Satelliten erstmals exakt gemessen werden. Die Platten bewegten sich bis zu zehn Zentimeter pro Jahr. Dies erscheint wenig, ergibt aber in geologischen Zeiträumen von mehreren Millionen Jahren Strecken von Hunderten Kilometern. Jedoch ist bis heute nicht umfassend geklärt, welche Antriebskräfte die Bewegungen der Platten antreiben. Die Grenzen zwischen den Platten gehören dabei zu den tektonisch aktivsten Gebieten.

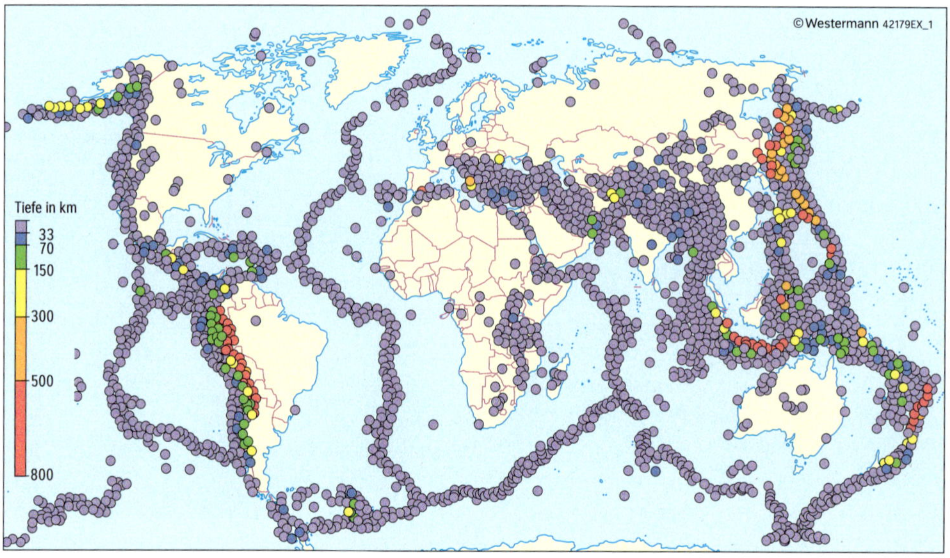

M2 Verteilung und Tiefenlage der Erdbebenherde

100800-242 www.diercke.de

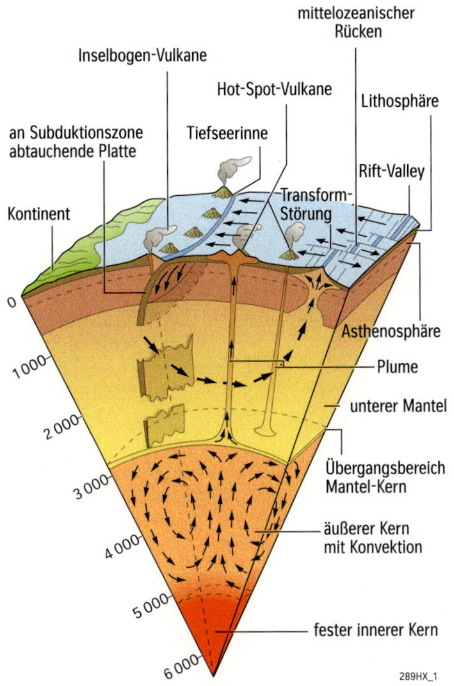

M3 Die Dynamik der Erde

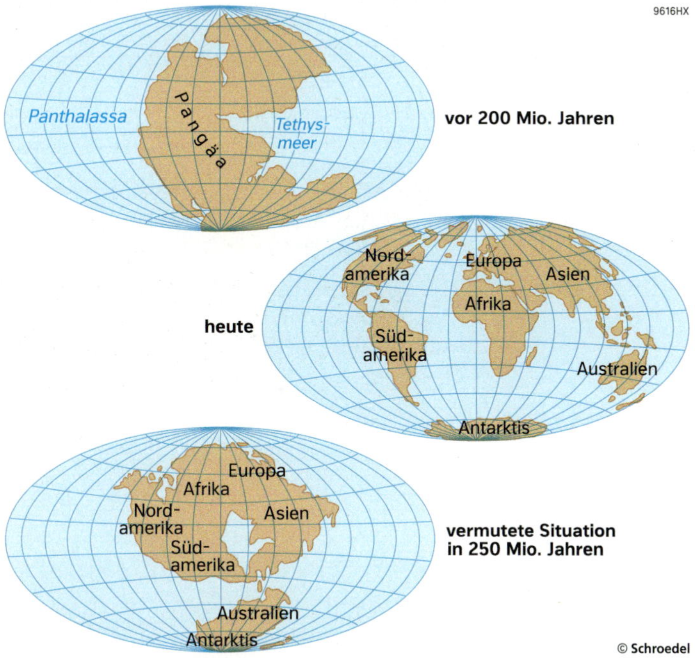

M5 Verteilung der Kontinente in Vergangenheit, Gegenwart und Zukunft

Eine Ursache der Plattenbewegungen ist das Wärmeungleichgewicht zwischen dem bis zu 3000 °C heißen Erdmantel und der kühleren Erdkruste, die wie ein Deckel die Energieabstrahlung verhindert. Die dadurch ausgelösten Konvektionswalzen von einigen 100 bis über 1000 Kilometer Durchmesser lagern ständig Gesteinsmaterial – wie auf gewaltigen Fließbändern – um. Sie schleppen die Platten passiv durch Reibungskopplungen (Huckepack) mit. In der **Subduktionszone** sinkt die spezifisch schwere ozeanische Lithosphärenplatte durch ihr Eigengewicht ab. Der entstehende Plattenzug (**Slab-Pull**) wird also durch die größere Dichte der ozeanischen Lithosphäre gegenüber dem darunterliegenden Mantel hervorgerufen. Der absinkende Teil der Platte zieht die gesamte Platte mit sich und öffnet den mittelozeanischen Rücken. Als weitere Antriebskraft gilt der Rückendruck (**Ridge-Push**). Hierbei bewegt sich die Platte durch ihr Eigengewicht von den aufgewölbten mittelozeanischen Rücken weg. Die damit einhergehende Druckentlastung führt zur Magmabildung, dessen Aufstieg die Rücken aufwölbt.
Als weitere Antriebskraft wirkt der Rinnensog (**Trench Suction**). Durch die Subduktion der einen Platte wird die nicht subduzierte (hangende) Platte in Richtung der Subduktionszone, also der Rinne, gezogen.
Heute entfernen sich Nordamerika und Europa voneinander. In 100 Millionen Jahren könnten sie sich jedoch wieder zu einem neuen Superkontinent vereinigen. In der Erdgeschichte kam es mehrmals zu einem Zusammentreffen aller Landmassen. Belege dafür sind z. B. eine Milliarde alte Gebirgsstrukturen gleichen Alters auf verschiedenen Kontinenten.

M4 Antriebskräfte der Plattenbewegung

1 *a) Beschreiben Sie die Verteilung der Erdbebenherde auf der Erde (M2).*
b) Vergleichen Sie die Abbildung M2 mit einer Karte zur Plattentektonik (Atlas).

2 *a) Beschreiben Sie die Ergebnisse der Tiefseebohrungen der „Glomar-Challenger" (M1).*
b) Begründen Sie, dass diese Ergebnisse einen Beweis für die Bewegung der Lithosphäreplatten liefern.

3 *a) Erläutern Sie den Vertikalaufbau der Erde und die dort ablaufenden Prozesse (M3).*
b) Bis heute sind die Antriebskräfte für die Plattenbewegungen nicht endgültig geklärt. Skizzieren Sie vorherrschende Antriebskräfte und deren Ursachen und Folgen (M4, M5).

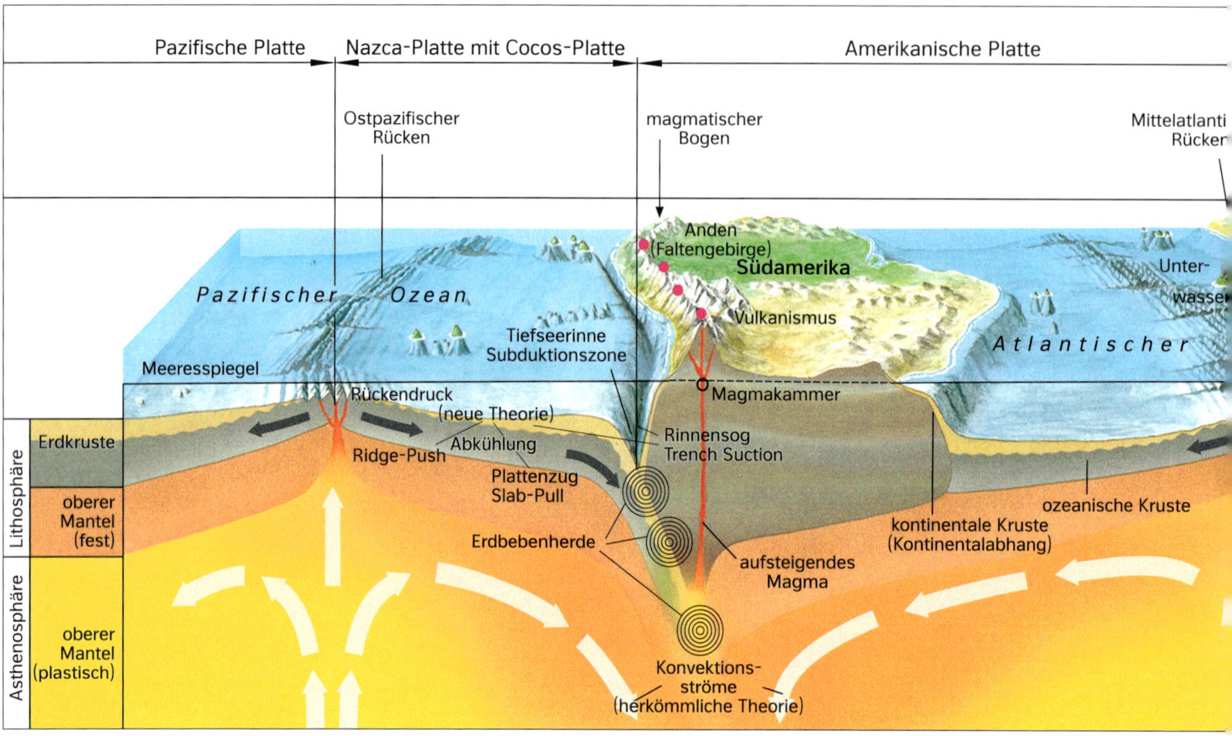

M1 Modell der Plattentektonik

Vorgänge an den Plattengrenzen

Für die sich relativ zueinander bewegenden Lithosphärenplatten gibt es drei grundlegende Bewegungsmöglichkeiten, die zu unterschiedlichen Plattengrenzen führen.

Divergente Plattengrenzen

Zwei Platten entfernen sich voneinander, sie divergieren. In den dadurch zwischen ihnen entstehenden Rissen steigt Magma auf, das zu ozeanischer Kruste erstarrt. Da in den sogenannten **Riftzonen** neues Gesteinsmaterial entsteht, wird diese Nahtstelle auch als konstruktive Plattengrenze bezeichnet. Diese Art von Plattengrenze findet sich vor allem entlang der Mittelozeanischen Rücken, die als untermeerische Gebirgszüge alle Ozeane der Erde durchziehen.

Aber auch auf den Kontinenten treten Riftsysteme auf, so z. B. das ostafrikanische Riftsystem im Nordosten Afrikas oder der Oberrheingraben in Deutschland. Die zuvor zusammenhängenden Kontinentbruchstücke weichen auseinander. Setzt sich dieser Prozess fort, ist dies die Geburtsstunde eines neuen Ozeans.

Konvergierende Plattengrenzen

Wo neue Kruste entsteht, muss auch Kruste abgebaut werden. Dies geht an zwei Platten vor sich, die sich aufeinander zubewegen (konvergieren).

Trifft eine ozeanische Platte auf eine kontinentale, wird Erstere in einer Tiefseerinne aufgrund ihrer höheren Dichte unter den Kontinent geführt. Die abtauchende Erdplatte wird in dieser Subduktionszone u. a. durch die mit der Tiefe zunehmende Temperatur erhitzt und aufgeschmolzen. Teile der subduzierten Platte und der Kontinentalrand werden zu einem Gebirge aufgestaucht, z. B. den Anden.

Konvergieren zwei kontinentale Platten miteinander, so bilden sich nur kurzzeitig Subduktionszonen aus, bevor die Kontinentalränder gegeneinandergepresst, deformiert und gefaltet werden (z. B. Himalaya). Treffen zwei ozeanische Platten aufeinander, wird eine der beiden subduziert. Es bilden sich vulkanische Inselbögen.

Konservierende Plattengrenzen

An konservierenden Plattengrenzen (Transformstörungen) wird Lithosphäre weder neu gebildet noch zerstört. Vielmehr gleiten die Platten aneinander vorbei, wie z. B. an der San-Andreas-Störung in Kalifornien. Die Erdbebengefahr ist hoch.

Tools zur Erstellung von Erklärvideos:
https://www.ionos.de/digitalguide/online-marketing/verkaufen-im-internet/erklaervideo-erstellen-die-besten-tools/

App zur Gestaltung von Erklärvideos:
https://www.bildung.digital/artikel/stop-motion-app-gestalten

Anleitung zum Erstellen eines Erklärvideos:
https://workshop-helden.de/erklaervideos-erstellen/

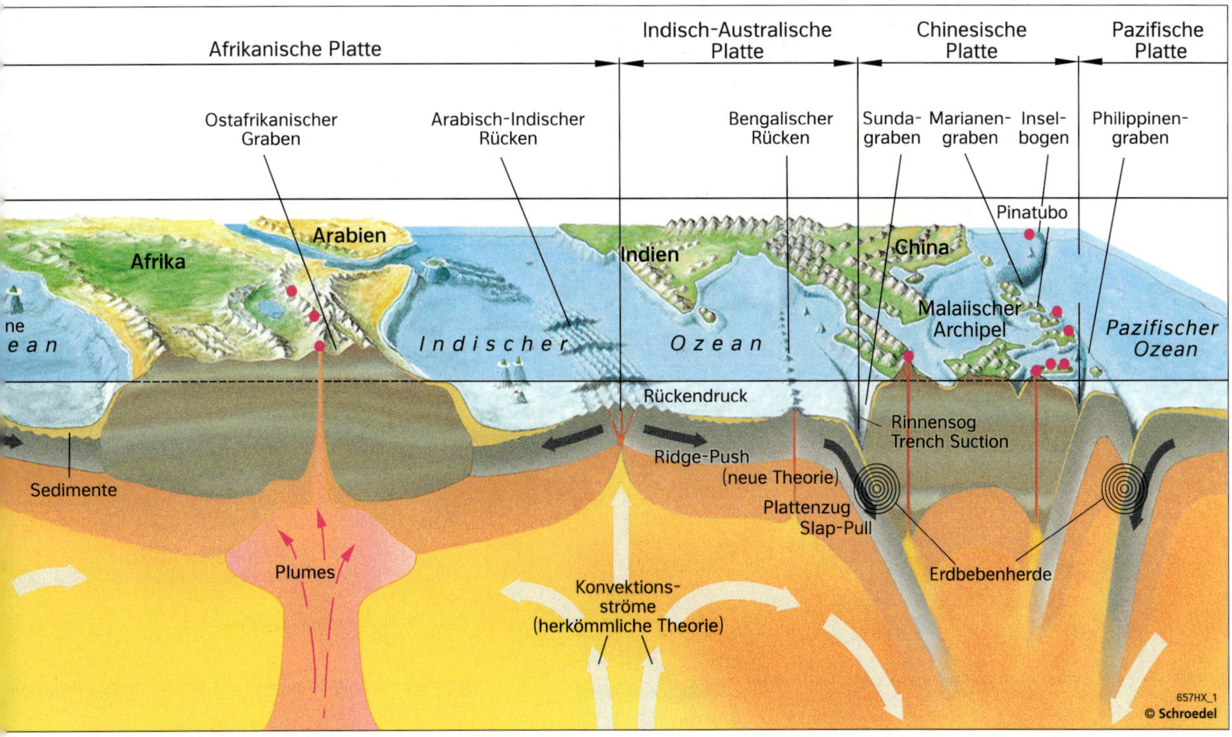

Weltweit treten Vulkanc auch inmitten von Platten auf. Sie verdanken ihre Entstehung einem Hotspot (heißer Fleck). Das ist eine riesige Magmakammer in drei bis zehn Kilometern Tiefe, die von heißem Tiefenmagma aus dem Kern-Mantel-Grenzbereich in ca. 3000 km gespeist wird. Hotspots sind für etwa 100 Millionen Jahre ortsfest, während sich eine Platte langsam darüber hinwegbewegt. Auf diese Weise erlischt ein Vulkan an einer nicht mehr über dem Hotspot befindlichen Stelle, während sich direkt über dem Hotspot ein neuer, aktiver Vulkan bildet. So kann im Laufe der Zeit eine Vulkankette entstehen.

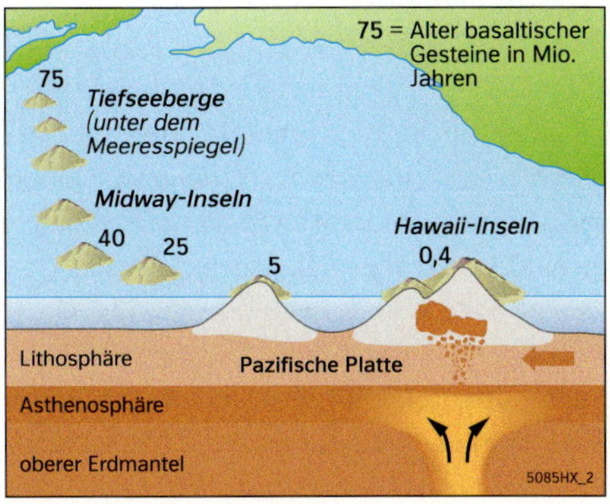

M2 Phänomene innerhalb von Platten – Hotspots

M3 Inselkettenentstehung im Experiment

1 *Erklären Sie die Vorgänge an den Grenzen der Lithosphäreplatten (M1).*

2 *a) Erstellen Sie eine Skizze zu den verschiedenen Plattengrenzen.*
b) Finden Sie weitere Beispiele für Plattengrenzen auf der Erde (Atlas).

3 *a) Erklären Sie die Entstehung der Inseln des Hawaii-Rückens (Atlas).*
b) Mithilfe von Hotspot-Vulkanen kann die Driftgeschwindigkeit von Platten bestimmt werden. Ermitteln Sie diese anhand der Hawaii-Inseln (M2).

4 *a) „Kontinentale Gesteine sind bis zu vier Milliarden Jahre alt, Gesteine der heutigen Ozeane nur maximal 160 bis 190 Millionen Jahre." Erläutern Sie diese Aussage.*
b) „Ozeane wachsen an den Mittelozeanischen Rücken." Erklären Sie, wodurch Kontinente wachsen.

5 *Entwickeln Sie zu einem der folgenden Themen ein Erklärvideo (siehe Weblinks): Schalenbau der Erde, Theorie der Plattentektonik, Vorgänge an den Plattengrenzen.*

100800-242
www.diercke.de

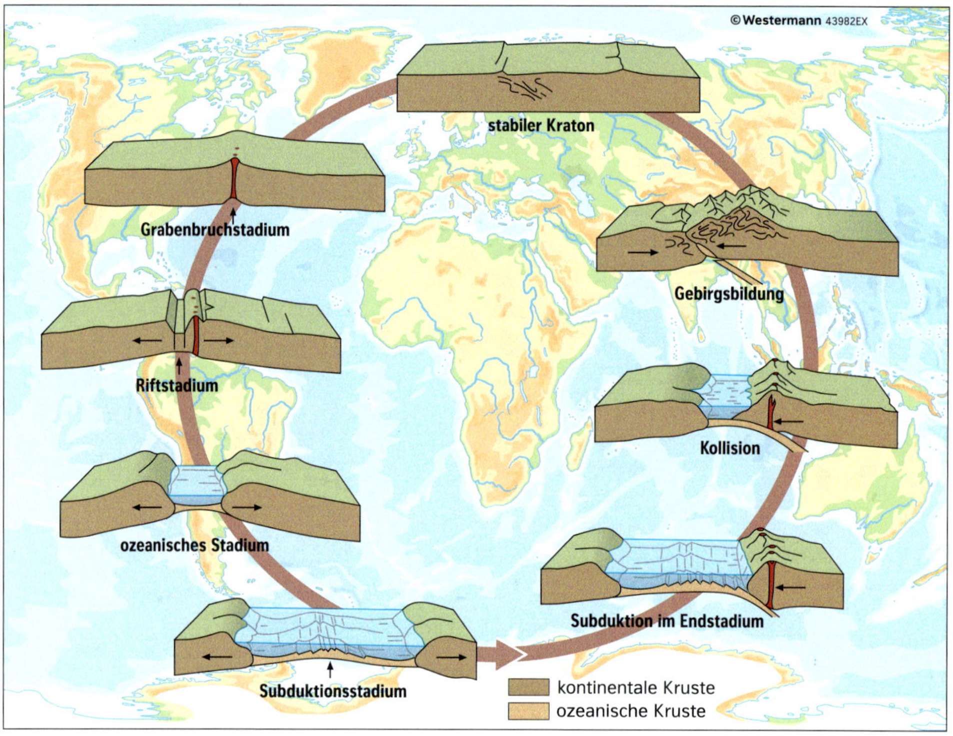

M1 Der Wilson-Zyklus

Der Wilson-Zyklus

Der Wilson-Zyklus beschreibt die globale Plattentektonik als eine zyklische Abfolge des Entstehens und Vergehens von Gräben, Ozeanen und Gebirgen. Seit dem frühen Proterozoikum (einem Abschnitt des Präkambriums) kann man Wilson-Zyklen nachweisen, die jeweils 300 bis 500 Millionen Jahre dauern. Mithilfe der Theorie der Plattentektonik lässt sich nicht nur das Ozean-Kontinent-Puzzle erklären, sie ist auch Hilfsmittel für die Erforschung von Lagerstätten, der Klimageschichte sowie der Evolution und der Verbreitung der Lebewesen unseres Planeten geworden.

Der kanadische Geophysiker John Tuzo Wilson entwickelte aufbauend auf der Theorie der Plattentektonik die nach ihm benannte Hypothese des Wilson-Zyklus. Die unterschiedlichen Phasen des Wilson-Zyklus laufen in den verschiedenen Gebieten der Erde gleichzeitig ab (M1). Der Wilson-Zyklus ermöglicht sowohl Erklärungen über die erdgeschichtliche Entwicklung als auch Aussagen über die künftigen Veränderungen des Bildes der Erde.

M2 Modell des Wilson-Zyklus

A Öffnungsphase

1. Grabenbruchstadium
Entstehung eines Grabens (kontinentaler Rift), an Verwerfungen tritt Vulkanismus auf

2. Riftstadium
Absenkung und Erweiterung des Grabens, Einströmen von Lava in den Graben, Bildung von ozeanischer Kruste, Entstehung eines neuen Ozeans

3. Ozeanisches Stadium
Öffnung des Ozeans, Austreten von Lava aus der Riftzone am Meeresboden, Bildung weiterer ozeanischer Kruste

B Schließungsphase

4. Subduktionsstadium
Ausdehnung kommt durch planetenweite Vorgänge zum Stillstand, an den aktiven Rändern Subduktion, Beginn der Schrumpfung des Ozeans

5. Subduktion im Endstadium
Weitere Schrumpfung des Ozeans, Faltung mariner Sedimente

6. Kollisions-Stadium/Gebirgsbildung
Kollision der Kontinentalplatten, Entstehung von Gebirgen

M3 Phasen des Wilson-Zyklus

Bereits vor über 35 Millionen Jahren begann das Auseinanderdriften der Arabischen Platte und des nubischen sowie des somalischen Teils (Somaliaplatte) der Afrikanischen Platte. So entstand das Ostafrikanische Grabenbruchsystem, das sich auf einer Länge von 6000 Kilometern erstreckt und eine Breite von 30 bis 100 Kilometer aufweist. Unterhalb dieser Schwächezone der Lithosphäre befindet sich ein Manteldiapir, der als Hotspot zur Dehnung der Erdkruste an dieser Stelle beiträgt. Nördlich des Victoriasees laufen drei Zentralgräben zusammen („triple junction"). Die nördliche Verwerfung teilt sich dann in den östlichen und westlichen Arm des Ostafrikanischen Grabenbruchsystems. Die geologische Aktivität hat in Millionen von Jahren die höchsten Berge und tiefsten Seen von Afrika entstehen lassen. Zukünftig könnte der Ozean in den Graben eindringen, sich im Rift neuer Ozeanboden bilden und ein Teil Afrikas abgespalten werden. Möglicherweise kommt der Grabenbruch auch vollständig zur Ruhe.

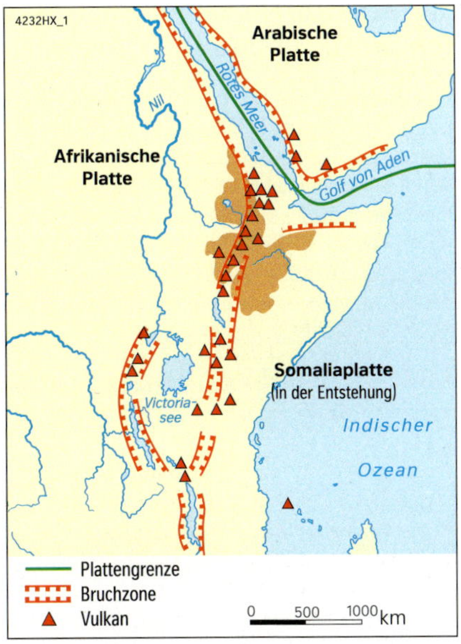

M4 Das Ostafrikanische Grabenbruchsystem – Bildung eines neuen Ozeans?

Island ist der einzige über den Meeresspiegel hinausragende Teil des Mittelatlantischen Rückens und liegt genau auf der Plattengrenze. Hier treffen die Nordamerikanische Platte im Westen und die Eurasische Platte im Osten aufeinander. Die an dieser Spreizungszone außergewöhnlich hohe Magma- und Lavaproduktion ist auf einen Manteldiapir zurückzuführen, der die Untergrenze der Lithosphäre vor ca. 60 Millionen Jahren erreichte, seit etwa 40 Millionen Jahren zu einem Teil der Mittelatlantischen Spreizungszone geworden ist und deren Spaltenvulkanismus sich noch verstärkte. Doch auch ohne diesen Hotspot wäre die „Insel aus Feuer und Eis" vulkanischen Ursprungs. Das die Insel durchziehende Rift Valley zeigt Flachbeben, aktiven Vulkanismus und starke Dehnung (2 cm pro Jahr). Es besteht im Süden aus zwei, im Norden aus einer Dehnungszone und ist am Ende jeweils durch West-Ost-streichende Transformationsstörungen mit dem ozeanischen Rift verbunden. Dieses durchzieht den gesamten Atlantischen Ozean.

M5 Island als Teil des Mittelatlantischen Rückens – Entstehung durch einen Hotspot?

Magma kann aus großer Tiefe, vermutlich von der Kern-Mantel-Grenze, nach oben steigen. Die als Manteldiapire (griech.: diapirein = durchbohren) bezeichneten pilzförmigen Intrusionen bilden dabei innerhalb des Erdmantels einzelne heiße Flecken – sogenannte Hotspots.

M6 Hotspots als Erweiterung der Theorie

1 *Analysieren Sie das theoretische Modell des Wilson-Zyklus, indem Sie ...*
a) ... die grundlegenden Aussagen wiedergeben (M1 – M3).
b) ... folgende Beispiele den Phasen begründet zuordnen: Alpen, Baikalrift, Rotes Meer, Oberrheingraben, Mittelmeer, Himalaya, Schwarzes Meer (M1, M3, Atlas).
c) ... die Tragfähigkeit der Hypothese beurteilen.

2 *a) Ordnen Sie die Raumbeispiele begründet einer Phase des Wilson-Zyklus zu (M1, M3 – M5).*
b) Stellen Sie die beiden Raumbeispiele hinsichtlich ihrer Entstehung und tektonischen Aktivität gegenüber (M4, M5).
c) Begründen Sie die Notwendigkeit der Erweiterung der Theorie der Plattentektonik durch Hotspots (M5, M6).

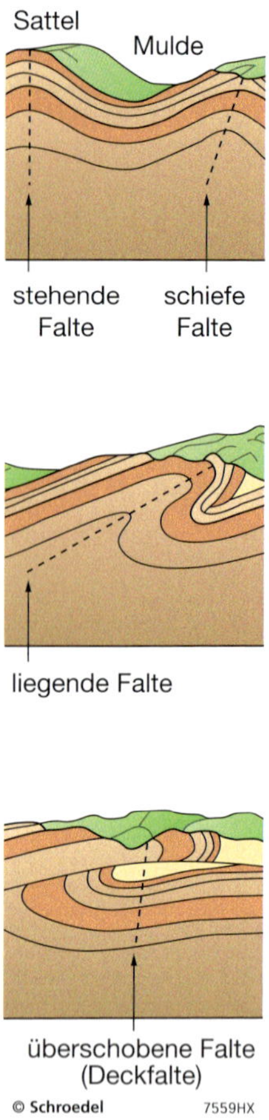

M1 Faltenarten

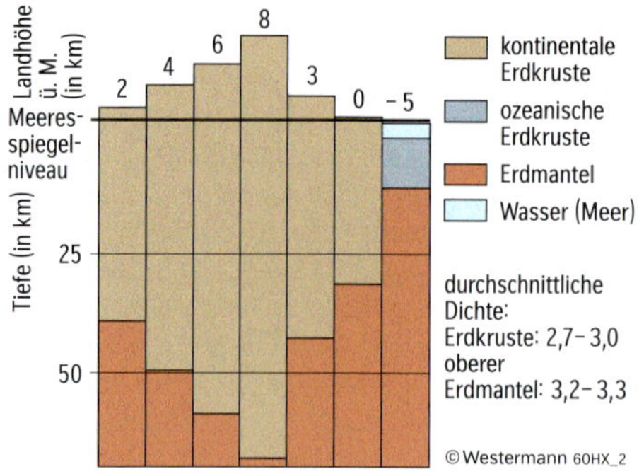

M2 Das Prinzip der Isostasie

M4 Der Himalaya – ein Faltengebirge

Resultate plattentektonischer Vorgänge

Gebirgsbildung

Mit plattentektonischen Vorgängen können alle Prozesse aus dem Erdinneren (endogen) erklärt werden. Dazu zählt neben Erdbeben, Vulkanismus und Gesteinsentstehung die Gebirgsbildung (**Orogenese**). An Subduktionszonen kollidieren Plattenteile, Erdkruste wird durch anhaltenden Druck verfestigt, intensiv gefaltet, gekippt, zerbrochen, übereinandergestapelt und bei starkem seitlichem Druck auf den Kontinentalrand aufgeschoben. Dabei können selbst mächtige gefaltete Sedimentpakete an ihrer Faltenbasis abreißen und als Decken Hunderte von Kilometern über jüngere Schichten verfrachtet werden. Das Ergebnis sind Falten- bzw. Deckengebirge.

Durch den Zusammenschub der Kruste werden Gesteinskomplexe insgesamt nur wenig angehoben. Die horizontale Stauchung ergibt jedoch zugleich eine gewaltige Krustenverdickung. Dadurch wird viel leichtes Material tief in den Mantel gedrückt, das aus isostatischen Gründen aber einen Auftrieb erhält und daher langsam „aufschwimmt“. Mit einer Zeitverzögerung von einigen Millionen Jahren beginnt sich der Gesteinshaufen zu heben und ein Gebirge entsteht. Zum Ausgleich muss in der Tiefe Material von den Seiten nachfließen. Der Aufstieg eines Gebirges wird also stets vom Absinken seiner Randbereiche begleitet. Da die Gebirgswurzel meist im zentralen Teil am tiefsten reicht, ist der Hebungsprozess dort am stärksten.

M5 Hebung von Gebirgen

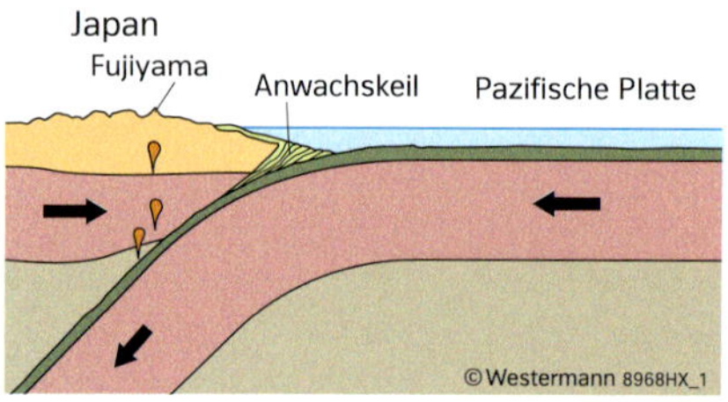

Beim Inselbogentyp bilden sich am Rand oder innerhalb eines Ozeans durch die Kollision zweier ozeanischer Platten und lang anhaltende Subduktionstätigkeit magmatische Inselbögen und Randbecken. Die schwerere Platte wird in den Erdmantel subduziert und aufgeschmolzen. Es bilden sich auf dem Meeresboden Ketten von Vulkaninseln, sogenannte Inselbögen. Begleitet wird diese Kollision auch vom Zusammenschieben und Falten von Sedimenten, die in den Bau der Inselketten einbezogen werden. So sind beispielsweise die japanischen und philippinischen Inseln im westlichen Pazifik entstanden.

M3 Inselbogentyp

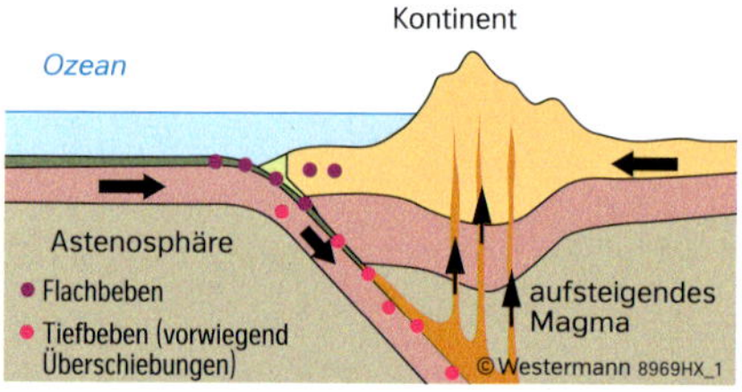

Der andine Typ wird durch die Anden und die nordamerikanischen Kordilleren repräsentiert. Dabei subduziert die ozeanische Kruste unter die kontinentale Kruste. Letztere wird dabei gestaucht, Sedimente des Meeresbodens und auch darunterliegende Basalte werden verfestigt, gefaltet, gekippt und gestapelt. Teile der ozeanischen Kruste schmelzen in der Tiefe auf. Magma dringt nach oben. Zusammenschub und Magma führen zur Krustenverdickung. Dadurch wird leichteres Material in den schwereren Erdmantel gedrückt, sodass dieses durch den Auftrieb bedingt „aufschwimmt“.

M6 Andiner Typ

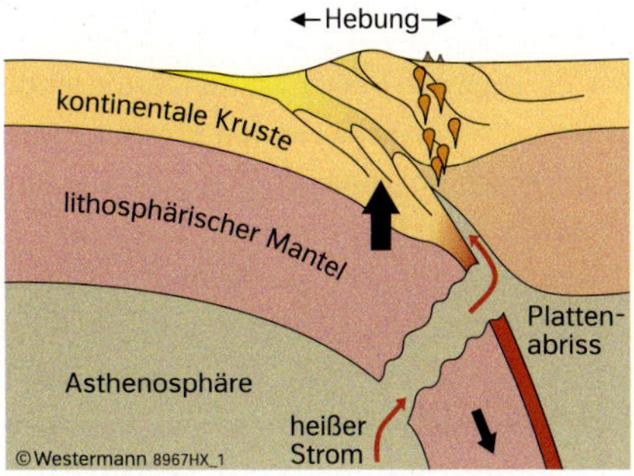

Die Subduktionsrate eines Plattenrandes kann höher als die Ausbreitungsrate am ozanischen Rücken sein. In diesem Fall verkleinert sich das Ozeanbecken. Das führt zunächst zur Subduktion des Rückens und schließlich zur Kollision angrenzender kontinentaler Massen. Durch das geringe spezifische Gewicht des subduzierten Kontinentteils kann dieser nicht beliebig tief nach unten gezogen werden. Er erfährt einen Auftrieb in dem ihm umgebenden dichteren Mantelgestein. Durch die Kontinent-Kontinent-Kollision werden Teile der Erdkruste oft in großer Tiefe gefaltet, über- und untereinandergeschoben. An der Oberfläche noch nicht sichtbare Falten- und Deckengebirge entstehen. Schließlich reißt die noch anhängende subduzierte ozeanische Lithosphäre unter ihrem Eigengewicht ab. Durch Wegfallen dieses Gewichtes setzt ein verstärkter Auftrieb der kontinentalen Kruste ein.

Das Himalaya-Gebirge sowie der sich über 1200 Kilometer erstreckende Alpenbogen sind dem alpinen Typ zuzuordnen. Die Entstehung des Alpenbogens ist besonders komplex, weil dabei neben Teilen Europas und Afrikas noch mehrere Mikrokontinente mit dazwischenliegenden Tiefseebecken und Flachmeeren „verarbeitet" wurden. Rund 100 Jahre nach Aufklärung der Deckenfaltenstruktur (Deckentheorie von M. Bertrand, 1884) konnte durch die Theorie der Plattentektonik die zeitlich und räumlich komplexe Entstehung der Alpen noch besser als ein Wechselspiel von Aufreißen und Schließen von Ozeanen rekonstruiert werden.

M7 Alpiner Typ

In der Kreidezeit trennte der Penninische Ozean Afrika und Europa. Auf der ozeanischen Erdkruste, den kleineren kontinentalen Schollen (Terranes) und am Rand Europas, dem Helvetikum, lagerten sich vor allem marine Sedimente ab, insbesondere Sand-, Ton- und Kalkschichten. Durch die Bewegung der afrikanischen Platte in Richtung Europa wurde der Penninische Ozean immer weiter eingeengt. Dabei wurden Teile der mächtigen Sedimentschichten bzw. Kontinentalschollen subduziert, gefaltet und übereinandergeschoben. Im Tertiär stieß dann der Deckenstapel mit dem Südrand des europäischen Kontinents zusammen. Dabei schoben sich z. B. die Sedimentdecken der ostalpinen Zone viele Kilometer über die penninischen und helvetischen Decken. Teile wurden auch in die Tiefe gepresst und metamorphisiert. Schmelzen drangen ein und bildeten Granitmassive. Der Abtragungsschutt sammelte sich als Molasse im Vorland. Heute findet sich vor allem in den Ostalpen eine geologische Dreiteilung in nördliche Kalkalpen, den durch kristalline Schiefer geprägten Zentralteil und die südlichen Kalkalpen.

M8 Alpen – Entstehung und geologischer Bau

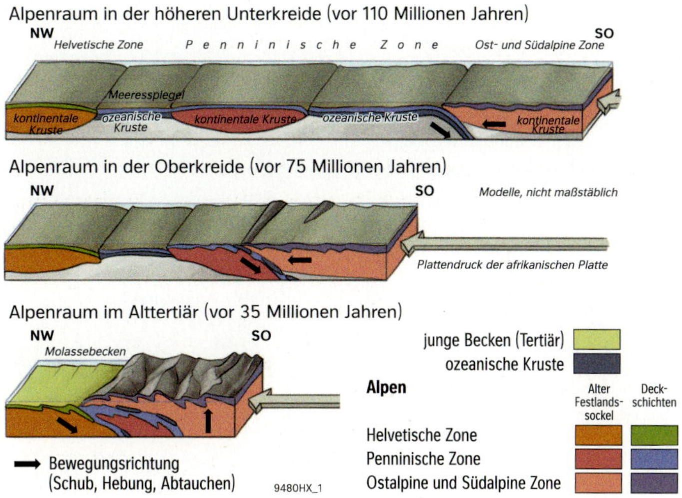

M9 Die Entstehung der Alpen

1 *Erklären Sie die Begriffe Faltengebirge und Deckengebirge (Autorentext, M1).*

2 *a) Vergleichen Sie Inselbogentyp, andinen Typ und alpinen Typ bei Prozessen der Orogenese (M3, M6, M7).*

b) Erklären Sie das Prinzip der Isostasie im Zusammenhang mit der Hebung und Entstehung von Gebirgen (M2, M5).

3 *a) Erläutern Sie die Entstehung der Alpen (M8, M9).*

b) Diskutieren Sie die Frage: „Die Alpen – ein Falten- oder Deckengebirge?"

4 *a) Recherchieren Sie im Internet die Grundzüge der Entstehung des Himalaya-Gebirges (M4).*

b) Erklären Sie die Entwicklung des Himalaya-Gebirges zum derzeit höchsten Gebirge der Erde (Internet).

Ausbruch des Sinabung 2021:

- *5 km hohe Aschesäule*
- *pyroklastische Ströme am Hang*
- *30 000 Menschen mussten evakuiert werden*

M1 Ausbruch des Sinabung, Sumatra, März 2021

Vulkanismus

Vulkane sind nicht zufällig über die Erde verteilt. Etwa 80 Prozent treten an konvergierenden, 15 Prozent an **divergierenden Plattengrenzen** und der Rest innerhalb der Platten auf. Oberhalb von Subduktionszonen sind hochexplosive Vulkane am häufigsten. Sie sind entlang des Randes der abtauchenden Platte angeordnet und bilden parallele Reihen von hoch aufragenden **Stratovulkanen** (Schichtvulkanen) wie in den südamerikanischen Anden, auf den japanischen Inselbögen oder den Sunda-Inseln.

Magmaproduktion in km³/a	extrusiv	3	0,6		0,1	0,4
	intrusiv	18	8		1,5	2
		Vulkanrücken	**Schichtvulkane**		**Vulkandecken**	**Schildvulkan**
Chemismus		basisch	intermediär	sauer	basisch	basisch
SiO_2-Gehalt		≤ 52 %	52 – 65 %	> 65 %	≤ 52 %	≤ 52 %
Ergussgestein		Basalt	Andesit	Rhyolith	Basalt	Basalt

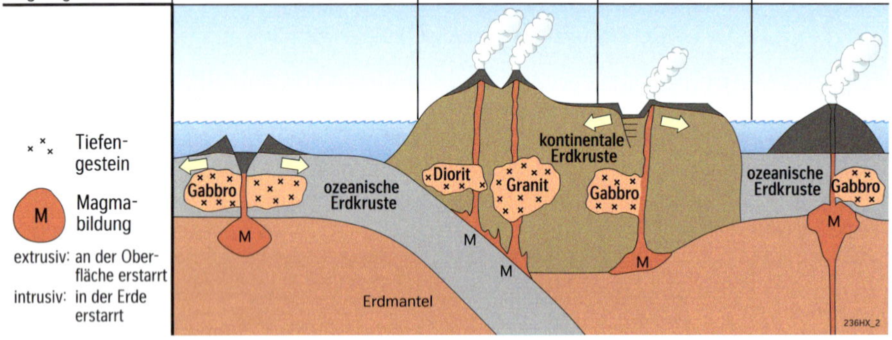

M2 Vulkanismus und Plattentektonik (vereinfacht)

- dichte Laven für Pflaster- und Mühlsteine
- Split für den Straßenbau und Bahndämme
- oberflächennahe Geothermie v. a. zur Gebäudeheizung
- tiefe Geothermie zur Energiegewinnung
- vulkanische Lockermaterialien entwickeln sich zu fruchtbarem Boden
- vulkanische und postvulkanische Erscheinungen als Attraktion für Touristen

M4 Nutzen des Vulkanismus

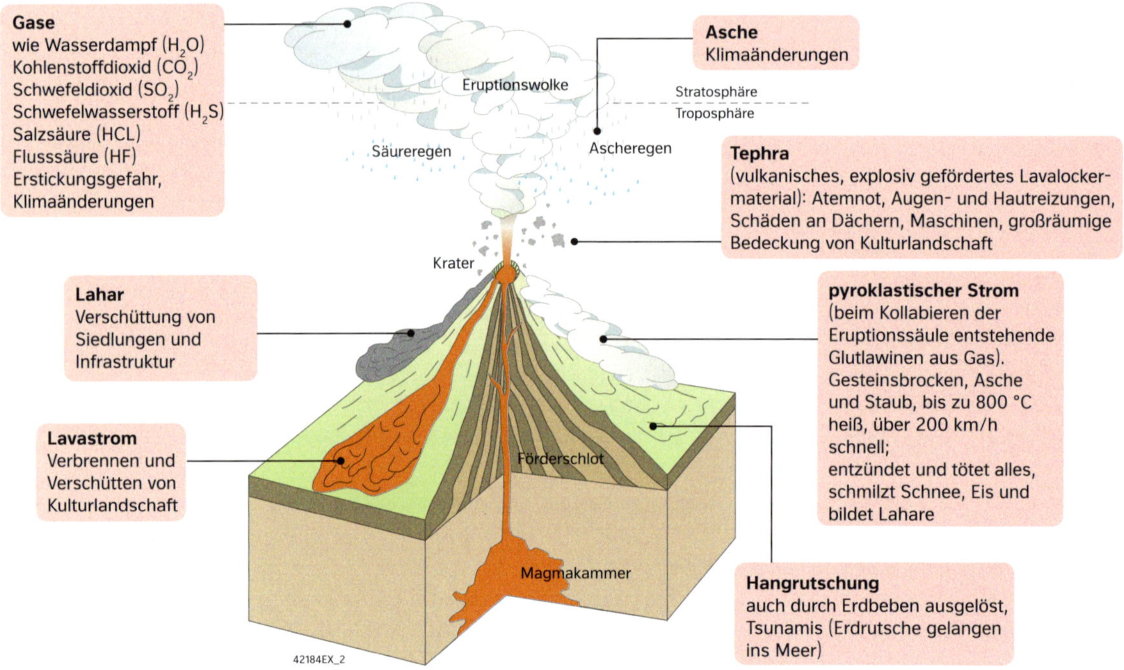

M3 Vulkanische Förderprodukte und ihre Auswirkungen

100800-242 www.diercke.de

Erdbeben

Erdbeben sind Erschütterungen in der Erdkruste. Neben Einsturzbeben, die durch das Einbrechen unterirdischer Hohlräume ausgelöst werden, und Beben im Zusammenhang mit Vulkanausbrüchen treten tektonische Beben am häufigsten auf. Diese entstehen durch Gesteinsbewegungen im Untergrund infolge plötzlich ausgelöster Druckspannungen. Benachbarte Erdschollen werden dabei ruckartig gegeneinander versetzt. Die freigesetzte Energie breitet sich als Erdbebenwelle vom Hypozentrum, dem Bebenherd, in alle Richtungen aus. Ort, Zeitpunkt und Stärke eines Bebens können nach derzeitigem Stand der Technik nicht vorhergesagt werden.

Nicht alle Erdbeben sind für Menschen spürbar. Schockartige Ereignisse jedoch können mit ihren Folgeerscheinungen ganze Landstriche verwüsten und Hunderttausende von Menschenleben fordern. Menschen werden erschlagen und verschüttet, sie ertrinken, erfrieren oder sterben an fehlender Versorgung mit Gütern. Die eigentlichen Gefahren gehen nicht vom Beben selbst aus, sondern von den dadurch verursachten Beschädigungen und Zerstörungen an Gebäuden und technischen Infrastrukturen (Straßen, Kraftwerken etc.), den ausgelösten Erdrutschen, Tsunamis, Feuern, den Notlagen der Versorgung, dem Mangel an Notunterkünften und dem Ausbruch von Seuchen.

M6 Gefährdung durch Erdbeben

Naturereignis:
in der Natur ablaufender zeitlich begrenzter Vorgang, der vom Menschen nicht beeinflusst werden kann

Naturkatastrophe:
eine natürlich entstandene Veränderung der Erdoberfläche, die auf den Menschen und seine Lebensweise verheerende Auswirkungen hat

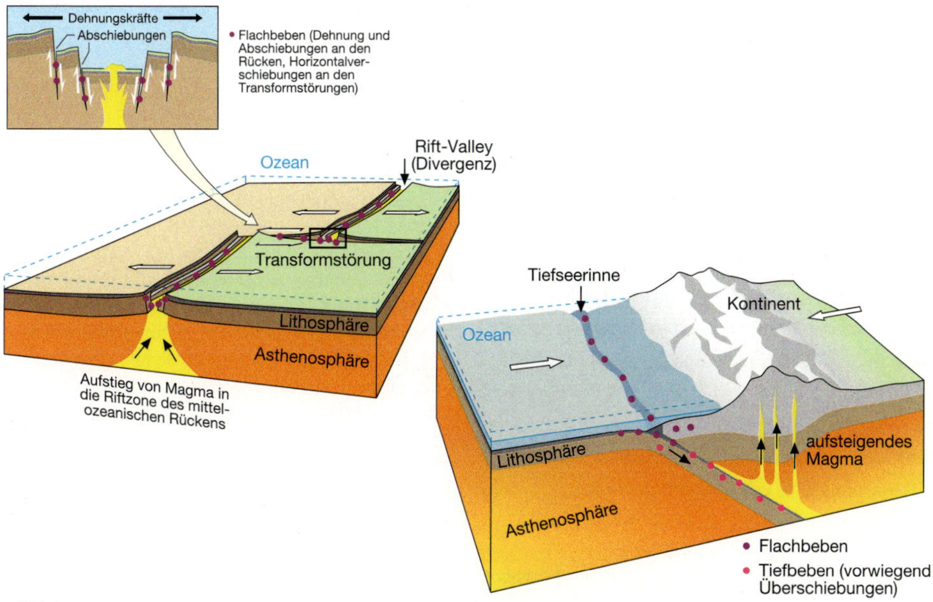

M5 Entstehung von Erdbeben

1 *Lokalisieren Sie den Zirkumpazifischen Feuerring (Atlas) und erklären Sie die Häufung von Vulkanen dort.*

2 *a) Stellen Sie einen Zusammenhang zwischen dem Bild M1 und der Grafik in M3 her.*
b) Arbeiten Sie Zusammenhänge zwischen Vulkanismus und dem plattentektonischen Geschehen heraus (M2).

3 *a) Vergleichen Sie die mit Vulkaneruptionen verbundenen Gefährdungen hinsichtlich ihrer Dauer, ihres räumlichen Ausmaßes und ihres Gefährdungspotenzials (M4).*
b) Begründen Sie, warum dennoch viele Menschen im Umfeld von Vulkanen leben bzw. aus ihnen einen Nutzen ziehen (M3).

4 *Erklären Sie die Entstehung tektonischer Beben (M5).*

5 *Erläutern Sie, welche Gefährdungen mit Erdbeben einhergehen können, und reflektieren Sie in diesem Zusammenhang den Begriff „Naturkatastrophe" kritisch (M6, Randspalte).*

6 *Untersuchen Sie im Hinblick auf mögliche Gefährdungen aktuelle Erdbebenereignisse online und arbeiten Sie mögliche Schutz- und Hilfsmaßnahmen heraus (Internet).*

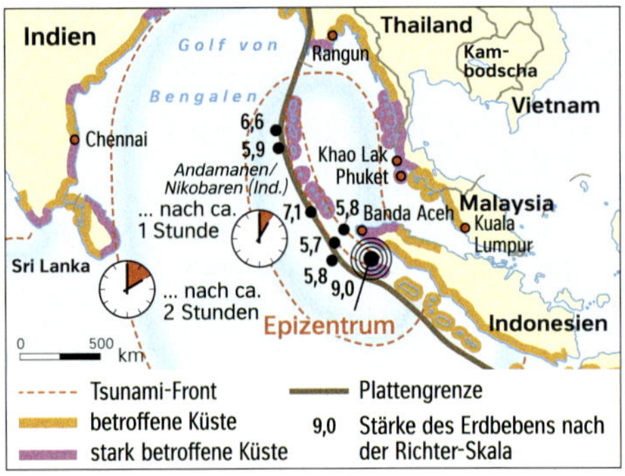

M1 Seebeben im Indischen Ozean 2004

Tsunamis in Indonesien (Auswahl):

2018: Vulkanausbruch/ Erdrutsch, 10 m, 429 Todesopfer

2006: Erdbeben 7,7, 20 m, 1094 Todesopfer

2004: Erdbeben 9,3, 12 m, 167 540 Todesopfer

Tsunami

Tsunamis entstehen durch Seebeben, Erdrutsche, Vulkanausbrüche oder Meteoriteneinschläge – Erschütterungen des Meeresbodens, die kilometerhohe Wassersäulen in Schwingungen versetzen. Anschließend breiten sich die Wellen in alle Richtungen aus. Während sie auf offener See nur wenige Zentimeter hoch sind, sich aber schnell fortbewegen, treffen sie mit weniger Geschwindigkeit, aber stark aufgetürmt an Küsten und Inseln auf.

Die meisten Tsunamis bilden sich an tektonischen Plattengrenzen am Pazifischen Feuerring, wobei nur wenige Beben überhaupt messbare Tsunamis auslösen. Zudem können Tsunamifrühwarnsysteme, wie das im Jahr 2008 im Indischen Ozean vom Geoforschungszentrum (GFZ) Potsdam etablierte Frühwarnsystem, vor Tsunamis warnen.

Rund 250 Kilometer vor der Westküste Sumatras im Sunda-Graben entlud sich die Spannung zwischen der ozeanischen Australischen Platte und der Sunda-Platte. Der Meeresboden sprang an manchen Stellen bis 10 Meter in die Höhe, auf einer Länge von 1200 Kilometern kam es zu enormen Verwerfungen.
Das mit einer Stärke von 9,3 gemessene Beben löste eine Tsunamiwelle aus, die sich mit 800 km/h fortbewegte und mit zwölf Metern Höhe an der Küste Sumatras auftraf. Am schlimmsten betroffen war die Region Banda Aceh im nordwestlichen Teil Sumatras, aber auch andere Gebiete rund um den Indischen Ozean wurden von der Welle erfasst. In Indonesien verloren 2004 165 000 Menschen ihr Leben. In Banda Aceh wurden 500 000 Menschen obdachlos. Die ohnehin wenig entwickelte medizinische und soziale Struktur in der Region brach zusammen.
Zudem war die Region zuvor einem jahrzehntelangen Bürgerkrieg ausgesetzt. Folglich kam internationale Hilfe aufgrund fehlender Ansprechpartner vor Ort zunächst nicht an. Insgesamt 325 Hilfsorganisationen und hohe Summen an Spendengeldern für den Wiederaufbau erreichten nach anfänglichen Schwierigkeiten bis zum Jahr 2009 die Region. Letztlich hatte die Tsunamikatastrophe aufgrund internationaler Präsenz eine Katalysatorfunktion für den politischen Frieden in der Region. 2005 wurde ein Friedensabkommen zwischen der Zentralregierung und der Bewegung Freies Aceh geschlossen.

M3 Die Tsunamikatastrophe im Jahr 2004 und ihre Folgen

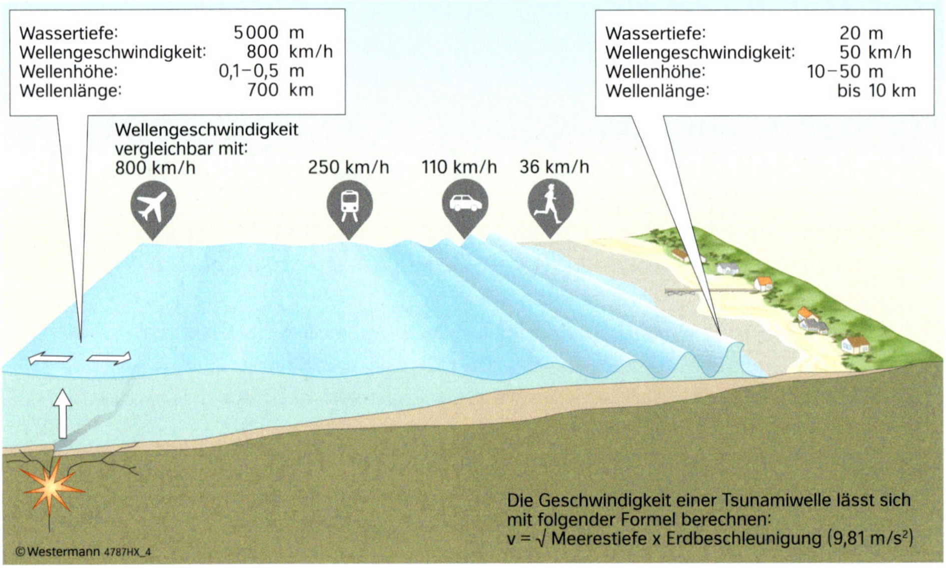

M2 Entstehung eines Tsunamis

Als Ursache des Tsunamis 2018 wird der Ausbruch des Vulkan Anak Krakatau angenommen. Der Vulkan ist Teil des Krakatau-Archipels und liegt zwischen den Inseln Sumatra und Java im Indischen Ozean. Die Erschütterung im Dezember war mit einem Erdbeben der Stärke 3,4 gleichzusetzen. Der Ausbruch führte zu einem Kollaps des Kraters, der Vulkanmasse, darunter Gestein, Lava und Geröll, ins Meer freisetzte. So veränderte sich die Höhe des Vulkans und eine Flutwelle wurde in Bewegung versetzt.

M4 Auslöser des Tsunamis 2018

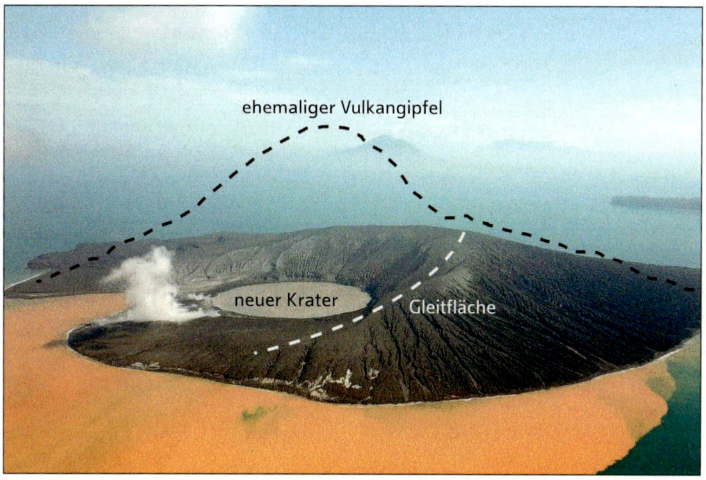

M6 Veränderung am Anak Krakatau nach dem Ausbruch 2018

Frage: Indonesiens Frühwarnsystem müsste Alarm schlagen, sobald ein Erdbeben oder Seebeben registriert wird, welches Tsunamis auslösen kann. Dennoch wurden im Dezember 2018 die Menschen auf Sumatra erneut von einer Flutwelle überrascht. Hat das System nicht funktioniert?
Thomas Walter: Das System funktioniert, hat in diesem Fall dennoch nicht ausgeschlagen. Nach dem katastrophalen Tsunami im Indischen Ozean am 2. Weihnachtstag 2004 hat Deutschland im Rahmen der humanitären Unterstützung neue Methoden zur Identifizierung und Charakterisierung von Erdbebenparametern und Tsunamis entwickelt und basierend hierauf innovative Frühwarnkapazitäten in der Region aufgebaut. Seit 2011 ist dieses System in Indonesien bei der Agentur für Meteorologie, Klimatologie und Geophysik in Betrieb und konnte mehrfach erfolgreich in die Warn- und Entscheidungskette einfließen. Die Idee bei diesem Frühwarnsystem ist nicht, die Tsunamis selbst, sondern die in 90% der Fälle auslösenden und vorangehenden Erdbeben zu registrieren. Tsunamis, die ohne größere Erdbeben und somit scheinbar ohne Vorwarnung geschehen (wie im Dezember 2018) sind sehr selten und vermutlich durch Rutschungen verursacht. Nur weniger als 5% aller Tsunamis werden so an Vulkanen wie dem Krakatau ausgelöst. Forscher weltweit arbeiten derzeit an Möglichkeiten, auch diese rechtzeitig aufzuspüren. Ein deutsches Konsortium […], darunter das GFZ, […] will bis 2024 die technischen Lösungen als auch die soziologischen Fragen des Umgangs der Bevölkerung mit dem Risiko erarbeiten.

M5 Interview mit Thomas Walter (GFZ)

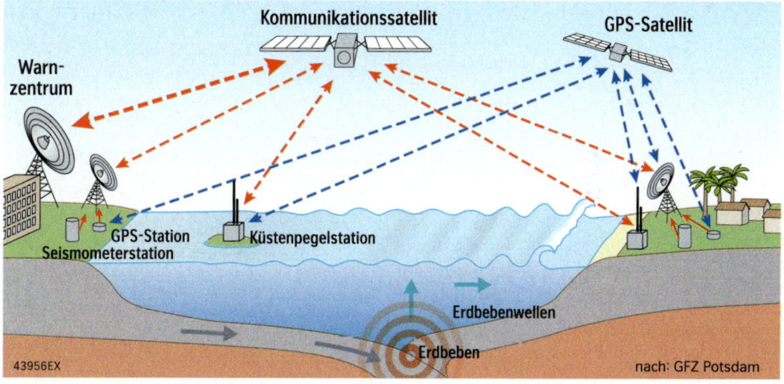

M7 Tsunamifrühwarnsystem

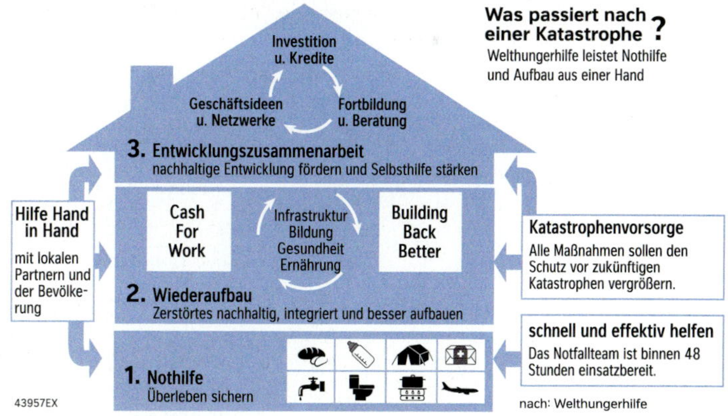

M8 Nothilfe und langfristige Maßnahmen

1 *Beschreiben Sie die Entstehung eines Tsunamis (Autorentext, M2).*

2 *Erklären Sie, wie es im Jahr 2018 trotz des Frühwarnsystems zu einer Tsunamikatastrophe kommen konnte (M4 – M7).*

3 *Stellen Sie die Genese, Auswirkungen und Maßnahmen zu den Tsunami-Ereignissen in den Jahren 2004 und 2018 in einer Concept-Map dar (M1 – M8).*

4 *Recherchieren Sie zur Tsunamikatastrophe im Jahr 2004 und begründen Sie, warum diese auch als „Jahrhundertkatastrophe" bezeichnet werden kann (Internet).*

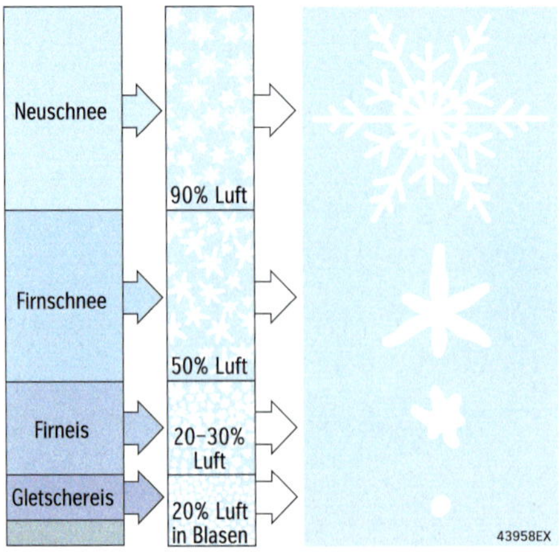

M1 Entstehung von Gletschereis

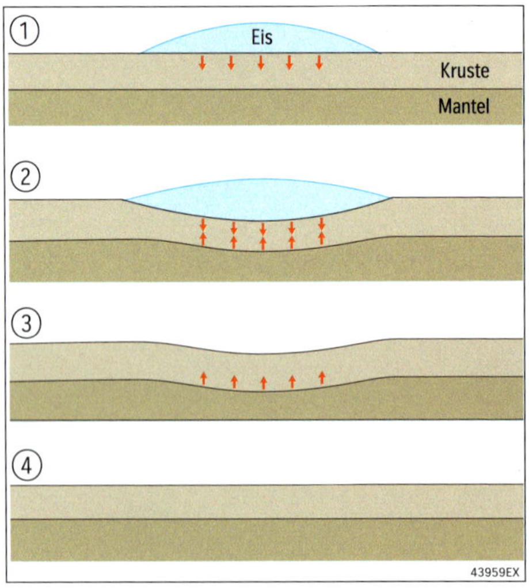

M2 Isostatische Ausgleichsbewegungen

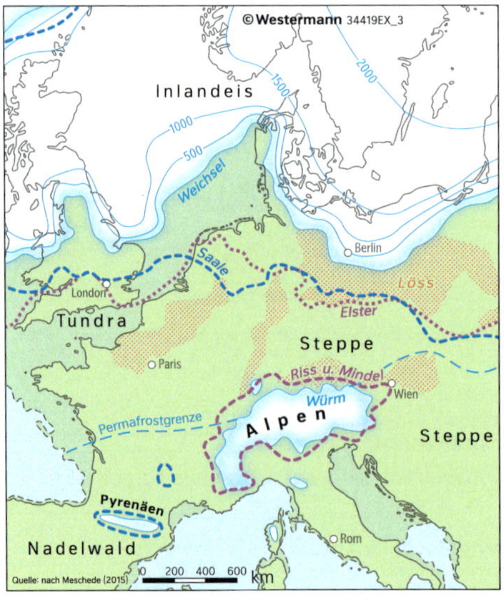

M3 Skandinavischer Eisschild und die Eisbedeckung der Alpen zur letzten Kaltzeit

6.2 Geomorphologie

Glaziale Prozesse – Inlandeis und Glaziale Serie

Durch stetigen Schneefall und wechselnde Schmelz-Tau-Vorgänge über Jahre hinweg erfolgt eine kontinuierliche Verdichtung des alten Schnees oberhalb der Schneegrenze. Vom Neuschnee über Firnschnee zum Gletschereis verringern sich das Porenvolumen und die darin enthaltene Luftmenge. So führt die Akkumulation großer Schneemengen insbesondere in Kaltzeiten zur Bildung großer Eisschilde. Das Gewicht des Inlandeises kann schließlich so groß werden, dass die Erdkruste in den Erdmantel einsinkt. Vertikale Ausgleichsbewegungen der Erdkruste können mehrere Millimeter pro Jahr betragen. Dieser Gleichgewichtszustand wird als Isostasie bezeichnet. Bei ausreichender Mächtigkeit des Eises beginnt dieses, aufgrund der Gravitation und Eigendynamik zu „fließen". Die von Eisschilden abfließenden Gletscher folgen dem Gefälle des Reliefs und überformen es auf diese Weise.

M4 Inlandeis auf Grönland

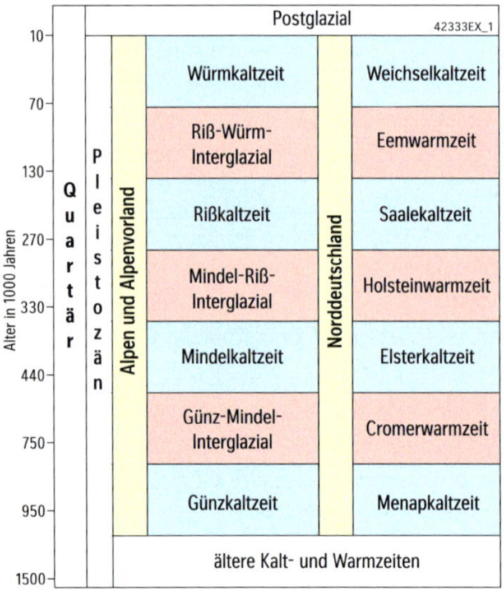

M5 Kalt- und Warmzeiten in Nord- und Süddeutschland

100800-091-04 www.diercke.de
100800-088-01 www.diercke.de

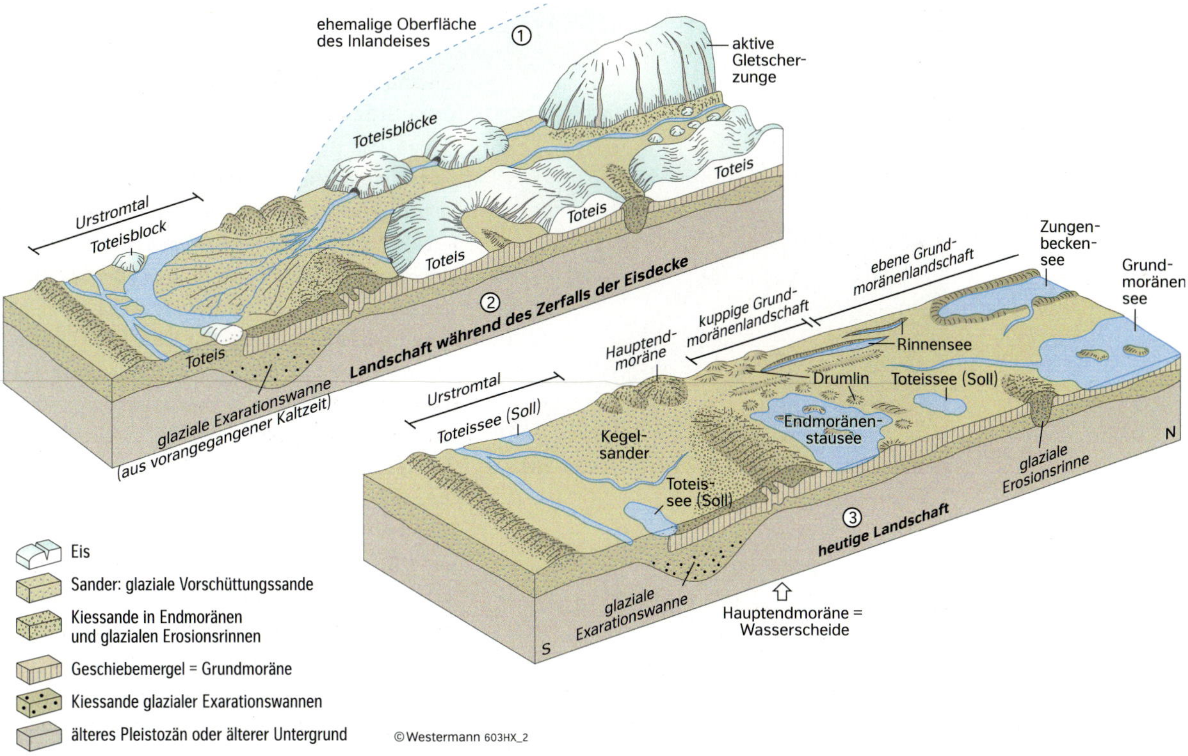

M6 Glazialformen in Norddeutschland

Glaziale und periglaziale Prägung am Beispiel Rügens

Auch die Insel Rügen erfuhr eine intensive Überprägung ihrer Oberfläche durch das Eis aus Skandinavien. Dabei wurde sie von den heranrückenden Gletschern im Weichsel-Glazial nicht über-, sondern wie ein Strompfeiler umfahren. Erhöhungen des Reliefs lenkten die Gletscherzungen in flachere Bereiche und es bildete sich eine Grundmoräne auf dem Boden der späteren Ostsee heraus. Nach dem Abschmelzen des Eises formten die Moränenrücken die Inselkerne Rügens. Das ansteigende Wasser der Ostsee schuf die Steilufer und durch die Strömung von West nach Ost lagerten sich die zuvor abgetragenen Sedimente als Sandhaken bzw. Nehrung an der Ostseite der Inselkerne ab und schufen so eine flache Verbindung zwischen ihnen.

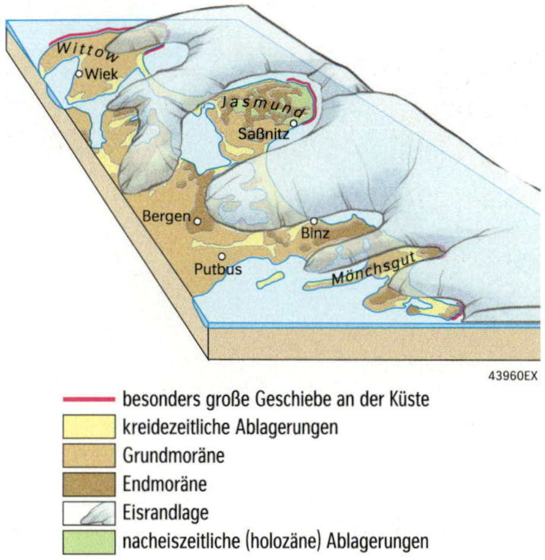

M7 Formung Rügens im Weichsel-Glazial

1 *Erläutern Sie die Bildung von Inlandeis und die isostatischen Ausgleichsbewegungen (M1, M2).*

2 *Ziehen Sie Schlussfolgerungen zu den Auswirkungen der Isostasie für die Ostsee (M2, Atlas).*

3 *a) Ordnen Sie dem Formenschatz der Vereisung Norddeutschlands konkrete Beispiele mithilfe des Atlas zu (M6).*

b) Stellen Sie die Entstehung Rügens seit dem Weichsel-Glazial in Form eines Ablaufschemas dar (M7).

100800-033-05 www.diercke.de
100800-052 www.diercke.de

M1 Gornergletscher (Schweiz)

Glaziale Prozesse – Talgletscher

Oberhalb der Schneegrenze fällt im Jahresverlauf mehr Schnee, als wieder abtaut. In Firnmulden bilden sich durch stetige Verdichtung Kargletscher und schließlich so große Gletscher, dass sie zu „fließen" beginnen. Mit der Bewegung von Gletschern und ihren Schmelzwässern, dem Gefälle des Reliefs folgend, geht die Formung ganzer Täler und der Landschaft einher. Die Gletscherbewegung erfolgt als plastisches Fließen, das durch das hohe Gewicht der Eissäule eine gletscherinterne Verformung und so die Verschiebung der Eismassen bei kalten Gletschern (Temperatur permanent unter Gefrierpunkt) erzeugt. Basales Gleiten wird bei warmen Gletschern durch den Schmelzwasserfilm hervorgerufen, der aufgrund der Verflüssigung der Gletscherbasis durch den hohen Druck der Eisauflast erzeugt wird. Das Norddeutsche Tiefland und das süddeutsche Alpenvorland wurden während des Pleistozäns durch mehrfache Gletschervorstöße aus Nordskandinavien bzw. den Alpen überformt. Die Bewegung des Eises ist letztlich die Ursache für den alle Glaziallandschaften prägenden Formenschatz. Das von den Gletschern innerhalb der jüngsten Kaltzeit überprägte Relief wird als Jungmoränengebiet bezeichnet, alle älteren Formen gelten als Altmoränengebiet.

M2 Trogtalbildung

M4 Gletscherschrammen

Verbunden mit der Fließtätigkeit der Gletscher ist eine enorme Einwirkung auf das Gestein an der Basis des Eises. Durch Detraktion werden am Eis angefrorene Gesteinsstücke aus dem Untergrund herausgerissen und durch Exaration wird das Material aus Vertiefungen des Untergrundes ausgepflügt. Das Geröll wird abtransportiert und durch Detersion stetig zerkleinert, Fels und große Gesteinsblöcke werden geschliffen und aus schmalen Kerbtälern (V-Tal) werden im Laufe der Zeit schließlich breite Trogtäler (U-Tal) geformt. Gröberes Material lagert sich im unmittelbaren Gletschervorfeld ab. Feineres Material wie etwa Löss wird durch die kalten Fallwinde in das weitere Gletschervorfeld (dem Periglazial-Raum) verweht. Auf größere Steine, die sich über lange Zeit unverändert im Bereich dieser mit Staub beladenen Winde befinden, wird somit eine schleifende Wirkung ausgeübt. Es entstehen die sogenannten Windkanter, die mit ihren glatt geschliffenen Flächen, die zur Spitze zulaufen, die Richtung anzeigen, aus der die Winde kamen.

M3 Talbildung durch Gletscher

100800-052 www.diercke.de

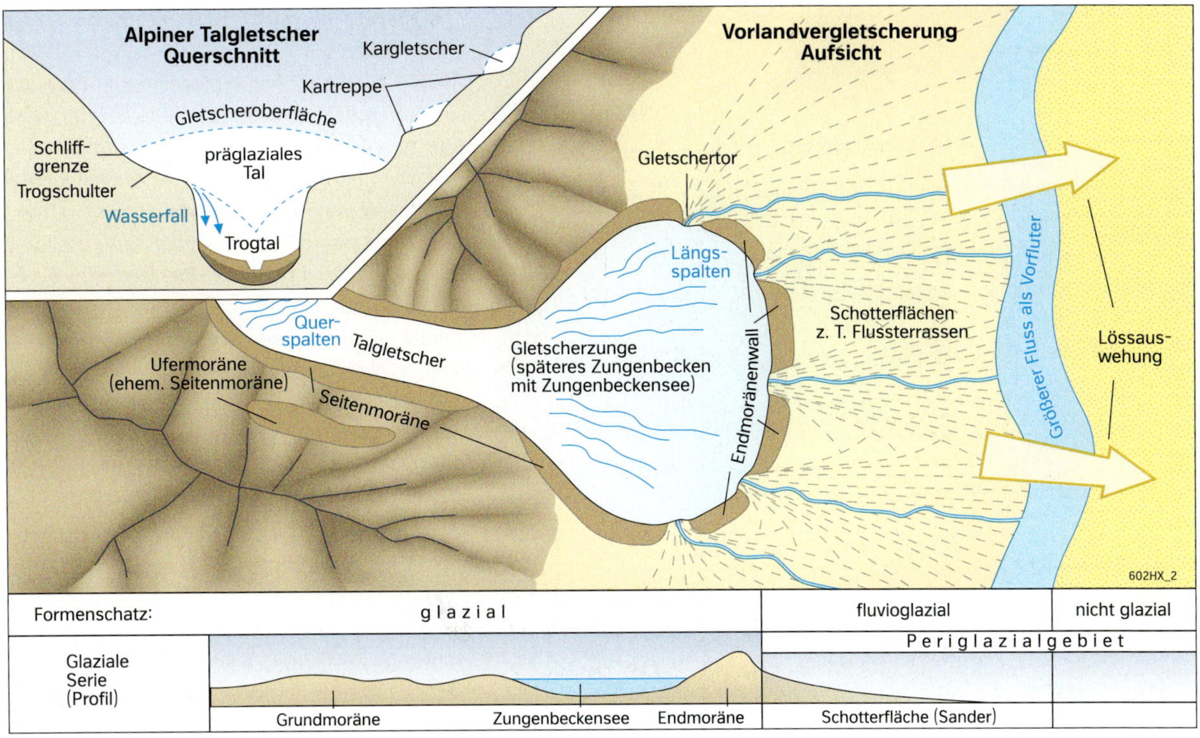

M5 Formenschatz im glazialen und periglazialen Vereisungsgebiet (Beispiel: Alpen)

Gletscher bewegen sich stets vom Nährgebiet (Akkumulation von Schnee und Eis) über die Gleichgewichtslinie hinweg in das Zehrgebiet (Abschmelzen des Eises = Ablation). Dabei entstehen neben Erosionsformen auch verschiedene Formen von Ablagerungen. Treten Talgletscher aus dem Gebirge heraus, verbreitern sie sich im Vorland. Ihre Gletscherzungen schürfen zusammen mit subglazialen Schmelzwässern wannenartige Vertiefungen aus, sogenannte Zungenbecken, in denen mit der Eisschmelze Zungenbeckenseen entstehen (z. B. Bodensee). Das von den Hängen auf das Eis fallendende Verwitterungsmaterial bildet die Obermoräne, der Schutt am Rand des Gletschers die Seitenmoränen. Ufermoränen sind alte Seitenmoränen und zeugen oft hoch oberhalb des heutigen Gletschers von einem früheren Eisrand. Nach dem Abtauen des Eises lagert sich sämtliches mitgeführtes Material als Grundmoräne ab. Die sich vor der Gletscherzunge ansammelnden Sedimente werden bei Stillstands- oder Rückzugsphasen zur Endmoräne. Durch erosive Einkerbungen in den Moränenwällen transportieren Schmelzwässer Moränenmaterial ab. Jenseits des Moränenwalls bilden sich als glaziofluviale Ablagerungen großflächige Aufschüttungskegel aus Geröll oder Sand. Die Schmelzwässer bildeten große Abflussrinnen, die Urstromtäler. Das Warschau-Berliner-Urstromtal ist eines von vieren in Norddeutschland, in Süddeutschland hatte die Donau diese Funktion. Die Abfolge der Formen zwischen Grundmoräne und Urstromtal wird **Glaziale Serie** genannt. Das sich daran anschließende Periglazialgebiet z. B. zwischen der alpinen Vereisung und der Vereisung Norddeutschlands war während der Eiszeiten nicht vergletschert.

M6 Reliefformung durch Gletscher

1 *Beschreiben Sie die Prägung von Hochgebirgstälern durch Gletschertätigkeit (M1 – M6).*

2 *a) Erläutern Sie die Prägung des Reliefs in Jungmoränengebieten (M5, M6).*

b) Stellen Sie Vermutungen an, wodurch sich Jung- und Altmoränengebiete hinsichtlich der glazialen Überprägung unterscheiden.

3 *a) Begründen Sie, wie in ehemals vereisten Gebieten der maximale Gletschervorstoß ermittelt werden kann (M1, M2, M4).*

b) Vergleichen Sie die Prägung des norddeutschen Raumes mit der des süddeutschen Raumes (M5, M6, Atlas).

100800-102
www.diercke.de

Hjulström, Filip
** 6.10.1902, Lungsund*
† 26.3.1982, Uppsala
schwedischer Geograph und Geomorphologe, der sich mit der Erforschung von Fließgewässern beschäftigte

M1 Bachlauf der Schaale im Nordwesten von Mecklenburg-Vorpommern

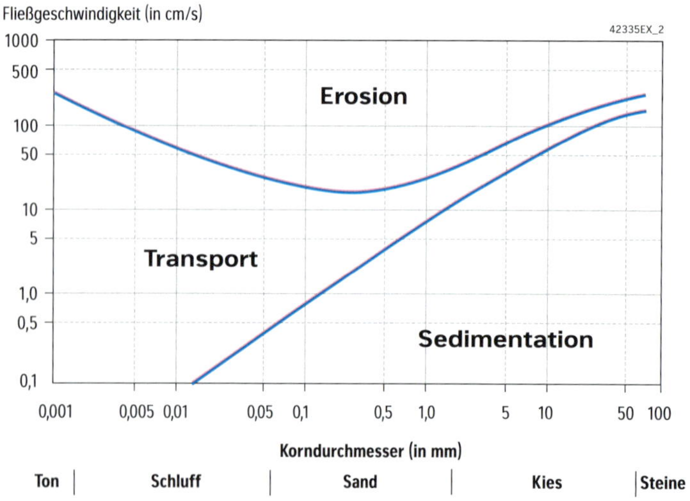

M2 Hjulström-Diagramm

Tätigkeit des fließenden Wassers

Flüsse zählen zu den wirksamsten Kräften, die die Landoberfläche formen. Wie ein Netzwerk durchfließen sie das Festland, während Gletscher nur einen Teil davon bedecken. Als kleines Rinnsal fließen sie von ihrer Quelle der Schwerkraft folgend und vergrößern sich durch die Vereinigung mit anderen Wasserläufen über Bäche bis hin zu großen Flüssen, die auch Strom genannt werden. Dabei nehmen sie die Sedimente auf, die zuvor von der Verwitterung bereitgestellt worden sind. Diese werden, je nach Durchmesser der Partikel (Korngröße), unterschiedlich weit transportiert und wieder abgelagert.

Vor allem im Ober- und Mittellauf eines Flusses bewirkt linienhafte Tiefenerosion die Entstehung immer tiefer reichender Täler. Verantwortlich für die unterschiedlichen Talformen sind vor allem die Kraft des Wassers (Abflussmenge und Strömungsgeschwindigkeit) sowie die Beschaffenheit des Untergrundes (Härte des Gesteins).

Das transportierte Material gelangt zur Ablagerung (Sedimentation), sobald die Kraft des Wassers nicht mehr ausreichend ist, die entsprechende Korngröße zu transportieren. Besonders der Unterlauf von Fließgewässern ist durch wechselnde Hoch- und Niedrigwasser geprägt, was zur Ausbildung breiter Talauen führt, in denen die Sedimentation überwiegt.

Die kleinsten Partikel (Ton) bleiben im fließenden Wasser sogar so lange in der Schwebe (Suspension), dass sie bis weit über die Mündung eines Flusses hinausgetragen werden.

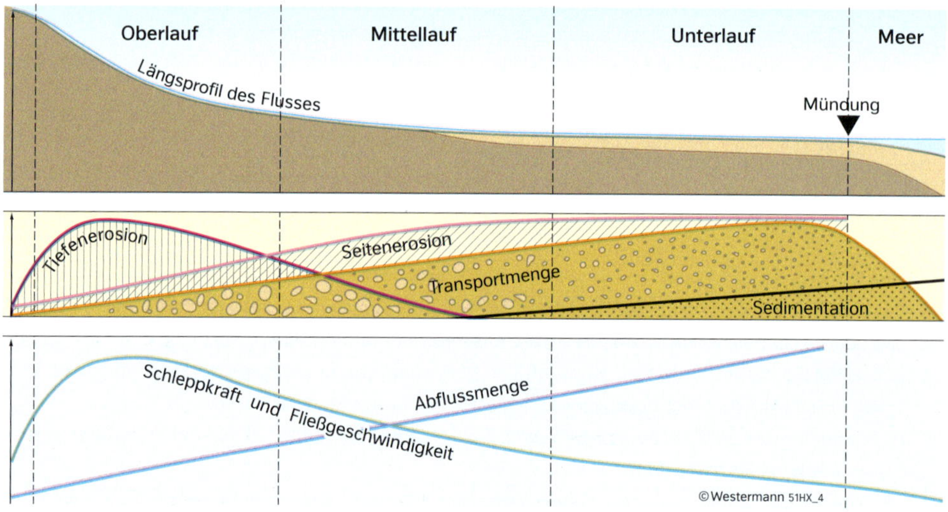

M3 Erosion und Sedimentation im Längsprofil eines Flusses

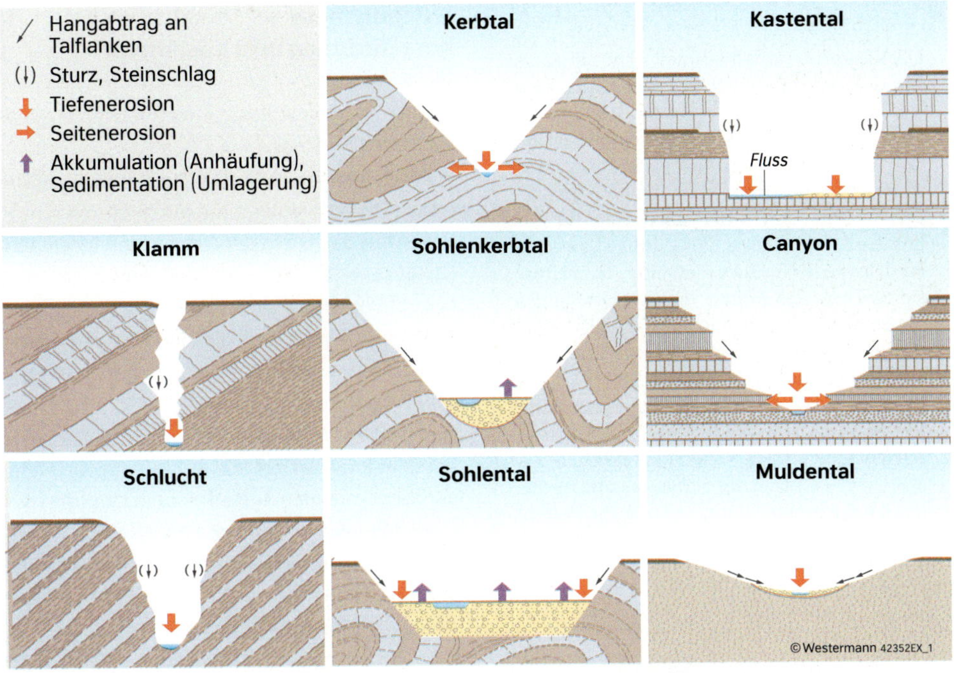

M4 Ausbildung unterschiedlicher Talformen durch Erosion und Akkumulation

Der Stromstrich in natürlichen Fließgewässern verläuft selten geradlinig. Auslenkungen, die kleinsten Kurven oder Hindernissen wie etwa Gestein im Flusslauf geschuldet sind, führen zur Bildung von Mäandern. Dabei erfolgt aufgrund der unterschiedlichen Fließgeschwindigkeit Erosion am Prallhang und Sedimentation im Bereich am Gleithang. Beide Prozesse verstärken sich, wodurch auch die Mäander immer intensiver ausgebildet werden und schließlich ein Durchbruch erfolgen kann. Zurück bleiben der sogenannte Umlaufberg und der ehemalige Flusslauf als Altarm mit drastisch reduzierter Transportkraft in einer natürlichen Flussauenlandschaft.

M5 Flüsse formen Landschaften

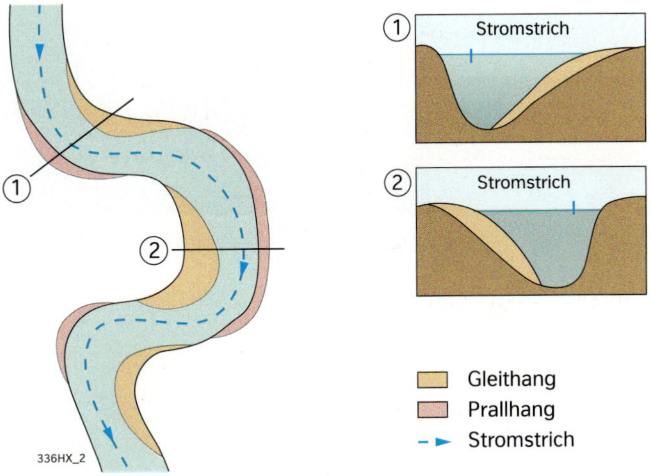

M6 Mäanderbildung durch Abtragung und Anlagerung von Sedimenten

1 *Beschreiben Sie das Erosions- und Sedimentationsverhalten in einem Flusslängsprofil (M1 – M3).*

2 *a) Begründen Sie die Genese der unterschiedlichen Talformen (M2 – M4).*

b) Erläutern Sie die Bedeutung der Mäanderbildung für die Landschaftsbildung einer Flussaue (M5, M6).

c) Recherchieren Sie nach konkreten Beispielen von Talformen (M4, Internet).

3 *a) Beurteilen Sie die Einflussnahme des Menschen, wie etwa eine Flussbegradigung, auf eine natürliche Flusslandschaft.*

b) Recherchieren Sie zur Rheinbegradigung durch Johann Gottfried Tulla. Halten Sie einen Kurzvortrag, in dem Sie positive und negative Auswirkungen gegenüberstellen (Internet).

Valentin, Hartmut

** 8.1.1923 in Marienburg (poln. Malbork); deutscher Geograph, der besonders an der Erforschung der Küstenmorphologie beteiligt war*

Die Küstenlinie wird bestimmt durch die Linie des mittleren Wasserstandes. Eine einfache Küstenklassifikation erfolgt anhand der Form im Aufriss als Flach- bzw. Steilküste. Entsprechend ihres Grundrisses lassen sich die Küstenformen in verschiedene Küstentypen differenzieren.
Die Küstenklassifikation nach Valentin unterscheidet Küsten anhand ihrer Genese in landeinwärts zurückweichende Transgressionsküsten und Küsten, die in Richtung des Meeres vorrücken (Regressionsküste). Der Küstenrückgang bei zurückweichenden Küsten geht mit Landverlust einher. Vorrückende Küsten hingegen haben einen Landgewinn zur Folge.
Die auf- und abbauenden Prozesse an einer Küste werden durch Vertikalbewegungen des Meeresspiegels bzw. des Festlandes und die Intensität der Brandung und Strömung gesteuert.

M1 Küstenklassifikation nach Valentin

M2 Luftbild der Insel Hiddensee

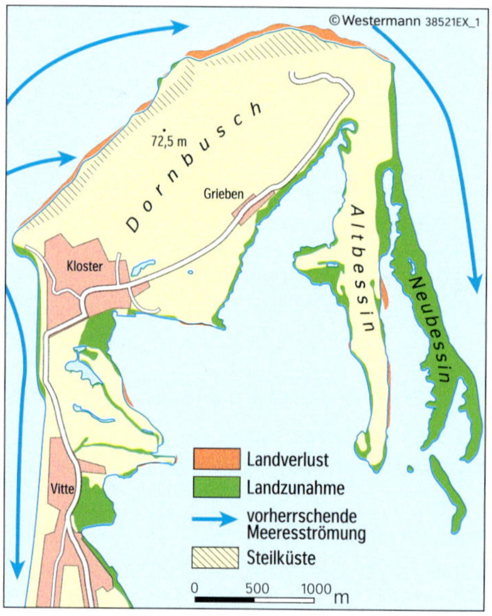

M3 Küstenveränderungen seit 1885 auf der Insel Hiddensee

Küstengenese – Küstenformen und Küstentypen

Die Formung einer Küste erfolgt nicht nur durch die Flussmündungen wie z. B. an der Deltaküste. Eine viel entscheidendere Rolle nimmt die Brandung (Materialverlagerung durch die Wellentätigkeit) an den Ufern der Ozeane und Meere ein. Da diese variabel ist und der Meeresspiegel seit dem Ende der letzten Kaltzeit eine ansteigende Tendenz aufweist, sind die meisten Küsten geologisch betrachtet sehr jung, zumeist weniger als 7000 Jahre alt.
Durch einen steigenden Meeresspiegel oder eine Landsenkung weicht die Küste landwärts. Bei zurückweichenden Küsten werden Landoberflächen oder auch ehemalige Flusstäler überflutet. Im skandinavischen Raum sind dies überwiegend von Gletschern geschliffene Rundhöcker oder ausgeschürfte Zungenbecken.
Die Abtragung an vorrückenden Küsten geht schneller voran als bei zurückweichenden Küsten. Die Intensität der Abtragung wird vor allem von der Beschaffenheit des anstehenden Gesteins bestimmt. Fels oder härteres Gestein leisten mehr Widerstand als Lockersedimente. Eine Steilküste aus weichem Gestein wie z. B. Kreide gibt schneller nach als eine Felsküste. Steilküsten fallen durch ihr hohes Kliff, das fast senkrecht zur Abrasionsplattform aufragt, ab. Flachküsten hingegen werden durch Sandstrände begleitet und zeugen mit ihren Dünen von der Mobilität der feineren Sedimente durch den Wind (äolischer Transport).
Überwiegt jedoch die Akkumulation, entstehen sogar neue Küstenbereiche wie z. B. die Sandhaken oder Nehrungen. Der intensiven Erosion an besiedelten Küsten versucht der Mensch durch Buhnen, Steinwälle oder Mauern Einhalt zu gebieten. Diese Akkumuationsküsten bauen sich ausschließlich als Flachküsten auf und zählen zu den geologisch jüngsten Küsten.

M4 Buhnen am Strand von Ahrenshoop, Halbinsel Fischland-Darß-Zingst

100800-033-05 www.diercke.de

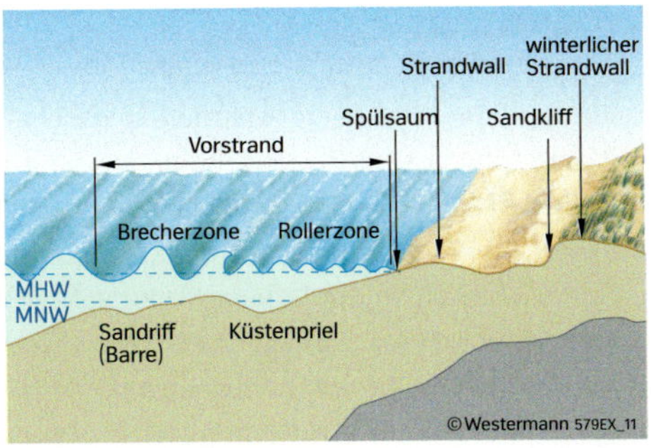

M5 Erosion einer Flachküste

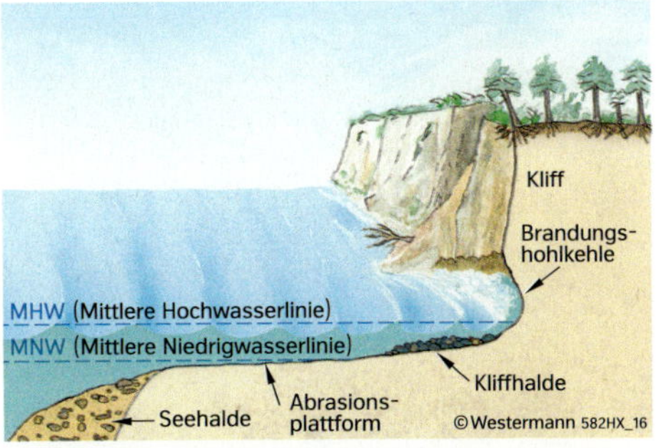

M7 Erosion einer Steilküste

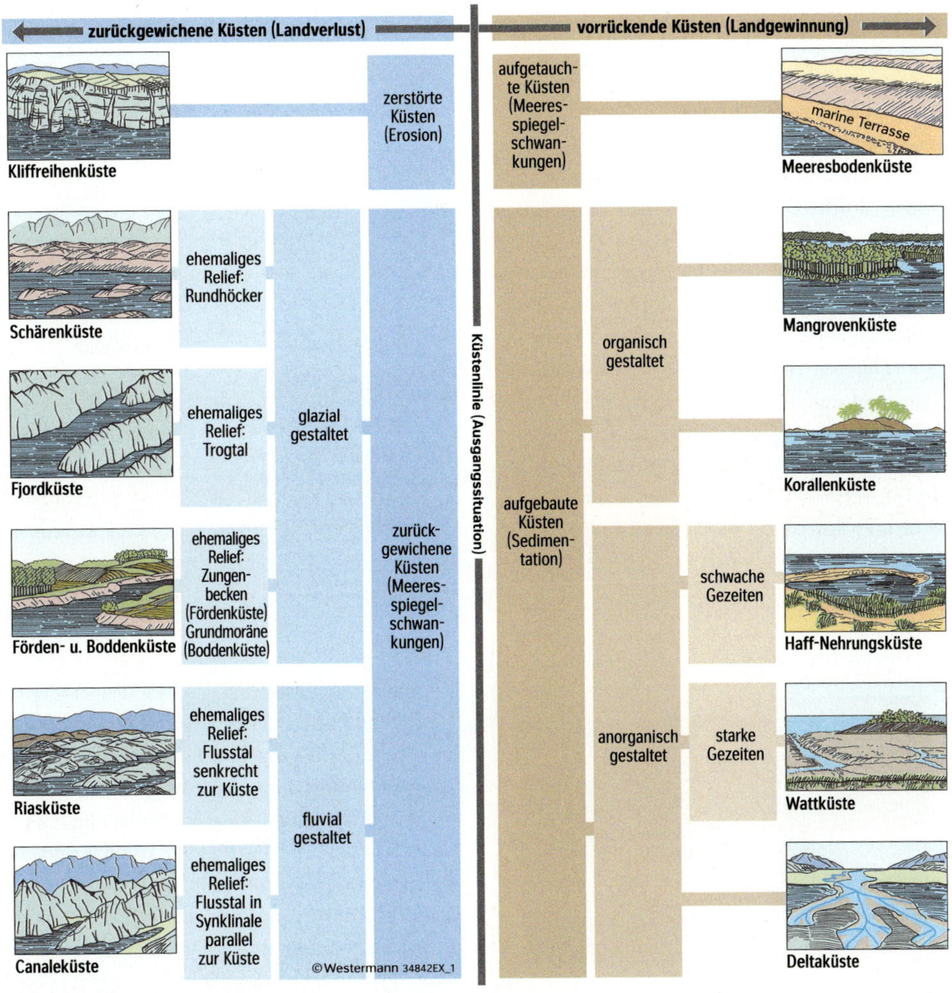

M6 Genetische Küstenklassifikation nach Valentin (vereinfacht)

1 *Beschreiben Sie mögliche Gliederungen einer Küste (M1, M6).*

2 *Erklären Sie die Küstenveränderungen Hiddensees seit 1885 (M3, M5, M7).*

3 *Erläutern Sie die geographische Verteilung der Küstenformen der Ostsee (M6, Atlas).*

4 *Recherchieren Sie vergleichbare Küstenformen außerhalb der Ostsee (Atlas, Internet).*

5 *Diskutieren Sie, ob und inwieweit der Schutz vor Küstenverlust möglich und erforderlich ist.*

M1 Verwitterung von Gestein im Bayerischen Wald

Verwitterung

Unter Verwitterung wird die Veränderung der chemischen, physikalischen und mineralogischen Eigenschaften von Gestein und Sedimenten verstanden. Das Ausgangsgestein der Lithosphäre ist hauptsächlich an der Erdoberfläche der Verwitterung durch den Einfluss der Atmosphäre, Hydrosphäre und Biosphäre ausgesetzt. Klimatische Einflüsse und Verwitterung stehen also in engem Zusammenhang. Unterschiedliche Räume weisen somit unterschiedliche Verwitterungsarten mit unterschiedlichen Verwitterungsintensitäten bzw. -tiefen auf.

Physikalische Verwitterung

Besonders die Oberfläche freiliegender Gesteine erfährt eine Druckentlastung, wodurch sich auch größere Bruchstücke lösen. Größere Temperaturunterschiede innerhalb des Gesteins verursachen eine Lockerung des Gefüges durch unterschiedliche Volumenausdehnungen der Minerale. Starke, rasche und häufige Temperaturschwankungen begünstigen die Insolationsverwitterung (Temperaturverwitterung). Frost und in kleine Risse bzw. Klüfte eingedrungene Feuchtigkeit führen zur Frostverwitterung (**Frostsprengung**). Ähnlich verläuft auch der Prozess der Salzverwitterung durch das Auskristallisieren der im Gestein enthaltenen Salze.

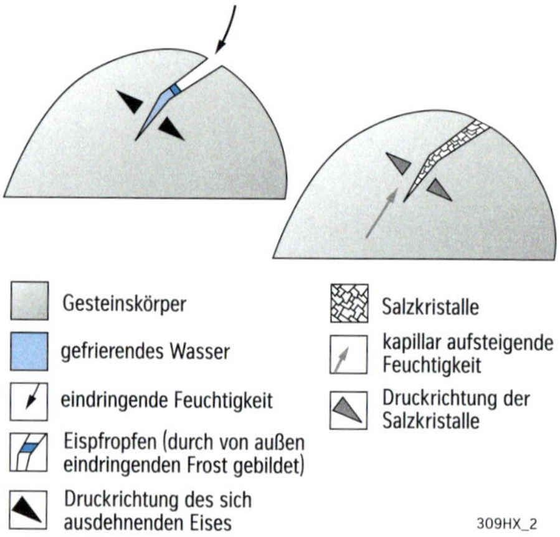

M2 Frost- und Salzsprengung

Verbinden sich Sauerstoff- und Eisenionen, lockert sich das Kristallgitter. In der Natur findet dies stets nur in Gegenwart von Wasser statt. Das „Rosten“ des Gesteins ist an seiner Farbänderung leicht erkennbar: Die in sehr warmen Klimata auftretende Rotfärbung erfolgt durch Bildung von Hämatit (Fe_2O_3). Alle „verrosteten“ Teile lösen sich leicht aus ihrem ursprünglichen Verband.

M3 Oxidationsverwitterung

Chemische Verwitterung

Die chemische Verwitterung umfasst alle Prozesse, bei der die in Gesteinen enthaltenen Minerale verändert oder vollständig gelöst bzw. in ihre Bausteine zerlegt werden. Dabei lagert sich Wasser an die Grenzflächen der Kristalle und lockert so den Zusammenhalt. Schließlich lockert sich der Gitterverband so, dass Ionen frei und an das umgebende Wasser abgegeben werden. Die sogenannte Lösungsverwitterung tritt in Gebieten mit ausreichender Feuchtigkeit und leicht löslichen Gesteinen wie Kalkstein oder Gips auf. Je nach vorhandenen Stoffen und chemischem Prozess werden vielfältige chemische Verwitterungsarten unterschieden. Bei der Lösungs- und Kohlensäureverwitterung können die vorhandenen Stoffe vollständig gelöst werden. Bei der Oxidationsverwitterung beispielsweise bleiben Rückstände.

Kalkgestein (Kalk: $CaCO_3$) ist in reinem Wasser kaum löslich. Wird das Wasser jedoch mit CO_2 aus der Luft oder aus der Atmung von Bodenlebewesen angereichert, bildet sich Kohlensäure, eine schwache Säure. Durch die Erhöhung der Konzentration von H+-Ionen im Wasser kann Kalkgestein in leichter lösliches Kalziumhydrogencarbonat umgewandelt und so in Lösung abtransportiert werden. Diese Kohlensäureverwitterung ist eine Sonderform der Lösungsverwitterung.

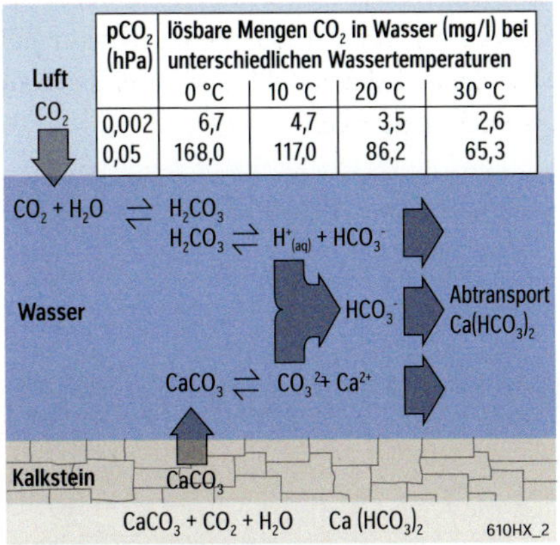

pCO_2 (hPa)	lösbare Mengen CO_2 in Wasser (mg/l) bei unterschiedlichen Wassertemperaturen			
	0 °C	10 °C	20 °C	30 °C
0,002	6,7	4,7	3,5	2,6
0,05	168,0	117,0	86,2	65,3

M4 Kohlensäureverwitterung

Als anthropogen beeinflusste Verwitterung wird die Rauchgas- und Säureverwitterung bezeichnet. Durch die Verbrennung fossiler Energieträger (z. B. Kohle, Erdöl, Erdgas) und durch Abgase der chemischen Industrie und des Straßenverkehrs emittierte Rauchgase wie Schwefeldioxid (SO_2) und Stickoxide (NOx) bilden in Verbindung mit dem Wasser aggressive Schwefel- und Salpetersäuren. Diese gehen als sogenannter „saurer Regen" nieder und zersetzen insbesondere die Minerale in Sand- und Kalksteinen. Kalkbestandteile werden in Gips umgewandelt und durch Abschalung vom Gestein gelöst. Der Steinfraß an historischen Gebäuden oder Kulturdenkmälern ist somit eine Folge der Luftverschmutzung.

M6 Saurer Regen – anthropogene Verwitterung?

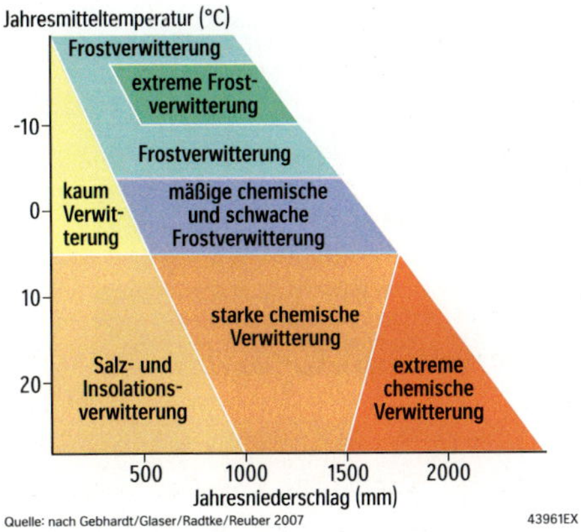

M5 Verwitterung in Abhängigkeit von Temperatur und Niederschlag

Biogene oder biologische Verwitterung findet unter dem Einfluss von Lebewesen statt. So dringen Wurzeln in Klüfte von Gestein ein und verursachen die sogenannte Wurzelsprengung. Tiere, Pflanzen oder Bakterien erhöhen durch Atmungsprozesse die CO_2-Konzentration in Hohlräumen und im Bodenwasser und sondern durch die Zersetzung von totem organischem Material säurehaltige Stoffe (Huminsäuren) ab, die die Verwitterung verstärken. Die biologische Verwitterung ist streng genommen keine eigene Verwitterungsart, sie verstärkt vielmehr die physikalische oder chemische Verwitterung.

M7 Biogene Verwitterung

1 *Beschreiben Sie die Verwitterungsprozesse und ordnen Sie diesen begründet das Foto M1 zu. Stellen Sie Vermutungen zum Vorhandensein des Gesteinsblockes in seinem Umfeld an.*

2 *Begründen Sie Farbe und Mächtigkeit des Bodens (M3).*

3 *Vergleichen Sie die Oxidationsverwitterung und die Kohlensäureverwitterung (M3, M4).*

4 *Bewerten Sie, inwiefern Saurer Regen als anthropogene Verwitterung bezeichnet werden kann (M6).*

5 *Begründen Sie, ob und inwieweit sich ein Zusammenhang zwischen dem Klima und den Verwitterungsarten herausstellen lässt (M5).*

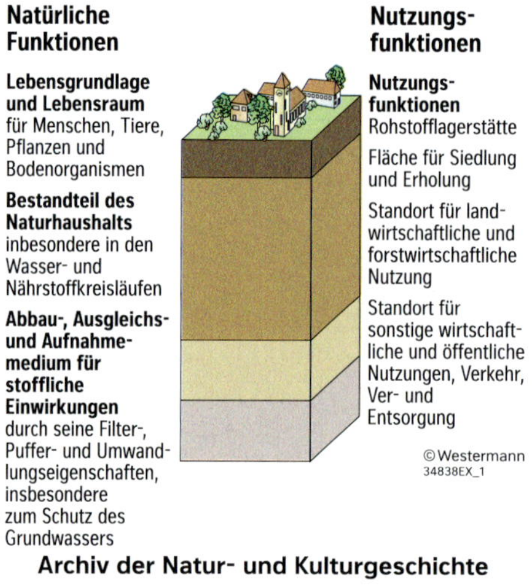

M1 Funktionen des Bodens

Bodenbildung

Mit den Füßen getreten zählt der Boden zu den wertvollsten natürlichen Bildungen, der verschiedene Funktionen für den Menschen darstellt. Boden ist kein Schmutz, sondern die Folge der Verwitterung und des Abbaus organischer Stoffe und bildet die Grundlage für die Landwirtschaft und somit die Ernährung der Menschheit. Boden ist ein Gemisch aus mineralogischen (anorganischen) und organischen Feststoffen, dessen Poren bzw. Hohlräume in unterschiedlichem Maße mit Luft und Wasser gefüllt sind. Die Entwicklung eines Bodens wird von bodenbildenden Faktoren beeinflusst. Unterschiedliche bodenbildende Faktoren haben somit die Ausbildung unterschiedlicher Böden zur Folge.

M2 Bodenbearbeitung in der Landwirtschaft

Durch Abbauprozesse von organischer Substanz kommt es zur Humusanreicherung. Nach einiger Zeit bildet sich ein Oberboden heraus, auf dem sich nun höhere Pflanzen ansiedeln können. Zur Humifizierung abgestorbener pflanzlicher und tierischer Überreste tragen vor allem Kleinlebewesen wie Regenwürmer und Mikroorganismen wie Bakterien bei. Abbauprodukte sind organische Mineralstoffe, Kohlenstoffdioxid und Wasser sowie die durch Synthese organischer Stoffe aufgebauten Huminstoffe. Dabei kommt es zur Umwandlung und Bindung organischer Substanz im Boden. Bei weiterhin voranschreitender Bodenbildung entwickelt sich zwischen dem Oberboden und der in größerer Tiefe ablaufenden Gesteinsverwitterung ein Unterboden.

M3 Bodenbildungsprozesse

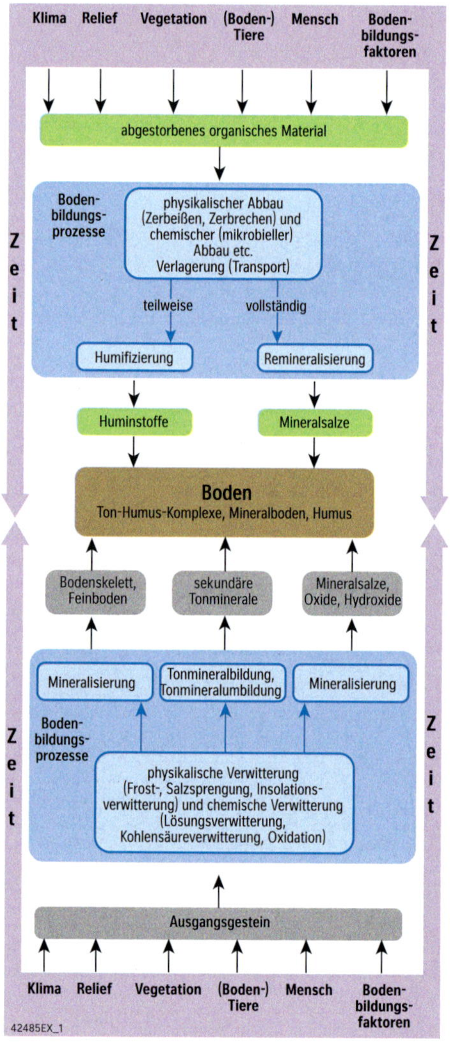

M4 Umwandlungsprozesse im Boden

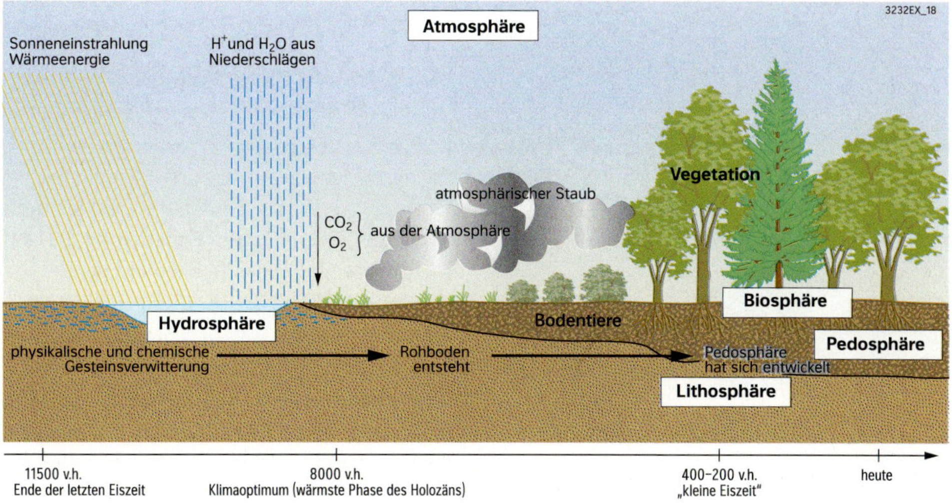

M5 Bodenbildung im Jungmoränengebiet

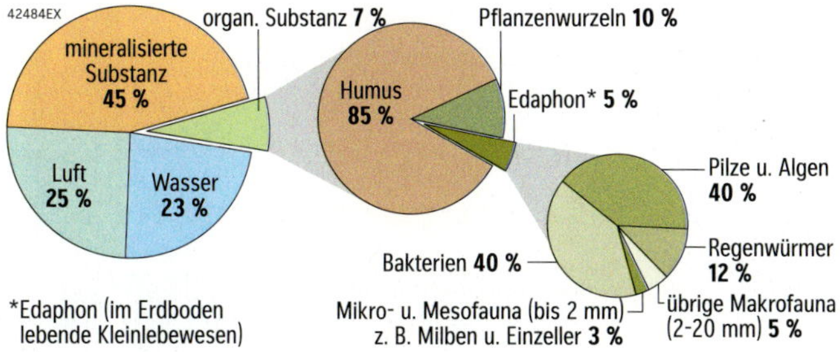

M6 Zusammensetzung eines Wiesenbodens

Herausbildung der Bodenhorizonte

Anhand der natürlichen Bodenentwicklung sowie der anthropogenen Beeinflussung lassen sich Bodentypen klassifizieren. Diese Einteilungen sind vor allem für die Land- und Forstwirtschaft von großer Bedeutung. Bodentypen unterscheiden sich voneinander durch den Aufbau in der Schichtabfolge, der Bodenhorizonte, die durch die Bodenbildung annähernd parallel zur Oberfläche entstehen. Unterhalb der organischen Auflage folgt der mineralogische Bodenkomplex. Er wird in drei Haupthorizonte untergliedert, die mit den lateinischen Großbuchstaben A bis C gekennzeichnet werden. Zur weiteren Charakterisierung der Bodenhorizonte können kleine Buchstaben nachgestellt werden. So steht beispielsweise Ah für einen humosen Auswaschungshorizont.

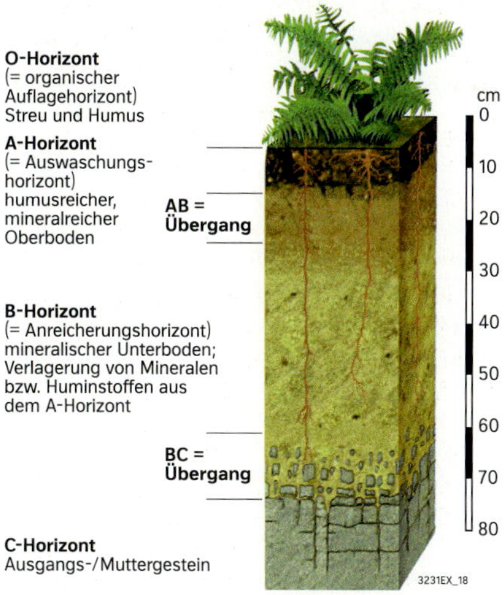

M7 Bodenprofil

1 *Stellen Sie die Funktionen des Bodens für den Menschen in einer Mindmap dar (M1, M2).*

2 *Erklären Sie: „Boden entsteht von oben und von unten" (M3, M4).*

3 *Erläutern Sie die Bodenbildung im Jungmoränengebiet (M4, M5).*

4 *Charakterisieren Sie den Aufbau des Ackerbodens und begründen Sie wesentliche Unterschiede zum Wiesenboden (M6, M7).*

M1 Bohrstock mit Bodenprofil

A	Mineralbodenhorizont im Oberboden
Ae	durch Auswaschung der Humusstoffe gebleichter Eluvialhorizont
Ah	humoser A-Horizont durch Anreicherung von Humus
Al	durch Auswaschung von Ton aufgehellter A-Horizont (l = lessiviert, d. h. tonverarmt)
Ap	Pflughorizont durch Bodenbearbeitung
B	Mineralhorizont im Unterboden
Bh	mit Humusanteilen angereicherter Unterboden
Bs	mit Sesquioxiden (z.B. Eisenoxid) angereicherter Unterboden
Bt	tonangereicherter B-Horizont
Bv	durch Verwitterung verbraunter oder verlehmter B-Horizont
Go	oxidierter Horizont im Grundwasserschwankungsbereich
Gr	reduzierter Horizont im ständigen Grundwasserbereich
Sd	Bodenhorizont mit Stauwasser (wasserstauend)
Sw	Bodenhorizont mit Stauwasser (stauwasserführend)
C	Ausgangsgestein

M2 Unterscheidung der Bodenhorizonte

Bodentypen

Noch vielseitiger als die bodenbildenden Faktoren sind die sich entwickelnden Böden. Während die Bodenart nach den dominierenden Korngrößen der Sedimente in Stein-, Sand-, Lehmboden (Gemisch aus Ton bis Sand) unterschieden wird, erfolgt die Einteilung der Bodentypen anhand ihrer charakteristischen Horizontabfolge.
Terrestrische Böden bilden sich an grundwasserfernen Standorten und weisen zumeist einen hohen Humusanteil auf. Semiterrestrische Böden entstehen in Grundwassernähe und weisen eine typische Vergleyung (Umverteilung von Eisen und Mangan) auf. Unmittelbar an das Vorhandensein von anstehendem Grundwasser sind Moore gebunden.

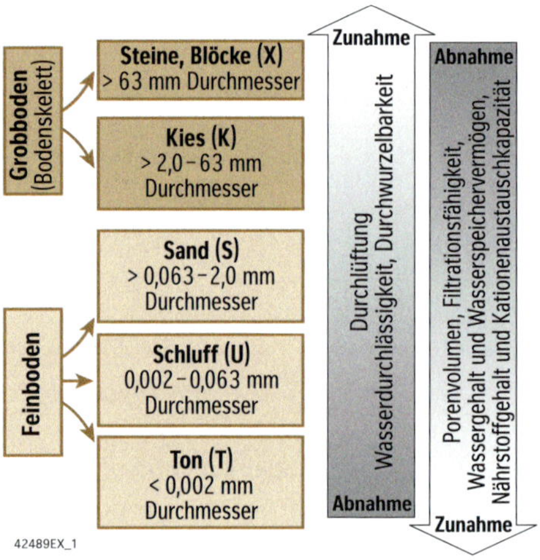

M4 Bodenarten und -eigenschaften

Braunerden sind typische Böden des gemäßigt humiden Klimas der Mittelbreiten. Sie kommen auf verschiedenen Ausgangsgesteinen bevorzugt im Bereich der Laubmischwälder vor. Braunerden gehen aus verschiedenen Ausgangsgesteinen hervor und können eine Profiltiefe von bis zu 1,5 m erreichen. Die Braunfärbung und Verlehmung ihres B-Horizonts (Bv) beruht auf der Freisetzung von Eisen aus eisenhaltigen Mineralen, der Bildung von Eisenoxiden und -hydroxiden sowie der Neubildung von sekundären Tonmineralen. Im bis zu 40 cm mächtigen Ah-Horizont wird die Braunfärbung durch die dunkle Farbe des Humus überdeckt. Braunerden über Basalt und Geschiebelehm sind nährstoff- bis humusreich, schwach sauer bis neutral, gut durchlüftet und durchfeuchtet. Über Granit und Sand bilden sich dagegen saure, basenarme, grobkörnige Böden mit ungünstigem Wasserhaushalt.

M3 Braunerde

Parabraunerden gehören zu den verbreitetsten Böden der gemäßigt humiden Klimaregionen Eurasiens und Amerikas. In Mitteleuropa treten sie vor allem in Löss- und Moränenlandschaften auf. Ihre Ausgangssubstrate sind zumeist Löss, Geschiebemergel sowie karbonatfreie Lehme und lehmige Sande. Ihre typische natürliche Vegetation ist der Laubwald. Parabraunerde ist oft eine Weiterentwicklung der Braunerde, wobei der Ah-Horizont in bis zu 60 cm Tiefe hinabreichen kann. Mit dem Sickerwasserstrom bildet sich infolge von Karbonatauswaschung und schwacher Versauerung durch Tonverlagerung (Lessivierung) darunter ein relativ fahler Al-Horizont aus. Im Unterboden werden die Tonminerale im Bt-Horizont angereichert. Bei unvollständigem Übergang von der Braun- zur Parabraunerde ist unter dem Bt-Horizont noch ein Bv-Horizont erkennbar.

M5 Parabraunerde

100800-256 www.diercke.de

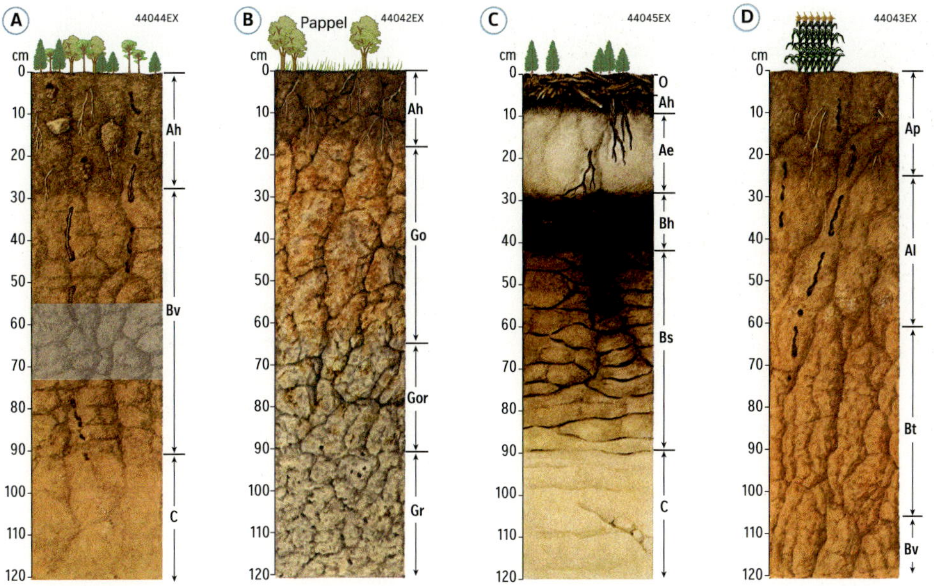

M6 Bodenprofil verschiedener Bodentypen

Podsole treten vor allem unter kühlgemäßigten, humiden Klimabedingungen sowie im subpolaren und alpinen Bereich in der Nadelwaldzone, aber auch im warmgemäßigten Klima, wie auf sandigen Sedimenten des Norddeutschen Tieflands und an Hängen über Sandstein und Granit in Mittelgebirgen auf. Bei der Podsolierung kommt es durch Sickerwasser zur Verlagerung von Fe-, Al- und Mn-Verbindungen und organischen Stoffen bis in den Unterboden. So bleibt im Oberboden (0,2 – 1,5 m) unter einer Rohhumusschicht (Ah) ein aschgrauer, quarzreicher Bleichhorizont (Ae) zurück. Im nur 10 bis 20 cm mächtigen Unterboden bildet sich je nach Verfestigung der ausgewaschenen Stoffe Orterde oder Ortstein als harter, nahezu wasserundurchlässiger, kaum durchwurzelbarer, oft fleckig braunschwarzer Bh- bzw. rostbrauner Bs-Horizont heraus. Wegen seines niedrigen pH-Wertes weist der nährstoffarme, grobporige Podsol kaum Bodenleben auf.

M7 Podsol (russisch: aschefarbiger Boden)

Gleye kommen in niederschlagsreichen Regionen mit hohem Grundwasserspiegel vor, wie in Talauen und Senken, aber auch auf Dauerfrostböden. Unter dem vom Grundwasser meist unbeeinflussten, geringmächtigen Ah-Horizont folgt im Schwankungsbereich des Grundwassers der rostfarbene, fleckige Go-Horizont als Oxidationshorizont. Im Bodenwasser gelöste, zweiwertige Fe- und Mn-Verbindungen können im Kontakt mit Luftsauerstoff zu dreiwertigen Verbindungen oxidieren (rosten). Im stets nassen, fahlgrauen, graugrünen bis blauschwarzen Gr-Horizont herrschen infolge von Sauerstoffmangel permanent reduzierte Verhältnisse vor (Reduktionshorizont). Durch das hoch anstehende Grundwasser und den nur eingeschränkt verfügbaren Wurzelraum findet auf Gleyen nur wenig Pflanzenwachstum statt. Liegt statt des Grundwassereinflusses ein nur jahreszeitlich bedingter Stauwassereinfluss vor, bilden sich Pseudogleye heraus. Auf ihnen ist oft Grünlandwirtschaft verbreitet.

M8 Gley (russisch: sumpfiger Boden)

1 *Charakterisieren Sie das Bohrstockprofil (M1).*

2 *Beschreiben Sie die Bodenarten und wie diese unterteilt werden können (M4).*

3 *a) Ordnen Sie den aufgeführten Böden (A – D) begründet einem Bodentyp zu (M3 – M8).*
b) Begründen Sie, ob und inwieweit die aufgeführten Bodentypen über ein landwirtschaftliches Nutzungspotenzial verfügen (M3 – M8).

4 *Stellen Sie Vermutungen an, wie die Nutzung von Pseudogleyen verbessert werden kann (M6).*

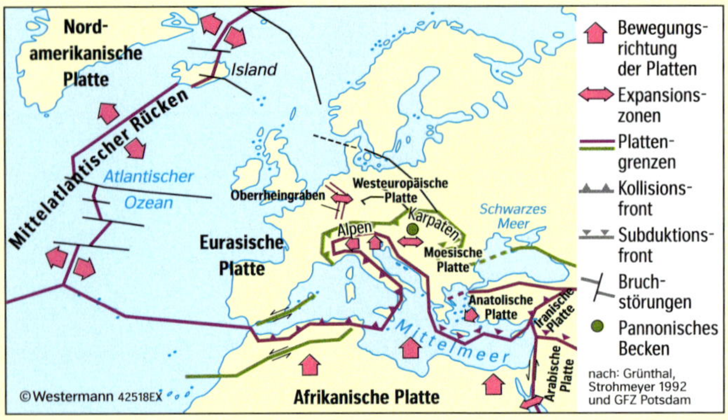

M1 Tektonische Verhältnisse in Europa

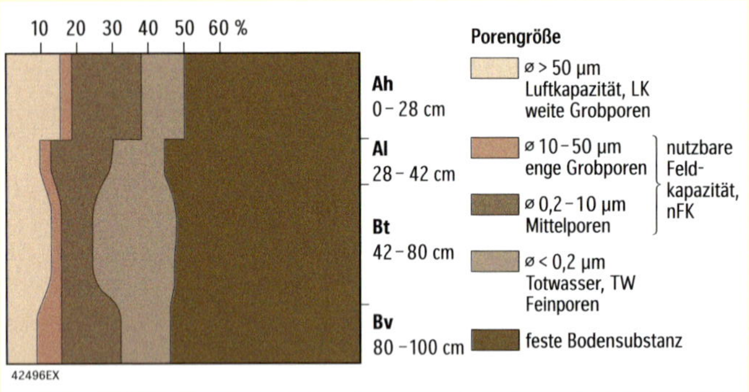

M2 Porengrößenverteilung einer Parabraunerde

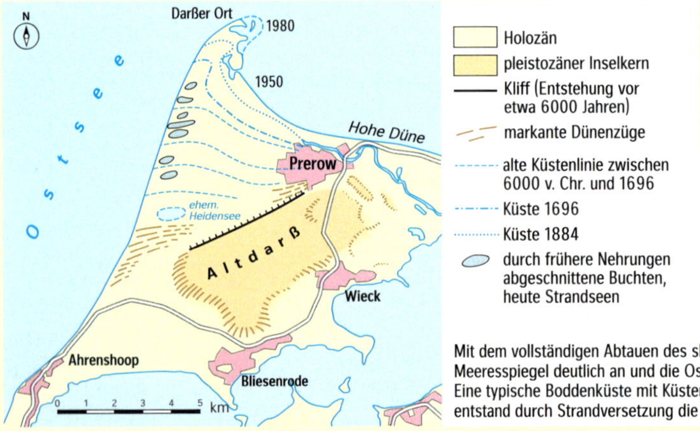

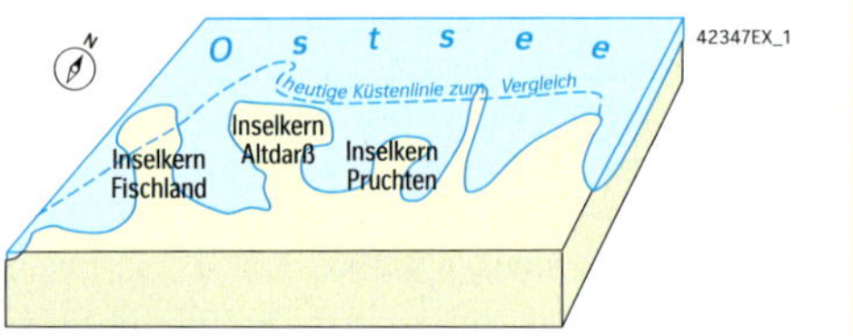

Mit dem vollständigen Abtauen des skandinavischen Inlandeises stieg vor etwa 7000 bis 5000 Jahren der Meeresspiegel deutlich an und die Ostsee überflutete die Grund- und Endmoränen der Jungmoränenlandschaft. Eine typische Boddenküste mit Küstenvorsprüngen und seichten Meeresbuchten entstand. In der Folgezeit entstand durch Strandversetzung die heutige Halbinsel Fischland-Darß-Zingst.

M3 Entstehung der Halbinsel Fischland-Darß-Zingst

1 Geben Sie an, welche Aussagen zutreffen. Begründen Sie Ihre Entscheidung.

a) Die Gefahr von Vulkanausbrüchen ist besonders hoch ...
   A ... an konservierenden Plattengrenzen.
   B ... an divergenten Plattengrenzen.
   C ... an konvergenten Plattengrenzen.
   D ... an Hotspots.

b) In diesen Regionen sind Meeresfossilien zu erwarten:
   A Himalaya B Alpen
   C Hawaii D Flussdelta des Rheins.

c) Ordnen Sie den Regionen die vorherrschende Verwitterungsart zu.
   A Frostsprengung a – Sahara
   B Kohlensäureverwitterung b – Alpen
   C Insolationsverwitterung c – Vietnam

d) Durch glaziale Prozesse entstandene Formen sind:
   A Moränen B Fjorde
   C Mäander D Mulden.

2 Charakterisieren Sie die tektonischen Verhältnisse in Europa (M1).

3 Erklären Sie die Ausbildung der Bodenhorizonte einer Parabraunerde und charakterisieren Sie deren Eigenschaften (M2).

4 Erläutern Sie die Entwicklung der Halbinsel Fischland-Darß-Zingst (M3).

Fachbegriffe

alpiner Typ
andiner Typ
Asthenosphäre
Boden
Bodenhorizont
Bodentyp
Erdbeben
Flachküste
Glazialformen
Gletscher
Hotspot
Inlandeis
Inselbogentyp
Kontinentalverschiebung
Lithosphäre
Mäander
Orogenese
Plattengrenze
Plattentektonik
Riftzone
Steilküste
Subduktion
Talformen
Talgletscher
Tsunami

1 Erläutern Sie vor dem Hintergrund der plattentektonischen Lage Islands die ablaufenden geotektonischen Prozesse sowie die Lagerungsverhältnisse der anstehenden Gesteine.

2 Stellen Sie die mit dem Ausbruch des Eyjafjallajökull ausgelösten Gletscherschmelzen und deren Effekte auf die fluvialen und glazialen Formungsprozesse auf Island dar.

3 Beurteilen Sie, inwieweit ein lokales geotektonisches Ereignis regionale und globale Folgen haben kann.

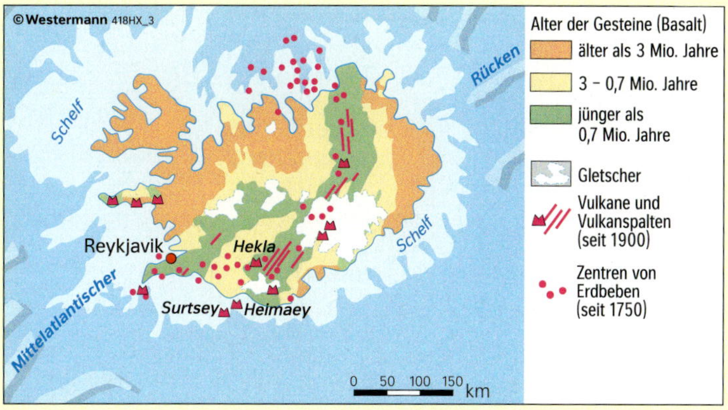

M1 Island – ein wahrer Hotspot der Plattentektonik

Hauptphasen	I	II	III	IV
Zeitraum	13.4 bis 18.4.2010	18.4. bis 4.5.2010	5.5. bis 17.5.2010	18.5. bis 22.5.2010
vulkanische Aktivität	erste explosive Phase	Phase mit geringem Auswurf	zweite explosive Phase	Rückgang der Aktivitäten
Hauptförderprodukt	Asche	Lava	Asche	Asche
Höhe der Aschewolke	bis in 8 km Höhe	bis in 5,5 km Höhe	bis in 6 km Höhe	–
Schmelzraten Gletschereis	$>100\,m^3/s$	$<100\,m^3/s$	$<10\,m^3/s$	$<10\,m^3/s$

Quelle: Institute of Earth Sciences, University of Iceland

M2 Ausbruch des Eyjafjallajökull im Jahr 2010

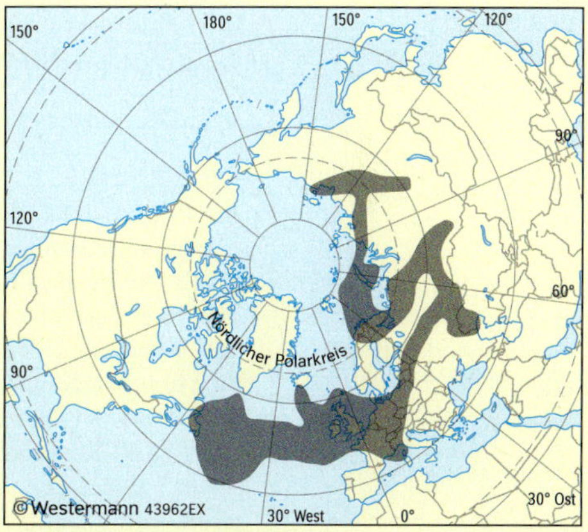

M3 Verbreitung der Aschewolke 19./20.5.2010

Auf Island ist etwa ein Fünftel der 130 Vulkane aktiv. Immer wieder kommt es auch zu größeren Ausbrüchen, so auch im Jahr 2010, als der Eyjafjallajökull nach einigen Wochen geringer Aktivität explosionsartig ausbrach. Da der Vulkan unter einer dicken Gletschereisdecke lag, drang das Magma durch die Eisschicht. Riesige Mengen Wasser strömten zu Tal. Die Lava kühlte sich dabei sehr schnell ab und zerplatzte in kleinste Aschepartikel, die sich im Laufe der anschließenden Tage über weite Teile Europas verbreiteten. Da die Vulkanasche zum Ausfall von Flugzeugturbinen führen kann, wurde der Luftraum um Island, später auch in weiteren europäischen Staaten vollständig gesperrt. Im vernetzten globalen Flugverkehr waren die Schließungen weltweit zu spüren. Allein zwischen dem 14. und 19. Mai kam es auf 313 Flughäfen in 20 Staaten zur Annullierung von 63 000 Flügen, wovon fast sieben Millionen Passagiere betroffen waren. Darüber hinaus wurden auch industrielle Lieferketten im globalen Wirtschaftskreislauf unterbrochen. Die Kosten beliefen sich nach Schätzungen auf fünf bis acht Milliarden Dollar.
Der größte Teil der Vulkanasche ging aber auf Island selbst nieder – ein Problem u. a. für Viehzüchter, denn sie können zu Vergiftungen bei den Tieren führen. Im ersten und zweiten Quartal kam es zu einem Einbruch der Touristenankünfte in Island.

M4 Auswirkungen des Ausbruchs des Eyjafjallajökull

Verwitterung
Vulkan
WILSON-Zyklus

Referatsthemen

- Der große Ausbruch des Vulkans Krakatao 1883 und seine Aktivitäten heute
- Die Verlegung des ersten Transatlantik-Seekabels 1858 und die Bohrungen der „Glomar Challenger" in den 1960er-Jahren und deren Zusammenhänge zur Theorie der Plattentektonik
- Flüsse – erst begradigt, jetzt renaturiert

WES-151140-301

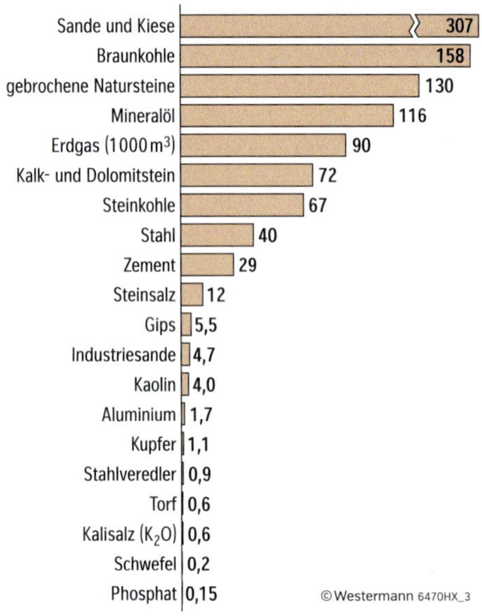

M1 Rohstoffverbrauch im Leben einer Person im Alter von 80 Jahren in Deutschland (in Tonnen)

6.3 Rohstoffe und ihre Nutzung

Rohstoffe – Ressourcen – Reserven

Ob Sand, Mineralöl oder Aluminium – ein Mensch in Deutschland verbraucht bis zu seinem 80. Lebensjahr Unmengen an Rohstoffen. Die Erde verfügt über ein scheinbar unerschöpfliches Potenzial an Elementen und Energiearten. Für unser bisheriges und zukünftiges (Über-)Leben sind sie essentiell. Doch seit 1945 hat die Weltbevölkerung mehr Rohstoffe verbraucht als in der gesamten Menschheitsgeschichte zuvor. Nur wenige machen sich Gedanken darüber, wozu sie gebraucht werden und ob genügend Rohstoffe zur Verfügung stehen. So wird ein und dieselbe Ressource zu verschiedenen Zeiten oder in verschiedenen Räumen sehr unterschiedlich genutzt.

Als (Primär-)Rohstoffe werden von Menschen genutzte Stoffe bezeichnet, die bis zum Zeitpunkt der Förderung aus ihrer Lagerstätte unverarbeitet sind. Wissenschaftliche Erkenntnisse führen dazu, dass immer mehr Rohstoffe zur Wiederaufbereitung bzw. Wiedergewinnung erneut genutzt werden können (Sekundärrohstoffe).
Der Begriff Ressourcen stammt aus dem englischen Sprachraum und leitet sich von „natural resources“ ab. Darunter werden die von Menschen genutzten bzw. potenziell nutzbaren Stoffe gefasst, unabhängig davon, ob sie momentan wirtschaftlich gewonnen werden können. Eine Klassifizierung von Ressourcen kann über die Zugehörigkeit zu Subsystemen der Geosphäre, die Verfügbarkeit oder die Regenerierbarkeit vorgenommen werden. Durch das Bevölkerungswachstum und die fortschreitende Industrialisierung in Staaten steigt der weltweite Rohstoffverbrauch. Eine nachhaltige Nutzung der Rohstoffe wird somit immer wichtiger und ist zugleich eine globale Herausforderung. In diesem Zusammenhang gewinnen die Sekundärrohstoffe immer mehr an Bedeutung, denn idealerweise versucht man, einmal gewonnene Primärrohstoffe möglichst lange in einem Wirtschaftskreislauf zu halten.

M2 Rohstoff und Ressource

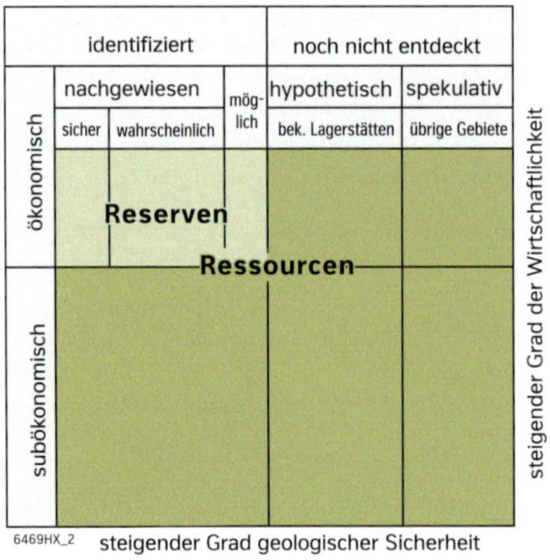

M3 Rohstoffreserven und -ressourcen

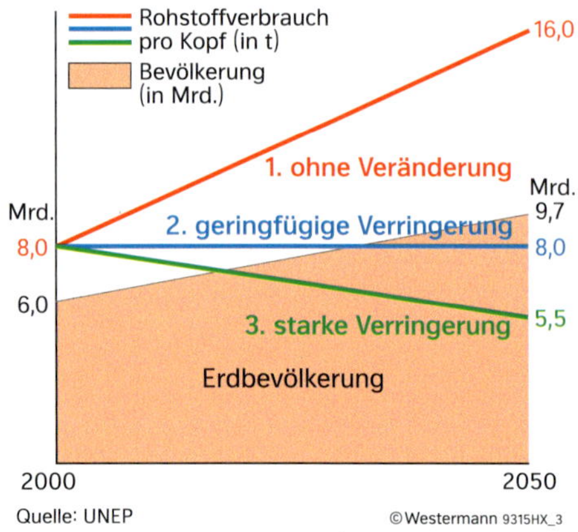

M4 Szenarien des globalen Rohstoffverbrauchs

100800-264-01 www.diercke.de

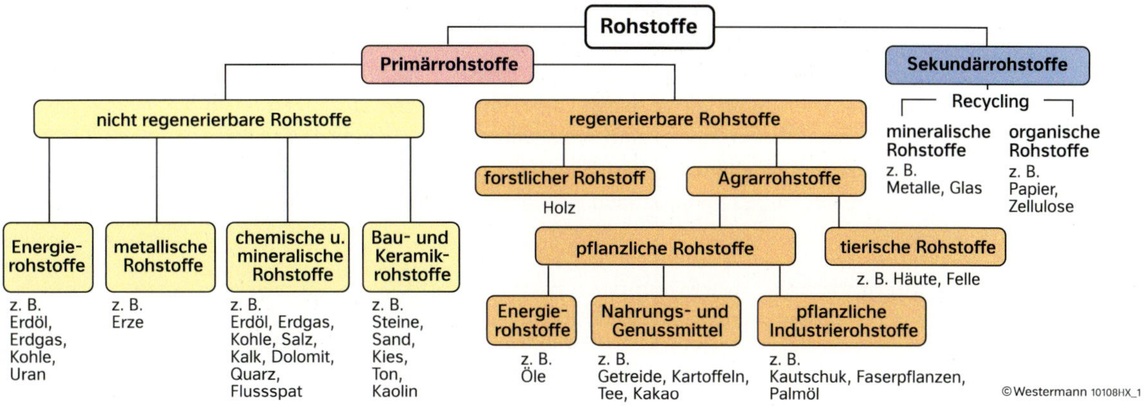

M5 Gliederung der Rohstoffe

Bekannte Vorkommen, die durch den heutigen Stand der Technik rentabel abbaubar sind, werden Reserven genannt. Sie sind Teil der Gesamtmenge eines Rohstoffes (Ressourcen), die auch die Vorräte enthält, für die eine gewinnbringende Förderung noch nicht möglich ist. Schließlich gibt es Vorkommen, die geologogisch vermutet werden, bei denen aber weder die technologisch-ökonomischen noch die ökologischen Bedingungen ihrer Förderbarkeit sicher sind.

Aus Ressourcen können Reserven werden, wenn z. B. der Preis für Brennstoffe steigt, die Förderkosten durch technischen Fortschritt fallen oder die Suche nach Industrierohstoffen ausgeweitet wird. Bei technischem Fortschritt können langfristig auch vermutete Vorkommen teilweise zu Ressourcen gerechnet werden. Aussagen zu Reichweite und Lebensdauer sagen daher tatsächlich nichts über den Erschöpfungszeitpunkt eines Rohstoffes aus.

M6 Wenn aus Ressourcen Reserven werden

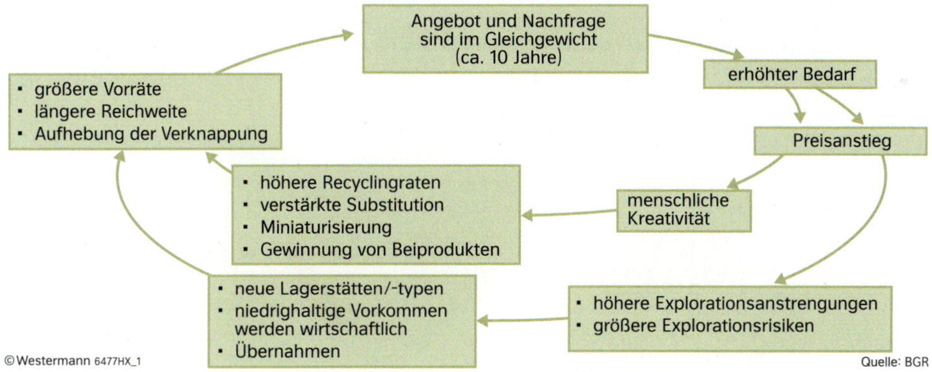

M7 Verfügbarkeit mineralischer Rohstoffe – Regelkreislauf der Rohstoffversorgung

1 *Geben Sie die Fachbegriffe Rohstoff, Reserve und Ressource mit eigenen Worten wieder (M2, M3, M5, M6).*

2 *Beschreiben Sie die globale Verteilung und Verfügbarkeit von Energierohstoffen/metallischen Rohstoffen (Atlas).*

3 *a) Stellen Sie Zusammenhänge im Regelkreislauf der Rohstoffversorgung dar (M7).*
b) Erklären Sie an einem Beispiel die technische wie wirtschaftspolitische Umwidmung einer Ressource zur Reserve (M3 – M7).

4 *Nehmen Sie Stellung zu folgender Aussage: „Rohstoffknappheit stellt ein Problem für die Menschheit dar“ (M1, M4).*

Plattentektonik und Rohstoffe

Die Prozesse der Plattentektonik sind untrennbar mit der Entstehung von primären Lagerstätten verbunden. Lagerstätten sind abbauwürdige natürliche Anreicherungen nutzbarer Minerale oder Gesteine auf dem Festland oder auf dem beziehungsweise im Meeresgrund wie in der Tiefsee. Die Lagerstätten der mineralischen (Erze) und organischen Rohstoffe (Kohle, Erdöl, Erdgas) sind auf der Erde sehr ungleichmäßig, aber nicht unregelmäßig verteilt.

Die ältesten primären Erzlagerstätten stammen aus der Erdurzeit, als die sich allmählich verfestigende Erdkruste noch häufig von granitischen **Intrusionen** (Eindringen von Magma in die Erdkruste oder einen bestehenden Gesteinskörper) durchsetzt wurde. Erze sind metallhaltige Minerale oder Mineralgemenge, aus denen dann Metalle gewonnen werden können. Ihre primären Lagerstätten treten im Bereich der meist im Kontinentinnern gelegenen **Kratone** (Kernbereich eines Kontinents mit durchschnittlicher oder erhöhter Krustendicke) und der alten Schilde auf.
Sie entstehen beim Eindringen von Gesteinsschmelzen aus dem Erdmantel in die Lithosphäre (Intrusion). Während der Kristallisationsphase erfolgt eine Aufspaltung der Schmelzen in Teilschmelzen. Dieser Vorgang wird **Differenziation** genannt. Ist das Magma noch flüssig, erstarren bei Temperaturen von 1300 bis 700 °C zuerst Erzmineralien mit hohem Schmelzpunkt. Dazu gehören vor allem Eisen-, Chrom-, Kupfer-, Nickel-, Titan- und Platinerze. Dabei bilden sich Kristalle aus und sinken aufgrund ihrer Dichte in der Schmelze ab. Während der schnellen Hauptkristallisationsphase zwischen 1000 und 700 °C kristallisieren dann viele gesteinsbildende Minerale auf einmal aus. Ohne nennenswerte Anreicherung bildet sich dabei Granit als Tiefengestein.
Die gasreiche, noch durch die Lage unter hohem Druck stehende Restschmelze dringt bei Temperaturen von nun mehr 700 bis 500 °C in Hohlräume des Gesteins ein. Es bilden sich Erzstöcke und Erzlinsen (pegmatische und pneumatolytische Phase). Im Idealfall kommt es zu einer zonalen Anordnung um einen **Pluton**. Dies sind Tiefengesteinskörper (Magmatitkörper), welche durch Kristallisation aus großen Schmelzmassen in 5 – 10 km in der Erdkruste entstehen.
Sinken die Temperaturen unter 400 °C, entstehen durch hohen Druck wässrige Lösungen, in denen es zur Ausscheidung von Erzen kommt (hydrothermal). Hierbei bilden sich sogenannte Polyerze oder einzelne Erze (Silber, Zinnober) aus. Die ausgeschiedenen Erze treten hauptsächlich in Form von Gangerzlagerstätten oder in feiner Verteilung im Nebengestein auf.

M1 Entstehung primärer oder magmatischer Lagerstätten

Oolithe:
Sedimentgestein, das aus kleinen Mineralkügelchen besteht, auch Eierstein genannt

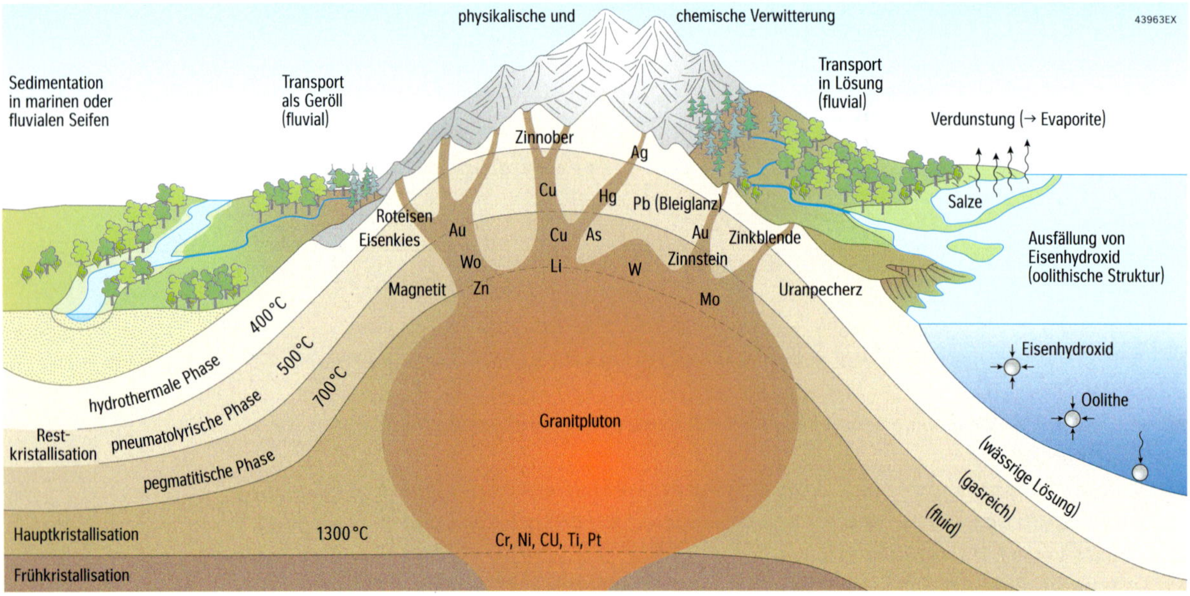

M2 Entstehung primärer und sekundärer Lagerstätten

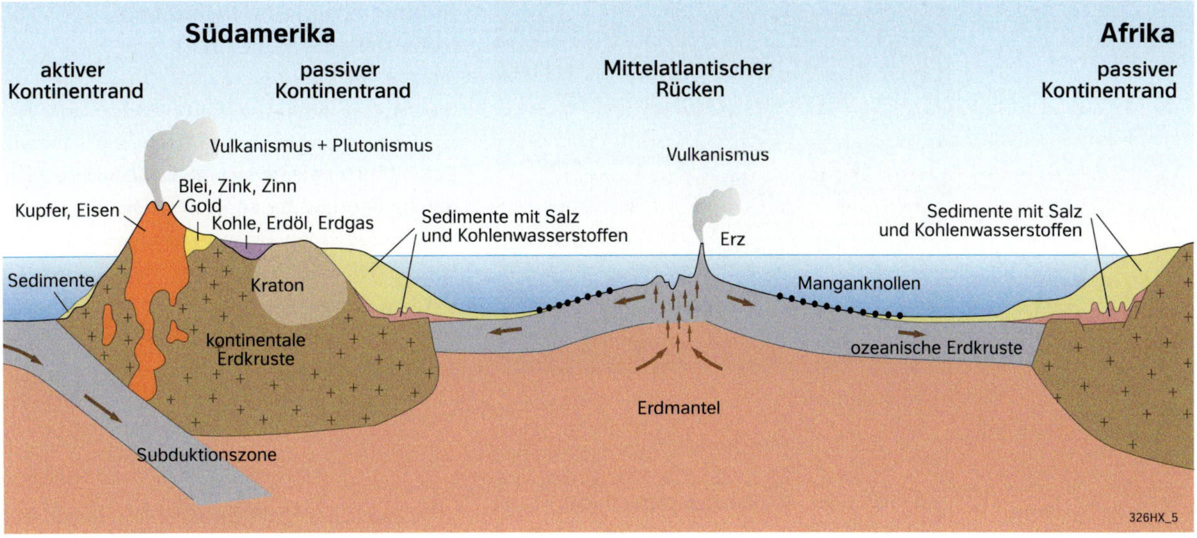

M3 Plattentektonik und Lagerstättenbildung

Sekundäre/sedimentäre Lagerstätten
Geraten Tiefengesteine durch Hebung und Abtragung an die Erdoberfläche, ist der Gesteinskörper der Verwitterung ausgesetzt. Das durch Verwitterung in kleine Gesteinsbrocken umgewandelte Material wird durch fluviale Prozesse entsprechend seiner Dichte im Flusslauf abgelagert. Da das Fließgefälle zwischen Quelle und Mündung in der Regel geringer wird, nimmt mit zunehmender Entfernung vom Gebirge auch die Transportkraft des Gewässers ab. Entsprechend dem hohen spezifischen Gewicht mancher Erze wie von Gold, Platin und Chrom werden diese im Bereich bestimmter Gefällsabschnitte abgelagert. Es kommt zur Entstehung von **Seifen** (sekundäre Mineralanreicherung in Sedimenten). Berühmt sind die Goldstreifen Sacramentos in Kalifornien oder im Klondike-River in Alaska sowie die Zinnstreifen Malaysias. Ist ein Gesteinskörper lange Zeit einer intensiven chemischen Verwitterung ausgesetzt (hohe Temperatur, hohe Niederschläge), können Minerale vollständig gelöst werden. Zurück bleibt in diesen Verwitterungslagerstätten ein zum Teil schwer zersetzbares Stoffgemisch (z.B. Bauxit als Rohstoff für die Aluminiumproduktion).
Neue Typen von Erzlagerstätten wurden v.a. auf den Tiefseeböden entdeckt (z.B. Manganknollen (S. 322/323) und an den kaminartigen Schloten der **Black Smoker**, aus denen heiße mineralhaltige Lösungen austreten. Diese vermischen sich mit dem Meerwasser und führen zu einer Übersättigung der Lösung. Das Ausscheiden von Erzmineralien ist in Form von Erzschlämmen zu sehen. Erdöl- und Erdgaslagerstätten treten im Zusammenhang mit mächtigen marinen Sedimentpaketen auf. Diese Bedingungen findet man vor allem in weiträumigen Becken mit flach liegenden marinen Sedimentserien im Bereich der Kontinenttafeln, aber auch in mit Sedimenten gefüllten tektonischen Gräben, in den Rand- und Zwischenbecken der jungen Faltengebirge oder in Schelfgebieten der Erde.

Metamorphe Lagerstätten
Primäre und sekundäre Lagerstätten können durch tektonische Kräfte zu metamorphen Lagerstätten umgewandelt werden (wie z.B. Pyrit, der zur Herstellung von Düngemittel dient). So sind die Eisenerze bei Kiruna in Nordschweden umgewandelte Produkte einer primären Lagerstätte und liegen oberflächennah.

M4 Entstehung sekundärer und metamorpher Lagerstätten

M5 Pyrit und Bauxit

1 *a) Beschreiben Sie die Entstehung von primären und sekundären Erzlagerstätten mithilfe einer Mindmap (M1 – M4).*
b) Erläutern Sie die Zusammenhänge zwischen tektonischen Vorgängen und der Bildung von Erzlagerstätten (M3, 276/277).

2 *Erklären Sie die derzeitig geringe Nutzung von Lagerstätten am Mittelozeanischen Rücken (M3).*

3 *Nehmen Sie zu folgender Aussage Stellung: „Die steigende Nachfrage nach metallischen Rohstoffen bedingt Raumnutzungsansprüche und -konflikte."*

Seltene Erden und Erdmetalle – Rohstoffe der Zukunft

Ob Displays, Magneten für Windräder oder Akkus für Hydrid- oder Elektrofahrzeuge – Seltene Erden sind für die Wirtschaft der Gegenwart und der Zukunft und für unseren Wohlstand unverzichtbar geworden. Die weltweite Produktion und der Handel mit den begehrten Metallen steigen seit 1990 massiv an. Dabei ist deren Abbau mit erheblichen Risiken für die Umwelt und den Menschen verbunden.

M1 Seltene Erden

Top 10-Importstaaten Seltener Erden aus China in %:

Japan:	*45,2*
Niederlande:	*16,9*
Südkorea:	*8,8*
USA:	*7,9*
Italien:	*4,5*
Spanien:	*2,3*
Vietnam:	*2,3*
Vereinigtes Königreich:	*2,0*
Deutschland:	*1,6*
Slowenien:	*1,5*

(Quelle: United Nations)

Seltene Erden und Erdmetalle	Zukunftstechnologien
Dysprosium, Neodym	Magnete E-Pkw Windkraft
Terbium	Brennstoffzellen
Lanthan	Metallurgie
Yttrium	Reaktortechnik
Tantal	Mikrokondensationen Medizintechnik
Germanium	Glasfaser Radium-Infrarotstrahlung
Indium	Displays Dünnschicht-Fotovoltaik
Titan	Meerwasserentsalzungsanlagen Implantate
Gallium	LED Ladegeräte
Lithium, Kobalt	Lithium-Ionen-Akku Airframe-Leichtbau
Praseodym	Augenschutzgläser (Schweißerbrillen)
Europium	Lichttechnik, LED
Scandium	Röntgentechnik

M2 Verwendung Seltener Erden und Erdmetalle

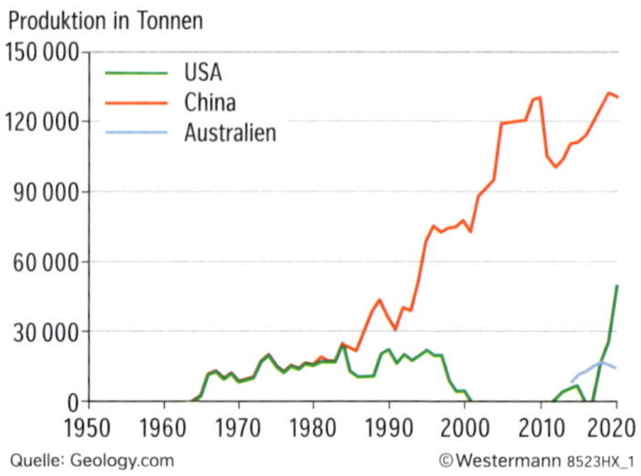

M3 Produktion von Seltenen Erden

Die Bezeichnung Seltene Erden ist eigentlich im doppelten Sinne missverständlich. Zum einen stammt der Begriff noch aus der Zeit der Entdeckung dieser Elemente, als diese nur in ausgewählten Mineralien gefunden und aus diesen in Form ihrer Oxide (früher „Erden") isoliert wurden.
Zum anderen sind einige dieser Seltenen Erden, die einen Oberbegriff für eine Gruppe von 17 einzelnen Metallen bzw. chemischen Elementen darstellen, in großer Menge vorhanden, wie z. B. Cer. Die Bezeichnung selten bezieht sich eher auf die durchschnittlich geringe Konzentration und damit auf die kleine Zahl abbauwürdiger Vorkommen. Außerdem sind diese Metalle oft mit anderen Elementen vergesellschaftet, sodass deren Trennung sehr kostenintensiv ist. Nichtsdestotrotz sind sie unverzichtbar.
Die größten Verbraucher Seltener Erden sind Staaten, die eine starke Technologiebranche haben, z. B. China, Japan und die USA. Wegen der zunehmenden Bedeutung der Umwelttechnologien wird mit einem steigenden Bedarf gerechnet. Der mit Abstand größte Produzent ist China mit knapp 63 Prozent am Weltmarktanteil. China erreichte diese Quasi-Monopolstellung, indem es von 1985 bis Ende der 1990er-Jahre ein massives Preisdumping auf der Grundlage von staatlichen Subventionen und geringen Umweltauflagen betrieb. Dadurch sollte die Versorgung der heimischen Fertigungsindustrien sichergestellt werden. Weiterhin will die Volksrepublik sich an Bergbauprojekten im Ausland beteiligen, um die eigene Importabhängigkeit zu reduzieren.
In den letzten Jahren kam es allerdings zu erheblichen Preissteigerungen um mehr als 30 Prozent, unter anderem durch strengere Kontrollen in Bezug auf illegale Förderung und Umweltverträglichkeitsstudien in Kombination mit einer Reduzierung der Exportmengen durch die chinesische Regierung.

M4 Bedeutung und Nutzung Seltener Erden

M5 Weltweite Vorkommen von Seltenen Erden 2019

Beim Abbau von Seltenen Erden im Bergbau fallen aufgrund der geringen Konzentration Seltener Erdenoxide (REO) sehr große Mengen an Rückständen an, die giftige Abfälle enthalten. Diese werden in künstlich angelegten betonierten Teichen (Absinkweihern), umgeben von einem Damm, aufbewahrt. Grobkörnige Feststoffe (Waschberge) und feinkörnige Feststoffe (Flotationsberge) lagern sich dort ab. Dammdurchbrüche, wie z.B. in Ungarn 2010 in einem Aluminiumoxid-Werk mit vier Toten oder in Brasilien 2019 in einem Erzbergwerk mit 259 Toten, können zu verheerenden Umweltauswirkungen mit spezifischen Emissionen von Thorium, Uran, Schwermetallen, Säuren und Fluoriden führen. Darüber hinaus enthalten die meisten Seltenen-Erden-Lagerstätten radioaktive Materialien, die Gefahren wie das Austreten von Radioaktivität in den Luft- oder Wasserpfad bergen.

M6 Risiken beim Abbau von Seltenen Erden

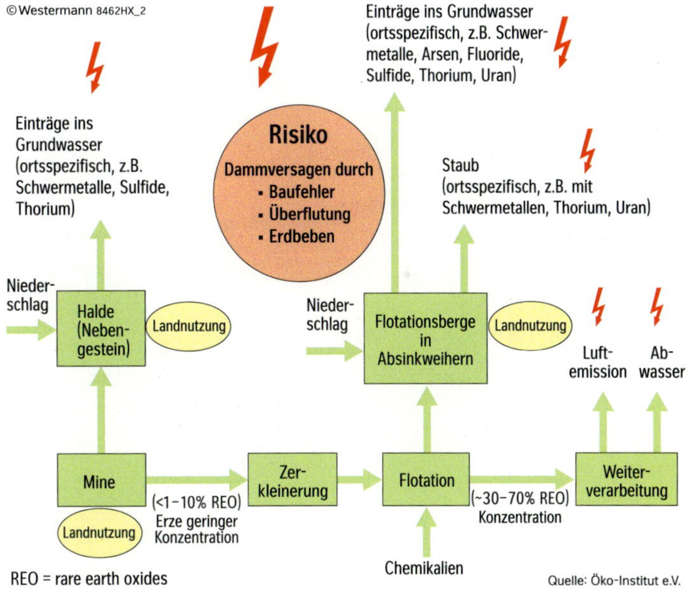

M7 Ökologische Auswirkungen bei der Förderung Seltener Erden

1 *Beschreiben Sie Vorkommen Seltener Erden auf der Erde (M5).*

2 *Erklären Sie die Verwendung und Bedeutung Seltener Erden (M1 – M4, Randspalte).*

3 *Erläutern Sie mögliche Risiken beim Abbau Seltener Erden (M4, M6, M7).*

4 *Begründen Sie mittels Recherche die Notwendigkeit der Überprüfung der Wirtschaftlichkeit Seltener Erden am Raumbeispiel des Erzgebirges in Deutschland (M5, M6, Internet).*

5 *Diskutieren Sie folgende Schlagzeile (2019): „Seltene Erden sind mächtige Waffen im globalen Handelskrieg" (Randspalte, M2 – M5).*

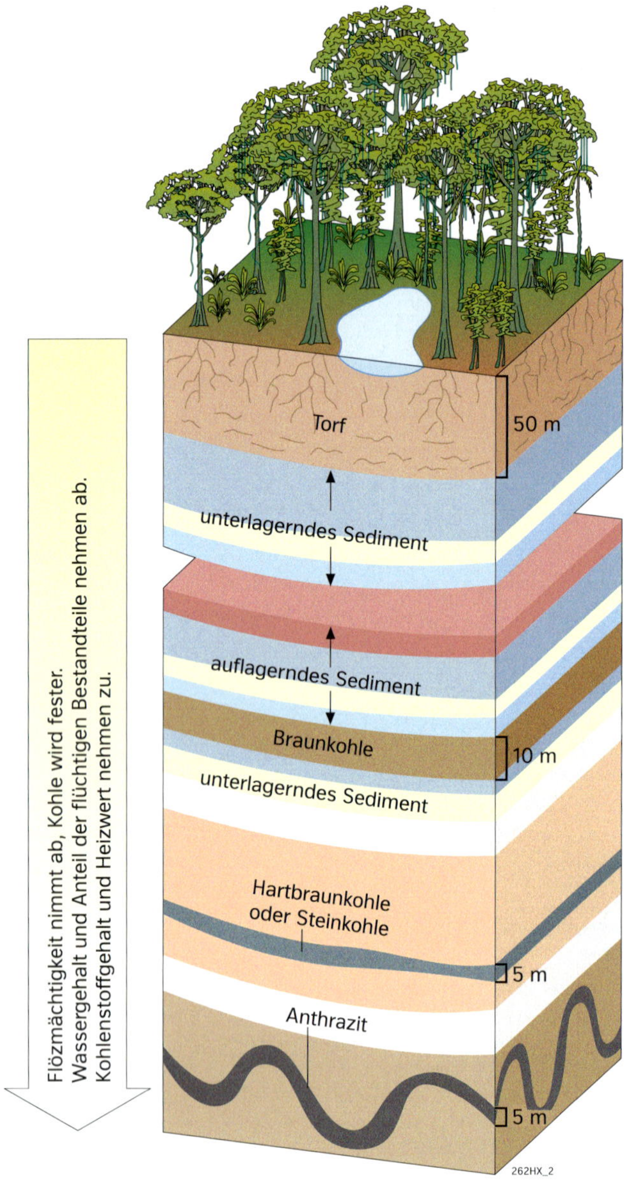

M1 Der Inkohlungsprozess

Lagerstätten fossiler Energierohstoffe

Fossile Brennstoffe und somit endliche Rohstoffe sind gespeicherte Sonnenenergie. Beim Kohleabbau gefundene Pflanzen- und Tierfossilien können bestimmten Erdzeitaltern zugeordnet werden, ihre Zusammensetzung erlaubt Rückschlüsse auf das damalige Klima. Während der Industrialisierung war Kohle der entscheidende Rohstoff, bis er im 20. Jahrhundert von Erdöl und Erdgas abgelöst wurde.

Alle Kohlelagerstätten sind in einem feuchtwarmen Klima und einem hohen Grundwasserstand aus Waldsumpfmooren entstanden. Abgestorbene Pflanzen sanken in den wasserdurchtränkten Moorboden ein und wurden so bei Luftabschluss vor der Verwesung bewahrt. Sie lieferten die notwendige Biomasse für den einsetzenden Inkohlungsprozess. Die Pflanzenreste wurden rudimentär zu Torfschichten umgewandelt. Sanken diese Gebiete durch tektonische Prozesse langsam ab (z. B. während des Karbons vor 300 Millionen Jahren), wurden sie wiederum von Meeres- und Flusssedimenten überdeckt. Durch diese Überlagerung nahmen der Druck auf die Torfschicht sowie die Temperatur immer weiter zu. Der geochemische Inkohlungsprozess setzte sich fort. Flüchtige Bestandteile (Wasser, Sauerstoff, Methan) wurden herausgepresst, der Kohlenstoffanteil erhöhte sich somit. Im Laufe von Millionen von Jahren wurde der Torf zuerst in Braunkohle und bei fortschreitendem Druck (z. B. im Zuge von Gebirgsbildungsprozessen) und weiterer Absenkung in Steinkohle umgewandelt. Der Prozess der Hebung und Senkung wiederholte sich mehrmals, weshalb in den Lagerstätten Flöze (Kohleschichten) in Wechsellagerung mit flözfreien Schichten anzutreffen sind.

M3 Entstehung von Kohlelagerstätten

Heizwert

Der Heizwert bezeichnet die Wärmemenge, die bei der Verbrennung und anschließenden Abkühlung auf die Ausgangstemperatur des brennbaren Gemisches frei wird.

Als Vergleich: Heizöl hat einen Heizwert von 42,6, Erdgas von 32 – 45 und Wasserstoff von 119,9 MJ/kg.

Staat	2010	2019
China	3316	3692
USA	996	640
Indien	570	745
Australien	436	500
Indonesien	325	585
Russland	300	425
Südafrika	255	264
Deutschland	184	132
Welt	7289	7808

Quelle: Enerdata 2021

M2 Weltweite Kohleförderung in Mio. Tonnen

	Anteil Kohlenstoff (in %)	Anteil Wasserstoff (in %)	Anteil Sauerstoff (in %)	Heizwert (in MJ/kg)
Holz	50	5	44	7 – 14
Torf	55 – 64	5 – 7	35 – 39	15
Rohbraunkohle	65 – 75	5,5 – 8	12 – 30	7 – 15
Steinkohle	75 – 91,5	3,75 – 6,6	2,5 – 9,8	30 – 35,5
Anthrazit	> 91,5	< 3,75	< 2,5	35 – 35,3

M4 Kohlearten/Inkohlungsprodukte

Obwohl die Entstehung von Erdöl und Erdgas bis heute nicht in allen Einzelheiten geklärt ist, kann folgende Entwicklungskette als gesichert angesehen werden. Erdöl-, Erdgas- und Methan-Lagerstätten basieren auf marinen Ausgangsmaterialien. Fotosynthetisch aktives Phytoplankton, kleinste Lebewesen in den oberen Meeresschichten, bildete hier die erste Stufe der Biomassenproduktion. Wurde das abgestorbene, auf den Meeresboden gesunkene Plankton schnell von Sedimenten überdeckt, bildete sich unter Luftabschluss Faulschlamm.
Durch anaerobe (ohne Sauerstoff lebende) Bakterien wurde der Faulschlamm zu Primärbitumen umgewandelt. Bei weiterem Absinken des Meeresbeckens, zunehmender Mächtigkeit der Sedimentschichten und damit verbundenem Anstieg von Druck und Temperatur in der Tiefe entstanden zunächst hochmolekulare Verbindungen – in organischen Lösungsmitteln lösliches Bitumen (Erdpech) bzw. unlösliches Kerogen. Aus Letzterem bildete sich zwischen 100 und 150 °C durch Abspalten von Kohlenstoffdioxid, funktionellen Gruppen und kleineren Kohlenwasserstoffketten Erdöl – bei noch höheren Temperaturen Erdgas.
Durch weitere Druckzunahme werden Erdöl und Erdgas aus dem tonigen Entstehungsgestein, dem Muttergestein, ausgepresst und wandern infolge ihrer geringen Dichte durch Klüfte und Spalten in poröse Speichergesteine wie Kalk- und Sandstein. Diese Wanderung (Migration) wird dort unterbrochen, wo das Gemisch auf undurchlässige Schichten (Ton, Salz, Mergel) trifft. In diesen „Erdölfallen", die abbauwürdig sind, sammeln sich die Kohlenwasserstoffe in den Poren des Speichergesteins. Die Separation erfolgt nach der Dichte: unten das salzige Wasser, darüber das leichtere Erdöl und zuoberst Erdgas. Man unterscheidet drei Haupttypen von Erdölfallen:

- Antiklinale, eine durch Faltung erzeugte Aufwölbung geschichteter Gesteine,
- Verwerfung, Verschiebung von Gesteinsschollen längs einer in vertikaler bzw. in horizontaler Richtung verlaufenden Spalte,
- undurchlässiger Salzstock, eine große Ansammlung von festem Steinsalz im tieferen Untergrund, die meist eine pilzartige oder umgekehrt tropfenförmige Gestalt hat.

M5 Entstehung von Erdöl-, Erdgas- und Methanlagerstätten

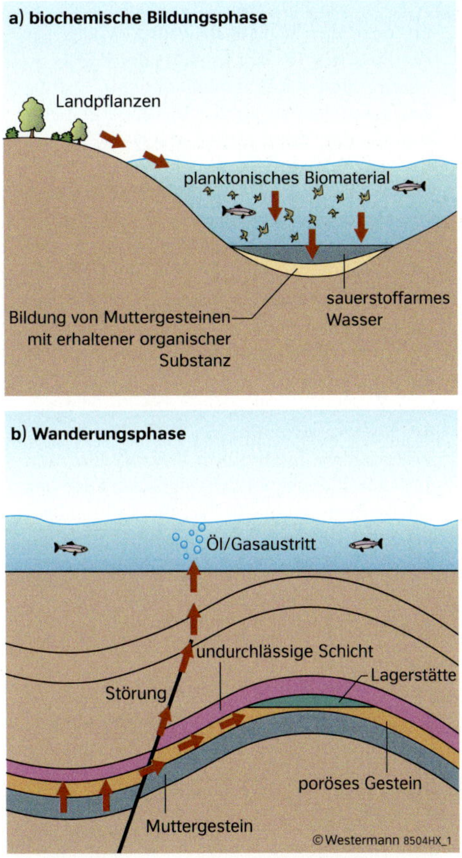

M6 Entstehung von Erdöl: biochemische Bildungsphase und Wanderungsphase

Staat	2010	2020
Russland	504	560
Saudi-Arabien	461	545
Vereinigte Staaten	334	745
Iran	214	137
China	204	195
Kanada	164	268
Venezuela	159	58
V.A.E.	134	183
Europa	202	161
Welt	3968	4420

Quelle: Enerdata 2021

M7 Weltweite Rohölproduktion in Mio. Tonnen

Erdöl im Alltag:

1 Plastiktüte aus Polyethylen: 29 g Erdöl

1 Schuhsohle aus Polyurethan/Polyvinylchlorid: 0,6 l Erdöl

1 Flachbildfernseher: 2,4 l Erdöl

1 Sofa (Dämm- und Schaumstoffe): 59 l

Globale Reserven

Erdöl konventionell: 7230 Exajoule (EJ)

Erdöl nichtkonventionell: 2971 EJ*

Erdgas konventionell: 7243 EJ

Erdgas nichtkonventionell: 442 EJ*

* aufwendigere Abbau- und Verarbeitungsmethoden (Quelle: BGR 2019)

1 *Verorten Sie bedeutende Kohle-, Erdöl- und Erdgaslagerstätten auf der Erde (Atlas).*

2 *Erklären Sie mittels einer Skizze bzw. eines Ablaufschemas die Entstehung von Kohle, Erdöl und Erdgas (M1, M3 – M6).*

3 *Vergleichen Sie die Entwicklung der weltweiten Förderung von Kohle und Erdöl (M2, M7).*

4 *Begründen Sie die Exploration nach Erdölfallen statt nach Muttergestein.*

Wandel der Kohleindustrie in Deutschland – Beispiel Cottbus

Die Lausitz befindet sich ausgehend vom 2020 beschlossenen Ausstieg aus der Kohleverstromung mitten im Strukturwandel – schrittweise weg von der Braunkohle, hin zu erneuerbaren Energien. Bund und Land tätigen Investitionen in nachhaltige Wirtschaftszweige – sei es das neue Dekra-Testgelände auf dem Lausitzring als Pilotregion für Elektromobile und automatisiertes Fahren, Europas modernstes Werk der Deutschen Bahn oder ein Zulieferer-Werk für Batterien von BASF. Dieser Wandel wird die Region grundlegend verändern.
Mit dem „Lausitzprogramm 2038“ ist zudem die Organisation und Steuerung des Strukturentwicklungsprozess für die brandenburgische Lausitz 2020 beschlossen worden.

Im Zuge der Industrialisierung wuchs gegen Ende des 19. Jahrhunderts der Bedarf an Strom – und aus Braunkohle konnte Energie gewonnen werden. In den 1890er-Jahren entstanden die ersten Elektrizitätswerke in der Lausitz. Aufgrund der zunehmenden Bedeutung von Braunkohle wurden für die Errichtung von Tagebauen seit 1920 rund 90 Dörfer in der Lausitz abgerissen. Wegen der Ölkrise in den 1970er-Jahren wurden immer mehr Tagebaue erschlossen, wodurch auch immer mehr Dörfer dafür weichen mussten. 30 Prozent der weltweiten Braunkohleproduktion stammte 1985 aus der DDR.
Im Juli 2020 hat Deutschland den Ausstieg aus der Kohleverstromung bis 2038 beschlossen. Während die letzten drei Steinkohlezechen 2018 geschlossen wurden, ist Braunkohle der einzige Energierohstoff, über den Deutschland in großen, wirtschaftlich gewinnbringenden Mengen verfügt.

M1 Historie der Braunkohleförderung

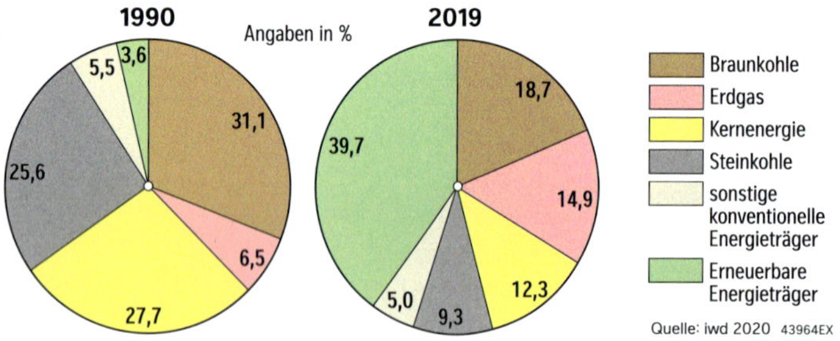

M2 Anteil der Energieträger an der Stromerzeugung in Deutschland 1990 und 2019

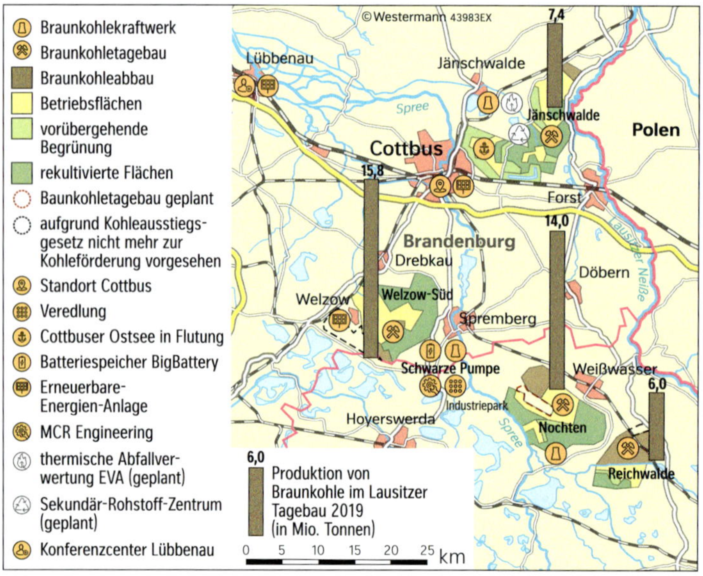

M3 Revierplanung 2021 Lausitz

Das Ziel des Lausitzprogramms 2038 ist die Förderung wirtschaftlichen Wachstums zur Bewältigung des Strukturwandels und zur Sicherung der Beschäftigung. Dabei soll die Lausitz eine europäische Modellregion für den Strukturwandel, eine moderne und nachhaltige Energieregion, ein moderner Forschungs-, Innovations- und Wissenschaftsstandort, eine Modellregion für Gesundheit sowie eine Region mit hoher Lebensqualität, kultureller, sprachlicher, ethnischer und sportlicher Vielfalt und intakten Naturräumen werden.
Das Fördergebiet umfasst das Lausitzer Revier mit den Landkreisen Dahme-Spreewald, Spree-Neiße/Sprjewja-Nysa, Oberspreewald-Lausitz, Elbe-Elster und der kreisfreien Stadt Cottbus/Chóśebuz.
Die Investitionen zur Gestaltung des Strukturwandels konzentrieren sich insbesondere auf die Förderthemen:

- Ausbau der Infrastruktur für Unternehmen und des Personennahverkehrs,
- öffentliche Fürsorge (Ausbau von Kinder- und Jugend- sowie Kultureinrichtungen),
- Städtebau, Stadt- und Regionalentwicklung,
- Digitalisierung, Breitband- und Mobilinfrastruktur,
- touristische Infrastruktur,
- Infrastrukturen für Forschung, Innovation und Technologietransfer,
- Klima- und Umweltschutz (z. B. Lärmschutz, energetische Sanierung),
- Naturschutz und Landschaftspflege (z. B. Renaturierung, Umbau von Tagebauflächen).

M4 Das „Lausitzprogramm 2038“ als Strukturentwicklungskonzept der Lausitz

100800-066 www.diercke.de

M5 Braunkohlekraftwerke in Cottbus

Der Cottbuser Ostsee ist ein Beispiel für den Strukturwandel in der Lausitz. Bis spätestens 2030 wird aus einem ehemaligen Braunkohletagebau der 1900 Hektar große Cottbuser Ostsee entstehen. Zentrales Ziel ist die Anbindung des Sees an die Großstadt Cottbus. Zudem entsteht ein neues Stadtquartier in Wassernähe. Sport- und Freizeitangebote am Ostsee sollen die Lebensqualität der Großstadt als Wohn- und Arbeitsort steigern. Der Cottbuser Ostsee dient als urbane Ergänzung zum Seenland und Spreewald und ist zugleich die größte Landschaftsbaustelle Europas. 2019 begann die Flutung, Stand 2021 waren 52% Füllmenge erreicht. Zudem entsteht ein Radwegenetz, das die Uferbereiche des Sees mit Erlebnisorten im Revier und im Umland der Bergbaufolgelandschaft verbinden wird.

M7 Entwicklungsprojekt Cottbuser Ostsee

Mit dem Aufbau einer Medizinischen Fakultät sowie der Entwicklung des Carl-Thiem-Klinikums zum digitalen Krankenhaus werden neue, herausragende Akzente der Entwicklung unserer Stadt gesetzt. Mit dem zweigleisigen Ausbau der Bahn zwischen Lübbenau und Cottbus, weiteren elektrifizierten Bahnstrecken, der Anbindung des TIP-Areals [Technologie- und Industriepark] an die Autobahn, der Stabilisierung des Instandsetzungswerkes der Bahn und anderen Vorhaben werden unsere Hartnäckigkeit und Konsequenz berücksichtigt, mit denen wir auf unsere Forderungen aufmerksam gemacht haben. Besonders wichtig sind der nunmehr fest avisierte Ausbau und die Ansiedlung von Forschungskapazitäten am Standort der BTU Cottbus-Senftenberg [...]. Damit können einerseits neue, gut bezahlte Arbeitsplätze angesiedelt werden, anderseits schaffen Wissenschaft und Forschung Ideen und Produkte für neue Unternehmen in der Lausitz. Die Eckpunkte können so den Wandel der Wirtschaftsstruktur in der Lausitz flankieren und jungen Familien neue Perspektiven in der Heimat eröffnen.

Holger Kelch

M6 Der Cottbuser Oberbürgermeister 2019 zum Strukturwandel in der Lausitz

Die Umweltgruppe Cottbus als Regionalgruppe des bundesweiten Natur- und Umweltschutzverbandes GRÜNE LIGA weist auf folgende Auswirkungen des Cottbusser Ostsees hin, die ihrer Meinung nach vom Betreiber Vattenfall zu wenig berücksichtigt wurden:

- fehlende ausreichende Bürgerbeteiligung durch die Landesregierung durch Verabschiedung des Rahmenbetriebs- und Braunkohlenplanes ohne Umweltprüfungen und öffentliche Auslegung,
- zunehmende Verockerung und Versalzung mit Sulfat. Konzentrationen von bis zu 700 Milligramm Eisen pro Liter (ab zwei Milligramm färben sich Flüsse braun) und bis 3000 Milligramm Sulfat pro Liter (Trinkwassergrenzwert: 250 mg/l)
- Schäden bei Gebäuden und Infrastruktur infolge der Flutung in bestimmten Gemeinden: Grundwasserkontakt, Vernässung bzw. Wasserzutritte in Kellern, Mauerwerksvernässung, Bauwerkssetzungen, Auftrieb von Straßen,
- ungeklärte Folgekosten durch Instandhaltung und touristische Nutzung des Sees.

M8 Bedenken gegen den Cottbuser Ostsee

1 *Beschreiben Sie die Bedeutung der Braunkohlegewinnung für die Energieerzeugung im 19. und im 21. Jahrhundert (M1, M2).*

2 *a) Fassen Sie das Ziel und die Inhalte des „Lausitzprogramms 2038" zusammen (M4).*
b) Analysieren Sie den Prozess des Strukturwandels in der Lausitz (M3 – M8).

3 *Charakterisieren Sie mittels Recherche aktuelle Entwicklungen und Umsetzungen des Cottbuser Ostsees in Form eines Kurzvortrages (https://cottbuser-ostsee.de/).*

4 *Beurteilen Sie anhand der Standortfaktoren die Attraktivität des Wirtschaftsstandorts Lausitz im 21. Jahrhundert (S. 96/97).*

M1 Fracking in den USA

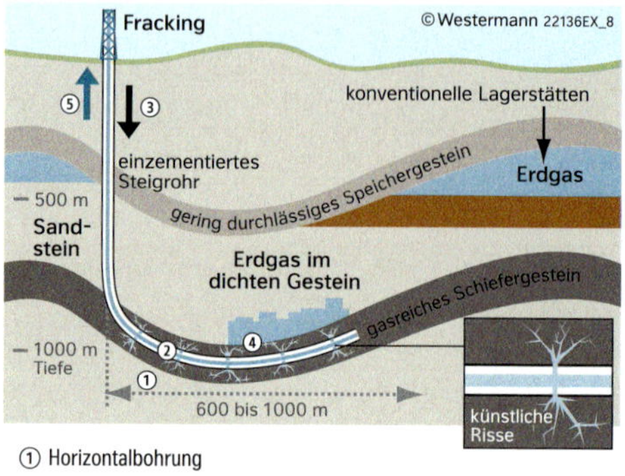

① Horizontalbohrung
② mit Löchern perforiertes Steigrohr
③ Frack-Fluid (Wasser, Quarzsand, Chemikalien) wird mit hohem Druck in die Schieferschicht gepresst.
④ Durch den Druck entstehen Risse im Gestein, Erdgas strömt aus.
⑤ Frack-Fluid wird zurückgepumpt, Erdgas kann gefördert werden.

M3 Erdgasförderung durch Fracking

Unkonventionelle Erdöl- und Erdgaslagerstätten

Erdgas- und Erdöllagerstätten kommen in verschiedenen Sedimentgesteinen vor. Kalk- und Sandsteine sind porös, sodass Gas und Öl durch das Gestein fließen können. Tongesteine wie Schiefer besitzen dagegen eine geringe Durchlässigkeit. Um aus ihnen Gas und Öl zu fördern, ist eine aufwendige Technik notwendig, gleichzeitig entstehen dadurch höhere Kosten. Zur Förderung von im Schiefergestein gebundenem leichten Erdöl („light tight oil"/LTO) und Erdgas wird das unkonventionelle Frackingverfahren angewendet. Weitere Vorräte von Erdöl finden sich auch in Ölsanden. Beide Förderungsverfahren sind aus ökologischer Perspektive umstritten. Je höher die Frackingquote (z. B. USA als Weltmarktführer) ist, desto weniger lohnt sich zudem der Abbau von Ölsanden wie in Alberta in Kanada.

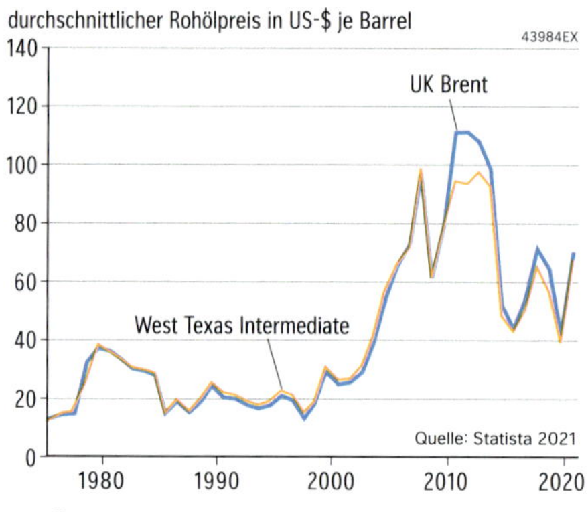

M2 Ölpreisentwicklung

Beim sogenannten Frackingverfahren (Hydraulic Fracturing) werden Risse im Gestein erzeugt. Dadurch verbessert sich der Gas- beziehungsweise Ölfluss im dichten Gestein hin zum Bohrloch. Die Risse entstehen durch das Einpressen einer Flüssigkeit unter hohem Druck. Diese Flüssigkeit besteht überwiegend aus Wasser, aber auch aus Stützmitteln (z. B. Quarzsand) und chemischen Begleitstoffen (z. B. Acetaldehyd). Bei der Bohrung durch Trinkwasser führende Schichten werden mehrere Ummantelungen aus Zement und Stahl genutzt, um eine undurchdringliche Barriere zwischen Bohrloch und Trinkwasserhorizont zu schaffen.

Die Produktionskosten sind beim Fracking wesentlich höher als bei der Förderung aus konventionellen Vorkommen. Fracking lohnt sich daher erst ab einem Weltmarktpreis von circa 70 US-Dollar pro Barrel (= 159 Liter) für Erdöl bzw. 50 US-Dollar pro Kubikmeter Erdgas. Liegt er darunter, haben die arabischen Ölstaaten einen Wettbewerbsvorteil. Aufgrund der einfachen Förderung können sie auch bei einem niedrigen Öl- bzw. Gaspreis noch Gewinne erwirtschaften. In Deutschland ist Fracking bis auf vier wissenschaftliche Erprobungsmaßnahmen noch verboten, da laut Umweltbundesamt verschiedene Gefahren mit der Förderung einhergehen: Verunreinigung von Grund- und Trinkwasser, Lärm- und Luftemissionen, großer Flächenverbrauch und hoher Wasserbrauch (z. B. bis zu maximal 174 000 Kubikmeter für eine Bohrung mit sechs horizontal abgelenkten Bohrsträngen, was ungefähr dem täglichen Wasserverbrauch aller Einwohner Münchens entspricht).

M4 Das Frackingverfahren

100800-220-04 www.diercke.de

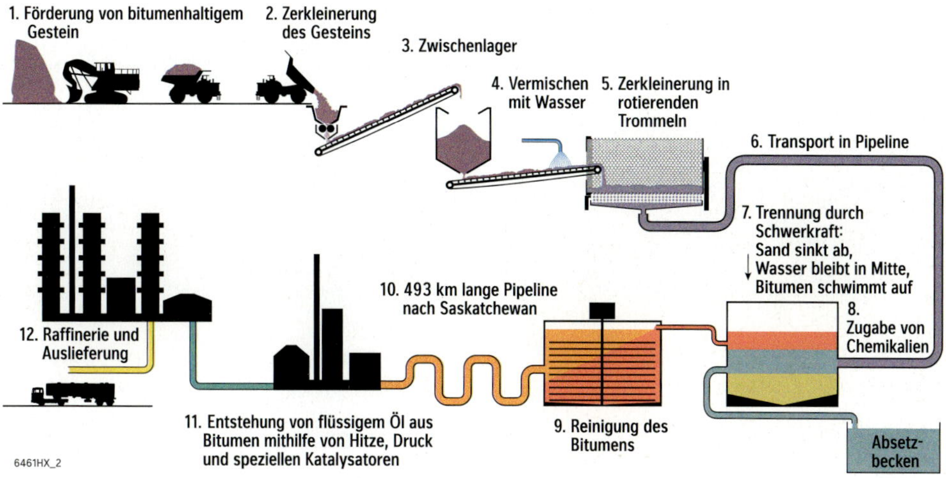

Ölsand ist ein Gemisch aus Sand, Wasser und zähflüssigem Erdöl oder Bitumen. In den Regionen, in denen die Ölsande von einer weniger als 75 Meter dicken Sedimentschicht bedeckt sind, findet die Förderung im Tagebau statt. Bei der Förderung unter Tage wird das im Ölsand enthaltene Bitumen durch horizontale Leitungen mittels Wasserdampf erhitzt, verflüssigt und an die Oberfläche gepumpt.

M5 Ablauf der Ölsandgewinnung und -aufbereitung im Tagebauverfahren in Alberta

Ölsande wurden während ihrer Entstehung aus organischen Substanzen nicht von einer ausreichenden Deckschicht abgedeckt und anschließend wieder abgesenkt. Diese verfestigten sich unter Druck und hohen Temperaturen zu Ölschiefer. Lässt sich das zu Öl umgewandelte organische Ausgangsmaterial vom mineralischen Begleitmaterial abtrennen, spricht man von Ölsanden.
Gigantische Lastwagen bringen den Sand zur Weiterverarbeitung. Er muss von Steinen befreit und zerkleinert werden. Mithilfe von Wasser und Lösungsmitteln wird das Bitumen vom Sand getrennt und später zu Rohöl veredelt, das dann wiederum zum Beispiel zu Benzin weiterverarbeitet werden kann.
Liegt der Ölsand für den Tagebau zu tief im Erdreich, wird ein Verfahren angewendet, bei dem zwei parallele Schächte in den Boden gebohrt werden. Unter Hochdruck wird Wasserdampf durch einen Schacht gepresst, der das Bitumen löst und durch den anderen Schacht nach oben pumpt. Riesige Vorräte von Erdöl in Ölsanden finden sich vor allem in Nord- und Südamerika. Experten schätzen, dass etwa zwei Drittel aller Erdölressourcen in Ölsanden lagern. Ölsande werden vor allem im Tagebau abgebaut. Dabei wird die Natur größtenteils zerstört. Bei der Gewinnung von Bitumen, aus dem die Ölsande zu rund zehn Prozent bestehen, aus Erdöl ist zu berücksichtigen:

1. Für die Umwandlung von Bitumen (S. 309) in Erdöl wird rund ein Sechstel der Energie des gewonnenen Erdöls aufgewendet. Das ist ein Vielfaches der Energie, die bei der konventionellen Förderung notwendig ist.
2. Zur Gewinnung von einem Barrel Öl aus Ölsanden werden zwischen drei und sechs Barrel Wasser benötigt. Davon wird nur wenig Wasser wieder gereinigt.
3. Nur 90 Prozent des Bitumens können gewonnen werden. Der Rest lagert oft zusammen mit Wasser und Chemikalien in riesigen Absetzbecken und könnte in das Grundwasser gelangen. Hinzu kommt, dass pro Barrel gewonnenen Öls drei- bis fünfmal so viel schädliche Klimagase ausgestoßen werden wie bei der konventionellen Förderung.
4. Die Förderung ist zudem – ebenso wie beim Fracking – teuer. Die Förderkosten liegen bei etwa 28 US-Dollar pro Barrel im Vergleich zu etwa 8 US-Dollar pro Barrel mithilfe herkömmlicher Technologie und 15 US-Dollar bei der Offshoreförderung in der Nordsee.

M6 Ölsandförderung und deren Risiken

M7 Ölsande

1 *Stellen Sie Chancen und Risiken von Förderung durch Fracking dar (M2 – M4).*
2 *Erklären Sie die Förderung und Gewinnung von Erdöl aus Ölsanden (M5 – M7).*
3 *Begründen Sie die Notwendigkeit von Konzepten zur nachhaltigen Nutzung von Rohstoffen.*
4 *Recherchieren Sie aktuelle Frackingvorhaben in Deutschland sowie deren politische wie ökologische Bewertung (Internet).*

100800-214-01
www.diercke.de

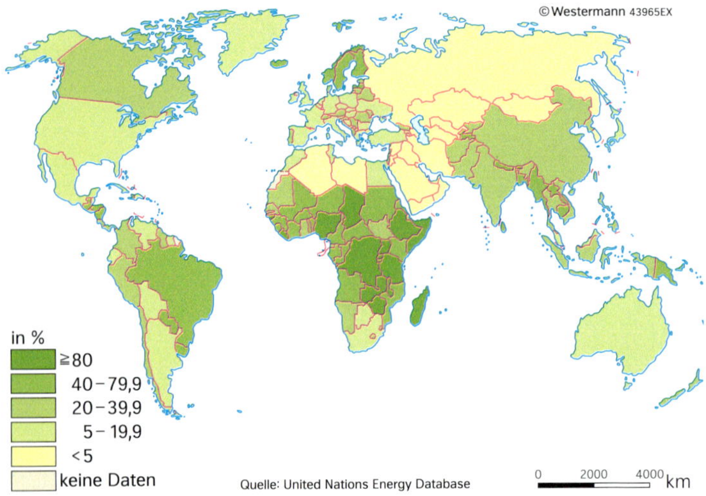

M1 Anteil regenerativer Energien am Gesamtenergieverbrauch 2017

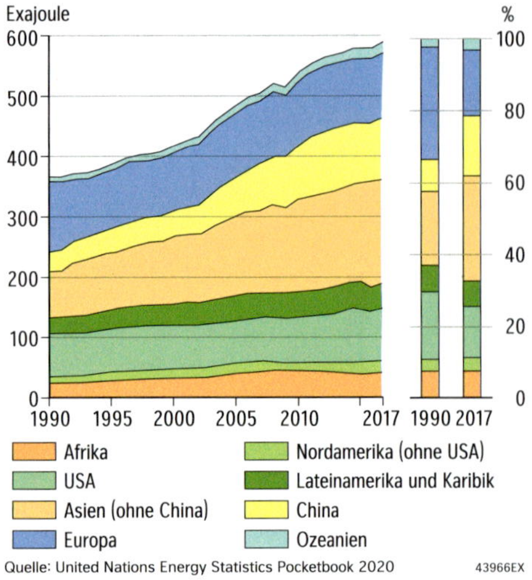

M3 Primärenergieverbrauch nach ausgewählten Räumen 1990–2017

Die Nutzung regenerativer Energien

Primärenergie
bezeichnet die Energieart und -menge, die den genutzten natürlichen Quellen entnommen wird (z. B. Wasserkraft, Erdöl).

Sekundärenergie
bezeichnet die Energieart und -menge, die nicht direkt der Natur entnommen, sondern künstlich hergestellt oder wesentlich verändert (veredelt) wird (z. B. elektrische Energie aus Wasserkraft, Benzin aus Erdöl).

Das „Solarzeitalter" des vorindustriellen Menschen wurde durch das „Kohlestoffzeitalter", in dem die Nutzung fossiler Brennstoffe die Energieerzeugung prägte, abgelöst. Sein Ende wird durch die Endlichkeit fossiler Brennstoffe und den zunehmenden Verzicht auf diese eingeläutet, auch wenn erneuerbare Energien momentan weltweit noch eine geringe Rolle spielen.
Alternative Energieformen wie Sonne, Wind, Wasser und Biomasse werden jedoch zunehmend rentabel und erlangen in Bezug auf die Begrenzung der Erderwärmung zunehmende Bedeutung. Neben den ökologischen Aspekten sprechen aber auch wirtschaftliche Gesichtspunkte für diese Energieformen: Bei zunehmender Knappheit fossiler Energieträger sind steigende Rohstoffpreise absehbar. Die Hinwendung zu inländisch erzeugten regenerativen Energien verringert somit die gegebenenfalls bestehende Importabhängigkeit. Diverse Herausforderungen bremsen momentan jedoch noch die Nutzung erneuerbarer Energien.

Deutschland hat 2011 den Ausstieg aus der Kernenergie und 2020 aus der Kohlekraft gesetzlich beschlossen und treibt den Umbau der Energieversorgung von fossilen auf regenerative Energieträger stetig voran. Inzwischen beträgt der Anteil dieser circa 46 Prozent (2020) an der Stromversorgung, bis 2050 soll der Anteil auf 80 Prozent steigen. Bedeutend fortgeschrittener ist Norwegen, wo knapp 99 Prozent der Elektroenergie aus Wasserkraftwerken stammen und somit nachhaltig gewonnen werden. Beim Gesamtverbrauch unter Berücksichtigung des Verbrauchs von Öl und Gas liegt der Anteil der konsumierten regenerativen Energie bei rund 69 Prozent – Platz 2 nach Island. Weltweit spielen allerdings regenerative Energien noch eine geringere Rolle, denn die Energieausbeute fossiler Brennstoffe liegt bisher deutlich höher. Während fossile Energieträger bisher leichter über weite Strecken transportiert werden können und daher die Entfernung zwischen Lagerstätte und Kraftwerk nur bedingt eine Rolle spielt, werden regenerative Energien vor Ort in Strom umgewandelt und müssen zum Verbraucher transportiert werden. Die Zukunft der Mobilität ist elektrisch: Batteriefahrzeuge, die regelmäßig an eine Ladesäule angeschlossen werden, und Brennstoffzellenfahrzeuge, die Wasserstoff von der Tankstelle benötigen.
Des Weiteren forschen Wissenschaftler an der Speicherung von überschüssigem Strom (z. B. in Pumpspeicherkraftwerken) und Systemen bei einer Kraft-Wärme-Kopplung, bei der die Stromproduktion mit der Wärmegewinnung (z. B. Heizkondensator) gekoppelt wird.

M2 Der Trend zu regenerativer Energie

100800-099-03 www.diercke.de

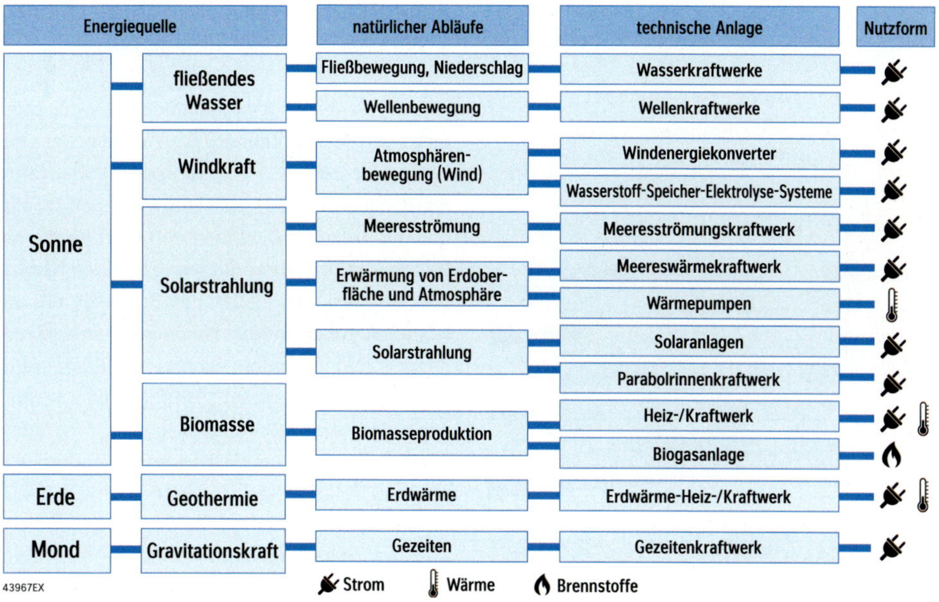

M4 Regenerative Energien im Überblick

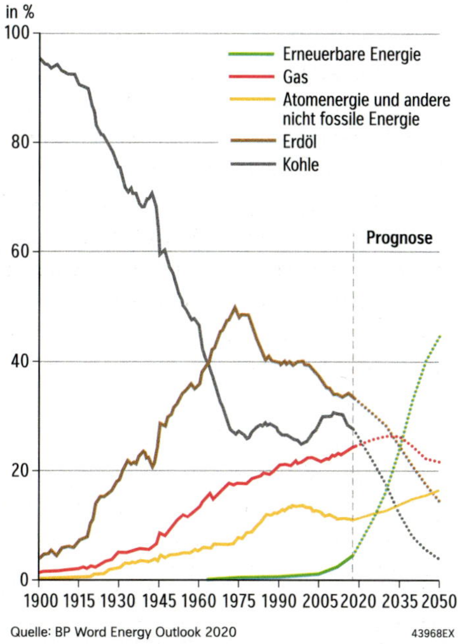

M5 Weltweiter Primärenergieverbrauch nach Energieträgern 1900 – 2050

Neben der Wirtschaftlichkeit ist die größte Herausforderung für die Integration der erneuerbaren Energien, ihre Volatilität, also ihre Produktionsschwankungen, auszugleichen: Der Transport von Strom über große Entfernungen ist nur bedingt möglich, da in den Fernleitungen hohe Verluste entstehen. Um diese zu minimieren, müssten Supraleiter eingesetzt werden und die Leitungen auf minus 196 Grad Celsius gekühlt werden. Zudem führt der Bau von Stromtrassen immer wieder zu Protesten. Als Alternative dienen Erdkabel, die jedoch deutlich teurer und wartungsanfälliger sind. Ein weiteres Hindernis ist der zum Teil noch niedrige Wirkungsgrad (Verhältnis zwischen der aufgewandten Leistung und der nutzbaren Energie) regenerativer Energien.
Die Nutzung regenerativer Energie führt allerdings auch zu Herausforderungen, die aus ökonomischer, ökologischer und sozialer Perspektive differenziert zu betrachten sind. So kommt es durch die Errichtung von Stauseen (etwa in Brasilien oder China) zu gravierenden Landschaftsveränderungen oder sogar -zerstörungen. Auch die Installation von Windparks oder die Vermaisung der Landschaft für die Nutzung von Biomasse offenbaren Nutzungskonflikte mit unterschiedlichen Akteuren.
Es gibt in Deutschland unterschiedliche Lösungsansätze wie den Netzausbau, um Offshore-Windstrom vom Norden Deutschlands in den Süden zu transportieren und den Aufbau eines Smart-Grids, um Energie dann zu verbrauchen, wenn ein großes Angebot herrscht.

M6 Herausforderungen regenerativer Energien

1 *Beschreiben Sie Funktionsweise und Nutzen verschiedener regenerativer Energieträger (M4).*

2 *Charakterisieren Sie die Bedeutung und zugleich Herausforderungen bei der Nutzung regenerativer Energien (M1 – M6).*

3 *Erklären Sie die differenzierte Relevanz regenerativer Energien in Afrika (M1, M3).*

4 *Nehmen Sie Stellung zur Aussage Ban Ki-moons, Generalsekretär der Vereinten Nationen 2011: „Nachhaltige Energie für alle ist nicht nur möglich, sondern notwendig. Wie ein roter Faden verbindet sie Entwicklung, soziale Inklusion und Umweltschutz.“*

M 1 Windkraftanlagen in Deutschland

Regenerative Energien in Deutschland – Windparks in der Diskussion

„Die Windenergie ist die tragende Säule der Energiewende", so lautet es auf der Webseite des Umweltbundesamtes. Seit Anfang der 1990er-Jahre wurden mehrere Zehntausend Windenergieanlagen in Deutschland installiert. Dadurch kann die Windenergienutzung mittlerweile einen bedeutenden Beitrag zur deutschen Stromversorgung leisten. Anfangs wurden Windenergieanlagen vor allem in den besonders windreichen Küstenregionen errichtet. Heute ist es aufgrund der technischen Weiterentwicklungen möglich, moderne Windenergieanlagen auch in Binnenländern und sogar in Waldflächen zu errichten. Mit dem zunehmenden Bau von Windenergieanlagen nehmen jedoch auch die Konflikte bei der Errichtung und Nutzung von Windenergie zu.

Die deutsche Energiewende war viele Jahre ein weltweites Vorbild. Deutschland führte beim Ausbau von Solar- und Windkraft, Tausende Arbeitsplätze entstanden.
Seit einigen Jahren stockt aber die deutsche Energiewende, es gehen sogar Jobs verloren. Durch Gesetzesänderungen wurde der Solarausbau in Deutschland ab 2013 stark abgebremst. Von 110 000 Arbeitsplätzen in der Solarindustrie gingen über 70 000 verloren. Bei der Windenergie bewirkte eine Gesetzesänderung ab 2017 einen starken Einbruch. Von 160 000 Beschäftigten verloren seitdem über 48 000 ihre Jobs; laut Bundesverband Windenergie droht jetzt der Verlust von weiteren 25 000 Jobs.
Das wichtigste Element für den Ausbau der erneuerbaren Energien ist das **Erneuerbare-Energien-Gesetz (EEG)**. Seit 2000 steuert die Bundesregierung damit den Ausbau. Der ursprüngliche Kern dieses Gesetzes ist sehr einfach: Betreiber von Wind- und Solaranlagen bekommen 20 Jahre lang für ihren erzeugten Strom einen festgelegten Preis. Durch diese Garantie lassen sich die Investitionen gut kalkulieren, der Bau von Anlagen wird erleichtert, jeder kann sich beteiligen und Banken vergeben günstige Kredite.
Eine zunehmende Bedeutung bekommt das „Repowering" von Windenergieanlagen. Damit ist das Ersetzen alter Windenergieanlagen mit geringer Leistung durch neue, leistungsstärkere gemeint. Durch das Repowering ist eine wesentliche Steigerung des Stromertrags möglich, ohne dass zusätzliche Flächen in Anspruch genommen werden müssen.

M 2 Entwicklungen und Herausforderungen der Windenergienutzung in Deutschland

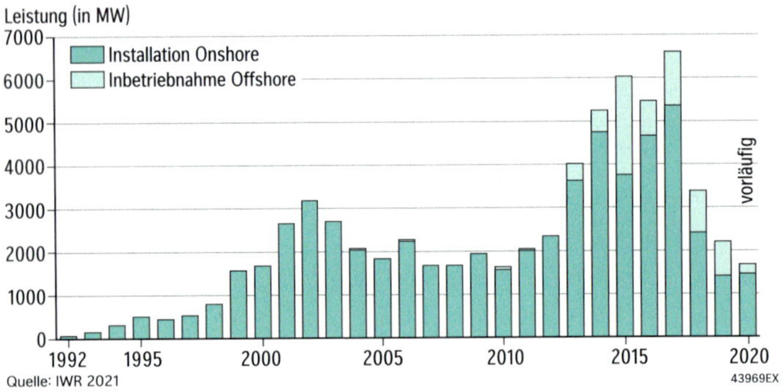

M 3 Jährliche installierte Windenergieleistung in Deutschland (in MW)

Bundesland	Windenergie-produktion in MW
Brandenburg	208,4
Niedersachsen	174,8
Rheinland-Pfalz	135,0
Nordrhein-Westfalen	126,6
Mecklenburg-Vorpommern	110,2
gesamt	931,3

Quelle: IRW 2021

M 4 Anteile der TOP-5-Bundesländer an der Windenergieproduktion 2019

100800-068 www.diercke.de

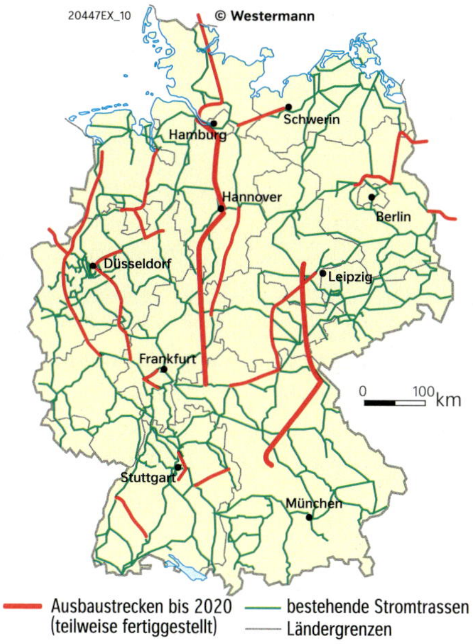

M5 Stromnetzausbau in Deutschland

M7 Verteilung der in Deutschland installierten Onshore-Windleistung 2018

In der letzten Zeit hat sich eine hitzige Debatte bezüglich der Umweltverträglichkeit der Windenergie entfacht. Diese Diskussion ist sehr facettenreich und reicht von Themen der Landschaftszerstörung bis hin zu den negativen Auswirkungen auf die Fauna und die Lebensqualität von Anwohnern. Insbesondere sind die Auswirkungen auf die Tierwelt bei großen Offshore-Parks (Unterwasserlärm) noch in Erforschung. In mehreren Studien wurden die Umweltauswirkungen, speziell die Gefahr von Kollisionen zwischen Vögeln und Windkraftanlagen, untersucht. Ergebnis dieser Untersuchung war, dass an Land diese Gefahr vergleichsweise gering ist, wohingegen beim Bau von Offshore-Anlagen vor allem Hauptvogelzuglinien und Vogelrastplätze zu berücksichtigen sind. Sicherheitstechnische Probleme sind auch bei vom Kurs abgekommenen Schiffen möglich.

Verband der Elektrotechnik (Hrsg.)

M6 Bericht des Verbands der Elektrotechnik

„Kommunen im Widerstand" [...] Im Wochentakt stehen Überschriften dieser Art in den Tageszeitungen von Mecklenburg-Vorpommern. Längst sind es nicht mehr nur einzelne Bürger, Naturschützer oder Mitglieder von Bürgerinitiativen, die sich gegen den ihrer Meinung nach überproportional forcierten Ausbau von Windrädern wehren. Ganze Gemeinden und deren Bürgermeister begehren auf. [...] Astrid Wagner und Gerhard Sieveking [...], das Paar, Anfang 50, [...] wohnt mit Hunden und Alpakas am Ortsrand von Rakow. Der Ort liegt am Salzhaff, einem Boddengewässer der Ostsee. Schon viele Jahre drehen sich in ihrer unmittelbaren Nähe elf Windräder. [...] Doch das eigentliche Problem heißt: Repowering. Im vergangenen Jahr wurden die 100 Meter hohen Windräder durch 150 Meter hohe ersetzt. Die machen mit den größeren Rotorblättern mehr Lärm und: Sie stehen so nah wie die alten, exakt 475 Meter entfernt.

Alexa Hennings

M8 Gemeinde protestieren gegen Windkraft

M9 Protest gegen Windkrafträder

1 *Beschreiben Sie die Entwicklung der jährlich installierten Windleistung (M3).*

2 *Analysieren Sie die Herausforderungen beim Ausbau der Stromnetze und der Verfügbarkeit von Windkraft (Atlas, M4, M5, M7).*

3 *Erklären Sie die Bedeutung und zugleich Probleme der Windkraftnutzung in Deutschland (M1 – M9).*

4 *Erörtern Sie mittels Recherche Chancen und Risiken der Windkraftnutzung als einen Beitrag zum Klimaschutz (Internet).*

M1 Karikatur „Der letzte Fisch“

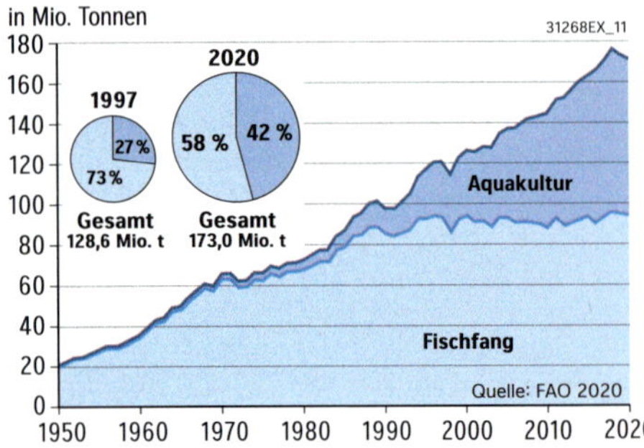

M4 Entwicklung von Fischfang und Aquakultur weltweit 1950 – 2020

6.4 Nutzung des Weltmeeres

Weltmeer als Nahrungsmittelraum

Bis in die 1960er-Jahre galten die Meere als unerschöpfliche Nahrungsquelle für die stark steigende Weltbevölkerung. Jedoch ist seit Langem ein ruinöser Wettbewerb um die Fischbestände in den Ozeanen festzustellen. Als Alternative gewinnt die **Aquakultur** eine immer größere Bedeutung.

Während die Küstenfischerei in vielen Staaten Afrikas und Asiens als Überlebensgrundlage dient, bedrohen zunehmend die großen Fang- und Verarbeitungsflotten die Existenz unzähliger Ortsfischer. Die Flotten operieren heute nämlich auf technisch höchstem Niveau – weltweit und zeitlich nahezu unbegrenzt, da der Fisch bereits an Bord verarbeitet und konserviert wird. Echolot und Satellitentechnik spüren punktgenau Fischschwärme auf, die durch bis zu 100 Kilometer lange und mit Zehntausenden Haken bestückte Langleinen, fußballfeldgroße Schleppernetze, gefangen werden. Obwohl Treibnetze seit 1992 durch eine Resolution der UNO für die Hochseefischerei verboten sind, werden sie für unzählige Tiere durch den illegalen Einsatz zur Todesfalle. Bei jedem Fang von Speisefisch wird ein Teil von unerwünschten oder nicht verwertbaren Arten, der Beifang, mit an Bord gezogen. Je nach Spezialisierung kann er das Vier- bis Zehnfache des gewünschten Ertrags ausmachen. Der Großteil des Beifangs wird in der Regel über Bord geworfen und kann dabei sterben. Sogenannte Gammelfischer fangen Fisch hauptsächlich zur Produktion von Fischmehl und -öl. Fischmehl wird in Viehmastanlagen verfüttert und gelegentlich als Dünger auf Felder verbracht, Fischöl wird zu Margarine oder industriellen Backmitteln verarbeitet. Gegenwärtig weichen die Fangflotten verstärkt auf bisher unbeliebte Fischarten oder auch auf Fisch aus der Tiefsee aus. Somit führt das Bestreben der großen Fischereiunternehmen und ihrer Nachfolgeindustrien, aus der „Wildnis Weltmeer“ einen „Acker für maximale Fischproduktion“ werden zu lassen, zu einer Überfischung vieler Speisefischarten der Meere.

M2 Entwicklungstendenzen und Fangmethoden moderner Fischerei

Exporteure				Importeure			
Staat	**2000**	**2010**	**2019**	**Staat**	**2000**	**2010**	**2019**
China	3603	13268	12470	USA	10451	15496	18501
Norwegen	3533	8817	11679	China	1796	6162	15411
Vietnam	1481	5109	6205	Japan	15513	14973	11540
Chile	1794	3394	5781	Spanien	3352	6637	6722
Summe gesamt	55750	108562	123429	Summe gesamt	60089	111786	124607

Quelle: FAO; International Trade Center

M3 Die größten Exporteure und Importeure von Fisch (in Mio. US-Dollar)

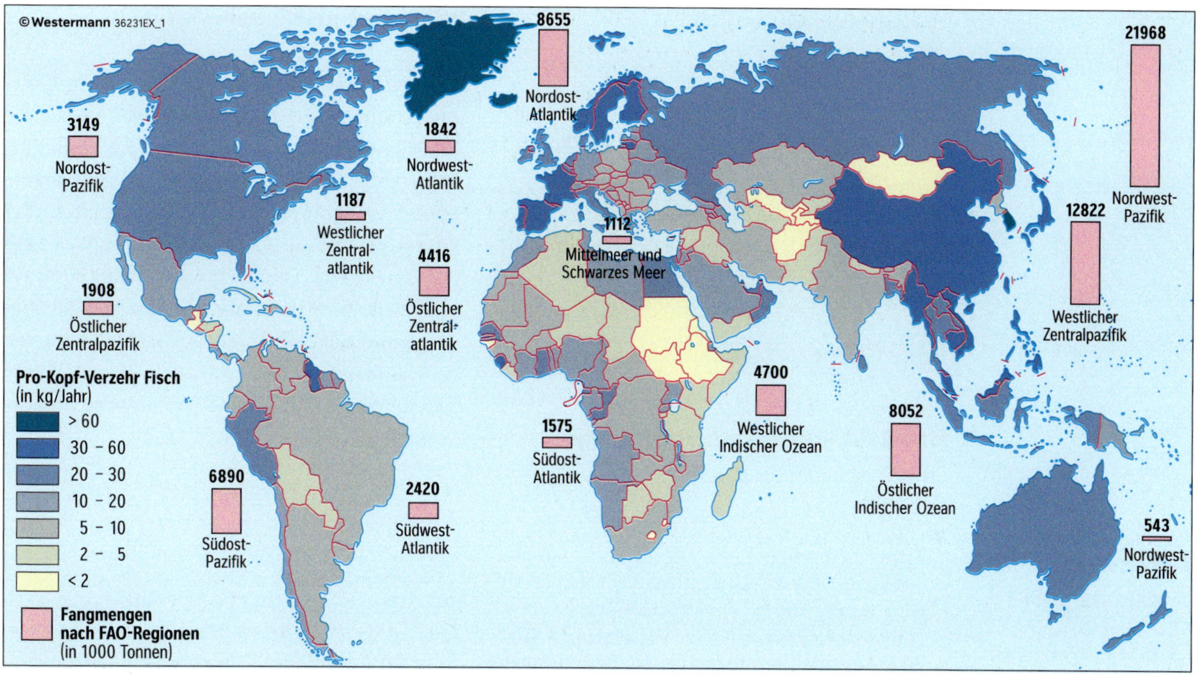

M5 Fangmengen und der Pro-Kopf-Verbrauch an Fisch 2016/2017

Weil in den EU-Gewässern längst nichts mehr zu holen ist, sollen Abkommen mit afrikanischen Staaten den Appetit der Europäer befriedigen: Fangrechte im Austausch für finanzielle und technische Unterstützung. Konkret dürfen EU-Trawler innerhalb der 200-Meilen-Grenze mehrere Tausend Tonnen Fisch vor Senegals Küste fangen, dafür bekommt der Staat rund 2,5 Millionen Euro pro Jahr, inklusive einer Art Nachhaltigkeitsunterstützung. Das Abkommen komme beiden Parteien zugute, sagen Vertreter der EU. Senegal erhalte einen finanziellen Ausgleich für den Zugang zu seinen Gewässern. Im Gegenzug dürften EU-Schiffe nur unter strengen Bedingungen fischen, teilte eine Sprecherin mit und verweist auf die finanzielle Unterstützung, die die EU etwa für nachhaltige Fischereipolitik zahlt. [...]
Die Crews der EU-Trawler sind also so etwas wie die Guten unter den Bösen [Russland, China]. Und doch treibt die EU so die Migration voran – die sie doch eigentlich unbedingt eindämmen will [...]. Die Hälfte der Bevölkerung ist jünger als 18, davon ist mehr als ein Drittel arbeitslos. Für viele Fischer sei es schwer, überhaupt noch ihre Stromrechnung zu bezahlen, sagt [Abdou Karim] Sall, der Kleinfischer [aus dem Senegal]. Bevor die europäische Grenzschutzagentur Frontex vor den westafrikanischen Küsten patrouillierte, waren es alte Pirogen wie seine, mit denen Senegalesen, Gambier, Mauretanier versuchten, auf die Kanaren zu gelangen und so europäischen Boden zu erreichen. In nahezu jedem Ort gibt es Geschichten über den einen jungen Mann, für den die Gemeinschaft zusammengelegt hat. Er sollte die Überfahrt wagen [...]. Nach einer gewissen Zeit, so die Logik dieses Pakts, muss er die Zurückgebliebenen finanziell unterstützen. [...]

saul, hij

M6 Fischfangpolitik der EU – eine kritische Bilanz?

1 *Beschreiben Sie die weltweiten Fangmengen und den Pro-Kopf-Verbrauch an Fisch (M5).*

2 *Analysieren Sie die weltweite Entwicklung des Fischfangs (M2 – M5).*

3 *Erklären Sie die Problematik bezüglich europäischer Fangquoten und der Fischfangpolitik der EU in Afrika (M1, M6).*

4 *Entwickeln Sie Kriterien nachhaltiger Fischerei.*

5 *Beurteilen Sie die Bedeutung, Zertifizierung und Aussagekraft verschiedener Siegel für nachhaltige Fischerei in Form eines Kurzvortrags (Internet).*

100800-263
www.diercke.de

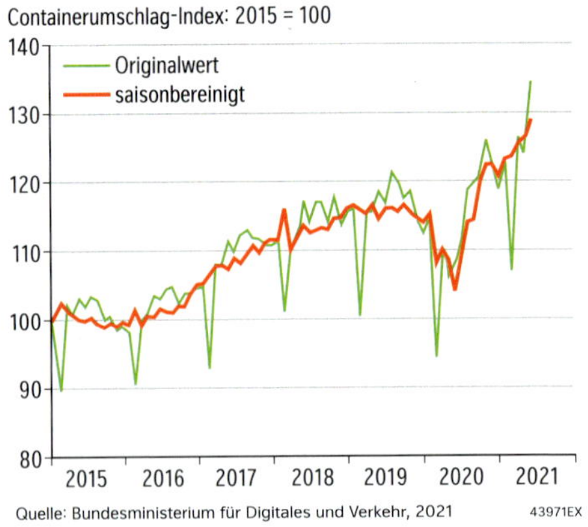

M1 Entwicklung des Containerumschlags

Weltmeer als Verkehrsraum

Das Weltmeer zählt zu den wichtigsten Verkehrsräumen. Etwa 90 Prozent des gesamten Welthandels werden heute über die Seeschifffahrt abgewickelt. Eine immer größere Anzahl von Massengutfrachtern, Containerschiffen oder Öltankern – knapp 90 000 – ist auf den Weltmeeren unterwegs. Eine besondere Bedeutung für den Warentransport haben Kanäle, die die Seewege und damit die Transportzeiten verkürzen (z. B. Suezkanal, Panamakanal). Jedoch liegen ökonomische Vorteile und ökologische Auswirkungen nah beieinander.

Die 10 größten Containerhäfen 2018:

1. *Shanghai (China)*
2. *Singapur*
3. *Ningbo-Zhoushan (China)*
4. *Shenzhen (China)*
5. *Guangzhou (China)*
6. *Busan (Südkorea)*
7. *Hongkong (China)*
8. *Qingdao (China)*
9. *Tianjin (China)*
10. *Dubai (V. A. E.)*

Etwa 90 Prozent des EU-Außenhandels und über 40 Prozent des EU-Binnenhandels erfolgen auf dem Seeweg. Weltweit betrachtet liegt bei etwa einem Drittel der Schiffsbewegungen der Ziel- oder Abfahrtshafen in der EU. Nord- und Ostsee gehören zu den am häufigsten und dichtesten befahrenen Meeren der Welt.
Haupthandelsgüter sind vor allem Rohöl und Stückgut, weiterhin Erze, Kohle und Mineralölprodukte. Trotz der Weltwirtschaftskrise 2008 und der Coronapandemie ab 2020 und der damit verbundenen negativen Bilanzentwicklung für Schiffsreedereien gelten Schiffe nach wie vor als die Leistungsträger der Globalisierung. Je mehr Container geladen werden können, desto günstiger der Frachtpreis. Das größte Containerschiff (Stand 2020), die HMM Algeciras, ist 400 Meter lang, 61 Meter breit, hat einen Tiefgang von 16,5 Metern und verfügt über eine Leistung von mehr als 60 000 kW. Das Schiff kann bis zu 23 964 Container laden.
Eine weltweit existierende Gefahr für den Seeverkehr ist die Piraterie. Das Internationale Schifffahrtsbüro (IMB) hat 2019 einen Rückgang der Piraterie registriert, aber insgesamt einen alarmierenden Anstieg bei Entführungen von Crewmitgliedern im Golf von Guinea festgestellt. Demnach wurden 2019 weltweit 162 Piratenangriffe und Raubüberfälle auf Schiffe gemeldet. Während sich die Lage in den asiatischen Gewässern nahe Indonesien etwas beruhigt hat, bleibt der Verkehrsraum rund um Somalia und den Golf von Aden risikobehaftet. Die Fahrt um das Kap der Guten Hoffnung würde mehr Zeit und Treibstoff kosten, verbunden mit extra Sicherheitskräften. Die finanziellen Verluste durch Piraterie werden allerdings auf lediglich 0,001 Prozent der Transportwerte geschätzt.

M2 Entwicklungen und Herausforderungen der Weltschifffahrt

TEU:
„Twenty Foot Equivalent Unit", Einheit als Bezeichnung für Standardcontainergrößen. Wenn ein Containerschiff z. B. eine Kapazität von 1000 TEU hat, kann es 1000 Standardcontainer aufnehmen.

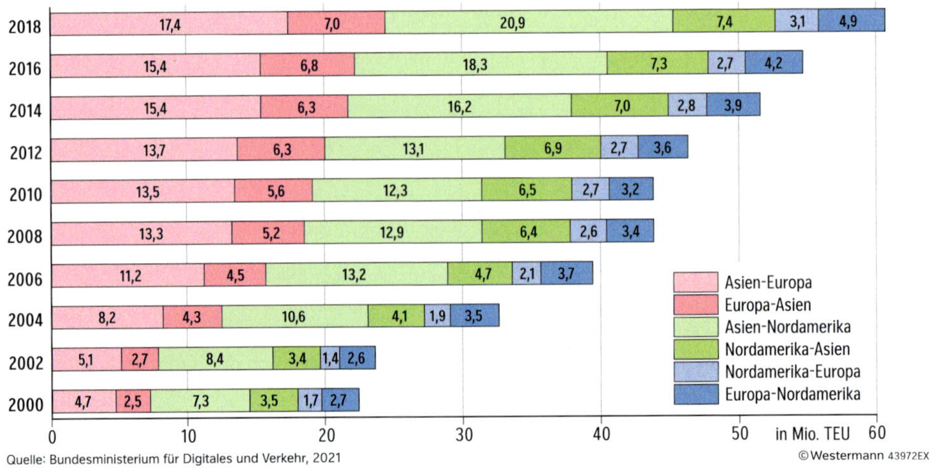

M3 Containerströme (in Millionen TEU)

[...] Perro lebt in Bangkukuk an der Ostküste von Nicaragua, südlich der Stadt Bluefields: Eine Dorfgemeinschaft im Naturschutzgebiet, die zu einer ethnischen Gruppe der nicaraguanischen Ureinwohner, der Rama, gehört. [...] Doch mitten durch Perros Lebensraum will die autokratische Regierung Nicaraguas einen Kanal bauen, der dem Panamakanal das Wasser abgraben soll: Noch größer, noch tiefer soll er werden und den Pazifik mit dem Karibischen Meer verbinden. Zumindest war das der Plan, als der chinesische Investor 2014 zum ersten Spatenstich anhob. 120 000 Menschen würden ihr Zuhause verlieren, beklagen Menschenrechtsorganisationen wie Amnesty International. Außerdem droht der Nicaraguasee, die größte Süßwasserquelle Zentralamerikas, zu versalzen, wenn durch ihn Frachter fahren und Meerwasser einspülen. [...]
Doch was kann eine indigene Gemeinschaft am Rande der Zivilisation schon dagegen ausrichten? [...] Im April 2018 erhebt sich im Land eine Protestwelle gegen Daniel Ortega und seine Regierung; Regierungskritiker werden von Sicherheitskräften und Paramilitärs festgenommen, gefoltert, vergewaltigt und ermordet, [...] mehr als 325 Menschen [...] werden getötet und rund 70 000 Nicaraguaner gehen ins Exil. Ob es den Nicaraguakanal jemals geben wird, ist ungewiss: Das Vermögen des chinesischen Unternehmers Wang Jing, Chef der Kanal-Betreibergesellschaft HKND, soll zu einem großen Teil an der Börse verloren gegangen sein. „El Gran Canal" diente bisher aber Agrarunternehmen und Tourismusprojekten als Argument für Enteignungen, denn mit dem Kanalbau wurden auch ein Dutzend andere Bauprojekte genehmigt: darunter ein Flughafen, zwei Häfen, eine Pipeline und eine Eisenbahnschiene.

Laura Döing, verändert

M4 Der Nicaraguakanal – ökonomischer Fortschritt zulasten eines Ökosystems?

Steckbrief zum Nicaragua-Kanal (El Gran Canal):

geplante Kosten: ca. 50 Mrd. USD

Länge: 278 km, Breite: 230 – 530 m, Tiefe: 27 – 30 m

zwei Schleusenanlagen mit je 30 m Hubhöhe

je ein Tiefseehafen am Atlantik und am Pazifik

Fahrtzeit: 30 Stunden

ein internationaler Flughafen

drei Tourismuskomplexe

[...] Nicaragua gehört zu den Staaten, die als am anfälligsten für den Klimawandel gelten, wobei trockenere, wärmere Bedingungen zu einer Verstärkung von Dürren und katastrophalen Wetterereignissen führen. Somit würde der Bedarf an Wasserverfügbarkeit im Laufe der Zeit dringender werden und sich vor, während und nach dem Bau des Kanals abschwächen. [...]
Neben der erheblichen Umweltgefährdung der Ökosysteme des Landes ist eine offensichtliche Folge des Kanals und der Teilprojekte die Enteignung einer erheblichen Menge an Land. Eine wahrscheinliche Folge ist die Vertreibung indigener Völker von ihrem Land und die Vertreibung von mindestens 277 Gemeinschaften [...] einschließlich Siedlungen aus geschützten indigenen Gebieten wie Rama und Creole. [...]
Mindestens zwei Faktoren stellen Sicherheitsbedrohungen dar, die von der Regierung nicht öffentlich angesprochen wurden. Der erste ist, dass ein großes Schifffahrtszentrum zu einem Standbein für das organisierte Verbrechen werden kann. Die bevorzugte Route [...] für die Betäubungsmittelproduktion läuft über Containerschiffe. Zweitens richten Terroristen ihre Angriffe nicht nur auf ihre Feinde, sondern auch auf die wirtschaftlichen Interessen derjenigen, die ihren Feinden Dienstleistungen erbringen [...].

Jorge A. Huete-Peréz et al.

M5 Warnbrief mehrerer Wissenschaftlicher zum Nicaraguakanal

1 *Verorten Sie weltweit bedeutende Containerrouten (Atlas).*

2 *Analysieren Sie die Entwicklungen und aktuellen Tendenzen des weltweiten Containerumschlages (M1 – M3).*

3 *Arbeiten Sie das Spannungsfeld zwischen den Dimensionen der Nachhaltigkeit am Raumbeispiel des Nicaraguakanals heraus (M4, M5, S. 144, Internet).*

4 *Beurteilen Sie die Bedeutung der weltweiten Schifffahrt im Zeichen der Globalisierung.*

Zusammensetzung einer Manganknolle:

62,1 % Sauerstoff
27,0 % Mangan
8,0 % Eisen
1,4 % Nickel
1,3 % Kupfer
0,2 % Kobalt

M1 Manganknolle (angeschnitten)

Weltmeer als Rohstofflieferant

„Der Meeresboden als Rohstoffquelle der Zukunft" – lautet der Titel einer Meldung des GEOMAR Helmholtz-Zentrums für Ozeanforschung Kiel. Die Tiefsee gehört zu den letzten vom Menschen weitgehend ungenutzten Regionen der Erde. Insgesamt bieten die Weltmeere eine große Bandbreite an Rohstoffen, deren Förderung jedoch nicht unumstritten ist.

Schwermineralsande (marine Seifen) mit Diamanten, Titanerz oder Gold werden bereits aus geringen Tiefen abgebaut. Ergiebige Minerallagerstätten werden vor allem im Tiefseebereich vermutet und erforscht. Sie entstehen meist an den mittelozeanischen Rücken, wo Platten divergieren bzw. konvergieren. In diesen Regionen bilden sich Risse in der Erdkruste, in die Meerwasser eindringen kann. Aufquellende heiße Lava heizt das Wasser auf, es vermischt sich mit Mineralien und Schwefelwasserstoff. So entstehen große Schlote – **Black Smoker**. In deren Umfeld werden mächtige Metallkrusten mit Kupfer, Gold oder Zink aufgebaut.
Besonderes Interesse besteht an den 25 bis 40 Milliarden Tonnen Manganknollen, die in 1000 bis 6000 Metern Tiefe liegen. Im Meerwasser gelöste Metallverbindungen lagern sich nach und nach an einer Art Keim am Meeresboden (z. B. Haizahn) an. Dort bilden Metalloxide auf dunklen Schlamm- oder Tonschichten dunkle polymetallische Knollen. Die kartoffelgroßen Brocken bestehen zu einem Drittel aus Mangan sowie aus Beimengungen weiterer Metalle.

M2 Entstehung mineralischer Rohstoffe

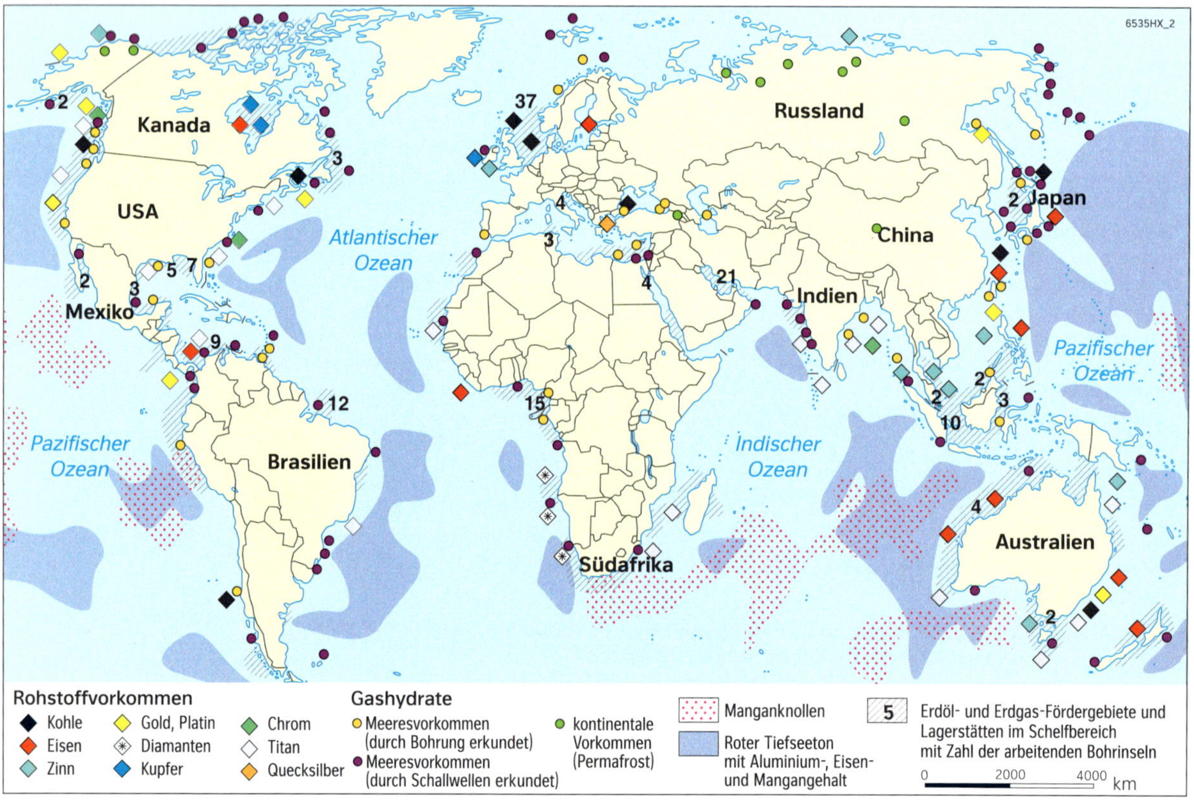

M3 Rohstoffvorkommen im Weltmeer

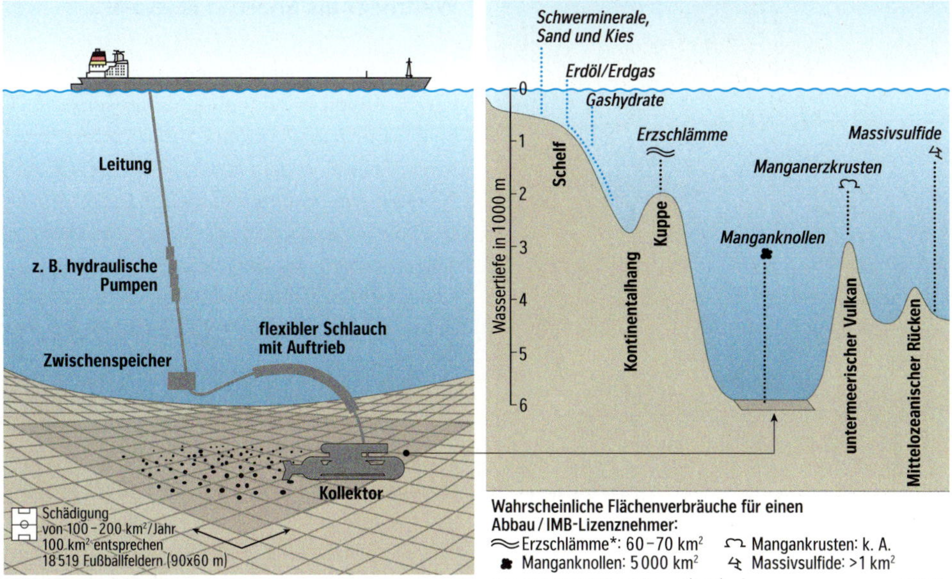

Quelle: Umweltbundesamt

*ausschließliche Wirtschaftszone (AWZ)

43973EX

M4 Abbauverfahren bei Manganknollen

Auch Deutschland hat sich 2006 Lizenzen für die Erforschung der Manganfelder im Bereich zwischen Hawaii und Mexiko bis 2021 gesichert. Allerdings ist aufgrund der Lagetiefe an einen wirtschaftlichen Abbau derzeit nicht zu denken. Noch fehlt es an einer funktionierenden Tiefseebergbautechnik, die den Druckbedingungen in der Tiefe standhält und sich ferngesteuert auf dem weichen Sedimentboden fortbewegt. Um ausreichend hohe Fördermengen an Manganknollen zu erzielen, gehen aktuelle Konzepte für Abbausysteme von Kollektorsystemen (Sammler) aus, bei denen raupenähnliche Fahrzeuge die Manganknollen am Meeresboden mechanisch oder hydraulisch aufnehmen. Die Knollen werden auf dem Kollektor von anhaftendem Sediment gereinigt, zerkleinert und an ein vertikales Fördersystem übergeben. Je nach Konzept werden die Knollen dann über ein Lufthebeverfahren, bei dem das Bohrgut mittels eines Gemisches aus Bohrspülung und Luft transportiert wird, zutage gefördert. Dann werden sie entwässert und für den Transport an Land auf Schiffe verladen.
Mit steigenden Rohstoffpreisen könnten aber auch derzeit futuristisch wirkende Fördertechniken (z. B. Raupenfahrzeuge oder kilometerlange Rohrsysteme zu einer Plattform mit Pumpen) zum Einsatz kommen. Große Bedenken bestehen allerdings hinsichtlich der ökologischen Schäden, die der Tiefseebergbau verursachen könnte. Das Umweltbundesamt weist darauf hin, dass es zur Schädigung des Mikroorganismus in der Tiefsee und zur Ausbildung von Trübungswolken kommen kann. Des Weiteren könnten durch die Rückleitung des mit den Manganknollen geförderten feinkörnigen Transportwassers (Tailings) darin enthaltene Schadstoffe im Ozean verteilt werden, die sich im Nahrungsnetz anreichern könnten.

M5 Exploration und Förderung durch die Bundesanstalt für Geowissenschaften und Rohstoffe

1 *Beschreiben Sie die Verbreitung mineralischer und energetischer Rohstoffvorkommen im Weltmeer (M3).*

2 *Beschreiben Sie die Bedeutung und Förderung von Manganknollen sowie deren Herausforderungen (M1 – M5, S. 305)*

3 *Erörtern Sie folgende Aussage: „Jede Art von Bergbau ist mit einem massiven Eingriff in ein Ökosystem verbunden" (S. 310 – 313).*

4 *Charakterisieren Sie mittels Recherche aktuelle Forschungsergebnisse der Bundesanstalt für Geowissenschaften und Rohstoffe im Bereich Manganknollen-Exploration und deren Herausforderung (Internet).*

M1 Massive Gashydratlage im Sediment

Weltmeer als Energielieferant

Die in den Meeren und Ozeanen weltweit verfügbare Energie aus Wellen und Strömungen stellt eine bisher kaum genutzte, aber nahezu unerschöpfliche Energiequelle dar. Die gewaltigen Wassermassen werden von Wind, Ebbe und Flut und von Strömungen bewegt. Aus diesen natürlichen Bewegungen lässt sich Strom gewinnen. Des Weiteren gehen Schätzungen davon aus, dass es weltweit circa zwölf Billionen Tonnen Methanhydrat als Energierohstoff gibt – eine Energiequelle der Zukunft? Im Gegensatz zur Wasserkraft stellt Methanhydrat jedoch einen fossilen Energieträger dar, insofern kann die Gasproduktion immer nur eine Brückentechnologie sein.

Von einer Bohrinsel im Südchinesischen Meer aus sei der Rohstoff in einer Tiefe von 1266 Metern gefördert worden [...]. Für China ist die Erschließung der Ressource von hoher strategischer Bedeutung. Das Land verfügt kaum über eigenes Erdöl; Schiefergas mithilfe von Fracking zu gewinnen ist aufgrund der komplexen geologischen Verhältnisse schwierig. Die Methanhydrat-Bohrungen südöstlich von Hongkong nannte der Minister für Ressourcen Jiang Daming nun „einen großen Durchbruch, der zu einer weltweiten Energierevolution führen könnte". Insgesamt fördern die Chinesen laut Xinhua bei den derzeitigen Probebohrungen täglich etwa 16 000 Kubikmeter Gas vom Meeresgrund.

Christoph Behrens

M2 Auch China fördert Methanhydrat

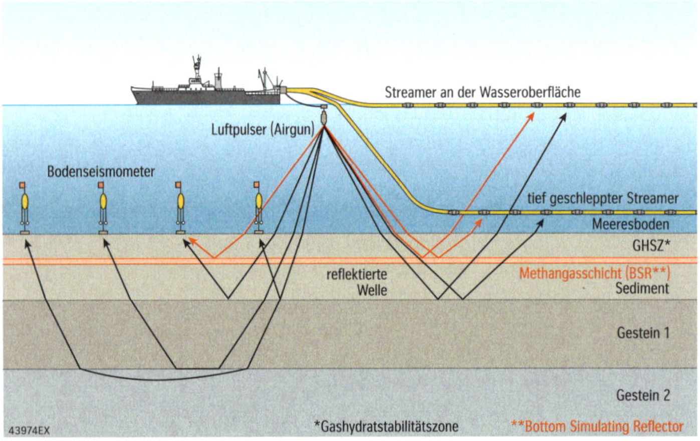

M3 Erkundung von Methanhydrat

Methanhydrate sind fragil. Die Mischung aus Methangas und Wasser ist als eisförmiger Feststoff am Meeresboden nur bei niedrigen Temperaturen und hohem Druck stabil. Für die Entstehung von biogenem Methan zersetzen Mikroorganismen Biomasse (Mikroalgen, Kleinkrebse) in Methan und Kohlendioxid. In tiefer liegenden Sedimentschichten entsteht thermogenes Methan durch chemische Umwandlung von Biomasse und noch höhere Temperatur- wie Druckverhältnisse. Methanhydrate kommen u. a. im arktischen Permafrostboden sowie am oberen und unteren Kontinentalrand vor.
Ein Kubikmeter Gashydrat ist unter Wasser oder unter Land so komprimiert, dass es an der Oberfläche das 164-Fache an Gas ergeben kann. Forscher rechnen weltweit mit riesigen Vorräten, die Erdöl- und Erdgaslagerstätten ersetzen könnten. Zugleich ist Methan aber eines der stärksten Treibhausgase, weil es einen etwa 25-fach stärkeren Treibhauseffekt als CO_2 erzeugt. Die Erschließung dieser teils in großen Meerestiefen gelegenen Vorkommen stellt eine technische Herausforderung dar, weil das Gashydrat bei der Bohrung in seine Ursprungsmoleküle Methan und Wasser zersetzt werden muss. Im Vergleich zu Erdöl und Kohle entsteht bei der Verbrennung von Methanhydrat im relativen Verhältnis zur Energieausbeute weniger CO_2, wodurch der Klimawandel verlangsamt werden könnte. Indien, Japan, China und die USA entwickeln bereits Pläne zum Abbau. Die Förderung ist jedoch umstritten. Das Sedimentgestein könnte bei der Förderung geschwächt werden und untermeerische Hangrutschungen sowie dadurch verursacht Tsunamis auslösen.

M4 Entstehung und Bedeutung von Methanhydrat

Windparks in Nord- und Ostsee leisten einen wichtigen Beitrag zur Energiewende Deutschlands. 2018 erzeugten sie Strom in Höhe von rund 18 Terawattstunden. Mit dieser Strommenge könnte der gesamte Stromverbrauch des Bundeslands Sachsen-Anhalt gedeckt werden. Historisch betrachtet wird die Wasserkraft bzw. die Kraft des Tidenhubes bereits seit dem 11. Jahrhundert in England und Frankreich verwendet. Um eine möglichst hohe Energieausbeute zu erhalten, benötigt es möglichst starke Wasserströmungen. Diese sind bei höherem Tidenhub am stärksten. Daher sind Flussmündungen und bestimmte Buchten ideale Standorte für ein Gezeitenkraftwerk, wie bei den Anlagen in St. Malo (Frankreich) oder Sihwa (Südkorea). Allerdings sind Tiden über fünf Meter weltweit sehr selten. Man schätzt, dass es theoretisch nur ca. 100 solcher Plätze gibt. Praktisch stehen politische Rahmenbedingungen, gefährdete Flora und Fauna sowie ungleichmäßige Fluten im Weg. Auch führt das aggressive Salzwasser zu hoher Materialbelastung. Während Ebbe und Flut kann mangels Strömung praktisch keine Energie erzeugt werden. Die Stromerzeugung ist damit eher periodisch als konstant.
Wellenkraftwerke hingegen arbeiten nach dem Prinzip einer schwingenden Wassersäule. Das ständige Auf und Ab des Wassers treibt in einer Art Kamin eine Luftsäule an. Wie in einer Luftpumpe wird bei ansteigendem Wasser die Luft nach oben durch eine Turbine gedrückt. Beim Absinken des Wassers wird die Luft durch die Turbine angesogen. Eine ausgeklügelte Technik sorgt dafür, dass sich die Turbine in beiden Fällen immer in dieselbe Richtung dreht. Dadurch werden Reibungsverluste vermieden. Der erste Prototyp eines Wellenkraftwerks ging 2000 an der Westküste Schottlands in Betrieb und lieferte eine Spitzenleistung von 500 Kilowatt, ist inzwischen allerdings nicht mehr in Betrieb. 2011 folgte vor der baskischen Küste in Mutriku das erste kommerziell betriebene Wellenkraftwerk. Die Stromausbeute fällt jedoch wesentlich geringer aus als angenommen. Das Kraftwerk erzeugt knapp 300 Kilowatt, womit rund 250 Haushalte mit Strom versorgt werden können.

M5 Nutzung von Wind und Wasser zur Energiegewinnung

M6 Offshore-Park in der Ostsee

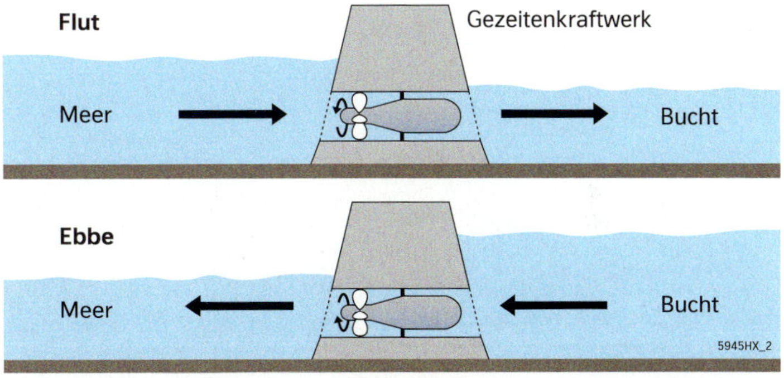

M7 Funktionsweise eines Gezeitenkraftwerkes

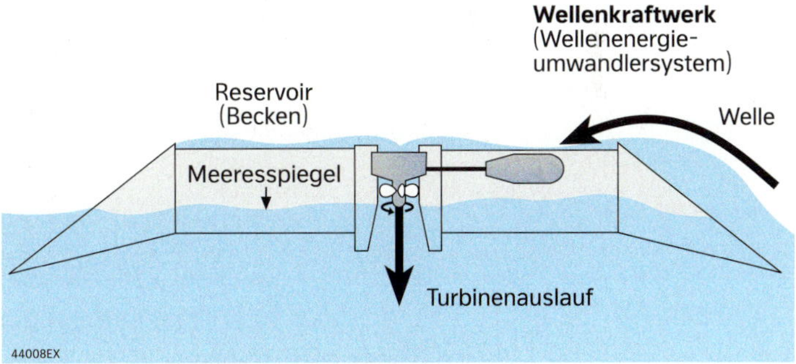

M8 Funktionsweise eines Wellenkraftwerkes

1 *Fassen Sie die Entstehung und Bedeutung von Methanhydrat zusammen (M1 – M4).*

2 *Vergleichen Sie die Funktionsweise eines Wellen- und eines Gezeitenkraftwerkes (M5, M7, M8, Internet).*

3 *Beurteilen Sie die Bedeutung des Energiepotenzials des Weltmeers.*

4 *a) Stellen Sie die Bedeutung des Weltmeers als Nahrungsmittel-, Rohstoff- und Energielieferant sowie als Verkehrsraum mittels Mindmap dar (S. 318 – 325).*
b) Beurteilen Sie die nachhaltige Nutzung des Weltmeers.

M1 Lagerstätten an Kontinentalrändern

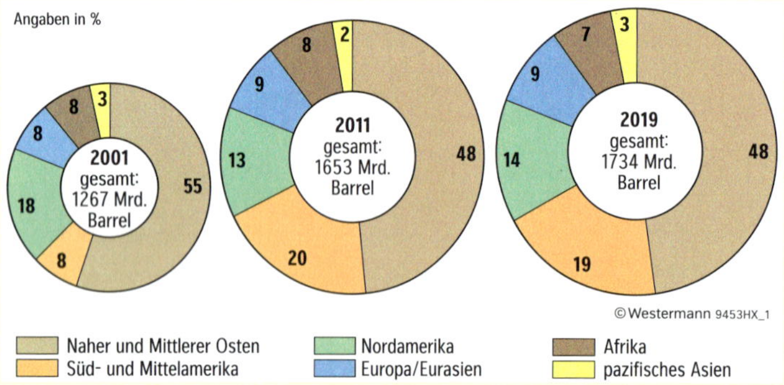

M2 Entwicklung und Verteilung der Erdölreserven

1 Lagerstätten an Kontinentalrändern (M1) ...
a) ... entstehen nur bei konvergierenden Plattenbewegungen.
b) ... unterstützen die Theorie der Plattenbewegung nach Wilson.
c) ... sind vor allem für die Manganknollen-Förderung relevant.
d) ... weisen vor allem zahlreiche Goldvorkommen auf.

2 Die Entwicklung und Verteilung der Erdölreserven (M2) zeigt ...
a) ... von 2001 bis 2019 nur einen geringen Anstieg der Gesamtmenge in Milliarden Barrel.
b) ... eine zunehmende Veränderung der Dominanz wirtschaftlicher Räume.
c) ... die Endlichkeit des Rohstoffs Erdöl.
d) ... die ungleiche Verteilung des Rohstoffs Erdöl auf der Erde.

3 a) Erklären Sie mögliche Faktoren, die die Rentabilität einer Lagerstätte bestimmen (M3).
b) Erörtern Sie folgende These: „Die Tiefsee ist das Bergbaugebiet der Zukunft."

4 Überprüfen Sie die Erfolgsaussichten, mit marinen Gashydraten global die Energieversorgung zu sichern.

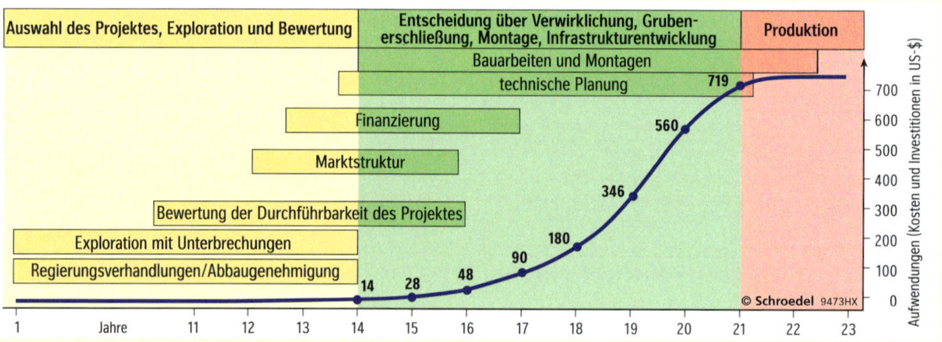

M3 Kosten der Rohstofferschließung

Fachbegriffe

Aquakultur
Black Smoker
Differenziation
EEG (Erneuerbare-Energien-Gesetz)
Fracking
Heizwert
Inkohlung
Intrusion
Kraton
Manganknollen
Methanhydrat
Migration
Ölsande
Primärenergie
Rekultivierung
Reserve
Ressource
Rohstoff
Seifen
Sekundärenergie
Seltene Erden
Separation

Die Nordostpassage

1 Fassen Sie Vor- und Nachteile einer Nutzung der Nordostpassage zusammen.

2 Erklären Sie am Beispiel der Nordostpassage die zunehmende geopolitische Bedeutung Russlands.

3 Beurteilen Sie folgende Aussage: „Containerschifffahrt: Die Abkürzung durch die Arktis ist unverantwortlich."

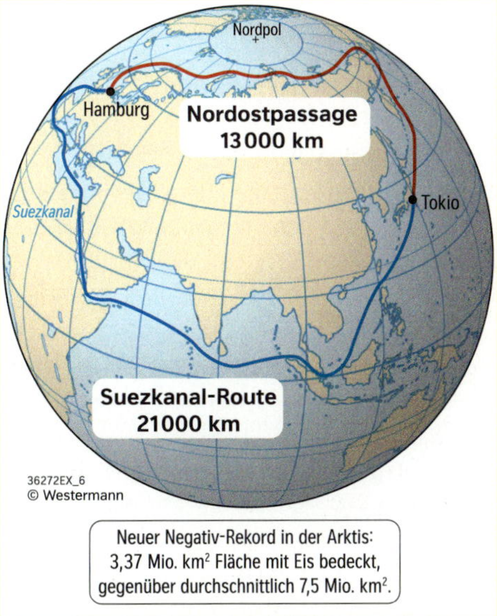

M1 Suezkanal und NO-Passage im Vergleich

Der „neue" Seeweg führt entlang der norwegischen und sibirischen Küste nach Fernost. Die Strecke Hamburg – Shanghai ist auf dieser Route nur 7600 Seemeilen lang, also deutlich kürzer als der Weg durch den Suezkanal mit 11400 Seemeilen. Von Juli bis Oktober ist die arktische Abkürzung bereits passierbar.

Rund 150 Frachter und Tanker wagten in den letzten fünf Jahren den Weg durch die Nordostpassage. Laut „Northern Sea Route Administration (NSRA)" [...] wurden 2018 rund 20 Mio. Tonnen Handelsgüter durch die Passage transportiert. Zum Vergleich: Durch den Suezkanal waren es im selben Jahr 983 Mio. Tonnen. [...] 2025 erwartet die NSRA bereits 80 Millionen Tonnen. [...] Doch die Passage ist anspruchsvoll. Jörg Kaufmann vom Bundesamt für Seeschifffahrt und Hydrographie kennt viele Berichte der Kapitäne: „Neben Eisschollen kann sich Treibeis an Meerengen jederzeit zu Packeis zusammenschieben. Gegebenenfalls brauche ich Unterstützung durch Eisbrecher, die ich mir von Russland teuer mieten muss, damit ich die Passage fahren kann. Das macht die Tour noch nicht so rentabel." Und der Tiefgang der Schiffe ist in den flachen Küstengewässern auf zwölf Meter begrenzt. Auf einer Teilstrecke von 2500 Seemeilen gibt es kaum Infrastruktur: „Es gibt keine großen Häfen, keine Such- und Rettungskräfte oder Ölbekämpfungsschiffe. Wenn es zu einer Havarie kommt, ist die Schiffsbesatzung auf sich allein gestellt." Umweltschützer befürchten eine ökologische Katastrophe, sollte es in den arktischen Gewässern zu einem schweren Schiffsunglück kommen. Die Havarie des vor Alaska gesunkenen Öltankers „Exxon Valdez" hat gezeigt, dass sich die arktische Umwelt wegen der extrem niedrigen Temperaturen nur sehr langsam erholt. Um Ölaustritte möglichst zu verhindern, sind sogenannte Doppelhüllentanker entlang der Nordostpassage vorgeschrieben. [...] China setzt große Hoffnungen auf den neuen Handelsweg durch das Eis – eine „Arktische Seidenstraße" als Abkürzung nach Europa. Daneben profitiert vor allem Russland von der neuen Schifffahrtsroute. Erst das zurückweichende Eis ermöglicht den Abbau und den Abtransport der arktischen Rohstoffvorkommen. [...] Ab 2040, so die Prognosen, wird die Nordostpassage für mindestens neun Monate im Jahr befahrbar sein.

Georg Beinlich

M3 Die Nordostpassage als neue Schifffahrtsroute?

Häfen: bis zu 70, jedoch die meisten ohne ausreichende und leistungsfähige Anlegestellen; Bau und Modernisierung mehrerer Häfen geplant bis 2023
Navigation: bei wechselnden Eisverhältnissen und Witterungsbedingungen schwierig; Ausbau der Satellitenkommunikation
Transportwege: drei Routen in Abhängigkeit von Eisgang und Schiffstyp; Anbindung der Häfen via Schiene und Landweg zu bedeutenden Städten wie Perm, Norilsk, Murmansk
Passagekosten Containerschiff: 100000 USD
Transportmengen: 4–7 Mio. t (2010), 13–15 Mio. t (2015), 31,5 Mio. t (2019), 80 Mio. t (Prognose für 2025)
Schiffsnutzung: 2 (2009), 34 (2011), 71 (2013), 122 (2019); im Vergleich: Suezkanal jährlich 18 000

M2 Fakten zur Nordostpassage

Referatsthemen

- Rohstoffquelle Meer – ein unbegrenzter Raum?
- Wasserstoff (in Deutschland) – Energiequelle der Zukunft?
- Mensch und Natur – Raumnutzungskonflikte per se?
- „Terraforming" – eine zukunftsweisende Form der Landgewinnung für den Menschen?

WES-151140-327

6.5 Klima und Vegetation

Strahlungs- und Wärmehaushalt

Die Oberflächentemperatur der Sonne beträgt etwa 5700 °C. Die Abstrahlung dieser hohen Temperaturen ins Weltall erfolgt in Form von kurzwelliger Strahlung. Die obere Atmosphäre der Erde, deren Fläche senkrecht zur Strahlungsrichtung der Sonne ausgerichtet ist, erhält somit einen Strahlungsenergiefluss von 1367 W/m^2 (Solarkonstante). Durch **Reflexion** und **Absorption** an und in der Erdatmosphäre erhält die sonnenzugewandte Hälfte der Erde nur etwa ein Viertel dieser Energie. Die Sonne stellt die wichtigste Energiequelle des irdischen Lebens dar.

Der Strahlungshaushalt der Erde

Beim Durchdringen der Erdatmosphäre werden von der kurzwelligen Solarstrahlung (= **Globalstrahlung**):

- 26 % von Wolken und Luftteilchen reflektiert,
- 19 % von Wolken und Luftteilchen absorbiert,
- 4 % von der Erdoberfläche selbst reflektiert.

Lediglich 51 % der Globalstrahlung werden von der Erdoberfläche absorbiert und in langwellige Wärmestrahlung umgewandelt. Sie erwärmt den Erdboden, von dem erwärmte Luft als Ausstrahlung in die Erdatmosphäre aufsteigt. Diese wiederum wird zum Teil von Wolken und Luftteilchen absorbiert oder als **Gegenstrahlung** zur Erde reflektiert. Der Rest der Strahlung entweicht als effektive Ausstrahlung in den Weltraum. Zusätzlich gibt die Erde Energie in Form von fühlbarer Wärme (Konvektion) mit der Luft und latente Wärme (durch Verdunstung) an die Atmosphäre ab.

Die Atmosphäre verhält sich gegenüber der von der Sonne bzw. von der Erde ausgehenden Strahlung wie die Glashülle eines Treibhauses: Sie lässt die kurzwellige solare Strahlung großteils passieren, absorbiert jedoch die langwellige terrestrische Strahlung weitgehend. Dadurch erhitzt sie sich wie die Luft im Treibhaus. Ohne diesen natürlichen Treibhauseffekt wäre die Erde nicht der an Ozeanen, Seen und Flüssen reiche, blaue Planet, sondern eine lebensfeindliche Eiswüste. Die globale Mitteltemperatur würde nicht + 15 °C, sondern - 18 °C betragen. Die Temperaturerhöhung ist zu etwa zwei Drittel auf den Wasserdampf der Atmosphäre zurückzuführen. Den Rest erbringen vor allem CO_2 und in geringerem Umfang weitere Spurengase und Aerosole (Gemisch aus festen, flüssigen Schwebeteilchen). Deren „Treibhausrelevanz" ist allerdings, bezogen auf den Effekt eines CO_2-Moleküls, um ein Vielfaches höher.

M3 Der natürliche Treibhauseffekt

Der Wärmehaushalt

Die strahlungsbedingten Energiegewinne oder -verluste werden durch folgende Wärmeströme ausgeglichen:

- den Wärmestrom zwischen Erdoberfläche/Atmosphäre,
- den vertikalen Wärmestrom zwischen der Oberfläche und tieferen Schichten des Festlandes bzw. des Meeres,
- die horizontale Wärmezufuhr durch Meeresströmungen,
- den Verdunstungswärmestrom (Entzug von Wärmeenergie aus der Umgebung und Speicherung im Wasserdampf = latente Wärme).

In Summe ergibt sich der Wärmehaushalt der Erde.

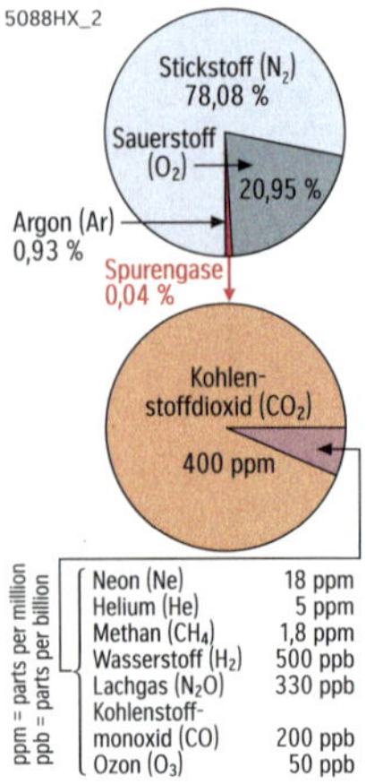

M1 Zusammensetzung der Atmosphäre

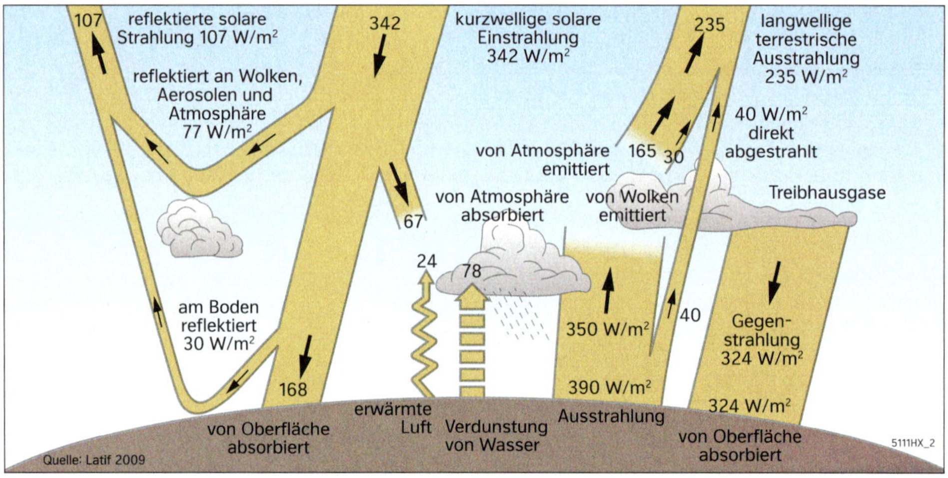

M2 Strahlungs- und Wärmehaushalt des Systems Erde – Atmosphäre – Weltraum

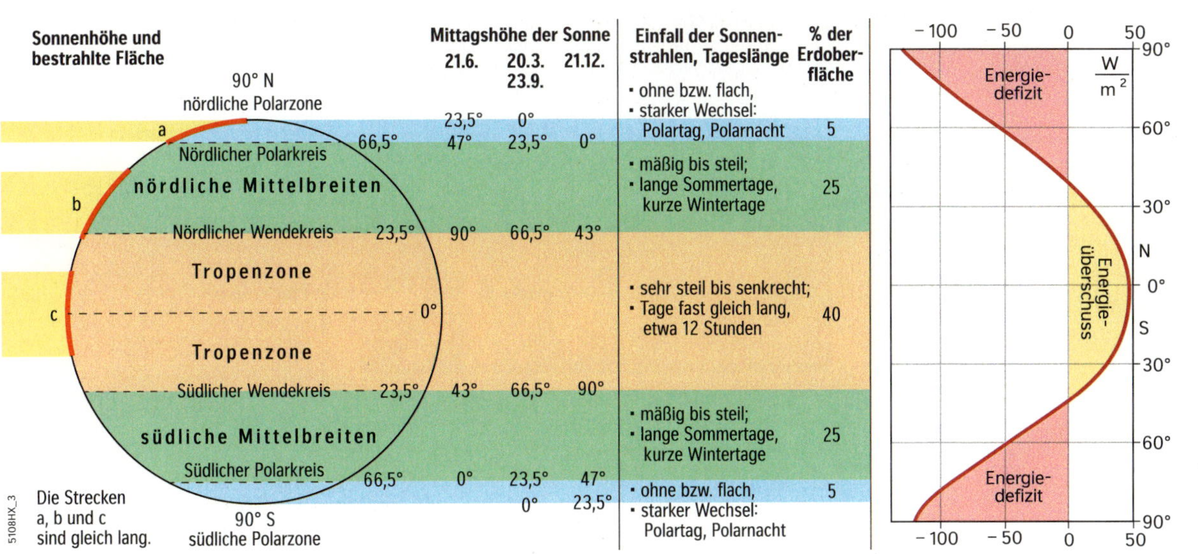

M4 Beleuchtungszonen sowie Energiedefizit bzw. Energieüberschussgebiete

Vernachlässigt man die Atmosphäre und beschränkt den Klimabegriff auf die von der geographischen Breite abhängige Sonneneinstrahlung, spricht man vom sogenannten solaren Klima. Auf Grundlage dieses Modells ist es möglich, strahlungsklimatische Unterschiede auf der Erde zu definieren. Diese Unterschiede haben ihre Ursache unter anderem in der Kugelform der Erde. Im Äquatorialbereich ist die Einstrahlung hoch (senkrechter Einstrahlungswinkel) und über das ganze Jahr relativ gleichmäßig verteilt. In Richtung der Pole schwankt dieser Wert zeitlich dagegen stark. Während in den Polargebieten in den Frühjahrs- und Sommermonaten eine maximale Einstrahlung festzustellen ist (Polartag), ist die Einstrahlung in den Herbst- und Wintermonaten (Polarnacht) bei null. Die unterschiedliche Beleuchtungssituation führt zur Herausbildung unterschiedlicher Beleuchtungszonen. Während die Tropen ganzjährig eine hohe Energiezufuhr erhalten, ist die Bilanz der Polargebiete über das Jahr gesehen negativ. Zwischen diesen beiden extremen Zonen befinden sich als Übergangszone die Mittelbreiten.

M5 Das solare Klima der Erde

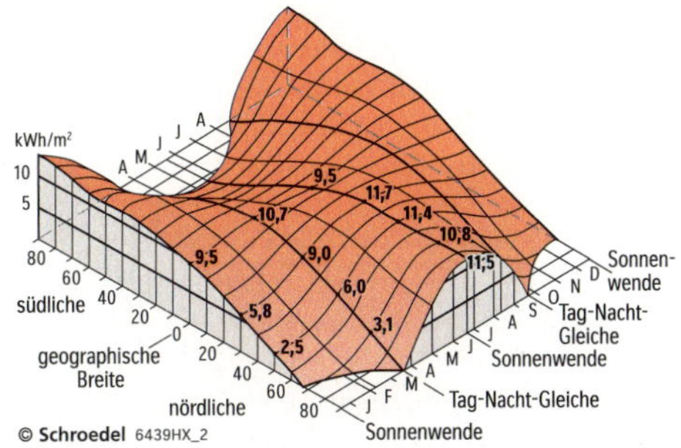

M6 Tagessummen der Sonneneinstrahlung im Jahresverlauf (in kWh / m²)

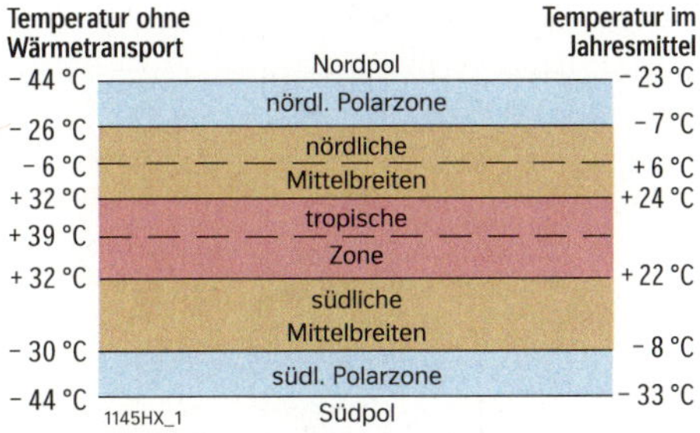

M7 Strahlungstemperatur und tatsächliche Temperatur

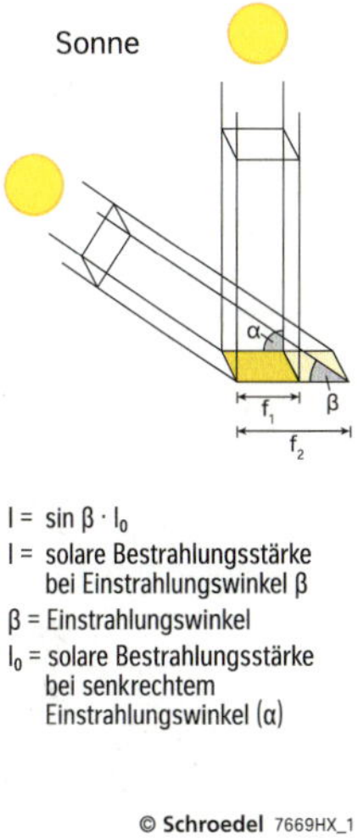

M8 Einfallswinkel der Sonnenstrahlen

1 *Erläutern Sie den Strahlungs- und Wärmehaushalt der Erde (M2). Binden Sie in Ihre Ausführungen auch den natürlichen Treibhauseffekt ein (M1, M3).*

2 *„Die Pole stellen Energiedefizitgebiete dar." Beurteilen Sie diese Aussage (M5, M6, M8).*

3 *Analysieren Sie die Unterschiede der Beleuchtungszonen der Erde (M4 – M6) hinsichtlich a) Lage, b) Strahlungsbilanz, c) Tageslänge.*

4 *Beurteilen Sie Möglichkeiten, die sich aus der Kenntnis der Sonnenscheindauer pro Tag für die Wirtschaftlichkeit einer Gesellschaft ergeben.*

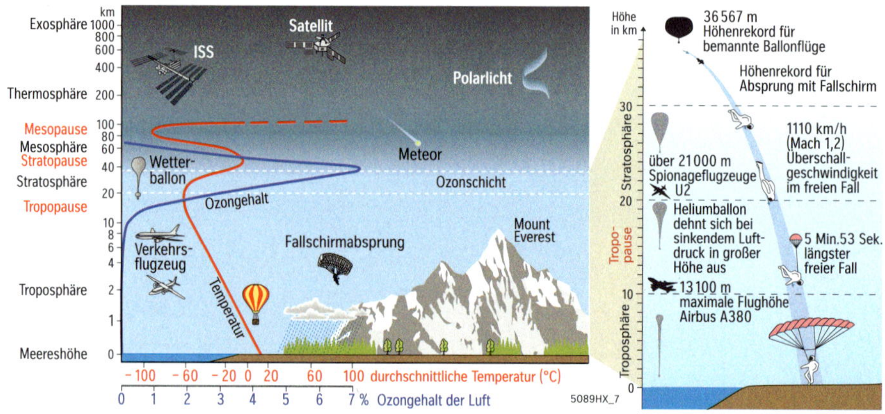

M1 Der Stockwerkbau der Atmosphäre und der Stratosphärensprung von Felix Baumgartner (2012)

Der mittlere Luftdruck der Erdatmosphäre auf Meeresspiegelhöhe beträgt 1013,25 hPa, was etwa 1 Bar entspricht. Auf der Zugspitze in 2962 m Höhe herrschen weniger als 700 hPa, am Ufer des Toten Meeres bei 425 m unter dem Meeresspiegel dagegen über 1070 hPa.

Die Erdatmosphäre besteht aus verschiedenen Stockwerken, den Sphären, wobei jede dieser Sphären ein spezifisches Gemisch an Feststoffen, Gasen und Flüssigkeiten enthält. Der größte Teil der Bestandteile konzentriert sich in den von der Erde aus betrachteten untersten 40 Kilometern. In diesem Bereich bildet die **Troposphäre** das Stockwerk, in dem sämtliches Wettergeschehen der Erde erfolgt. Eine Temperaturinversion an ihrer oberen Grenze verhindert weitere Vertikalbewegungen der Luft und somit wetterwirksamer Vorgänge in den darüber befindlichen Sphären. Die Troposphäre reicht an den Polen bis zu 8 Kilometer und am Äquator bis über 15 Kilometer in die Höhe.
Mit zunehmender Höhe ändert sich auch der Luftdruck. Das Gewicht der Luftsäule ist am Boden am größten. Während der normale Luftdruck am Boden auf Meeresspiegelhöhe einen Wert von 1013 hPa aufweist, nimmt dieser Wert kontinuierlich mit zunehmender Höhe ab.

M2 Einfluss der Atmosphäre

Wasser und Wolkenbildung

Die Erdatmosphäre enthält etwa 15 Billiarden Liter Wasser, genug, um den Bodensee 300 Mal zu füllen. Diese Wassermenge wird in acht bis neun Tagen einmal umgewälzt. Damit ändert sich der Wassergehalt rascher und in größerem Umfang als der anderer Bestandteile der Atmosphäre. Da zudem jeder Wechsel des Aggregatzustandes mit einem Energieumsatz verbunden ist, werden durch den latenten Wärmestrom gewaltige Energiemengen transportiert. So kühlen sich aufsteigende Luftmassen um 1 °C / 100 m (**trockenadiabatisch**) bis zum Kondensationsniveau ab. Wird der Taupunkt überschritten, wird **Kondensation**swärme frei, sodass die weiter aufsteigende Luft noch um 0,5 °C / 100 m abkühlt (feuchtadiabatischer Temperaturgradient).

Um einen Liter Wasser (1 kg) zu verdampfen, sind rund 2,5 Kilojoule nötig (rund 540 Kilokalorien). Die gleiche Energiemenge wird wieder frei, wenn der Wasserdampf kondensiert. Angenommen, in Brandenburg (ca. 30 000 $km^2 = 3 \times 10^{10}\ m^2$) hat es in drei Stunden etwa 1 mm pro m^2 geregnet. Da ein Millimeter pro m^2 einem Liter pro m^2 entspricht, sind auf das Bundesland 3×10^{10} Liter Regen gefallen.
Bei der Kondensation des Wasserdampfes sind also $3 \times 10^{10} \times 540$ kcal (Kilokalorien), also rund 10^{13} kcal als Wärme freigesetzt worden. Das sind 10 Bio. kcal in drei Stunden, was einer Leistung von rund 4000 Gigawatt (1 W = 14,33 cal / min) entspricht. Solche Energieumsätze sind auch mit den größten Kraftwerken auf der Erde nicht zu erreichen.

M3 Aggregatzustände des Wassers und Beispielrechnung des Energieumsatzes bei Kondensation

100800-092 www.diercke.de

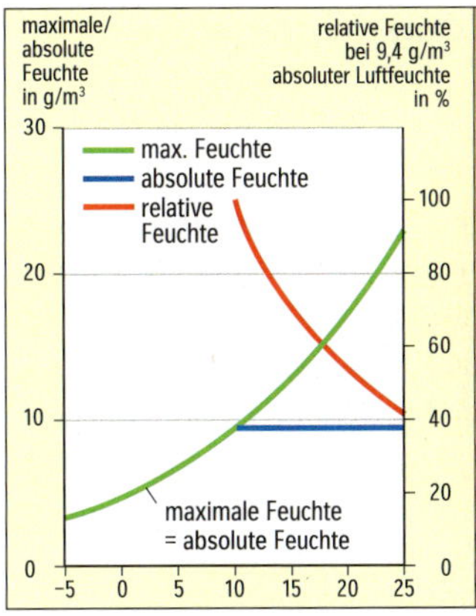

Höhe m	Temp. °C	absol. Feuchte g je m³	max. Feuchte g je m³	relative Feuchte %
2000	7,5	7,8	7,8	100
1500	10,0	9,4	9,4	100
1000	15,0	9,4	12,8	73
500	20,0	9,4	17,2	55
0	25,0	9,4	22,8	42

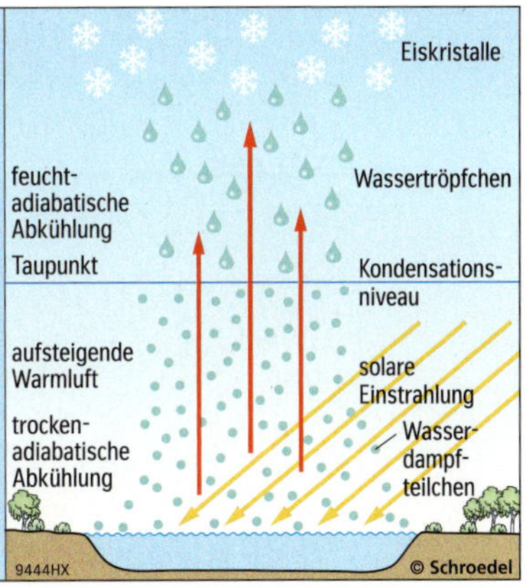

M4 Wolkenbildung und Luftfeuchte

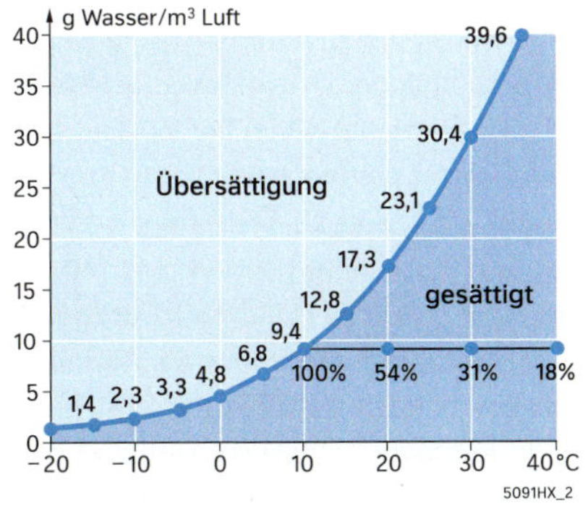

Die maximale Menge Wasserdampf, die ein Kubikmeter Luft bei einer bestimmten Temperatur aufnehmen kann, wird als maximale Feuchte in der Taupunktkurve dargestellt. Der Taupunkt ist diejenige Temperatur, bei der Wasserdampf kondensiert. Die Menge des in der Luft gerade enthaltenen Wasserdampfs, die absolute Feuchte, wird wie die maximale Feuchte in Gramm pro Kubikmeter (g/m³) angegeben. Die relative Feuchte ist das Verhältnis von maximaler zu absoluter Feuchte. Am Taupunkt beträgt die relative Feuchte 100 Prozent.

M5 Taupunktkurve (Sättigungskurve)

Als Föhn wird ein warmer, trockener Fallwind auf der Leeseite eines Gebirges, wie etwa den Alpen, bezeichnet. Beim Aufstieg eines Luftpaketes auf der Luvseite des Gebirges kommt es mit dem Erreichen des Kondensationspunktes zur Wolkenbildung und zum sogenannten Steigungsregen (orographischer Niederschlag). Damit verbunden ist eine Abkühlung (trocken- und feuchtadiabatisch). Nach dem Überqueren des Gebirges erwärmt sich die wieder absinkende Luftmasse trockenadiabatisch, wodurch sie am Fuße der Leeseite des Gebirges eine höhere Temperatur als böiger oder stetiger Föhnwind aufweist.

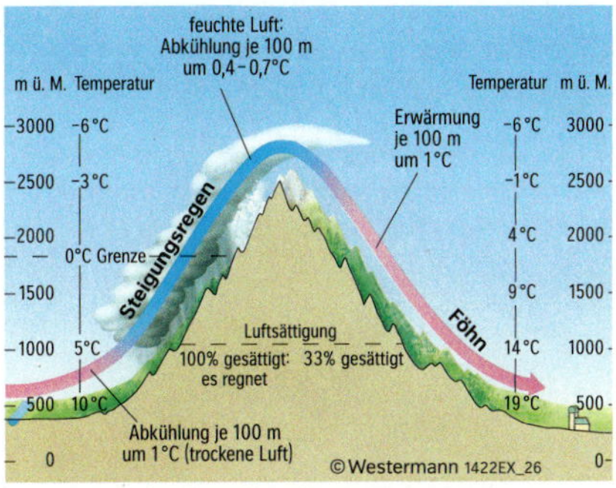

M6 Entstehung des Fallwindes Föhn

1 *a) Beschreiben Sie den Aufbau der Atmosphäre (M1).*
b) Erläutern Sie am Sprung von Felix Baumgartner Besonderheiten der unteren Atmosphäre (M1).

2 *Erläutern Sie die Vorgänge bei der Kondensation. Verwenden Sie dazu die Begriffe Temperatur, relative Luftfeuchte und Taupunkt (M3 – M5).*

3 *Berechnen Sie den Umsatz an Energie während der Kondensation an einem selbst gewählten Beispiel (M3).*

4 *Ein Luftpaket in 200 m Höhe und 10 °C überquert ein 3000 m hohes Gebirge und erreicht dabei in 600 m Höhe das Kondensationsniveau. Berechnen Sie die Temperatur im Lee des Gebirges für 600 m Höhe (M6, Atlas).*

100800-093 www.diercke.de

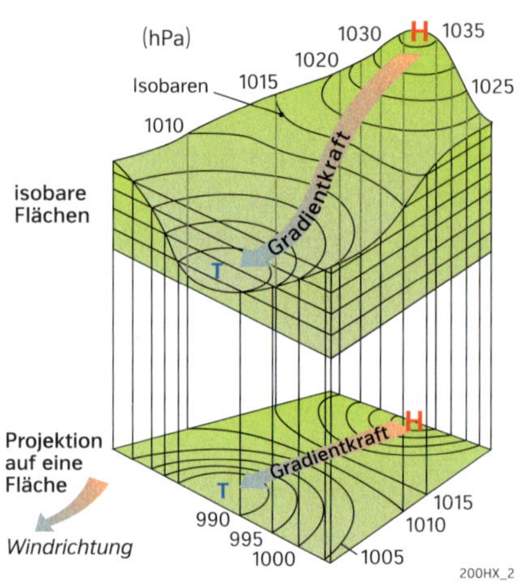

Isolinien auf einer Karte kennzeichnen Gebiete mit gleichen Eigenschaften. So werden Gebiete mit gleichem Luftdruck an den Isobaren erkennbar. Bereiche hohen oder niedrigen Luftdrucks werden von ihnen mehr oder weniger konzentrisch umschlossen. Luft aus einem Bereich mit höherem Druck strömt in einen Bereich mit niedrigerem Druck. Die Kraft, die dabei die Luft bewegt, wird als Gradientkraft bezeichnet.
Die Luft, die beispielsweise aus einem Hochdruckgebiet am Boden (Bodenhoch) ausströmt, wird durch einströmende Luft aus höheren Schichten ersetzt. Mit dieser Absinkbewegung der Luft sind Erwärmung und Auflösung der Wolken als typische Merkmale von Hochdruckgebieten verbunden. In Tiefdruckgebieten hingegen herrschen durch den Aufstieg der Luft Abkühlung und somit Wolkenbildung (Kondensation) vor.

M1 Entstehung der Gradientkraft

Grundlagen der atmosphärischen Zirkulation

Aufgrund der unterschiedlichen Strahlungsverhältnisse und der höhenabhängigen Luftdruckveränderungen entstehen in der unteren Atmosphäre Gebiete mit unterschiedlichen Luftdrücken. Der Ausgleich dieser Luftdruckunterschiede erfolgt in Form von Luftströmungen, dem Wind (Advektion). Ohne die Rotation der Erde würde – allein durch die Temperatur- und die daraus resultierenden Druckgegensätze – der bodennahe Luftdruckausgleich von den Polen zum Äquator und der Luftdruckausgleich in der Höhe in die entgegengesetzte Richtung in Form von zwei globalen Zirkulationszellen erfolgen.
Die Rotation der Erde und die damit verbundene **Corioliskraft** sorgen für eine Ablenkung der Luftströmungen. Somit entstehen großräumige Zirkulationssysteme, die im Modell der planetarischen Zirkulation dargestellt sind.
Im Modell wird dabei berücksichtigt:

- Druckausgleichsbewegungen zwischen Hochdruck- (> 1013 hPa) und Tiefdruckgebieten (< 1013 hPa) werden durch die Corioliskraft abgelenkt.
- Die Ablenkung der Hochdruckzellen erfolgt auf der Nordhalbkugel nach rechts und auf der Südhalbkugel nach links in Strömungsrichtung.

Im kleineren Maßstab verursachen die Luftdruckunterschiede an Küsten einen Strömungsausgleich in Form von Wind. Unterschiedlich erwärmte Oberflächen haben eine Strömungsumkehr als Land-See-Wind zur Folge.

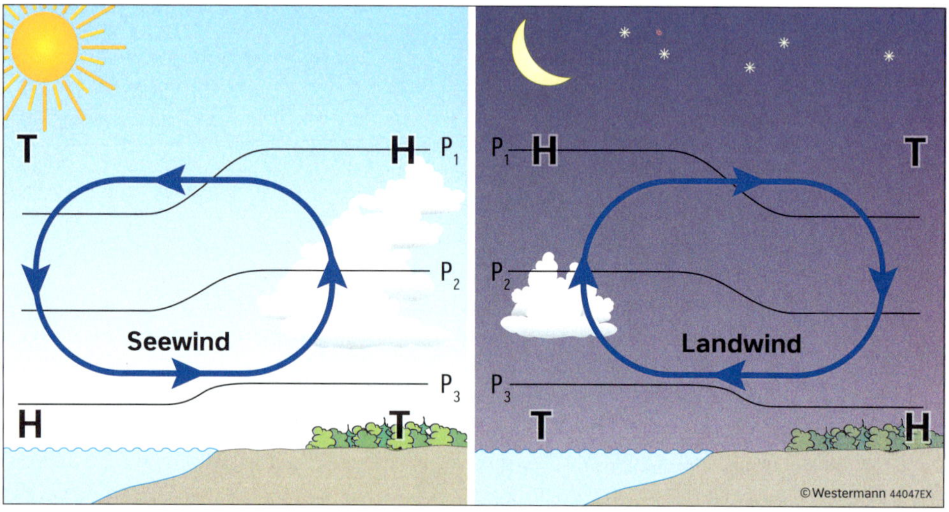

M2 Land-See-Wind

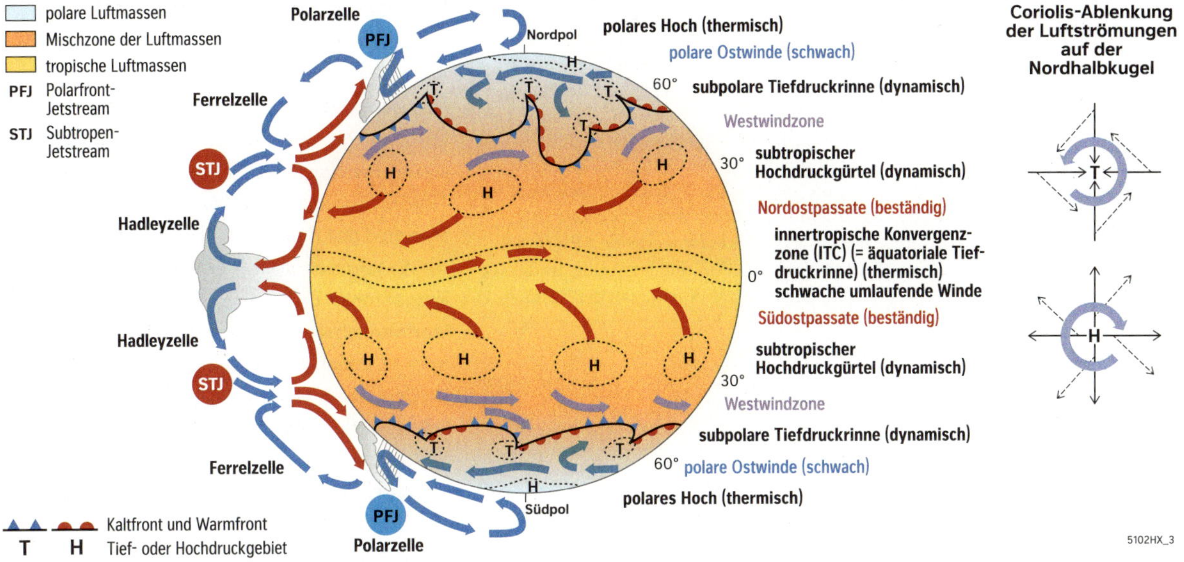

M3 Modell der planetarischen Zirkulation

Basierend auf den Strahlungsverhältnissen in der Atmosphäre bilden sich Druck- und Windgürtel heraus, die zu erdumspannenden Luftausgleichsströmungen führen. Am Äquator, wo ganzjährig ein hoher Energiegewinn nachweisbar ist, befindet sich am Boden eine Rinne tropischer Tiefdruckgebiete, die **Innertropische Konvergenzzone (ITC)**. Hier konvergieren aus nördlicher und südlicher Richtung einströmende Luftmassen, steigen auf und strömen in der Höhe zu dem bei etwa 30° Nord und Süd befindlichen subtropischen Hochdruckgürtel. Von dort schließt sich die Zirkulation des tropischen Bereiches durch die beiderseits des Äquators strömenden **Passate**.
In der nördlich anschließenden **Westwindzone** treffen kalte Polarluft und wärmere subtropisch geprägte Luftmassen aufeinander. Die in der Höhe westlich strömenden Höhenstrahlströme (Jetstreams) können Geschwindigkeiten bis zu 400 km/h aufweisen und bestimmen das Wetter in den mittleren Breiten durch die Herausbildung von dynamischen Tief- (Zyklonen) bzw. Hochdruckgebieten (Antizyklonen).
Nach Norden hin wird das System durch ein polares Kältehoch ergänzt, aus dem durch die Corioliskraft polare Ostwinde ausströmen.

M4 Druck- und Windgürtel der Erde

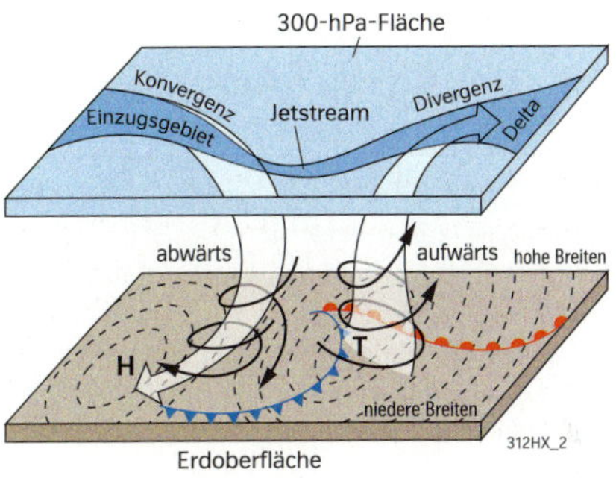

Das Starkwindband des Jetstreams weist unterschiedliche Durchmesser auf. Vor Engstellen staut sich die Luft und wird nach unten „gepumpt“. So entstehen Hochdruckgebiete am Boden, die sich mit der Westwinddrift nach Osten verlagern. Ein Teil schert dabei äquatorwärts aus und bildet den subtropischen Hochdruckgürtel. Hinter einer Engstelle „saugt“ der Jetstream beim Beschleunigen die Luft vom Boden an. Auf diese Weise bilden sich dort Tiefdruckgebiete (Zyklone), die sich ebenfalls mit der Westwinddrift nach Osten verlagern. Ein Teil schert dabei polwärts aus und bildet die subpolare Tiefdruckrinne.

M5 Pump-Saug-Wirkung des Jetstreams

Tiefdruckgebiete rotieren auf der Nordhalbkugel gegen den Uhrzeigersinn (zyklonal) und werden auch Zyklone genannt.

Die Bezeichnung Antizyklon für die auf der Nordhalbkugel im Uhrzeigersinn (antizyklonal) rotierenden Hochdruckgebiete ist dagegen unüblich.

1 *a) Beschreiben Sie die Gradientkraft einer Luftmasse, die sich vom Pol zum Äquator bewegt (M1).*
b) Begründen Sie die unterschiedlichen Windströmungen an Küsten bei Tag und bei Nacht (M2).

2 *Erläutern Sie Merkmale und Besonderheiten der Innertropischen Konvergenzzone (M3, M4).*

3 *Analysieren Sie das Modell der planetarischen Zirkulation hinsichtlich der Vorgänge (M3 – M5).*

George Hadley:

** 12.2.1685 in London*
† 28.6.1768 in Fitton

britischer Meteorologe, der 1735 die Zirkulation dieser Zelle erstmals beschrieb

Der Passatwind ist ein beständiger, mäßig kraftvoller Luftstrom. Aufgrund der Konvergenz und der Ablenkung der Luftausgleichströmungen gibt es den Nordostpassat auf der Nordhalbkugel und den Südostpassat auf der Südhalbkugel. Die Kontinuität der Winde in Bezug auf die Richtung und die Beständigkeit machten sich einst Seefahrer zunutze, um etwa die Überfahrt nach Amerika durch einen entsprechenden Rückenwind zu verkürzen. Wie der Jetstream in der Luftfahrt spielt auch das Ausnutzen der Passatwinde in der globalen Frachtschifffahrt wieder eine zunehmende Rolle.

M1 Passatwinde – eine natürliche Antriebshilfe, die schon Christoph Kolumbus bei seinen Überfahrten nach Amerika zu nutzen wusste

Die Passatzirkulation

Vor allem in den Tropen Afrikas wird das Klima maßgeblich von der Passatzirkulation geprägt. Luftdruckgegensätze zwischen dem subtropischen Hochdruckgürtel und der äquatorialen Tiefdruckrinne treiben diese Zirkulation als Bestandteil der Hadleyzelle an. Je nach mitgeführter Wassermenge werden trockene und feuchte Passatzonen unterschieden. Die östlichen Festlandbereiche erhalten durch vom Ozean kommende, feuchte Passatwinde oftmals reichlich Niederschlag. Demgegenüber stehen die westlich gelegenen Passatzonen auf dem Festland, die durch abgeregnete, trockene Passatwinde geprägt werden. Der Bereich des Nordostpassates ist in Afrika trockener, da über der arabischen Halbinsel weniger Feuchtigkeit aufgenommen werden kann. Weht der Passatwind weiter auf das Meer hinaus, kommt er mit kalten aufsteigenden Meeresströmungen in Kontakt und verhindert das Ausbreiten feuchter Luftmassen von West nach Ost. Dies hat die Bildung von Küstenwüsten wie der Namib zur Folge.

- Kalte Luft hat eine höhere Dichte als warme Luft.
- Luft steigt auf, solange sie wärmer ist und somit eine geringere Dichte aufweist als angrenzende Luftmassen.
- Absinkende Luftmassen verursachen einen höheren Luftdruck, werden erwärmt und strömen in Gebiete mit niedrigerem Luftdruck.
- Je mehr sich die Luftmassen erwärmen, desto mehr Wasserdampf können sie aufnehmen. Abkühlung dagegen hat Kondensation und damit Wolkenbildung bzw. Niederschlag zur Folge.
- Die Passatinversionsschicht erschwert den konventionellen Aufstieg der am Boden erwärmten Luft und damit die Bildung hochreichender Wolken.

M2 Hygrische und thermische Grundlagen

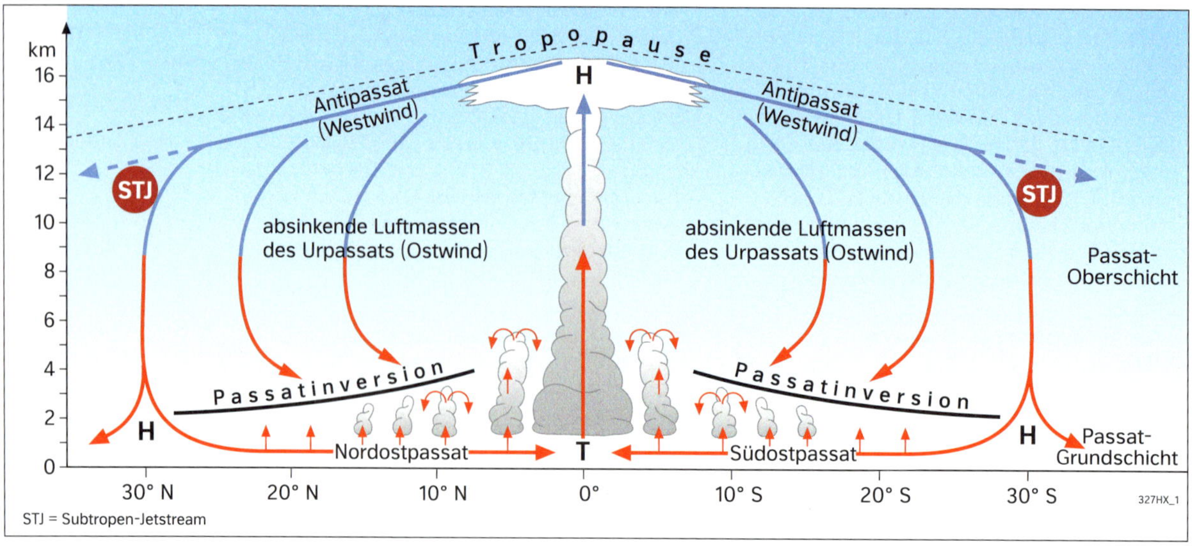

M3 Die Passatzirkulation im Modell

100800-246 www.diercke.de

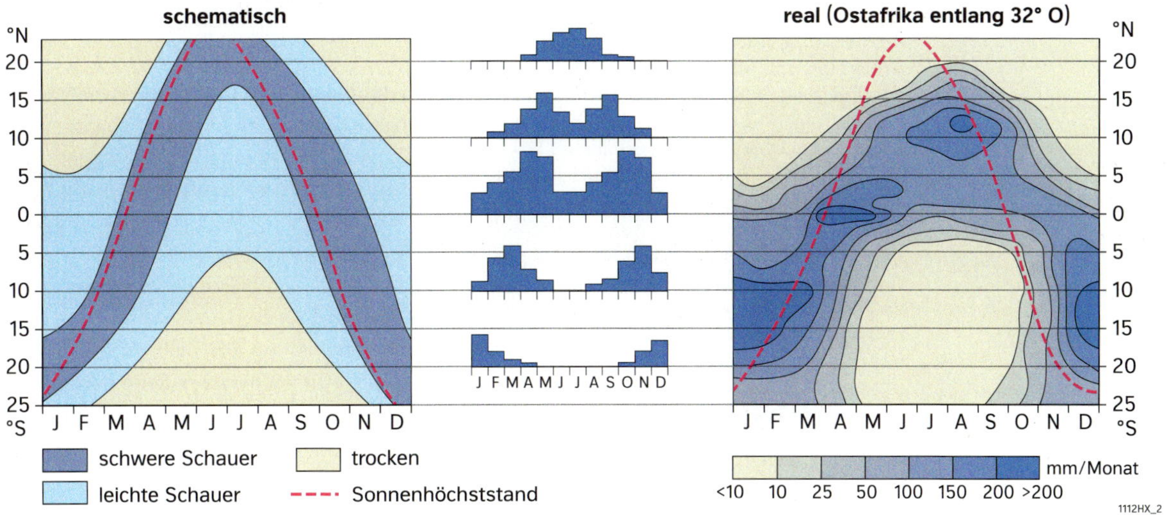

M4 Verlagerung der Innertropischen Konvergenzzone (ITC) und der Niederschlagsbereiche

Durch die starke Erwärmung kommt es in der äquatorialen Tiefdruckrinne zu raschen und hochreichenden Vertikalbewegungen der feuchtheißen Tropikluft. Diese erreicht bereits in 1000 bis 1500 Metern Höhe ihr Kondensationsniveau, wird aber durch die bei der Kondensation frei werdenden großen Mengen von latenter Wärme meist bis zur Obergrenze der Troposphäre hochgetrieben. Dazu saugen die häufig in Gruppen (Clustern) mit einem Durchmesser von hundert oder mehr Kilometern auftretenden Wolkentürme feuchte Warmluft aus einem weiten Umkreis an.

Da warme Luft sehr viel Wasserdampf speichern kann, sind die aus diesen Gewitterwolken fallenden Platzregen heftig: Sie betragen am Tag 100 Millimeter und mehr und setzen regelmäßig am Nachmittag ein. Im Jahresverlauf erreichen sie ihre höchste Intensität, wenn die Sonne im Zenit steht (Zenitalregen).

Die kräftige Konvektion führt unterhalb der Tropopause zu einem Luftmassenüberschuss, einem Höhenhoch. Von dort strömen die Luftmassen polwärts. Durch die Coriolisablenkung entsteht dabei ein Westwind (Antipassat). Teilweise sinken bereits in niederen Breiten aus dem Antipassat Luftmassen ab und fließen zurück Richtung Äquator. Aus ihnen entwickelt sich durch die Coriolisablenkung ein Wind aus östlichen Richtungen, der sogenannte Urpassat, dessen Luftmassen sich beim Absinken zunehmend erwärmen.

Andere Luftmassen des Antipassats sinken im Bereich der Wendekreise ab und schließen als bodennahe, beständig wehende Winde (Nordost-/Südostpassat) die Zirkulation.

Entsprechend ihrer Herkunft aus den subtropisch-randtropischen Hochdruckzellen ist diese nur ein bis zwei Kilometer mächtige Passatgrundschicht eine sehr warme, wolken- und niederschlagsarme Strömung. In ihr kommt es selbst über dem Meer zunächst nicht zur Niederschlagsbildung, weil die dafür notwendige hochreichende Konvektion durch die sogenannte Passatinversion unterbunden wird. Erst in der Nähe des Äquators reicht die angesammelte Energie aus, um die Inversionsschicht zu durchbrechen.

Sind die Passatströmungen beider Halbkugeln stärker ausgebildet, konvergieren ihre Luftmassen in einer etwa 100 bis 200 Kilometer breiten Zone. Diese Innertropische Konvergenzzone (ITC) entspricht der äquatorialen Tiefdruckrinne.

M5 Die Hadleyzelle in der Passatzirkulation

1 *Erklären Sie die Bedeutung der Passatzirkulation für die Überfahrten des Entdeckers Christoph Kolumbus (M1).*

2 *Erläutern Sie die Merkmale der Passatzirkulation unter Einbeziehung der Auswirkungen auf das Klima und die Vegetation (M2, M3, Atlas).*

3 *Stellen Sie mithilfe des Modells die Schichtstruktur der Passatzirkulation begründet dar (M3, M4).*

4 *Analysieren Sie die Niederschlagsverhältnisse in M4 und ziehen Schlussfolgerungen zum Wanderungsverhalten der Nomaden bzw. Tierherden.*

In Südasien bestimmt der Monsun das Dasein der Menschen, als Wasserspender, in wirtschaftlicher Hinsicht, oftmals – wie durch Dürren oder Überschwemmungen – aber auch mit drastischen Folgen für Leib und Leben der Menschen. Die Bewohner bezeichnen ihn als Fluch und Segen zugleich. Besser nachvollziehbar ist dies sicher, wenn man sich vergegenwärtigt, dass in Indien Ende Mai bzw. Anfang Juni, also kurz vor Beginn des indischen Sommermonsuns, die kontinentalen Tiefländer der Region die heißesten Gegenden auf der Erde sind. Verbreitet herrschen Tageshöchsttemperaturen von mehr als 40 °C. Der Monsun erlöst die Menschen zeitweise von dieser Hitze und spendet Wasser. Da aber so viel Niederschlag fällt, kann der Boden ihn zeitweise nicht aufnehmen und das Wasser fließt oberflächlich ab, was zu Überschwemmungen führt.

M1 Monsun – Fluch und Segen

Die tropische Monsunzirkulation am Beispiel Südasiens

Der **Monsun** (arab.: mausim) ist ein ständig wehender Wind, der jahreszeitlich um mehr als 120 ° die Windrichtung wechselt. Voraussetzung für den Monsun ist das Zusammentreffen von großen Land- und Meeresflächen im tropischen Bereich. Die dadurch verursachten Unterschiede im Luftdruck verändern die in diesem Bereich vorherrschende Passatzirkulation und führen zur Herausbildung des Sommer- und Wintermonsuns. Die Monsunzirkulation prägt insbesondere Süd- und Südostasien.

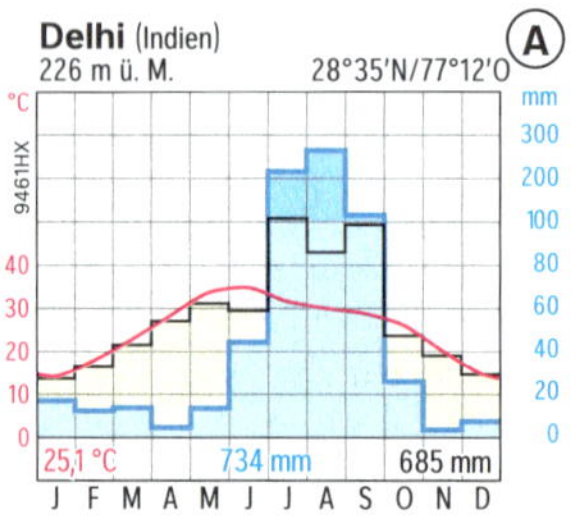

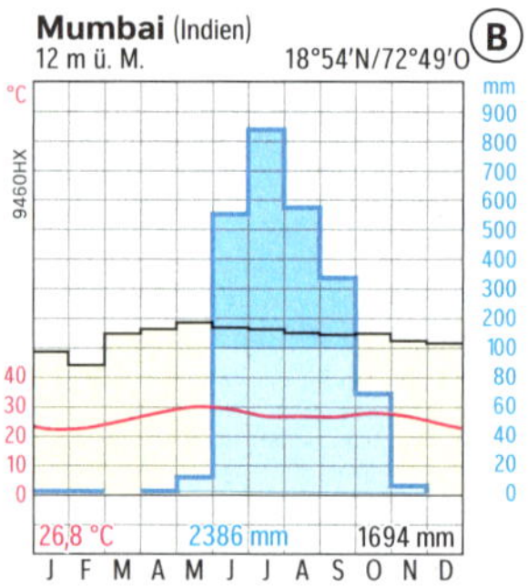

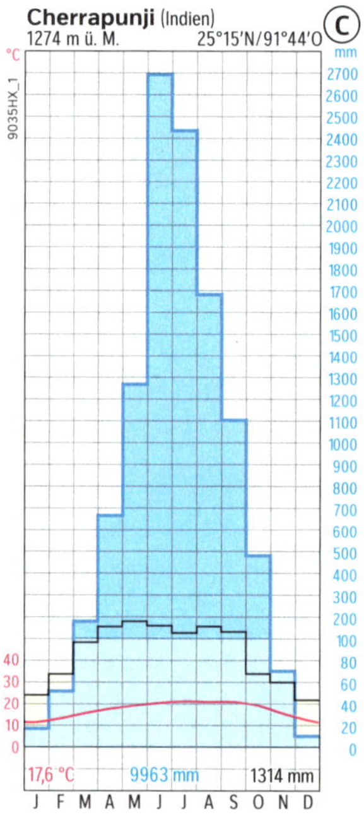

M2 Klimadiagramme Indiens

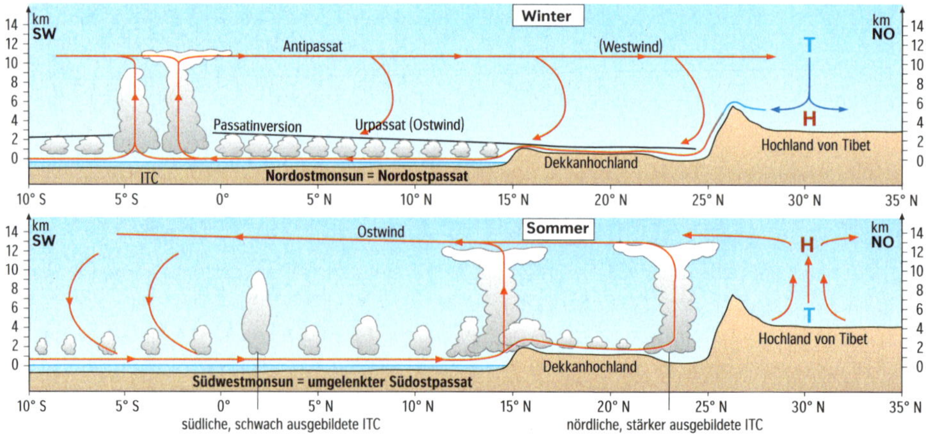

M3 Tropische Monsunzirkulation in Südasien

100800-164 www.diercke.de

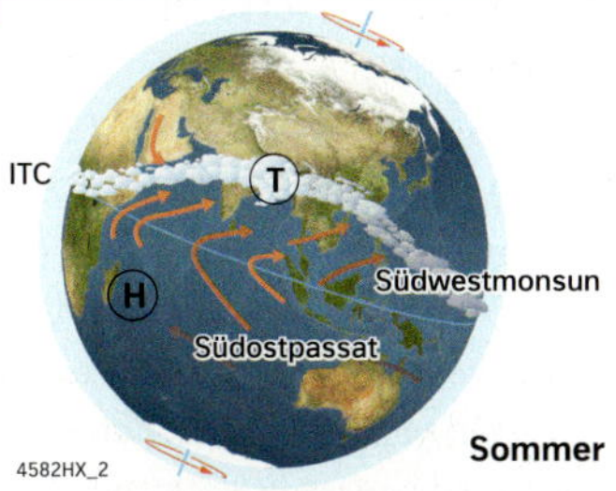

Mit dem im Sommer steigenden Sonnenstand erhitzt sich der Subkontinent Indien stark. Ein ausgeprägtes Hitzetief entsteht am Boden. Die Jahreszeit zwischen März und Mai, die man in Indien als Vormonsunzeit bezeichnet, ist durch steigende Hitze bei monatelanger Trockenzeit gekennzeichnet. Das Eintreffen des Sommermonsuns wird in Indien im Juni/Juli sehnlich erwartet. Er beginnt jedoch ein Jahr früher und ein anderes Jahr später.
Durch die auf der Nordhalbkugel nach rechts gerichtete Coriolisablenkung wird aus dem Südostpassat der Südhalbkugel nach Überschreiten des Äquators eine südwestliche Strömung, der Südwest- oder Sommermonsun. Auf seinem langen Weg über den warmen Indischen Ozean nimmt er große Wasserdampfmengen auf und trifft mit feuchtheißen, labil geschichteten Luftmassen auf den erhitzten indischen Subkontinent. Über Land setzt Konvektion ein und führt zu heftigen Niederschlägen.

M4 Der Sommermonsun in Indien

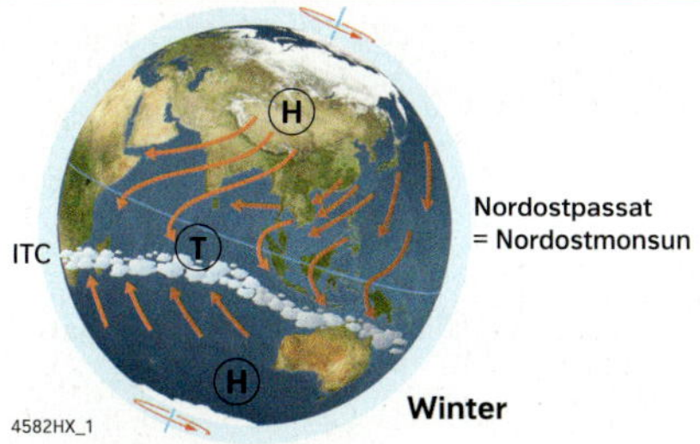

Die Wintermonate zwischen November und Februar werden von einer entgegengesetzten Luftmassenströmung beherrscht, dem Nordostmonsun. Er entspricht dem Nordostpassat. Seine Luftmassen entstammen dem Kältehoch, das sich im Winter durch die Auskühlung Sibiriens und der Hochflächen Innerasiens bildet. Beim Absteigen in die Gangesniederung erwärmt sich die Luft und ihre relative Feuchte sinkt. Auf ihrem weiteren Weg über den Subkontinent vermischt sie sich mit der absinkenden trockenen Luft der Passatoberschicht. Die sich dadurch ausbildende Passatinversion verhindert über dem ganzen Land hochreichende Konvektionen. Die Zeit des Wintermonsuns ist daher extrem niederschlagsarm. Überquert der Nordostmonsun jedoch Wasserflächen wie den Golf von Bengalen, kann er dort Wasserdampf aufnehmen. Die Ostghats in Indien und die Nordostküste Sri Lankas erhalten dadurch auch im Winter Niederschläge.

M6 Der Wintermonsun in Indien

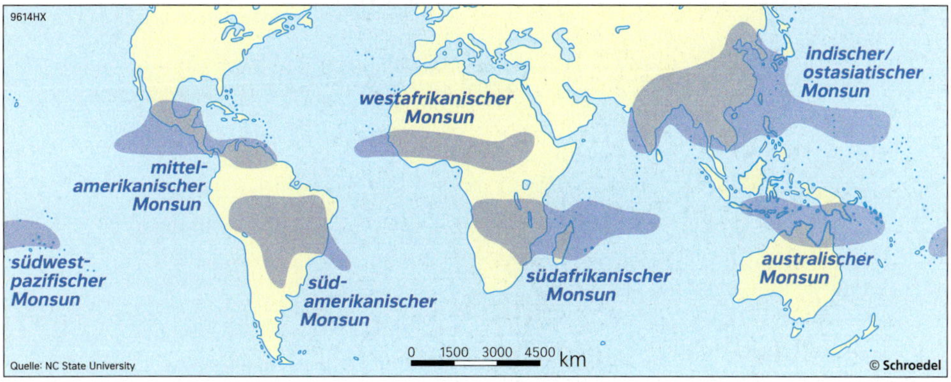

M5 Monsungebiete der Erde

1 *a) Werten Sie die Klimadiagramme Indiens aus (M2, Atlas).*
b) Erläutern Sie Ihre Erkenntnisse aus Aufgabe 1a mit der Monsunzirkulation (M1, M2).

2 *Erstellen Sie in Gruppenarbeit eine Präsentation zum Thema Monsun (Lage, Entstehung, Abfolge, Folgen des Monsuns) auf Grundlage einer Mindmap (M1 – M6).*

3 *a) Stellen Sie Merkmale des Passats denen des Monsuns gegenüber, indem Sie Schichtung, hygrische Merkmale und Strömungsverhalten untersuchen (S. 334/335, M1 – M6).*
b) Veranschaulichen Sie beide Strömungen in einer Skizze.

4 *Beurteilen Sie ausgehend von einer Internetrecherche die Folgen einer zunehmenden Erwärmung für die Monsunzirkulation und damit für die Bevölkerung in den betroffenen Gebieten.*

M1 Zyklone über Nordeuropa

Die außertropische Zirkulation

Zyklone sind Tiefdruckgebiete und können Durchmesser von über 1000 Kilometer aufweisen. Ursprungsgebiet vieler Zyklone der Nordhalbkugel ist der Polarfrontjetstream und für Europa der Bereich um Island. Aufgrund der vorherrschenden Westwinddrift in den gemäßigten Breiten ziehen Zyklone überwiegend von West nach Ost. Dabei werden subtropische Warmluft und subpolare Kaltluft miteinander verwirbelt, sodass sich Kalt- und Warmfronten herausbilden. Trifft warme Luft auf Kaltluft, entsteht eine **Warmfront**. Wegen ihrer höheren Temperatur enthält sie mehr Feuchtigkeit. Wegen ihrer geringeren Dichte bewegt sie sich nur langsam voran und gleitet auf bodennahe kältere Luftmassen. Die nachziehende **Kaltfront** stößt gegen vorgelagerte Warmluft und verdrängt diese in der Okklusion nach oben. Sie kühlt sich rasch ab und es bilden sich dunkle, hochreichende Wolken, die heftige Schauer mit sich bringen.

Im Gegensatz zur Zyklone versteht man unter einem Zyklon einen Wirbelsturm im Bereich des indischen Ozeans. Für die im tropischen Atlantik entstehenden Wirbelstürme wird diese Bezeichnung hingegen selten verwendet. Trotz der regional unterschiedlichen Bezeichnungen als Hurrikan, Zyklon, Taifun oder Willy-Willy zeichnen sich alle durch eine zerstörerische Kraft aus.

Okklusion
(= lat.: occludere) bedeutet verschließen und entsteht durch das Aufeinandertreffen von Kalt- und Warmfront.

> Die Verwirbelung unterschiedlich temperierter Luftmassen sorgt für das typische wechselhafte Wetter der gemäßigten Breiten. Beim Vordringen einer Warmfront gleitet ihre leichtere Warmluft auf schwerere Kaltluft und kühlt dabei ab. Es bilden sich die höheren Cirrus-Wolken, die das Aufziehen einer Warmfront ankündigen. Erst dann bilden sich mit dem Absinken des Kondensationsniveaus die mittelhohen Schichtwolken und schließlich die tieferen, Niederschlag bringenden Stratus- und Nimbustratus-Wolken. Erst wenn die extremen Temperaturgegensätze durch die Verwirbelung kalter und warmer Luftmassen abgebaut sind, lösen sich die dynamischen Druckgebiete wieder auf.

M2 Begleiterscheinungen beim Durchzug von Zyklonen

Regional unterschiedliche Bezeichnungen für Wirbelstürme:

Hurrikan:
Atlantik und östlicher Pazifik

Zyklon:
Indischer Ozean

Taifun:
westlicher Pazifik

Willy-Willy:
südwestlicher Pazifik (Neuseeland, Australien)

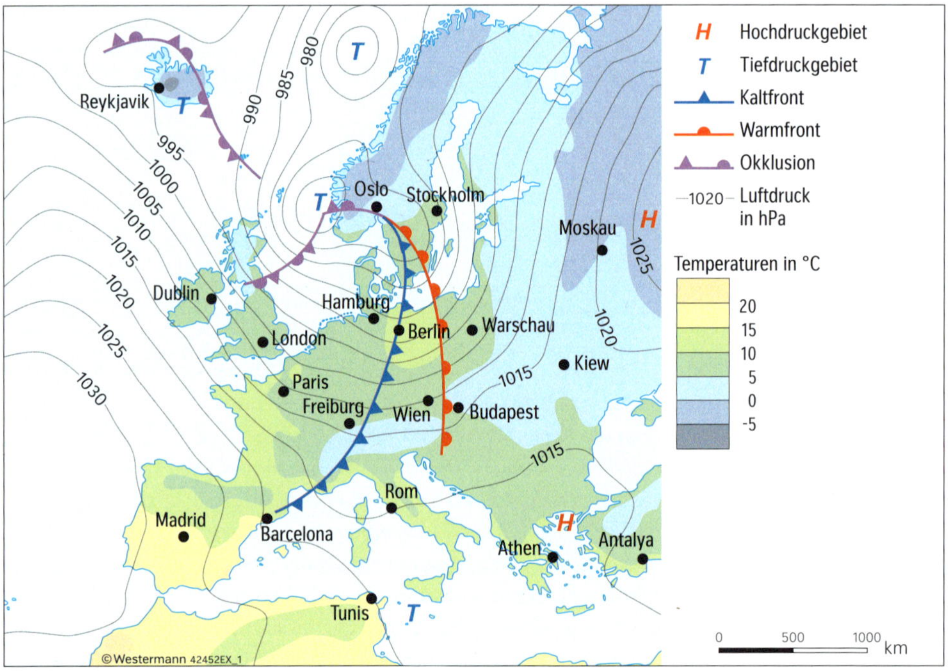

M3 Wetterkarte – Tiefdruckgebiet über Mitteleuropa

100800-092 www.diercke.de

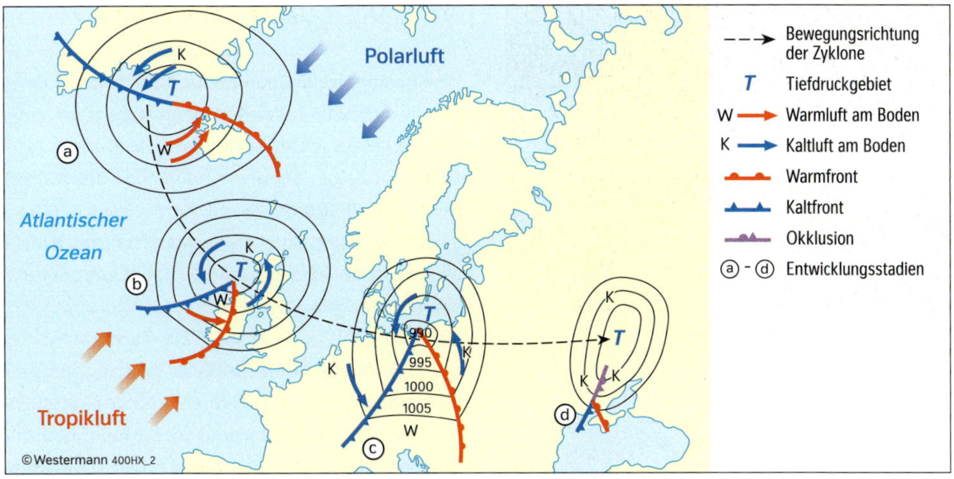

M4 Bewegung und Zugbahn einer Zyklone über Europa

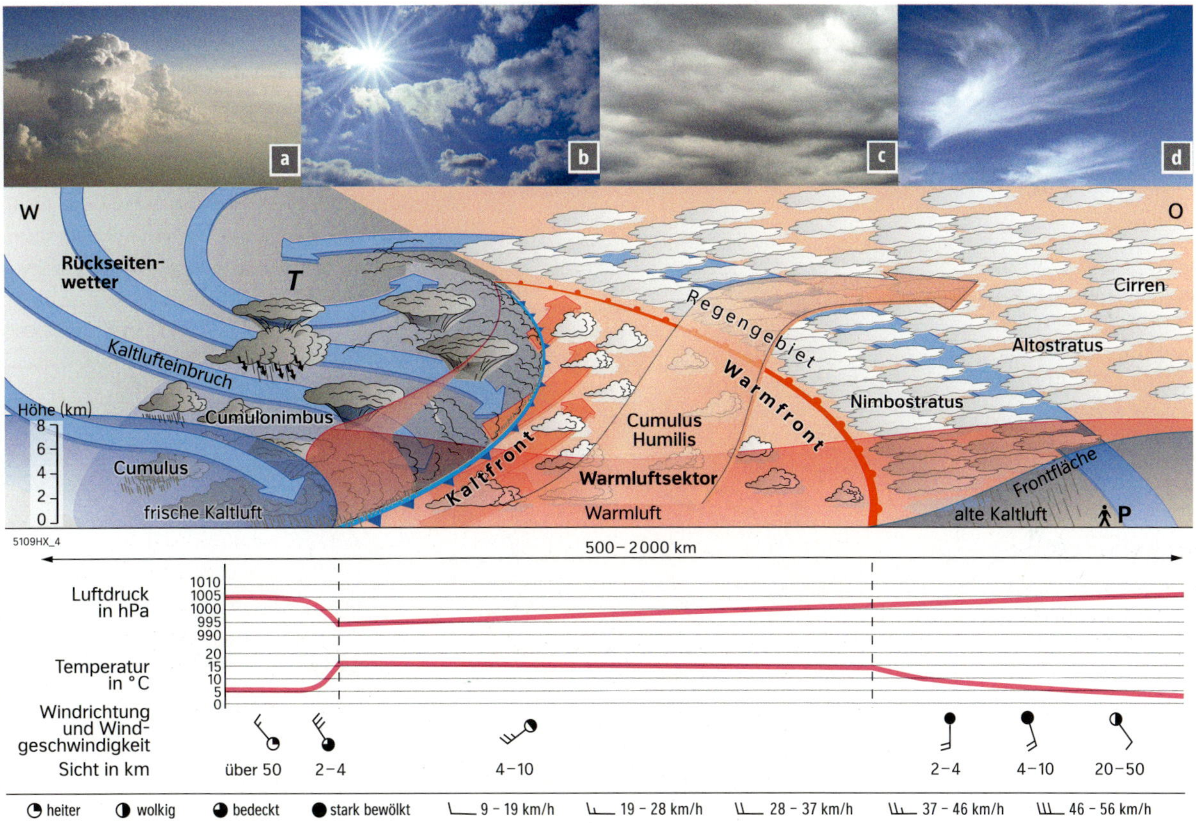

M5 Wettergeschehen beim Durchzug einer Zyklone

1 *Beschreiben Sie die Wetterveränderungen im Bereich von Zyklonen (M1, M2).*

2 *Analysieren Sie die Wetterlage (M3).*

3 *Erläutern Sie die Vorgänge im Bereich von Warm- und Kaltfronten (M2, M3).*

4 *Beschreiben Sie, wie ein Beobachter in Punkt P das kommende Wettergeschehen beobachten wird. Berücksichtigen Sie dabei Temperaturverlauf, Wind, Niederschlag und Sicht (M5).*

5 *Beurteilen Sie mögliche regionale Auswirkungen unterschiedlicher Zyklonenzugbahnen über Europa.*

100800-093 www.diercke.de

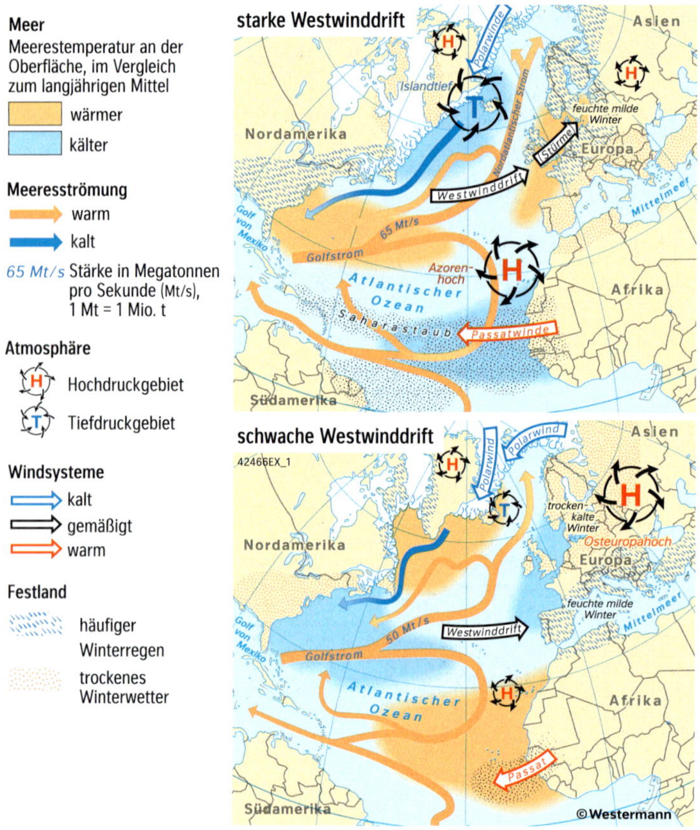

M1 Die Nordatlantische Oszillation (NAO) und ihre Auswirkungen

Der Einfluss der Ozeane auf das Klima

Eine besondere Bedeutung für das Klima der Erde nehmen die Meeresströmungen in den Ozeanen ein. Sie verursachen einen Energieaustausch zwischen der Kälte der hohen Breiten und der Wärme der niederen Breiten.

Allein der Golfstrom als Bestandteil der Nordatlantischen Oszillation (NAO) transportiert Wärmemengen vom Golf von Mexiko in den Nordatlantik, für die man 25 000 Kernkraftwerke benötigen würde. Ohne diese „Wärmepumpe" wären die Wintertemperaturen im norddeutschen Raum rund 5 °C kühler und weite Teile Skandinaviens wieder mit Eis bedeckt. Der Golfstrom ist einer der schnellsten und mächtigsten Meeresströmungen der Erde. Er ist etwa 50 bis 150 Kilometer breit und reicht in Tiefen von mehreren Hundert Metern. Aufrechterhalten wird er durch den Schub der Westwinddrift und den Sog, der durch das Absinken von kaltem Wasser im europäischen Nordpolarmeer verursacht wird. Etwa 17 Millionen Kubikmeter, ungefähr die 20-fache Wassermenge, die sämtliche Flüsse der Erde führen, sinken wegen ihrer höheren Dichte nach unten und werden durch wärmeres Oberflächenwasser ersetzt.

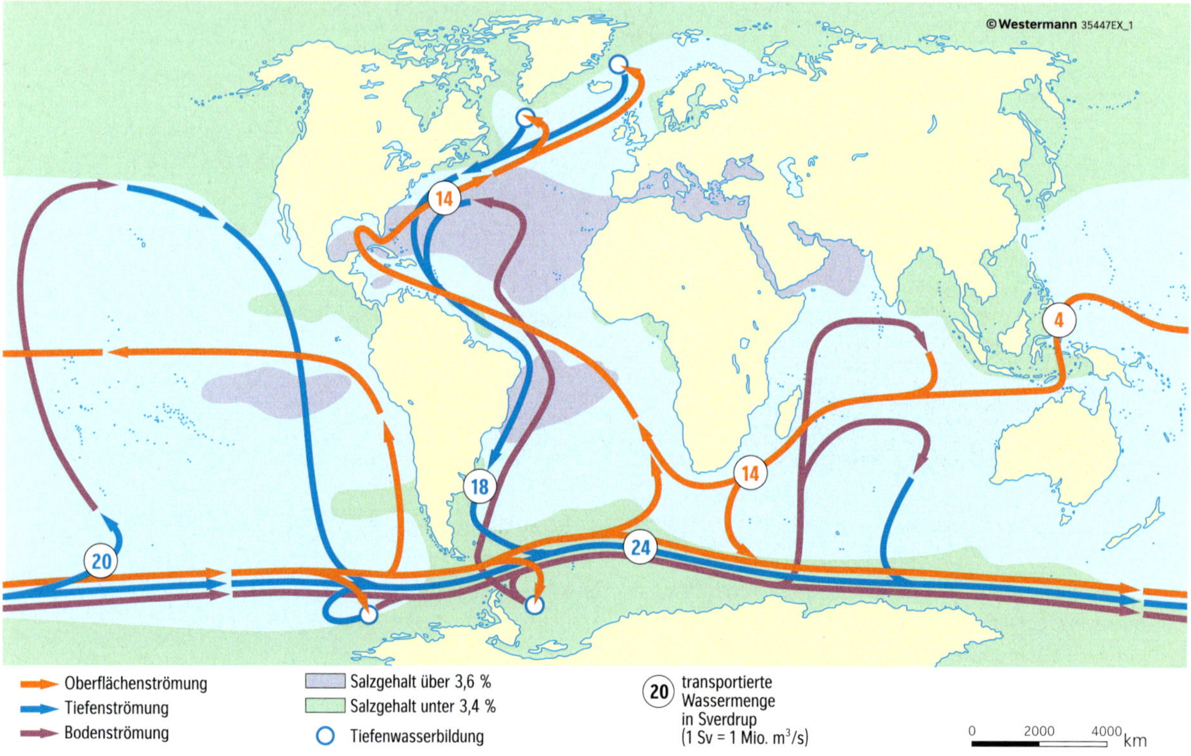

M2 Die größten Meeresströmungen als globales Förderband des Energieausgleichs

100800-251 www.diercke.de

Schon im 19. Jahrhundert beobachteten peruanische Fischer die Erwärmung des Wassers vor ihrer Küste bei gleichzeitigem Rückgang der Fischereierträge. Da dies immer zur Weihnachtszeit auftrat und somit das Ende der Saison bedeutete, nannten sie dieses Phänomen **El Niño** (spanisch: Christkind). Heute werden nur Jahre mit besonders starker Ausprägung der Erwärmung des Oberflächenwassers als El-Niño-Jahr bezeichnet. Ein solches tritt etwa alle vier bis neun Jahre auf und dauert in der Regel mehrere Monate. In einem El-Niño-Jahr wird kaltes und nährstoffreiches Wasser vom Humboldt-Strom, das normalerweise von den Passatwinden zum Auftrieb gebracht wird, durch warmes und nährstoffarmes Wasser verdrängt. Die Ursachen dafür sind bis heute nicht genau geklärt, die Auswirkungen sind dagegen ausgiebig erforscht und äußerst vielfältig. Das Algensterben im nährstoffarmen Wasser hat ein Fischsterben zur Folge. Die sonst so trockene Westküste Südamerikas wird von intensiven Niederschlägen und starker Bodenerosion geprägt. Oftmals sind Ausbrüche von Krankheiten wie Malaria oder Cholera die Folge. Im subtropisch geprägten Australien und Südostasien bleiben dagegen die Niederschläge aus. Dürren mit Ernteeinbußen oder gar -ausfällen folgen. 2019/20 führte die extreme Dürre in Australien zu besonders starken Busch- und Waldbränden mit mehreren Todesopfern. Die Jahre des normalen Zustandes werden La Niña (spanisch: das Mädchen) genannt und bescheren den Fischern der südamerikanischen Pazifikküste gute Fischfänge. Beide Erscheinungen sind Bestandteil der Southern Oscillation. Die Umkehr der Zirkulationsverhältnisse im Pazifik in El-Niño-Jahren führte auch zur Bezeichnung ENSO (El Niño Southern Oscillation).

M3 ENSO prägt den Pazifikraum

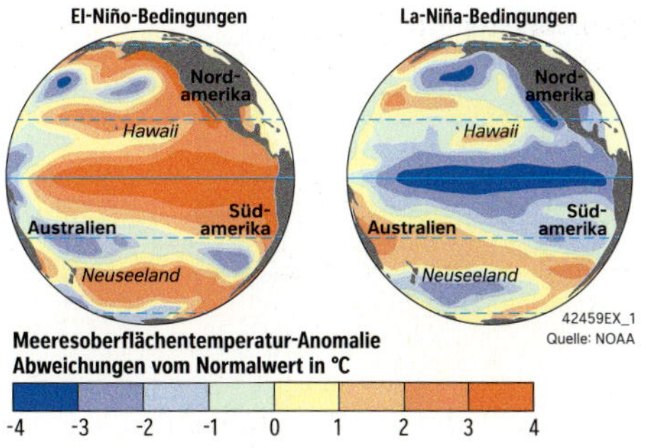

M4 Wassertemperaturen im Pazifik

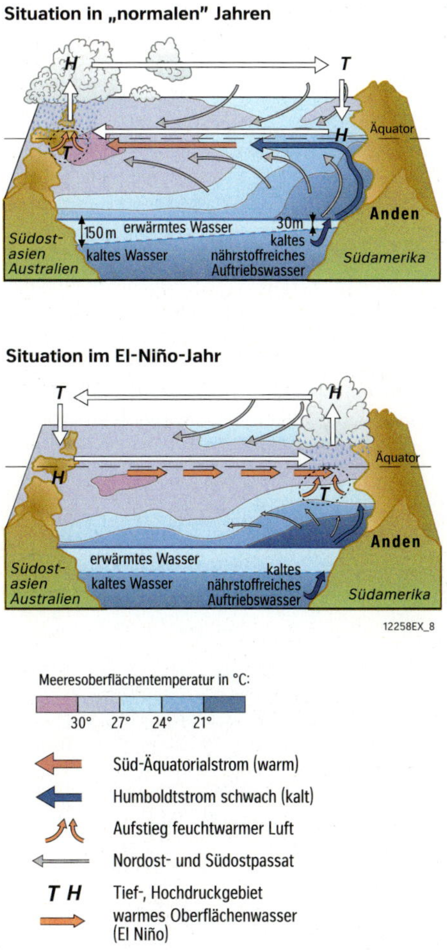

M5 Strömungsverhältnisse im El-Niño- und La-Niña-Jahr

1 *Fassen Sie den Einfluss der Ozeane auf das Klima zusammen (M1 – M5).*

2 *Beschreiben Sie die Auswirkungen der NAO und des Golfstroms für das Klima Europas (M1).*

3 *Erklären Sie am Beispiel der ENSO, welchen Einfluss die Wechselwirkung der Ozeane mit der Atmosphäre auf das Siedeln und Wirtschaften des Menschen ausüben (M3).*

4 *Vergleichen Sie El Niño und La Niña (M3 – M5).*

100800-205-02 www.diercke.de
100800-234-04 www.diercke.de

Klimadaten Irkutsk:

(Russland), 468 m ü. M.

Jan.:	*-20,9 °C*	*12 mm*
Feb.:	*-18,5 °C*	*8 mm*
März:	*-10,0 °C*	*9 mm*
Apr.:	*0,6 °C*	*15 mm*
Mai:	*8,1 °C*	*29 mm*
Jun.:	*14,5 °C*	*83 mm*
Jul.:	*17,5 °C*	*102 mm*
Aug.:	*15,0 °C*	*99 mm*
Sep.:	*8,0 °C*	*49 mm*
Okt.:	*0,1 °C*	*49 mm*
Nov.:	*-10,7 °C*	*17 mm*
Dez.:	*-18,7 °C*	*15 mm*

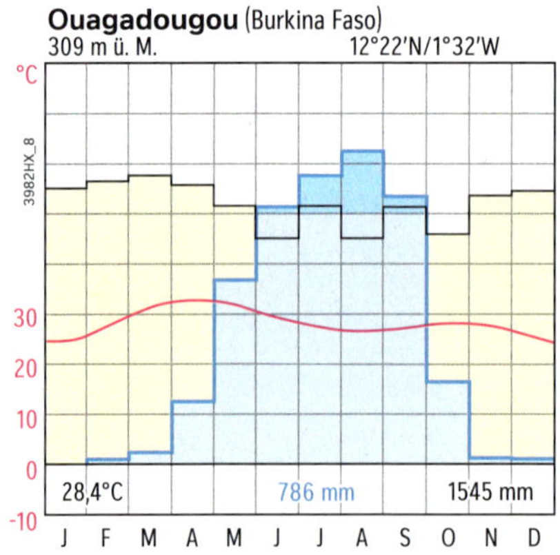

M1 Klimadiagramm von Ouagadougou

Klimazonen der Erde

Als Klima werden die Witterungsvorgänge über einen längeren Zeitraum, zumeist mehrere Jahre, zusammengefasst. Insbesondere für die landwirtschaftliche Nutzung oder Auswirkungen des Klimawandels sind systematische Darstellungen der klimatischen Verhältnisse zur Abgrenzung größerer Gebiete nötig. Hierzu entstanden im 19. und 20. Jahrhundert zahlreiche Klimaklassifikationen, deren Abgrenzungen auf unterschiedliche Art und Weise erfolgen. Grundsätzlich wird jedoch zwischen genetischen und effektiven Klimaklassifikationen unterschieden.

Ernst Neef:

** 16.4.1908 in Dresden*
† 7.7.1984 in Dresden
Geograph und Mitbegründer der Landschaftsökologie

Die genetische Klimaklassifikation nach Neef grenzt Klimazonen entsprechend ihrer Entstehung voneinander ab. So werden entsprechend einer ganzjährigen Vorherrschaft oder eines jahreszeitlichen Wechsels der Windgürtel vier Hauptklimazonen bzw. stetige Klimate und vier Subklimazonen bzw. alternierende Klimate voneinander abgegrenzt. In den Subklimazonen wechseln sich die Luftströmungen des Winter- und Sommerhalbjahres ab.
Weiterhin erfolgt in den Klimazonen eine Abgrenzung zwischen kontinentalem und ozeanischem Einfluss sowie zusätzlich zwischen West- und Ostseite der Kontinente. Somit werden wechselnde Strömungsrichtungen der Luft sowie kalte und warme Meeresströmungen berücksichtigt. Die Hochgebirge der Erde bilden eigene Klimate. Über den Ozeanen sind ganzjährig ausgeprägte Hochdruckzellen (z. B. das Azorenhoch) sowie subpolare Tiefdruckgebiete (z. B. das Islandtief) mit entsprechenden Strömungspfeilen gekennzeichnet. Winterliche Kältehochdruckgebiete (z. B. über Sibirien) oder sommerliche subtropische/tropische Hitzetiefdruckgebiete über den Kontinenten sind in der Klimaklassifikation nach Neef ebenfalls dargestellt.

M2 Genetische Klimaklassifikation nach Neef

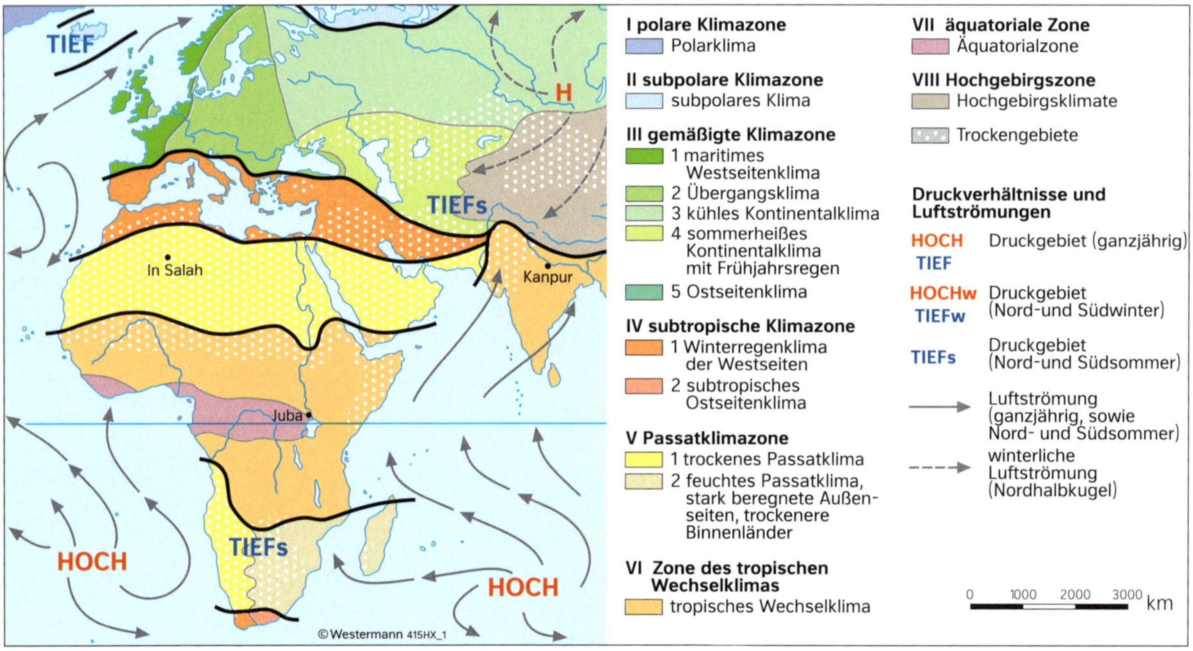

M3 Klimaklassifikation für Europa und Afrika nach Ernst Neef

100800-244 www.diercke.de
100800-246 www.diercke.de

Die effektive Klimaklassifikation nach Siegmund und Frankenberg hat die Ergebnisse und Auswirkungen der klimatischen Vorgänge als Grundlage. Die Klimazonen werden hiermit hinsichtlich der Mittel- und Schwellenwerte verschiedener Klimaelemente (z.B. der Temperatur) abgegrenzt. Die Festlegung der Schwellenwerte orientiert sich dabei an der Vegetation, die als natürlicher Indikator für Temperatur- und Feuchtebedingungen dient.
Sechs große Klimazonen (A – F) lassen sich nach Siegmund und Frankenberg für die Erde abgrenzen. Fünf von ihnen basieren auf den Schwellenwerten jährlicher Durchschnittstemperaturen. Während in den Tropen, Subtropen und Mittleren (Gemäßigten) Breiten die Temperaturen eine dauerhafte oder zumindest ausreichend lang andauernde Vegetationszeit zur Folge haben, be- bzw. verhindert die Kälte der Subpolaren und Polaren Klimazone das Pflanzenwachstum. In der Zone der Trockenklimate ist weniger die Temperatur das limitierende Klimaelement als der Schwellenwert von weniger als 250 mm Niederschlag pro Jahr. Dies entspricht in etwa der Verbreitung der Trockenräume auf der Erde. Alle sechs Klimazonen lassen sich anhand des Wasserdargebotes für die Vegetation weiter unterteilen, das durch das Verhältnis von Niederschlag und Verdunstung ermittelt wird. Als arid gilt dabei ein Zeitraum, in dem die Verdunstung größer als der Niederschlag ist. Eine weitere Präzisierung der Klimazonen wird mithilfe der Jahresamplitude der monatlichen Durchschnittstemperaturen ermittelt.

M4 Die effektive Klimaklassifikation nach Siegmund und Frankenberg

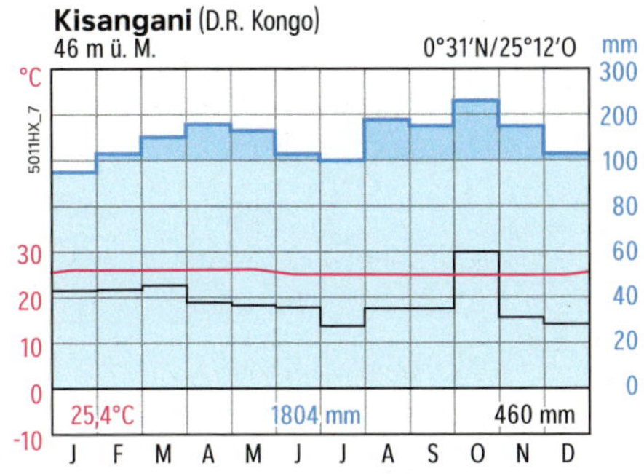

M5 Klimadiagramm von Kisangani

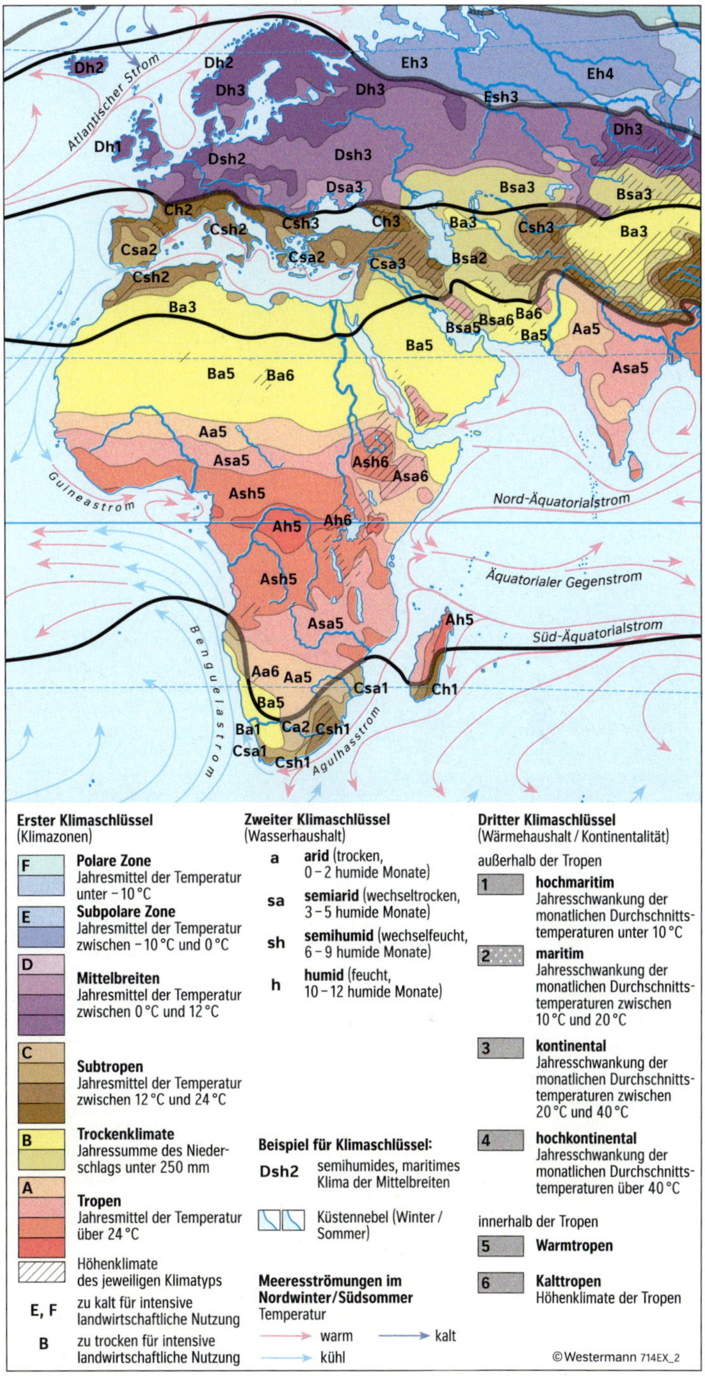

M6 Klimatische Großgliederung von Europa und Afrika nach Siegmund und Frankenberg

1 *a) Vergleichen Sie die Klimaklassifikationen von Neef mit jener von Siegmund und Frankenberg (M2–M4, M6, Atlas).*

b) Erklären Sie, welche Klassifikation Sie für geeigneter halten.

2 *Ordnen Sie die Klimadiagramme M1 und M5 begründet in beide Klimaklassifikationen ein.*

3 *Fertigen Sie ein Klimadiagramm der Station Irkutsk an und ordnen Sie es anhand der Klimaklassifikationen ein (Randspalte).*

100800-247 www.diercke.de 100800-248 www.diercke.de

Vegetationszonen der Erde

Schätzungsweise 370000 verschiedene Pflanzenarten besiedeln die Landoberfläche. Dabei ist die Anzahl der Arten pro Fläche in den geographischen Regionen der Erde außerordentlich verschieden. Während z.B. der Wald der sibirischen Taiga in großen Bereichen nur von einer einzigen Baumart gebildet wird, können im Amazonasregenwald bis zu 300 verschiedene Arten pro Hektar auftreten. Da das Wachstum der Pflanzen in starkem Maße von den klimatischen Bedingungen gesteuert wird, spiegeln sich die Klimazonen in den Vegetationszonen wider.
Im sogenannten Idealkontinent sind gedanklich alle Landmassen der Erde ohne Änderung der Breitenlage zusammengeschoben worden. Das großräumige Muster zeigt in erster Linie eine breitenkreisparallele Anordnung der Zonen.

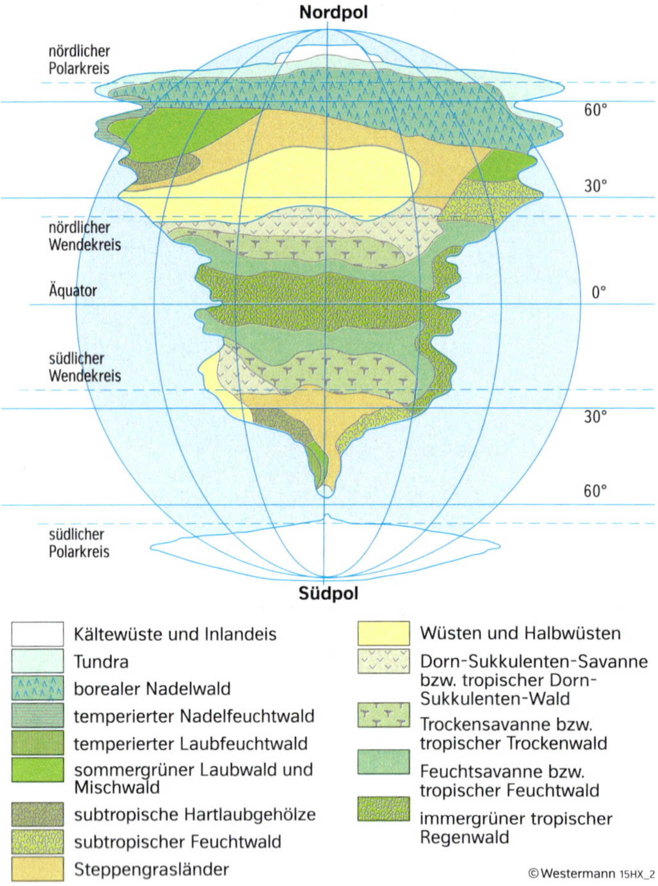

M1 Idealkontinent

Vegetationszone	Fläche (Mio. km^2)	Phytomasse (kg/m^2)	Phytomasse gesamt (Mrd. t)	Nettoprimärproduktivität ($g/m^2/a$)	Nettoprimärproduktion (Mrd. t / a)
tropischer Regenwald	17	45,0	765,0	2000	37,4
sommergrüner Laubwald	7	35,0	245,0	1200	8,4
borealer Nadelwald	12	20,0	240,0	800	9,6
Trocken- und Feuchtsavanne	15	4,0	60,0	900	13,5
Steppe	9	1,6	14,0	600	5,4
Tundra	8	0,6	5,0	140	1,1
Halbwüste	18	0,7	13,0	90	1,6
Wüste inkl. Kältewüste	24	0,02	0,5	3	0,07
Festlandfläche der Erde gesamt	149	12,3	1837,0	773	115,0

M2 Daten zu ausgewählten Vegetationszonen

M3 Pflanzengesellschaften

100800-254 www.diercke.de

Monate > 10 °C	Jahresniederschlag [mm]					
	> 2000	< 2000	< 1000	< 500	< 250	< 125
0				Wiesentundra	Zwergstrauchtundra	Flechtentundra
1–4			Sommergrüner Laubwald	Immergrüner Nadelwald	Sommergrüner Nadelwald	
5–7		Gemäßigter Regenwald		Steppe	Wüstensteppe	Wüste
8–12		Subtropischer Regenwald	Hartlaubvegetation	Dornsteppe	Halbwüste	
12	Tropischer Regenwald	Feuchtsavanne	Trockensavanne	Dornsavanne		

M4 Ausprägung der Vegetation in Abhängigkeit von Monatsmitteltemperatur und Niederschlag

Projekt Eden

(The Eden Project) ist ein botanischer Garten im Süden Englands, in dem die subtropische und tropische Klimazone mit ihren Vegetationszonen in den derzeit größten Gewächshäusern der Welt simuliert werden.

Wie für die Änderung der Öko- bzw. Vegetationszonen mit zunehmender geographischer Breite findet eine ähnliche Anpassung der Vegetation in Gebirgen mit zunehmender Höhe über dem Meeresspiegel statt. Die Ausprägung der Vegetation der Höhenstufen ist dabei vor allem abhängig von der Lage der Gebirge bezüglich der geographischen Breite, ihrer Exposition (Ausrichtung zur Sonne) sowie den Boden- und Niederschlagsverhältnissen.

M5 Höhenstufenvegetation

M7 Höhenstufen in der Landschaft

M8 Projekt Eden

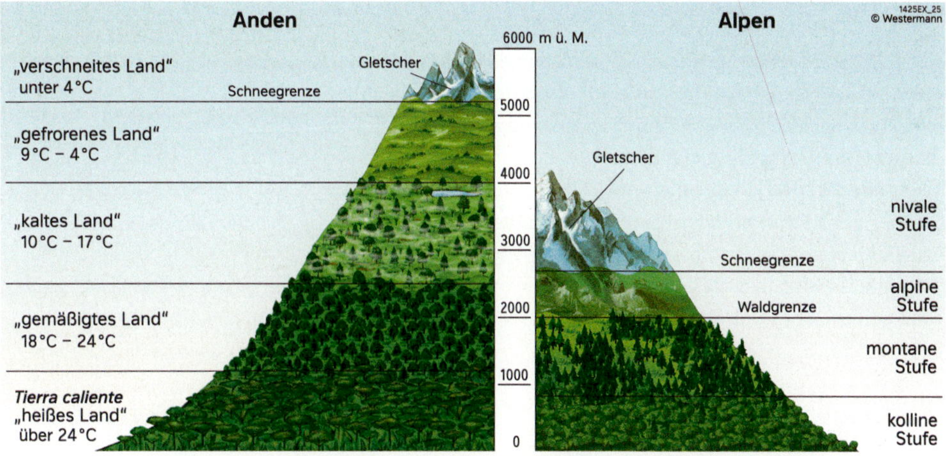

M6 Höhenstufenvegetation im Hochgebirge der Anden (tropisch) und Alpen (außertropisch)

1 *Beschreiben Sie die Verbreitung der Vegetationszonen auf der Erde (M1, Atlas).*

2 *Analysieren Sie die Produktivität der Vegetationszonen (M2).*

3 *Ordnen Sie die drei dargestellten Pflanzengesellschaften (A – C) begründet den Vegetationszonen zu (M2, M3).*

4 *Erläutern Sie den Zusammenhang zwischen Öko- bzw. Vegetationszone und der Höhenstufenvegetation (M5 – M7, Atlas).*

5 *Begründen Sie die differenzierte Ausprägung der Höhenstufenvegetation im Hochgebirge der Anden und der Alpen (M5, M6, Atlas).*

100800-258 www.diercke.de

100800-260 www.diercke.de

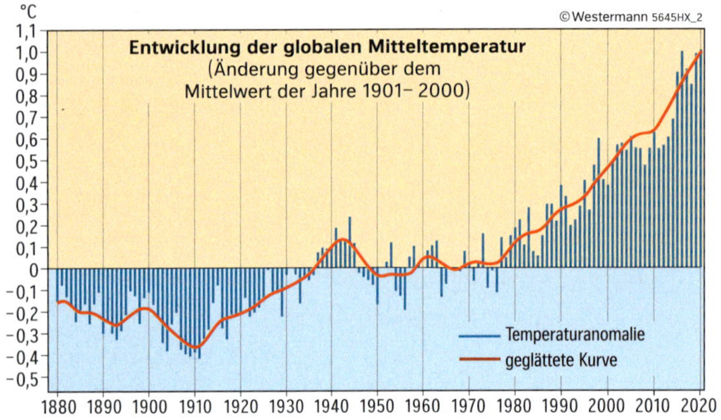

M1 Global gemittelte Temperatur der Erde

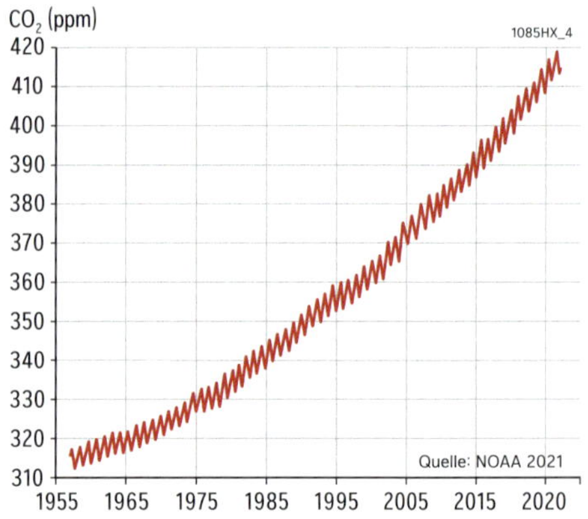

M4 CO_2-Messwerte auf dem Mauna-Loa (Hawaii)

Klima im Wandel

Der Sommer 2021 ging mit Extremen in die Geschichte ein. Hochwasser, Hitzerekorde und Waldbrände bestimmten die Tagesmeldungen. Laut jüngstem IPCC-Bericht muss künftig mit zunehmenden Extremen gerechnet werden. Szenarien reichen von überfluteten Küstenstädten über globale Dürren bis zur neuen Eiszeit. Doch wie realistisch ist eine solche Zukunft?

Fakt ist, dass der CO_2-Gehalt in der Atmosphäre seit der Industrialisierung steigt und auch die globale Durchschnittstemperatur seit 1870 um über ein Grad Celsius gestiegen ist. Das Ausmaß ist dabei aber regional unterschiedlich. Auch der Niederschlag weicht je nach Region unterschiedlich stark vom langjährigen Mittel ab.

Was sind die Ursachen dieser Entwicklung? Die Warner des Klimawandels verweisen auf einen Zusammenhang zwischen Treibhausgasen und Temperatur. Skeptiker des Klimawandels sehen dagegen einen natürlichen Effekt.

Klimawandelskeptiker (S) bezweifeln menschliches Zutun zum Klimawandel. Nach Ansicht der Wissenschaftler (W) können die Veränderungen nicht anders erklärt werden:

S: Die unterschiedliche Abstrahlung der Sonne beeinflusst die Temperatur der Erde.

W: Die Sonnenaktivität war in den letzten Jahrzehnten stabil oder gar geringer.

S: Dürren, Überflutungen, Kältewellen oder starke Schneefälle gab es schon immer und auch vor der Industrialisierung.

W: Anhand von Rekonstruktionen konnte bewiesen werden, dass an einzelnen Orten die Rekorde der alten Klimazeit bei Weitem übertroffen wurden. Bei bisher analysierten Ereignissen wurde zu 65 Prozent ein Einfluss des Klimawandels bestätigt.

S: Ein Drittel ist also nicht erklärbar!

W: Die Temperaturschwankungen der letzten 2000 Jahre waren regional stets unterschiedlich. Seit der Industrialisierung erfolgt jedoch überall ein Anstieg und die wärmste Phase fand im 20. Jahrhundert auf 98 Prozent der Erde statt.

M5 Fiktive Diskussion zum Klimawandel

Rang	Jahr
1	2016
2	2020
3	2019
4	2015
5	2017
6	2018
7	2014
8	2010
9	2005
10	2013

Quelle: Statista

M2 Wärmste Jahre weltweit (seit 1880)

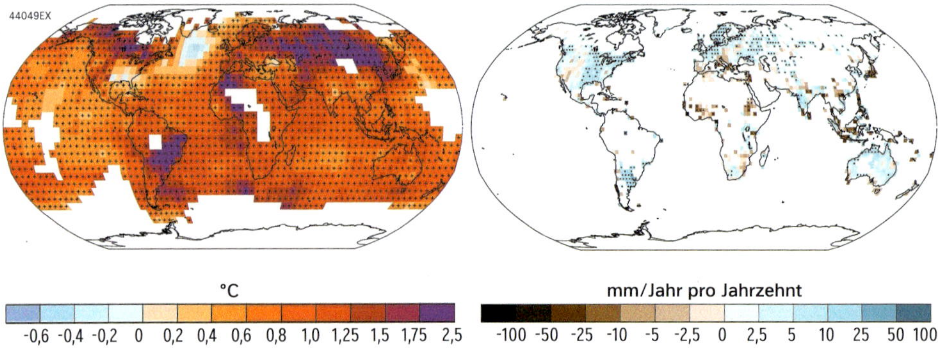

M3 Veränderung von mittlerer Oberflächentemperatur und Jahresniederschlagsmenge (1901 – 2010)

100800-250-03 www.diercke.de

Rekonstruktion des Klimas

Da die aufgezeichneten Daten zur Erfassung des Klimas (z. B. Temperatur, Niederschlag) maximal etwa 300 Jahre zurückreichen, müssen Datenspeicher, also Klimaarchive, genutzt werden, um Klimaveränderungen der Erdgeschichte zu rekonstruieren. Daraus lassen sich keine direkten Werte ableiten, jedoch indirekte Hinweise, sogenannte Proxies. Einzelne Proxies weisen unterschiedliche Genauigkeiten, zeitliche Auflösungen und differenzierte räumliche Aussagekraft auf. Erst die Betrachtung aller vorliegenden Hinweise ermöglicht die Rekonstruktion eines realistischen Bildes der Vergangenheit. Dabei greift das Aktualismusprinzip: Jüngere Sedimente lagern über älteren und Toleranzbereiche (z. B. Temperatur, Salinität etc.) fossiler Organismen ähneln denen der rezenten Lebewesen.

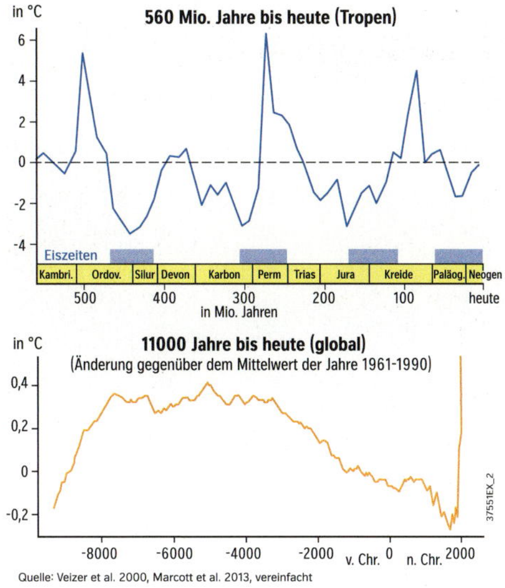

M7 Entwicklung der Temperaturen

M8 Nautilus

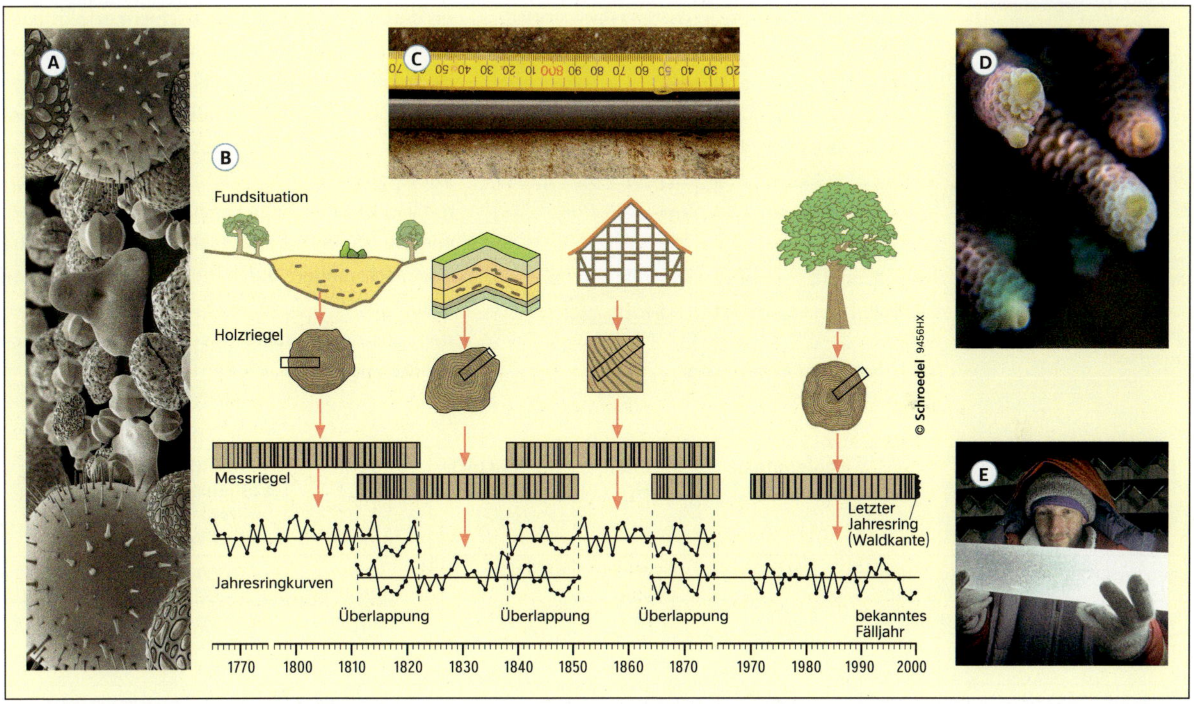

M6 Auswahl an Klimaarchiven: A – Pollen, B – Baumringe, C – Seesediment, D – Korallen, E – Eisbohrkern

1 *a) Beschreiben Sie die Entwicklung der Jahrestemperaturen und Niederschläge weltweit (M1 – M3).*

b) Vergleichen Sie die Temperaturentwicklung mit der des Kohlenstoffdioxids (M1, M4).

2 *a) Begründen Sie die Notwendigkeit der Rekonstruktion des Klimas der Vergangenheit.*

b) Beschreiben Sie die Funktionsweise eines Klimaarchivs Ihrer Wahl und beurteilen Sie dieses hinsichtlich der Verfügbarkeit, des Bestimmungsaufwands und der Aussagekraft (M6, Internet).

3 *„Das Klima wird nicht mehr nur von der Natur beeinflusst.“ Nehmen Sie Stellung dazu (M1 – M5). Alternativ: „Gewisse Einflussgrößen des Klimas sind unveränderbar.“ Erläutern Sie diese Aussage und finden Sie weitere Einflussgrößen, auf die der Mensch keinen Einfluss ausüben kann.*

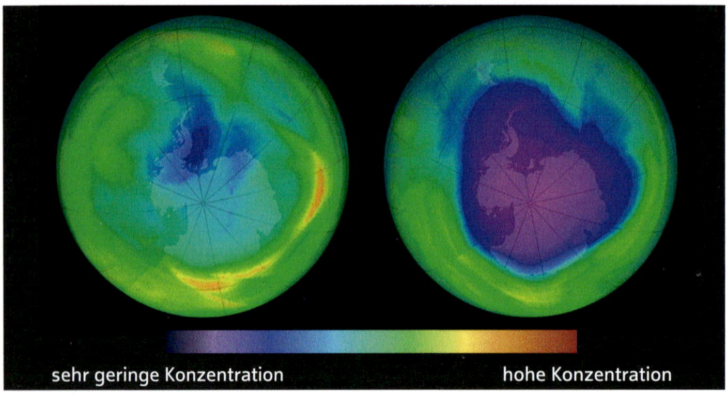

M1 Unterschiedliche Ausprägungen der Ozonschicht über der südlichen Hemisphäre und das „Ozonloch" (links: 1979, rechts: 2008)

Internationaler Weltozontag:

1994 erklärte die Generalversammlung der UN den 16. September zum internationalen Tag zur Erhaltung der Ozonschicht.

Ozonwarnung:

Findet bereits in den unteren Luftschichten die Bildung von Ozon statt, ist dies für Menschen schädlich. Es schädigt Atemwege und kann Krebs auslösen.

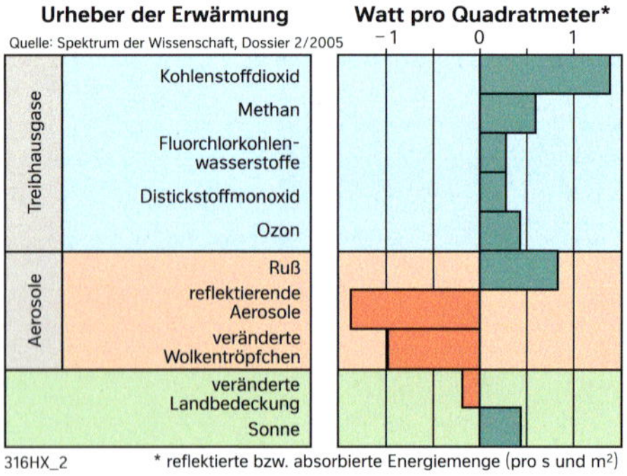

M2 Urheber der Erwärmung

Ozonschicht und anthropogener Treibhauseffekt

Das Klima auf der Erde wird nicht ausschließlich durch die Einstrahlungsenergie der Sonne gesteuert. Auch die Zusammensetzung der Gase und Aerosole in der Atmosphäre haben maßgebliche Auswirkungen. Die bekanntesten Treibhausgase sind Kohlenstoffdioxid (CO_2) und Methan (CH_4). Aber auch Gase in deutlich geringerer Konzentration üben einen bedeutenden Einfluss auf unser Klimageschehen aus.

Ozon ist ein Spurengas, das sehr unterschiedliche Wirkungen auf das Klima und somit das Leben auf der Erde hat. In der Stratosphäre fungiert es wie ein Schutzschild gegen die lebensfeindliche UV-Strahlung, die unter anderem Pflanzen und Tiere schädigen kann. Aufgrund der absorbierten langwelligen Strahlung der Sonne durch die gesamte Ozonschicht erfolgt auch eine Wärmeabgabe an die obere Troposphäre, die folglich einen Einfluss auf das Klima der Erde ausübt. Das Ozon der Troposphäre hat im Gegensatz zu anderen Treibhausgasen eine nur kurze Wirksamkeitsdauer und ist zudem sehr ungleichmäßig um den Globus konzentriert. Es wird nicht wie die anderen Klimagase in die Atmosphäre immitiert, sondern durch fotochemische Prozesse (hauptsächlich durch die Spaltung von Stickoxiden) aus den Vorläufergasen gebildet und auch wieder abgebaut.

Treibhausgase	**Kohlenstoffdioxid (CO_2)**	**Methan (CH_4)**	**Distickstoffmonoxid (N_2O)**	**Ozon (O_3)**	**Fluorchlorkohlenwasserstoffe (FCKW)**	**Wasserdampf**
gegenwärtige Konzentration (ppm)	397	1,83	0,33	0,34	0,0005	variabel
Verweildauer in Atmosphäre (Jahre)	5 – 200	12	121	0,10	Wochen bis Tausende Jahre	Tage bis Jahre
derzeitige Zunahme (% pro Jahr)	+0,4	+1,1	+0,25	ungewiss	+5	0,3
Klimawirksamkeit (bezogen auf CO_2)	1	28 – 36	121	2000	bis 23 500	k. A.
Beitrag zum natürlichen Treibhauseffekt (in %)	20	3	4	7	0,00051	60
Beitrag zum anthropogenen Treibhauseffekt (in %)	50 – 60	15	4	9	10	k. A.
Hauptquellen	fossile Brennstoffe, Waldrodung, Bodenerosion	Reisanbau, Deponien, Rinderhaltung, Verbrennung von Biomasse, Moore	fossile Brennstoffe, Verbrennung von Biomasse, stickstoffhaltiger Dünger	indirekt durch NO_2, CH_4, CO und Kohlenwasserstoffe in Troposphäre	Kältemittel, Verschäumungsmittel, Treibgase	Verdunstung

M3 Charakteristische Daten ausgewählter Treibhausgase

Während kurzwellige (UV-)Strahlung der Sonne die Atmosphäre der Erde ungehindert passieren kann, wird langwellige (Wärme-)Ausstrahlung der Erde absorbiert bzw. reflektiert. Die Gaszusammensetzung der Erdatmosphäre unterliegt ständigen Schwankungen. Vor allem vulkanische Aktivitäten, aber auch klimatisch bedingte Intensitäten der Freisetzungen von Gasen wie CO_2 durch organikzersetzende Mikroorganismen haben Einfluss auf die Intensität des Treibhauseffektes. Hinzu kommen Anteile, die durch die Tätigkeit des Menschen freigesetzt werden. Die aktuelle Zusammensetzung der Atmosphäre und der natürliche Treibhauseffekt erhöhen die globale Mitteltemperatur von -18 auf +15 °C. Einen weiteren Anstieg dieses Wertes verursacht der anthropogene Treibhauseffekt.

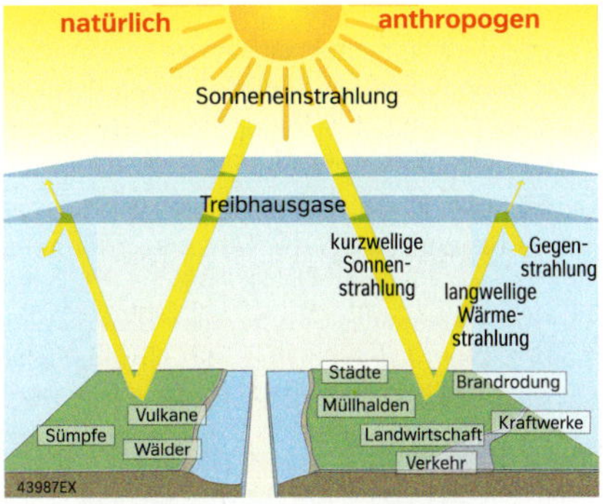

M4 Der Treibhauseffekt

Der anthropogene Treibhauseffekt

Die Verbrennung insbesondere von fossiler Biomasse (Kohle, Öl, Gas) setzt zusätzlich Gase frei, die die Atmosphäre verändern. Hinzu kommt die Emission industrieller Gase, wie vormals FCKW, sowie die erhöhte Freisetzung klimawirksamer Gase durch Veränderungen der Landnutzung, die den Treibhauseffekt intensivieren.

Der Anteil der durch die Menschen künstlich freigesetzten Treibhausgase trägt zum Treibhauseffekt bei. Es wird daher vom anthropogenen Treibhauseffekt gesprochen. Unzweifelhaft ist, dass der Mensch spätestens seit der Industrialisierung einen Einfluss auf das Klimageschehen ausübt; ungewiss dagegen sind zum Teil noch die Folgen, die dieser Einfluss nach sich zieht.

Temperaturerhöhungen führen zu einer stärkeren Verdunstung. Die Temperaturwirksamkeit durch den erhöhten Wasserdampfgehalt ist jedoch gering, da die Absorptionsbanden von Wasserdampf nahezu gesättigt sind. Anders dagegen verhält sich dies bei Kohlenstoffdioxid oder Methan. Ein FCKW-12-Molekül absorbiert etwa 23 000 mal stärker als ein Kohlenstoffdioxidmolekül. Es ist somit auch entscheidend, wie lange die wirksamen Gase in der Atmosphäre verweilen. Würde die Freisetzung von CO_2 sofort unterbleiben, wirken bisher freigesetzte Anteile noch über Jahrzehnte nach.

FCKW:

Flurchlorkohlenwasserstoffe sind organische Verbindungen, die als Treib- und Kältemittel in der Industrie eingesetzt wurden. Da sie das instabile Ozon abbauen, sind sie seit 1991 weitestgehend verboten.

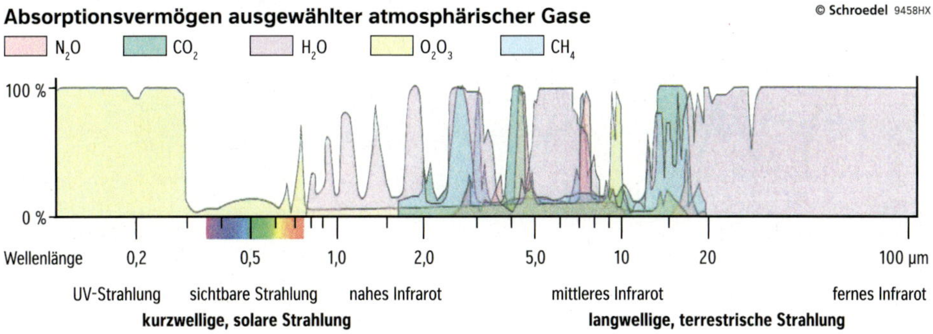

M5 Absorptionsbande von Treibhausgasen

1 *Beschreiben Sie die Bedeutung des atmosphärischen Ozons und nehmen Sie Stellung zur Aussage: „Es gibt gutes und schlechtes Ozon" (M1, M3).*

2 *Begründen Sie die differenzierte Ausprägung der Ozonschicht und stellen Sie Vermutungen hinsichtlich der unterschiedlichen Verteilung des Ozons an (M1).*

3 *Erläutern Sie den Treibhauseffekt (M2 – M4).*

4 *Diskutieren Sie, inwieweit eine Abgrenzung in natürlichen und anthropogenen Treibhauseffekt möglich und notwendig ist (M3, M4).*

100800-264-02 www.diercke.de

M1 Entwicklung des Oberen Grindelwaldgletschers im Laufe der Zeit: 1901 (A), 2000 (B), 2012 (C)

Ursachen und Folgen des Klimawandels

Der IPCC-Bericht von 2021 listet unzählige direkte und indirekte Auswirkungen des Klimawandels für Umwelt und Gesellschaft weltweit auf. Wenngleich nicht jedes Detail geklärt ist, sind die Folgen von klimatisch bedingten Naturereignissen im Zuge des Klimawandels sehr konkret: Das Hochwasser 2021 kostete allein in Deutschland über 180 Menschen das Leben und verursachte Schäden im zweistelligen Milliardenbereich. Die Welthungerhilfe schätzt, dass sich bis 2050 über 14 Millionen Menschen auf der Flucht vor den Auswirkungen des Klimawandels befinden.

IPCC

steht für Intergovernmental Panel on Climate Change und wird im Deutschen oft als Weltklimarat bezeichnet.

Es wurde 1988 von den Vereinten Nationen und der Weltorganisation für Meteorologie ins Leben gerufen, um wissenschaftliche Kenntnisse des Klimawandels zusammenzufassen, ohne dabei Handlungsempfehlungen auszusprechen.

Weil der Hafen der grönländischen Hafenstadt inzwischen nicht mehr zufriert, legen jetzt auch im Winter Kreuzfahrtschiffe an. Die Arbeitslosigkeit ist gegen 0 gesunken. Einige träumen inzwischen sogar von Ackerbau und Viehzucht. Grönland könnte so von teuren Importen unabhängig werden. Im Supermarkt kostet der Liter Frischmilch aber noch 4 Euro. Viele spekulieren auch, dass die Eisschmelze Bodenschätze freilegen könnte. Im Süden Grönlands wurden bereits Gold und Diamanten gefunden. Andere hoffen auf die dauerhafte Öffnung der Nordwestpassage, die den Seeweg zwischen Europa und Asien verkürzen würde. Einige Bewohner der Insel würden deshalb die Staatengemeinschaft mit Dänemark am liebsten abschaffen und den möglichen Reichtum selbst verwalten.

M3 Ilulissat – Boomstadt der Erderwärmung?

Aus der Luft betrachtet, ist Tarawa ein Paradies, aber seine Bewohner kämpfen gegen den Untergang. Hier, auf dem knapp zwei Meter hohen Hauptatoll der Inselrepublik Kiribati, spüren sie die Auswirkungen des Klimawandels schon lange. Bis zum Jahr 2100 wird eine Erhöhung des Meeresspiegels um 28 – 98 cm erwartet. Die Erosion und das CO_2 im Meer frisst bereits heute an den Korallenriffen, das Grundwasser versalzt, Sturmfluten wüten.

M5 Das pazifische Kiribati vor dem Untergang

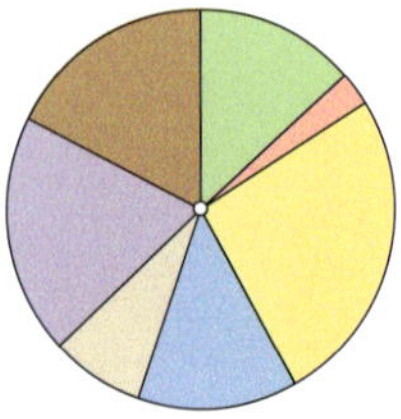

Landwirtschaft 13,5 %
Abfall 2,8 %
Energie 25,9 %
Transport 13,1 %
Bauten 7,9 %
Industrie 19,4 %
Landnutzung 17,4 %

Quelle: IPCC 5646HX_1

M2 Verursacher des anthropogenen Treibhauseffekts

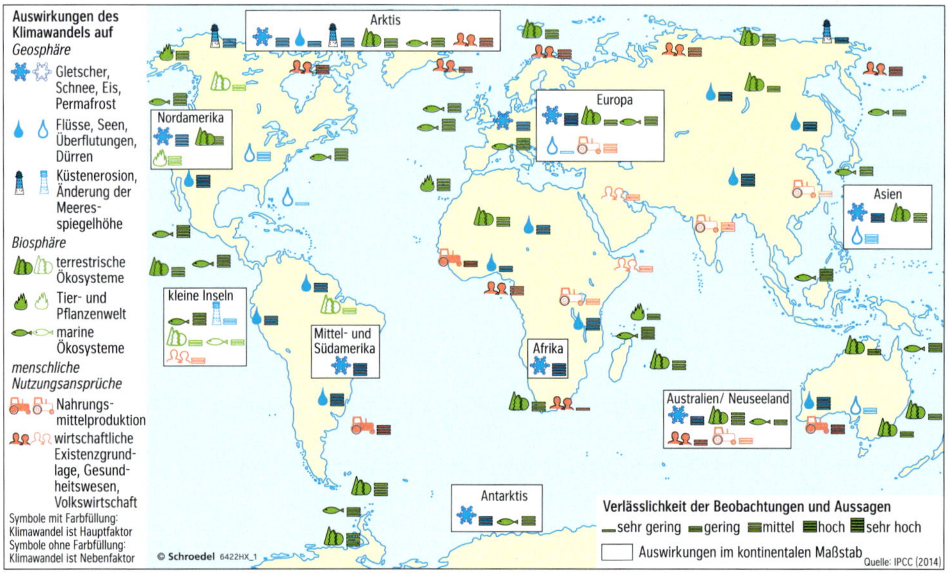

M4 Mögliche Auswirkungen des Klimawandels (nach IPCC-Bericht 2014)

100800-060-02 www.diercke.de

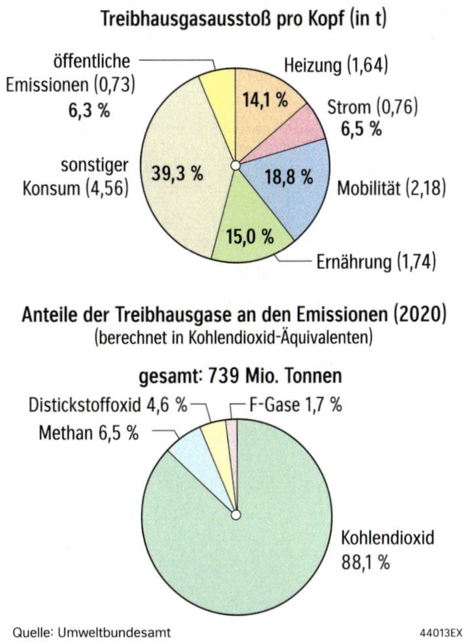

M6 Treibhausgasausstoß in Deutschland

Merkmal	erwartete Änderungen	Verlässlichkeit der Aussage	Auswirkungen
Temperatur	1,7 °C wärmer als 1900 (v. a. Winter und Nächte)	sehr hoch	früherer Pflanzenaustrieb, wenig Permafrost in Alpen
Hitzeperioden	häufiger, stärker	sehr hoch	Hitzestress für Flora und Fauna, Waldbrände
Alpengletscher	60 % Flächen- und 80 % Massenverlust	sehr hoch	Abflussschwankungen
Meeresspiegel	ca. 10 cm höher als heute	sehr hoch	Gefährdung der Nord- und Ostseeküste
Niederschlag	Sommer trockener, Herbst / Winter nasser, mehr Regen als Schnee, Extremniederschläge	hoch	erhöhte Überschwemmungsgefahr
Trockenheit / Dürre	häufiger	mittel	Land-, Energiewirtschaft und Binnenschifffahrt betroffen, Waldbrände
Gewitter	intensiver	mittel	Starkregen, Hagel, Sturm
Sturmflut	bis zu 20 cm auflaufend	hoch	Gefährdung Nordseeküste
Stürme	heftigere Stürme	unsicher	erhebliche Schäden

M8 Erwartete Folgen des Klimawandels für Deutschland

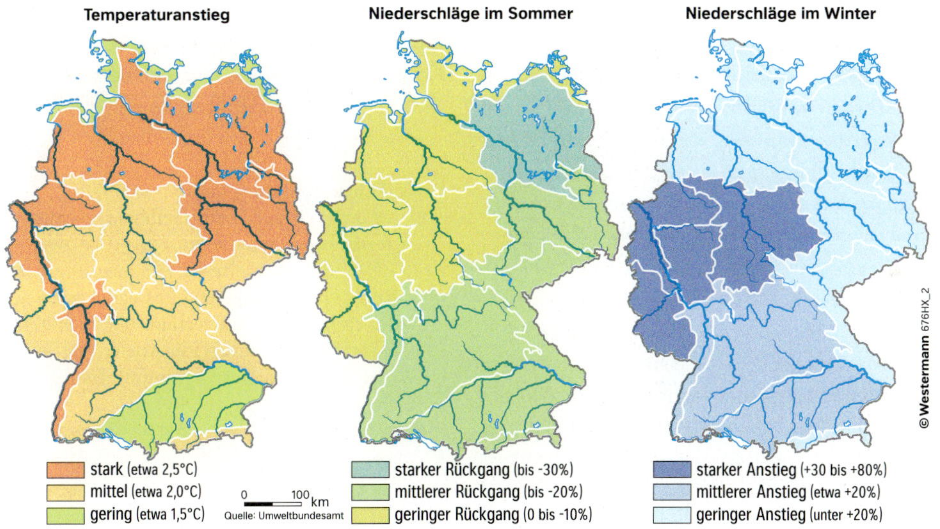

M7 Mögliche Veränderungen in Deutschland im Zeitraum 2071 bis 2100 (Vergleich zu 1961 bis 1990)

1 *Diskutieren Sie, wie Sie als Bürgermeister von Grindelwald oder Präsident von Kiribati auf die Herausforderung / Bedrohung durch den Klimawandel reagieren würden (M1, M5).*

2 *a) Erläutern Sie die Folgen des Klimawandels in Ihrer Region aus naturräumlicher und wirtschaftlicher Sicht (M7, M8, Atlas).*

b) Beurteilen Sie, welche Region(en) Deutschlands am intensivsten von den Auswirkungen des Klimawandels betroffen sein könnte(n) (M7, M8).

c) Vergleichen Sie das Risiko von Klimaschäden in Industrie- und Entwicklungsländern anhand der Beispiele Niederlande und Bangladesch (Atlas, Internet).

3 *„Der Klimawandel ist Gefahr und Chance zugleich." Bewerten Sie diese Aussage (M3, M5).*

100800-250-03 www.diercke.de
100800-252 www.diercke.de

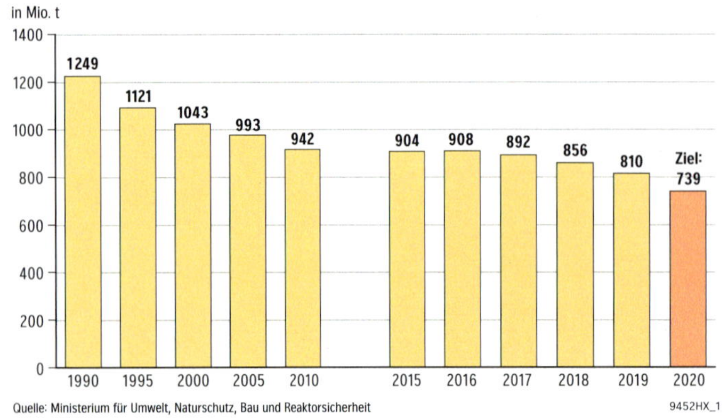

M1 Treibhausgasemissionen in Deutschland

M3 Karikatur

Klimaschutz und Klimapolitik

Das Kyoto-Protokoll:
Im Kyoto-Protokoll einigten sich die OECD-Staaten und ehemaligen sozialistischen Staaten, den Ausstoß von insgesamt sechs Treibhausgasen zwischen 2006 und 2012 (im Vergleich zu 1990) um circa 5 Prozent zu senken. Der große Schwachpunkt des Kyoto-Protokolls war, dass Hauptemittenten wie die USA oder China nicht bindend integriert waren. Das Protokoll umfasste deshalb nur 15 % der Weltemissionen.

Aufgrund des Sicherheitsrisikos, das vom Klimawandel ausgeht (z. B. Migrationsströme, Kampf um Ressourcen), ist Klimaschutz als Entwicklungs- und Sicherheitspolitik zu verstehen. Klimaschutz versucht, die Ursachen zu bekämpfen und die Auswirkungen zu reduzieren.

Mitigation – Bekämpfung der Ursache

Der Schwellenwert des Kohlenstoffdioxidanteils in der Erdatmosphäre, der nach heutiger Ansicht nicht überschritten werden darf, liegt bei 450 ppm. Das bedeutet eine Erwärmung um 2 °C. Forscher gehen davon aus, dass die Folgen einer Erwärmung von über 2 °C nicht mehr zu kontrollieren wären. Die Menschheit hätte also noch Spielraum für ca. 50 ppm (100 Gigatonnen CO_2). Die Reduktion der CO_2-Emissionen erfordert aber eine Vielzahl mittel- und langfristiger Einzelmaßnahmen auf lokaler, regionaler, nationaler und globaler Ebene. Dabei gilt: Je eher gehandelt wird, desto geringer die Schäden und Kosten.

Eine wirkungsvolle Reduktion kann aber nur mit allen Staaten gelingen. Diese internationalen Absprachen sollen jährlich veranstaltete Klimakonferenzen leisten. Trotz allem sind das Kyoto-Protokoll (1997) und das Klimaabkommen von Paris (2015) bisher die einzigen völkerrechtlich verbindlichen Klimaschutzabkommen.

- Temperaturanstieg bis 2100 max. 1,5 °C;
- bis 2050: globale Netto-Treibhausgasemissionen auf null reduzieren
- 100 Mrd. US-$ mehr für Finanzierung von Anpassungs- und Reduktionsmaßnahmen in ärmeren Staaten und technologische Hilfen
- jeder Staat mit eigenen Klimazielen (regelmäßige Steigerung, Überprüfung alle fünf Jahre)

M4 Kernpunkte des Abkommens von Paris

Die Bundesrepublik Deutschland hat sich im Rahmen des Kyoto-Protokolls verpflichtet, bis 2012 21 Prozent und bis 2020 40 Prozent (bezogen auf das Jahr 1990) an CO_2-Emissionen einzusparen. Um dieses Ziel zu erreichen, hat die Bundesregierung 2007 das „Integrierte Energie- und Klimaschutzprogramm“ (IEKP) beschlossen. Dieses Programm umfasste zahlreiche konkrete Maßnahmen und sollte bereits bestehende nationale Initiativen, wie z. B. das **„Erneuerbare-Energien-Gesetz“ (EEG)**, ergänzen. Die Ziele wurden dadurch weitgehend erreicht. Um das Ziel der Treibhausgasneutralität bis 2045 zu erreichen, wurde 2021 das geänderte Klimaschutzgesetz beschlossen.

M2 Mitigation: IEKP für Deutschland

Da die globale Erwärmung schon eingesetzt hat und sich allenfalls eindämmen lässt, sollte man sich an die Folgen des Klimawandels so gut wie möglich anpassen. Zu diesen **adaptiven** Maßnahmen gehört zum Beispiel, dass man sich entlang der Küsten auf einen steigenden Meeresspiegel und stärkeren Wellengang einstellen muss. Die Reaktion darauf ist die Erhöhung der Deiche, stärkere Fluttore oder bessere Frühwarnsysteme. In der Landwirtschaft hingegen sollen neue Sorten längere Dürrezeiten und Schädlinge tolerieren. Auch in den Großstädten wird die thermische Belastung steigen. „Intelligente Gebäude“ halten im Winter die Wärme innen und im Sommer außen.

M5 Adaption – Anpassung an Folgen

Mittels Geoengineering soll auf das Weltklima eingewirkt werden. Unter anderem kann die Reflexion des Sonnenlichts ins Weltall erhöht werden. Dazu gehört u. a. das Ausbringen von Aerosolen oder Schwefeldioxid in die obere Atmosphäre, die Produktion von Wolken. Die CO_2-Konzentration in der Atmosphäre soll, etwa durch unterirdische Einlagerung von aus der Luft gefilterten Anteilen, verringert werden. Weitere Ansätze wären Aufforstungen, die Düngung des Weltmeeres mit Eisen und Phosphor sowie die beschleunigte Verwitterung zur Bindung von mehr CO_2 im Meerwasser. Dennoch ist Geoengineering sehr umstritten, da die Kosten enorm und die Wirkungen nicht gesichert und Konsequenzen nicht absehbar sind.

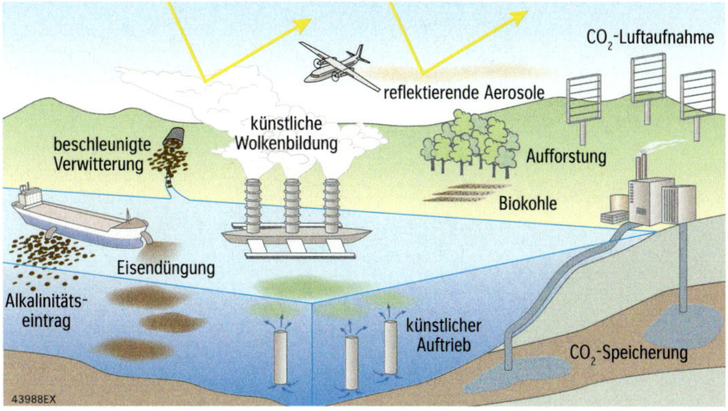

M6 Mitigation: Bekämpfung des Klimawandels mittels Geoengineering

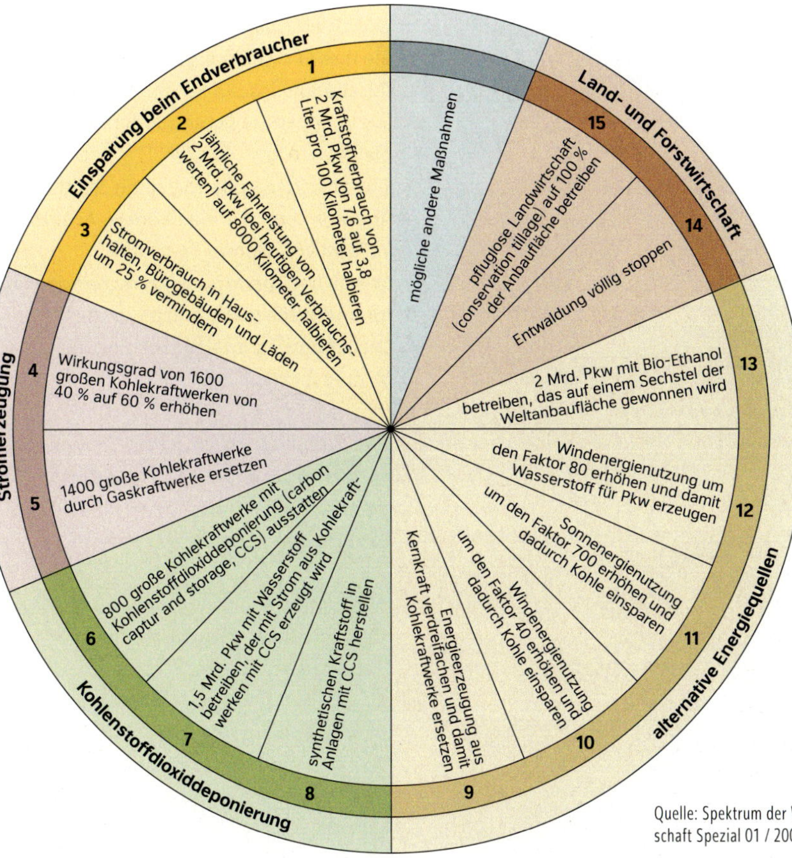

Quelle: Spektrum der Wissenschaft Spezial 01 / 2007

M7 Maßnahmen gegen den Klimawandel

Informationen zu M7:

2007 schlugen die amerikanischen Wissenschaftler Socolow und Pacala eine Strategie für den Klimaschutz vor. Jedes der 15 verschiedenen Maßnahmenpakete in M7 kann mit heute schon vorhandenen Technologien zu einer Reduzierung um eine Milliarde Tonnen Treibhausgasen im Jahr beitragen. Nach ihren Berechnungen würden 7 der 15 Maßnahmenpakete ausreichen, um den Kohlenstoffioxidgehalt der Atmosphäre in den nächsten Jahrzehnten, trotz wachsender Weltwirtschaft, auf dem heutigen Stand zu stabilisieren.

1 *a) Erläutern Sie drei konkrete Beispiele für Mitigation (M2, M6).*
b) Ordnen Sie Maßnahmen aus M7 den Bereichen der Mitigation zu.

2 *a) Recherchieren Sie zu aktuellen Klimaverhandlungen (Akteure, Ziele, Maßnahmen, Probleme).*
b) Bewerten Sie die Rolle Deutschlands in der Klimaschutzpolitik (M1, M2, M4, Internet).

3 *Erstellen Sie eine Liste möglicher Klimaschutzmaßnahmen in Ihrem Alltag.*

4 *„Klimaschutzmaßnahmen sind Geld- und Zeitverschwendung." Nehmen Sie Stellung (M3).*

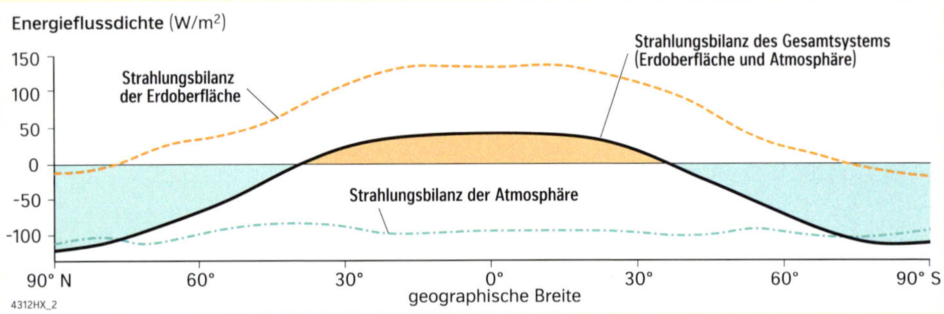

M1 Strahlungsbilanz in Abhängigkeit von der geographischen Breite

M2 Karikatur zum guten Ozon

M3 Karikatur zum Klimawandel

1 Diskutieren Sie, ob die nachfolgenden Aussagen zu M1 wahr oder falsch sind. Begründen Sie Ihre Entscheidung und korrigieren Sie die falschen Aussagen.

a) Die Energieflussdichte auf der Erde ist überall gleich.

b) Die absorbierte langwellige Strahlung am Äquator sorgt für eine höhere Ausstrahlung in Form von Wärme.

c) Energietransporte finden zwischen dem Äquator und Polen statt.

d) Ursachen des Energieausgleiches sind die Meeresströmungen.

2 „Die Strahlungsbilanz ist eine Voraussetzung für die atmosphärische Zirkulation.“ Analysieren Sie diese Aussage im Hinblick auf die Passat- und Monsunzirkulation.

3 Interpretieren und vergleichen Sie die Karikaturen inhaltlich (M2, M3).

4 „Es gibt gutes und schlechtes Ozon.“ Arbeiten Sie mithilfe einer Recherche und S. 348/349 die Bedeutung von atmosphärischem und bodennahem Ozon heraus und bewerten Sie die Aussage.

Fachbegriffe

Absorption
Aktualismusprinzip
Corioliskraft
El Niño
Emissionen
Exposition
feuchtadiabatisch
Föhn
Globalstrahlung
Gradientkraft
Hadleyzelle
IPCC
Jetstream
Klimaklassifikation
Klimawandel
Kondensation
Konvektion
Konvergenz
La Niña
Lee
Luftdruck
Luv
Monsunzirkulation
Nordatlantische Oszillation
Okklusion
Ökozone
Passatwind
planetarische Zirkulation

Klimawandel

1. Stellen Sie natürliche und anthropogene Einflussfaktoren sowie Auswirkungen auf die globale Temperatur dar.
2. Analysieren Sie die Entwicklung der globalen Kohlenstoffdioxidfreisetzungen.
3. Um das 2-Grad-Ziel einzuhalten, muss der Anteil der Treibhausgase bis 2100 bei rund 450 ppm Kohlenstoffdioxid-Äquivalenten stabilisiert werden. Erörtern Sie mögliche Maßnahmen, wenn sich um 2050 abzeichnet, dass der Wert nicht eingehalten werden kann.

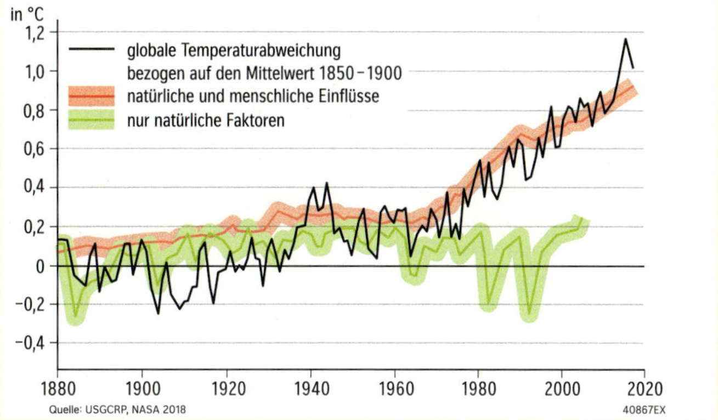

M3 Temperaturentwicklung mit und ohne menschliche Einflüsse

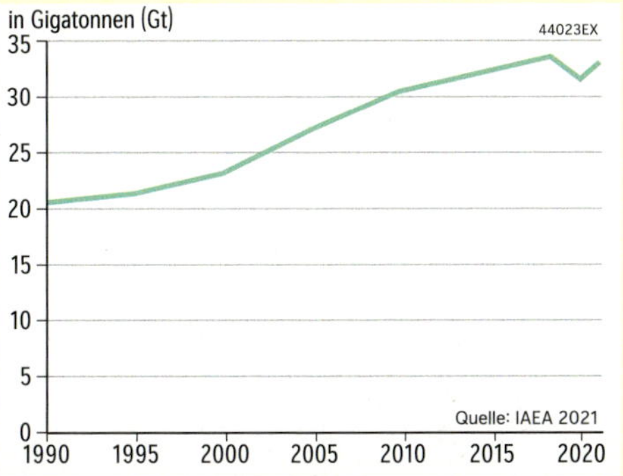

M1 Globale CO_2-Freisetzungen

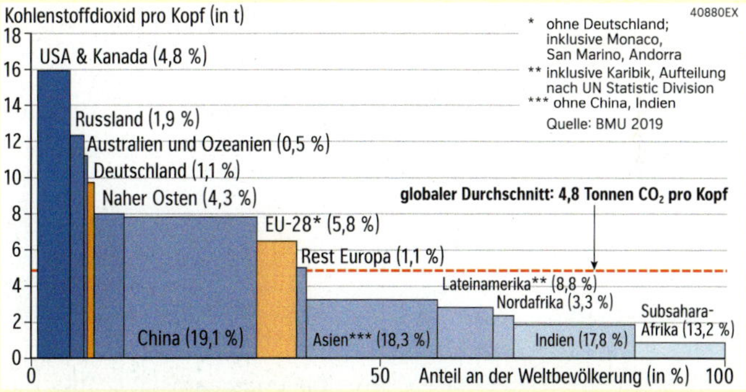

M4 CO_2-Emissionen pro Kopf und Anteil an der Weltbevölkerung

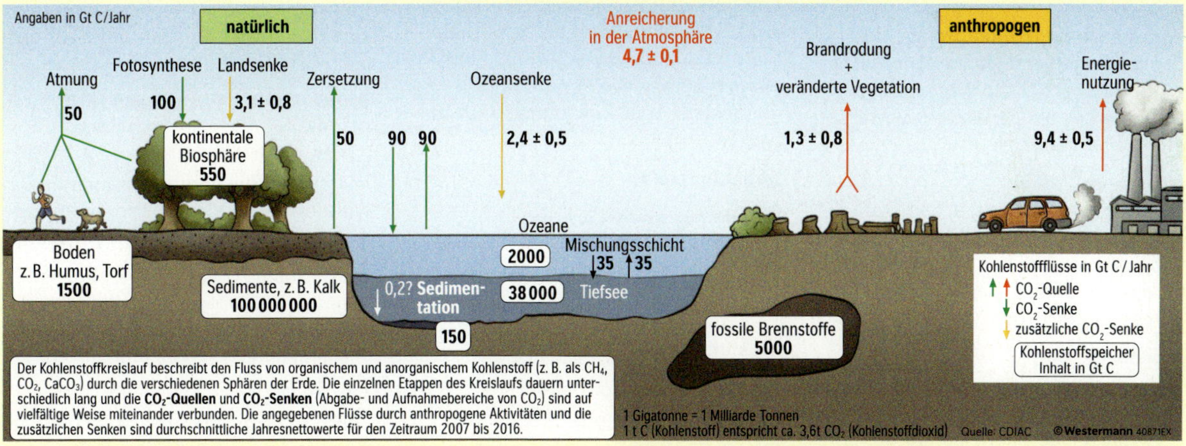

M2 Der Kohlenstoffkreislauf als zentrales Element im Klimasystem

Polarfront
Proxies
Reflexion
Southern Oscillation
Sphären
Strahlungshaushalt

Strömungsausgleich
Tiefdruckrinne
Treibhausgas
trockenadiabatisch
Troposphäre
Zyklon

Referatsthemen

- Mensch oder Natur? – Die Ursachen der Klimawandels
- Der Monsun – eine besondere Form des Passates?

WES-151140-355

Absolutismus (S. 14)

Absorption (S. 328, 349)
Aufnahme von kurzwelliger Lichtstrahlung und Umwandlung in langwellige Wärmestrahlung. Dunkle Oberflächen haben somit ein höheres Absorptionsvermögen als hellere.

Adaption (S. 352)
Adaption beinhaltet den Anpassungsprozess an sich verändernde Klimabedingungen, im Gegensatz zur Mitigation aber keine Maßnahmen zur aktiven Bekämpfung des Klimawandels.

Agglomeration (S. 88, 180)
(Anhäufung, Zusammenballung) der Zustand oder Prozess der Verdichtung zu einem Ballungs- oder Verdichtungsraum, wie z. B. das Ruhrgebiet

Agrargesellschaft (S. 230)

Agrarkolonisation (S. 150)
Erschließung bisher ungenutzter Naturlandschaften für die Landwirtschaft, häufig in Verbindung mit Siedlungsneugründungen, die entweder vom Staat finanziell unterstützt oder privat vollzogen wird

Agroforstwirtschaft (S. 153)
Eine Form der nachhaltigen Landwirtschaft im tropischen Regenwald und in Oasen trockener Gebiete. Es werden Feldfrüchte unter Schatten spendenden Bäumen angebaut.

agronomische Trockengrenze (S. 213)
Grenze des Regenfeldbaus. Jenseits dieser Grenze reichen die Niederschläge für den Ackerbau ohne künstliche Bewässerung nicht mehr aus.

Aktivraum (S. 88)
Teilraum eines Staates, in dem das produzierte Wirtschaftsergebnis und der Lebensstandard der Bevölkerung im Vergleich mit dem Gesamtraum überdurchschnittlich sind.

Albedo (S. 348)
Verhältnis von reflektierter zu absorbierter Strahlung in Prozent. Die Albedo ist ein Maß für den Reflexionsgrad. Eine höhere Albedo bedeutet, dass weniger Absorption erfolgt. Eine niedrigere Albedo bedeutet, dass weniger Reflexion erfolgt.

alpiner Typ (S. 280)

Altenquotient (S. 172)

Altersstruktur (S. 170)

andiner Typ (S. 280)

Anhörungsverfahren (S. 61)

Anökumene (S. 164)
Gebiete, die aufgrund extremer Bedingungen unbewohnt sind; z. B. Polargebiete, Wüsten oder hohe Lagen von Hochgebirgen. Gegensatz: Ökumene

antropogener Treibauseffekt (S. 348)
durch menschliche Aktivitäten verursachte Verstärkung des natürlichen Treibhauseffektes durch Emission von Treibhausgasen

Anthropozän (S. 141)

Aquakultur (S. 318)
Zucht von Fischen und Meeresfrüchten in Teichen, Flüssen oder im Küstenbereich der Meere

Arbeitsmigration (S. 178)

Asthenosphäre (S. 274)
Zone im Erdmantel unterhalb der Lithosphäre. Auf der Asthenosphäre bewegen sich die großen Lithosphärenplatten.

ausländische Direktinvestitionen (ADI) (S. 124, 252, 268)
finanzielle Beteiligung eines Investors an einem Unternehmen in einem anderen Staat

Ballungsraum (S. 8, 100)
Gebiet mit hoher Einwohnerdichte, einem großen Angebot an Arbeitsplätzen und guter Infrastruktur. In Deutschland sind Ballungsgebiete als Räume definiert, die mindestens 500 000 Einwohner bei einer Bevölkerungsdichte von mindestens 1000 Einwohnern/km² aufweisen.

Bebauungsplan (S. 81)

Binnenmigration (S. 176)
Wanderung innerhalb eines Gebietes (z. B. Staat, Region)

Biokapazität (S. 142)

Bioklima (S. 44)

Black Smoker (S. 305, 322)

Blaue Banane (S. 89)
Modell für die Darstellung des Schwerpunkts wirtschaftlicher Entwicklung in der EU

Boden (S. 296)
Boden ist die oberste lockere Schicht der Erdoberfläche, die aus verwittertem Gesteinsuntergrund, aus abgestorbenen und lebenden Pflanzen und Tieren sowie aus Luft und Wasser besteht. Die Entwicklung des Bodens wird vom Klima, dem Gesteinsuntergrund, der Vegetation und anderen Umwelteinflüssen bestimmt.

Bodenprofil (S. 297)
sichtbare Abfolge von Bodenhorizonten

Bodentypen (S. 298)
Böden mit gleichem Profil werden zu Bodentypen zusammengefasst.

Brache (S. 150)

Braindrain (S. 178)
Verlust von hoch qualifizierten Arbeitskräften durch Abwanderung

Brandrodungswanderfeldbau (S. 150)
Form der Bodenbewirtschaftung des Wanderfeldbaus im tropischen Regenwald, wobei die Vegetation durch Abbrennen gerodet wird. Nach wenigen Anbaujahren ist der Boden ausgelaugt und es muss eine neue Fläche brandgerodet werden. Auf der verlassenen Fläche wächst langsam ein Sekundärwald nach.

Brexit (S. 86)

Bruttoinlandsprodukt (S. 90, 93)
Wert sämtlicher Waren und Dienstleistungen, die während eines Jahres innerhalb eines Staates von In- und Ausländern produziert werden. Das BIP pro Kopf benutzt man zum weltweiten Vergleich des Wohlstands der Staaten. International übliche Bezeichnungen sind GDP (Gross Domestic Product) oder auch GDI (Gross Domestic Income).

Bruttonationaleinkommen (BNE) (S. 197)
Gesamtwert aller Waren und Dienstleistungen, die von den ständigen Bewohnern eines Staates in einem Jahr produziert werden (im In- und Ausland).

Cash Crops (S. 150)
englischer Begriff für Agrarprodukte, die – meist in Entwicklungsländern – überwiegend für den Export angbaut werden.

City (S. 20, 24)
Zentrum einer größeren Stadt; vorwiegend geprägt durch Dienstleistungen wie Banken und Behörden sowie kulturelle Einrichtungen und Handel

Cluster (S. 36, 99)
im wirtschaftlichen Sinne ein Unternehmensnetzwerk als Konzentration von Produzenten, die von gemeinsamen Informations- und Wissensflüssen profitieren

Concept-Map (S. 146, 149, 185, 285)
Eine Concept-Map ist eine grafische Darstellung, in der komplexe Sachverhalte übersichtlich dargestellt werden. Kausale Zusammenhänge, Verflechtungen oder Rückkopplungen zwischen ausgewählten Elementen werden mit Pfeilen visualisiert. Zusätzlich werden die Beziehungspfeile mit Symbolen, Verben oder kurzen Sätzen beschriftet.

Corioliskraft (S. 332)
aus der Erdrotation resultierende Scheinkraft, die unter anderem Winde und Meeresströmungen auf der Nordhalbkugel nach rechts und auf der Südhalbkugel nach links ablenkt

Daseinsvorsorge (S. 68)
Versorgung der Bevölkerung mit für das menschliche Dasein für notwendig erachteten Gütern und Dienstleistungen des täglichen Bedarfs (Grundversorgung)

Degradation (S. 156)
Verschlechterung des Bodens durch landwirtschaftliche Übernutzung oder durch natürliche Einflüsse. Degradation führt zur Veränderung der Struktur und stofflichen Zusammensetzung des Bodens sowie zum Nachlassen der Bodenfruchtbarkeit.

demographische Dividende (S. 172)
Gewinn, der durch einen hohen Anteil an jungen Arbeitskräften im Verhältnis zur nicht (mehr) arbeitenden Bevölkerung in einem Staat erwirtschaftet wird

demographischer Übergang (S. 168)

demographischer Wandel (S. 68)

Desertifiktion (S. 210, 213)
(lat.: desertus facere = wüst machen) ist die Schädigung der natürlichen Ressourcen (Boden, Wasser, Vegetation) in Wüstenrandgebieten durch eine nicht angepasste, zu intensive Nutzung.

Desurbanisierung (S. 30)
Prozess der Entstädterung, bei dem Einwohner und Beschäftigtenzahlen im städtischen Ballungsraum zurückgehen

Differenziation (S. 304)

Dispariäten (S. 90, 194, 196)
beschreiben die Unterschiede in der Entwicklung von Staaten bzw. Regionen hinsichtlich Lebenserwartung, Lebenschancen, Lebensstandard, Lebensqualität und Lebensstil ihrer Bevölkerung.

divergierende Plattengrenze (S. 282)

Dorf (S. 9)

Dorfformen (S. 48)

Ecofarming (S. 152)
Integration von Ackerbau, Tierhaltung und Holz- bzw. Sekundärstoffgewinnung mit dem Ziel, das Ökosystem des Regenwaldes nicht übermäßig zu stören. Dies erfolgt durch Nachahmung natürlicher Nährstoffkreisläufe, z. B. durch die Terrassierung der Felder, Fruchtfolgewechsel und Anbau Stickstoff bindender Pflanzen. Ecofarming ist im Idealfall wenig kapitalintensiv, jedoch v. a. am Anfang sehr arbeitsintensiv.

economies of scale (S. 17, 127)

effektive Klimaklassifikation (S. 343)

Einzugsbereich (S. 62)

El Niño (S. 341)

Emissionen (S. 46)
Ausstoß von festen, flüssigen oder gasförmigen Stoffen, die die Luft und die Umwelt verunreinigen

Emissionshandel (S. 134)

ENSO (S. 341)
zusammenfassender Begriff von El Niño und der Southern Oscillation (regelmäßige Luftdruckschwingung zwischen tropischem West- und Südostpazifik), der die Änderungen von Meeresströmungen und Luftdruckverhältnissen im tropischen Pazifik beschreibt

Entwicklungshilfe (S. 200)

Entwicklungspolitik (S. 200)
Planung beziehungsweise Strategie des wirtschaftlichen Wachstums und der sozialen Entwicklung für einen bestimmten Raum

Entwicklungsziele (S. 145)

Entzugseffekt (S. 98)
negative Veränderungen, welche die wirtschaftliche Expansion eines Zentrums in andere Regionen hervorruft

Erdüberlastungstag (S. 142)

Erneuerbare-Energien-Gesetz (EEG) (S. 316, 352)
regelt die bevorzugte Einspeisung von Strom aus erneuerbaren Energiequellen ins Stromnetz und garantiert deren Erzeugern feste Einspeisevergütungen

Ersatzniveau (S. 167)

Europäischer Binnenmarkt (S. 116)

Europäischer Fonds für regionale Entwicklung (EFRE) (S. 118)
Mit Mitteln aus dem EFRE wird z. B. die Ansiedlung von neuen Firmen durch Steuervorteile oder Subventionen in strukturschwachen Regionen gefördert.

Europäischer Sozialfonds (ESF) (S. 118)
Mit dem ESF werden öffentliche Einrichtungen und die Infrastruktur in strukturschwachen Räumen gefördert.

Europaregion (S. 120)

Euroregion (S. 77)

externe Ersparnisse (S. 17)

Feinstaub (S. 46)

Ferrelzelle (S. 333)
Zirkulationszelle, die in der globalen atmosphärischen Zirkulation zwischen der Hadleyzelle und der Polarzelle bei etwa 30° bis 60° Breite auftritt

Fertilitätsrate (S. 167, 174)
Anzahl der Kinder, die in einer bestimmten Region von einer Frau im Durchschnitt geboren werden

feuchtadiabatisch (S. 330)
Zustandsänderung einer auf- oder absteigenden Luftmasse unter Einfluss der Kondensation. Durch die Kondensation wird Energie in Form von Wärme frei, sodass sich die Luft um 0,5 °C pro 100 m abkühlt.

Flächennutzungsplan (S. 60, 80)
Teil der Bauleitplanung, der die beabsichtigte Art der Bodennutzung in einer Gemeinde in den Grundzügen darstellt

Fluggänse-Modell (S. 248)
Modell für den wirtschaftlichen Entwicklungsprozess im ost- bzw. südoastasiatischen Raum

Föhn (S. 331)
trockener und warmer Fallwind, der am Rand hoher Gebirge auftritt

Fourastié-Modell (S. 231)

Fracking (S. 312)
technisches Verfahren zur Förderung von Erdgas- und Erdölvorkommen durch Einpressen chemischer Flüssigkeiten mit Quarzsand in Gesteinsschichten unter hohem Druck

fragmentierte Entwicklung (S. 239)

Friedenspolitik (S. 202)

Frostsprengung (S. 294)

Fühlungsvorteile (S. 17, 37, 99)
Standortfaktor für die Ansiedlung von Unternehmen. Fühlungsvorteile ermöglichen den schnellen Kontakt zu Dienstleistern, Zulieferern, Kunden, Behörden und zu Unternehmen der gleichen Branche.

Gated Community (S. 189)
geschlossenes Wohngebiet der Mittel- oder Oberschicht

Geburtenrate (S. 167)
Zahl der innerhalb eines Jahres geborenen Kinder pro 1000 Einwohner (Angabe in Promille) in einem Staat oder einer Region

Gegenstrahlung (S. 328)

Gegenstromprinzip (S. 60)
Prinzip in der Raumplanung, das eine gegenseitige Informations- und Anhörungspflicht der einzelnen Planungsebenen vorschreibt

Gemeinsame Agrarpolitik (GAP) (S. 128)

genetische Klimaklassifikation (S. 342)

Gentrifizierung (S. 28)
soziale Aufwertung von Stadtgebieten durch Zuzug wohlhabender, investitionsfreudiger Menschen. Basiert häufig auf der Sanierung, Modernisierung und damit Aufwertung heruntergekommener Stadtviertel.

Geokomponenten (S. 146)

Geosphäre (S. 146)
der dreidimensionale Landschaftsraum der Erdoberfläche mit seinen Funktionsbeziehungen zur Atmosphäre, Hydrosphäre und Lithosphäre

Gesamtfruchtbarkeitsrate (S. 167)
siehe Fertiltitätsrate

Gini-Index (S. 197)

glaziale Serie (S. 287, 289)
die in einer bestimmten Reihenfolge ausgebildeten Landschaftsformen, die während der Vergletscherungen in den Eiszeiten durch jeden Gletschervorstoß unter den Gletschern, an deren Rand und in deren Vorland entstanden sind

Global City (S. 180, 262)

Global Gender Gap Index (S. 175)

Global Player (S. 233)
multinationales Unternehmen, das Produktionsstandorte in der ganzen Welt hat und den Weltmarkt beliefert

Globalisierung (S. 232)

Globalstrahlung (S. 328)
Gesamtmenge der direkten Sonnenstrahlung und der diffusen Himmelsstrahlung, die eine horizontale Flächeneinheit erhält

Gradientkraft (S. 332)

Grunddaseinsfunktionen (S. 9)
In einer Gemeinschaft zu leben, wohnen, arbeiten, sich versorgen, sich bilden und das Freizeitverhalten gehören zu den Grunddaseinsfunktionen. Kommunikation und Verkehr ermöglichen die Grunddaseinsfunktionen, sie gehören aber nicht dazu.

Hadley-Zelle (S. 335)
System des meridionalen kreislaufähnlichen Luftmassenaustausches zwischen der Innertropischen Konvergenzzone und dem subtropischen Hochdruckgürtel. Neben der Hadley-Zelle bestehen noch zwei globale Zirkulationszellen, die Polarzelle und die Ferrelzelle.

Hartlaubgewächse (S. 154)

Hitzetage (S. 44)

Hjulström-Diagramm (S. 290)

Höhenstufen (S. 345)
Vegetationsstufen, die durch Temperatur und Niederschlag bedingt sind und an Gebirgshängen aufeinanderfolgen. Sie unterscheiden sich im Vegetationsbild und in der Art der Bewirtschaftung.

Hotspot (S. 277)
stationärer, im oberen Erdmantel lokalisierter, gegenüber seiner Umgebung deutlich heißerer Magmaherd, aus dem Schmelze nach oben dringt

Human Development Index (HDI) (S. 198)
Vergleichsindex der menschlichen Entwicklung, mit dem die UN den Entwicklungsstand eines Staates bewerten. Er setzt sich aus drei Bestandteilen zusammen: dem BIP pro Kopf, der durchschnittlichen Lebenserwartung und dem Bildungsstand (ermittelt aus Alphabetisierungs- und Einschulungsrate).

Idealkontinent (S. 344)
Modell der Land-Meer-Verteilung. Entlang der Breitenkreise werden jeweils die Landflächen summiert, sodass ein theoretischer Großkontinent entsteht.

Importsubstitution (S. 248, 260)

Index of Primacy (S. 184)

Industriegesellschaft (S. 230)

Inkohlung (S. 308)
Bezeichnung für die langsame, unter Druck und Luftabschluss stattfindende Umwandlung von Pflanzenresten in Kohle. Den Pflanzenresten werden während der Inkohlung flüssige (Wasser) und gasförmige Bestandteile entzogen. Es kommt zu einer Anreicherung von Kohlenstoff.

Inlandeis (S. 286)
Bezeichnung für Gletscher, die Landmassen großflächig überdeckt haben bzw. noch immer überdecken.

Innertropische Konvergenzzone (ITC) (S. 333, 335)
Zone im äquatornahen Bereich, in der die Nordostpassate und die Südostpassate zusammenlaufen (konvergieren) und dann in die Höhe aufsteigen

Inselbogentyp 280

Internationaler Währungsfonds (IWF) (S. 232)

INTERREG (S. 119)

Intrusion (S. 304)

Jetstream (S. 333)
Zone orkanartiger Winde in der oberen Troposphäre im Bereich der planetarischen Frontalzone, hervorgerufen durch starke Luftdruckgefälle

Jugendquotient (S. 172)
Die Anzahl der Bevölkerung im Kinder- und Jugendalter (0 bis 14 Jahre) bezogen auf die Zahl der Bevölkerung im arbeitsfähigen Alter (15 bis 65 Jahre). Er verdeutlicht, in welchem Ausmaß die mittlere Altersgruppe für die jüngere (noch nicht erwerbstätige) Bevölkerung im weitesten Sinne zu sorgen hat.

Kaltfront (S. 338)

Kastensystem (S. 221)

Kaufkraftstandard (KKS) (S. 91)
Korrekturfaktor, um volkswirtschaftliche Größen international vergleichbar zu machen; besser bekannt in der englischen Abkürzung PPP (purchasing power parity)

Kernstadt (S. 20, 24)
siehe City

Kinderehe (S. 174)

Klimaschutz (S. 352)

Klimawandel (S. 346)

Kohäsionsländer (S. 118)
Staaten mit einem Pro-Kopf-Einkommen von unter 90 Prozent des EU-Durchschnitts. Sie erhalten Finanzmittel, um rasch zum EU-Durchschnitt aufzuschließen.

Kohlensäureverwitterung (S. 294)

komparativer Kostenvorteil (S. 126)

Kondensation (S. 330)
der Übergang des Wasserdampfes vom gasförmigen in den flüssigen Zustand, wobei sich in der Atmosphäre Wolken bilden

Kondratjewzyklen (S. 230)

konservierende Plattengrenze (S. 276)

konvergierende Plattengrenze (S. 276)

Kraton (S. 305)
Kernbereich eines Kontinents mit durchschnittlicher oder erhöhter Krustendicke

Kreativwirtschaft (S. 35)

kurzgeschlossener Nährstoffkreislauf (S. 148)

Küste (S. 292)
Küsten sind regional unterschiedlich breite, geomorphologisch unterschiedlich ausgeprägte Übergangsbereiche zwischen Festland und Meer.

La Niña (S. 341)

Lagerstätte (S. 304)
Anreicherung von nutzbaren Mineralen oder Gesteinen, sodass sich deren Abbau lohnt

Lahar (S. 282)

Landesentwicklungsplan (S. 64)
Plan, der die übergeordneten Ziele der Landesplanung als Teil der Raumplanung festlegt

Land-See-Wind (S. 332)

Landesplanungsgesetz (S. 60)

Landesentwicklungsplan (S. 64)

Landschaftszone (S. 146)
naturlandschaftlicher Großraum mit relativ einheitlichen Ökosystembedingungen, insbesondere basierend auf der klimatischen Gliederung der Erde

Leitvorstellung (S. 75)

Lithosphäre (S. 274)
die äußere, feste Schale der Erde. Diese Gesteinsschicht setzt sich aus Erdkruste und oberem Erdmantel zusammen.

Luftdruck (S. 330)
Druck, den das Gewicht der Luftsäule auf die Oberfläche der Erde ausübt

Luftreinhalteplan (S. 47)

Mäander (S. 291)
Fluss- und Talschlingen, verursacht durch geringes Gefälle des Fließgewässers. Charakteristisch ist die Abfolge von Prallhang und Gleithang.

Macchie (S. 156)

Manganknollen (S. 322)

Manufacturing Belt (S. 242)

Megacity (S. 180)
nach Definition der UN eine Stadt mit mehr als zehn Millionen Einwohnern im Ballungsraum

Methanhydrat (S. 324)

Metropolregion (S. 8, 64)
städtischer Verdichtungsraum, der ein oder mehrere Kernstädte, Vorortgemeinden und ihren Pendlereinzugsbereich umfasst

Migration (S. 176)
Wanderbewegung von Menschen, verbunden mit einem längerfristigen Wohnortwechsel. Formen der Migration sind die Emigration (Auswanderung) und die Immigration (Einwanderung).

Mitigation (S. 352)
Mitigation beschreibt die aktive Verringerung der Treibhausgasemissionen, um die Auswirkungen auf den Klimawandel zu steuern.

Mittelzentrum (S. 62)

Modellvorhaben (S. 60)

Monsun (S. 336)
beständig wehender Wind, der im jahreszeitlichen Wechsel seine Richtung um ca. 180° ändert

Montanindustrie (S. 100)

Multidimensional Poverty Index (MPI) (S. 198)

nachhaltige Entwicklung (S. 144)
bezeichnet eine Entwicklung, die den Bedürfnissen der jetzigen Generation entspricht, ohne die Möglichkeiten künftiger Generationen zu gefährden, ihre eigenen Bedürfnisse zu befriedigen. Sie umfasst ökologische, soziale und ökologische Aspekte, die durch politische, kulturelle und individuelle ergänzt werden können. Englische Bezeichnung: Sustainable Development.

Nordatlantische Oszillation (NAO) (S. 340)
beschreibt periodisch schwankende Luftdruckunterschiede zwischen Subtropenhoch und subpolarer Tiefdruckrinne mit Einfluss auf die vorherrschende Witterung in Europa.

Naturereignis (S. 283)

Naturkatastrophe (S. 283)

natürliches Bevölkerungswachstum (S. 167)
beschreibt die Veränderung der Gesamtbevölkerungszahl durch Geburten und Sterbefälle. Ist die Anzahl der Geburten höher als die der Sterbefälle, wächst die Einwohnerzahl, anderenfalls sinkt sie.

natürlicher Treibhauseffekt (S. 328, 349)
Die Rolle, die z. B. CO_2, Wasserdampf und Wolken spielen, indem sie einen Teil der kurzwelligen Strahlung durchlassen, die langwellige terrestrische Ausstrahlung aber absorbieren und einen Teil davon als Wärmestrahlung wieder zum Erdboden zurückstrahlen.

NUTS-Region (S. 91)

Oberzentrum (S. 62)
Stadt mit der höchsten Bedeutung in ihrem Einzugsgebiet, der seine Bevölkerung mit hoch- und höchstwertigen Gütern und Dienstleistungen versorgt

Öffentlichkeitsbeteiligung (S. 78, 81)

Okklusion (S. 338)
Zusammenschluss der Kalt- und der Warmfront einer Zyklone. Die Warmluft hebt dabei vollkommen vom Boden ab. Die Zyklone stirbt ab.

ökologische Landwirtschaft (S. 106)

ökologischer Fußabdruck (S. 142)
Fläche auf der Erde, die benötigt wird, um den Lebensstandard eines Menschen zu ermöglichen. Gemeint sind die Flächen zur Produktion von Kleidung und Nahrung, zur Bereitstellung von Energie sowie zum Binden von CO_2, welches der Mensch freigibt.

Ökumene (S. 164)
Die dauerhaft von Menschen besiedelten Gebiete werden als Ökumene bezeichnet. Der Begriff stammt vom griechischen Wort „oikein" ab und bedeutet bewohnen. Gegensatz: Anökumene.

Ölsande (S. 313)

Orogenese (S. 280)
durch tektonische Vorgänge verursachte Gebirgsbildung

Oxidationsverwitterung (S. 294)

Ozon (S. 348)
Ein aus drei Sauerstoffatomen bestehendes Molekül. Es kann bei Menschen und Tieren zu Reizungen der Atemwege führen, schützt aber andererseits vor der Schädigung durch die energiereiche ultraviolette Strahlung der Sonne.

Passat (S. 333, 334)
großräumige Windströmung in der Tropenzone, die durch das Luftdruckgefälle von den subtropischen Hochdruckgürteln zum Äquator hin entsteht

Passivraum (S. 88)
Teilraum eines Staates, der im Vergleich zum Gesamtraum nur geringe wirtschaftliche Aktivitäten entwickelt, Stagnation oder Rückgang der Wirtschaftsleistung zeigt, infrastrukturell schwach ausgestattet ist und häufig auch Bevölkerungsrückgang aufweist.

planetarische Zirkulation (S. 333)

Planfeststellungsbeschluss (S. 71)

Planfeststellungsverfahren (S. 70)
Genehmigungsverfahren zur Entscheidung über die Zulässigkeit z.B. einer Straßenbaumaßnahme. Es soll bereits im Vorbereitungsstadium die Vereinbarkeit des Vorhabens mit allen davon berührten öffentlichen und privaten Belangen überprüft werden.

Plantage (S. 153)
landwirtschaftlicher Großbetrieb, vor allem in den tropischen Gebieten der Erde. Kennzeichen einer Plantage sind der Anbau meist mehrjähriger Nutzpflanzen (z.B. Kaffee, Tee, Bananen) sowie Anlagen für Ernte, Aufbereitung, Verarbeitung und Verpackung der Früchte.

Plattentektonik (S. 274)

Pluton (S. 304)
Körper aus Tiefengestein sehr großen Ausmaßes, der in mehreren Kilometern Tiefe in der Erdkruste erstarrte

Primärenergie (S. 314)
Gesamtheit der Primärenergieträger in unverarbeiteter, naturgegebener Form (z.B. Kohle, Erdöl), aus denen Gebrauchsenergie in anwendungsgerechter Form erzeugt wird (z.B. Elektrizität, Kraftstoffe)

Primatstadt (S. 180)

Produktionsfaktoren (S. 230)
Einsatzmengen, die für die Herstellung von Waren und Dienstleistungen erforderlich sind (volkswirtschaftlich: Boden, Arbeit und Kapital; betriebswirtschaftlich: menschliche Arbeit, Werkstoffe und Betriebsmittel)

Produktlebenszyklus (S. 97)
Theorie der phasenhaften Entwicklung eines Produktes am Markt: Einführungsphase, Wachstumsphase, Reife- und Sättigungsphase, Schrumpfungsphase bis zur Einstellung der Produktion bzw. zur Erneuerung des Produktes

Protektionismus (S. 126, 248)
Bezeichnung für Schutz- und Hilfsmaßnahmen (wie Zollgebühren, Einfuhrquoten, Subventionen), mit denen ein Staat versucht, ausländische Anbieter auf dem Inlandsmarkt zu benachteiligen und heimische Produkte und Branchen zu fördern

punkt-axiales System (S. 62)

pyroklastischer Strom (S. 282)

Radialstadt (S. 14)

räumliche Disparitäten (S. 90)
Unausgeglichenheit der räumlichen Ausstattung in einem Gebiet, die in unterschiedlichen Lebensbedingungen und ungleichen Entwicklungsmöglichkeiten zum Ausdruck kommt

Raummodell (S. 88)

Raumordnung (S. 58)
Tätigkeit staatlicher Stellen, die Zielvorstellungen zur Gestaltung des Raumes (oder von Teilräumen) formulieren und Maßnahmen zur Verwirklichung dieser Ziele ergreifen. Die Raumordnung der Bundesrepublik Deutschland hat zum Ziel, gleiche Lebensbedingungen im gesamten Bundesgebiet zu schaffen.

Raumordnungsgesetz (S. 58)

Raumordnungsverfahren (S. 60, 78)
Verfahren der Landesplanung, um Maßnahmen mit den Grundsätzen und Zielen der Raumordnung bzw. der Landesplanung abzugleichen

Reflexion (S. 328)
Zurückstreuen der kurzwelligen Strahlung ohne Umwandlung. Hellere Oberflächen haben somit ein höheres Reflexionsvermögen als dunklere.

Regionalplan (S. 60)

Regionalprofil (S. 74)

Rekultivierung (S. 310)
Wiedergewinnung von Ackerland und Forstflächen, von Erholungsgebieten und Siedlungsräumen z.B. in ehemaligen Tagebaulandschaften

Reserve (S. 302)
Teil der Gesamtmenge eines Rohstoffs, der mit den heutigen Mitteln wirtschaftlich abgebaut werden kann

Ressource (S. 302)
geschätzte oder vermutete Gesamtvoratsmenge eines Rohstoffs, einschließlich des Anteils, der unter heutigen technischen Voraussetzungen nicht ökonomisch gewinnbringend gefördert werden kann

Reurbanisierung (S. 30)
Zunahme der Einwohner und Beschäftigten im städtischen Ballungsraum nach einer Phase der Desurbanisierung

Ridge-Push (S. 275)

Riftzone (S. 276)
(engl.: Spalte, Riss); Zentralgraben der mittelozeanischen Rücken, der zugleich Austrittsstelle submariner vulkanischer Schmelzen ist

Rohstoff (S. 302)

Rücküberweisung (S. 178)
Teil des Einkommens, den Migranten zur Unterstützung der eigenen Familie zurück in das jeweilige Heimatland schicken

Sahel (S. 210)
ca. 400 Kilometer breiter Übergangsraum zwischen Wüste und Dornsavanne auf dem afrikanischen Kontinent

Schengener Abkommen (S. 87, 116)

Schwarmstadt (S. 26)
Stadt mit überdurchschnittlicher Zuwanderungsrate

SDG-Index (S. 145)

Segregation (S. 27)
räumliche Trennung von ethnischen oder sozialen Bevölkerungsgruppen in Städten

Seidenstraße (S. 254)

Seifen (S. 305)
Ablagerung von sandigem Feinmaterial und/oder Geröll mit abbauwürdiger Konzentration an Schwermineralien oder Diamanten. Seifen entstehen bei der Gesteinsverwitterung durch Anreicherung.

Sekundärenergie (S. 314)
Bezeichnung für die aus Primärenergie gewonnene Gebrauchsenergie

Seltene Erden (S. 306)

Shifting Cultivation (S. 150)
siehe Brandrodungswanderfeldbau

Siedlungsstern (S. 66)

Slab-Pull (S. 275)

Smart City (S. 36)

Smog (S. 46)
Kunstwort aus „smoke“ (Rauch) und „fog“ (Nebel). Smog ist die Bezeichnung für eine starke Luftverschmutzung über Großstädten oder industriellen Ballungsräumen.

Sonderwirtschaftszone (S. 256)
Gebiet innerhalb eines Staates, in dem die Gesetzgebung in Bezug auf das Wirtschafts- und Steuerrecht anders ist als im Rest des Staates. Das Ziel der Einrichtung einer solchen Zone ist für gewöhnlich die Steigerung von in- und ausländischen Investitionen.

Speckgürtel (S. 64)

Spin-off-Effekt (S. 246)
von einer Person ausgehende Unternehmensgründung, bei der einer nichtprivaten Forschungseinrichtung zuvor erworbenes Wissen eingeht

Splash-Wirkung (S. 157)

Stadt (S. 8)
Administrative Einheit mit Stadtrechten. Statistische Abgrenzungen sind international verschieden, weshalb zur Stadtdefinition vor allem funktionale und physiognomische Merkmale herangezogen werden.

Stadtklima (S. 42)

Stadtmodelle (S. 22)

Standortfaktoren (S. 96)
Faktoren, die einen Betrieb dazu veranlassen, sich an einem bestimmten Standort niederzulassen, z.B. Infrastruktur, Subventionen, Steuern, vorhandene Arbeitskräfte usw. Es werden harte (zumeist quantitativ erfassbare) Faktoren von weichen (qualitativen) Faktoren unterschieden.

Sterberate (S. 167)
Zahl der innerhalb eines Jahres Gestorbenen pro 1000 Einwohner (Angabe in Promille) in einem Staat oder einer Region

Stratovulkan (S. 282)

Strukturwandel (S. 102)
Längerfristige und meistens nicht mehr umkehrbare Veränderung der Wirtschaftsstruktur wie der Bedeutungsverlust der Landwirtschaft oder der Niedergang der Eisen- und Stahlindustrie. Der Wandel hängt von wirtschaftlichen Faktoren ab, kann aber auch durch gezielte politische Maßnahmen eingeleitet werden, um neue, zukunftsfähige Wirtschaftsstrukturen zu schaffen.

Subduktionszone (S. 275)
Abtauchzone, in der ein Absenken bzw. Eintauchen einer ozeanischen Platte unter eine kontinentale Platte erfolgt

Subsistenzwirtschaft (S. 197)
Wirtschaften mit dem Ziel der Eigenversorgung

Suburbanisierung (S. 30)
Ausdehnung einer Stadt in ihr Umland durch Wohnbebauung, Industrie- und Dienstleistungsbetriebe

Sukzession (S. 157)

Sunbelt (S. 243)

Talgletscher (S. 288)

Taupunkt (S. 331)
der Punkt, an dem eine feuchte Luftmasse komplett gesättigt ist, also eine relative Luftfeuchte von 100 % aufweist

Teenagerschwangerschaft (S. 174)

Tephra (S. 282)

Terms of Trade (S. 238)
Verhältnis zwischen Exportpreisen und Importpreisen. Das Verhältnis verschlechtert sich z.B. für einen Staat, wenn die Exportpreise fallen und die Importpreise steigen oder die Exportpreise langsamer steigen als die Importpreise.

Tragfähigkeit (S. 190)

Transformation (S. 267)
Umgestaltungsprozess eines (zumeist) politischen Systems. Damit geht eine Veränderung der sozialen, wirtschaftlichen, politischen und kulturellen Prägungen der Gesellschaft einher.

Trench Suction (S. 275)

trockenadiabatisch (S. 330)
Zustandsänderung einer auf- oder absteigenden Luftmasse. Sie kühlt sich um 1 °C pro 100 m ab (trockenadiabatischer Temperaturgradient).

Trogtal (S. 288)

Tsunami (S. 284)
extrem hohe Welle von großer Energie und Zerstörungskraft an den Küsten. Er wird am Meeresboden durch einen Vulkanausbruch oder ein Erdbeben ausgelöst.

Umland (S. 8, 21)

Umweltzone (S. 47)

Unicorn (S. 35)

Urbanisierung (S. 11)
Prozess der zunehmenden Konzentration der Bevölkerung in städtischen Gebieten. Im weiteren Sinn wird darunter auch die Verbreitung der städtischen Lebens- und Verhaltensweisen der Bevölkerung verstanden.

Verstädterung (S. 180, 182)
Zunahme der Stadtbevölkerung gegenüber der Landbevölkerung. Die Verstädterung zeigt sich im Raum dadurch, dass sich Städte vergrößern und ins Umland wachsen und dass sich Dörfer vergrößern und stadtähnlich werden (weniger Bauernhöfe, mehr Industriebetriebe, Neubausiedlungen).

Verwitterung (S. 294)
Zerfall von Gesteinen an der Erdoberfläche unter Einwirkung physikalischer und chemischer Kräfte. Die Verwitterung ist die Voraussetzung für die Abtragung und beeinflusst damit wesentlich die Formung der Erdoberfläche, außerdem lockert sie diese und ermöglicht somit die Bodenbildung.

Vierungsstadt (S. 14)

Vorbehaltsgebiet (S. 76)

Vorranggebiet (S. 76)

Wanderarbeiter (S. 179)

Wanderungssaldo (S. 53)
Wert für den Bevölkerungszuwachs/die Bevölkerungsabnahme in einem Staat/einer Region. Berechnet wird dieser wie folgt: Zuwanderung minus Abwanderung.

Wärmehaushalt (S. 328)
beschreibt den Umsatz und Austausch von Wärmeenergie. Der Wärmehaushalt der Erde ist eng mit dem Strahlungshaushalt verknüpft. Die Erdoberfläche gibt Energieströme in Form von Verdunstungswärme und Konvektionswärme (latente Wärme) an die Atmosphäre ab.

Wärmeinsel (S. 42)
Gebiet, das im Vergleich zur Umgebung höhere Temperaturen aufweist (z. B. besonders stark aufgeheizte Flächen aus Stein oder Beton in einer Stadt)

Warmfront (S. 338)

Welthandelsorganisation (WTO) (S. 232)

Westwindzone (S. 333)
Globale atmosphärische Windströmung, die durch Boden- und Höhenwinde aus Westen besteht (Westwindzirkulation). Diese kommt in den Mittelbreiten zwischen 30° bis 60° auf der Nord- und der Südhalbkugel vor.

wilhelminischer Wohngürtel (S. 16)
auch gründerzeitliches Viertel (oder Ring), das sich an die Altstadt anschließt; durch die systematische Stadterweiterung in der zweiten Hälfte des 19. Jahrhunderts geschaffenes, dicht bebautes Areal mit enger Verzahnung von Wohnen und Arbeitsstätten

Wilson-Zyklus (S. 278)

zentrale Orte (S. 62, 75, 98)
Im Rahmen der zentralörtlichen Gliederung ausgewiesene Standorte mit Bedeutung über die Versorgung der eigenen Bevölkerung hinaus; je nach Ausstattung und Einzugsbereich werden Oberzentren, Mittelzentren und Unterzentren unterschieden.

Ziele der Raumplanung (S. 60)

Zyklone (S. 338)
Tiefdruckgebiet, das an der Polarfront entsteht und mit der Westwinddrift nach Osten zieht

M1 Schüler beim Abitur

Das Geographie-Abitur

Während des Geographieunterrichts haben Sie im Laufe Ihrer Schulzeit die Welt kennengelernt, geographisches Fachwissen erworben, Methoden trainiert und ihre Urteilsfähigkeit erweitert. Darüber hinaus sind Sie durch die von Ihnen bewältigten schriftlichen Leistungskontrollen und Klausuren gut gerüstet, um die hohen Anforderungen, die in der Abiturprüfung von Ihnen verlangt werden, zu bestehen. Für Ihre gezielte Vorbereitung können Sie an dieser Stelle die Besonderheiten der Abiturklausur bzw. mündlichen Prüfung kennenlernen und Hinweise für das Lösen der komplexen, umfangreichen Arbeit erhalten.

1) Die Aufgaben werden zentral durch eine Aufgabenkommission und nicht von Ihrem Lehrer erstellt. Alle Abiturienten des Bundeslandes erhalten die gleichen Aufgaben.
2) Im Fach Geographie erhalten Sie mehrere Themen zur Auswahl. Sie wählen eine der angebotenen Klausuren aus und bearbeiten diese.
3) Die Dauer der Abiturklausur ist deutlich länger als die bisherigen Klausuren während der Halbjahre.

M1 Besonderheiten der Abiturklausur

Vorbereitung auf die Abiturklausur:

1) Arbeiten Sie kontinuierlich im Geographieunterricht mit. Bereiten Sie den Unterricht vor und nach. Ordnen Sie Ihre Mitschriften und erweitern Sie diese durch Informationen aus dem Lehrbuch oder anderen Medien.
2) Die Abiturklausur beruht auf zahlreichen Materialien (Karten, Diagramme, Statistiken usw.), die auszuwerten und zu vernetzen sind. Stellen Sie sicher, dass Sie die unterschiedlichen Materialien sachgerecht, vollständig und strukturiert auswerten können. Als Hilfsmittel dienen Methodenseiten, die in Ihrem Lehrbuch zu finden sind. Setzen Sie sich intensiv mit Ihrem Atlas auseinander, der als Hilfsmittel zugelassen ist. In ihm sind zahlreiche Informationen und Fachwissen in Form von Karten, aber auch Modellen vorhanden.
3) Die Klausuren, die Sie in den Kurshalbjahren schreiben, dienen nicht nur der Leistungsermittlung, sondern sind auch Übung für die Abiturklausur. Daher sollten Sie die Klausuren nacharbeiten und die Anmerkungen des Lehrers analysieren, um Ihre Stärken und Schwächen zu erkennen.

M2 Zwei Jahre bis zur Abiturklausur

1) **Lesen Sie das Thema der Klausur genau!**
   Aus der Themenformulierung können Sie die Bearbeitungsrichtung der Klausur entnehmen.
2) **Die Teilaufgaben stellen eine Strukturhilfe für die Lösung dar.**
   Die Operatoren zeigen den erwarteten Umfang und die Art und Weise der Lösungsdarstellung an. Legen Sie einen groben Zeitplan fest, wie viel Zeit Sie pro Bewertungseinheit investieren können. Lesen Sie die Aufgaben sorgfältig und notieren Sie unter Umständen spontane Ideen.
3) **Analysieren Sie die Arbeitsmaterialien aufgabengeleitet.**
   Markieren Sie wichtige Aussagen. Nutzen Sie gegebenenfalls den Taschenrechner, um Entwicklungen oder Vergleiche in statistischen Materialien zu erkennen, sowie den Atlas.
4) **Erst nachdem Sie die Aufgabenstellung der Teilaufgaben gedanklich durchdrungen und die Materialien gründlich ausgewertet haben, beginnen Sie mit der Reinschrift.**
   Formulieren Sie eine Einleitung. Denken Sie an eine sachlogische Darstellung, die einem „roten Faden" folgt. Formulieren Sie kurze Überleitungen.
6) **Argumentieren Sie materialgestützt.**
   Beziehen Sie in Ihrer schriftlichen Darstellung die zugehörigen Materialien ein. Geben Sie jeweils an, welche Materialien Sie nutzen, etwa am Ende des Satzes bzw. Abschnitts.
7) **Kontrollieren Sie die Klausur am Ende.**
   Denken Sie daran, dass bei den Aufgaben auch Bewertungseinheiten für die Darstellungsleistung (Ausdruck, Logik, Struktur) vergeben werden. Prüfen Sie am Ende Rechtschreibung, Zeichensetzung und grammatikalische Richtigkeit.

M3 Schreiben der Abiturklausur

Die mündliche Abiturprüfung ist für Sie eine besondere Herausforderung, da Sie diese Situation das erste Mal erleben. Mit Vorträgen und anderen mündlichen Unterrichtsbeiträgen haben Sie jedoch Erfahrungen mit Präsentationen gesammelt. Bei der mündlichen Prüfung werden neben Ihrem Fachwisssen auch Ihr Auftreten, die Qualität der Darstellung und Flexibilität in der Gesprächführung beurteilt. Die Prüfung ist in zwei Teile gegliedert. Zuerst ziehen Sie eine von Ihrem Fachlehrer gestellte Aufgabe. Sie haben dann eine vorgegebene Vorbereitungszeit. Zunächst stellen Sie Ihre Lösung vor. Daran schließt sich ein Prüfungsgespräch mit Aufgaben oder Problemstellungen zu einem anderen Thema an.

M4 Die mündliche Abiturprüfung

1) **Langfristige Vorbereitung**
Kennzeichnen Sie wesentliche Inhalte in Ihren Mitschriften bzw. legen Sie sich eine Lernkartei an. Lernen Sie wichtige Definitionen und Inhalte auswendig und vergewissern Sie sich, wo Inhalte im Atlas (zugelassenes Hilfsmittel) zu finden sind.
2) **Am Prüfungstag**
Achten Sie auf angemessene Kleidung. Kommen Sie optimistisch gestimmt in die Schule. Erscheinen Sie rechtzeitig zu Ihrem Prüfungstermin.
3) **Im Vorbereitungszimmer**
Während der Vorbereitungszeit haben Sie keine Zeit, die Antworten auszuformulieren. Werten Sie das gegebene Material aus. Notieren Sie sich wesentliche Stichpunkte, die Sie in eine logische Reihenfolge bringen. Zeichnen Sie Skizzen, die Sie an der Tafel anzeichnen können. Suchen Sie entsprechende Seiten im Atlas. Sollten Sie sehr aufgeregt sein, formulieren Sie Ihre ersten zwei Sätze sowie einige Fakten, mit denen Sie Ihren Vortrag beginnen.
4) **Die Prüfung – Vortrag**
Begrüßen Sie die Kommission und stellen Sie kurz das Thema vor. Als Einstieg bietet sich eine Lageeinordnung an; nutzen Sie die Wandkarte. Sie haben auch die Möglichkeit, die Tafel zu nutzen, z.B. beim Zeichnen eines Profils oder eines Schemas. Wenn Sie mit Ihren Ausführungen fertig sind, sagen Sie das. Sollte noch Zeit sein, kann die Kommission Impulsfragen stellen.
5) **Die Prüfung – Gespräch**
Versuchen Sie, das Thema möglichst umfassend aufzugreifen und zu erläutern, und vermeiden Sie ein „Klein-Klein“.

M5 Eine erfolgreiche mündliche Prüfung

Nehmen Sie sich zunächst Zeit, um die vorliegende Prüfungsfrage zu bearbeiten. Notieren Sie sich dazu wesentliche Stichpunkte, an denen sich Ihr anschließender Vortrag orientieren wird. Überprüfen Sie nach der vorgegebenen Vorbereitungszeit, ob Sie mit der Beantwortung zeitlich zurechtgekommen sind. Sollte das nicht der Fall sein, führen Sie die Vorbereitung zu Ende. Halten Sie im Anschluss den Vortrag vor den Mitschülern Ihrer Lerngruppe, einem Freund oder Verwandten.

Thema: Kulturlandschaft Stadt
1) Stellen Sie die Besonderheiten des Stadtklimas im Vergleich zum Umland dar.
2) Erläutern Sie die Entstehung thermischer Druckgebiete im System Stadt–Umland und die daraus entstehenden Folgen.
3) Beurteilen Sie die Einrichtung der Umweltzone in Leipzig für die Verbesserung der städtischen Lebensumwelt.

M1 Stadt gegenüber Umland

Element	Maßzahl	Änderung gegenüber dem Umland
Strahlung	Globalstrahlung	bis 20 % weniger
Temperatur	Jahresmittel	bis 1,5 Kelvin höher
	nächtliches Minimum	bis 12 Kelvin höher
Luftfeuchtigkeit	Jahresmittel	bis 10 % im Sommer weniger

M2 Umweltzone Leipzig
In Leipzig wurde am 1. März 2011 eine Umweltzone eingeführt. Danach dürfen in diese Zone nur noch Fahrzeuge, die der Schadstoffklasse 4 angehören und mit einer grünen Plakette gekennzeichnet sind, fahren. Etwa 60 Prozent der Stadtfläche ist so für ältere Dieselfahrzeuge oder Kfz ohne Katalysatoren tabu. Neben einer deutlichen Reduzierung der Feinstaubbelastung in der Stadt erhofft man sich weitere Umweltverbesserungen.

M7 Beispielaufgabe mündliches Abitur

Operatoren

Die Aufgaben bei Klausuren sowie zur schriftlichen oder mündlichen Abiturprüfung werden durch Operatoren eingeleitet. Sie können drei Anforderungsbereichen (AFB) zugeordnet werden. Während im AFB 1 Gelerntes abgefragt wird, sind im AFB 2 gelernte Inhalte und Methoden auf neue Sachverhalte zu übertragen. Die Operatoren des AFB 3 verlangen Urteile oder Handlungsoptionen zu einer gegebenen Problemstellung. Für eine erfolgreiche Klausur oder Prüfung ist die Kenntnis über die Anforderungen, die durch die jeweiligen Operatoren abgefordert werden, grundlegend. Insbesondere bei den Operatoren des AFB 3 und 2 sollen Sie argumentativ die Aufgabenstellung schriftlich ausformulieren. Mit einer strukturierten Vorgehensweise, bei der Sie Behauptungen mit Begründungen und Beispielen in Beziehung setzen, können Sie überzeugen.

Anforderungsbereich 1 (Reproduktion)	
Operator	**Anforderung**
Nennen/Benennen	Informationen aus einem Material oder Kenntnisse ohne Kommentierung wiedergeben z. B.: *Nennen Sie Merkmale des geographischen Stadtbegriffs.* *Benennen Sie die Funktionen der Stadtviertel.*
Beschreiben	Materialaussagen und Kenntnisse zusammenhängend, geordnet und fachsprachlich angemessen formulieren z. B.: *Beschreiben Sie das touristische Potenzial Bhutans.*
Ermitteln	Zu einem bestimmten Sachverhalt oder Gegenstand aus vorgegebenem Material Fakten und zielgerichtete Informationen erfassen z. B.: *Ermitteln Sie die seit dem Jahr 2000 geplanten und verwirklichten Rekultivierungsmaßnahmen im Punjab.*
Gliedern	Einen Raum oder Informationen nach bestimmten Kriterien ordnen z. B.: *Gliedern Sie die Küsten Mecklenburg-Vorpommerns unter geomorphologischen Gesichtspunkten.*
Anforderungsbereich 2 (Transfer)	
Darstellen	Sachverhalte, Zusammenhänge, Methoden und Bezüge in angemessener Kommunikationsform strukturiert wiedergeben z. B.: *Stellen Sie Ursachen und Auswirkungen des natürlichen und anthropogenen Treibhauseffektes dar.*
Analysieren	Materialien oder Sachverhalte systematisch untersuchen, auswerten und Prozesse sowie Strukturen und/oder Zusammenhänge herausarbeiten z. B.: *Analysieren Sie die Entwicklung und Bedeutung des Tourismus auf Teneriffa.*
Vergleichen	Gemeinsamkeiten und Unterschiede nach vorgegebenen oder eigenen Kriterien gewichtet einander gegenüberstellen und ein Ergebnis/Fazit formulieren z. B.: *Vergleichen Sie Verlauf und Ursachen der Verstädterungsprozesse in Entwicklungs- und Industrieländern.*
Erklären	Sachverhalte so formulieren, dass Bedingungen, Ursachen, Folgen und/oder Gesetzmäßigkeiten nachvollziehbar und verständlich werden z. B.: *Erklären Sie den Jahresgang von Temperatur und Niederschlag für die Klimastation Athens.*
Erläutern	Sachverhalte auf Grundlage von Kenntnissen oder Materialien in ihren komplexen Beziehungen an Beispielen oder Theorien verdeutlichen z. B.: *Erläutern Sie die traditionellen Agrarwirtschaftsformen Shifting Cultivation und Plantagenwirtschaft der inneren Tropen.*

Anforderungsbereich 2 (Transfer)	
Erstellen	Sachverhalte inhaltlich und methodisch grafisch darstellen und mit fachspezifischen Begriffen beschriften (z. B. Fließschemata, Diagramm, Kartenskizze, Mindmap, Wirkungsschema, Concept-Map) z. B.: *Erstellen Sie eine Karte über das touristische Potenzial Mecklenburg-Vorpommerns.* *Erstellen Sie ein Wirkungsschema zu Ursachen und Folgen der Metropolisierung in Afrika.*
Charakterisieren	Einzelaspekte eines Phänomens oder Raumes systematisch und gewichtet herausarbeiten und dabei ihre Bedeutung und/oder Abfolge herausstellen z. B.: *Charakterisieren Sie den Prozess der Suburbanisierung unter dem Gesichtspunkt der Umweltbelastung.*
Anforderungsbereich 3 (Reflexion und Problemlösung)	
Begründen	Sachverhalte, Entscheidungen, Thesen komplexe Strukturen durch nachvollziehbare Argumente schlüssig und in kausalen Zusammenhängen darstellen z. B.: *Begründen Sie die Veränderungen der Temperatur- und Niederschlagsverhältnisse beim Durchzug einer Zyklone.*
Beurteilen	Aussagen, Vorschläge oder Maßnahmen im Zusammenhang auf ihre Stichhaltigkeit bzw. Angemessenheit prüfen, um kriterienorientiert zu einem begründeten Sachurteil zu kommen, ohne persönlich Stellung zu beziehen z. B.: *Beurteilen Sie Chinas Rolle in der globalen Energiewende.*
Bewerten	Sachverhalte, Aussagen oder Behauptungen unter Offenlegung angewandter Wertmaßstäbe prüfen und zu einem begründeten, persönlichen Werturteil kommen z. B.: *Bewerten Sie die Nachhaltigkeit der Nutzung nichtkonventioneller Erdöl- und Erdgaslagerstätten.*
Erörtern/Diskutieren	Zu einer vorgegebenen Problemstellung durch Abwägen von Pro- und Kontra-Argumenten ein begründetes Sach- und/oder Werturteil fällen z. B.: *„Der Bau von Entlastungsstädten im Umland stellt einen Lösungsansatz für die Probleme von rasant wachsenden Metropolen in Entwicklungsländern dar." Diskutieren Sie die Eignung dieses Ansatzes.*
Überprüfen	Aussagen, Behauptungen, Darstellungsweisen an konkreten Sachverhalten auf ihre innere Stimmigkeit und Angemessenheit hin untersuchen z. B.: *Überprüfen Sie die Gültigkeit der These, BMW sei ein globalisiertes und multinationales Unternehmen.*

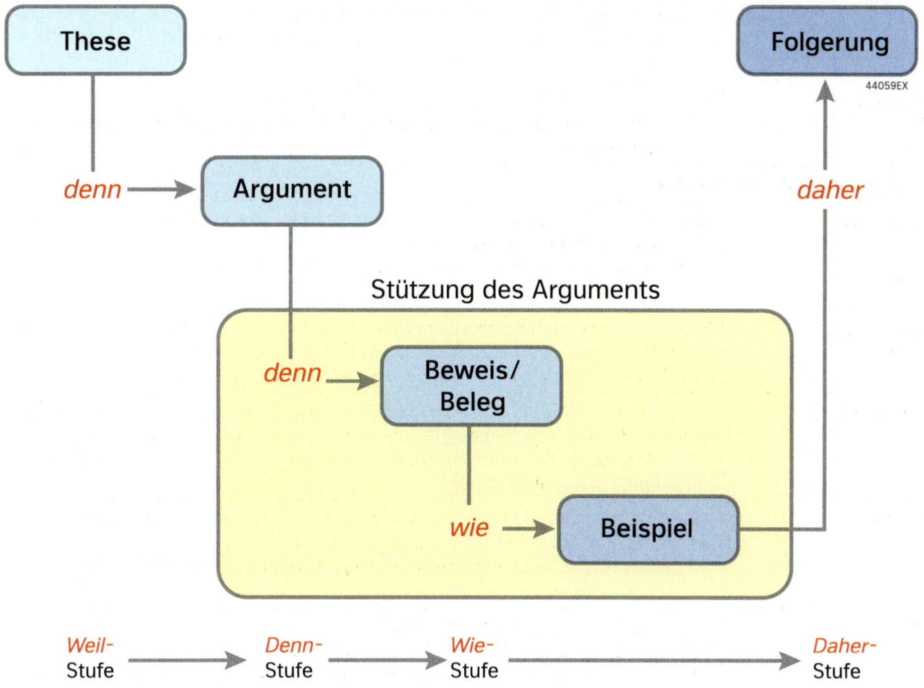

M1 Argumentationsschema

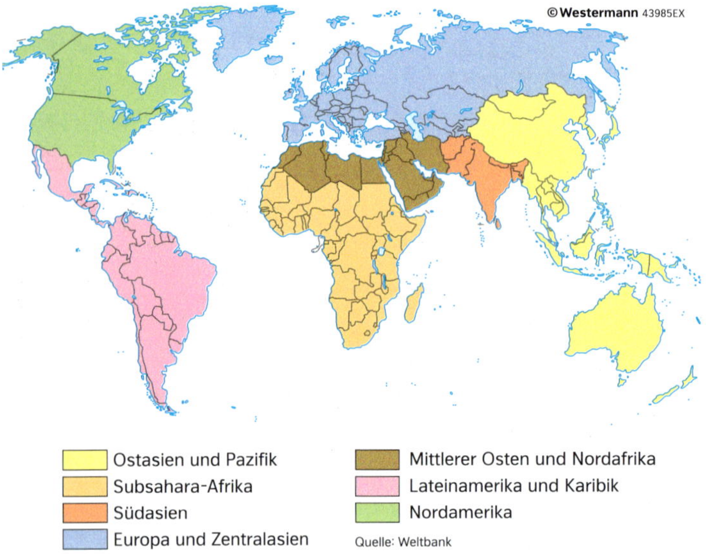

Weltregionen in der Statistik

Statistische Daten sind ein wichtiges Fundament bei politischen Entscheidungsfindungen oder für die Beurteilungen von Entwicklungen. Die Mitgliedstaaten der UNO haben sich zum weiteren Ausbau einer umfassenden und standardisierten Datenerhebung verpflichtet. Immer mehr Informationen auf nationaler, regionaler und globaler Ebene liegen heute in Datenbanksystemen frei zugänglich vor. Häufig orientieren sie sich an dem von der UN definierten Staaten- und Gebiets-Standardcode. Daraus hat sich, um einen schnellen Überblick im globalen Maßstab zu bekommen, in den letzten Jahren eine Staatengruppierung in sieben Großregionen etabliert. Jedoch können die Werte einzelner Staaten deutlich vom Mittelwert ihrer Gruppe abweichen.

	Nordamerika	Lateinamerika und Karibik	Mittlerer Osten und Nordafrika	Subsahara-Afrika	Europa und Zentralasien	Ostasien und Pazifik	Südasien	Welt
DEMOGRAPHISCHE DATEN	**Einwohner in Millionen**							
2010	343	590	386	869	888	2207	1639	6922
2015	357	622	426	995	907	2292	1749	7348
2020	368	652	465	1136	923	2361	1857	7762
Lebenserwartung bei Geburt in Jahren								
2010	78,8	74,1	72,5	56,7	75,9	74,0	66,8	70,6
2015	79,0	75,0	73,5	60,0	77,2	75,4	68,6	72,0
2019	79,1	75,6	74,3	61,6	78,0	76,3	69,6	72,7
Fertilitätsrate (Geburten pro Frau)								
2010	1,90	2,19	2,90	5,26	1,73	1,82	2,75	2,52
2015	1,82	2,08	2,89	4,91	1,76	1,83	2,47	2,46
2019	1,68	2,01	2,78	4,62	1,70	1,82	2,36	2,40
Anteil von Kindern und Jugendlichen im Alter zwischen 0 und 15 an der Gesamtbevölkerung in %								
2010	19,8	27,7	30,5	43,8	17,5	20,9	32,0	27,0
2015	18,9	25,6	29,9	43,1	17,8	20,1	29,7	26,2
2020	18,1	23,9	29,8	42,0	18,1	19,5	27,6	25,5
Anteil der nicht mehr erwerbsfähigen Bevölkerung >65 Jahre an der Gesamtbevölkerung in %								
2010	13,1	6,9	4,6	2,9	14,7	8,4	4,9	7,6
2015	14,8	7,7	4,9	2,9	15,6	9,5	5,4	8,2
2020	16,8	9,0	5,4	3,0	16,9	11,6	6,1	9,3
WIRTSCHAFTLICHE DATEN	**BIP pro Einwohner (in PPP-$)**							
2010	47644	13271	16925	3342	26205	11742	4010	12896
2015	55645	15033	15881	3774	30968	15070	5143	15137
2020	61832	15676	16021	3904	35606	18447	6131	17083
Beschäftigte in der Landwirtschaft in %								
2010	1,5	15,4	19,1	58,3	10,2	34,6	50,5	33,0
2015	1,5	13,8	17,1	54,7	9,1	28,1	44,9	28,8
2019	1,4	13,5	14,7	52,9	8,0	24,8	41,8	26,8
Beschäftigte in der Industrie in %								
2010	19,7	21,6	27,3	9,8	25,3	25,8	21,1	22,5
2015	19,9	21,5	26,7	10,7	24,6	26,5	23,7	23,1
2019	19,8	20,3	27,0	10,7	24,5	25,6	24,4	22,7
Beschäftigte im Dienstleistungssektor in %								
2010	78,8	63,0	53,6	32,0	64,4	39,6	28,4	44,5
2015	78,7	64,6	56,2	34,6	66,3	45,4	31,4	48,0
2019	78,8	66,2	58,3	36,4	67,6	49,6	33,8	50,6
SOZIALE DATEN	**Zugang der Bevölkerung zur Elektrizitätsversorgung in %**							
2010	100,0	96,1	95,8	33,7	100,0	95,5	73,2	83,3
2015	100,0	97,3	96,5	38,7	99,3	97,1	84,6	86,6
2019	100,0	98,4	97,2	46,7	100,0	98,1	94,4	90,1
Kinder ohne Schulbesuch in %								
2010	1,9	2,5	5,6	22,6	2,4	3,5	9,1	8,9
2015	1,7	3,2	5,6	20,6	2,0	3,3	9,8	9,0
2020	0,9	2,9	5,2	20,0	2,4	3,2	8,8	8,8
Anteil der Bevölkerung mit Zugang zu sicheren sanitären Einrichtungen in %								
2010	76,8	22,7	29,8	17,9	64,7	37,1	26,3	39,9
2015	79,0	27,9	34,4	19,7	67,2	48,8	35,6	47,1
2020	81,1	34,1	38,8	21,3	69,8	60,1	44,8	54,0
Internetnutzer in % der Bevölkerung								
2010	72,5	34,7	25,0	6,8	56,1	34,3	7,2	28,9
2015	76,1	54,2	44,5	17,5	70,0	50,4	13,8	40,9
2019	90,2	68,3	71,8	29,0	82,0	65,0	35,3	56,7

Textquellennachweis

Nelson Mandela: Bildung ist die mächtigste Waffe, um die Welt zu verändern. Entnommen aus: Bundesministerium für wirtschaftliche Zusammenarbeit und Entwicklung (BMZ) (Hrsg.): SDG 4: Hochwertige Bildung. Berlin: 2022. www.bmz.de [Zugriff: 27.1.2022] U2 |Bundesministerium für wirtschaftliche Zusammenarbeit und Entwicklung (BMZ) (Hrsg.): SDG 4: Hochwertige Bildung. Bildung ist ein Menschenrecht. Berlin: 2022. www.bmz.de [Zugriff: 27.1.2022] U2 |EXT-A-Redpath: Statistiken über europäische Städte. Luxemburg: Eurostat, 2.12.2015. ec.europa.eu/eurostat/ [Zugriff: 23.1.2022] 8.Randspalte |Heinz Fassmann: Stadtentwicklung. 2004. 10.Randspalte |Bundesinstitut für Bau-, Stadt- und Raumforschung (BBSR) (Hrsg.): Künftige Wohnungsleerstände in Deutschland. Bonn: 2020. www.bbsr.bund.de [Zugriff: 7.1.2022] 26.4. |o. A.: Zwischen Aufbruch und Verdrängung. Berlin: Rundfunk Berlin-Brandenburg (10.5.2017). www.inforadio.de [Zugriff: 2.2.2021] 29.8. |Christoph Bernhardt: Planung für den Großraum in den Jahrzehnten der geteilten Stadt. In: Harald Bodenschatz, Harald Kegler (Hrsg.): 100 Jahre Groß-Berlin. 4. Planungskultur und Stadtentwicklung. Berlin: Lukas Verlag 2020. 32 |Kristina Pezzei: Orte der Sehnsucht. Berlin: „Das Parlament". Deutscher Bundestag (9.8.2021). www.das-parlament.de [Zugriff: 2.1.2022] 31.8. |E. Frühsorge: Jede dritte Zigarette... 1969 33.6. |Franziska Nentwig, Dominik Bartmann: West-Berlin. Eine Insel auf der Suche nach dem Festland. Berlin: Stiftung Stadtmuseum Berlin, 2015. 33.6. (verändert) |Senatsverwaltung für Stadtentwicklung (Hrsg.): Stadtentwicklungsplan Wirtschaft 2030. Entwicklungspotenziale für Gewerbe und Industrie, Berlin: 2020, S. 106f. 35.10. |Bundesinstitut für Bau-, Stadt- und Raumforschung (BBSR) (Hrsg.): Smart City Charta. Digitale Transformation in den Kommunen nachhaltig gestalten. Bonn: 2017, S. 9. www.bbsr.bund.de [Zugriff: 2.1.2022] 36.2.|Die Regierende Bürgermeisterin, Senatskanzlei Berlin (Hrsg.): Standortvorteile. Berlin, 2021. www.berlin.de [Zugriff: 2.1.2022] 37.4. |Ulrich Wenger: Warum Berlin. Berlin: Berlin Partner für Wirtschaft und Technologie GmbH. www.businesslocationcenter.de [Zugriff: 2.1.2022] 37.5. |Jürgen Kunz: Warum Berlin. Berlin: Berlin Partner für Wirtschaft und Technologie GmbH. www.businesslocationcenter.de [Zugriff: 2.1.2022] 37.5. |Deutscher Wetterdienst (Hrsg.): Bioklima. Offenbach. www.dwd.de [Zugriff: 27.1.2022] 44.Randspalte |Rainer Hölmer. Zitat in: Senatsverwaltung für Stadtentwicklung und Umwelt (Hrsg.): Berlin-Strategie, Stadtentwicklungskonzept. Berlin: 2015, S. 66. www.stadtentwicklung.berlin.de [Zugriff: 2.1.2022] 39.2. |Luis Sanz: Klare Prioritäten. Berlin: WISTA Management GmbH (13.4.2018) www.adlershof.de [Zugriff: 2.1.2022] 39.4. |Gesetz zur Neuregelung des Denkmalschutzrechts im Land Brandenburg. www.brandenburg.de [Zugriff: 2.1.2022] 40.3.|Christian Klusemann: Gestern Zukunft – heute Geschichte. Warum einsetzen für „DDR-Architektur"? Bürgerinitiative Potsdamer Mitte neu denken (Hrsg.). Potsdam: 2021. www.potsdamermitteneudenken.de [Zugriff: 2.1.2022] 41.7. |Frauke Röth: Die neuen Herausforderungen der Denkmalpflege in Potsdam. Komplexität und Widerspruch einer zeittypischen Debatte. Bürgerinitiative Potsdamer Mitte neu denken (Hrsg.). Potsdam: 2021. www.potsdamermitteneudenken.de [Zugriff: 2.1.2022] 41.7. |Richtlinie 2008/50/EG des Europäischen Parlaments und des Rates vom 21. Mai 2008 über Luftqualität und saubere Luft für Europa. Luxemburg: EUR-Lex & Legal Information Unit 2008. eur-lex.europa.eu [Zugriff: 2.1.2022] 46.6. |Jürgen Resch, Henner Schmidt und Gerhard Cittrich. In: Anja Nehls: Zehn Jahre Umweltzone Berlin. Köln: Deutschlandradio (16.2.2018). www.deutschlandfunkkultur.de [Zugriff: 2.1.2022] 47.10. | Bundesministerium für Ernährung und Landwirtschaft, Referat 816 (Hrsg.): Das Land lebt! Dritter Bericht der Bundesregierung zur Entwicklung der ländlichen Räume. Berlin: 2020, S. 5. www.bmel.de [Zugriff: 2.1.2022] 49.7. |Maike Gromm: Wachstumsschmerzen in Wandlitz. Berlin: Rundfunk Berlin-Brandenburg (24.8.2019). www.rbb24.de [Zugriff: 2.1.2022] 52.12. |Arne Sprung: Zossen scheitert mit Einspruch gegen „Reichensteuer". Berlin: Rundfunk Berlin-Brandenburg (4.12.2020). www.rbb24.de [Zugriff: 2.1.2022] 55.9. |Ministerkonferenz für Raumordnung (Hrsg.): Leitbilder und Handlungsstrategien für die Raumentwicklung in Deutschland. Berlin: 2016. www.bmi.bund.de [Zugriff: 2.1.2022] 59.5. |Hessisches Ministerium für Wirtschaft, Energie, Verkehr und Wohnen (Hrsg.): Fragen und Antworten zur A49. Wiesbaden. wirtschaft.hessen.de [Zugriff: 19.10.2020] 61.3. |Gemeinsame Landesplanungsabteilung Berlin-Brandenburg (Hrsg.): Infobroschüre zum Landesentwicklungsplan Hauptstadtregion Berlin-Brandenburg. Potsdam: 2019. gl.berlin-brandenburg.de [Zugriff: 2.1.2022] 65.3. |Elon Musk in: Andreas Wilkens: Elon Musk in Grünheide: „Irgendwann dürften wir gar nichts mehr". Hannover: Heise Medien GmbH & Co. KG (18.5.2021). www.heise.de [Zugriff: 2.1.2022] 72.2. |Ministerium für Energie, Infrastruktur und Landesentwicklung Mecklenburg-Vorpommern (Hrsg.): Landesraumentwicklungsprogramm Mecklenburg-Vorpommern. Schwerin: 2016. www.regierung-mv.de [Zugriff: 2.1.2022] 76.6., 78.4. (verändert)| Ministerium für Energie, Infrastruktur und Landesentwicklung Mecklenburg-Vorpommern (Hrsg.): Landesplanerische Beurteilung zum Raumordnungsverfahren. Offshore-Windpark „Arcadis Ost 1". Schwerin: 2013, S. 31f., S. 73. www.raumordnung-mv.de [Zugriff: 2.1.2022] 79.7. (verändert), 79.9. (verändert) |Norddeutscher Rundfunk (Hrsg.): Debatte um Hafenerweiterung in Rostock. Hamburg: Norddeutscher Rundfunk. (4.12.2021). www.ndr.de [Zugriff: 21.1.2022] 80.3. |Erläuterungen zum FNP der Hansestadt Rostock |Ludwig Schätzl, 2003: Wirtschaftsgeographie 1. Theorie. Stuttgart: UTB, 2003 (verändert). 98.6. |Claudia Braczko: Chinesische Investitionen im Ruhrgebiet. Gelsenkirchen: Institut Arbeit und Technik (8.9.2020). www.iat.eu [Zugriff: 2.1.2022] 103.6. |Silke Hasselmann: Warum Ackerflächen so teuer geworden sind. Köln: Deutschlandradio (4.10.2018). www.deutschlandfunkkultur.de [Zugriff: 2.1.2022] 105.7. (verändert) |Hinrich Neumann: Biomethan könnte 40 % des deutschen Gasverbrauchs decken. Münster: Landwirtschaftsverlag (2.10.2020). www.topagrar.com [Zugriff: 2.1.2022] 107.9. |Tilmann Kleinjung: Der Tod von Venedig. Köln: Deutschlandradio (19.7.2012). www.deutschlandfunkkultur.de [Zugriff: 2.1.2022] 113.8. (verändert) |Martin Koch, Anne Termèche: Venedig ringt um seinen UNESCO-Welterbetitel. Bonn: Deutsche Welle (14.7.2021). www.dw.com (Zugriff: 2.1.2022] 114.4. |Lothar Gries: Wie der Corona-Fonds funktioniert. Hamburg: ARD-aktuell/tagesschau.de (12.5.2021). www.tagesschau.de [Zugriff: 2.1.2022] 117.4. (verändert) |Axel Voss im Interview. In: Volker Kronenberg: Europa vor Ort. Handreichung zur politischen Bildung Band 21. Berlin: Konrad Adenauer Stiftung 2018, S. 66. www.kas.de [Zugriff: 2.1.2022] 119.7. |Europäische Kommission (Hrsg.): Stärkung von Wachstum und Zusammenhalt in den EU-Grenzregionen. Mitteilung der Kommission an den Rat und das Europäische Parlament. Brüssel (20.9.2017). eur-lex.europa.eu [Zugriff: 2.1.2022] 121.8. |Bundesministerium für Digitales und Verkehr (Hrsg.): Transeuropäische Verkehrsnetze. Berlin (14.9.2021) www.bmvi.de [Zugriff: 27.1.2022] 130.Randspalte |Caecilia Smekal, Raffaela Schaidreiter: Tücken und Lücken bei Zugreisen durch Europa. Wien: ORF (31.7.2021). www.orf.at [Zugriff: 2.1.2022] 133.15. |Matilda Jordanova-Duda: Güterbahn: Firmen am Zug. Bonn: Deutsche Welle (23.5.2021). www.dw.com [Zugriff: 2.1.2022] 133.17. |Bundesministerium für Digitales und Verkehr (Hrsg).: Europäisches Jahr der Schiene 2021. Berlin (21.4.2021). www.bmvi.de [Zugriff: 2.1.2022] 133.Randspalte | Christoph Eicher, Stefan Dorner: Brenner Tunnel: Fortschritt und Streit. München: ADAC (2.11.2018). www.adac.de [Zugriff: 2.1.2022] 137.2. |Markus Plate: Ananas-Anbau. Süß und giftig. Köln: Deutschlandradio (17.02.2014). www.deutschlandfunkkultur.de [Zugriff: 2.1.2022] 151.6. |Johann Wolfgang von Goethe: Kennst du das Land, wo die Zitronen blühn. Die Deutsche Gedichtebibliothek, Ralf-Dietrich Ritter (Hrsg.). Heidesee bei Berlin. www.gedichte.xbib.de [Zugriff: 28.1.2022] 154| Strabon: Ein Eichhörnchen kann durch die Baumwipfel... In: Bernd Markowsky: Gondomar (20.10.2020) www.zeitreissen.com [Zugriff: 28.1.2022] 156.Randspalte| Heute müsste sich eine Schlange... In: Cambio, spanisches Magazin. Casa Editorial El Tiempo: Botogà D.C. 1985. 156.Randspalte |Euripides: So leben Sie, o Admitus. In: Gymnasium von Larissos. 7gym-laris.lar.sch.gr [Zugriff: 1.2.2022] 158.Randspalte |Eike Zaumseil: Rund 70 Prozent... In: Brot für die Welt (Hrsg.): Zu viel Wasser im Einkaufskorb. Berlin. www.brot-fuer-die-welt.de [Zugriff: 27.1.2022] 160.Randspalte |Ulrich Scholz: Ölpest im Regenwald? Der Ölpalmenboom in Malaysia und Indonesien. In: Geographische Rundschau 56, 11/2004, Westermann. 163.1. |Deutsche Stiftung Weltbevölkerung (Hrsg.): Weltverhütungstag 2020. Hannover (25.9.2020). www.dsw.org [Zugriff: 2.1.2022] 174.4. |Felix Franz: Kenia: Verhütungsmittel per Chatbot. Bonn: Deutsche Welle (21.07.2019). www.dw.com [Zugriff: 2.1.2022] 175.7. |Wolfgang Lutz: Besser gebildete Frauen... In: Zweites Deutsches Fernsehen (Hrsg.): UN-Weltbevölkerungskonferenz. Was Bildung mit Bevölkerung zu tun hat. Mainz (12.112019). www.zdf.de [Zugriff: 30.1.2022] 175 |Marie McAuliffe, Binod Khadira: Weltmigrationsbericht 2020. Genf: International Organization for Migration 2020, S. 7. publications.iom.int [Zugriff: 2.1.2022] 177.9. |Tom Allinson, Lewis Sanders: Golfstaaten: Wanderarbeiter in Not. Bonn: Deutsche Welle (8.5.2020). www.dw.com [Zugriff: 2.1.2022] 179.7. |Kersten Knipp. Abschied der Gebildeten: Brain Drain im Maghreb. Bonn: Deutsche Welle (8.2.2019). www.dw.com [Zugriff: 2.1.2022] 179.8. |Lewis Mumford: Einst waren die Städte... In: Dirk Schubert: Ausgleich oder Spaltung? Bundeszentrale für politische Bildung (Hrsg.), Bonn (9.7.2018). www.bpb.de [Zugriff: 28.1.2022] 180.Randspalte |Annette Bähring. In: Magazin für Entwicklungspolitik Nr. 68, 9/2008, Bundesregierung, Berlin 181.6. |Helle Jeppesen: Nachhaltiger Städtebau: Der große Umzug. Bonn: Deutsche Welle (28.4.2016). www.dw.com [Zugriff: 2.1.2022] 182.4. |Ines Eisele: Eko Atlantic City – Megaprojekt auf Abwegen? Bonn: Deutsche Welle (3.4.2018). www.dw.com [Zugriff: 2.1.2022] 185.5. |Diana Hodali: Im Libanon geht langsam das Licht aus. Bonn: Deutsche Welle (19.6.2021). www.dw.com [Zugriff: 2.1.2022] 191.6. |Blythe Pepino: Unser Planet ist am Kollabieren... In: Biorama (Hrsg.): BirthStrike. Antwort auf die Klimakrise? Wien (12.8.2019) www.biorama.eu [Zugriff: 30.1.2022] 191 |Amartya Sen: A More Human Theory of Development. Asia Society (Hrsg.): New York, 2022. asiasociety.org [Zugriff: 28.1.2022] 198.Randspalte |Fred Scholz: Entwicklungsländer. Braunschweig: Westermann 2007, 194.4. |Michael Schönhuth (Hrsg.): Das Kulturglossar. Trier: 2017. www.kulturglossar.de [Zugriff: 28.1.2022] 200.Randspalte |Vereinte Nationen (Hrsg.): Präambel der Charta der Vereinten Nationen. San Franzisko (26.6.1945) unric.org [Zugriff: 28.1.2022] 202 |Michael Barthou, Tamino Eder: Mission in Zypern: Wie sie heute ist. Wien: Bundesminister für Landesverteidigung (22.1.2019, aktualisiert am 28.4.2021). www.truppendienst.com [Zugriff: 3.1.2022] 202.2. |Hubert Faustmann: Der Glaube an eine Wiedervereinigung. In: Deutschlandradio (Hsrg.): 60 Jahre Republik Zypern. Keiner will feiern auf der geteilten Insel. Köln (15.8.2020) www.deutschlandfunk.de [Zugriff: 30.1.2022] 203 |Sara Shahriari. Bolivien sucht das „Gute Leben". Bonn: Deutsche Welle (4.6.2012). www.dw.com [Zugriff: 10.1.2022] 205.5. |Aaron Wörz: Bolivien: Die heilige Pflanze verliert ihre Unantastbarkeit. Bonn: Deutsche Welle (10.2.2020). www.dw.com [Zugriff: 3.1.2022] 206.11. |Klaus Ehringfeld: In Bolivien dürfen Kinder nicht mehr arbeiten – und das ist ein Problem. Hamburg: Der Spiegel (21.10.2019). www.spiegel.de [Zugriff: 3.1.2022] 207.13. |B. Hornetz, R. Jätzold: 213.11. |U. Scholz: 213.12. |Silja Fröhlich: Die große, grüne Mauer: Wie steht es um Afrikas Vorzeigeprojekt? Bonn: Deutsche Welle (31.3.2020). www.dw.com [Zugriff: 3.1.2022] 215.18. |nob/haz: Monsun in Indien – Zahl der Todesopfer steigt. Bonn: Deutsche Welle (29.9.2019). www.dw.com [Zugriff: 3.1.2022] 219.5. |Jasvinder Sehgal: Indien: Wie ein Mann die Wasserkrise wegspülen will. Bonn: Deutsche Welle (14.8.2018). www.dw.com [Zugriff: 3.1.2022] 219.7. |Silke Diettrich: Verstoßen, vergewaltigt, verdammt – Leben als „Unberührbare". Hamburg: Norddeutscher Rundfunk (18.1.2021). www.ndr.de [Zugriff: 3.1.2022] 221.13. |Thomas Kohlmann: Ewiger Hoffnungsträger Indien? Bonn: Deutsche Welle (18.4.2019). www.dw.com [Zugriff: 3.1.2022] 223.22. |Heena Nazir: Indischer IT-Sektor im Umbruch. Berlin: Germany Trade and Invest (26.02.2019). www.gtai.de [Zugriff: 3.1.2022] 225.27. |Martina Fuchs: Industrie 4.0. In: Praxis Geographie, 11/2019, Braunschweig: Westermann, S. 33 230.Randspalte |Fred Scholz: 232.2. |Ulrike Herrmann: Geschichte und theoretische Grundlagen des internationalen Freihandels. Bonn: Bundeszentrale für politische Bildung (8.9.2016). www.bpb.de [Zugriff: 3.1.2022] 235.7. |Niko Paech: Globalisierung – verantwortungslos und verwundbar. Bonn: Bundeszentrale für politische Bildung (9.1.2019). www.bpb.de [Zugriff: 3.1.2022] 235.9. |Sabine Dörri, Robert Musil: Europäische Finanzzentren als strategische Knoten in der Finanzindustrie. In: Geographische Rundschau Heft 2-2015, Braunschweig: Westermann, S. 10. 236.2. |Oxfam (Hrsg.): Im Schatten der Profite. Berlin: 2000, S. 2. www.oxfam.de (Zugriff: 3.1.2022) 237.4. |Bianca von der Au: Vor allem Superreiche werden reicher. Hamburg: ARD-aktuell/tagesschau.de 10.6.2021. www.tagesschau.de (Zugriff: 3.1.2022) 238.3. | Detroit Rock Solid INC (Hrsg.): Warum Detroit? Detroit: 2018. www.detroitrocksolid.com [Zugriff: 3.1.2022] 245.6. |pepr: IT-Schwergewichte verlassen Silicon Valley. Wien: ORF (7.12.2020). www.orf.at [Zugriff: 3.2.2020] 247.4. |Hans Hilpert: Von der Fabrik zum Markt der Welt. Hamburg: ARD-aktuell/tagesschau.de (18.11.2020). www.tagesschau.de [Zugriff: 18.11.2020) 249.9. |Steffen Wurzel: Chinas ungewisses Klimaversprechen. Köln: Deutschlandradio

(29.9.2020). www.deutschlandfunkkultur.de [Zugriff: 3.1.2022] 250.3. |Mao Tse Tung: Großartige Erfolge... In: Alpha History: Zitate: Agrarreform und großer Sprung nach vorne. Australien, 2021. de.alphahistory.com [Zugriff: 31.1.2022] 252.1 |Deng Xiaoping: Reich werden... In: Bundeszentrale für politische Bildung (Hrsg.) Porträt: Deng Xiaoping. Bonn (6.8.2008). www.bpb.de [Zugriff: 28.1.2022] 252.2 |Xi Jingping: Der Traum... In: Axel Dorloff: China. Das Projekt Weltmacht. Köln: Deutschlandradio (11.1.2018) www.deutschlandfunk.de [Zugriff: 28.1.2022] 252.3 |Xi Jingping: Die neue Seidenstraße... In: Botschaft der Volksrepublik China in der Bundesrepublik (Hrsg.): Die Neue Seidenstraße. 2019 dusseldorf.china-consulate.org [Zugriff: 28.1.2022] 255.Randspalte |Reinhard Bütikhöfer: Staatschef Xi Jingping... In: Ingrid Steiner-Gashi: Europa verhält sich gegenüber China nicht unterwürfig. Kurier.at. Wien. (22.5.2020) kurier.at [Zugriff: 28.1.2022] 255.Randspalte |S.E.Nguyen Minh Vu In: Dr. Irene Ernst (ViSdP) (Hrsg.): Vietnam verfügt über eine robuste Wirtschaft mit einem attraktiven Geschäftsumfeld. Berlin. www.diplomatisches-magazin.de [Zugriff: 28.1.2022] 266 |Jürgen Rees: Samsung-Galaxy in der Provinz. Köln: Universität zu Köln (24.1.2018, geändert am 6.3.2018). gssc.uni-koeln.de [Zugriff: 3.1.2022] 269.5. | Thomas Walter im Interview mit Luisa Dafertshofer. 285.5. |Tom Lorenz (Hrsg.): Lausitz: Nächste Ausfahrt Strukturwandel. Eckpunktepapier verabschiedet. Holger Kelch im Interview. Cottbus (23.05.2019). www.niederlausitz-aktuell.de [Zugriff: 3.1.2022] 311.6. |Verband der Elektrotechnik (Hrsg.): 317.6. |Alexa Hennings: Gemeinden protestieren gegen Windkraft. Köln: Deutschlandradio (11.9.2019). www.deutschlandfunkkultur.de [Zugriff: 3.1.2022] 317.8. |saul, hij: Ohne die Abkommen würde Anarchie herrschen. München: Süddeutsche Zeitung (6.3.2019). www.sueddeutsche.de [Zugriff: 3.1.2022] 319.6. |Laura Döing: Wie Nicaraguas Mega-Bauprojekt Menschen entwurzelt. Bonn: Deutsche Welle (23.2.2020). www.dw.com [Zugriff: 3.1.2022] 321.4. |Jorge A. Huete-Peŕez et al.: Scientists Raise Alarms about Fast Tracking of Transoceanic Canal through Nicaragua. Environmental Science & Technology, American Chemical Society, Washington D.C., 2015, 49 (2.3.2015), S. 3989–3996. Text wurde vom Autor Steffen Reblin selbst übersetzt. 321.5. |Christoph Behrens: China zapft neuartige Energiequelle am Meeresgrund an. München: Süddeutsche Zeitung (21.5.2017). www.sueddeutsche.de [Zugriff: 3.1.2022] 324.2. |Georg Beinlich: Nordostpassage – Klimawandel macht den Seeweg frei. Stuttgart: Südwestrundfunk (31.01.2020). www.daserste.de [Zugriff: 3.1.2022] 327.3.

Bildquellenverzeichnis

|123RF.com, Hong Kong: Jörg Hackemann 11.2. |akg-images GmbH, Berlin: 16.1. |Alamy Stock Photo (RMB), Abingdon/Oxfordshire: Aerial Archives 242.1; Andrey Kekyalyaynen 86.1; arabianEye FZ LLC 178.1; Armyagov, Andrey 138.1; Bildagentur-online/Joko 70.2; Blossey, Hans 14.1, 80.1, 103.1, 107.2; Chambers, Marcia 182.2; Charlesworth, Nicholas 146.1; Claro, Joshua 115.1; dave stamboulis 336.1; deWitt, Kathy 86.2; DragonImages 178.2; Draze, Eva Agata 44.1; Fälchle, Jürgen 106.1; Firn 363.1; Franck, Gueffier 282.1; frans lemmens 207.2; garsot, jordi clave 111.1; Gruenwald-Maerkl, Anneliese 347.1; Hecker, Frank 290.1; Horree, Peter 26.2; Imagebroker 46.1; imageBROKER 102.1, 129.1, 288.2, 292.2; Imaginechina Limited 254.1; ixstudio 338.1; Johnson, Roy 88.3; jozef sedmak 162.1; Kase zsixz, Justin 112.1; KELLERMAN, JOHN 122.1; Kirsch, Gunter 122.2; Koenig, Michael 27.2; Kubes, Josef 8.1; Kuttig - Travel 48.1; Lejeune, Xavier 84.1; lemmens, frans 126.1; Manley, Tina 191.1; Mannaerts, Pascal 218.2; McAulay, Antony 111.2; McComiskey, Angus 202.1; Nelson, Rob 91.2; North Wind Picture Archives 334.1; Nutil, Petr 116.1; Panther Media GmbH 72.1, 120.1, 288.3; Pavone, Sean 242.2; Phil Hill Geo Pics 347.4; Pictorial Press Ltd 252.5; Prokofyev, Evgeny 87.1; RicoK 108.2; Schoening 19.1; Science History Images 306.1, 348.1; Spinelli, Andrea 114.1; Steve Bloom Images 347.2; Sully, Maggie 190.2; Tadevosian, David 230.1; Taylor, Bradley 142.1; Tihonovs, Aleksandrs 91.1; van Urk, Tromp Willem 120.2; Vdovin, Ivan 341.3; West, Jim 245.1; Westend61 GmbH 288.1; Winter, Sara 262.1; Wirestock, Inc. 311.1; Yoneda, Sergio 264.1; yorgil 88.2; Zamarsk, Martin 123.2; Zoonar GmbH 76.1, 286.3; ZUMA Press, Inc. 61.1. |Baaske Cartoons, Müllheim: Eder, Franz 42.1, 42.2; Mester, Gerhard 172.1; Mohr, Burkhard 200.1, 352.1; Sakurai, Heiko 260.1; Striepecke, K. G. 196.1. |Bioland e.V., Mainz: 106.3. |Bischof & Broel Fotostudio, Nürnberg: 20.1. |bpk-Bildagentur, Berlin: Stiftung Preussische Schlösser und Gärten Berlin-Brandenburg/Gerhard Murza 14.4. |Bundesministerium für Ernährung und Landwirtschaft (BMEL), Bonn: 106.4. |CartoonStock.com, Bath: Brown, David 232.1; Collins, Dan 354.3. |Demeter e.V., Darmstadt: 106.2. |Deutsches GeoForschungsZentrum GFZ, Potsdam: 285.1. |Deutsches Zentrum für Luft- und Raumfahrt e. V. (DLR), Köln: 346.2. |Diercke WebGIS: 94.1, 94.2, 94.3. |DOM publishers, Berlin: Meuser, Philipp 24.1, 36.1. |dreamstime.com, Brentwood: 7xpert 88.1; Bidouze Stéphane 344.3. |Eurostat - Statistisches Amt der Europäischen Union, Luxemburg: Europäische Union, 1995 - heute 95.1, 95.2, 95.3, 95.4, 95.5. |Felsch, Matthias, Berlin: 43.1, 43.2, 43.5, 50.1. |Ford-Werke GmbH, Köln: F. Stark 230.2. |fotolia.com, New York: Bodea 151.2; Carson Liu 43.3; chris74 188.3; ExQuisine 150.5; f9photos 280.1; kirchbach.st. 78.2; Körber, Stefan 12.1; majivecka 170.1, 170.2, 170.3; Nowack, Petra - peno 150.2; Rico K. 78.3; Santa Maria, Gino 131.1; shaunwilkinson 78.4; tmass 339.4; tunedin 150.4; Vasilius 150.3; Wagner Christian 150.1; Wander, Paul 78.1. |GEOMAR Helmholtz-Zentrum für Ozeanforschung Kiel, Kiel: Quelle: GEOMAR Helmholtz-Zentrum für Ozeanforschung Kiel 324.1. |Getty Images, München: AFP/Stringer 238.1; Corbis Historical 274.1; UniversalImagesGroup 153.1. |Getty Images (RF), München: Michael H Titel. |Google Earth: 9.1, 158.1. |Google Maps: 67.2, 108.1. |Güttler, Peter - Freier Redaktions-Dienst, Berlin: 44.3. |Güttler, Peter - Freier Redaktions-Dienst (GEO), Berlin: 14.2, 81.1, 87.2, 250.1, 251.2, 256.2, 279.1, 322.2. |Haitzinger, Horst, München: 190.1. |Hessen Trade & Invest GmbH, Wiesbaden: 99.1. |iStockphoto.com, Calgary: 12MN 148.1; abadonian 152.1; andykatz 205.1; Ben-Schonewille 316.1; benedek 272.1; Bet_Noire 240.1; dan_prat 312.1; Danielrao 219.1; Davel5957 244.1; dolphfyn 150.6; dongfang zhao 256.1; Drepicter 49.2; Dronandy 246.1; edfuentesg 194.1; FabVietnam_Photography 266.1; francisblack 313.2; gilaxia 192.2; hudiemm 252.4; KrimKate 305.3; lakshmiprasad S 219.2; mtcurado 185.1; mtreasure 317.1; naveen0301 222.1; olli0815 188.2; peeterv 184.1; porpeller 305.2; SDI Productions 296.1; SeanPavone-Photo Titel; Skyphoto 339.1; StGrafix 294.1; VanderWolf-Images 186.1; Vinces, Christian 188.1. |Karto-Grafik Heidolph, Dachau: 21.1, 23.1, 30.3, 42.3, 42.4, 44.2, 56.1, 56.2, 56.3, 63.1, 83.2, 89.1, 100.1, 100.2, 100.3, 101.1, 116.2, 126.2, 149.1, 150.7, 152.2, 155.1, 157.3, 165.1, 165.2, 166.2, 167.1, 183.1, 183.2, 186.2, 186.3, 189.1, 192.1, 194.3, 196.3, 196.4, 198.1, 198.2, 226.1, 242.4, 248.2, 251.1, 262.2, 274.2, 275.1, 277.2, 291.1, 297.1, 305.1, 308.1, 325.2, 325.3, 328.1, 328.2, 329.1, 330.1, 330.2, 331.1, 332.1, 333.1, 334.2, 335.1, 336.2, 339.5, 341.2, 346.1. |Kartographie Michael Hermes, Hardegsen Hevensen: 53.2, 53.3, 54.1, 54.4, 55.2, 55.3, 57.2, 57.3, 57.4, 63.2, 63.3, 66.1, 69.1, 70.1, 74.1, 83.1, 90.1, 92.1, 101.2, 105.1, 106.5, 107.1, 108.3, 108.4, 112.2, 112.3, 113.1, 114.3, 114.4, 119.1, 121.1, 123.3, 128.1, 129.2, 129.3, 132.1, 132.2, 134.1, 134.2, 135.1, 137.1, 137.2, 141.2, 142.2, 143.1, 143.2, 143.3, 144.1, 146.2, 154.3, 156.5, 157.1, 158.2, 159.1, 160.1, 160.2, 171.1, 171.2, 172.2, 173.1, 174.2, 174.3, 174.4, 174.5, 175.1, 176.3, 177.1, 177.2, 177.3, 178.3, 178.4, 182.1, 182.3, 191.2, 191.3, 193.1, 196.2, 207.1, 212.1, 214.1, 220.2, 220.3, 222.2, 225.2, 225.3, 227.1, 232.2, 233.1, 234.1, 234.2, 234.3, 235.2, 236.1, 236.2, 236.3, 237.1, 238.2, 238.3, 238.4, 240.2, 240.3, 240.4, 241.1, 242.3, 244.2, 247.1, 247.2, 248.1, 249.1, 250.2, 251.3, 252.3, 253.1, 253.2, 253.3, 253.4, 254.2, 254.3, 254.4, 255.1, 255.2, 256.3, 257.1, 258.1, 258.2, 259.1, 260.2, 260.3, 261.1, 261.2, 263.1, 266.2, 267.1, 267.2, 267.3, 269.1, 271.1, 271.2, 271.3, 285.2, 286.2, 286.4, 287.1, 290.2, 295.3, 296.2, 297.2, 298.2, 300.1, 300.2, 303.1, 304.1, 310.1, 313.1, 314.1, 315.1, 316.2, 320.1, 323.1, 324.2, 332.2, 341.1, 349.1, 351.1, 353.1, 354.1, 355.1, 355.2, 355.3, 365.1. |Kassing, Reinhild, Kassel: 364.1. |laif, Köln: Rechsteiner, Eric/REA 194.2. |Landesvermessung und Geobasisinformation Brandenburg, Potsdam: Geobasisdaten: © GeoBasis-DE/LGB, dl-de/by-2-0 51.2. |LWL-Denkmalpflege, Landschafts- und Baukultur in Westfalen, Münster: Brückner, Arnulf (1969) 295.2; Ludorff, Albert (1908) 295.1. |Maison de la Grande Région / Haus der Großregion, Esch-sur-Alzette: 120.3. |Marquardt, Guido, Schloen: 69.2. |mauritius images GmbH, Mittenwald: Alamy 10.1; imageBROKER 344.1. |Mineralienatlas, Kirchseeon: Peter Seroka für https://www.mineralienatlas.de 294.2. |Mithoff, Stephanie, Ahorn: 9.2, 141.1, 214.2, 281.1, 355.4. |Morgeneyer, Frank, Leipzig: 94.4, 154.2, 156.1, 156.2, 156.3, 156.4, 157.2, 292.1, 345.1. |NASA, Washington: 337.1, 337.2. |PantherMedia GmbH (panthermedia.net), München: Vega_7 215.1. |Picture-Alliance GmbH, Frankfurt a.M.: Alker, J.W. 347.5; dpa-infografik GmbH 235.1; dpa/Bratke, Günter 32.1; dpa/Park, Nicky 350.4; euroluftbild.de/Gerhard Launer 14.3; Kubirski, Daniel 176.2; REUTERS/ERIK DE CASTRO 166.1; REUTERS/Kham, Nguyen Huy 268.1; ZB/euroluftbild.de/Elsen, Martin 104.1; ZB/euroluftbild.de/Grahn, Robert 18.1; ZUMA Press/Youchang, Liang 140.1. |Quantum Immobilien AG, Hamburg: 54.3. |Radde, Dieter, Berlin: 11.1, 26.1, 28.1, 28.2, 29.1, 30.1, 30.2, 30.4, 34.1, 39.1, 40.1, 40.2, 41.1, 41.2, 41.3, 52.1, 52.2, 52.3, 53.1, 53.4, 54.2, 55.1; Zalando SE 35.1, 35.2. |Reblin, Steffen, Rostock: 216.2. |Regionalverband Ruhr - RVR, Essen: © RVR, Bildflugjahr, Fotograf: unbekannt, Datenlizenz Deutschland - Namensnennung – Version 2.0. 10.2. |Sammlung Gesellschaft für ökologische Forschung e.V., München: Sammlung 350.1; Sammlung/Daniela Grosse 350.2; Sammlung/Wolfgang Zängl 350.3. |Schmidt, Marianne, Teningen: 277.1, 298.1. |Schobel, Ingrid, Hannover: 151.1. |Seeger Orbis GmbH & Co. OHG, Königstein im Taunus: 57.1. |Senatsverwaltung für Stadtentwicklung und Wohnen, Berlin: „Quelle: Monitoring Soziale Stadtentwicklung 2019, Senatsverwaltung für Stadtentwicklung und Wohnen Berlin, Referat IA, Stadtentwicklungsplanung 27.1. |Sergio Pascolo Architects, Venezia: The gardens of the Marittima, a port inhabited and knowledge park for the western sector of Venice Venice, Italy / Graphic elaboration of the collage of projects and elaboration of the concept and the masterplan of the park by Sergio Pascolo Architects/ To the north the complex called „Gateway to Venice“, Arch. Mauro Galantino; to the east the revitalization of the park of the former gasometer, proposal by Davide Coltri, Federica Cucchi, Andrea Oberhollenzer and Camilla Zanin (Integrated design Workshop 2017-18; Prof. S. Pascolo)/ to the west an urban system and Theater of the Sea, Hybrid Venice, project of final thesis, by Thomas Basso, (2008-09, University Iuav of Venice, Prof. S. Pascolo). 114.2. |Shutterstock.com, New York: 2018 M-SUR 133.1; cifotart 180.1; frantisekhojdysz 123.1; g_art08 77.1; Hung Chung Chih 252.1; Monkey Business I 176.1; wavebreakmedia 231.1. |Staatsbibliothek zu Berlin - Preußischer Kulturbesitz, Berlin: © Staatsbibliothek zu Berlin – Preußischer Kulturbesitz, dl-de/by-2-0 51.1. |Stadt Eberswalde, Eberswalde: 118.1. |Stadt Falkensee, Falkensee: GeoBasis-DE/LGB (2013), dl-de/by-2-0 67.1. |stock.adobe.com, Dublin: Alexander 164.2; ArTo 45.1; azureus70 188.4; balipadma 325.1; Bell, Joanne 339.3; berner51 154.1; BlinkingDogProd. 164.1; Burgstedt, Christoph 347.3; Davies, Stephen 225.1; engel.ac 6.1; geosap 354.2; Igor 220.1; Lebon, Christian 210.1; LUMINA IMAGES/ LStockStudio 362.1; Mariakray 228.1; mirkomedia 339.2; mycteria 43.4; MZaitsev 168.2; philipk76 47.1; Pixeltheater 344.2; Ribeiro, Alf 216.1; schame87 204.1; Speedfighter 206.1; Strauch, Daniel 322.1; sweasy 104.2; Travel, Mazur 218.1; Wefers, Renate 174.1; Woolcock, Ian 345.2. |thyssenkrupp Corporate Archives, Duisburg, Essen: 136.1. |toonpool.com, Berlin, Castrop-Rauxel: karicartoons 318.1; Koufogiorgos, Kostas 252.2. |ullstein bild, Berlin: Imagno 168.1. |United Nations, New York, NY: 203.1; https://www.un.org/sustainabledevelopment/ „The content of this publication has not been approved by the United Nations and does not reflect the views of the United Nations or its officials or Member States“ 145.1, 145.2, 145.3, 145.4, 145.5, 145.6, 145.7, 145.8, 145.9, 145.10, 145.11, 145.12, 145.13, 145.14, 145.15, 145.16, 145.17. |vario images, Bonn: Robert Grahn/euroluftbild.de 48.2, 49.1. |Visum Foto GmbH, München: Steinmetz, Marc 347.6. |Wagner, Charlotte, Dortmund: 286.1. |WISTA.Plan, Berlin: Manuel Frauendorf Fotografie 38.1.

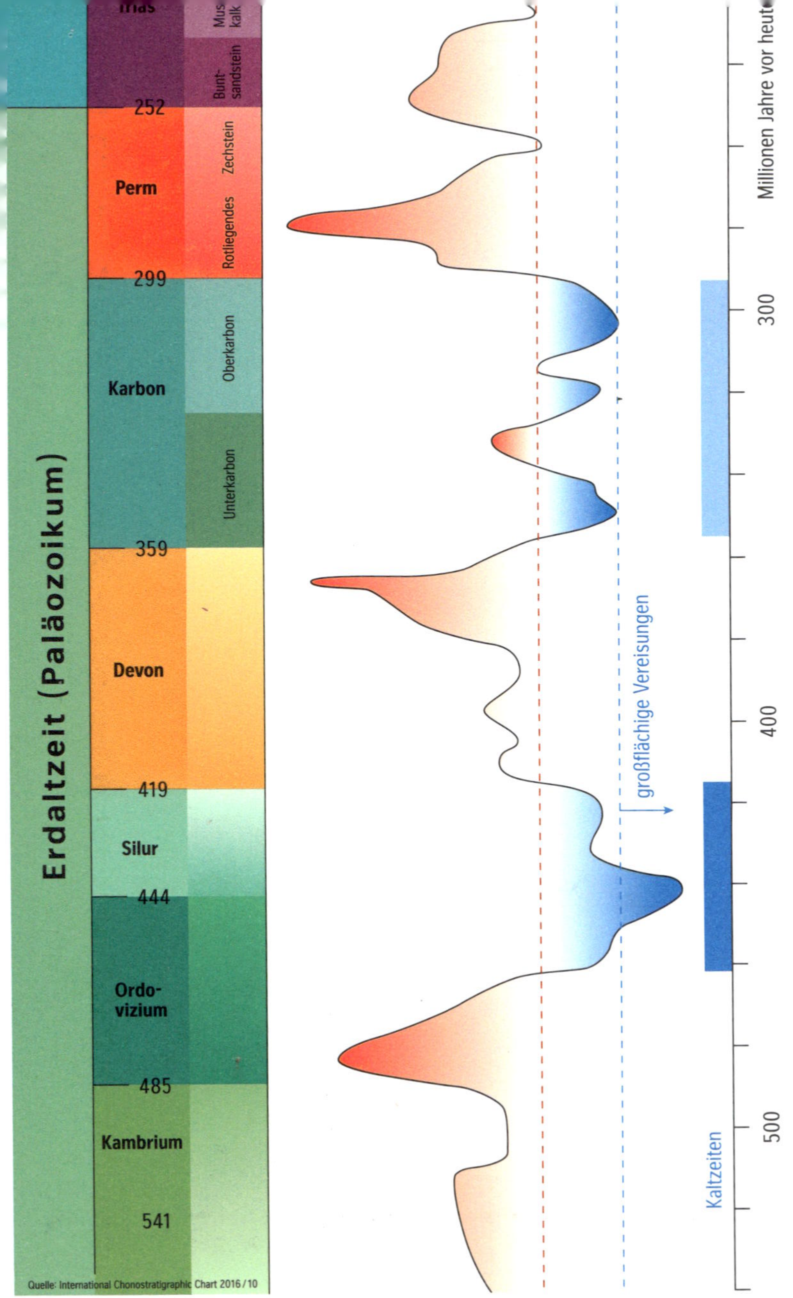

Lebewelt	Geologie und Klima
vor (Nadelbäume) ← früher Säuger	Klima: Wechsel zwischen heißem und trockenem sowie feucht-warmem Klima > Salz, Gips, Kalkstein, Buntsandstein
- Erscheinen hochentwickelter Reptilien und Fische, großwüchsiger Foraminiferen und Ammoniten - Trilobiten sterben aus - Auftreten erster Nacktsamer (Nadelbäume, Baumfarne) - allmähliche Vegetationsabnahme ← früher Saurier	- variszische Gebirgsbildung klingt mit starkem Vulkanismus aus - Abtragungsschutt des Gebirges füllt die Innensenken mit mächtigen Rotsedimenten (Rotliegendes) - Absinken weiträumiger Becken und Bildung Kohle führender Schichten - Eindringen des Zechsteinmeeres und Ausfällung von mehreren Salzschichten und Kupferschiefer Klima: zunehmend heiß, arid > Steinkohle (Döhlener Becken), Kali- und Steinsalze (Werragebiet, Südharz), Kupferschiefer (Mansfeld)
- erste Reptilien und zahlreiche Insekten entwickeln sich - Lurche und Foraminiferen erreichen ihren Höhepunkt - starke Entfaltung der Pflanzenwelt (Bärlappgewächse, Schachtelhalme) ← Riesenlibelle, Bärlapp, Schachtelhalme, Schlangenamphibien, frühes Insekt	- Herausbildung des variszischen Gebirges in Mittel- und Westeuropa - Meer ist nur noch in den Innensenken des Gebirges vorhanden Klima: warm und humid > Entstehung mächtiger Steinkohleschichten (Aachen, Ruhrgebiet, Saargebiet)
- Pionierzeit der Besiedelung des Festlandes und damit Herausbildung neuer Tierklassen (Insekten) und Pflanzenklassen (Bärlapp-,Schachtelhalm- und Farngewächse) - Fische und Korallen im marinen Bereich ← Uramphibien, Panzerfisch, frühe Landpflanzen	- Weiterentwicklung des variszischen Sedimentationsraumes und damit Meeresbedeckung - kristalline Aufbrüche und Hebungsvorgänge im Odenwald, Spessart, Kyffhäusergebiet Klima: wärmer und humider > Schiefer, Tonschiefer (Rheinisches und Thüringer Schiefergebirge)
- wirbellose Meerestiere erreichen größten Artenreichtum und weiteste Verbreitung (Korallen, Riesen- und Schalenkrebse) - Weiterentwicklung der Fische - erste Landpflanzen treten in Uferbereichen auf (Algen, Pilze, Flechten)	- Höhepunkt und Abschluss der kaledonischen Gebirgsbildung - weitestgehend Meeresbedeckung durch Ausbildung des variszischen Sedimentationsraumes - starke Bewegungen der Erdkruste Klima: wärmer und arider
- Entwicklung der Flora und Fauna vollzieht sich weiterhin im Meer - wirbellose Meerestiere entfalten sich (Trilobiten, Schnecken, Schwämme, Muscheln) - Graptolithen sind Leitfossilien - Algen weit verbreitet ← Graptolithen (Schrifttiere)	- Hauptfaltung und Heraushebung des kaledonischen Gebirges - weitestgehend Meeresbedeckung, Bildung mächtiger Sedimente - hohe tektonische und magmatische Aktivitäten Klima: mild, Temperatur allmählich steigend > Schiefer im Thüringer Schiefergebirge
- Lebewesen auf Meere beschränkt - wirbellose Meerestiere: - Trilobiten (Dreilappkrebse), Schwämme - Würmer, Armfüßer - erster Nachweis der Foraminiferen (Wurzelfüßer mit Kalkschale; wichtiges Leitfossil) - Algen ← Trilobiten, Brachiopoden, Dikelocephalen, Archäocyathiden	- Ausbreitung des kaledonischen Sedimentationsraumes vom norwegischen Hochgebirge bis Großbritannien - Mitteleuropa teilweise meeresbedeckt Klima: kühl, Temperatur allmählich steigend